国家哲学社会科学成果文库

NATIONAL ACHIEVEMENTS LIBRARY
OF PHILOSOPHY AND SOCIAL SCIENCES

两汉《尚书》学研究

马士远 著

中国社会科学出版社

《国家哲学社会科学成果文库》
出版说明

为充分发挥哲学社会科学研究优秀成果和优秀人才的示范带动作用，促进我国哲学社会科学繁荣发展，全国哲学社会科学规划领导小组决定自 2010 年始，设立《国家哲学社会科学成果文库》，每年评审一次。入选成果经过了同行专家严格评审，代表当前相关领域学术研究的前沿水平，体现我国哲学社会科学界的学术创造力，按照"统一标识、统一封面、统一版式、统一标准"的总体要求组织出版。

全国哲学社会科学规划办公室
2011 年 3 月

目　　录

第一编　西汉《尚书》学研究

第二编　东汉《尚书》学研究

第三编 "《书》教"传统与汉代政教

附 录

Contents

Part 2 *Shang Shu* Studies in Eastern Han Dynasty

Part 3 *Shang Shu* Theories and Politics in Han Dynasty

Part 4　Textual Research on *Shang Shu* Theories in Han Dynasty

Appendices

绪 论

儒家"五经"是华夏上古文化的载体，其蕴含的核心精神是和谐，核心价值是道德。尤其是《尚书》，在和谐与道德层面上不仅较为充分地体现了此一理念，而且颇具特色，"本固邦宁""协和万邦"是其和谐精神的具体描述，美、事、治、戒、度、义、仁七者是其道德价值的具体内容。由孔子开创的"《书》教"传统一起始就较好地抓住了此一特色，汉代儒者更是沿此道路对《尚书》进行了更为深入的诠释，并深度地影响了汉代政治、社会、文化、教育等诸多领域。当然，其诠解与影响经过了曲折漫长的变化。

早期的《尚书》学是以诠释《尚书》为目的而形成的重要的儒家经学学派。在汉代，随着儒学独尊，儒家经学上升为统治意识形态，五经之学渐次隆盛，因《尚书》乃上古"政事之纪"，其特色在于资政与垂教，故《尚书》学是诸经学中与政治联系最为紧密的一门学说，它为两汉大一统封建中央集权制的形成提供了核心理论依据，在汉代经学官学地位的确立过程中亦起到了关键性的作用。

西汉初期的《尚书》经学属于早期儒家《尚书》学传统范畴，是承继先秦诸子百家争鸣意义上的《尚书》学派，不带有官学性质，以横跨战国末期、秦王朝、楚汉战争、西汉初期四个历史时期的长寿学者伏胜为宗师，其著述以《尚书大传》为代表。号称《尚书》今文经学大宗师的伏胜，在灭绝《诗》《书》、汉承秦制的时代大背景下，为承继周秦《尚书》学传统作出了杰出贡献。在惠帝废除"挟书律"之后，伏胜曾以私学方式教于齐鲁间，诸山东大师无不涉《尚书》以教授。由其弟子所集、以伏氏为署名的《尚书大传》，虽对先秦时期的《尚书》学传统进行了多方面的改造，在理论体系建构方面时有突破，同时也为其后的汉代统治者立政导民提供了强有力的理论支撑，但从清人整理的《尚书大传》辑本的具体内容来看，其知识体系、观念体系基本上还属于周秦《尚书》经学传统，是站在以《尚书》为教的高度上，在爬梳孔子"《书》教"学说的基础上，以维护尧、舜、禹、汤、文、武、周公之大一统为诠释目的而形成的知识、观念体系，与西汉经学隆盛时期立于学官的《尚书》今文经学欧阳、大小夏侯三家以强调经世致用为目的，类似"以《禹贡》治河，以《洪范》察变"等为内容的学说，在风格上确实存在着明显差异。此一时期，经学在官方的独尊地位尚未得以确立，儒学只是与黄老之学、法家学说、阴阳家学说等并存的一家学说而已，但鉴于对秦王朝亡天下的反思及以吏为师之国策的批判，包括《尚书》学说在内的长于守成的儒家经学理论已经逐渐得到最高统治者的重视。刘邦做了皇帝后，常常让"时时前说称《诗》《书》"的陆贾探讨国家成败的原因，以陆贾为大夫，并对陆贾所著《新语》十二篇"未尝不称善，左右呼万岁"。汉文帝时，贾谊曾被拜为博士，贾谊所著《新书》亦往往称说《诗》《书》，多次引用《尚书》文本论说牧民治国之道。

西汉中后期儒术独尊、经学兴盛意义上的《尚书》经学，起始标志为汉武帝建元五年初置五经博士。五经博士的设立是在汉武帝一系列"罢黜百家，独尊儒术"文化举措中得以实现的，其核心要义是不允许在官方层面教授除五经之学以外的诸子百家之学，只承认五经之学为法定的官方统治意识形态，文人学士可以通过读经入仕。汉武帝尊崇经学，先后采取了一系列举措，建元六年黜黄老刑名之言，延文学儒者以百数人，元光元年诏举贤良文学对策，元朔五年又为五经博士置弟子员。自此以后，"讫于元始[①]，百有余年，传业者浸盛，支叶蕃滋，一经说至百余万言，大师众至千余人"[②]，儒家五经之学渐次隆兴。

儒家"五经"上升为官方统治意识形态为经学的迅速发展创造了条件，经学的发展并不是均衡的，五家经学于治一也，但均有其自身的特性，均存在自身发展的内在理路，而统治者自然会对各家经学有所取舍而非一视同仁，故各经之学在发展上又呈现出不同特点。经学隆盛背景下的《尚书》

---

① 西汉平帝年号。
② 班固：《汉书》卷88《儒林传》，中华书局1962年校点本。

学，率先成为显学的是欧阳学派，继后大夏侯、小夏侯两家亦各领风骚。《尚书》本身乃政事之纪，且不少内容蕴含着巨大的诠释张力，《尧典》《皋陶谟》《禹贡》《西伯戡黎》《洪范》《金縢》《大诰》《无逸》《吕刑》等内容多能与现实相比附。三家《尚书》今文经学除在内部相互争胜外，又一致对外，在经世致用目的的驱动下，经过与其他经学派别的较量，在官立五经之学中很快占据上风，成为经学昌明时代最为显贵的经学之一。此一时期的《尚书》今文经学，不仅自身得以巨大发展，很快成为西汉王朝治政决策的主要凭依，而且许多《尚书》学者借此跻身上位，积极推动经学统治地位的确立，在经学上升为统治哲学的过程中作出了巨大贡献。代表者多人，如儿宽、欧阳高、夏侯胜、夏侯健、欧阳地余等。

《尚书》作为华夏文化之原典，修齐治平之准则，内容广博而深刻，在诸多领域多有始创性的论述。汉代《尚书》今文学者援《尚书》为史鉴，解《尚书》以赞治，释《尚书》为训诫，授《尚书》为教化，引《尚书》以立论，很快使《尚书》经学的一些主张成为社会的行为准则和普遍风尚。对汉代统治阶层而言，《尚书》具有重大的学术价值和现实意义，在三家今文经学学者的多向阐发下，其文化增殖能力和文化创新价值得以充分发挥。《尚书》今文经学不仅在维护汉代王朝和谐统一方面具有重大作用，同时也在限制统治者无限权力欲望、积极提升道德修养方面具有积极意义。当然，《尚书》今文经学有时也被用来为汉代君主专制辩护，成为维护汉代专制体制的理论武器。

两汉时期诸多《尚书》学派的经文诠释、义理解说有何共性与个性，及其阐释理念、阐释方法的承袭、冲突、扬弃关系如何，是两汉《尚书》学研究的应有之义。两汉儒者一直对王道理想的具体内容是什么没有统一的意见，面对流传至汉代的上古时期形成的"王道思想"主要载体的《尚书》二十余篇文本及口传先贤言说《尚书》的传统，两汉时期不同派别、不同地域、不同阶段的儒者，由于时代的限制与使命不同，对《尚书》的阐释多斤斤计较于什么是正统的王道理想和谁是道统的传人等问题上，这样的做法虽然有迎合汉代统治者需要的考虑，但也必然迫使儒者不可能将全部精力投入古为今用的诠释实践领域和学术内纯的本体解释学领域，加之仕途功名的诱惑和主观意识的作祟，儒者或被迫将传统的本体解释学发展至具有很大局限性的文字训诂层面，章句繁辞有多至百万余言者，或被迫将传统的知人论世、以意逆志诠释学衍化为灾异谴告、图谶纬说层面，后期所做阐释多流于空谈繁琐，无法在现实中落实下来，渐渐违背了周秦传统解释学的根本目的，最终导致了两汉《尚书》学的凋敝和新变。

从学术史角度来看，自三国迄清，两汉时期的《尚书》学研究成果可谓丰硕，其研究重心多在辨章学术、考镜源流、真伪考辨、今古文论争以及文本复原等领域。在近现代学者中，陈梦家的《〈尚书〉通论》、蒋善国的《〈尚书〉综述》、刘起釪的《〈尚书〉学史》、台湾地区程元敏的《〈尚书〉学史》、许锬辉的《〈尚书〉著述考》，等等，也都涉及两汉时期的《尚书》及《尚书》学。但学术界至今对两汉《尚书》学的总体性研究基本上没有系统完整的成果问世，已有研究成果多未能从整体上把握住两汉《尚书》学的内在发展逻辑与经学隆盛之大背景《尚书》学的特质，存在诸多不足。有的因缺乏辩证的唯物的剖析，而做出草率的简单肯定或否定；有的没有把握住两汉《尚书》学与其他经学流派的差异性，没有把握住两汉《尚书》学"长于政"的总特色，论说往往不够准确，甚至还出现了荒谬的见解；有的不能根据汉代不同阶段、不同历史人物、不同支派的具体情况进行有深度的研究，无法揭示两汉《尚书》学各学派的独特性和理论特点。这种研究状况与两汉《尚书》学在中国经学发展史中的重要地位与深度影响极不相称。

《尚书》学研究专家刘起釪、钱宗武等诸先生提出了开展断代《尚书》学研究的主张，但其研究目前还处在起步阶段，应者乏人，是个公认的薄弱环节。目前已有的断代《尚书》学研究成果主要集中于清代，最早开展清代《尚书》学研究者为日本学者。继后，中国台湾学者古国顺于20世纪80年代末出版了《清代尚书学》，而两汉处于《尚书》学研究的准前源时期，作为帝王将相的政治教科书，《尚书》在汉代政治哲学中起着至为关键的作用，在两汉诸多学术纠纷中也扮演着重要角色。概览后世上千部有关《尚书》学的专著，虽多有涉猎两汉《尚书》之学者，但或为一人一派之详考，或为传记资料之辑校，或师法家法之辨别，或孜孜于今古学之对峙，或聚精于石渠阁与白虎观，或会神于壁中书和石碑经，甚至包括近现代诸多汉代思想史、经学史、文学史和有关通史研究成果中，两汉之《尚书》学也仅作为其一部分略加提及，《尚书》在汉代的传播、不同流派对《尚书》阐释的异同及由此对汉代社会历史变迁造成的重大影响，却未能得以系统深入地梳理，因此把两汉《尚书》学作为重要的学术课题加以研究，这在《尚书》学研究领域和汉代思想史研究领域都具有前沿意义。

一　有关术语概念的厘定

研究两汉《尚书》学，第一步要做的事就是对一些重要的相关术语进行界定，以备研究的深入开展与研究成果的准确描述。具体而言，主要涉及如下术语。

1. 经与经传、经纬、儒学、经学

"经"字本来是指织布机上的纵线，织布时纵线不动，纬线来回穿梭，故"经"有经常、不变之义，后引申为永远不可改变的最高学说或理论。"经"字早在战国时代就已出现，但此时的称说却不含有不变之义，只是作为某一类型文章的篇名或书名，属于一种著作称谓的普通名词，与汉代专称"六艺"为"六经"之"经"的尊崇称谓不同，《墨子》有经上、经下、经说上、经说下，《韩非子·内储说》上下篇亦分为"经"与"说"，《荀子·解蔽》引有"《道经》曰"。洪湛侯认为战国出现的这些"经"字可以看作是"所提问题的纲领，而所谓'说'者，就是对纲领所作较为详细的说明。后代儒家经学著作分为'经'与'传'，可能也由此而来"①。

本著所称的"经"字是就儒家"六艺"内容而言，带有尊崇不变之常典的意义。刘熙《释名·释典艺》说："经，径也，常典也，如径路无所不通，可常用也。"郑玄《孝经注》说："经者，不易之称。"② 刘勰《文心雕龙·宗经》篇说："经也者，恒久之至道，不刊之鸿教也。"皇侃说："经者，常也，法也。"③ 儒家"六经"乃"世法旧传之史"④，经孔子删定乃寓有义理、义法，在孔子之时，既没有"经"之名称，亦没有"五经""六

① 洪湛侯：《诗经学史》，中华书局 2002 年版，第 101 页。
② 王应麟：《玉海》卷 41，广陵书社 2003 年版。
③ 邢昺：《孝经注疏》之《序疏》，上海古籍出版社 2009 年版。
④ 《庄子·天下篇》，孙通海译注，中华书局 2007 年版。

经"一类的组合说法，但至迟在战国末期至汉初就已经形成固定称谓，且成为社会依托的文化常典，因其蕴含有义理、义法，故已具有尊崇地位，并非汉武帝"罢黜百家，表章六经"之后才组合在一起。

六艺该摄一切学术，儒家"六经"乃中华文化之源，中国其他一切古代学术皆为其流。一代纯儒马一浮曾说过："学者当知六艺之教，固是中国至高特殊之文化。"①姚奠中先生也曾说过："就中国文化来说，'经'是源，其他的像史、子、集都是流。打个比喻：'经'像是一棵树的根，'史'是树株，'诗文'是树的花朵，'诸子'是果实。树株及花、果的精神营养都是由根给提供的。"②

"经传""经纬"均为对称，无"经"则无"传"，无"经"亦无"纬"。"传"（包括"记""说""解""注"等）为博释、传述经义之文，章学诚有"官司典章为经，师儒讲习为传"③之说，张华《博物志》有"圣人制作曰经，贤有著述曰传、曰记、曰章句、曰解、曰论、曰读"④之说，儒家"六经"成为常典后，说经之文不断涌现，但不同时代说经之文的称谓不同，周秦、汉初多称"传""记"，西汉武帝之后"传""说义""章句"并称，东汉多称"注""解""训""说"，六朝多称"集注""义梳""讲梳"，唐以后多称"正义""注疏"。"纬"（包括"中候"等）为汉儒的发明，经、纬之名含有正、负之义，实为说经之文的一种，因托之为圣人孔子所作，而赋予了不同于"传"的较高的历史地位，其实多荒诞不经之作，其价值远没有"传"的传示与博释来得重要，更无"经"的源泉之要义。

"儒学"与"经学"是一对有着密切关联但又有着巨大差异的概念。"儒学"单指儒家之学，是一个与"诸子学"相对称的概念，是与墨家之学、道家之学、法家之学等"诸子学"之称并列的。"经学"是建立在"经"与"传"存在的基础之上的，无"经"或无"传"则无所谓"经学"。"儒学"与"经学"相伴同行，有时是二而一的问题，有时又是一而二的问题，"儒学"之名的着眼点在为学的能动者——"儒"者，"经学"

①　马一浮：《马一浮集》，浙江古籍出版社、浙江教育出版社2007年版，第23页。
②　姚奠中、刘毓庆：《国学对话录》，三晋出版社2012年版，第40—41页。
③　章学诚：《校雠通义》，上海古籍出版社1956年版。
④　虞世南：《北堂书钞》卷95《经典》1称引，迪志文化出版有限公司2001年版。

之名的着眼点在为学的被动者——"经"与"传"。二者的建立都经历了一个萌芽、发展、充实、完善的漫长过程，周秦时期的周公、孔子、孔门弟子、孟子、荀子以及儒家学派的其他学者均为"儒学"和"经学"的形成与发展作出过不同程度的贡献。

皮锡瑞说："经学开辟时代，断自孔子删定'六经'为始。"① 孔子对《诗》《书》《礼》《乐》四者曾做过整理，并且做过初步的诠解，形成了初步的"《书》教""《诗》教""《礼》教""《乐》教"等传统，为之注入了新的内容，并以之授徒，说此四科之经学②由孔子及其门徒奠定基础，理应符合历史事实。《史记》有"故《书传》《礼记》自孔氏"之说，"孔子之时，周室微而《礼》《乐》废，《诗》《书》缺，追迹三代之礼，序《书传》，上纪唐虞之际，下至秦缪，编次其事"，既然孔子有"《书传》《礼记》"问世，则说"传"始自孔子理所当然，故章学诚说："传、记之书，与六艺先后杂出。"孔门弟子及其后学，包括孟子、荀子、汉儒在内，远绍孔子，依经为说，博释诸经，或引经衍说，自成一体，传述后学，益行益远，形成不少"内传""外传"之作，到汉武帝设五经博士之后，"经学"除在民间继续传播外，其主流上升为官学。

"儒学"是由孔子创立的，带有民间学说性质，虽然以《诗》《书》《礼》《乐》《易》《春秋》为经典，但其学又不仅仅限于此六者，儒学可以议论时政，可以多向阐释传统文化，可以与其他诸子之学相批驳，"儒学"著述除"六经"外还有《论语》《孟子》《荀子》等，但"经学"则不然，经学家紧紧围绕"经"（在周秦是"六经"，西汉主要是"五经"，以后增加为"七经""九经""十二经""十三经"）进行诠解，并形成了一个完整的经典文化诠释体系和教化体系，对中国核心文化的传播与发展起了极大的推动作用。在某种意义上言，周秦汉魏时期的"儒学"囊括"经学"，"经学"是"儒学"的核心组成部分。

有学者认为"经学"是在"儒学"基础上发展而来的，产生于汉武帝

---

① 皮锡瑞：《经学历史》，中华书局 2004 年版，第 1 页。
② 孔子晚年好《易》，并因《鲁史记》而作《春秋》，但其是否对二者进行过诠释，学界多持否定态度。

时期，是汉代统治者认识到"儒学"是确保长治久安的最好的守成理论后，推行"罢黜百家，独尊儒术"措施，将儒家经典法定为全社会的官方经典后的直接结果，"经学"是带有官方性质的、属于全社会的带有统治意识形态的学说，同时又是士人入仕理政的敲门砖；"儒学"与"经学"，虽然都推崇孔子，都重视圣人之道，都讲内圣外王，都注重探究政治伦理等问题，都以《诗》《书》《礼》《易》《春秋》为经典，但"儒学"意义上的以《诗》《书》《礼》《易》《春秋》为经典，并不是由最高统治者所钦定，而"经学"意义上的以《诗》《书》《礼》《易》《春秋》为经典，是由汉武帝所钦定，是具有全社会公认的凌驾于诸子百家之上的法定经典，只准信奉注疏，不准随意改造批评。此说尚有商榷之处，若把汉代的官方"经学"认定为唯一的"经学"，而不把有关六经的民间儒学纳入审视范畴，则汉代未立于官学的古文学如何名之？何来今古文经学之争？汉代的经学不属于儒学史的范畴吗？六经上升为经典，成为全社会共同尊奉的文化基础，早在战国末期就已形成，因其善于议政，阻碍并限制了统治者权力随意性的发挥，才招来了秦代统治者焚《诗》《书》、禁儒学之举措。

2. 古文经学、今文经学与师法、家法、家学

汉代的经学，在是否设立官学方面，有官学、私学、家学之分；在文字与诠解方面，有今文、古文之别；在传授体系方面，有师法、家法之异。汉代成为经学昌明的时代，主要原因是儒家及其经典受到统治者的尊崇与褒掖，汉武帝"罢黜百家，表章六经"的做法，不仅仅是接受董仲舒等儒者的建议，其实质是为了巩固粉饰汉代刘氏统治的需要。

今古文的区别，不仅仅是文字的古今不同，更重要的是对经典的诠解不同。"经学"在汉代有"古文"之称，却无"今文"之名，所谓"古文经学""今文经学"之名乃后人所加。单就《尚书》一经而言，在汉代有"《古文尚书》"之名，却无"《今文尚书》"之称，所谓"《今文尚书》"，汉代只称"《尚书》"，故本著在术语称谓上遵从历史事实，常常出现《古文尚书》之称，而不见"《今文尚书》"之名，若需强调时，则使用"今文《尚书》"或"《尚书》今文"代替。至于《书经》之称谓则是宋代以后的事，唐以前无此称谓，故本著不予采用。

汉代今文经学的主流属于官学，但民间也有今文经学在传播。今文经学

讲究通经致用，在政教方面影响颇大，皮锡瑞在《经学昌明的年代》中曾称赞西汉早期的今文经学说"家数未分，纯正不杂，故其学极精而有用。以《禹贡》治河，以《洪范》察变，以《春秋》决狱，以《三百五篇》当谏书，治一经得一经之益也"①。但后期的博士们却"持禄保位，阿谀主上"，今文经学因之渐趋空虚烦琐，纬言谶说不断增加而日趋脱离现实，最终走向衰微。

汉代古文经学的主流属于私学、家学，但平帝时亦曾立为官学。自刘歆争立古文官学始，《古文尚书》经学便与今文《尚书》经学相争胜，特别是东汉诸帝对古文经学有所重视，章帝建初中曾诏高才生受《古文尚书》《毛诗》《谷梁》《左氏春秋》，由此可见，古文经学在汉代官方层面并不是彻底被排斥。古文经学内容平实，注重章句训诂，虽也有"分文析义，烦言碎词"之弊端，但经孔安国、卫宏、贾逵、杜林、马融、郑玄等大儒的弘扬阐发，其可取之圣义颇多，至东汉中后期，逐渐取代今文经学，变成了经学发展的主流。

汉代人治儒经最重师法、家法，大体而言，前汉重师法，后汉重家法。师法与家法有何不同呢？皮锡瑞说："先有师法，而后能成一家之言。师法者，溯其源；家法者，衍其流。"② 汉代所谓的某经立于官学，实际相当于某经的教本得到了官方的审定；所谓的设立博士，实际相当于一种"官、师"性质的职务。马宗霍说："汉之博士，实兼官、师之职，综政、教之权，与周之以司徒掌帮教，秦之以吏为师，其职略同。"③ 师法因所用"经"之教本不同而产生不同的"传"，师法在先；家法因诠解同一教本而产生不同的"传"，家法在后。师法别出为家法，家法又各分为专家。《汉书·儒林传》中，凡言某经有某氏之学者，不仅是说其教本已得到官方审定，而且是说其已形成师法；凡言某家有某氏之学者，是说其教本未变，但已形成不同于师法的家法。《尚书》有欧阳、大小夏侯之学，此为师法，三家师法各有其被官方审定的教本。欧阳又有平、陈之学，大夏侯有孔、许之学，小夏

---

① 皮锡瑞：《经学历史》，第 56 页。

② 同上书，第 91 页。

③ 马宗霍：《中国经学史》，上海书店 1984 年版，第 51 页。

侯有郑、张、秦、李等之学，此为家法，平、陈之学的教本仍是欧阳本，孔、许之学的教本仍是大夏侯本，郑、张、秦、李之学的教本仍是小夏侯本。师法与家法是就师承派别关系而言的，其"法"的核心内容不会因师法或家法而迥异，同一"经"的师法与家法之间理应同、异并存。但无论是师法还是家法，其解经之具体途径往往因人而异，马宗霍将汉人解经概括为以经解经、以字解经、以师说解经、以事义解经四类①，其说理是。综观汉代经学的发展，师法、家法一度在学术领域中占据重要地位，无论今文还是古文，各家都是以坚持师法开始，最终又以摈弃家法而结束。

本著所谓的"家学"是一种以血缘为纽带的文化传播现象，是中国古代学术传播中的一种独特现象。就经学而言，家学现象始自孔子，孔氏家学自孔子始一直就以传承《诗》《书》之学为主，绵延几十代而不绝。至汉代，家学现象渐趋增多，家学不论经学之古、今，单就《尚书》学而言，欧阳氏有家学，夏侯氏有家学，桓氏有家学，贾氏有家学，杨氏有家学，等等。家学是观照汉代《尚书》学的一个独特视角，对之进行梳理，可以解决不少历史学术纠纷。

3. "《书》教"传统

"《书》教"是古代中国重要的学术批评术语，是儒家学者通过总结《尚书》的知识、观念和社会功用等而提出的重要概念。最早由孔子提出，"疏通知远，《书》教也"。广义来看，"《书》教"是指《尚书》的教化作用和社会功用，是一种政治、文学与教化的综合性人文存在。狭义来说，是指在师徒之间以言语为形式进行的《尚书》授受活动。狭义的"《书》教"往往被涵括在广义之中。"《书》教"有知识体系、观念体系、文献体系三种存在形态，早在周秦时期就已经形成传统，更在两汉经学隆盛时代形成了完备的经典文化体系和教育教化传播体系。

"《书》教"传统的存在特征是动态的、开放的、顺应承传的、不断重建的，其内容广博而深刻，在政治、文学、历史、哲学、天文、地理等诸多学科领域都有肇始性论述，往往具有时代的超越性和广泛的普适性，是汉代人提炼《尚书》文化"古为今用"的不竭源泉。荀子认为《尚书》乃"政

---

① 马宗霍：《中国经学史》，第56—57页。

事之纪"，司马迁明言《尚书》"长于政"，汉代谈论政事者亦常祖《尚书》，源远流长的"《书》教"传统深刻而久远地影响了汉代的政治变迁与政教特质的形成。

纵观已有研究，关于"《书》教"的既有研究主要集中在孔子层面，由于认识上将"《书》教"传统视为封建糟粕，因之阻碍了人们的进一步探讨，湮没了"《书》教"传统中的精华部分，且已有研究聚讼纷纭，无法准确把握儒家"《书》教"传统的历史嬗变真相及内容全貌，更不用说对两汉"《书》教"传统进行系统梳理。随着出土文献的大量发现，如"清华简""郭店简""上博简"等，利用新材料开展对汉代"《书》教"传统的诠释学研究已成为《尚书》学研究的新命题，目前尚缺乏借助出土文献与传世文献相互参照来系统考察汉代"《书》教"传统的成果问世，本著将在相关部分的考述中做一尝试。

二　断代《尚书》学学术史与文献辑考

开展两汉《尚书》学研究，除厘清以上基本术语概念外，文献整理亦相当关键。目前学术界还没有人对周秦汉魏晋时期史书、诸子文献、文学作品、政书、出土文献中有关《尚书》学的史料进行系统全面的梳理。本著将两汉《尚书》学研究的视野放大，尽量穷尽秦汉《尚书》学的现存资料及其研究成果，兼及把诏书、奏章、诰文、君臣对策等相关政书文献也纳入研究视野，以期对汉代《尚书》学有一较准确全面的把握。汉代著名历史学家引用《尚书》观念多有不同，如司马迁、班固等在引用《尚书》文本、记述和评价《尚书》学者等方面就存在不少差异，两汉诸子的引《书》观和用《书》观也多有不同。《尚书》在汉代社会与学术中的定位，既不能有意拔高，亦不能着意贬低，需要给以恰如其分的评价。恰如其分的评价关键在于文献资料的穷尽以及对相关资料的合理剖析。从诸子文献、史著、诗文、政书以及出土文献等引用《尚书》经文、诠释《尚书》文本以及要事记述文本中深化《尚书大传》、《尚书》决狱、《禹贡》治河、《洪范》察变、《尚书纬》等个案研究，进而探讨两汉学者在经典诠释方面是如何体现"经世致用"学风的，是两汉《尚书》学研究必将涉及内容的重要组成部分。

　　前人留下的典籍，成为后代资政导民的依据之传统由来已久，《尚书》就是这样一部要籍。作为我国最早的一部政书，《尚书》大部分篇目内容为虞、夏、商、周时期治政理民经验的遗留，是我国早期政治哲学得以形成的种子。争霸图强的春秋战国时期，《左传》《国语》《墨子》《孟子》《荀子》《战国策》《吕氏春秋》等，均有不少称引《尚书》的记载，这些载记，往往以《尚书》施政行事之理来匡谏人君，规范人心，资政理民，虽然未必能真正取得较好的效果，但已形成初步的"《书》教"传统。经学昌明的汉代，《尚书》的致用性更是发挥至极盛。在继承周秦"《书》教"传统的基础上，《尚书》中的政事文本，经过汉儒的不断诠释，逐渐成为汉代统治者论证其统治合法性以及治政合理性的重要依据。

　　两汉时期的《尚书》学，对中国社会政治哲学特色的形成以及汉代社会政治历史的变迁，确曾发挥过至为关键的作用。无论是从官学层面而言，还是从民间私教、家学来说，《尚书》本经以及《尚书》在授受过程中所形成的师法、家法，都蕴含有许多重要的政治哲学理念。这些理念普遍被汉代社会认可，诸多《尚书》学大师，往往身处高位，以之作为行事施政的法则，或身为帝师，以之垂鉴人君。

　　汉代是我国第一个大一统中央集权制的盛世，不仅在四百余年间所形成的"大汉气象"，在中华文化文明史上具有典型的代表性，而且以经学为核心所形成的两汉政治哲学，在几千年来的政体演变中也具有典范的导向性。臻于极盛的《尚书》学，作为两汉最高统治者大力提倡的经学之核心，在两汉文化、政治特色形成中所作出的巨大贡献，是谁也无法否认的事实。两汉四百余年的大部分时间内，不仅统治者大都提倡、尊崇《尚书》，以之为依据牧民立政，而且在利禄之途的引诱下，《尚书》之教，在社会中很快形成了不同于先秦时期的新传统，并能直接作用于汉帝国的各个方面。

　　两汉处于《尚书》学研究的准前源阶段，特别是在汉武帝"罢黜百家，独尊儒术"之后，《尚书》由儒家之元典上升为统治意识形态的核心经学要籍，《书》教活动在更为广泛的区域内得以施行，上至帝王将相，下至文人士子，无不受其学说浸染。而且《尚书》学在两汉诸多学术纠纷中也扮演着十分重要的角色，许多疑难问题至今仍莫衷一是。正是在这层意义上讲，把两汉《尚书》学作为重要的学术课题加以研究,不仅在《尚书》学研究领域,就是在汉代政治哲学史研究领域,也具有十分重要的前沿意义。

在两汉学术纠纷中,《尚书》学关涉诸多要点,如《尚书》的焚禁与收藏,《尚书》的搜求与分途,《尚书》的授受与整理,《尚书》的篇目与篇次,《书序》的大、小与称引,《尚书》的辑佚与刊刻,《尚书》的造伪与辨伪,以及"《书》教"传统的形成与影响,《尚书》学说的分立与合流,《尚书》学说的专守与会通,《尚书》学说的论难与折中,《尚书》学说的神学化与繁琐化,等等。

从文献视角来看,《尚书》是我国上古时期遗存下来的"政事之纪",在两汉时期,其存在方式是以固定的文本为表现形式的,因而研究汉代《尚书》学,首先就应全面廓清《尚书》在两汉时期文本存在的样式以及不同传本在其间的流变状况。两汉时期的《尚书》传本较多,包括篇目、篇次、个别篇目的分合,《书序》的多寡等多有差异。分别探讨这些传本来源及其对汉代《尚书》学的影响,理应是两汉《尚书》学研究必须首先解决的重要命题。

秦始皇焚书坑儒,对两汉《尚书》学有着直接的影响。由于秦始皇的焚《诗》《书》,坑儒生,又不许百姓民间私藏书籍,"挟书则族",再加上楚汉之争持续多年,汉初因袭秦制挟书之弊,致使先秦典籍有幸而能流传下来者相当有限。在这一场长达几十年的文化学术浩劫中,原为百篇的《尚书》损失最为惨重,仅有少数篇文流传于世。汉代《尚书》复出情况较为杂乱,再加以书写字体有古文、今文之不同,致使两汉四百余年间,因《尚书》的残缺杂出等原因,学者们求真复原《尚书》本经的努力一直都没有停止,直到后汉末仍诏立刊刻石经,以正经字。从文献载记来看,两汉四百余年间,先后出现过以下《尚书》传本:

伏生所传今文二十九篇本。无经就无所谓经学的存在,《尚书》的复原是汉代重建《尚书》学并使之臻于极盛的必要条件。汉惠帝即位后的第四年,即公元前191年,始下令废止挟书禁律,伏生始敢求其所藏之《尚书》,结果发现已亡数十篇,独得二十九篇,即以之教于齐鲁间。这二十九篇《尚书》,被学界称为今文《尚书》。汉惠帝之后,朝廷除鼓励民间献书外,亦开始主动派人到各地去访求亡佚的经籍。如汉文帝时,就曾遣晁错到齐地从伏生受《尚书》。王先谦的《尚书孔传参正》列此二十九篇目次如下：

《尧典》一①、《皋陶谟》二②、《禹贡》三、《甘誓》四、《汤誓》五、《盘庚》六、《高宗肜日》七、《西伯戡黎》八、《微子》九、《牧誓》十、《鸿范》十一、《大诰》十二、《金縢》十三、《康诰》十四、《酒诰》十五、《梓材》十六、《召诰》十七、《雒诰》十八、《多士》十九、《无佚》二十、《君奭》二十一、《多方》二十二、《立政》二十三、《顾命》二十四、《康王之诰》二十五、《粊誓》二十六、《甫刑》二十七、《文侯之命》二十八、《秦誓》二十九。

其实，王氏所列仍未周延，个别篇名用字及篇序之先后，王氏之说不确。《金縢》篇当在《大诰》篇之前，《粊誓》篇当在《甫刑》篇、《文侯之命》篇之后。程元敏列此二十九篇之篇名、目次如下：

《尧典》第一、《皋陶谟》第二、《禹贡》第三、《甘誓》第四、《汤誓》第五、《盘庚》第六、《高宗肜日》第七、《西伯戡黎》第八、《微子》第九、《牧誓》第十、《洪范》第十一、《金縢》第十二、《大诰》第十三、《康诰》第十四、《酒诰》第十五、《梓材》第十六、《召诰》第十七、《洛诰》第十八、《多士》第十九、《无逸》第二十、《君奭》第二十一、《多方》第二十二、《立政》第二十三、《顾命》第二十四、《康王之诰》第二十五、《吕刑》第二十六、《文侯之命》第二十七、《费誓》第二十八、《秦誓》第二十九。

伏生本为二十九篇，无《书序》，无《泰誓》篇，《顾命》篇、《康王之诰》篇各自为篇，王氏说是。伏生所传今文《尚书》二十九篇，其中当无《泰誓》在内，因《泰誓》篇为河内女子所献，宣帝下示博士后，始增入官学本。作为官学的欧阳、大小夏侯所传之本，则有《泰誓》篇在内。因后得《泰誓》篇增入官学本，故欧阳、大小夏侯三家《尚书》的篇名、目次，又与伏生本稍有不同。两夏侯本仍为二十九卷，无《书序》，《顾命》、《康王之诰》合为一卷，以《顾命》名篇，增入《太誓》一卷。由此可胪列其篇名、目次如下：

---

① 王先谦原注：连"慎徽五典"以下，意即包括今本《舜典》篇在内。
② 王先谦原注：连"帝曰：来，禹"以下，意即包括今本《益稷》篇在内。

《尧典》第一、《皋陶谟》第二、《禹贡》第三、《甘誓》第四、《汤誓》第五、《般庚》第六、《高宗肜日》第七、《西伯戡饥》第八、《微子》第九、《太誓》第十、《牧誓》第十一、《鸿范》第十二、《金縢》第十三、《大诰》第十四、《康诰》第十五、《酒诰》第十六、《梓材》第十七、《召诰》第十八、《雒诰》第十九、《多士》第二十、《毋勜》第二十一、《君奭》第二十二、《多方》第二十三、《立政》第二十四、《顾命》第二十五、《鲜誓》第二十六、《甫刑》第二十七、《文侯之命》第二十八、《秦誓》第二十九。

欧阳学家将伏生二十九篇中的《顾命》《康王之诰》两篇合为一篇,以《顾命》篇名之。在武帝末,欧阳氏又增入后得之《太誓》,计为上、中、下三篇,合前二十八篇为三十一篇;又加附《书序》一篇,为一卷,置于全经之末,合前三十一篇为三十二篇。以一篇当一卷,故《汉书·艺文志》将欧阳经著录为三十二卷。《尚书》欧阳本经三十二卷的篇目、篇次应为:

《尧典》第一、《皋陶谟》第二、《禹贡》第三、《甘誓》第四、《汤誓》第五、《盘庚》第六、《高宗肜日》第七、《西伯戡饥》第八、《微子》第九、《太誓上》第十、《太誓中》第十一、《太誓下》第十二、《牧誓》第十三、《鸿范》第十四、《金縢》第十五、《大诰》第十六、《康诰》第十七、《酒诰》第十八、《梓材》第十九、《召诰》第二十、《洛诰》第二十一、《多士》第二十二、《毋勜》第二十三、《君奭》第二十四、《多方》第二十五、《立政》第二十六、《顾命》第二十七、《鲜誓》第二十八、《甫刑》第二十九、《文侯之命》第三十、《秦誓》第三十一、《书序》① 第三十二。

孔安国所传孔壁古文本。汉初传《尚书》者,只有伏生二十九篇,无所谓今、古文之别,更无所谓今、古文之争。孔壁《古文尚书》出后,改变了这种状况。《古文尚书》出于孔壁之中,较今文二十九篇,得多十六篇。《汉书·艺文志》著录《尚书》古文经四十六卷,即孔壁古文本,与伏生本相同的二十九篇,加上多出的十六篇,为四十五篇,外加《百篇书序》一篇,一篇计为一卷,故总计为四十六卷。

比今文多出的壁中古文,孔颖达《尚书正义·尧典》篇下,曾据郑玄

---

① 共29条,仅有29篇目之《序》,《泰誓》3篇共1《序》。

注《书序》有过摘录，其篇名、目次如下：《舜典》一、《汩作》二、《九共》九篇十一、《大禹谟》十二、《益稷十》三、《五子之歌》十四、《胤征》十五、《汤诰》十六、《咸有一德》十七、《典宝》十八、《伊训》十九、《肆命》二十、《原命》二十一、《武成》二十二、《旅獒》二十三、《冏命》二十四。此二十四篇，计为十六卷，以《九共》九篇共一卷，减除八，故为十六卷，即为所谓的逸古文十六篇。此十六篇逸文，因无师说，虽已上献朝廷，藏在中秘，却未能在社会中流传开来。

河间献王刘德所得古文本。《汉书·艺文志》说："汉兴，改秦之败，大收篇籍，广开献书之路。"《汉书·景十三王传》又说："河间献王德，修学好古，实事求是，从民间得善书，必为好写与之，留其真，加金帛赐以招之。由是四方道术之人，不远千里，或有先祖旧书，多奉以奏献王，故得书多，与汉朝等。"河间献王刘德以孝景帝前两年立，其所得书皆"古文先秦旧书，《周官》《尚书》《礼记》……之属"。诸善书中，能有《古文尚书》，实乃幸事，可惜史不见载其流传情况。

马融、郑玄所注三十四篇古文本。孔颖达《尚书正义·尧典》篇说："郑注《尚书》与夏侯等同，而经字多异。"所谓与夏侯等同者，应是指其篇目相同；所谓经字多异者，正可证明夏侯等今文本与郑注古文本不同。郑氏所注，即孔壁古文与今文所同之篇，而所注百篇《书序》，盖附于经后。清孔广林《尚书郑注序录》所列郑注三十四篇《古文尚书》目次为：

虞夏书：《尧典》第一、《皋繇谟》第二、《禹贡》第三、《甘誓》第四；商书：《汤誓》第五、《盘庚上》第六、《盘庚中》第七、《盘庚下》第八、《高宗肜日》第九、《西伯戡黎》第十、《微子》第十一；周书：《太誓上》第十二、《太誓中》第十三、《太誓下》第十四、《牧誓》第十五、《鸿范》第十六、《金滕》第十七、《大诰》第十八、《康诰》第十九、《酒诰》第二十、《梓材》第二十一、《召诰》第二十二、《洛诰》第二十三、《多士》第二十四、《无逸》第二十五、《君奭》第二十六、《多方》第二十七、《立政》第二十八、《顾命》第二十九、《康王之诰》第三十、《柴誓》第三十一、《吕刑》第三十二、《文侯之命》第三十三、《秦誓》第三十四；《百篇书序》第三十五。

范晔《后汉书·儒林传》说："中兴，扶风杜林传《古文尚书》一卷，同郡贾逵为之作训，马融作传，郑玄注解，由是古文遂显于世。"杜林本传亦说："林于西州得漆书《古文尚书》一卷，常宝爱之，虽遭艰困，握持不离身，以示卫宏、徐巡，宏、巡益重之。"漆书仅一卷，既然贾、马、郑曾为之作注解，则知杜氏所传《古文尚书》，绝非一篇，盖为孔壁《古文尚书》流传在社会中的抄本。

张霸所造百两篇《古文尚书》本。两汉时，朝廷诏求古文经籍，更有借机伪造《尚书》者。张霸曾造有百两篇《古文尚书》，此古文可说是汉代最先出现的伪《古文尚书》。据《汉书·儒林传》记载："世传百两篇者，出东莱张霸，分析合二十九篇以为数十，又采《左氏传》《书叙》为作首尾，凡百二篇。篇或数简，文意浅陋。成帝时，求其古文者，霸以能为百两征，以中书校之，非是。霸辞受父，父有弟子尉氏樊并，时太中大夫平当、侍御史周敞劝上存之。后樊并谋反，乃黜其书。"王充《论衡·正说》篇所载与此稍有不同，王充说："下霸于吏，吏白霸罪当死，成帝高其才而不诛，亦惜其文而不灭，故百两之篇，传在世间者，传见之人则谓《尚书》本有百两篇矣。"

由上述可知，经过朝、野的多方努力，秦火之后，《尚书》终于得以部分地复出。所出之《尚书》，无论今文、古文，虽不完备，且篇名、篇目、篇次、经文、经字多所异者，然亦可观。

复出并不意味着完事大吉，汉代学者在《尚书》的复原求真上，亦作出了重要贡献。汉成帝时，刘向以中秘古文校欧阳、两夏侯三家《尚书》经文，"《酒诰》脱简一，《召诰》脱简二，率简二十五字者，脱亦二十五字，简二十二字，脱亦二十二字，文字异者七百有余，脱字数十"。后汉刘陶亦以中秘古文本①校今文欧阳、大、小夏侯三家本，订正今古文本误七百余事。惠栋《后汉书补注》卷十三对此评价说："俗本作三百余事，今从北宋本改正。《艺文志》说：'刘向以中古文校三家经文，文字异者七百有余。'盖古文与今文异者本有此数，故陶从而是正也。"蒋善国《尚书综述》更是将之与贾逵所撰《欧阳大小夏侯古文同异》并言，说："他（刘陶）这部书与贾逵的《欧阳大小夏侯古文同异》都是对于今古文作比较的研究。"

_____

① 汉代中秘存有《古文尚书》传本。武帝末，孔氏上献朝廷并藏于秘府的《古文尚书》，即为中秘《古文尚书》。

马宗霍《中国经学史》亦说："汉儒……释经之体……以字解经，如'孔氏有《古文尚书》，孔安国以今文读之'……刘陶'明《尚书》，推三家《尚书》及《古文》，是正文字三百余事，名曰《中文尚书》'，皆是此例。"

上述诸家《尚书》本经均已亡佚，为便于查索，特制作"两汉《尚书》传本及其篇名、目次总表"，见本书附表一。今所见汉代《尚书》本经内容者，除熹平石经部分《尚书》残字外，仅马国翰《玉函山房辑佚书》中有《今文尚书》一卷，《古文尚书》三卷。

汉代《书序》问题。扬雄《法言·问神》篇说："古之说《书》者序以百"，《汉书·艺文志》亦说："《书》之所起远矣，至孔子纂焉……凡百篇而为之序，言其作意。"王充《论衡·正说》篇亦说："至孔安国《书》出，方知有百篇之目。"以上文献均为汉代文献，诸家均谓《尚书》有百篇《书序》，盖不虚言。《书序》文本虽为"言其作意"，却亦均言及篇名，此为研究《书序》作者及其产生时代，提供了重要资料。班固首言《书序》为孔子所作，班氏此说不确，因孔子之时，《书》之篇名尚未名定，何谓孔子为百篇《尚书》作序？百篇《书序》作成时间，朱熹以为在周、秦之间，屈万里定之为不早于战国末叶①。前汉伏生《尚书大传》所称引《尚书》篇名以及司马迁《史记》所称《尚书》篇名，均有出百篇篇名之外者，故伏生及司马迁之于百篇《书序》之关系，实难确定。但至迟到汉成帝时，中秘已藏有百篇《书序》，当为事实。成帝下诏搜求能治百篇《尚书》者，故有张霸伪造百两篇上献一事。故王鸣盛《尚书后案》"百篇《书序》，孔壁所得"说，应为可信。

汉时《书序》复出情况很复杂，但无论今、古文哪一家，均将其与经共计卷。后汉更是视其为经，甚者有学者为其作注。程元敏对百篇《书序》论之甚详，他说："《书序》之藏壁也，当秦始皇焚书至二世元、二年间，历至汉景帝三年，蒙尘约一甲子。作者为秦末人，其时《尚书》本经亡佚不如汉世亡佚之多，彼尤及见八十一目百篇经文，缘据以作《序》，此由本

---

① 屈万里《尚书释义·叙论二》说："至于《书序》著成的时代，大抵不能早于战国末叶。……观乎《汤征》及《太甲》两《序》，皆袭《孟子》为说，则其著成时代，不得上至战国中叶，可以断言。"

经今存目篇、孔壁出土逸目篇、先秦典籍引目篇引逸文及其它典籍载事知之。"① 今传《尚书注疏》为五十篇目五十八篇，每一篇目经文前均有《书序》，亦有本经亡而《书序》存者多篇，更有《书序》亡失者，仅存篇目十目而已。总计存、亡之数，凡载八十一目一百篇之《书序》，现依次备列如下：

昔在帝尧，聪明文思，光宅天下，将逊于位，让于虞舜，作《尧典》。

虞舜侧微，尧闻之聪明，将使嗣位，历试诸难，作《舜典》。

帝厘下土，方设居方，别生分类，作《汩作》、《九共》九篇、《稾饫》。

皋陶矢厥谟，禹成厥功，帝舜申之，作《大禹》《皋陶谟》《益稷》。

禹别九州，随山浚川，任土作《贡》。

启与有扈战于甘之野，作《甘誓》。

太康失邦，昆弟五人，须于洛汭，作《五子之歌》。

羲和湎淫，废时乱日，胤往征之，作《胤征》。

自契至于成汤八迁，汤始居亳，从先王居，作《帝告》《厘沃》。

汤征诸侯，葛伯不祀，汤始征之，作《汤征》。

伊尹去亳适夏，既丑有夏，复归于亳。入自北门，乃遇汝鸠、汝方，作《汝鸠》《汝方》。

伊尹相汤伐桀，升自陑，遂与桀战于鸣条之野，作《汤誓》。

汤既胜夏，欲迁其社，不可，作《夏社》《疑至》《臣扈》。

夏师败绩，汤遂从之，遂伐三朡，俘获宝玉。谊伯、仲伯作《典宝》。

汤归自夏，至于大坰，仲虺作《诰》。

汤既黜夏命，复归于亳，作《汤诰》。

咎单作《明居》。

成汤既没，太甲元年，伊尹作《伊训》《肆命》《徂后》。

太甲既立，不明，伊尹放诸桐。三年，复归于亳，思庸，伊尹作《太甲》三篇。

伊尹作《咸有一德》。

沃丁既葬伊尹于亳，咎单遂训伊尹事，作《沃丁》。

---

① 程元敏：《书序之价值》，《孔孟学报》1998 年第 75 期，第 3 页。

伊陟相大戊，亳有祥桑谷共生于朝；伊陟赞于巫咸，作《咸乂》四篇。

太戊赞于伊陟，作《伊陟》《原命》。

仲丁迁于嚣，作《仲丁》。

河亶甲居相，作《河亶甲》。

祖乙圮于耿，作《祖乙》。

盘庚五迁，将治亳殷。民咨胥怨，作《盘庚》三篇。

高宗梦得说，使百工营求诸野，得诸傅岩，作《说命》三篇。

高宗祭成汤，有飞雉升鼎耳而雊，祖己训诸王，作《高宗肜日》《高宗之训》。

殷始咎周，周人乘黎。祖伊恐，奔告于受，作《西伯戡黎》。

殷既错天命，微子作《诰》，父师、少师。

惟十有一年，武王伐殷。一月戊午，师渡孟津，作《泰誓》三篇。

武王戎车三百两，虎贲三百人，与受战于牧野，作《牧誓》。

武王伐殷，往伐归兽，识其政事，作《武成》。

武王胜殷杀受，立武庚，以箕子归，作《洪范》。

武王既胜殷，邦诸侯，班宗彝，作《分器》。

西旅献獒，太保作《旅獒》。

巢伯来朝，芮伯作《旅巢命》。

武王有疾，周公作《金縢》。

武王崩，三监及淮夷叛，周公相成王，将黜殷，作《大诰》。

成王既黜殷命，杀武庚，命微子启代殷后，作《微子之命》。

唐叔得禾，异亩同颖，献诸天子。王命唐叔归周公于东，作《归禾》。

周公既得命禾，旅天子之命，作《嘉禾》。

成王既伐管叔、蔡叔，以殷余民封康叔，作《康诰》《酒诰》《梓材》。

成王在丰，欲宅洛邑，使召公先相宅，作《召诰》。

召公既相宅，周公往营成周，使来告卜，作《洛诰》。

成周既成，迁殷顽民，周公以王命告，作《多士》。

周公作《无逸》。

召公为保，周公为师，相成王为左右；召公不说，周公作《君奭》。

蔡叔既没，王命蔡仲践诸侯位，作《蔡仲之命》。

成王东伐淮夷，遂践奄，作《成王政》。

成王既践奄，将迁其君于蒲姑，周公告召公，作《将蒲姑》。

成王归自奄，在宗周，诰庶邦，作《多方》。

周公作《立政》。

成王既黜殷命，灭淮夷，还归在丰，作《周官》。

成王既伐东夷，肃慎来贺，王俾荣伯作《贿肃慎之命》。

周公在丰，将没，欲葬成周。公薨，成王葬于毕，告周公，作《亳姑》。

周公既没，命君陈分正东郊成周，作《君陈》。

成王将崩，命召公、毕公率诸侯相康王，作《顾命》。

康王既尸天子，遂诰诸侯，作《康王之诰》。

康王命作册毕，分居里，成周郊，作《毕命》。

穆王命君牙，为周大司徒，作《君牙》。

穆王命伯冏为周太仆正，作《冏命》。

吕命，穆王训夏赎刑，作《吕刑》。

平王锡晋文侯秬鬯、圭瓒，作《文侯之命》。

鲁侯伯禽宅曲阜，徐夷并兴，东郊不开，作《费誓》。

秦穆公伐郑，晋襄公帅师败诸崤。还归，作《秦誓》。

另外，新出土熹平石经《尚书》残字中，《书序》独自为一卷，附于二十九篇经文之后，校记之前。无论熹平石经《尚书》底本为今文三家哪一家，从其残《序》内容可知，熹平石经所刻《书序》绝非百篇《书序》，仅今文二十九篇篇目之《书序》而已。

除本经及《书序》外，"《书》教"传统文献对两汉《尚书》学研究也很关键。"《书》教"传统代表古代中国政治认知本身所达到的成就，在整个汉代社会生活中发挥着特别重要的作用，是汉代政治文化、道德文化、思想文化的一个侧影。以时间为脉络，系统梳理"《书》教"传统在汉代社会中的发展路向以及"《书》教"传统中的知识、观念与文献三者间的互动模式，可以充分地描述出汉代不同历史阶段"《书》教"传统特色得以生成的原理和发展中凸显出的不同特质。《尚书》记载华夏远古文明，是中华民族的历史记忆和文化基因。《尚书》的经典化过程始终都与"《书》教"活动息息相关。通过对汉代"《书》教"传统中的知识、观念、文献三个体系的系统梳理，可以从一个全新的角度更清楚地认识汉代政教性质，此举具有重要的正本清源要义。知识体系、观念体系和文献体系是汉代"《书》教"传统中最为核心的部分，其交互发展共同奠定了"《书》教"传统文化的基本形态。就文献体系言，文献是知识、观念的载体，又是研究知识、观念的切入点。就知识体系言，不仅《尚书》中的名物制度很多，而且"《书》教"经典文献如《尚书大传》等的名物制度亦不少，这些名物制度共同构成一个知识体系，这些知识不仅是汉代人行为目标的权威说明和汉代文学创作的资料源泉，而且是汉代国家活动合理性和国家权力合法性来源的终极依据。就观念体系言，"《书》教"传统中包含有一些重要的文化观念，这些观念对汉代社会变迁影响非常深远，如孔子"《书》教"中的"七观"说对汉代史传文学传统形成的影响，典、谟、训、诰、誓、命等观念对汉代政用文体学形成的影响，《洪范》"五行"观念对汉代人宇宙观和认识论之建构的影响，《禹贡》九州观念对汉代郡国行政区域之划分的影响，《吕刑》观念对汉代律例制定的影响，等等。特别是"《书》教"传统中由上古圣君贤相的嘉谟善政确立的先王政治以及在此基础上形成的道统观念，直接规约着汉代王朝的治理模式，并对汉代君王的道德进行约束。

文献是古代社会记忆的核心形式，中国古代文献传统形成很早，在周秦汉魏时期，文献及其传统成为国家政治活动的一部分，具有严肃的地位与品格，在社会政治生活中曾发挥过特别重要的作用。汉代《尚书》学文献及其文献传统，既是最重要的研究材料，也是最重要的研究对象，我们主要是通过相关文献来辨析汉代"《书》教"传统中知识的内涵和范围，讨论"《书》教"传统中观念的精神体系和思维特征，并且通过对某些典型的语词、概念、事实和情感的表述方式的研究，还原和重构汉代"《书》教"传统中知识和观念在官教、私教、家学等不同传播层面的发展体系。

本书第一次把"《书》教"传统作为一个重要的学术命题提出来，并且从知识、观念、文献三个不同体系予以观照，这在儒家"六经"之教研究中具有一定的创新性，可以为"《诗》教"传统、"《易》教"传统、"《礼》教"传统等研究提供有价值的研究案例。本书第一次从宏观、中观、微观三维角度对汉代"《书》教"文献进行大规模调查与整理，完成第一部汉代

"《书》教"传统文献考辑，以此展示"《书》教"传统知识、观念和文献三体系的生成发展历程、社会功能以及"《书》教"传统整体的动态发展过程，必将极大地推进传统经典专题文献整理的思维视野和研究途径。

《尚书》及"《书》教"文献传统在政治、法律、地理、历法、军事、经济、宗教、哲学、文学、艺术等领域均有始创性的论述，特别是在治政领域的论述可谓广博而深刻，不仅《尚书》足称华夏治典之渊薮，而且"《书》教"文献传统亦占据中国古代文献传统的前源和核心地位。作为"政事之纪"的要籍，《尚书》能否真正有资于汉代王朝的统治，关键在于《尚书》"长于政"之古义能否被统治者及世人所接受。从《左传》《国语》《论语》《墨子》《孟子》等早期传世典籍所载相关史实来看，以《尚书》施政行事之理来匡谏人君、规范人心、资政理民的现象在周秦时期早有发生。这在当时虽然未必能真正取得较好的社会效果，但毫无疑问的是，那时已初步形成了具有"长于政"特色的"《书》教"传统。汉代"《书》教"活动在继承周秦传统的过程中，其"长于政"的特色更为突出。两汉诸多《尚书》学大师以"长于政"为目的对《尚书》古义的新诠释得以在广泛的区域内传播，这些诠释与创新多能作为依据用于指导立政、治政之实践，取得了明显的资政效果，直接影响了汉代四百余年的政治变迁，对魏晋及其之后的历代王朝的治政实践亦产生了深远影响。

本书在尽量穷尽两汉《尚书》学文献资料的基础上，有选择地借鉴吸收前贤同仁已有研究成果，以两汉《尚书》学流派的次第流变为经，以汉代《尚书》学理论内涵的递相嬗变为纬，纵横交织地剖析两汉《尚书》学在四百余年间的历史变迁，力求准确地阐释两汉《尚书》学在不同时间段内所呈现的独特内容，公允地评价其理论得失，并给以科学的历史定位。

三 完备的两汉"《书》教"传播系统

"《书》教"文献的保存及其传统的形成离不开完善的社会文化传播系统，汉代在文化传播领域有着比周秦更为完善的传播体系，此一体系为"《书》教"活动的广泛开展与"《书》教"文献传统的形成、保存创造了条件。故秦博士伏生以及颇懂古文字学且幸运地得到了家壁所出《古文尚书》的孔安国，在汉代《尚书》学嬗变历程中占据着大宗师地位，其经、其学居然成了汉代今文、古文"《书》教"活动的种子，迅速得以发芽壮大，致成汉代"《书》教"局面蔚为大观。

在汉代统治者的大力提倡及积极推动下，汉代的《尚书》之教可分为官学、私学、家学三大传播系统，除家学属于一个相对较为封闭的传承体系外，在官、私两个层面上"《书》教"活动均得以普遍开展，不同风格的"《书》教"传统随之形成，其间流衍争胜不断，对汉代社会、政治、文化变迁产生了广泛而深远的影响。但无论今文学、古文学，无论官学、私学、家学，无论流派风格有多大差异，无论如何争胜不断，汉代《尚书》学各家各派诠释的着力点均未超越资政导民之目的，说"《书》教"传统是汉代社会政治中的显学当不为过。

汉代官学包括中央太学和地方官学两类。中央太学为国家的最高学府，设有专经博士。以专经博士为老师来培养官吏专才，这种制度有一个逐渐发展完善的历程。《尚书》乃治政之学，早在孔子时期，其弟子从政者就多研习《尚书》，汉代太学用儒家经学培养政吏人才，自然《尚书》内容最为恰切。汉初儒家学说不被看好，黄老之学备受推崇，直到文帝、景帝时才相继设立了许多与儒学、诸子学等有关的博士，如伏生弟子张生就曾为博士，到了汉武帝建元五年才初设五经博士，《尚书》始有专经博士，孔安国、儿宽等即为太学中的《尚书》博士。汉武帝不仅为《尚书》学设有博士，并为其首置博士弟子员。《尚书》博士官及博士弟子员的设立为"《书》教"活动在官学层面上的开展创造了机遇，也为"《书》教"资政传统的践行提供了用武之地。

武帝初建太学五经博士之时，博士弟子仅五十人，五经博士需各自传授。单就《尚书》之教而言，每位《尚书》学博士仅教授十名弟子。后来太学的学生规模不断扩大，至元帝时已扩为千人，成帝时发展为三千人；平帝时王莽辅政，大规模修筑太学校舍，太学能容纳学生万人以上，《尚书》博士所授弟子数量随着太学规模的扩大而不断增加。东汉迁都洛阳，光武帝重建太学，大筑太学博士舍，特修内、外讲堂，很快就形成了"诸生横巷，为海内所集"的盛况，而光武帝又特推崇桓氏所传的欧阳《尚书》学，桓氏一系及其弟子多人为太学中的《尚书》博士，故欧阳《尚书》学在东汉初期盛极一时。章帝之后中央太学教育一度衰落，出现了"博士倚席不讲，朋徒相视怠散"的颓废景象，《尚书》在官方的传播也随之陷入低潮。东汉顺帝时官方又重修中央太学，扩建校舍，太学又日见发达，至汉质帝本初元年太学生竟增至三万余人，因《尚书》之学在诸经之学中已占得先机，可以想见博士弟子员习《尚书》者当大有人在。为了能容纳相当数量的学生同时听讲，据史书记载，东汉时建的太学讲堂"长十丈，广三丈"，如此大的讲堂正体现了当时诸经讲授之盛况。对《尚书》学的传播而言，这至少可以说明，《尚书》博士传授已不是小班化的规模，已形成了大规模的集体讲经形式。就官方经学教育传播途径而言，除中央太学之外，东汉中央官学还有其他存在形式。东汉明帝永平九年朝廷曾专为外戚樊氏、郭氏、阴氏、马氏四姓子弟设立学校于南宫。因为四姓不曾列侯，故又称小侯。四姓小侯学的办学目的与太学相似，都以教授五经为旨归。这种与太学分庭抗礼的贵胄学校，其办学条件优越，所聘经师的学术水平和地位都高于中央太学的博士。《尚书》欧阳学大师张酺就曾为四姓小侯师，此亦说明《尚书》官学传播的广度。

西汉所设置的中央太学《尚书》博士多属今文经学，但也有个别时期今、古学并立。《史记·儒林列传》说："伏生教济南张生及欧阳生，张生为博士。"自此以后，文帝时的晁错，景帝时的孔延年，武帝时的儿宽、孔安国等《尚书》学者均曾为太学博士。其后的发展，就派别而言，西汉《尚书》一经博士分立的情形，武帝时唯有欧阳而已，至孝宣世复立大、小夏侯《尚书》博士，至平帝世又立《古文尚书》博士（很快就被废除）。就知名者而言，《尚书》欧阳氏学有欧阳高、欧阳地余、林尊、平当、殷崇、朱普等为博士，《尚书》大夏侯氏学有夏侯胜、孔霸、许商、孔光、吴章、炔钦等为博士，《尚书》小夏侯氏学有夏侯建、张山拊、郑宽中、冯宾等为博士。从三家《尚书》博士官的设立及诸多知名博士可推知当时"《书》教"活动开展的盛况，这些博士都可说是当时《尚书》学界的领袖人物，对西汉《尚书》学的繁盛作出过重要贡献。

前汉、后汉的《尚书》学博士各有其特点。西汉《尚书》学博士由皇帝征召或由官员荐举，无须考试，博士多为社会中名声显赫的《尚书》学大家，他们多拥有专用于太学讲授的师法。西汉朝廷规定博士只能依师法传授，师之所传，弟之所受，一字不敢出入，背师说即不用。各家《尚书》博士的经说部分见于《汉书·艺文志》者有《欧阳章句》三十二篇，大、小《夏侯章句》各二十九篇，大、小《夏侯解故》各二十九篇，《欧阳说义》两篇，许商《五行传记》一篇。从《艺文志》所载《尚书》博士经说著述来看，这些《尚书》学博士大多专守一经，形成了各自不同的"《书》教"传统，罕有能兼通者。东汉时却有所不同，东汉《尚书》学重家法，如果经学大师的弟子对师说有所发展，能够形成一家之说，被学术界和朝廷承认，便可形成自己的家法。东汉以考试和荐举相结合的方式择取《尚书》学博士，要求《尚书》学博士不仅精通《尚书》学，还要精通其他各经，更要博通百家，行为正直，年龄在五十岁以上，且有教授门徒五十人以上的教学经历。东汉的这种太学制度为《尚书》博士走向兼通创造了有利条件。

汉代地方官学对推进"《书》教"活动的开展亦具有重要作用。汉代地方设有学、校、庠、序等多种官学，其中由郡国举办和管理的称"学"，由县道邑设置和管理的称"校"，由乡设置和管理的称"庠"，由聚设置和管理的称"序"。汉代郡国学的首创者是汉景帝时蜀郡郡守文翁，汉武帝即位后，对文翁兴学一事极为赞赏，下诏令天下郡国仿效，并为各地设置学校官。平帝时，王莽秉政，郡国、县邑、乡、聚分别设立学、校、庠、序，添置经师，出现了"学校如林，庠序盈门"的盛况。郡国学的教育活动主要是传授经学和实施教化，其中《尚书》的授受自然是其教育活动的核心内容。而且一些郡国学仿效中央太学的方式分经立官，进行专经教授，正是在此一背景下《尚书》学在社会基层的广泛传播得以实现。郡国学不仅教授生徒，而且面向社会推广教化，移风易俗，也正是在此大背景下，《尚书》"长于政"的特色逐渐形成了深入社会基层的授受传统，为汉庭掌控底层民意发挥了重要作用。

汉代"《书》教"传统的形成及广泛传播，私学亦功不可没。不仅《古文尚书》学一直在民间授受，就是《尚书》今文学各家各派，私家传授也是最为重要的传播形式。两汉时期，私学较官学更为发达，汉代民间常设有经馆，又称精舍或精庐，以传授儒家经典为主，专习一经或数经，程度与中央太学相当，教师多为名士硕儒。可以想见，汉代民间"《书》教"活动极为活跃，可惜的是史书载记的事例不多，仅能从个别《尚书》学者的传记中略见一二。两汉《尚书》学大师大都曾经在家设学教授过《尚书》，他们或亦仕亦教，或辞官致仕后闭门授业，或终生隐逸山泽间聚徒讲授，他们的弟子门徒少则数百人，多则数千人，甚至于有多至万人者。

四　两汉"《书》教"传统的要义所在

孔子开创的"《书》教"传统最大优长处在于资政，汉代的"《书》教"传统之核心要义正在于此。经过汉代《尚书》学者在此一特质上的多向阐发，在探寻朝代更替的源动力及其规律性、制定王朝仪制的历史依据、以《尚书》经义来匡正人君、鉴戒重臣等方面多有发明，并多能在治政实践中付诸实施。

在找寻汉庭更替前朝的源动力及帝王继承大统之规律性等方面，"长于政"的"《书》教"传统具有十分特出的地位。《盘庚》篇说："今不承于古，罔知天之断命"，又说"予迓续乃命于天"，《西伯勘黎》篇说："天既讫我殷命"，《召诰》篇说："天用剿绝其命，今予惟恭行天之罚"，又说："皇天上帝，改厥元子兹大国殷之命"。"天之断命""续命于天""剿绝其命""恭行天之罚""改殷之命"等表述概说了商人、周人认为其之所以能得天下，盖由天命所赐，并将此一伦理哲学理念昭信于天下。在"《书》教"传统的形成过程中，此一国运定于天命之主题意识亦代代相传，至秦汉有过之而无不及，直接影响着汉代统治的合法性论证，在两汉帝国的建立与巩固等方面发挥了重要的"建设性"作用。

《尚书·洪范》篇中所提及的五行观念本来是非常朴素的元思维，经汉代《尚书》学者的不断诠释，"洪范五行"观念得到了汉代统治者的格外重视，虽然汉代儒者如董仲舒等及统治者非常重视《春秋》学在两汉政权合法性论证中的作用，但是汉代所流行的"五德终始"说、"三统"说（"三正"说）均与"洪范五行"思想有关，《春秋》学与《尚书》学之间的相互生发关系值得学界重点关注。

首先，伏生创制的《洪范五行传》对两汉时期的"五德终始"说影响颇深。汉代流行的"五统"说又称"五德终始"说，其义理来源始出于《尚书·洪范》义，其中的"五行"说则导源于《尚书》中的天命观。《晋书·五行志》说："文帝时，宓生创纪《大传》，其言五行庶征备矣。"《宋书·五行志》亦说："伏生创纪《大传》，五行之体始详。"伏生《尚书大传》言"五行"，如五行相渗说、五行配五色说、五行配五职说等均与"五德终始"说相通。"五德"是指五行之木、火、土、金、水所代表的五种德性，"终始"是指五德之间周而复始的循环运转。"五德终始"说将此与天人相与说相攀附，以为朝代更替应遵行天道，应运而兴之帝王必占水、火、木、金、土五德中之一德，即《洪范》初一所及的水、火、木、金、土五行中的一行。代之而起的新帝王亦必须依五行相生或相克之原理占有五德中的一德。

两汉立政多依"五德终始"说，只不过中间经历了一个复杂的论证变化历程。汉初张苍采用黄帝（土）→夏（木）→商（金）→周（火）→汉（水）之五行相克说，认为秦王朝国祚太短且暴虐无道，不属于正统朝代，应该由汉朝接替周朝的火德，所以汉朝之正朔应为水德。至汉武帝，西汉之国运所依据又有所更改，汉武帝依"五德终始"说，认为秦王朝属于正统朝代，应占有五德之水德，因土克水，以为汉以土德王，故改汉正朔为土德。《汉书·武帝纪》说："太初元年夏五月，正历以正月为岁首，色上黄，教用五，定官名，协音律。"颜师古注说："以建寅之月为正也。"① 后来刘向《洪范五行传论》又提出了五行相生说，并用在朝代更替上，刘向以为暴秦享祚太短，可以不计，五行相生，即黄帝（土）→夏（金）→商（水）→周（木）→汉（火），依此说汉朝属于火德。《汉书》即依此说："汉高祖皇帝著纪，代秦继周，木生火，故为火德，天下号曰汉。"② 东汉光武帝光复汉室之后，正式承认了刘向、刘歆父子的说法，《后汉书》说："壬子，起高庙，建社稷于雒阳，立郊兆于城南，始正火德，色尚赤。"③ 从此确立了汉朝正朔为火德，帜尚赤，服色亦正为赤色。汉朝有时被称为"炎汉"，又因汉朝皇帝姓刘而称为"炎刘"，实导源于刘向的《洪范五行传论》。

---

① 《汉书》卷6《武帝纪》。
② 《汉书》卷21《律历志下》。
③ 范晔：《后汉书》卷1《光武帝纪上》，中华书局1965年校点本。

　　其次，汉代流行的"三统"说亦非常重用《洪范》义，其义理亦源出于《尚书》之教。"三统"说又称"三正"说，实由其前的"五统"说演化而成。该说以黑、白、赤三色代表三统，每一应运而生之帝王必占三统中的一统，代之而起者须依三统递相更替，如夏朝为黑统，殷朝为白统，周朝为赤统。"三统"说义理最早见于七十子后学文献中，《礼记》曾说："夏后氏牲尚黑，殷白牡，周骍刚。"① 《礼记》亦曾说过："夏后氏尚黑，大事敛用昏，戎事乘骊，牡用玄。殷人尚白，大事敛用日中，戎事乘翰，牡用白。周人尚赤，大事敛用日出，戎事乘，牡用骍。"② 汉代首提三统义者为《尚书》今文学大宗师伏生，《尚书大传》为伏生弟子记述伏生之学的合辑，主要体现的是伏生的《尚书》学思想。《尚书大传》有三处内容涉及"三统"说。其一为："天有三统，物有三变，故正色有三。……夏以十三月为正，色尚黑，以平旦为朔。殷以十二月为正，色尚白，以鸡鸣为朔。周以十一月为正，色尚赤，以夜半为朔。"③ 其二为："周以至动，殷以萌，夏以牙。物有三变，故正色有三。……周人以日至为正，殷人以日至三十为正，夏以日至六十日为正。是故三统、三正若循连环，周则又始，穷则反本。"④ 其三为："王者存二王之后，与己为三，所以通三统、立三正。周人以日至为正，殷人以日至后三十日为正，夏人以日至后六十日为正。天有三统，土有三王；三王者，所以统天下也。"⑤ 《礼记·檀弓》孔颖达《正义》曾引《略说》文，其引语亦说："夏尚黑，殷尚白，周尚赤，此之谓三统。……物牙色白，此萌色赤不同者，萌是牙之微细，故建子云萌，建丑云牙，若散而言之，萌即牙也，故《书传·略说》云：'周以至动，殷以萌，夏以牙。'"⑥ 夏以十三月为正或以日至后六十日为正，汉《太初历》承用夏正，立寅月为岁首，其用同《尚书大传》三统义，《太初历》由伏生再传弟子儿宽奉诏议定。《汉书》说："武帝元封七年，公孙卿、壶遂、司马迁等言'历纪坏

① 孔颖达：《礼记正义》卷 31《明堂位》，《十三经注疏》本，中华书局 2005 年版。
② 《礼记正义》卷 8《檀弓上》。
③ 伏胜：《尚书大传》卷 1《略说》，陈寿祺辑校，中华书局 1985 年版。
④ 《尚书大传》卷 1《略说》。
⑤ 同上。
⑥ 《礼记正义》卷 6《檀弓上》。

废，夏改正朔'。是时，御史大夫儿宽明经术，上乃诏宽曰：'与博士共议，今宜何以为正朔？服色何上？'宽与博士赐等议，皆曰：'帝王必改正朔，易服色，所以明受命于天也。创业变改，制不相复，推传序文，则今夏时也。……臣愚以为三统之制，后圣复前圣者，二代在前也。今二代之统绝而不序矣；唯陛下发圣德，宣考天地四时之极，则顺阴阳以定大明之制，为万世则。'"① 夏、商、周三统为一循环，继周者作新一轮循环。汉初人认为周、秦之间"可谓文敝矣"，秦政不改周制，反酷刑法，故去嬴秦不算，汉为继周之政统，为新三统之始。故《史记》"赞"说："三王之道若循环，终而复始。……故汉兴，承敝易变，得天统矣。"② 得天统之义，其意是说继周之后汉当恢复夏统之黑统。

自伏氏以后，汉代论及"三统"说者源源不断。董仲舒《春秋繁露》据《春秋》学论三统，其实也受到了《尚书大传》"三统"说的影响，其以黑统为建寅，白统为建丑，赤统为建子，全同《尚书大传·略说》篇义；以黑统正平明，白统正鸡鸣晨，赤统正夜半，亦与《尚书大传》所说的"夏以平旦为朔，殷以鸡鸣为朔，周以夜半为朔"义相同。刘向曾上疏说："故圣贤之君，博观终始，穷极事情，而是非分明。王者必通三统，明天命所授者博，非独一姓也。"③ 刘向所谓"通三统"，颜师古注中载有应劭的说法："二王之后，与己为三统也。"《汉书》亦记载绥和元年诏书论"通三统"事，说："盖闻王者必存二王之后，所以通三统也。"④

汉代声律亦归义于"三统"说。《汉书·律历志上》说："五声之本，生于黄钟之律。……律有十二，阳六为律，阴六为吕。律以统气类物……吕以旅阳宣气……有三统之义焉。……三统者，天施、地化、人事之纪也。十一月，《乾》之初九，阳气伏于地下，始著为一，万物萌动，钟于太阴，故黄钟为天统……为万物元也。《易》曰：'立天之道，曰阴与阳。'六月，《坤》之初六，阴气受任于太阳……故林钟为地统……令刚柔有体也。'立地之道，曰柔与刚。'……正月，《乾》之九三，万物棣通……故太族为人

① 《汉书》卷21《律历志上》。
② 司马迁：《史记》卷8《高祖本纪》，中华书局1982年校点本。
③ 《汉书》卷36《楚元王传》。
④ 《汉书》卷10《成帝纪》。

统。……'立人之道，曰仁与义。''在天成象，在地成形；后以裁成天地之道，辅相天地之宜，以左右民'，此三律之谓矣，是为三统。"①《律历志》立三统之义，以天、地、人论之，殆自伏生《尚书大传》"三统"说之衍生义。

除成为汉家得天下的凭据外，"《书》教"传统亦为两汉统治者在制定王朝仪制时提供依据。汉代"《书》教"活动的广泛开展对汉代社会政治影响很大，特别是今文《尚书》之教在官、私两个层面的大规模施行使得《尚书》中的许多观念深入人心并成为汉代立政过程中制定具体仪制的重要依据，"《书》教"传统中的许多理念不仅被汉代君臣所接受，而且也能被全社会所接受。社会底层民众不仅对最高统治者所制定的各种仪制不反对，反而能拥护之，其中的"《书》教"化俗功效不可抹杀。具体而言，包括以下几个方面。

首先，汉代常依《尚书》古义封建诰命，任荐大臣，论废立，改官名。

用《尚书》古义封建诰命始于汉武帝。武帝初嗣大统，亲览贤良文学对策书，御决才选，此举应是汉代依经选才之始。武帝元狩六年封建皇子，策立皇子刘闳为齐王、刘旦为燕王、刘胥为广陵王。武帝仿《尚书》"诰"②体手制诰命三策③。三策中"封于东土""封于北土""封于南土"仿自《康诰》"肆汝小子封在兹东土""惟命不于常"，显然是活用《康诰》经文；"俾君子怠"系改《秦誓》"俾君子易辞"经文；"凶于而国"亦直接引用《洪范》经文。策文中又明引《尚书》"臣不作威，不作福"。④这些不单单是从文体上仿效《尚书》，而且是依《尚书》古义进行分封。自此以后，汉代帝王封建诰命多用《尚书》义。

汉代任荐大臣亦多用《尚书》古义，如《汉书》载记，王根辅政时多灾异，李寻引用《秦誓》穆公自悔之词，对王根说："天官上相上将，皆颛面正朝，忧责甚重，要在得人。……昔秦穆公说谍谍之言，任仡仡之勇，身

---

① 《汉书》卷21《律历志上》。
② 颜师古注引服虔曰："诰敕王，如《尚书》诸诰也。"
③ 司马贞《索隐》云："按《武帝集》，此三王策皆武帝手制。"则知武帝依仿《尚书》众诰篇体，自撰策文。
④ 颜师古注说："《周书·洪范》云'臣无有作威作福'也。"

受大辱，社稷几亡。悔过自责，思惟黄发，任用百里奚，卒伯西域，德列王道。二者祸福如此，不可不慎！"① 王根因之而举荐李寻。周堪、张猛在位时刘向惧其倾危，于是引用《尧典》《皋陶谟》"舜命九官""凤皇来仪"古义上封事，亦为用《尚书》义任荐大臣之显例。东汉光武帝欲拜高密侯邓禹为大司徒，其策文说："百姓不亲，五品不训，汝作司徒，敬敷五教，五教在宽。"② 此篇策文几乎全抄《尧典》帝舜命契作司徒之文本。光武帝刘秀曾习《尚书》于欧阳学博士许子威，熟知《尚书》本经，故此策应为光武帝亲撰。

汉代还常用《尚书》古义论废立、改官名。论废立者如：昌邑王刘贺既立，行为淫乱，霍光欲废之，以问田延年，田延年矫取《商书·太甲》篇"伊尹放太甲于桐三年，太甲悔过迁善，伊尹归之政"古义以塞众口，建议废昌邑王刘贺，选贤另立。霍光问："今欲如是，于古尝有此否？"田延年说："伊尹相殷，废太甲以安宗庙，后世称其忠，将军若能行此，亦汉之伊尹也。"③ 改官名者如：东汉建武十五年，朱祐上奏说："宜令三公并去'大'名，以法经典"④，三公即司徒、司空、司马，最早见称于《尚书》，去"大"字以法经典，正是依据《尚书》本经而议更改之。后汉建武二十七年五月丁丑，光武帝曾据此下诏改官名，其诏说："昔契作司徒、禹作司空，皆无'大'名，其令二府去'大'。"⑤ 后又改大司马为太尉，骠骑大将军行大司马之事。

其次，汉代常依据《尚书》古义定国疆、议迁都、理阴阳、顺四时。

用《尚书》古义定国疆，如：宣帝世议者谓胡越荒服鄙远，主张依《禹贡》疆域方五千，应割弃胡越之地勿理，以节省国力。元帝初元元年，珠厓暴动，皇上与有司商议，准备大发军队征伐，贾捐之依《禹贡》疆域，以为不当击，认为应弃珠厓不复置郡，阻止发军南征。

用《尚书》古义议迁都，如：汉献帝初平元年，杨彪用《盘庚》本经

① 《汉书》卷75《李寻传》。
② 《后汉书》卷1《光武帝纪》。
③ 《汉书》卷68《霍光金日磾传》。
④ 《后汉书》卷22《朱景王杜马刘傅坚马列传》。
⑤ 《后汉书》卷1《光武帝纪》。

及《盘庚序》古义，驳董卓利用谶书《石包谶》诡托天命，欲止其徙都长安。

用《尚书》古义理阴阳、顺四时，如西汉名相陈平曾对文帝说："宰相者，上佐天子理阴阳，顺四时，下育万物之宜，外镇抚四夷诸侯，内亲附百姓，使卿大夫各得任其职焉。"[①] 东汉陈忠疏奏中亦认为："臣闻三公上则台阶，下象山岳，股肱元首，鼎足居职，协和阴阳，调训五品，考功量才，以序庶僚，遭烈风不迷，遇迅雨不惑，位莫重焉。"[②] 陈忠此言之依据为《尚书》义。丞相之职掌，首在佐天子理阴阳、顺四时，大概得其实。汉家受《洪范》五行学而施于政教者多见于三公佐天子调顺阴阳例，三公不亲细事，以调和阴阳为其职守，宣帝丞相丙吉对此理解深刻，成帝时的《尚书》家平当对此曾说："今……风俗未和，阴阳未调，灾害数见，意者大本有不立与？何德化休征不应之久也！"[③]

再者，汉代儒者在依据《尚书》经义来匡正人君、鉴戒重臣等方面亦多有发明。负有政治使命的汉代《尚书》学者不得已假借天象，托之《尚书》经义，用以诫警专横暴君、佞臣贼子改行仁政。如成帝时宴饮座张画屏，画纣醉踞妲己，作长夜之乐。班伯据《微子》《酒诰》义戒成帝毋迷色淫酒。成帝无继嗣，又数有灾异，于是成帝用大臣意，谓咎在后宫，于是责皇后省减椒房掖庭用度，许皇后上疏申辩，成帝引《尚书》"雊雉鼎耳"义警戒之，又引《尚书》周穆王刑章义以威之，说："《书》云：'高宗肜日，粤有雊雉，祖己曰：惟先假王，正厥事。'又曰：'虽休勿休，惟敬五刑，以成三德。'"[④] 此为借《高宗肜日》《吕刑》义戒后宫减省用度。成帝建始三年冬有日食地震，谷永引《无逸》《文侯之命》义谏戒成帝毋逸豫。桓帝幸广成校猎，陈蕃亦引《尚书》"无教逸遊""勿盘于游畋"义鉴戒桓帝毋逸豫。东汉郅恽曾引《尚书》"周公戒成王勿盘于游畋"义鉴戒光武帝毋逸豫。郎顗用《盘庚》"汝猷黜乃心，无傲从康"义谏顺帝仁俭施政。明帝永平四年，东平王刘苍引伏氏《洪范五行传》"有畋猎失宜之事应"义鉴戒明

---

① 《史记》卷26《陈丞相世家》。
② 《后汉书》卷39《刘恺传》。
③ 《汉书》卷71《隽疏于薛平彭传》。
④ 《汉书》卷97《外戚传》。

帝"毋逸豫"，明帝览奏后即还宫不猎。

其实《尚书》学者所凭借的天象未必皆合情实。赵翼《二十二史札记》对此所议最为平定，他说："《洪范》一篇，备言五福六极之征，其它诏诰亦无不以惠迪从逆为吉凶。……观《五行志》所载，天象每一变，必验一事，推以往以占将来，虽其中不免附会，然亦非尽空言也。"①

此外，汉代人君依据《尚书》义下罪己诏，三公依据《尚书》义自劾去官者亦不少。如：元帝时，因数次地震，而引据《尚书·皋陶谟》义，昭告天下登用贤俊、存问黎老孤弱。元延元年七月，星孛于东井，成帝下诏曰："乃者，日蚀星陨，谪见于天，大异重仍。在位默然，罕有忠言。今孛星见于东井，朕甚惧焉。公卿、大夫、博士、议郎其各悉心，惟思变意，明以经对，无有所讳。与内郡国举方正能直言极谏者各一人，北边二十二郡举勇猛知兵法者各一人。"② 成帝又曾于鸿嘉二年下罪己诏。东汉和帝时，每逢灾变，辄谘诹臣下，下罪己诏，一如其先帝。永和元年正月乙卯，顺帝亦因地震下诏自罪。

总之，从后世对《尚书大传》《尚书纬》《洪范五行传》等所作的辑本来看，汉代《尚书》学始终存在着一系或以阴阳五行说，或以灾异谴告说，或以谶侯纬说等为内容的神学化《尚书》学阐释传统。《尚书》中的《洪范》《金縢》《吕刑》等篇章成为这一系阐释思想的最原始的源泉和证明，他们通过各种神学化的解释将《尚书》所载上古三代历史的社会制度、政治经验等攀附到汉代的现实政治之中，随之出现了大量的《尚书》决狱、《禹贡》治河、《洪范》察变等经世致用之举。当然，诠释也是有限度的，过犹不及。随着汉代"长于政"的"《书》教"诠释传统的发展，由于仕途功名的诱惑、主观意识的作祟以及授徒资政的需要，汉代《尚书》学者在经世致用实践中，或被迫将传统的本体解释学发展至具有很大局限性的章句之学，或被迫将传统的知人论世、以意逆志诠释学衍化为灾异谴告、图谶纬说，所作阐释或流于空谈繁琐，或攀附各种图谶，无法在现实中落实下来，渐渐违背了《尚书》传统解释学的根本目的，最终导致了东汉末期《尚书》

---

① 赵翼：《二十二史札记》卷2《汉儒言灾异》，中华书局 2008 年版。
② 《汉书》卷10《成帝纪》。

学的凋敝与新变。

五　两汉谋求"《书》教"传统融合的契合点

前人留下的典籍往往以一种文本的存在状态显诸后世，后人治政要以这些典籍为依据就必须对其进行有选择的诠释。作为上古政治历史文献的重要载籍，佶屈聱牙的《尚书》主体部分是我国上古时期的训、诰、誓、命一类的政书，属于应用型的文字存在状态。其有些篇章虽显得拙稚，甚至曾被汉武帝称为"朴学"，但却是我国最早的也是比较成熟的政史文字载记。这种应用型特性及"朴学"特点使得《尚书》文本具有了很强的阐释张力和较为广阔的阐释空间，为汉代学者诠释《尚书》提供了必要条件，在数以千计《尚书》学者的努力下，遂造就了汉代治《尚书》之学的昌盛。

只有通过重新阐释才能使古奥难懂、叙述简略的《尚书》为汉代统治者所接受，并为其统治服务。汉代《尚书》学者对《尚书》的解读，许多内容已属于不同于先秦时期的新阐释，《尚书大传》《尚书》决狱，《禹贡》治河，《洪范》察变，《尚书纬》等都凸显了两汉《尚书》学者在经典诠释传统方面有所出新，其目的就是为汉帝国的现实政治服务。完全可以说，两汉《尚书》诠释的范畴、深度、特色均是与《尚书》文本"长于政"的特色分不开的，汉代《尚书》学的兴衰演变也是与《尚书》"长于政"特色的诠释意向能否得以凸显紧密关联的，"长于政"特色既是两汉"《书》教"传统的要义所在，亦是汉代谋求"《书》教"传统融合的契合点。要想把"《书》教"传统真正变成资政的依据，就必须对各种不同的"《书》教"诠释传统进行适合资政目的的改造与贯通。

两汉时期的学者对《尚书》的不同诠释既有迎合两汉不同时期政治、社会、文化发展需要的一面，也有对先秦诠释传统承继的一面。由于阐释者的诠释对象存在传本的差异以及阐释者的主观阐释意向、诠释风格不同，在四百余年间产生不同的《尚书》学派是顺理成章的事。但两汉时期谋求各种"《书》教"诠释传统融合统一的努力却一直没有停止，汉代统治者把《尚书》学逐步提升到官学体系内，目的是为了统一其诠释内容，并使之成为治政导民之核心依据。在汉代统治者的大力推崇下，"长于政"的汉代

"《书》教"活动得以在广泛的区域内开展，《尚书》今、古文学者以官、私并存的"《书》教"活动为依托，提出了各种各样的《尚书》学说。正是在广泛的"《书》教"活动实践中，各种各样的《尚书》学说逐步得以融合，渐渐形成了对《尚书》文本系统的权威诠释，这种权威诠释集中凸显了"长于政"的传统，是构建汉代社会各阶层心理结构的重要内容，是汉代统治者立政伦理思维和治政自觉实践的有机组成部分。

汉代《尚书》分立数家博士以及一家之中又衍生支派的情形是一种普遍的客观现象，故师法、家法源一流多。这种经说纷歧的现象对于朝廷使用和儒生学习来说都有不便的地方，再加上经学变成利禄之途，自成一说的儒生自然希望自己一派立于学官。这些问题往深里说都牵涉到政治哲学命题，故经说的纷歧既非纯粹学术上的争议，自然就不能全靠儒生自己来解决。为了解决经说、经传争议问题，前、后汉朝廷曾经分别举行过一次公开的经学讨论会，目的就是为了统一经文，融合经说，解决各派存在的分歧。《尚书》及其经说的讨论在两次会议中都占有十分突出的地位。

第一次为石渠会议，发生在西汉宣帝甘露三年，朝廷"诏诸儒讲五经同异，太子太傅萧望之等平奏其议，上亲称制临决焉"。参加这次讨论的《尚书》学大师有六人，即欧阳地余、林尊、周堪、孔霸、张山拊、假仓，其中周堪在各经大师中论经最高。石渠阁经议所讨论的都是各经本身的问题，全都属于西汉今文学范畴，而今文学以经世致用为其诠释方向。石渠会议留有详细的文字记录，见于《汉书·艺文志》著录者，在《尚书》类中有《议奏》四十二篇，在总论中又有《五经杂议》十八篇，班固均自注为"石渠论"。可惜这些记录现在已全部亡失，有关其详细内容，无法得知。

第二次为白虎观会议，发生在东汉章帝建初四年，朝廷下诏诸儒聚集白虎观，讲论经义，参加本次讨论的人员多有《尚书》学者，其中以丁鸿论经最明。这次讨论会的结果由杨终、班固撰集其事，名之为《白虎通义》，又叫《白虎通德论》。今书还在，其书除征引六经传记外，兼涉谶纬，而多传古义，其主要目的是希望对当时经学之文字、师说等各方面的纷歧求得统一标准，以维持最高统治者资政导民的需要和儒学定于一尊的局面。

这两次学术大讨论，前者周堪论经最高，后者丁鸿论经最明，周、丁二人均为《尚书》学者，其意义颇大。概其要义有三：其一，反映了当时

《尚书》学繁盛的概况；其二，借着不同学者的切磋，集思广益，极大地开拓了《尚书》学者的学术研究视野；其三，这种客观的开放式的讨论，是解决疑难问题的最好方法，"《书》教"传统中的诸多疑难问题，正是在两次大论战中按照"长于政"的目的有所折中，各家"《书》教"传统最终走向融通。

《尚书》今文经学与古文经学不仅在经书的字体、文字、篇章等形式上有差异，而且在经书中重要的名物、制度、解说等内容上亦多有不同。今文《尚书》学近于哲学，强调经世致用；《古文尚书》学近于史学，讲究训诂考据。但无论经世致用还是训诂考据，在其发展过程的后期都出现了一些背离初衷的枝蔓现象，使各自的优点渐渐嬗变为阻碍社会前行的阻力，无论是今文《尚书》学还是《古文尚书》学，求新、求变是其发展的必然。大儒郑玄之学的兴起标志着《尚书》今、古文学融合的形成。

六　两汉《尚书》学盛衰演变的成因

两汉《尚书》学的盛衰演变是与"《书》教"传统"长于政"特色能否得以凸显相关联的。西汉高祖时陆贾著有《新语》十二篇，文帝时贾谊著有《新书》，二者都曾称引《尚书》以论政。文帝、景帝时朝廷亦曾立有主治《尚书》的博士，汉武帝建元五年更是置专经《尚书》博士，自此以后，汉代《尚书》学大盛。究其原因，除《尚书》经学自身内部的驱动因素外，外在因素也至关重要。

首先，两汉《尚书》学的繁盛是与汉代帝王的提倡、奖励分不开的。西汉多位帝王尊崇《尚书》，先后设立欧阳、两夏侯三家博士，并置博士弟子员。平帝时更立古文学，以苏竟为讲《尚书》祭酒。东汉帝王尊崇《尚书》之学更是有过之而无不及。具体来看，秦火之后的汉初，汉承秦挟书之制，民间仍不敢私藏《尚书》，有之亦多藏于山崖屋壁之中。汉惠帝四年始除"挟书律"，此举为《尚书》的复出提供了历史机遇。汉文帝命晁错从伏生所受《尚书》，是汉代帝王第一次发出尊崇《尚书》信息的明证。建元五年春，汉武帝置《尚书》欧阳博士，以孔安国等为《尚书》博士，为"《书》教"活动的展开及博士弟子仕进架设了桥梁。如在武帝建元间，张

汤决大狱欲傅古义，乃请博士弟子治《尚书》者用之。孔安国之博士弟子
儿宽"见上，语经学，上悦之，从宽问《尚书》一篇，擢之为中大夫"。汉
昭帝始元五年六月下诏以《尚书》等未明，令三辅太常举贤良各二人，郡
国文学各一人；又于元平元年以孔霸为《尚书》博士。汉宣帝本始四年曾
下诏令夏侯胜撰《尚书说》，赐黄金百斤，又于甘露三年三月诏诸儒讲五经
同异，上亲称制临决，后立大、小夏侯《尚书》博士。汉平帝元始年间，
为"网罗遗失，兼而存之"，立《古文尚书》博士，以扶风平陵苏竟为讲
《尚书》祭酒。东汉光武帝延续西汉之制，建武元年置《尚书》欧阳、两夏
侯三家博士；建武十九年召桓荣，"令说《尚书》，甚善之，拜为议郎，赐
钱十万，每朝会，令荣于公卿前，敷奏经书，帝称善曰：'得生几晚'，因
拜荣为博士"。① 汉章帝更是降意儒术，特好《古文尚书》，建初元年下诏贾
逵入讲《古文尚书》，令其撰《欧阳大小夏侯尚书古文同异》三卷；又建初
八年十二月戊申下诏令群儒选高才生受《古文尚书》。汉安帝延光二年春正
月下诏选三署郎及吏人能通《古文尚书》者一人。汉灵帝熹平四年刻石经
《尚书》立于太学门外，熹平四年又诏公卿举能通《尚书》者除议郎。

其次，两汉《尚书》学的繁盛亦与治《尚书》学者多为帝王师或三公
等有关。两汉帝王多能以治《尚书》有成就的学者为师，雄才大略的汉武
帝曾从儿宽问《尚书》一篇，首开汉代帝王以《尚书》学者为师之先河。
夏侯胜因用《尚书》授太后而迁长信少府，赐爵关内侯，卒官时太后为其
素服五日，以报师傅之恩，儒者以为荣。汉宣帝即位四年，夏侯胜迁太子太
傅，太子即汉元帝。欧阳地余及孔霸亦都以《尚书》授元帝，孔霸因之官
至大中大夫，赐爵关内侯；博士郑宽中以《尚书》授太子，太子即汉成帝。
东汉建武十九年显宗始立为皇太子，选求明经，乃擢桓荣弟子豫章何汤为虎
贲中郎将，以《尚书》授太子；皇太子又师事博士桓荣，学通《尚书》。桓
郁少以父任为郎，传父业，永平十五年以《尚书》入授皇太子。桓郁之子
桓焉亦少以父任为郎，明经笃行，永初元年入授安帝；顺帝即位，拜桓焉为
太傅，复入授经禁中。邓弘少治欧阳《尚书》，亦授安帝于禁中。杨震、杨
秉、杨赐、杨彪祖孙曾四世为三公，两帝王师。

---

① 《后汉书》卷37《桓荣丁鸿列传》。

　　再者，利禄之途的引诱亦是汉代《尚书》学大盛的主要原因之一。班固在《汉书》中说："自武帝立五经博士，设弟子员，开科射策，劝以官禄，讫于元始，百有余年，传业者寝盛，枝叶繁滋，一经说至百余万言，大师众至千人，盖利禄路然也。"① 奖励、推崇已使文人士子向慕从风，再用利禄加以引诱，影响所及，自然广泛。如夏侯胜，每于讲授《尚书》之际，常对诸生说："士病不明经，经术苟明，其取青紫，如俛拾地芥耳。"② 桓荣更是说："今日所蒙，稽古之力也，可不勉哉！"③ 当时在邹鲁之地有一句谚语说："遗子黄金满籯，不如一经。"其实在当时由明《尚书》经而致高位者确实不少。

　　今文《尚书》学一直占据两汉官学的有利地位，但在历经了西汉中后期和东汉初期的发展之后却急剧跌落下来。之所以发生如此巨大的变化，是与今文《尚书》学自身发展中出现的两种现象分不开的：一是今文《尚书》学的繁琐化。从西汉宣帝始，《尚书》今文学分为三家，每家又有数说，枝离蔓衍，经师和师说增多，互为歧义，《尚书》诠解日趋繁琐。二是今文《尚书》学的谶纬化。自从《尚书》学研究成为官方肯定的学问之后，政府与学者都以《尚书》学为施政的依据，伏生以《洪范》中的"五行"为生发点，结合阴阳学说，最早构建了《洪范五行传》的理论体系，为今文《尚书》学走向谶纬化开辟了理论源泉，将今文学者导向既重视对《尚书》中微言大义的引申，又强调天人相与的神学观。当然，今文《尚书》学的迅速转向，也受到了一定的外因影响，主要是受到了《古文尚书》学的冲击。刘歆时增置《古文尚书》，《古文尚书》既立学官，必创说解，即《古文尚书》必有师法，东汉卫宏、贾逵、马融又递为增补，衍为家法以行于世，遂与今文分道扬镳。《尚书》今古文学之争，虽始于西汉末年，但其争斗的高峰却在东汉。在这场斗争中，古文经学日益抬头，在民间流传甚广，并逐渐占据优势，对今文经学产生了强有力的冲击。

　　东汉中后期《尚书》今、古文学在走向融通的过程中由盛极而渐至式

---

① 《汉书》卷88《儒林传》。
② 《汉书》卷75《夏侯胜传》。
③ 《后汉书》卷37《桓荣丁鸿列传》。

微。承秦火之后，西汉诸儒传《尚书》的学者由伏生开始，其后欧阳生、张生，各自成家；等到孔壁《古文尚书》出，孔安国亦自别行，遂衍为今文、古文的差异。然而就其传播《尚书》过程来说，他们一则加以不懈的整理校雠，一则致力于章句训诂，遂使《尚书》之学大行于世，诸儒之功均实不可没。当时《尚书》学者不仅重在微言大义的阐发，亦能兼顾考据训诂的探讨，虽遭司马谈"博而寡要，劳而少功，其事不可尽从"的批评，可是以之与其后的"碎义逃难"动辄徒以数十万言使人终生不得竟其业的章句小儒相比，确能略胜一筹。

王充《论衡》称，王莽之时，省五经章句，皆为二十万言，由此可推知西汉末年今文各家经说盖已具繁琐之病，不然无须减省。秦恭延君能说《尧典》篇目两字竟然达十多万言，但说"曰若稽古"四字亦至三万言。《汉书·儒林传》谓其守小夏侯之说，增师法至百万言。光武中兴之后，这种繁琐的《尚书》经说习尚并未减退，如朱普欧阳《尚书章句》四十万言，桓荣以朱普之章句浮辞繁长，减省为二十三万言，其子桓郁复加删减定为十二万言。《牟氏尚书章句》四十五万言，张奂亦以其浮辞繁多，减为九万言，然其自著《尚书记难》竟至三十余万言。

《汉书》说："自武帝立五经博士，开弟子员，设科射策，劝以官禄，讫于元始，百有余年，传业者寖盛，支叶蕃滋，一经说至百余万言，大师众至千余人，盖禄利之路然也。"囿于利禄之争，衍师法为家法，各自名家的情形到了东汉更有过之而无不及。其"守文之徒，滞固所禀，异端纷纭，互相诡激，遂令经有数家，家有数说"。① 这种解经者的支离漫衍已有"迂滞"之弊，班固对这种现象说得最为明晰："古之学者耕且养，三年而通一艺，存其大体，玩经文而已，是故用日少而畜德多，三十而五经立也。后世传经，既已乖离，博学者又不思多闻阙疑之义，而务碎义逃难，便辞巧说，破坏形体，说五字之文，至于三二万言，后进弥以驰逐，故幼童而守一艺，白首而后能言，安其所学，毁所不见，终以自蔽，此学者之大患也。"② 马宗霍亦说："夫以郑玄大儒，遍注群经，凡百余万言，通人犹讥其繁，则一经

---

① 《后汉书》卷79《儒林传》。
② 《汉书》卷30《艺文志》。

以过繁蒙讥，固其宜矣。"①《尚书》今文经说至此，诚可谓浮辞繁杂，纷纭莫衷，学者无不以为苦，于是融合今、古文的学风兴起。其实早在西汉武帝时，古文学大宗师孔安国即兼通今、古文。孔安国"为今皇帝博士"，可是今皇帝武帝所立《尚书》者皆为今文，即终汉之世，古文亦未尝多立，孔安国就一定是今文博士无疑。正因孔安国为今文博士，其传壁中古文时才能"以今文读之"，因以起其家法。王鸣盛说："盖安国在当时，实兼今文古文而通之，其为博士时，自当授弟子以今文，所谓禄利之路然也。至别有好古之士，如司马迁、都尉朝，方从安国问古文，所谓古文不合时务是也。儿宽初事欧阳生，治《尚书》以文学应郡举，诣博士受业，孔安国以试第次补廷尉史，此非经学既明而得禄之验乎？其所受者，乃今文也。"② 东汉治《尚书》者在研习今文《尚书》之余也多能探究古文，如汉章帝、贾逵、孙期、尹敏、周防、杨伦、许慎、郑玄等，都是明显的例证。郑玄的出现，实乃《尚书》今、古文融合会通之关键。郑玄虽以古学为宗，亦兼采今学以附益其义，自成一家，且无所不包。汉末学者苦其家法繁杂之际，见郑玄宏通博大，于是众论歙然归之，自郑氏《尚书注》行，其他各家的说法也就歙然而止了。这种不为今文或古文所囿的治学态度确实值得效法，也唯其不为所囿，郑玄才能成为汉代经学之集大成的通儒。

两汉孔氏家学对《古文尚书》学的发展作出过巨大贡献，是促成汉代《古文尚书》学嬗变成因的重要因素。自孔安国以下，其一系子孙世传《古文尚书》，传《古文尚书》，其意义不仅仅是传其本经，而是传孔安国所"起"之学。孔安国以下历代受袭封的嫡系一支均传《古文尚书》学，世世显贵，故孔安国一系对《古文尚书》学的传播无疑起了重要作用。孔安国三代孙孔子立、四代孙孔子元二人均治《书传》。东汉时期以孔安国一系裔孙为主传承孔氏《古文尚书》学一事，明确载于史册。从"子建不仕王莽""子丰善于经学，不好诸家书"到季彦"一其家业，兼修《史》《汉》，不好诸家之书"，孔安国一系孔家学者为维护学术的自尊，始终没有趋炎附势，

---

① 马宗霍：《中国经学史》，第 59 页。
② 王鸣盛：《尚书后案》"《尚书》后辨附"之"史记儒林列传"，北京大学出版社 2012 年版，顾宝田、刘连朋校点，据清乾隆四十五年礼堂刻本影印。

放弃自己的学术追求，东汉"古文虽不合时务，然愿诸生无悔所学"①局面的形成，孔安国一系孔氏家学所发挥的影响是不可低估的，正是他们为后世《古文尚书》学的兴盛奠定了基础，没有两汉孔安国一系孔氏家学的传承，《古文尚书》及其经学或许已经荡然无存。东汉时期，包括孔安国五代孙子建、六代孙孔仁、七代孙子丰、八代孙孔僖、九代孙季彦均传治《古文尚书》学。季彦既"一其家业"，亦必治《书传》，他自称："先圣遗训，壁出古文，临淮传义，可谓妙矣。而不在科策之例，世人固莫识其奇矣。斯业之所以不泯，赖吾家世世独修之也。"②

其说正与《孔僖传》之说相符，完全可以证明《后汉书》"自安国以下世传《古文尚书》"的记载不仅是真实的，而且今传《孔传》渊源有自，自孔安国始，其一系裔孙谨遵祖训，一其家业，对《古文尚书》之学不断发明。故黄怀信师说："像孔僖那样的大儒，必不能无所发明。所以，今之《尚书孔传》，极有可能杂入了孔僖等人修治的成果。那么，即使其中出现孔安国以后之人、事、官名、地名，如阎若璩《尚书古文疏证》所揭出者，也就不足为怪了。"③其实，何独孔僖会有所发明，孔子立、孔子元、孔子建、孔仁、孔子丰、孔季彦，甚至包括孔乔在内，均应有所发明。故笔者认为，孔安国及其一系裔孙们承传《古文尚书》，并创造、发展了其古文经学系统，这在中国学术史、文化史、思想史、经学史、儒学史上都具有划时代的意义。

---

①　《后汉书》卷35《张曹郑列传》。

②　孔鲋：《孔丛子·连丛子下》，王钧林注译，中华书局2009年版。

③　黄怀信：《汉晋孔氏家学与"伪书"公案》，厦门大学出版社2011年版，第215页。

第 一 编

西汉《尚书》学研究

西汉是我国历史上第一个大一统中央集权制的盛世，承传了被短命秦王朝一度中断的华夏正统文化传统，将先秦时期两大显学之一的儒家学说提升为官学，促成儒学实现了由诸子经学层面向官方经学层面的转化，并使之成为西汉统治意识形态的核心组成部分，实现了文化上的大一统。《尚书》作为儒家学派的核心元典之一，亦随之同步实现了身份的嬗变，在西汉统治意识形态中扮演着十分重要的角色。

　　按学界传统观点来看，《尚书》在周秦时期只称《书》，西汉今文学派首称《尚书》之名。两汉《尚书》学的发展以今文、古文为分界，各自经历了曲折复杂的流变，因《尚书》传授极讲究师法、家法，再加上相关文献的缺失与窜乱，致使诸多相关疑难问题历来分歧不断，许多学术纠纷争论了两千多年，至今仍莫衷一是。自西汉《尚书》今文经学的建立到西汉末东汉初古文经学的兴起，再至东汉中后期今、古文经学的合流，汉末《尚书》学的逐渐式微，故有其学术本身的发生、发展、高潮、低潮等起伏性的规律导引，亦受到了汉代社会政治变迁的牵制。《尚书》本经自秦火之后虽残缺不全，但周秦时期的"《书》教"传统并未灭绝，为故秦博士齐地济南伏生所传，逐渐衍成两汉经学中的一大显学——《尚书》今文学。伏胜所传《尚书》今文之学已非先秦之旧，其本经虽仅有二十九篇得以写定并传于世，但经伏生及其弟子们的不断承传与诠释，形成了一套比较系统的经典诠释文献，并衍生出枝叶繁茂的欧阳、大夏侯、小夏侯三大支派。

　　《尚书》今文学大宗师伏胜曾以私学方式教于齐、鲁间，诸山东大师无不涉《尚书》以教授。伏氏之学的具体内容在清人所辑的《尚书大传》中有所体现。从各种《尚书大传》辑本的主要内容来看，伏胜之学对先秦时期的《尚书》学传统进行了多方面的改造，在理论体系建构方面时有突破，为西汉统治者寻找立政导民文化理论支撑作了前期铺垫，但从其性质来看，仍未超越诸子学的传统范畴。

西汉《尚书》今文学分欧阳、大夏侯、小夏侯三家。欧阳一家先于武帝朝立于学官，此一事件标志着汉代官方《尚书》今文经学的开创。大、小夏侯两家于宣帝世立于学官，标志着汉代官方《尚书》今文经学的发展与壮大。西汉今文各家《尚书》学说在风格上稍有差异，但均以经世致用相标举。因《尚书》之学在"治政"领域有着源远流长的传统，故《尚书》今文经学诸大师往往借此发挥，渐次争得最高统治者的青睐，终致《尚书》今文经学成为官立诸经学中的翘楚。

《古文尚书》的发现与传世是汉代《尚书》学史上的大事，但其间的传播纷繁难辨。孔氏有《古文尚书》，孔壁所出《古文尚书》，河间献王所得先秦《古文尚书》，张霸所献百两篇《古文尚书》，中秘所藏百篇《古文尚书》，以及东汉杜林传自前汉的一卷漆书《古文尚书》等，谁是谁非，关系错综复杂。《古文尚书》学大宗师孔安国兼通今、古文，曾为今文学博士，后又以私学授《古文尚书》于都尉朝，遂下传形成《古文尚书》学一派。西汉大部分时间内《古文尚书》未能得立于学官①，一直在民间传播，故严格意义上讲，西汉的《古文尚书》学当是承传了周秦时期诸子学意义的"《书》教"传统，应归于儒家早期《尚书》学传统，与得到官方承认的《尚书》今文经学有着本质的不同。若是从《尚书》今文经学对立存在意义来看，既然《尚书》已被西汉最高统治者提升为官方经学，那么，古文家也就沾了今文家的光，《古文尚书》被连带着具备了核心经典的身份，古文家自然也就被经学化了。除与今文重合部分外，《古文尚书》中的逸十六篇二十四目于汉武帝末年由孔氏一并上献朝廷，得藏于中秘，是否形成诠释传统，在民间是否有传授，历来众说纷纭。

古人有崇古的传统，认为《尚书》是孔子所制，在对其诠释过程中，间杂有很浓的神秘色彩，以至于在西汉末期出现了与《尚书》经对应的《尚书纬》及《中候》，西汉《尚书》之学的谶纬化是本课题研究不可回避的重要话题。

---

① 曾于平帝至王莽新朝短暂得立于学官。

第一章

西汉对周秦《尚书》学传统的承传

先秦时期，诸子百家在《尚书》学概念上的对峙方面有着明显的发展演变轨迹。中华书局出版的《周秦〈尚书〉学研究》①一书对此有较为系统的考论，在此不再赘述。虽然孔子、墨子、孟子等企图以《尚书》赞治的举动处处碰壁，但在春秋战国相当长的一段时期内，以《尚书》议政却始终成为社会文化中的常见现象，《尚书》作为整个社会共同依托的文化背景之一，一直在各诸侯国发挥着重要的资政作用，曾被社会各阶层广泛地认同与尊崇。特别是对儒、墨两大显学而言，言必称《诗》《书》已经成为两家学派的重要标志。法家商鞅、韩非子、李斯等排斥《尚书》的思想虽然适应了当时统治者的需要，但它只是对当时治政活动提出了实用的见解而已，因缺乏对统治权威性和合法性的论证，而无法满足统治意识形态的根本需要，也不适应民族精神的理想追求，表现出非理性的治政特点，与全社会的和谐相矛盾，故法家思想虽然成为统治意识形态的重要组成部分，但也只能是内在地、潜在地存在而已，却不能成为统治意识形态的根本主张和公开宣言。而儒、墨两大显学所推崇的《尚书》学思想，是对上古正统治政历史观念与价值的承继与维护，在东方六国地域内始终是社会统治意识形态的根本主张和公开宣言。

秦代的焚《尚书》、禁《尚书》学政策，彻底地改变了上述这一《尚书》学对峙局面。西汉《尚书》今文、古文学的分途与秦代《尚书》学局面的新变之间有着密切的因果关联，秦始皇焚《尚书》、禁《尚书》学在

---

① 马士远：《周秦〈尚书〉学研究》，中华书局2008年版。

《尚书》学史上具有多重意义，绝不单单是几乎断送了先秦时期曾一度繁盛的《尚书》学传统，给其带来了无以弥补的巨大损失；更重要的是秦王朝采取的禁《尚书》学政策是先前各类《尚书》学思想对峙、交锋的必然结果，不仅是对先前《尚书》学内容的全面总结与反省，亦为两汉经学阶段《尚书》今文、古文学局面的产生作了铺垫和准备。

第一节　秦代《尚书》学局面新变

随着秦统一东方六国战争的最终完成以及法家在秦王朝中的得宠，儒、墨两家推崇《尚书》与道、法两家排斥《尚书》的主流与非主流格局发生了变化。秦王朝统治意识形态的后面是统治者非理性的个人欲望以及法家彻底功利主义的抑制《尚书》思想，秦王朝统治者在文化政策上采取了强制性的手段以达其以愚黔首的目的，致使儒、墨两家推崇《尚书》的主流变成了暗流。

传承自春秋战国的儒家《尚书》学传统与秦王朝统治意识形态之间发生冲突是历史文化发展的必然结果。在大一统中央集权制的政治背景下，二者冲突的结果只能是民间《尚书》的被焚以及民间《尚书》学、"《书》教"活动的被禁止，同时排斥《尚书》的思想逐渐占据了社会统治意识形态的主流地位，焚《尚书》、禁"《书》教"成为统治意识形态的基本主张与公开宣言，而尊崇《尚书》的思想只能转入藏《尚书》以自救的困难境地，更遑论"《书》教"的承传与开展了。这种新变化对西汉《尚书》今文学、古文学的分途产生了关键性的影响。

一　以《尚书》干政的传统与秦王朝专制体制之间的矛盾

先秦时期，诸子以《尚书》议政的《尚书》学传统与新兴的秦王朝中央集权专制体制之间存在着不可调和的矛盾。以《尚书》议政的传统起源很早，贯穿于先秦史官《尚书》学、贵族《尚书》学、诸子《尚书》学等多个存在范畴之内，有着坚实的社会存在基础以及源远流长的资政传统，对统一东方六国之后的秦王朝及其大一统专制统治意识形态的形成带来了强大的阻力。

　　早期的《尚书》是以类相随的，早在孔子之前就已成为资政垂教的重要源泉，以《尚书》赞治、以《尚书》为训、以《尚书》为教等《尚书》学活动在社会上层中得以开展，奠定了早期《尚书》学发展的基调，是几千年来整个《尚书》学的源头，待孔子整理并加以诠解后，"《书》教"传统已经形成比较完备的经典文化体系，一并成为诸子以《尚书》议政、以《尚书》干政的理论源泉。就史官《尚书》学存在范畴而言，史官以《尚书》赞治活动是建立在西周初期以周公旦为核心的君臣忧患鉴戒意识传统基础之上的，是最高统治者自觉、自省的主动要求，史官只是被动地执行职责而已。就贵族《尚书》学存在范畴而言，诸侯、公卿、士大夫们引《尚书》以赞治是建立在各诸侯国治政理民需要和能主贤臣互信基础之上的，其中也包含着对其前史官传统的承继成分。在《尚书》以类存的时代，作为历史遗典的《尚书》不仅是史官、贵族们引以赞治的工具，更成为对社会上层进行政治教育和道德教育的主要教材。

　　就诸子《尚书》学存在范畴而言，在诸子百家争鸣时代，虽然崇《尚书》、抑《尚书》的对峙局面长期存在，但尊崇《尚书》的势力一直占据着很大的优势。虽然战国中后期的儒家学者在现实境况的驱使下开始对《尚书》学传统进行反思，运用理性的、人文的精神对《尚书》学传统进行了重新诠释，而且在某种程度上讲，这种重新诠释开启了《尚书》经典化过程中的否定阶段；法家亦从彻底功利主义目的出发对《尚书》学采取激烈的、积极的否定态度；道家从"言不尽意"的虚无主义目的出发对《尚书》学采取被动的、消极的否定态度，但在孔子之后的诸子争鸣时代，"《书》教"活动下移使《尚书》逐渐成为全社会文化阶层的基本读物当是无可置疑的事实。无论各派诸子采取何种态度，都或多或少地征引过《尚书》，或论辩过《尚书》，都表现出了对《尚书》学传统关注的一面。司马谈在谈及先秦诸子百家时举有六家都与五经有关，说明五经在秦代以前乃是各家学派共同尊奉的典籍，非儒家、墨家专有。

　　《尚书》之核心内容是上古三代帝王之政史，其核心功用在于赞治与垂教。治《尚书》学者的最大理想就是成为帝王师，以便发挥《尚书》的资政教化功能。他们中的多数不属于唯唯诺诺的臣子，而是拥有治政忧患意识和垂教意识的《尚书》学传统继承者，他们是不会唯统治者马首是瞻的，他们不仅拥有优良的《尚书》学传统，同时也拥有人格的自尊以及改良社会治理的巨大责任。故诸子引《尚书》以赞治是以诸子推售其学说主张为前提条件的，是自觉、自愿的主动要求，带有以《尚书》干政的主观意图。但鉴于统治者的争霸野心，诸子引《尚书》以赞治的机会很少，即使偶尔有之，也多不能被统治者所接受。在直接引《尚书》以赞治而不得的情况下，诸子多采取以《尚书》议政的办法，造成一种浓厚的社会舆论氛围，间接地推行以《尚书》赞治的主张。

"《书》教"活动以及以《尚书》议政的传统已成为依附秦王朝政权而崛起的法家学者所最畏惧、最痛恨的东西，秦始皇焚、禁书籍以《诗》《书》为重点，正可见孔、墨两家《诗》《书》之学在社会上所发挥的巨大威力。以《诗》《书》议政、以《诗》《书》干政是儒、墨两家一以贯之的传统，其中饱含着强烈的使命感和忧患意识，但恰是这种强烈的使命感和忧患意识决定着其以《诗》《书》议政的本质是以古政议今政，在重实利的战国后期，这种做法显现出了迂阔不切实际的一面。

真正使敌对者害怕的正是《诗》《书》，诸子引《诗》《书》以议政，在当时是非常普遍的现象。周秦《尚书》学传统与一切从实用出发的秦中央集权专制政体之间存在着诸多矛盾。具体来看，矛盾主要表现在以下几个方面。

第一，东方六国《尚书》学传统与秦王朝文化传统之间的矛盾。秦王朝建立之初，其主要矛盾是与东方六国后裔及其臣民怀旧情结之间的矛盾，而《尚书》以及《尚书》学传统正是东方六国共同遵奉的核心经典与基本信仰，"《书》教"传统中所鼓吹的"续绝世，兴亡国"的传统更成为激活东方六国后裔及其臣民复国报仇的潜在工具。

第二，儒家"《书》教"传统所主张的封建制与秦王朝新兴的郡县制主张之间的矛盾。先秦儒家"《书》教"传统的核心理念是对上古三代分封政体传统的极力维护与宣扬，封建制已经在当时的知识分子中形成一种普遍的共识与信仰。而一度得宠的法家人物则对战国以来新兴的郡县制多所推崇，秦始皇也从郡县制与封建制的利弊教训中做出了倾向法家的抉择，曾明确表态廷尉李斯"议是"。

第三，儒家"《书》教"传统所宣扬的君王垂拱而治主张与秦始皇权力欲望的无限膨胀之间的矛盾。从较早的《尚书》学文献载记可知，在周秦时期的儒家《尚书》学传统中，"一人不刑而天下治"的理念是被普遍信奉的。当秦统一全国后，秦始皇认为"六王咸伏其辜，天下大定，今名号不更，无以称成功，传后世"，马上命令群臣议定尊号，丞相王绾、御史大夫冯劫等与博士们商议后认为应以"泰皇"为尊号，而秦始皇除去"泰"字，"采上古'帝'位号，号曰'皇帝'"。"泰皇"虽然是群臣与博士共议的结果，然首倡者必博士官无疑。"皇"之本义为"处虚守静而无所事事"，博士们的意思是"希望秦王清心寡欲，无所作为，垂拱而治"。秦始皇加上"帝"字，其意思则相反，"帝尊贤授德而大有作为"，体现了秦始皇要集尊贵与权力于一身的欲望。

第四，儒、墨两家"《书》教"传统中的禅让制、汤武征伐革命制等历史运行观与秦始皇强烈的"家天下"世袭制主张之间的矛盾。《尚书·虞书》中所宣扬的禅让理念以及《尚书·夏书》《尚书·商书》《尚书·周书》中所极力宣扬的征伐革命理念是中华先民在漫长的历史变迁过程中总结出来的符合历史发展变化的两种基本规律，后经儒、墨两家的不断宣扬，在战国晚期至秦初之际，已经成为知识分子信奉的基本立场。秦始皇在除谥号的相关话语中充分表露了其企图永远"家天下"的意愿，他说："朕闻太古有号无谥，中古有号，死而以行为谥。如此，则子议父，臣议君也。甚无谓，朕弗取焉。自今以来，除谥法，朕为始皇帝，后世以计数，二世三世至于万世，传之无穷。"[1]

第五，儒、墨两家"《书》教"传统的迂阔不切实际与秦始皇的彻底功利主义之间的矛盾。秦始皇以是否"有用"为标准直接把古今对立起来，过分强调文化为现实所用，采取"吾前收天下书，不中用者尽去之"的功利政策，而《尚书》学者的迂阔不中用正与其要求相矛盾。如《尚书·尧典》等记述了舜帝的封禅活动，齐鲁儒家《尚书》学者亦善言封禅说，儒生、博士们积极鼓吹秦始皇举行封禅活动，但从秦始皇巡游泰山的齐鲁儒生、博士七十余人却对封禅之具体仪式议论不一，"各乖异，难施用"。

---

[1]　《史记》卷6《秦始皇本纪》。

二 焚《尚书》以愚黔首与禁"《书》教"以压制舆论话语

矛盾如果不能得到及时解决或不能得到适当的调和,自然就会引发激烈的冲突。秦统一东方六国后,以《尚书》干政的迂阔行为与新兴大一统中央集权专制政体之间的矛盾呈现多元性,不可能在短期内得以彻底解决或调和,自然就会有激烈的冲突发生。统治者仰仗着国家武器,对"《书》教"活动进行干预控制的最好办法就是焚《尚书》以愚黔首,禁"《书》教"以压制舆论话语。

秦代焚《尚书》和禁"《书》教"的普遍实行使原先言必称说《尚书》的局面发生了质的变化。在六国地域曾一度繁盛的"《书》教"活动,在诸子反思的基础上,在法家功利目的的张扬中,在与秦王朝文化、政体的矛盾冲突中,终于第一次陷入了低潮,在民间公开的宣言变成了言语禁忌。

秦始皇焚书坑儒的首要目的是"愚黔首"。在《尚书》学历史上秦代焚书坑儒是一重大事件,焚书的具体情况到底如何向来有不同说法,钱穆先生认为:"秦廷此次焚书,其首要者为六国之史记,以其多讽刺及秦,且多涉及政治也。其次为《诗》《书》,即古代官书之流传民间者,以其每为师古议政者所凭籍也。……惟《诗》《书》古文,流传本狭,而秦廷禁令,特所注重。则其遏绝,当较晚出百家语为甚。故自西汉以来,均谓秦焚书不及诸子,又谓秦焚书而《诗》《书》古文遂绝,盖非无据而言也。"①

其实,秦始皇采取激烈的"灭人之国"后的"灭人之史"举动并不能完全归因于秦始皇个人欲望的极度张扬,而是社会历史矛盾发展到一定阶段的必然结果。汉初,贾谊就曾指出,秦始皇焚书的根本目的在于"废先王之道""以愚黔首"。

对秦代统治者而言,《尚书》学所发挥的舆论导向作用确实具有非常强大的威慑力,秦代焚《尚书》、禁"《书》教"恰是秦王朝君臣应对这种威慑力的具体手段。《尚书》乃政事之纪,其篇章之间所彰显的主旨之一是对政治体制传统的总结与深度把握,而"《书》教"活动作为私学在战国时代具有广阔的自由发展空间,诸子以《尚书》议政的实质就是以古政议今政,

---

① 钱穆:《两汉经学今古文平议》,商务印书馆2001年版,第188页。

是西周鉴戒思想的张扬与继续。在诸雄争强之时，这种传统显然不合于"逐于智谋""竞于气力"的时代要求。但《尚书》所蕴含的一系列治政牧民思想，作为一种解决时代政治课题的重要意识形态，虽不能被各诸侯国统治者所采用，却赖以儒、墨两家不懈的授受与传播，还是得到了战国社会的普遍认可，特别是在东方六国地域之内。在秦王朝建立统一的专制政体之后，因《尚书》学对政治体制的选择有着直接的影响，于是秦王朝把《尚书》学与现实政治紧密联系起来，将其纳入专治控制的范畴之内，采取了焚《尚书》、禁"《书》教"的激烈方式，不许私人染指"《书》教"活动，仅留官方博士所职之《尚书》不烧，所学不禁，这恰恰从正反两方面说明秦始皇对《尚书》学重要性的深刻认识，只不过其采取的利用与干预的具体措施带有一定的片面性而已。

具体来看，《尚书》为三代政史之载记，而且其所宣扬的封建制已经与战国以来一些诸侯国所推行的郡县制相冲突。秦统一天下后的初期，社会的主流思想仍然是主张推行分封制的，以博士官为代表的秦朝知识分子是分封制的主要代言人，《尚书》是分封制主张的理论源泉之一。秦始皇有着强烈的历史意识，他看到了以血缘为纽带的分封制的危害以及周朝因分封导致诸侯长期相争这一史实。秦始皇以之为鉴，自然会顺应历史发展的要求而选择郡县制。秦始皇、李斯论证推行郡县制的合理性恰是以史为鉴的充分体现，他们肯定了历史发展的变易性，事实上其做法比那些一味只知师古的博士儒生们要进步得多。如李斯主张禁私学的理由："古者天下散乱，莫能相一，是以诸侯并作，语皆道古以害今，饰虚言以乱实，人善其私学，以非上之所建立。今陛下并有天下，别黑白而定一尊；而私学乃相与非法教之制，闻令下，即各以其私学议之，入则心非，出则巷议，非主以为名，异趣以为高，率群下以造谤。如此不禁，则主势降乎上，党与成乎下。"① 秦始皇需要通过毁史来压制舆论话语并推行其愚民政策，《诗》《书》乃古史的精华所在，故焚《尚书》、禁"《书》教"自然成了其统治天下的应有之举。

秦王朝实施焚《尚书》、禁"《书》教"的成因亦与秦始皇片面的历史观有着直接的关系。秦国由西部边陲的一个小国在几百年内完成了统一大

---

① 《史记》卷87《李斯列传》。

业，使秦始皇对本民族的发展史过分自信，他非常重视秦国兴盛史中不断进取、崇尚武力、重用贤才、改革变法等关键要素，而轻视对东方六国兴衰史中有益经验教训的吸取。这可以从其"寡人以眇眇之身，兴兵诛暴乱，赖宗庙之灵，六王咸伏其辜，天下大定"话语中清晰地看出来。对"《书》教"传统所总结的上古三代从兴盛到衰亡规律性的东西，秦始皇多是抱着轻视的态度，其古史观是"古之五帝三王，知教不同，法度不明，假威鬼神，以欺远方，实不称名，故不久长"，这种古史观与《尚书》"人无于水监，当于民监，今惟殷坠厥命，我其可不大监，抚于时"的德治观、民本观截然不同。李斯更进一步助长了秦始皇的这种思想，在秦始皇面前，他一再鼓吹"今陛下创大业，建万世之功，固非愚儒所知，且越言乃三代之事，何足法也"。秦始皇过于拒绝上古三代丰富的历史遗产，拒绝前代政治统治经验，特别是迷信强权，一味地强化法制，不能积极地吸收三代德治传统、民本传统的治政精髓，结果使秦代社会失去了历史智慧的滋养，失去了正确的舆论导向，自然也就失去了纠正错误的运行机制，故"其亡而立可待"。

但焚《尚书》、禁"《书》教"的罪责又不能完全归罪于秦始皇一人，实亦与先秦"《书》教"传统自身发展过程中内殖的弊端有一定的联系。焚《尚书》、禁"《书》教"是诸子《尚书》学矛盾激化后的必然，是周秦《尚书》学反思、反省运动发展到一定历史阶段的必然结果，是食古不化的儒、墨两家《尚书》学者们未能及时调整《尚书》学诠释向度的应有之义。

三 秦王朝存《尚书》以自用与"《书》教"局面的新变

秦始皇对"《书》教"的态度，既重视又恐惧，这主要表现在秦朝政治对《尚书》学的利用与干预两个不同取向同时并存上。秦代博士官所职的《尚书》不烧，不仅意味着官方藏《尚书》不烧，更意味着"《书》教"传统的延续，这一点暗含着秦朝统治者对"《书》教"之政用价值的肯定。不过秦王朝统治者在存《尚书》以自用的过程中加强了对传统《尚书》学传统的改造，使之变成了为论证秦王朝统治东方六国合法性的御用工具之一。汉代今文《尚书》学传统即渊源于秦代官方对《尚书》学传统的改造。在激烈的焚《尚书》、禁"《书》教"以及战乱不断的困难局面下，以天下为己任，富有强烈使命感和忧患意识的传统《尚书》学者，在秦汉之际冒着生命危险藏《尚书》以自救，在《尚书》的留存以及"《书》教"传统的传播方面作出了重要贡献，特别是秦博士官伏胜与孔氏家族起着至为关键的作用，西汉《尚书》今文、古文学传统即分别渊源于秦朝《尚书》学博士伏胜以及孔氏家学"《书》教"传统。

　　《尚书》及"《书》教"的命运因秦代的焚、禁举动而分为二途。藏于博士官者不烧，不烧的原因是避免自愚，并以之为新用，于是就催生了一度繁盛的汉代《尚书》今文学。《史记·乐书》说："秦二世尤以为娱。丞相李斯进谏曰：'放弃《诗》《书》，极意声色，祖伊所以俱也。'"这一记载表明秦朝焚、禁六艺之书的目的只是愚民，对官方所藏则不烧、不禁，因为他们意识到在教育最高统治继承人方面"《书》教"活动仍具有重要作用。

　　"博士"一词出现很早，但最初之义是指博学之士，如《战国策》所载："郑同北见赵王，赵王曰：'子，南方之博士也'"①，《史记》所载："公仪休者，鲁博士也"②，这些文献中的"博士"均指博学之士，属于一种泛称。据张汉东考证，博士之官的设置至早可以上推至战国末期，齐、魏、秦各国在战国末期均已设置了博士之官。据《续汉书》记载："博士，掌教弟子，国有疑事，掌承问对。"③由此可知早期博士官除掌通古今之外，更重要的是参与议政和教育活动。汉代博士官之设及其职事范围多沿袭了秦博士官的传统，故王国维在《观堂集林》中认为"秦博士亦议论典礼政事，与汉制同矣"。④博士官开始出现就具有议政与教育双重职能，这也就决定了博士拥有一定的藏书职能，要保证博士能够辅助国政，保证博士能够教育未来的统治者，就必须保证其有书可读，有议可发。

　　至于秦代是否亦有专经博士，顾颉刚在《秦代的方士与儒生》中说："那时的博士是掌《诗》《书》和百家之言的。"⑤但学界意见多不一致。据《史记》所载，故秦博士济南伏生曾于秦汉之际藏《尚书》，并在汉初于齐鲁间以《尚书》为教，由此可以推测，博士伏生就应当为秦始皇七十博士

　　①　《战国策·赵策三》，齐鲁书社2005年版。
　　②　《史记》卷119《循吏列传》。
　　③　司马彪：《续汉书》，《八家后汉书辑注》，周天游辑注，上海古籍出版社1986年版。
　　④　王国维：《观堂集林·汉魏博士考》，中华书局1959年版，第176页。
　　⑤　顾颉刚：《秦代的方士与儒生》，上海古籍出版社2008年版，第53页。

中的治《尚书》学者，否则，伏生所藏不可能单单是《尚书》，而非《诗》
《礼》《春秋》等其他焚、禁之籍，更不可能在汉初单单以《尚书》为教。
"颇能言《尚书》……诸山东大师无不涉《尚书》以教"的记载恰恰说明伏
生确是专门研治《尚书》的博士。另外，陈蜚声认为伏生于秦统一六国之
后始为博士，其实未必如此，孝文帝时伏生年九十余，已经老不能行，秦统
一六国之时，伏生至少四十余岁。《史记》于秦始皇二十六年议帝号时，有
"丞相绾、御史大夫劫、廷尉斯等皆曰：'昔者……臣等谨与博士议
曰……'"①之语，可知秦博士官之设确实早于秦统一时，伏生亦有可能早
在公元前221年之前就已成为秦国的博士官。做博士官的前提条件是具备通
古知今的能力，而"《书》教"传统的功用正在于疏通知远方面，不论伏生
何时成为秦博士官，他在为博士官之前理应精于《尚书》学。陈蜚声《伏
乘》一书引有段成式《酉阳杂俎》和郭宪《洞冥记》关于伏生受《尚书》
的渊源情况，《酉阳杂俎》说："季充称负图先生，秦博士。伏生十岁就充
石室中受《尚书》四代之事，伏生以绳绕腰领，一读一结，十寻之绳皆成
结矣"②，《洞冥记》说："李克，冯翊人也。自言三百岁，少而好学，为秦
博士，门徒万人。伏生时十岁，就克授《尚书》，乃以口传伏子四代之事，
略无遗脱"③，这些文献载记虽皆为稗官杂录，不足为信，但历史的偶然中
往往也藏有必然，伏生幼时曾习《尚书》之说当为不谬。

　　不管怎么说伏生都是个幸运的、长寿的学者，他的人生先后经历了战国
晚期、秦代、楚汉战乱、西汉高帝、惠帝、吕后和文帝几个时期。其治《尚
书》之学的过程跨越如此复杂的多个历史阶段，特别是为秦博士官之经历使
其亲眼目睹了一度曾在邹鲁之地繁盛的《尚书》学传统被官方严加禁止的
事实，再加上楚汉战争的动荡不安以及汉初统治者对秦"挟书律"的默认，
理应给伏生以极大的刺激，迫使其对早先所接受的《尚书》学传统进行了
适合时代要求的改造。

　　伏生所传《尚书》的末篇为《秦誓》，此一情况寓意极为复杂。先秦时

---

① 《史记》卷6《秦始皇本纪》。
② 陈蜚声：《先儒年表》，十笏园石印《伏乘》本。
③ 同上。

代的《尚书》不仅有不同的传本，亦有写法上的歧异、字句上的不同，更有解说上的差别，但《秦誓》缀于《周书》之后的篇目编次安排在周秦之际决不会见容于邹鲁之士。秦始皇焚《尚书》、禁"《书》教"，但弘扬秦传统文化的《秦誓》篇必在焚、禁范围之外。由此推断，秦代所焚之《尚书》、所禁之"《书》教"一定不包括《秦誓》篇在内。伏生所传《尚书》中有与秦事相关的《秦誓》篇说明其编成定本的时间当在秦并六国之后，故伏生所治《尚书》理应为秦博士官所更定的官本。

再者，秦博士官所治《尚书》中有《秦誓》篇的加入，其寓意不仅仅是篇目的增减，而且暗含着官方《尚书》学传统的新变。在法家和秦始皇功利史观的驱动下，薄古尊今、古为今用的风向在秦王朝内部十分兴盛，一切均以是否有用为标准自然会采取"收天下之书，不中用者尽去之"的政策。秦朝要求博士不仅要知古而且要通今，即把历史知识运用于现实政治之中。在此情况下，博士们自然会遵此要求来改造《尚书》及其"《书》教"传统，此举在一定程度上导致"《书》教"逐渐失去了赞治、垂戒功能，发展到后来，在秦始皇强烈颂今思想与追求"永恒"意识的专制体制下，博士们就只能以《尚书》颂今、以《尚书》证今了，《尚书》学传统在一定程度上变成了为秦帝国歌功颂德的御用工具。

这种以《尚书》颂今的倾向主要表现在为秦王朝统治合法性的论证方面。如何论证统治的合法性，如何彻底征服和治理庞大的帝国，是灭商后的西周统治者和灭东方六国后的秦统治者必须回答的首要问题。历代统治者的精神依托归纳起来不外天命与历史的例证两个方面，周公旦与秦始皇都没有跳出这一基本的精神模式。周公旦在《尚书》中提出过系统的畏天和敬德保民思想，这些记载是西周统治者在论证、治理灭商后对庞大西周帝国治政成功经验的总结，其总结是从天命与历史两个方面为思考路向的。从伏氏《尚书大传》多封禅说和五行说来看，秦代《尚书》学确曾为适应秦王朝寻找其统治合法性的理论支撑而对《尚书》及"《书》教"传统进行过改造。在天命观方面，秦始皇亟须一套有利于其统治合法性的理论来做支撑，儒家学说特别是《尚书》学理论中的封禅说以及源于《尚书》学的洪范五行说恰在天命观方面具有此一功能。就这一《尚书》学传统而言，"《书》教"活动确实具有一定的官方宗教功能。官方宗教的目的是论证现实皇权和统治的合理性,《尚书》作为传统文化中的元典,既是中华民族的信仰所在,又是历代王道理想和治政原则所在,更是哲学家们政治思想的源泉和思考对象,《甘誓》《洪范》两篇中的"五行"为阴阳五行理论的最早源泉,秦汉时期所流行的五德相替说和五行观念与《尚书》学有着直接的联系。此外,不仅《吕刑》篇记载了古时"绝地天通"的事件,儒生博士们所积极鼓吹的封禅说亦来源于《尚书·尧典》篇。

第二节　齐、鲁《尚书》学传统的各自承传

就地域来说,两汉经学有齐、鲁之分,这与周秦之际的文化学术大变局有着不可分割的关系。秦汉之际的《尚书》藏于民间者则烧之,焚烧的原因是以愚黔首,传统《尚书》学者则复藏之以自救,以待来时,这种举动对汉代不同《尚书》学派的出现与演变产生了重要影响。从文献记载来看,秦汉之际民间藏《尚书》以自救现象主要集中在《尚书》学一度曾相对较为繁盛的齐鲁之地,但齐鲁《尚书》学传统又因受各自地域文化风俗影响而具有不同的特色。这可以从代表齐学风格的《尚书大传》与代表鲁学风格的《孔丛子》中的《论书》《刑论》等文献论《尚书》、释《尚书》的差异性看出来。

据《史记·儒林列传》等相关资料可知,周秦儒家《尚书》学流变确实具有一定的地域特色。孔子之时,其弟子漆雕开已开始在南方蔡地传播孔子早期的《尚书》学思想,并形成了影响较大的一派;孔子死后的春秋末期至战国初期,其弟子散游诸侯,子张在陈地、子夏在西河、孔子之孙子思等在鲁国分别传播了孔子晚年的《尚书》学思想。战国中期,齐、鲁儒学以《诗》《书》为主,《荀子》透漏了此一信息:"上不能好其人,下不能隆礼,安特将学杂识,顺《诗》《书》而已耳!则末世穷年,不免为陋儒而已。……不道礼宪,以《诗》《书》为之,譬之犹以指测河也,以戈舂黍也……故隆礼,虽未明,法士也,不隆礼,虽察辨,散儒也。"[①] 荀子所抨击的那种只重视《诗》《书》而不重视《礼》《乐》的陋儒或散儒,当是指

---

① 王先谦:《荀子集解·劝学》,中华书局 1988 年版。

在他之前的一些儒家学派，最有可能的就是针对排挤他的齐地稷下儒者而发。这则资料说明，在孔子之后荀子之前，齐国儒学论学主要是依据《诗》《书》。战国中后期，在齐威王登上历史舞台后，天下并争，儒术既黜，唯独齐鲁之间的儒学不废，《诗》《书》乃儒者最为尊崇的典籍，《尚书》学在齐鲁地域仍有相当大的影响。故到秦始皇统一中国前后，儒家《尚书》学几乎成为齐、鲁两地特有的学问。《史记》所载"夫齐鲁之间于文学，自古以来，其天性也。故汉兴，然后诸儒始得修其艺"①，正说明儒学主要流行于齐鲁的情况。此种情势在西汉前期仍在继续。《汉书·地理志》曾明言齐、鲁二地具有儒学风格，《地理志》依次介绍各地的风俗，唯称齐俗"好经术"，鲁人"上礼义"，其他各地与经学儒术的关系则未有表述。

《尚书》记载了三代治政理民之史实，尤其是周公的言论保存最多，涉及很多治政法则，这在崇尚智术、追求功利的齐人眼里是十分有用的，西汉前期齐学不重视《礼》而特重视《尚书》，原因之一就在于此。邹鲁之士，向有儒学传统，特别是在孔氏家族内，一直承传着孔子善言《诗》《书》的传统，遂衍成绵延不断的家学，至秦汉时仍未间断。但齐地儒学与鲁地儒学之间有着各自的风格，这在儒家六艺中多能看到。

一 齐地《尚书》学传统的承传

皮锡瑞曾说："汉有一称天人之学，而齐学尤盛，伏《传》五行，齐《诗》五际，《公羊春秋》多于灾异，皆齐学也。"② 齐学本是指西汉初年齐人的传经之学，溯其源当自周秦时期齐地的儒术而来。汉代齐学者多今文家说，其学大多混合了阴阳术数，以灾异说经，尚阴阳五行说，后期主谶纬，以恢奇为特色。如京房以灾异得幸，其《易》学受自齐人焦延寿，后梁丘贺从京房学《易》更是以善卜筮而闻名。高相治《易》专说阴阳灾异，其学出自齐国的杜田生。西汉《尚书》今文学更凸显了此一齐学特色，齐人伏生之《尚书大传》大谈"洪范"五行，正与此种学风相一致。伏生而下的张生、欧阳生、儿宽以及欧阳、大夏侯、小夏侯三家的《尚书》学亦都

---

① 《史记》卷121《儒林列传》。
② 皮锡瑞：《经学历史》，第106页。

属于齐学，且均具齐学恢奇之特色。

伏生藏《尚书》与秦王朝禁《尚书》之时的民间藏《尚书》并不是一回事。《尚书》今文学大宗师伏生为齐地济南人，曾为秦博士，其所传《尚书》本理应为秦博士官藏节选本，《史记》却说伏生本为壁藏本，其说可疑。按秦律博士之书不烧，似无壁藏的必要，伏生求得其《尚书》之后教于齐鲁之间，其壁藏之地可能为齐国济南，王充《论衡》曾谓伏生藏《尚书》于山中。是壁藏还是藏于山中，前人多以为难以考实，但可明确的是，伏生藏《尚书》的真正原因是"兵大起"，这应是指当时的齐地兵乱，而非秦始皇的"焚书坑儒"。《汉书》说"秦二世元年⋯⋯九月⋯⋯是月，项梁与兄子羽起吴。田儋与从弟荣、横起齐，自立为齐王"①，田儋、田荣二人于秦二世元年在齐地起兵，导致齐地进入战乱状态，故伏生只能藏《尚书》以免遭破坏。

再者，秦博士所治《尚书》与齐地所传《尚书》二者之间并不矛盾，这与齐秦文化之间的互动性有一定关系。汉代《尚书》今文学的一些大师如伏生、张生、欧阳和伯、儿宽、夏侯胜等都是齐人，而其祖师伏生曾担任过秦博士，此一情势表明了齐学与秦学之间可能存在着某一内在联系，故大体而言，若把秦汉之际的官方《尚书》学说成是齐秦之学当不为过。《尚书大传》的诠释风格与战国后期齐地盛行的阴阳说、五行说、五德终始说多相似之处。《尚书大传》虽成书于西汉初期，是伏生一派欧阳生、张生等对伏生《尚书》学活动所做的辑考，但其思想是伏生的，是伏生在先秦时期所学、在秦王朝博士官职位上所用"《书》教"理论的遗留。

《尚书大传》中除保存有大量的阴阳五行观点外，更有整整一卷的《洪范五行传》，全是阴阳五行灾异之说，牵强附会地认为自然现象、社会信息和历史现象都受金、木、水、火、土五行的支配。大夏侯学派的许商撰《五行论》，亦即《洪范五行传记》，小夏侯学派的李寻盛推《洪范》灾异，鼓吹汉应再受命。刘向撰《五行传论》，刘歆撰《五行传说》，最后班固集其大成，归结撰成《汉书·五行志》。《五行志》先引《洪范》原文一段，跟着继录《洪范五行传》一段，接着记录各种灾异以论断史事。两千年来中

---

① 《汉书》卷1《高帝纪》。

国谈历史就跳不出"洪范五行"的魔圈，从《洪范》中衍生出了中国历史哲学中支配人们头脑两千多年的完整的宣扬天人感应的神学史观。就秦汉时期"《书》教"理论中的这一学说而言，其说不无道理。故《四库全书总目》把《尚书大传》作为《尚书》之纬书著录，虽不十分恰当，亦无大谬。

二　鲁地《尚书》学传统的承传

齐学多今文说，鲁学多古文说，齐学存微言，鲁学明训诂，此说最为恰切，可以说是对周秦两汉齐学、鲁学现象的客观描述。大多治鲁学的学者为古文学家，《汉书》说："谷梁子，本鲁学。"[1] 鲁学之名，即以此为最早。鲁学多具迂谨特色，如鲁申公为《诗》训诂时疑者则阙而不说，王式以鲁《诗》授弟子均以师说为是。刘歆所立古文诸经如《古文尚书》《左传》、逸《礼》均可称之为鲁学，其之所以被称为鲁学，不仅是因为这些古文来自鲁地孔壁，更重要的是其学风有着与齐地完全不同的风格。

秦代孔氏家族因焚、禁之政而不得不藏《尚书》，在《尚书》学史上具有特别重要的意义，汉代孔安国所传授的《古文尚书》学即渊源于此。在秦汉之际，《尚书》不仅有齐地伏生因战乱而藏的齐地删选本，或为秦代官学删选本，最终成为汉代官方长期尊奉的《尚书》今文学之源泉；亦有鲁地孔氏家族因秦焚、禁之举而藏的鲁地删选本，或为鲁国官学的删选本，或为孔氏家传本，但不论是何种本子，却最终都成为汉代民间长期流传的《古文尚书》学传统的渊薮。

孔子后裔在孔子《尚书》学的继承与发展方面曾作出过重要贡献。孔子之孙子思与鲁穆公同时，曾为鲁穆公师，当于孔子《尚书》学多所继承。《孟子》征引《尚书》特多，且曾专门编次过《尚书》，这可能与孟子曾学于子思之门人的《尚书》学传统有关。子上为子思之子，曾请所习于子思，子思教其以《诗》《书》为学，而"杂说不与也"，说明其亦于《尚书》学颇通，当为好学之士。子高为子思玄孙，子京之子，与平原君、信陵君有交往，时好称"天下高士"。子顺孔腾为子高之子，多学识，曾做赵、魏二国师，为魏安厘王国相。子鱼孔鲋为子顺之子，乐先王之道，人称"通才"。

---

① 《汉书》卷88《儒林传》。

子襄为子顺中子，孔鲋之弟，尝与其兄同事陈胜，后仕汉，惠帝时为博士。以上所述孔氏诸后裔均于孔氏《尚书》学之承传有所贡献。

无论孔壁《尚书》为孔氏家族中的哪一位所藏，所藏《尚书》必为鲁地先秦孔氏古文本或删选本。关于藏《尚书》于孔壁中的人物，陈梦家总结为孔腾说、孔鲋说、孔惠说，台湾学者程元敏等多主张孔壁古文由孔鲋藏入。我们赞同孔鲋说，公元前256年至公元前255年这两年间，周王朝灭于秦，鲁国灭于楚，儒家立足于周礼的文化立场发生了根本性的动摇，儒者尊周、宗鲁的信念受到巨大冲击。继周者为谁的议题摆在了儒家学者面前。楚灭鲁时孔顺三十七岁，孔鲋八岁①。自孔子卒后，子夏之徒曾在魏地传播孔子儒学且影响极大，从孔顺能为魏相一事来看，孔顺在孔氏家族中当是于家学颇有作为者之一，周、鲁之相继灭绝对孔顺刺激很大，而孔鲋在成长过程中，理应受其父亲的影响很深，孔顺为魏相时孔鲋已经二十四岁，尝跟随其父定居于魏，孔鲋之学亦当受到过魏地学风的影响。故孔鲋藏《尚书》的可能性最大。

《孔丛子》是一部专门记述孔氏家族人物言行的著作，原书二十一篇，记事自孔子至孔鲋，旧题孔鲋撰。自宋代以来多言其伪，今人黄怀信师在大量考证后认为，该书的前四篇文字确有原始材料，而且其时代应在汉兴之前。《论书》为其第二篇，《刑论》为其第四篇，两篇涉及《尚书》学的条目达二十二条之多。若黄先生所考不错的话，则《孔丛子》的最初作者当于孔氏《尚书》学颇为精通。从《孔丛子》论《尚书》内容与《尚书大传》所载《尚书》学思想的比对来看，《孔丛子》论《尚书》较少有阴阳五行观念，而多主王道思想，诠释也多围绕着治政意识形态和人生哲学的批判指导上，诠释风格与《尚书大传》有着明显的不同。

有学者认为，鲁人不重视《尚书》学传统由来已久，《论语》中反复引用《诗》阐释《诗》，却罕言《尚书》，虽然孔子是把《尚书》当作课本讲授，却未强调《尚书》在教育中有何重要性。其实情况未必如此，《孔丛

---

① 《史记·孔子世家》："子高生子慎，年五十七，尝为魏相。子慎生鲋，年五十七，为陈王涉博士，死于陈下。"子慎即子顺，慎作顺，属古同音字互用。另据钱穆先生《先秦诸子系年》考证："前二九三年子慎生""前二三七年子慎卒"，约在公元前二四〇年为魏相；"前二六四年孔鲋生""前二〇八年孔鲋卒"。

子》中的《论书》篇所载多有孔子的"《书》教"思想，一点也不比《论语》论《诗》少。鲁地学者整体学术与《尚书》学之关系，我们不敢妄下断语，但单就孔氏家学而言，在战国至秦汉之际，孔子整理的《尚书》及其最初形成的"《书》教"思想在其后裔中得到了很好的继承与传播当为事实。不仅汉代《古文尚书》经来源于孔壁所藏，其"《书》教"传统亦很好地继承了先秦鲁地孔氏家学的诠释风格。

　　总之，汉代流行的《尚书》及其传记确实有着齐、鲁之分，今文《尚书》及其传记在某种意义上可谓是"齐《尚书》"与"《尚书》齐学"，其流传的《尚书》在汉代为二十九篇，其传记的代表为《尚书大传》，故《尚书大传》亦可谓《尚书》"齐《传》"。《古文尚书》及其传记可谓"鲁《尚书》"与"《尚书》鲁学"，其流传的《尚书》在汉代为孔壁本，其传记的代表为《尚书》孔《传》，亦可谓《尚书》"鲁《传》"。鲁地的《尚书》传记虽未被官方认同，其学者亦未设有专经博士，但在孔氏家族内部一直在流传，而且在保持传统的前提下不断得到补充、修改、完善，梅赜所献五十八篇《古文尚书》及《尚书孔传》正是民间《尚书》鲁学绵延不绝的明证。

第二章

西汉《尚书》今文经学流派考辨

西汉武帝始立五经博士，至宣元之后，经有数家，家有数说，已成为一种普遍存在的现象。单就《尚书》一经而言，自伏生教于齐鲁间始，《尚书》今文学便迅速得以传播，诸山东大师无不涉《尚书》以教授。此时的《尚书》学虽被称为《尚书》今文学，但还属诸子《尚书》经学的范畴，还未被官方承认，还未被提升到官方经学层面，却已为官方意义上的《尚书》今文经学的到来开辟了道路。伏生之《尚书》学属于《尚书》今文学，且为今文经学的始祖，其学下传枝叶繁茂，在武帝将伏氏所传《尚书》学确立为官方经学后，才被纳入《尚书》今文经学范畴来观照。《尚书》今文经学在官方的大力推动下，渐次衍生出诸多支派，独自名学者多人，各家之弟子门徒更是多不胜数。特别是欧阳、两夏侯三家更是占据着《尚书》今文经学中的主流。欧阳家衍传有平、陈之学，大夏侯学衍传有孔、许之学，小夏侯学更是衍生出郑、张、秦、假、李五家《尚书》今文经学。在经世致用目的的驱动下，这些派别间相互争胜，共同推进着汉代《尚书》今文经学的前行。

第一节　《尚书》之称始于西汉今文学派

《尚书》之称始于汉代还是周秦时期是两汉《尚书》学研究中必须解决的第一个难题。《尚书》之专名起始于何时的问题，早在汉晋时期已有三说。一说认为起始于孔子，郑康成《书赞》说："孔子尊而命之曰《尚书》。"一说认为起始于西汉今文欧阳氏，刘歆《七略》说："《尚书》，直言也，始欧阳氏先名之。"一说认为起始于伏生，孔安国《古文尚书序》说："济南伏生……以其上古之书，谓之《尚书》。"郑玄、刘歆、孔安国三者均为两汉时人。其中，孔安国虽为西汉人，但不少学者认为其未曾撰作《尚书传》，署名孔安国撰的《古文尚书序》为魏晋间人所伪造，其说伏生先言之，不知何出。孔、刘、郑三者之说已互有冲突，自然后人莫衷一是，迄今学界仍有争议。

从传世文献来看，先秦时期称《尚书》多称《书》，称"尚书"二字者仅有一例，即《墨子·明鬼下》的"故尚书夏书，其次商周之书"。以其文观之，好像是在墨子时期已有《尚书》之专称，但清代高邮王念孙对《墨子·明鬼下》称"尚书"一事提出新解，他说："'尚书夏书'，文不成义。'尚'与'上'同，'书'当为'者'，言上者则《夏书》，其次则商、周之《书》也。此涉上下文'书'字而误。"自此学界多以此说为定谳，认为此"尚书"是由其在传世过程中将"上者"误写而成。除《墨子·明鬼下》外，世传文献最早使用"尚书"二字者为《史记》，《史记》直称"尚书"者凡四处五见。即《五帝本纪》："学者多称五帝尚矣，然《尚书》独载尧以来。"①《儒林列传》："汉定，伏生求其书，即以教于齐、鲁之间，学者由是颇能言《尚书》，山东诸大师无不涉《尚书》以教矣。"②《大宛传赞》："言九州山川，《尚书》近之矣。"③《三代世表》："至于序《尚书》则略，无年月，或颇有，然多阙，不可录，盖其慎也。"④涵咏上述各条文义，"尚书"均专指先秦时期的《书》无疑，自此以后传世文献称《书》多称《尚书》。

从出土文献来看，1973 年底长沙马王堆三号汉墓出土的帛书《易传·要》篇又有"尚书"之称出现，遂使学界对传统先秦时期无《尚书》之称以及王念孙"尚书"当"尚者"之误的说法产生了怀疑。《要》篇称说"尚书"的文本为："孔子老而好《易》，居则在席，行则在囊。子赣（贡）曰：'夫子它日教此弟子曰：德行亡者，神灵之趋；智谋远者，卜筮之繁。

---

① 《史记》卷 1《五帝本纪》。
② 《史记》卷 121《儒林列传》。
③ 《史记》卷 123《大宛列传》。
④ 《史记》卷 13《三代世表》。

赐以此然矣。以此言取之，赐绻行之为也。夫子何以老而好之乎？'夫子曰：'君子言以矩方也。前（剪）羊（祥）而至者，弗羊（祥）而巧也。察其要者，不诡其福。尚书多□矣，周易未失也，且又（有）古之遗言焉，予非安其用也。'"学界对这里出现的"尚书多□矣，周易未失也"之记载有多种看法，概括起来有两类观点：一类观点认为这里的"尚书"就是指六经意义中的《尚书》，只不过对《要》篇成书的年代又有不同看法，一说认为在西汉初期，以日本人池田知久为代表，一说认为在焚、禁《诗》《书》之后的秦王朝时期，以王葆玹为代表，还有一说认为在春秋末期由孔子始称之，以廖名春为代表；另一类观点认为，这里的"尚书"不是指六经中的《尚书》，而是泛指，以郭沂为代表，他认为"尚书"在先秦时期"是普通名词，非专用名词"，"凡上古之书，皆可被称为'尚书'"。

无论是出土文献所载，还是传世文献所载，均莫衷一是，哪说更接近历史真相呢？问题意识可以引导我们的思路。目前我们能看到记载先秦时期称"尚书"之说的史料，总括起来有如下四条。

（1）《墨子·明鬼下》说："故尚书夏书，其次商周之书。"

（2）帛书《易传·要》说："尚书多□矣，周易未失也，且有古之遗言焉。"

（3）孔颖达《尚书正义》疏引马融《尚书注》说："上古有虞氏之书，故曰尚书。"

（4）郑玄《书赞》说："孔子尊而命之，曰尚书。"

据此四条史料，不妨多问几个为什么：帛书《要》篇、《墨子·明鬼下》篇，一为出土文献，一为传世文献，其各自所称说的"尚书"之间有关联吗？帛书《要》篇与《墨子·明鬼下》篇，都出现了《书》与"尚书"同篇并行称说的情况，为何同一篇中会出现《书》与"尚书"不同的称引？在这两篇中，《书》与"尚书"的域指不同还是相同？《墨子·明鬼下》篇中的"尚书""夏书""商周之书"是平行关系还是包举关系？帛书《要》篇中的"尚书"和"周易"是对举关系还是包举关系？若是对举关系，与今天意义上的对举是否一致？若是包举关系，其间的包举关系如何？马融、郑玄师徒之说是否有承继关系？我们沿着这些问号逐一探究如下。

一　《墨子·明鬼下》称说"尚书"问题

高邮王氏以"尚书夏书"之说"文不成义"而断定"书"当为"者"，是涉"上下文'书'字而误"，其使用的是涵咏本文之法，着眼于文理词气间的诉和无间，但郭沂先生则不认同此观点。现将郭沂的观点摘引如下："但我认为，《墨子》中的'尚书夏书'并非像王念孙所说的那样'文不成义'，只是此处的'尚书'的含义与后来的《尚书》不同。……在先秦时期，凡'上古之书'皆可被称为'尚书'，其所指要视具体语言环境而定，如在《墨子》里指《虞书》。"其说理据有三：理由之一认为，后世所传《尚书》包括《虞书》《夏书》《商书》《周书》四部分，《明鬼下》不当只言《夏书》《商书》《周书》而略去《虞书》；理由之二认为，《明鬼下》这段文字以上已经不止一次地将虞、夏、商、周并举，此处不当只言《夏书》《商书》《周书》而略去《虞书》；理由之三认为，马融说"上古有虞氏之《书》，故曰'尚书'"，其说必有根据。

其实，郭沂先生的这三条理据都还有进一步思考的余地。先来看其第一条理由，阎若璩已经探讨过此问题，他说：

> 《虞书》《夏书》之分，实自安国《传》始。马融、郑康成、王肃、《别录》题皆曰《虞夏书》，无别而称之者。孔颖达所谓"以虞、夏同科，虽虞事亦连夏"是也。即伏生《虞传》《夏传》外，仍有一《虞夏传》。郑康成《序》又以《虞夏书》二十篇、《商书》四十篇、《周书》四十篇，《赞》曰："三科之条，五家之教"，是《虞》《夏》同科也。及余观扬子《法言》，亦曰："虞夏之《书》浑浑尔，《商书》灝灝尔，《周书》噩噩尔"。则可证西汉时未有别《虞书》《夏书》而为二者。杜元凯《左传注》僖公廿七年引《夏书》"傅纳以言，明试以功"三句，注曰："《尚书·虞夏书》"也。则可证西晋时未有别《虞书》《夏书》而为二者。逮东晋梅氏《书》出，然后《书》题卷数篇名尽乱其旧矣。①

---

① 阎若璩：《古文尚书疏证》卷1第4，上海古籍出版社1987年版，据乾隆十年眷西堂刻本，第59—60页。

阎氏认为汉至东晋梅氏本《尚书》出现之前，未有别《虞书》《夏书》而为二者，都是《虞夏书》统称，后世所传《尚书》包括《虞书》《夏书》《商书》《周书》四部分是梅氏的分法。据《尚书》学界考证，现存《尚书》最早的篇目当属《商书》范围，所谓的《虞夏书》篇目都是后人所追记，查检传世文献，较早将《尚书》按时代划分而加以称引者，有《左传》《国语》《墨子》《吕氏春秋》四部，其中《左传》摘引《虞书》一次、《夏书》四十二次、《商书》五次、《周书》九次，《国语》摘引《夏书》三次、《周书》三次，《墨子》摘引《夏书》二次、《殷书》一次、《商书》一次、《周书》一次，《吕氏春秋》摘引《夏书》一次、《商书》二次、《周书》四次，总计摘引《夏书》四十八次、《商书》十次、《周书》十七次，仅有《左传》摘引《虞书》一次，所摘引内容今属于《尧典》，属于孤证。故先秦时期有无《虞书》之说，据现有文献难以判断，只能阙疑。比较而言，蒋善国先生所说的"在战国初期，《尚书》是按夏、商、周三个时代来区别的"，还是较为合理的。

再来看其第二条理由。为了能清晰说明问题，不妨将《墨子》"故尚书夏书，其次商周之书"的上下文多摘引一些：

> 今执无鬼者之言曰："先王之书、圣人①一尺之帛、一篇之书，语数鬼神之有，重又重之，亦何书之有哉！"子墨子曰："《周书》有之……此吾所以知《周书》之鬼也；且《周书》独鬼而《商书》不鬼，则未足以为法也，然则姑尝上观乎《商书》……此吾所以知《商书》之鬼也；且《商书》独鬼而《夏书》不鬼，则未足以为法也，然则姑尝上观乎《夏书》……此吾所以知《夏书》之鬼也。故尚书《夏书》，其次商周之《书》，语数鬼神之有，岂可疑哉！"②

涵咏上文，玩味其文理词气，不难看出，子墨子只言《周书》《商书》《夏书》有鬼，并未继续上推，而是以"故"字为转折，紧接其后，对其上

---

① 原为"慎无"，据高邮王氏改。
② 孙诒让：《墨子闲诂》卷8《明鬼下》，《新编诸子集成》本，中华书局2001年版。

所说夏、商、周之《书》有鬼神之事进行语义概括，其概括范围就只能为
"《夏书》，其次商周之《书》"，不可能包括《虞书》，这是就上而言。就下
而言，若按郭沂说"尚书"指《虞书》，则《虞书》《夏书》《商书》《周
书》属于并列关系，《夏书》《商书》《周书》"语数鬼神之有"，子墨子已
在上文举例明言，却并未言《虞书》鬼神之有，又怎能说《虞书》也"语
数鬼神之有"呢？显而易见，郭沂认为"《墨子·明鬼下》'尚书夏书，其
次商周之书'这段文字以上已经不止一次地将虞、夏、商、周并举，此处不
当只言《夏书》《商书》《周书》而略去《虞书》"①的观点是不符合《墨
子》文本事实的，仍有商榷的余地。

最后来看其第三条理由。在先秦人的观念里，商、周两代去古未远，并
不属于"上古"，只有夏代及其之前的时代才够资格被称为"尚"。被称为
"尚"的虞、夏之间的界限是很难明确区分的，这种视"尚"为虞夏时代的
观点一直至西汉初年才被转换。马融是东汉时期的大学者，其学犹精于古
文，其学说直接继承先秦时期的观点而有别于汉代经学界的新观点是完全有
可能的事，故马融"上古有虞氏之《书》，故曰'尚书'"，其意并不是将
《尚书》指认为《虞书》，而是泛指虞夏之《书》。在墨家学者眼中，只有
《夏书》被视作上古之书，商、周之《书》并未被视作上古之书，陈梦家先
生在《尚书通论》中早就指出，《墨子》所言"尚书"是指《夏书》。他
说："《尚书序》孔疏引马融曰：'上古有虞氏之书，故曰《尚书》'，至汉，
并商、周书，亦曰《尚书》。《墨子》的'先王之书'亦即尚书之意。"②由
此亦可以看出，陈梦家亦主张《虞书》与《夏书》是一回事。

其实，换一种角度来看，《墨子》此处"尚书"也不可能是专有名词
《尚书》。在《墨子》一书称引古籍中，称引《书》者最多，据笔者统计多
达四十二条，其称引的方式有："先王之书"加篇名者凡十三次，直接称引
篇名者凡十五次，称《夏书》之后加篇名者一次，称说《夏书》《殷书》
《商书》《周书》、夏商之《书》者凡六条，还有称《传》曰、"先王之言"、
"先王之誓"等不同情况者凡七条。如果把这些称引分类的话，无论是先王

---

① 郭沂：《郭店竹简与先秦学术思想》，上海教育出版社 2001 年版，第 308—309 页。
② 陈梦家：《尚书通论》，中华书局 1985 年版，第 25 页。

之《书》、先王之言、先王之誓，还是《夏书》《商书》《殷书》《周书》，都可视为称《书》，这是一类；还有一类就是直接称篇名，不可能破例直接称《尚书》一次。

据以上分析可知，在《墨子》一书中，"尚书"与"书"各有所指，"尚书"是指"上古之书"，在此处专指《夏书》，不可能将《尚书》与《书》并称同指六经意义中的《尚书》。"尚书"在这里与《夏书》、商周之《书》之间不是同级并列关系，亦不属于上下级的包举关系，此处"尚书"仅是对《夏书》而言的，"尚书"与《夏书》是同义复指关系。"故尚书夏书，其次商周之书，语数鬼神之有，岂可疑哉！"其意思是说：上古之书《夏书》，还有《商书》《周书》，多有鬼神存在的记载，怎么能怀疑呢！

二　帛书《易传·要》篇称说"尚书"问题

由马王堆三号汉墓出土的随葬木牍可知，该墓下葬于汉文帝前元十二年，即公元前168年。至于《要》篇的抄写时间和祖本的写成时间，学界意见不一，日本学者池田知久先生以传统《老子》一书的晚出以及"'尚书'在先秦时代单称为'书'，只是到西汉初期才开始由伏生或其弟子欧阳氏使用这一名称"① 的理由，认定《要》篇成书的年代是在"从西汉初期的高祖到吕后，即公元前二〇六年至前一八〇年之间"。② 从郭店楚简出土的文献有《老子》一书来看，池田知久一说肯定是不能成立的；而且，池田先生在考证之前，已经默认了帛书《易传·要》篇中的"尚书"为六经之一的《尚书》，依此推断《要》篇的生成年代，事实上已陷入循环论证的怪圈。

王葆玹先生认为，"《要》之原文，不论是'勿'还是'令'，原意都是说《尚书》的多数篇章已不存在"③，并据此判断"《尚书》一名的产生时间，应在秦始皇三十四年（公元前二一三年）以后，西汉以前"，④

① 池田知久：《马王堆汉墓帛书周易〈要〉篇的思想》，《东洋文化研究所纪要》1995年第126期，第37—38页。

② 同上书，第47页。

③ 王葆玹：《儒家学院派〈易〉学的起源与演变》，《哲学研究》1996年第3期，第62页。

④ 王葆玹：《今古文经学新论》，中国社会科学出版社2004年版，第49—50页。

"《要》之撰写又应晚于《尚书》之名的出现，当是撰于秦二世至子婴的时期"。① 目前，古文字学界对"尚书多"之后的那个字为何字还没有定说，以对其猜测性地释读为据，进而判断其义为"《尚书》的多数篇章已不存在"与焚书事件有关，进而考订《要》篇的生成年代，只能算一家之说，还不能看作定论。

廖名春先生以马王堆三号汉墓所出帛书的错简较多、《要》篇书写形制、篇题及其所记字数为依据，考证《要》篇当为抄本无疑，抄写时间当在下葬之前，《要》篇"应有更早的篆书竹简本存在，而《要》的写成当又在更早。《要》篇系摘录性质，其材料来源应较其成书更早。考虑到秦始皇公元前二一三年据李斯议制定了'挟书令'，而该令直到汉惠帝四年（前一九一年）才得以废除。考古发掘表明，迄今在'挟书令'施行时期以内的墓葬所出书籍均未超出此令的规定。所以，帛书《要》篇的记载不可能出自汉初，也不可能出自短短十五年的秦代，应该会早到战国"。② 并且他又对帛书《易传》其他篇的写成时间进行考证，认为"写成最晚的当属《缪和》《昭力》，但它们所记史事最晚也为战国初期之事。而且《缪和》所载往往比《吕氏春秋》《韩非子》所记更为详实，如果它不是在《吕氏春秋》《韩非子》之前写成的话，是很难做到的"。③ 其意显然认为《要》的写成当早于《缪和》《昭力》。廖先生据此又推论出，是孔子始称说《尚书》的，他说："《尚书》之称当起于先秦，如郑玄《尚书赞》即云：'孔子乃尊而命之，曰《尚书》。'其说人虽不信，但与帛书《要》篇记载孔子称'尚书'说可印证。"④ 可见其意是将《尚书》之称定为孔子。

廖名春先生认为孔子始称"尚书"一说的观点，虽是较为公允的，但笔者以为，将"尚书"之义预设为六经之一的《尚书》的观点还是值得商榷的。郭沂先生对此就提出了不同看法，他说"尚书多□矣，《周易》未失也"中的"尚书"不是指《尚书》，这里的"尚书"与《周易》对举，指的是《连山》《归藏》，《连山》《归藏》早于《周易》，相对于《周易》而

---

① 王葆玹：《今古文经学新论》，中国社会科学出版社 2004 年版，第 49—50 页。
② 廖名春：《〈尚书〉始称新证》，《文献》1996 年第 4 期，第 153 页。
③ 廖名春：《中国学术史新证》，四川大学出版社 2005 年版，第 36 页。
④ 同上书，第 39 页。

言，它们为"上古之书"，故孔子谓之"尚书"。在此论证基础上，郭先生又说，"尚书"一词在先秦时期只是普通名词，非专用名词，凡"上古之书"皆可被称为"尚书"，其所指要视具体语言环境而定，如在《墨子》里指《虞书》，在《要》篇里指《连山》《归藏》。到了伏生"以其上古之书，谓之《尚书》"以后，它才成为专用名词，专指过去被称为《书》的这部经典。

帛书《要》"尚书"是指上古之书的观点，还可以从传世文献《墨子·明鬼下》称"尚书"一事的来源寻求旁证。墨家非常重视上古典籍，在《墨子》现存的五十三篇中引用上古典籍时，称引《书》最多，学界对《墨子》引《书》之文多有关注，但至于墨家的《书》及其重视《书》行为的渊源似乎少有人问津。《吕氏春秋·当染》记载："鲁惠公使宰让请郊庙之礼于天子，桓王使史角往，惠公止之，其后在于鲁，墨子学焉。"依此可知，墨子曾在鲁国学习过周礼。《淮南子·主术训》亦说："墨子学儒者之业，受孔子之术，孔丘、墨翟，修先圣之术，通六艺之论。"足见墨子是在邹鲁文化环境中学习成长的。郑杰文师在《中国墨学通史》中说："孔子应答弟子、门人所问之语中，亦涉及诸多《诗》《书》语句。墨子起初曾'学儒者之业，受孔子之术'，与孔子后学……而记之；其各自所记《诗》《书》诸语有异但内容相似，因而使得墨子所传《书》与儒家所传《书》的版本有大大小小的差异。"① 郑先生在这里想解释的是儒、墨之《诗》《书》等上古典籍的差异性，但也涉及了儒、墨之间有关《诗》《书》的授受关系。就墨子而言，他是在邹鲁儒学的熏染下学习成长的，是同孔子后学一起"接闻于夫子之语"的，帛书《要》中的"尚书"是孔子与子贡问答《周易》时称说的，墨子曾"学儒者之业，受孔子之术"，在其论及"上古之书"时遵从祖师之说，亦称"尚书"是很自然的事。故墨子称说"尚书"之渊源有可能来自孔子，出土文献《要》篇称说的"尚书"与传世文献《明鬼下》篇称说的"尚书"所指相同，均为"上古之书"。

孔子始称"尚书"一说的观点是较为公允的，只不过其意旨是指"上古之书"，不是专指《尚书》。从帛书《要》篇上下文的语义来看，"尚书多

① 郑杰文：《中国墨学通史》，人民出版社 2006 年版，第 95 页。

□矣，周易未失也，且有古之遗言焉"，其义是说：上古之书多已疏漏阙失了，唯有周代的《易》还保存得较好，而且书中还保存了不少古代人说的话。这里的"尚书"与"周易"不是并行对举关系。

　　郭沂先生关于《要》篇"尚书"是指《连山》《归藏》的说法，也是难以让人信服的。郭先生说："这里的'尚书'与《周易》对举，我以为指的是《连山》《归藏》，《连山》《归藏》早于《周易》，相对于《周易》而言，它们为'上古之书'，故孔子谓之'尚书'。"[1] "照理说，将两书作比较，所比较者当为同一性质。如果说'尚书多□矣'为《尚书》在纪事上多有疏漏，那么'《周易》未失也'亦当为《周易》在纪事上未有疏漏，但事实上，《周易》并不是纪事之书，二者之间并无可比性。换言之，按照这种解释，'尚书多□矣'与'《周易》未失也'之间实不搭界。"[2] 若按郭先生"'尚书'一词在先秦时期只是普通名词，非专用名词，凡'上古之书'皆可被称为'尚书'"[3] 的观点，来解释"尚书多□矣，周易未失也"是完全能够讲得通的，即"上古之书已多有亡佚缺失了，但《周易》尚未散失"。但笔者认为，这里的"尚书"与"周易"是共性与个性之间的上下级包举关系，既不是后世意义上的《尚书》与《周易》之间的平行对举，亦不是郭先生意义上的《连山》《归藏》与《周易》之间的平行对举。打个比方说，"学生们多数都走了，李明还未离开学校"，学生们与李明之间的包举关系与"尚书多□矣，《周易》未失也"表达的意思是一样的。

三　《尚书》之专称始于西汉《尚书》今文学派

　　马融认为"上古有虞氏之书，故曰尚书"，其意旨是将《尚书》之名界定在"上古有虞氏"之范畴内，弃商、周之书而不顾，表面上看，其说与经学意义上的《尚书》之意旨相矛盾，但此说正继承了先秦时期视"上古"仅为虞夏时代而不联及商周时代的传统观点。马融有关《尚书》之称的说法，与传世文献《墨子·明鬼下》以及出土文献帛书《要》中的"尚书"

---

① 郭沂：《帛书〈要〉篇考释》，《周易研究》2004年第4期，第48页。

② 同上书，第48—49页。

③ 同上书，第48页。

专指虞夏时期的"书"之意旨，是完全相一致的，其说与我们论述的观点不但不矛盾，反而更加证实了"尚书"在先秦时期专指虞夏时代"上古之书"观点的正确性。

　　郑玄将《尚书》的始称时间定在春秋末期之说，是郑氏受汉代尊孔之风和经学谶纬化影响妄加推则而伪造的，我们可以从郑玄"尚者，上也，尊而重之，若天书然，故曰《尚书》"的言辞中窥视到郑玄受汉代谶纬影响很深，孔颖达早就在《尚书正义》为孔安国《尚书序》所作的疏中对其观点进行过驳斥，他说："郑玄依《尚书纬》，以'尚'字为孔子所加，故在其《书赞》里曰'孔子乃尊而命之曰尚书。'《璇玑钤》云：'因而谓之《书》，加尚以尊之。'又曰：'《书》务以天言之。'郑玄溺于《书纬》之说，何有人言而须系之于天乎?"①

　　马、郑师徒二说均出自唐代孔颖达《尚书正义》的疏引，郑玄之说是将"尚"字解说为"尊而重之"，与马融将"尚"字解说为"上古"之义是截然不同的。比较而言，马融之说更符合先秦称说之史实，而郑玄之说则不足为凭。

　　由上面的考述可知：将《要》篇中的"尚书"视作孔子首称《尚书》之名的观点是不能成立的；将其视作《连山》《归藏》的观点也是不能令人信服的；将《明鬼下》篇中的"尚书"视作《虞书》的观点以及将其视作"尚者"之误的传统观点，也是值得商榷的。事实上，出土文献的"尚书"对已有《尚书》学观点并未构成本质性的冲击，先秦时期六经意义的《尚书》只称《书》，"尚书"泛指"上古之书"，但在墨家学派视野中，其"上古"仅界定在虞夏时代。《要》篇中称说的"尚书"与《明鬼下》篇中称说的"尚书"并不矛盾，《明鬼下》篇墨子称说的"尚书"有可能来源于《要》篇孔子称说上古典籍的习惯称谓。曾被学界公认的高邮王氏改"尚书"为"尚者"的观点值得怀疑，王氏之说虽然在文本语气上讲得通但并没有实据，属于据己意臆改，其说在出土文献的确证下显然已不能成立。

　　孔颖达说："'以其上古之书，谓之尚书'者，此文继在'伏生'之下，

---

　　① 孔颖达：《尚书正义》卷 1《尚书序》，《十三经注疏》整理本，廖名春整理，北京大学出版社 1999 年版。

则言'以其上古之书，谓之尚书'，此伏生意也。若以伏生指解《尚书》之名，名已先有，有则当云名之《尚书》。既言'以其上古之书'，今先云'以其'，则伏生意之所加，则知'尚'字乃伏生所加也。"① 刘歆《七略》却说："《尚书》，直言也，始欧阳氏先名之。"② 二说显然不同。其实，伏生先名之与欧阳氏先名之，二者并不矛盾，《尚书》欧阳氏学是伏氏学最早的，也是影响最大的一派，最早立于学官，最早设为博士，其称《尚书》之名或为承继祖师伏生之口说，进而书面化、规范化并形成了传统。从文献资料所载，很难得出伏生、欧阳氏哪一个先名之，但定《尚书》之专称始于西汉《尚书》今文学派当无异议。

第二节　伏生与《尚书》今文学派的发端

伏生是周秦齐地儒家《尚书》学传统的继承者，亦是汉代《尚书》今文学派的开创者。不仅部分周秦时期的《尚书》篇目赖其力得以较好的保存，使之成为后世长期延传的珍贵史料，而且其学说对两汉时期《尚书》学的发展影响亦十分深刻，其说不断被其后学发扬光大，逐渐成为西汉《尚书》官学中的主流，盛极一时。

一　伏生《尚书》学渊源

伏生与贾生、欧阳生一样，"生"皆谓儒生。伏生，名胜，字子贱，故秦博士，生于战国末期③，济南④人。东汉卫宏《诏定古文尚书序》谓伏生之女言语为"齐人语"，《水经注》说："漯水东北迳东朝阳县故城南，漯水又东迳汉征君伏生墓南，碑碣尚存。"⑤ 据此文献记载可知，邹平县境内曾有伏生之祠、墓。

伏胜与《尚书》之间的关系主要见于以下历史文献：《史记》说："及

---

① 《尚书正义》卷1《尚书序》。
② 同上。
③ 李振兴先生定其生于周赧王五十五年辛丑，即公元前260年。
④ 《汉书·地理志》说："济南郡，故齐。文帝十六年别为济南国。景帝二年为郡。"
⑤ 郦道元：《水经注》卷13《漯水》，台北中华书局1971年影印版。

今上即位，赵绾、王臧之属明儒学，而上亦向之……言《尚书》自济南伏生。"①《汉书》亦说："孝文帝时，欲求能治《尚书》者，天下无有，闻伏生能治，欲召之。是时伏生年九十余，老不能行，于是乃诏太常使掌故朝错往受之。秦时焚书，伏生壁藏之。其后兵大起，流亡。汉定，伏生求其书，亡数十篇，独得二十九篇，即以教于齐鲁之间。学者由是颇能言《尚书》，诸山东大师无不涉《尚书》以教矣。"②《史记》又说："孝文帝时，天下无治《尚书》者，独闻济南伏生，故秦博士，治《尚书》，年九十余，老不可征，乃诏太常使人往受之。太常遣错受《尚书》伏生所。"③《汉书》中刘歆《移太常博士书》亦有记载："至孝文皇帝，始使掌故朝错从伏生受《尚书》。"④ 王充《论衡·佚文篇》则谓伏生抱书藏山中，及秦楚、楚汉兵灾，伏生本亡佚数十篇，汉定，仅存二十九篇。

　　晁错为太常掌故身份，往受《尚书》于伏生所，其义需要注意两点，一是晁错所受内容不仅仅是《尚书》本经，理应包括伏胜诠释《尚书》的传记在内；二是"伏生所"当在齐地，故晁错从伏胜那里所受的《尚书》为齐地《尚书》经，所受的传记当为齐地"《书》教"传统。《史记》《汉书》均云此一事件在"文帝时"，我们假定"往受"时间为文帝即位未久，据王益之《西汉年纪》可知，文帝即位初年为前元十年，即公元前170年，时年伏生九十余，逆推至秦始皇焚书之年，即秦始皇三十四年（公元前223年），伏生为秦始皇《尚书》博士时应近五十岁，后失官东归故里。

　　至于伏生《尚书》学之师承，相关史料均无明文载记，但前人多有探究。从已有研究情况来看，概括起来凡四说：第一种说法认为，伏生《尚书》学来源于孔子弟子之《尚书》学系统，孔子弟子子贡、子张、曾参、颜回、漆雕开等均传习《尚书》学，伏生之《尚书》学可能来源于他们中的某一人之递传。第二种说法认为，伏生《尚书》学传自战国时期的李克，马宗霍《中国经学史》载有郭宪的《洞冥记》，其文说："有李克者，自言三百岁。少而好学，为秦博士，门徒万人。伏生时十岁，就克石壁山中受

---

① 《史记》卷121《儒林列传》。
② 《汉书》卷88《儒林传》。
③ 《史记》卷101《袁盎晁错列传》。
④ 《汉书》卷36《楚元王传》。

《尚书》，乃以口传授伏子，四代之事，略无遗脱，伏子因而诵之。"① 第三种说法认为，伏生《尚书》学传自荀子，蒋善国说："《史记·孟荀列传》说'荀卿，赵人，年五十始来游学于齐。……田骈之属皆已死，齐襄王时，荀卿最为老师。齐尚修列大夫之缺，而荀卿三为祭酒焉。齐人或谗荀卿，荀卿乃适楚，而春申君以为兰陵令。'又《儒林列传》说'孝文时欲求能治《尚书》者，天下无有，乃闻伏生能治，欲召之。是时伏生年九十余，不能行。'考荀子做兰陵令在东周亡后一年，下离秦始皇即位十年，离汉文帝元年七十余年。文帝时伏生已经九十多岁了，那么荀子游齐的时候，伏生已生了约二十年。伏生本济南人，《汉志》说他以《尚书》教于齐、鲁之间。可能他见到荀子。我们虽不能遽以此断定伏生治《书》受过荀子的传授，可是伏生既然是齐国人，而荀子在齐国做了三次祭酒，自难免有些渊源。如果这个推测不错，那么荀子不但与《书》的编纂有关，并且于《书》的传授也有影响。"② 第四种说法认为，伏生《尚书》学传自伏氏家学，此说最为新奇，首提此说者为台湾学者程元敏先生，他认为"自其先祖宓不齐，世家相传，胎祖于孔子"。③ 其理据首列《史记·仲尼弟子列传》"宓不齐，字子贱，少孔子三十岁④。孔子谓：'子贱君子哉！鲁无君子，斯焉取斯？'子贱为单父宰，反命于孔子曰：'此国有贤不齐者五人，教不齐所以治者。'孔子曰：'惜哉！不齐所治者小；所治者大，则庶几矣。'"并据此分析说："《吕氏春秋·察贤》篇载其宰单父'垂拱鸣琴'而治。考孔子雅言《诗》《书》，以《诗》《书》为教本，《书》主政事，凡弟子出仕者，必先修习《尚书》，学号令，宓子宜同，故知师法大舜之任禹、皋陶等而'垂拱而治'。则不齐传夫子《尚书》学，世世相传至秦、汉初而有裔孙伏生，明矣。"⑤ 后又以北齐颜之推《颜氏家训·书证》篇为证。

上述四说以第一说最为妥帖，第二说最为不可信。大陆学者蒋善国推崇第三说，虽未把话说实，但也有其理据，可谓一家之言。台湾学者程元敏首

① 马宗霍：《中国经学史》，第22页。
② 蒋善国：《尚书综述》，上海古籍出版社1988年版，第16页。
③ 程元敏：《尚书学史》，五南图书出版有限公司2008年版，第423页。
④ 《孔子家语·七十二弟子解》作"少四十九岁"，万卷出版公司2009年版。
⑤ 程元敏：《尚书学史》，第420页。

肯第四说，其实第四说可以划归第一说之中，宓不齐虽为伏胜之先祖，但亦为孔子《尚书》学之弟子。第三说也可划归第一说，荀子的《尚书》学亦来源于孔门弟子中的某一系。孔子所传授的《尚书》学，在孔门弟子一代，甚或在再传弟子、三传弟子时代，确曾得以广泛传播，且形成了多条传播系统①。在没有获得足够的证据之前，我们不能认定伏氏《尚书》学之具体来源，只能认为伏生的《尚书》学来源于周秦时期的齐地儒家《尚书》学系统，而齐地儒家《尚书》学系统继承了孔子积极入世的精神，在资政方面一度曾被官方认可。但也因齐地"《书》教"传统自身所内置的弊端，"《书》教"传统由资政向干政转向，进而给《尚书》的传播带来厄运，最终被秦始皇所焚、禁。

二　伏生《尚书》今文学派的传承问题

《史记》载记，伏生曾以二十九篇教于齐鲁间，由是学者颇能言《尚书》，山东诸大师无不涉《尚书》以教。由此可知，伏生直传弟子门人当有许多，可惜史不见载者多，留名于世者少。汇总各类文献载记，伏生之女、孙、晁错、何比干、欧阳述、欧阳兴兄弟、张生与夏侯都尉、夏侯始昌叔侄、昌邑哀王刘髆、周霸、贾嘉、孔安国等，其《尚书》今文学均当源于伏氏。分别考述如下。

（一）伏氏《尚书》学之家传问题

卫宏《诏定古文尚书序》说："征之，老不能行，遣太常掌故晁错往读之。年九十余，不能正言，言不可晓，使其女传言教错，齐人语多与颍川异，错所不知者凡十二三，略以其意属读而已。"②《史记·晁错传》所引同，《儒林列传》所引省去了"使其女传言"一句。《汉书·儒林传》颜师古注亦引卫宏《诏定古文尚书序》说："伏生老，不能正言，言不可晓也，使其女传言教错。齐人语多与颍川异，错所不知者凡十二三，略以其意属读而已。"③ 这些传注史料记载，多言晁错受《尚书》义于伏生所，由伏生之

---

① 参见《孔门弟子传〈书〉综考》，《孔子研究》2009 年第 1 期。

② 《尚书正义》卷 1《尚书序》。

③ 《汉书·儒林传》颜师古注。

女传言教授晁错,但这些史料都晚于《史记》《汉书》,《史记》《汉书》记载了晁错受《尚书》于伏生所,却均未言伏生之女传言教晁错《尚书》一事。伏生之女从父受《尚书》,传承伏氏家传《尚书》学,按理讲是有可能的事。详情已难考知,清人陈乔枞叙录伏氏家学,伏生后即接以伏女。笔者认为,伏生之女有传《尚书》家学的可能性,但其名不详,按其父伏生的生卒时间推测,伏生之女当为文帝、景帝世人。

但伏生之孙确曾传有《尚书》家学,其名亦不详,按其祖父伏生的生卒时间推测,伏生之孙当为文帝、景帝世人。《史记》说:"张生亦为博士,而伏生孙以治《尚书》征,不能明也。"① 《汉书·儒林传》亦说:"张生为博士,而伏生孙以治《尚书》征,弗能明定。"② 伏生之孙治《尚书》,其学虽"不能明",但曾治家传《尚书》学当无疑。伏生之孙与张生同时应博士征,张生立为《尚书》博士,而伏生之孙因《尚书》义不明而失选。自此之后,伏生家族一系不复以《尚书》名学,伏氏子孙亦无立为两汉官学《尚书》博士者。

(二)晁错传伏氏《尚书》学问题

晁错生年不详,卒于公元前154年,西汉颍川人,曾学申商刑名之学于軹张恢先所,以文学为太常掌故。晁错传伏氏《尚书》学之事,正史多有载记。今汇总如下:《史记》说:"孝文帝时,天下无治《尚书》者,独闻济南伏生,故秦博士,治《尚书》,年九十余,老不可征,乃诏太常使人往受之。太常遣错受《尚书》伏生所。还,因上书称说。诏以为太子舍人、门大夫、家令。"③ 又说:"孝文帝时,欲求能治《尚书》者,天下无有,乃闻伏生能治,欲召之。是时伏生年九十余,老不能行,于是乃诏太常使掌故朝错往受之。"④ 《汉书·儒林传》所记事同。《汉书》载有刘歆的《移让太常博士书》,其书说:"至孝文皇帝,始使掌故朝错从伏生受《尚书》。"⑤ 《经典释文》亦说:"汉兴,欲立《尚书》,无能通者,闻济南伏生传之,文

① 《史记》卷121《儒林列传》。
② 《汉书》卷88《儒林传》。
③ 《史记》卷101《袁盎晁错列传》。
④ 《史记》卷121《儒林列传》。
⑤ 《汉书》卷36《楚元王传》。

帝欲征，时年已九十余，不可征，于是诏太常使掌故晁错受焉。"①

　　《汉书·晁错传》与《史记·儒林列传》所记事同，但下增有"迁博士"三字。清人陈乔枞说："《汉书·儒林传》言错由门大夫迁博士，则错为学官时当是以所授伏生《尚书》教授弟子员也。"② 程元敏先生认为，晁错确曾做过博士，但不是《尚书》学博士，他说："晁错受业自伏生所归，累迁至太子家令，迁博士，博士非《尚书》学博士，当是诸子学博士，而朝廷以《尚书》者，政令之书也，故遣晁错往受焉"。③ 其理据主要有以下数条：《释文》说"欲立《尚书》"于学官，故诏下太常遣错，是附会之说。《汉书·艺文志》之《诸子略·法家》类记载有"《晁错》三十一篇"。晁错本学申商刑名之学，为人深刻亦法家性格，曾以法术教景帝。《汉书》亦说："朝错明申韩。"④《后汉书》记载班彪上书说："汉兴，太宗使晁错导太子以法术，贾谊教梁王以《诗》《书》。"⑤ 李贤注说："文帝时，晁错为博士，上言曰：'人主所以显功扬名者，以知术数也。今皇太子所读书多矣，而未知术数，愿陛下择圣人之术以赐太子。'上言之，拜错为太子家令。"⑥

　　《汉书·艺文志》之《诸子略·法家》类记"《晁错》三十一篇"，《汉书·司马迁传》所说"朝错明申韩"，《后汉书·班彪传》班彪上书所说"汉兴，太宗使晁错导太子以法术"等所载也许都是实情，但并不能就此就认定晁错曾为诸子学博士。笔者认为，晁错以《尚书》学而被幸，绝不是因明申韩之学而被幸。《尚书》作为早在春秋战国时期已经被普遍推崇的帝王之书，被历代最高统治者所凭借之传统，早在先秦时期已有相关传记。晁错作为"欲求能治《尚书》者"之大背景下，并以"诏下"太常方式遣派的特定"往受之"之人，其重要性不言而喻。"还，因上书称说"，事实就是以《尚书》之传记教育最高统治者汉文帝，教育的结果是伏氏所传之《尚书》学被文帝所接受，故晁错被"诏以为太子舍人、门大夫、家令"。

---

① 陆德明：《经典释文·序录》，《经典释文汇校》，黄焯汇校，中华书局2006年版。
② 陈乔枞：《今文尚书经说考》之《今文尚书叙录》，上海古籍出版社1995年版。
③ 程元敏：《尚书学史》，第500页。
④ 《汉书》卷62《司马迁传》。
⑤ 《后汉书》卷40《班彪传》。
⑥ 《后汉书·班彪传》李贤注。

再者，《孔丛子·刑论》篇曾载有多则孔子时代以《尚书》论刑的事例，《尚书》与申韩之学间的类似性或者说相通性早已有之，且在先秦、秦汉时期不断被传承。文帝之所以派遣明申商刑名之学的晁错去伏生所受《尚书》，正是继承了这一传统。班彪上书所说的"汉兴，太宗使晁错导太子以法术"应是事实，但关键看如何理解此处的"法术"，翻看周秦汉晋时期的"法术"之说，多有与《尚书》之内容或观念相通者。故晁错若确曾被立为博士的话，当以治《尚书》学为主，绝不会是以治诸子学为主。

另外，王充《论衡》所记与上述内容有所不同。王充所记不仅言晁错往从受《尚书》二十余篇的时间是景帝朝，而且又言其《尚书》学曾传于儿宽。其文说："伏生已出山中，景帝遣晁错往从受《尚书》二十余篇。伏生老死，《书》残不竟。晁错传于儿宽。"① 宋代王益之《西汉年纪》系晁错受经于伏生之年为文帝十年辛未，第二年拜为太子家令。景帝即位后晁错为内史，宠幸倾九卿，按其权贵地位来说，不应屈尊到山东齐地受《尚书》。又《汉书·景帝纪》记载，景帝前元三年晁错受诛，按理说，晁错根本来不及受遣前往山东齐地受学经业。故王充《论衡·正说》篇所说晁错往从受《尚书》二十余篇的时间在景帝朝当有误，为文帝朝无疑。

至于晁错《尚书》学曾传于儿宽之载记，学界不注重《论衡》之说，多认为儿宽入京受《尚书》当受业于《尚书》今文博士孔安国，非受业于晁错。笔者认为，晁错作为文帝下诏特定的伏生《尚书》学的承传者，理应会被最高统治者所器重，儿宽入京所受的《尚书》当为受业于晁错。陈乔枞说："《汉书·儒林传》言错由门大夫迁博士，则错为学官时，当是以所授伏生《尚书》教授弟子员。"② 此说有误，景帝时尚未为博士置弟子员，但其主张晁错为学官时主治《尚书》当是事实。至于儿宽是否曾受业于孔安国，下文另论。此外，晁错还曾传伏氏《尚书》学于何比干。

何比干字少卿，生卒年不详，享年五十八岁，当为景帝世汝阴人。虽《史记》《汉书》均未载记晁错曾传伏氏《尚书》学于何比干，但其他史料却有载记。《后汉书》说："何敞……扶风平陵人也，其先家于汝阴。六世

---

① 《论衡》卷28《正说》。
② 陈乔枞：《今文尚书经说考》之《今文尚书叙录》。

祖比干，学《尚书》于朝错，武帝时为廷尉正。"① 另《何氏家传》亦说：
"六世祖父比干，字少卿，经明行修，兼通法律。为汝阴县狱吏决曹掾，平
活数千人。后为丹阳都尉，狱无冤囚，淮汝号曰'何公'。……有六男，又
生三子。本始元年，自汝阴徙平陵。"② 文帝一朝"挟书律"始得解除，私
家设科授徒之风兴盛，伏生、申公、叔孙通等大儒皆有弟子。晁错作为文帝
下诏特定的伏生《尚书》学的承传者，理应会被不少儒生和最高统治者所
器重，故晁错设科授徒有少数《尚书》学弟子理所当然。《汉书·儒林传》
言晁错由门大夫迁博士，当是以伏生《尚书》教授门徒诸生，故儿宽曾入
京受《尚书》业于晁错，何比干学《尚书》于晁错，二说都在情理之中，
都应符合事实。

再者，《尚书》中的《吕刑》《康诰》《尧典》等篇多有刑典规制，因
晁错师事伏生《尚书》学前曾通申商刑名之学，其《尚书》学强调刑典之
篇章当是常情。晁错以《尚书》学授徒亦应带有这一风格特点。何比干
"经明行修，兼通法律。为汝阴县狱吏决曹掾，平活数千人。后为丹阳都尉，
狱无冤囚，淮汝号曰'何公'"，正印证了这一点。

（三）张生传伏氏《尚书》学问题

张生传伏氏《尚书》学正史亦有明载。其名、字不详，生卒年不详，
当为文帝、景帝世济南人，为伏生之《尚书》学弟子，并下授鲁人夏侯都
尉。《史记》说："伏生教济南张生及欧阳生，欧阳生教千乘儿宽。儿宽既
通《尚书》。……诣博士受业，受业孔安国。……张生亦为博士。"③《汉书》
亦说："伏生教济南张生及欧阳生，张生为博士。"④《后汉书》转述《汉
书》说："前书云：济南伏生传《尚书》，授济南张生及欧阳生。"⑤ 张生为
伏生《尚书》学弟子当无异议。

张生除曾与欧阳容共同辑考了伏生《尚书》学的讲义《尚书大传》外，
当还撰有《尚书章句》《尚书大义》两书。此说见于《玉海》载《中兴书

---

① 《后汉书》卷43《何敞传》。
② 《后汉书》卷43《何敞传》之《何氏家传》。
③ 《史记》卷121《儒林列传》。
④ 《汉书》卷88《儒林传》
⑤ 《后汉书》卷79《儒林传》。

目》引郑玄《尚书大传叙》，其文为："伏生……张生、欧阳生从其学，而授之，音声犹有讹误，先后犹有差舛，重以篆隶之殊，不能无失。（伏）生终后，数子各论所闻，以己意弥缝其间，别作《章句》，又特撰《大义》。"①

张生为主治《尚书》的博士是有明确记载的，《史记》《汉书》所说"张生为博士"均系在伏生承传《尚书》一事文本之后，且直承"儿宽既通《尚书》。……诣博士受业，受业孔安国"一句之后，孔安国曾为《尚书》今文学博士，儿宽受《尚书》今文学于晁错在前，后又尝诣孔安国受《尚书》今文学，此处当是蒙上省略《尚书》一词，故张生为《尚书》学博士无疑。至于其博士之立是在文帝朝、景帝朝还是武帝朝，今已难考订。

（四）欧阳氏传伏生《尚书》学问题

欧阳述为欧阳钦之子，欧阳容之弟，欧阳兴之兄，生卒年不详，当为文帝、景帝世千乘（今山东广饶市）人。从传世文献来看，《欧阳氏谱图序》载其曾从伏生受《尚书》，其学下传情况不见载于其他史传。《欧阳氏谱图序》说："欧阳氏……千乘之显者，曰生，字和伯，为汉博士，以经名家，所谓欧阳《尚书》者是也。……千乘之族，自生传八世至歙，子复无后，世绝经不传家。"② 又说：

> 其居千乘者，曰和伯，仕于汉世，为博士，以经名家，所谓欧阳《尚书》者是也。……千乘之族以《尚书》显于汉，自生传歙八世，歙子复无后，世绝经不传家，其他子孙亦遂微弱，不复见。……《旧谱》多载千乘之族至歙而止。……而《谱》自涿郡太守而下，列其十世，而无生。太守亡其名、字，有其夫人曰楚春申君之女也，生子曰睦字公安；睦夫人陈氏生子曰钦字子敬；钦夫人张氏生三子曰容、曰述、曰兴，皆不著其字，而云同受业于济南伏生，容为博士。其夫人夏侯氏，生子曰巨字孝仁；巨夫人戴德之女，生子曰远字叔游；远夫人儿宽之女，生子曰高字彦士；高夫人孔安国之女，生子而亡其名，有其字曰仲仁；仲仁夫人赵氏，生子曰地余字长宾；地余夫人戴氏，生二子曰崇、

---

① 《玉海》卷37。
② 欧阳修：《欧阳文忠公外集》卷2，《欧阳文忠公全集》，澹雅书局1893年刊本。

曰政；政字少翁，夫人孙氏，生子曰歊字正思。汉氏以歊为和伯八世孙，然今《谱》无生而有容；又云容受《尚书》于伏生，自容至歊八世。疑汉所谓欧阳生者，以其经师谓之生，如伏生之类，而其实名容。容，字和伯，于义为通，此其可疑者也。《汉书》曰高字阳，而《谱》字彦士，小不同，此不足怪，其夫人世家，无可考证。①

此则文献同时也载记了欧阳兴亦习伏氏《尚书》学一事。欧阳兴生卒年不详，亦当为文帝、景帝世千乘人，其学下传情况史传不见载，或及身而绝。欧阳容另文述之。

（五）夏侯氏传伏生《尚书》学问题

夏侯都尉曾从济南张生受《尚书》，为伏氏《尚书》学的再传弟子。《汉书·儒林传》说："夏侯都尉从济南张生受《尚书》，以传族子始昌。"②《后汉书·儒林传》亦述《汉书》说："张生授夏侯都尉，都尉授族子始昌。"③夏侯都尉生卒年不详，当为景帝世鲁人。夏侯始昌承继族人夏侯都尉《尚书》学。其生卒年不详，当为武帝世人，里籍亦不详。夏侯始昌传伏氏《尚书》学于族子夏侯胜，又授昌邑哀王刘髆。哀王早薨，《书》学及身而绝。

（六）周霸、贾嘉传伏生《尚书》学问题

鲁人周霸曾传伏生《尚书》学。周霸生卒年不详，当为武帝世鲁人。《史记·武帝本纪》、《封禅书》及《汉书·郊祀志》载其尝议封禅事，《史记·卫青列传》《汉书·卫青传》均说其为议郎，是申公的弟子，为《鲁诗》博士，亦治田氏《易》学，官至胶西内史。但另据《史记·儒林列传》载记，周霸亦治伏生《尚书》学。《儒林列传》述伏生传张生、欧阳生学之后，即说："自此之后，鲁周霸、孔安国、雒阳贾嘉颇能言《尚书》事。"④《汉书·儒林传》亦说："是后，鲁周霸、雒阳贾嘉颇能言《尚书》事。"⑤

① 欧阳修：《欧阳文忠公外集》卷2，《欧阳文忠公全集》，澹雅书局1893年刊本。
② 《汉书》卷88《儒林传》。
③ 《后汉书》卷79《儒林传》。
④ 《史记》卷121《儒林列传》。
⑤ 《汉书》卷88《儒林传》。

但未言"孔安国"能言《尚书》事。显然，"自此之后"或"是后"是谓继张生、欧阳生之后，但未言从谁受业。毕沅《传经表》说："周霸，张生授，鲁人。"① 朱彝尊《经义考》之《承师》说："张生弟子……郡守洛阳贾嘉、鲁周霸。"② 不知二说所据。

贾谊之孙贾嘉亦曾传伏氏《尚书》学。其生卒年不详，当为武帝、昭帝世洛阳人。《史记·儒林列传》《汉书·儒林传》均言贾嘉治伏生《尚书》学。另外，贾嘉与司马迁友善，仕武帝、昭帝二朝，传其家学。《史记》说："孝武皇帝……举贾生之孙二人至郡守，而贾嘉最好学，与余通书。至孝昭时，列为九卿。"③《汉书·贾谊传》亦说："孝武初立，举贾生之孙二人至郡守。贾嘉最好学，世其家。"④ 颜师古说："言继其家业。"⑤ 贾氏家学不知为何内容，贾谊曾引《诗》《书》谏上，其家学或涵括《尚书》学。

（七）孔安国、孔延年传伏生《尚书》学问题

西汉孔氏除传其《尚书》家学外，亦有不少学者传承了伏氏《尚书》学。如孔安国就是如此。孔安国字子国，孔子第十二世裔孙⑥，生卒年不详，当为西汉武帝世曲阜人。武帝时曾为《尚书》今文学博士⑦，官至临淮太守。此说见载于以下文献，《史记·孔子世家》说："孔子生鲤，鲤生伋，伋生白，白生求，求生箕，箕生穿，穿生子慎，子慎生鲋，鲋弟子襄生忠，忠生武，武生延年及安国。安国为今皇帝博士，至临淮太守，早卒。"⑧《汉书·孔光传》又说："安国、延年皆以治《尚书》为武帝博士；安国至临淮太守。"⑨《史记·儒林列传》也说："儿宽既通《尚书》，以文学应郡举，

---

① 毕沅：《传经表》，早稻田大学图书馆藏写本。

② 朱彝尊：《经义考》卷284，中华书局《四部备要》本。

③《史记》卷84《屈原贾谊列传》。

④《汉书》卷48《贾谊传》。

⑤《汉书·贾谊传》颜师古注。

⑥《孔子家语·后序》："孔安国字子国，孔子十二世孙也。"

⑦《史记·儒林列传》又说："（申公之）弟子为博士者十余人，孔安国至临淮太守。"申公以《诗》教授。存疑。

⑧《史记》卷47《孔子世家》。

⑨《汉书》卷81《孔光传》。

诣博士受业，受业孔安国。"① 《汉书·儒林传》亦说："宽又受业孔安国。"② 由以上史料可知，孔安国武帝时曾为《尚书》学博士，官至临淮太守，儿宽"又"曾受业于孔安国，安国早卒，当为可信。孔延年生卒年不详，当为武帝朝曲阜人。据《史记·孔子世家》载记孔延年为安国之兄，而据《汉书·孔光传》载记孔延年则为孔安国之侄。难以考辨，存疑于此。孔延年亦为武帝朝《尚书》学博士，治《尚书》今文学。

孔安国与孔延年皆以治《尚书》学为武帝博士，所治《尚书》当为今文学无疑。此说阎若璩首提之。《尚书古文疏证》说："《史记·儒林列传》叙伏生今文末云'自此之后，鲁周霸、孔安国、洛阳贾嘉颇能言《尚书》事'，此指安国通今文。"③《史记会注考证》亦说："此谓周霸、孔安国、贾嘉三人通今文，下别叙孔氏有古文起自安国，《汉书》削'孔安国'三字，失史迁原意。"④ 此说应得其实。从上下文语气来看，《史记》下文"孔氏有《古文尚书》，而安国以今文读之，因以起其家，逸《书》得十余篇"才开始述孔安国《古文尚书》事。以今文读之，恰说明孔安国熟悉今文《尚书》。孔安国任《尚书》今文博士时以《尚书》今文学授儿宽，传记多载，当无可疑。孔安国为《尚书》今文博士在前，并授《尚书》今文学于儿宽，后迁谏大夫才私家以《古文尚书》授都尉朝。

孔安国与孔延年为伏生《尚书》学弟子一说，最早见载于王肃《孔子家语后序》，他说："孔安国少……受《尚书》于伏生。长则博览经传，问无常师。"⑤ 故《经义考》《传经表》等咸列孔安国、孔延年为伏生弟子。司马迁与孔安国同时而略晚，若孔安国受《尚书》今文学业于伏生，司马迁不应不知，《史记·儒林列传》当有所记，《史记》没有明确记载，故王肃说不可从。另外，孔安国以武帝元朔三年为博士时约二十岁左右，按孔安国享年四十推之，安国约生于景帝后元三年，按此推算，绝不可能亲受业于伏生。另外，《儒林列传》所载"申公之弟子为博士者十余人"，而孔安国为

① 《史记》卷121《儒林列传》。

② 《汉书》卷88《儒林传》。

③ 阎若璩：《尚书古文疏证》卷2第17，第143页。

④ ［日］泷川资言：《史记会注考证》，新世界出版社2009年版。

⑤ 王肃：《孔子家语·后序》，《孔子家语通解》，杨朝明、宋立林通解，齐鲁书社2009年版。

其一，未定所受为何经，蒋善国《尚书综述》因此认为，申公为传孔安国《尚书》之师。检阅相关文献，均记载申公治《诗》，未闻以《尚书》授学。

第三节　伏生《尚书》传本研究

伏生所传《尚书》二十九篇本经是汉代《尚书》今文学派的底本，早已失传。其篇名、篇目、篇次历来多有争议。问题主要涉及《顾命》《康王之诰》两篇的分和、有无《泰誓》篇以及有无《书序》等疑难问题上。试分别考述如下。

一　伏生本《尚书》篇目问题

伏生本《尚书》篇目多寡，前人有不同看法，概而言之，主要有二十八篇说、二十九篇说、篇目为二十九而篇文仅为二十八篇说三种。

（一）二十八篇说

程廷祚、俞正燮、廖平、康有为、傅斯年等学者力主伏生本《尚书》原为二十八篇，《顾命》《康王之诰》原为一篇。程廷祚在其《青溪文集》之《伏生尚书原委考》中说：

> 余尝疑伏《书》止于二十八篇，当有其故；以为壁中之幸存者非也。……余窃揣之，盖自孔孟既没，战国大乱，夏商之《书》以历年久远，《周书》以简册繁重，其时盖已缺而不全，儒者惴惧，乃取其最关治道者典、谟、贡、范与周人誓、诰之文，凡二十八篇，以备四代之典籍，而藏于家。此于事理有可得而推者，非伏氏亡其余书，而所存独此也。否则海内之大，能默然而已乎？又考汉之《尚书》，有中古文、有河间献王之古文，惟孔安国之古文增多十六篇耳，他皆与伏书同数，而不闻其殊异；有则儒者必言之矣。然则二十八篇之数，谓肇自伏氏以前，此非其明征乎？余故疑史言之不足信也。①

---

① 程廷祚：《青溪文集》卷5，见《青溪集》，宋效永校点整理，《安徽古籍丛书》本，黄山书社2004年版。

俞正燮在其《癸巳类稿》之《说尚书篇目》中亦说："伏生今文二十八篇，无《泰誓》，《康王之诰》合于《顾命》为一篇。"① 廖平在其《古学考》中也认为： "周宇仁据《大传》文主博士'二十八篇为备'之说。予……悟周说为是。如《大传》言'五诰'，孟子引《汤诰》不在'五诰'中，盖孔子所笔削为经者实二十八篇，其余即孔所论之余，刘向云'周时诰誓号令'是也。及读牟默人《〈同文尚书〉小传序》力主此说，以二十八篇为孔子删定本，余存尚多，即《艺文志》之《周书》七十一篇也。"②

康有为在其《新学伪经考》之《辨孔子〈书〉止二十八篇》中亦说："孔子定《书》二十八篇，传在伏生，纯备无缺，故博士之说皆以为备。尝推究其说，以为二十八篇即孔门足本，《书序》之目伪妄难信。"③ 傅斯年在其《中国古代文学史讲义》中亦排定伏生《尚书》无《泰誓》，《顾命》与《康王之诰》合一，总数为二十八篇。

（二）二十九篇说

主伏氏《尚书》本经为二十九篇的情况比较复杂，可分为以下四种。

第一种说法认为伏生本《尚书》为二十九篇，有《泰誓》篇，《顾命》《康王之诰》合为一篇。主此说者有孙星衍、王鸣盛、王引之、蒋善国等。孙星衍说："《泰誓》在伏生二十九篇中，《尚书大传》《史记》皆引之，不似武帝未始得于民间者。"④ 王鸣盛说："伏《书》二十九篇内，本存《太誓》，不至宣帝时始得。"⑤ 王引之说：

> 伏生二十九，本书原有《大誓》，故董仲舒、欧阳《尚书》派学者平当及小夏侯《尚书》派学者班伯全引今文《大誓》，武帝元朔元年有司奏议引《大誓》，《史记》引《大誓》文，《尚书大传》引《大誓》，且《大传》有曰"六誓可以观义，五诰可以观仁"，夫六誓者，《甘誓》《汤誓》《大誓》《牧誓》《柴誓》《秦誓》也；五诰者，《大诰》《康

---

① 俞正燮：《癸巳类稿》之《尚书篇目七篇说》，辽宁教育出版社 2001 年版，第 26 页。
② 廖平：《古学考》，景山书社 1935 年版。
③ 康有为：《新学伪经考》卷 1，姜义华、张荣华编校，中国人民大学出版社 2010 年版。
④ 孙星衍：《尚书今古文注疏》卷 10，中华书局 1986 年版。
⑤ 王鸣盛：《尚书后案》之《尚书后辨附》"辨陆德明释文"。

诰》《酒诰》《召诰》《洛诰》也；皆伏生《书》所有也。如谓伏生
《书》无《大誓》，则《大传》当称五誓，不得称六誓矣。曰"伏
《书》有《大誓》，则《别录》何以谓武帝末民间献《大誓》与博士，
使读说之，传以教人乎？刘歆又何以言《大誓》后得乎？"曰"此向、
歆传闻之为也。伏生《书》本有《大誓》，民间纵有献者，亦与
之同。"①

蒋善国说：

　　我认为伏生在文帝时所传的《尚书》原是二十九篇，里面原有
《太誓》，惟只有两篇，到了武帝末年后得一篇《太誓》，才完成了三
篇。武帝初年立的欧阳《尚书》原是二十九篇卷，到了武帝末年虽增
加了一篇《太誓》，篇目仍旧是二十九，对于伏生所传的篇目和卷数，
毫无变动，仅在实际篇数方面增一篇罢了。②

　　第二种说法认为伏生本《尚书》为二十九篇，其中一篇为《书序》，本
经为二十八篇。主此说者有梅鸞、朱彝尊、陈寿祺、赵贞信等。
　　梅鸞说："《艺文志》所言……见百篇之《书》共《序》为百一篇，亡
失者七十二篇，止求得二十九篇。二十九篇之内，二十八篇为《尚书》经，
而一篇为《序》，其言明甚。"③朱彝尊说："伏生所授止二十八篇，故汉儒
以拟二十八宿。……疑生所教二十九篇，其一篇乃百篇之《序》，故马、郑
因之，亦总为一卷。"④陈寿祺在其《左海经辨》之《今文尚书有序说》篇
中列举了十七条理据来证伏生本《尚书》二十九篇中包含《书序》一篇⑤。
赵贞信在《书序辨序》中说：

---

① 王引之：《经义述闻》卷4，江苏古籍出版社1984年版。
② 蒋善国：《尚书综述》，第26页。
③ 梅鸞：《尚书考异》卷1，《平津馆丛书》本。
④ 朱彝尊：《经义考》卷74。
⑤ 陈寿祺：《左海经辨》之《今文尚书有序说》，《续修四库全书》本。

伏生原书无《泰誓》，而《史记·儒林列传》有"伏生求其《书》，独得二十九篇"，则《汉书·艺文志》所载的二十九卷恐怕就有《序》在内。《汉志》"欧阳《经》三十二卷"，其中一卷是《书序》。假如今古文《尚书》中《序》都不当一篇，则《艺文志》既说了"凡百篇，而为之《序》"，目录中不应当没有《书序》这个名目。假如《书序》独出于古文，而今文里绝对没有，则也应该像逸《书》十六篇绝无师说，不会传下来。①

第三种说法认为伏生本《尚书》二十九篇，无《泰誓》篇，《顾命》《康王之诰》各为一篇，而《书序》在外。主此说者有龚自珍、王先谦、皮锡瑞、陈梦家等。

龚自珍《大誓答问》第一《论伏生原本二十九篇非二十八篇》中认为伏生本无《大誓》，第四《论今文篇数具在》中列伏生本二十九篇目，即不列《大誓》而以《顾命》《康王之诰》为二篇。王先谦亦说：

> 《汉书·艺文志》"尚书"类下云"《经》二十九卷"，班自注"大、小夏侯二家"。颜注"此二十九卷，伏生传授者。"先谦案："此一篇为一卷也。"紧下即列次"伏生之二十九篇"篇目，其中无《太誓》，《顾命》《康王之诰》各独自为一篇目。先谦自注且云："《史记·周本纪》'作《顾命》、作《康诰》'，明为二篇，则二十九已足，并无《大誓》在内。……《释文》云：'《太誓》与伏生所诵，合三十篇。'"②

皮锡瑞《经学通论》卷一《论伏生传经二十九篇非二十八篇当分〈顾命〉〈康王之诰〉为二，不当数〈书序〉与〈大誓〉》列次二十九篇目，既无《大誓》，又无《书序》，且亦将《顾命》《康王之诰》各独自为一篇目。陈梦家《尚书通论》认为"《太誓》后得，《顾命》《康王之诰》分为二篇

---

① 《古史辨》第5册，第327页。
② 王先谦：《尚书孔传参正·序例》，据《十三经清人注疏》，中华书局新辑校点本。

目"，并备列二十九篇目，所列同龚、王、皮诸家。

第四种说法认为伏生本《尚书》二十九篇，无《泰誓》篇，无《书序》，《顾命》《康王之诰》各为一篇。程元敏主此说，在其《尚书学史》中说：

伏生本《尚书》，兵灾散失，传至汉，残存二十九篇，其中《顾命》《康王之诰》各自独立为一篇，无《泰誓》篇，亦无《书序》。前人说伏生本原为二十八篇，《顾》《康》合为一篇，误；或说伏本有《泰誓》（而《顾》《康》合一），据《尚书大传》及武帝末前后之人引《泰誓》以证源出于伏本，皆非。……或又说伏《书》二十九篇，其中一篇为《书序》，本经止二十八篇，陈寿祺立十七证以明之，附从者有人，其证今文欧阳本有《序》则可，证伏生本有《序》则不足。夫伏生二十九篇而《序》在外，《书大序》《释文》《正义》具明文，更依《汉志》著录体例，张霸所自采《书序》诚皆出伏二十九之外。又无论孔壁古文原本，马、郑传写本《书序》，汉石经《书序》，皆总附全经之末，《伪孔本》始析弁各篇之首，高邮王氏等以伏本有《书序》分冠篇首，不自为篇卷，殊失！①

（三）篇目为二十九，而篇文仅为二十八篇说

力主此说者为刘师培，刘师培在其《左盦外集》之《驳〈泰誓〉答问》篇说：

伏生所得之古文虽二十八篇，其实有二十九篇之目，故《儒林传》谓伏生独得二十九篇也。其存目而无书之一篇即《泰誓》也。伏生之《泰誓》即孔壁之《泰誓》，亦即民间所献之《泰誓》。但伏生有意无书，以意说之，如见于《大传》者是也。②

---

① 程元敏：《尚书学史》，第 458 页。
② 刘师培：《左盦外集》之《驳〈泰誓〉答问》，据《刘申叔先生遗书》，宁武南氏 1936 排印本。

刘氏又在《今文〈尚书〉无序说》篇中说：

是知今文廿九兼计《太誓》，与《序》靡涉，《太誓》虽后得，然《大传》述孔子语有"六誓""五诰"明文，又云"《周书》自《太誓》就《召诰》而盛于《洛诰》"，知伏生所传本有《太誓》，特其文不具，故学官所立，转据民间后得之本，立学之年亦较廿八篇为稍后，是则伏生之《书》，就全文言则为廿八，就篇目言则为廿九，《史记》称"伏生得二十九篇"，又称"安国得《古文尚书》，以考二十九篇"，盖据篇目言也。①

总括以上诸说，伏氏本当为二十九篇为是，无《泰誓》亦无《书序》，《顾命》《康王之诰》各自成篇。汉石经《尚书》残字中有《书序》一篇，置于二十九篇经文之后，校记之前，且仅为二十九篇之《序》，非《百篇书序》，此并不能证明伏氏本有《书序》，但说明今文三家《尚书》本当有《书序》，今文三家《书序》并不是固有的，各家均有一个逐渐加入的过程。

二 伏生传本《顾命》《康王之诰》分和问题

伏生本《顾命》《康王之诰》分和问题，据前述可知情况较为复杂，概而言之有二篇合为一篇、各自为一篇、异序同篇、史连其文等多种观点。

（一）二篇合为一篇说

孔颖达说："以伏生本二十八篇，《盘庚》出二篇，加《舜典》《益稷》《康王之诰》，凡五篇，为三十三篇。加所增二十五篇，为五十八，加《序》一篇，为五十九篇云。"②《尚书正义》先言伏生本二十八篇，下云"加《康王之诰》"一篇，则知《尚书正义》以伏氏本为《顾命》《康王之诰》合为一篇。《尚书正义》又于《书小序·康王之诰》下说："伏生以此篇合于《顾命》，共为一篇。"③《书大序》也说："伏生又以……《康王之诰》合于

---

① 刘师培：《左盦外集》之《今文〈尚书〉无序说》。
② 《尚书正义》卷1《尚书序》。
③ 《尚书正义》卷18《康王之诰》。

《顾命》。"① 后人多从《尚书正义》《书大序》说，定伏生本《顾命》《康王之诰》合为一篇。此说误。

（二）异序同篇说

刘逢禄首提此说。刘氏见《史记》所载《书序》中《顾命》《康王之诰》为二，理据难以动摇，而孔颖达《尚书正义》及《书大序》又明言《顾命》《康王之诰》合为一篇，于是提出"一书两序""异序同篇"说。刘逢禄说：

> 《礼·大学》引"作《帝典》"者，盖《尧典》《舜典》异序同篇，故《序》言"将孙于位，让于虞舜"，即前半篇"咨岳举舜"之事也。又《序》言"虞舜侧微，尧闻之聪明，将使嗣位，历试诸难"，即下半篇"宾四门，纳大麓"以下之事也。古、今文本二典皆合为一篇，犹之《顾命》《康王之诰》，伏生本合为一篇，则亦一书而两序也。②

刘师培为申明刘逢禄之说，认为："刘氏申受云《大学》引作《帝典》者，盖《尧典》《舜典》异序同篇，犹之《顾命》《康王之诰》，伏生必合为一篇，则亦一篇而两序矣。按刘氏之学派虽与龚氏同，而此说则可信。"③

（三）史连其文说

简朝亮又提出"史连其文"说。简氏认为："伏生今文《康王之诰》合于《顾命》共为一篇，盖史连其文故也。夫史连其文，安得其《序》分之乎？《史记》云'作《康（王之）诰》'，盖从《序》而省文也。"④

（四）各自为篇说

《史记·周本纪》说："成王将崩，惧太子钊之不任，乃命召公、毕公率诸侯以相太子而立之。成王既崩，二公率诸侯以太子钊见于先王庙，申告以文王、武王之所以为王业之不易，务在节俭，毋多欲，以笃信临之，作

---

① 《尚书正义》卷1《尚书序》。

② 刘逢禄：《书序述闻》之《尧典舜典书序》，《皇清经解续编》本。

③ 刘师培：《左盦外集》之《驳泰誓答问》。

④ 简朝亮：《尚书集注述疏》卷末上《书序辨》，鼎文书局1972年版。

《顾命》。"① 又说:"太子钊遂立,是为康王。康王即位,遍告诸侯,宣告以文武之业以申之,作《康(王之)诰》。"② 故后人多有依《史记》所记《书序》认定伏生本《顾命》《康王之诰》各自为篇者。力主此说者有龚自珍、王先谦、皮锡瑞、陈梦家、程元敏等学者。王先谦《尚书孔传参正》之《书序百篇异同表》备列伏生本二十九篇目,《顾命》篇为第二十四,《康王之诰》篇为第二十五,分为二篇。王氏自注说:"《史记·周本纪》'作《顾命》,作《康(王之)诰》',明为二篇。"③

概述以上各说,当以各自为篇说为是。司马迁曾从孔安国问故,孔安国曾为武帝朝《尚书》今文博士,自然对今文伏生本经非常熟悉,伏生本《尚书》当与《史记》所述一致,以《顾命》《康王之诰》各自独立为篇。《顾命》篇《书序》说:"成王将崩,命召公、毕公率诸侯相康王,作《顾命》。"《康王之诰》篇《书序》说:"康王既尸天下,遂诰诸侯,作《康王之诰》。"《书序》谨依本经,《顾命》《康王之诰》各自为序,《史记》及汉魏古文家马融、郑玄、王肃等亦依《书序》作二篇,当不误。《顾命》与《康王之诰》本经共九百零二字,共记周成王、康王传位大典一事,故有人主张合为一篇。但《顾命》主记成王临终之命,凡六二七字,因其在庙行之,故题《顾命》,名实相符。《康王之诰》主记康王颁诰诸侯,凡二七五字,在寝内行之。二者显然不是记述一件事,故伏生传本《顾命》与《康王之诰》当各自为篇。

三 伏生传本有无《泰誓》篇问题

要想弄明白伏生传本有无《泰誓》篇,首先必须理清汉代《泰誓》有古《泰誓》与后得河内《泰誓》之别,赵岐注《孟子·滕文公下》就已明之:"《太誓》,古《尚书》百二十篇之时《泰誓》也。……今之《尚书·泰誓》篇后得,以充学,故不与古《太誓》同。"④

当时《泰誓》当有古、今之分,后得之河内《泰誓》又称汉《泰誓》

---

① 《史记》卷4《周本纪》。

② 同上。

③ 王先谦:《尚书孔传参正》之《书序百篇异同表》。

④ 赵岐:《孟子章句》卷6《滕文公章句下》,《四部要籍注疏丛刊》本,中华书局1998年版。

或今文《泰誓》。马融《书传序》也曾说："《泰誓》后得。"至于其后得之时间，有武帝世、宣帝世之不同载记。《论衡·正说》篇说："至孝宣皇帝之时，河内女子发老屋，得逸《易》、《礼》、《尚书》各一篇，奏之。宣帝下示博士，然后《易》、《礼》、《尚书》各益一篇。"①《书大序正义》引之说："王充《论衡》及东汉史献帝建安十四年黄门侍郎房宏等说云：'宣帝泰和元年，河内女子有坏老子屋得古文《泰誓》三篇。'《论衡》又云：'以掘地所得者。'"②刘向《别录》却说："武帝末，民有得《泰誓》书于壁内者，献之，与博士，使读说之，数月皆起，传以教人。"③刘歆《七略》亦说："孝武皇帝末，有人得《泰誓》于壁中者，献之，与博士，使赞说之，因传以教。"④刘歆《移让太常博士书》亦有此说："至孝文皇帝，始使掌故朝错从伏生受《尚书》。　《尚书》初出于屋壁，朽折散绝，今其书见在。……至孝武皇帝，然后邹、鲁、梁、赵颇有《诗》《礼》《春秋》先师，皆起于建元之间。……《泰誓》后得，博士集而读之。"⑤汉定天下，伏生起其所藏《尚书》，得二十九篇，文帝时晁错往受学，刘歆述"《泰誓》后得"次于其下，而且刘歆述事至武帝建元间，紧接着说"《泰誓》后得"，据此可知，汉《泰誓》得篇当在武帝建元后，故武帝末得书说为是。

既然河内《泰誓》得书于武帝末，故伏生本《尚书》中绝无此篇。最早认定伏生本无《泰誓》篇者为《释文序录》。陆氏认为伏生《尚书》亡失后，子遗之二十九篇中绝无《泰誓》，《泰誓》后得。其文说："伏生失其本经，口诵二十九篇传授⑥。……河内女子得《泰誓》一篇，献之，与伏生所诵合三十篇，汉世行之。"⑦

清王懋竑亦主此说，其《白田草堂存稿》之《尚书杂考》篇说："《泰

---

① 《论衡》卷28《正说篇》，岳麓书社2006年版。
② 《尚书正义》卷1《尚书序》。
③ 同上。
④ 《汉书》卷30《艺文志》。
⑤ 《汉书》卷36《刘歆传》。
⑥ 陆氏自注说："《汉书》云'伏生为秦焚书壁藏之；汉定，伏生求其书，亡数十篇，独得二十九篇，以教齐鲁之间。'"
⑦ 陆德明：《经典释文·序录》。

誓》必非伏生之书，自在二十九篇之外。"① 陈寿祺亦主此说：

> 考向、歆领校秘书，在成帝河平三年。然向生于昭帝始元元年，及
> 宣帝甘露三年诏诸儒讲五经于石渠，《尚书》则欧阳地余、林尊、周
> 堪、孔霸、张山拊、假仓，皆欧阳高及两夏侯弟子，两夏侯，子政所与
> 同朝，地余诸人，子政所与同议，其上距武帝末不过数十年间耳。《太
> 誓》之后出与否，《尚书》家诸儒安有懵然罔觉者？子政奚至不稽事
> 实，追以耳食者笔之于书哉？即子骏方移让博士，岂能以虚诞之词关其
> 口耶？吾是以信向、歆，而决伏生书之无《太誓》也。②

康有为亦主此说。其文说："《太誓》后得，汉人刘向、刘歆、王充、
马融、郑康成、赵岐、房宏等皆同此说，众口一辞，未必举国尽误。伏书之
无《太誓》，一。"③ 徐复观亦认为刘歆"《泰誓》后得"之说可信，其在
《中国经学史的基础》中说：

> 我断定伏生独得二十九篇……其中没有《泰誓》。第一，若伏生传
> 有《泰誓》，则此《泰誓》必周室的旧典，与先秦诸家所引用者吻
> 合。……则汉之《泰誓》非先秦之《泰誓》可知。第二，刘歆移书让
> 太常博士，这是面对博士集团讲话，其中直接与博士有关的不敢以无实
> 之言致自招罪戾。书中明言"《泰誓》后得"，其不出于伏生至为
> 明显。④

刘向、刘歆父子先后领校秘书，马融亦曾校书中秘，郑玄亲炙《尚书》
学于马融，诸人皆亲见河内《泰誓》，王充《论衡》数言民间得此篇，时未
有人持异。自汉献帝建安十四年，上距武帝末，历三百年，房宏等犹无异
议。故王懋竑、陈寿祺、康有为、徐复观等以伏生本无《泰誓》篇为是，

---

① 王懋竑：《白田草堂存稿》之《尚书杂考》，两江总督采进本。
② 陈寿祺：《左海经辨》之《今文尚书后得说》。
③ 康有为：《新学伪经考》，第 291 页。
④ 徐复观：《中国经学史的基础》，学生书局 1982 年版，第 116—117 页。

孙星衍、王鸣盛、王引之、蒋善国以伏生本中有此《泰誓》篇为误。

高邮王氏、刘师培、蒋善国诸学者认为伏生本原有《泰誓》，却又不能否认《泰誓》伏生身后始得之事实，陷于两难间，不得已而找寻各种借口。高邮王氏说："伏生《书》本有《太誓》，民间纵有献者，亦与之同。"既与伏生本同，又何必献之。刘师培或以为伏生本《泰誓》仅存篇目，凡二十九目，本经只有二十八，失《泰誓》一经。伏生本皆一目一篇，凡二十九目二十九篇，篇目本经相应，《史记》《汉书》均谓伏生独得二十九篇以教人，不可能虚列一目。蒋善国认为伏生本原有《太誓》二篇，则为篇三十，目为二十九，加汉《太誓》一篇，则篇三十一，目仍二十九。其说亦误，汉代确有增入《泰誓》三篇之事，但不是伏氏本，乃欧阳学派所传授的本经。河内《泰誓》篇不当入伏生本二十九篇之内。

伏生本、孔壁本均无《泰誓》，对于河内本《泰誓》，马融已致疑。《尚书大传》、董仲舒、元朔大臣上奏、《史记·周本纪》、平当、班伯、《汉书》之《郊祀志》《刑法志》以及《白虎通》等文献，都曾引有《太誓》文，或在武帝末之前，或在武帝末之后，有学者以此认定伏生本另有一篇《太誓》，事实并非如此，今逐一考论如下。

（一）《尚书大传》引《泰誓》问题

《书大序正义》说："伏生虽无此一篇，而《书传》有'八百诸侯俱至孟津，白鱼入舟'之事，与《泰誓》事同。不知为伏生先为此说？不知为是《泰誓》出后后人加增此语？"[1] 陈寿祺《左海经辨》认为，孔颖达已开始怀疑《书传》，《尚书大传》称《泰誓》现象，或许是由欧阳高等增附其说，如所谓"各论所闻，以己意弥缝其阙"之例，没有必要非断定伏生已经得到《泰誓》篇。

《尚书大传》称引《太誓》共计七条，皆不称"《书》曰"或"《太誓》曰"，康有为《新学伪经考》认为：

> 《尚书大传》虽有《太誓》，然《大传》所载亦不尽伏生之书。《大传》又有"'六誓'可以观义"及"《周书》自《太誓》就《召

诰》而盛于《洛诰》"之言……必后人据既增《太誓》改"五"为"六"。至"《周书》自《太誓》"一语，更后人据既增《太誓》窜入无疑。否则伏书二十九篇有《大传》为据，《大传》之书，人所诵习，郑康成并为之注，岂得皆不知，而犹以为《太誓》后得乎？①

《尚书大传》辑本与伏生本《尚书》内容抵牾处较多，不应以《大传》所引《泰誓》事而定伏生本有《泰誓》篇。尤其是《御览》引《尚书大传》曰"唯四月"至"虽休勿休"凡九十八字，好像不是引《泰誓》文。《四库提要》对此概述可谓一语中的：

> 　　（伏生）所传二十八篇无《泰誓》，而此有《泰誓传》，又《九共》《帝告》《归禾》②《揜诰》皆逸《书》，而此书亦皆有《传》，盖伏生毕世业《书》，不容二十八之外全不记忆，特举其完篇者传于世，其零章断句则偶然附记于《传》中，亦事理所有，固不足以为异矣。③

（二）武帝末年前后引《泰誓》问题

武帝末《泰誓》本经内容散见于各种文献称引中，此一时段诸家引《泰誓》实为述古《泰誓》文，非直接称引。宋翔凤曾说："伏生所传《书经》文无《大誓》，故以诸儒所传述者入《大传》中。……盖伏生无《大誓》全文，而《大传》述之，秦末学者多能传其说，故娄敬、董仲舒皆引之。"④ 龚自珍亦说：

> 　　问曰："闻之《尚书大传》者，伏生老不能正言，口授大义，生终后，欧阳生、张生各论所闻，以己意弥缝其间，《志》称四十一篇是也。而见引'鱼入舟，火流乌'之文是欧阳生与此《太誓》为眷属之左证。"答曰："……欧阳生、张生当汉初群书四出之年，博摭传记，

---

① 康有为：《新学伪经考》，第292页。
② 当作《嘉禾》。
③ 《四库全书提要》卷4，中华书局1965年版。
④ 宋翔凤：《尚书谱》，见《皇清经解续编》本。

何所不引；引此书之文以说《太誓》尔。夫伏生无《太誓》，而有说《太誓》之文，此亦《九共》《帝告》《说命》《高宗之训》《归禾》等篇例也。假使《大传》所引是真《尚书》，董生著书转引此文，不当不从其本而称之，乃但称《尚书传》，则董生之陋极矣！"①

屈万里对汉代文献引《泰誓》问题的论辩最为清晰，其文说：

> 伏生虽未传《泰誓》之篇，而《大传》中时有述《泰誓》之语。此盖伏生虽已失《泰誓》原文，而彼尚能片段默记《泰誓》之要点，故有说著于《大传》。《史记》引述《泰誓》之语盖亦本于《大传》。其有但见于《史记》而不见于辑本《大传》者，则以吾人未见全本《大传》之故。②

至于平当、班伯以下诸家称引当属正常之事，汉武帝末年河内《泰誓》既出壁，故诸家称引之。此时河内《泰誓》已并入今文欧阳本经内，诸家所引当出自欧阳本，而不是伏生本。

四　伏生传本有无《书序》问题

伏生本二十九篇中有没有《书序》问题，历来亦争议不断。

（一）伏生本有《书序》篇说

最早提出伏生本二十九篇中包含一篇《书序》者为明代的梅鷟："《艺文志》所言……见百篇之《书》共《序》为百一篇，亡者七十二篇，止求得二十九篇。二十九篇之内，二十八篇为《尚书》经，而一篇为《序》，其言明甚。"③ 朱彝尊亦主此说："伏生所授止二十八篇，故汉儒以拟二十八宿。……疑生所教二十九篇，其一篇乃百篇之《序》，故马郑因之，亦总为一卷。"④ 陈寿祺列举十七条理据证明伏生本《尚书》有《序》，并说：

---

① 龚自珍：《太誓答问》之《论尚书大传引此文之故》，吴县潘氏滂喜斋刻本。
② 屈万里：《汉石经尚书残字集证》卷1，联经出版事业公司1963年版。
③ 梅鷟：《尚书考异》卷1。
④ 朱彝尊：《经义考》卷74。

稽合十有七证，彰彰如是，其足以决三家《尚书》之《书序》与否，观者岂犹不自悟？即夫三家《尚书》有《序》，则伏生所得不得谓无《序》；伏生所得有《序》，而《大誓》乃后出，则伏生二十九篇不得不以百篇之《序》当其一。吾故曰伏生二十九篇，并《序》不并《大誓》也。①

从陈氏十七证来看仅能证明今文《尚书》小夏侯本，至多并欧阳本、大夏侯本有《书序》，却不能证实伏生二十九篇中有一篇是《书序》。赵贞信亦赞同伏生本有《书序》：

伏生原书无《泰誓》，而《史记·儒林列传》有"伏生求其书，独得二十九篇"，则《汉书·艺文志》所载的二十九卷恐怕就有《序》在内。《汉志》"欧阳《经》三十二卷"，其中一卷是《书序》。假如今、古文《尚书》中《序》都不当一篇，则《艺文志》既说了"凡百篇，而为之序"，目录中不应当没有《书序》这个名目。假如《书序》独出于古文，而今文里绝对没有，则也应该像逸《书》十六篇，绝无师说，不会传下来。②

赵氏此论仍仅能证今文欧阳家本有《书序》而已。蒋善国据汉石经有《书序》以为是伏生今文《尚书》有《书序》之铁证，其说亦误。汉石经所用之今文本并不是伏生本，其有《书序》附末并不能代表伏生本有《书序》，伏生本虽为汉今文《尚书》之祖，但并无《书序》。

（二）伏生本无《书序》篇说

伏生本二十九篇中无《书序》说最早见于《书大序》："（《古文尚书》）增多伏生二十五篇。伏生又以《舜典》合于《尧典》，《益稷》合于《皋陶谟》，《盘庚》三篇合为一，《康王之诰》合于《顾命》，复出此篇，并

---

① 陈寿祺：《左海经辨》之《今文尚书有序说》。
② 《古史辨》第 5 册《书序辨序》，第 327 页。

《序》凡五十九篇，为四十六卷。"① 简朝亮主伏氏本无《书序》说：

　　《汉志》云"《尚书》，《经》二十九卷"，自注云"大、小夏侯二家"；"欧阳《经》三十一卷"。盖二十九卷者，伏生今文本也，故《汉志》大书之。大、小夏侯从伏生本者，故《汉志》小注而先之。欧阳虽先立，而不先之也，欧阳变伏生本者，故小注《经》三十二卷而后之：《汉志》之例严矣。伏生今文无《序》也。②

　　《论衡》云"或说《尚书》二十九篇者，法北斗七宿也，四七二十八篇，其一北斗矣，故二十九篇"。由是推之，使伏生今文有《序》，则人皆知《尚书》百篇，乌有言此象乎？以此知伏生今文无《序》也，伏生藏经非藏《序》也。③

王引之亦主此说：

　　桓谭《新论》曰"《古文尚书》旧有四十五卷"，《艺文志》则曰"四十六卷"，此以《序》别为一卷次于四十五卷之后者也。《志》又曰"《经》二十九卷，大、小夏侯二家"，此经文二十九篇，篇各为卷，而以《序》分冠卷首者也。《志》又曰"欧阳《经》三十二卷"，二当为三，谓于二十九篇中三分《盘庚》及《太誓》，而为三十三篇，篇各为卷，而以《序》分冠卷首者也。《太平御览》引《尚书大传》曰"成王在丰，欲宅雒邑，使召公先相宅。六日乙未，王朝步自周，则至于丰。惟太保先周公相宅"。案"成王在丰"以下三句，《召诰序》也。"六日乙未"以下四句，则《召诰》经文也。而《大传》连举其文，不复分析，此今文《书序》分冠篇首之明证。既以分冠篇首，则不自为篇卷，此所以有《序》而不数也。今文有《序》不在篇卷之列，而谓伏生二十九篇《序》当其一可乎？④

---

① 出自《书大序》。
② 简朝亮：《尚书集注述疏》卷首《尚书大名》。
③ 简朝亮：《尚书集注述疏》卷末上《书序辩》。
④ 王引之：《经义述闻》卷4《伏生尚书二十九篇说》。

王氏又据张霸造百两篇《尚书》事来证明伏生本无《书序》:"《汉书·儒林传》曰:'张霸分析合二十九篇为数十。'是霸所分析者即伏生之二十九篇也。而下文曰'又采《左氏传》《书序》为作首尾。'则《序》在二十九篇之外矣。"① 徐养原亦主此说:

> 古文有《序》,而今文无《序》。何以明其然也?王充曰"或说《尚书》二十九篇,法斗七宿,四七二十八篇,其一曰斗矣",此盖今文家说。充非之曰:"百篇之《序》,缺遗者七十一篇,独为二十九篇立法,如何?"要之,为此说者不见百篇之《序》者也。若知有百篇之《序》,而为此说则慎矣。②

江声亦据《论衡》法斗宿成二十九篇说反证伏生本无《书序》:

> 《论衡·正说篇》云"或说《尚书》二十九篇者,法北斗七宿也,四七二十八篇,其一曰斗矣,故二十九"。假使伏生《尚书》有《叙》,则百篇之名目具见,虽妄人亦不造此法斗七宿之说矣。是可知伏生书无《叙》也。③

以上有或无《书序》诸说,虽各有其理据,然均未得其实。《尚书》伏生本实无《书序》,仅二十九篇本经而已。伏生本为欧阳本、大小夏侯本之源,然诸本均有不同之处。伏生本无《书序》,欧阳本有《书序》,故欧阳氏虽立学在前,《汉志》小注却在后,使其不与伏生本切近,目的正是为标明两本有异处。两夏侯本初无《书序》,只有本经二十九篇,故虽立学在后,《汉志》小注置于其前,使与伏本切近,目的正是为标明两本相同。《书序》本为一大篇,在《古文尚书》五十九篇之内独立为一篇,及《伪孔传》始引之冠诸各篇之首,不复独存为一篇,总数减一篇,故《伪孔传》

---

① 王引之:《经义述闻》卷4《伏生尚书二十九篇说》。
② 《经义丛钞》(严杰补编),《皇清经解》本。
③ 江声:《尚书集注音疏》,《皇清经解》本。

定本为五十八篇。张霸析分伏生本二十九篇以为数十，接下又言采《书序》，其意是说又自伏生本以外采《书序》。夏侯本则至迟在西汉末已加入《书序》为一卷。后汉杨彪学欧阳氏学曾引《书序》，班固学夏侯氏学亦曾引《书序》，汉石经亦取《书序》，则东汉今文欧阳本、两夏侯本理应均有《书序》篇无疑。

五　伏生本经的篇次问题

先秦典籍引《尚书》有时称明所引经文之朝代，计分《虞书》《夏书》《商书》及《周书》，即所谓四代之书，至伏生《尚书大传》则分称《唐书》《虞书》《虞夏书》《夏书》《殷书》[①]及《周书》，凡称五代厘为六科之书。六科当以《尧典》为《唐书》，《皋陶谟》为《虞书》，并《禹贡》《甘誓》共为《虞夏书》，《汤誓》至《微子》为《商书》，《大诰》以下为《周书》，其序次至为明晰。但就具体篇目而言，伏生本经仍存有部分篇次之争问题。试考述如下：

（一）《大诰》与《金縢》篇次先后问题

伏生本经中，先《大诰》后《金縢》，还是先《金縢》后《大诰》，学界颇有争议。《金縢》自"秋大熟"至篇末，《尚书大传》以为记周公殁后事，其文说：

> 周公老于丰，心不敢远成王，而欲事文武之庙，然后周公疾，曰"吾死，必葬于成周，示天下臣于成王。"成王曰"周公生欲事宗庙，死欲聚骨于毕，毕者文王之墓也。"故周公薨，成王不葬于成周，而葬之于毕，示天下不敢臣也。[②]
>
> 天乃雷雨以风，禾尽偃，大木斯拔，国恐，王与大夫开金縢之书，执书以泣，曰"周公勤劳王家，予幼人弗及知。"乃不葬于成周，而葬之于毕，示天下不敢臣。[③]

---

① 即《商书》。
② 《尚书大传》卷2《大诰》。
③ 同上。

以此观之，《尚书大传》是谓《金縢》终篇记周公之殁，故王应麟《汉艺文志考证》卷一引宋叶梦得 有"《伏生大传》……谓《金縢》作于周公没后"之说①。

《金縢》记一事之始终，自武王遘厉虐疾至周公东征前后，犹后世纪事本末体的写法，故《金縢》篇当在《大诰》之前。《尚书大传》既误以《金縢》后半部分记周公殁后事，故误以排列篇次。若《金縢》后半部分记周公殁后事，则《金縢》当放在所有周公在世诸诰篇之后②，而不独放《大诰》篇在其前面。故《尚书大传》列此篇次不可从。伏生本当《金縢》在前，《大诰》在后。

（二）《费誓》与《吕刑》篇次先后问题

孔颖达《尚书正义》中《尧典》篇题下说："百篇次第，于《序》孔、郑不同……孔以《费誓》在《文侯之命》后，第九十九；郑以为在《吕刑》前，第九十七。郑依贾氏所奏《别录》为次。"③ 依《书序》内容所记，《费誓》篇乃周公长子伯禽于鲁曲阜伐徐、淮之书。伯禽受封曲阜约在成王四年，即周公摄政四年，则《费誓》当在此年以后成书。《史记》谓徐、淮与管、蔡等并反，则《费誓》当在成王元年救乱至三年践奄之前已著成。郑玄本《费誓》篇次同《尚书大传》。《尚书大传》与郑本均将《费誓》放在《冏命》《吕刑》之间。依《史记》来看，《费誓》篇亦当编入成王世卷。故知伏生本经《费誓》在前，《吕刑》在后。《伪孔传》将其放在平王《文侯之命》篇后，于百篇仅先于《秦誓》，认为有关微言大义，非关世次。其文说："诸侯之事而连帝王，孔子序《书》以鲁有治戎征讨之备，秦有悔过自誓之戒，足为世法，故录以备王事，犹《诗》录商、鲁之事。"④ 其说不可从。

由上考述可知，《尚书》伏生本经残存二十九篇，其中《顾命》《康王之诰》各自独立为篇，无《泰誓》篇，亦无《书序》。《尚书大传》记《尚书》篇目、篇次最近伏生二十九篇之篇目、篇次，兹据《尚书大传》列伏

---

① 王应麟：《汉书艺文志考证》卷1，《王应麟著作集成》，中华书局2011年版。

② 包括《酒诰》《梓材》《召诰》《洛诰》《多士》《无逸》《君奭》《多方》，以及《立政》诸篇。

③ 《尚书正义》卷2《尧典》。

④ 《尚书正义》卷20《费誓》。

生原本之篇名、篇目、篇次如下：

《尧典》第一、《皋陶谟》第二、《禹贡》第三、《甘誓》第四、《汤誓》第五、《盘庚》第六、《高宗肜日》第七、《西伯戡耆》第八、《微子》第九、《牧誓》第十、《洪范》第十一、《金縢》第十二、《大诰》第十三、《康诰》第十四、《酒诰》第十五、《梓材》第十六、《召诰》第十七、《洛诰》第十八、《多士》第十九、《毋逸》第二十、《君奭》第二十一、《多方》第二十二、《立政》第二十三、《顾命》第二十四、《康王之诰》第二十五、《鲜誓》第二十六、《甫刑》第二十七、《文侯之命》第二十八、《秦誓》第二十九。

第四节　西汉《尚书》欧阳学派流变

较其他诸经来说，《尚书》复出最后，唐晏曾说："至文帝始获伏生，虽遣晁错往受，习者最鲜。逮欧阳生出，《书》教始浦。"[1] 千乘儿宽曾师事晁错、孔安国、欧阳容等伏氏学者，并下传衍成《尚书》今文欧阳学派。较其他《尚书》今文诸家，欧阳学派最早立于学官。除官立博士外，《尚书》亦成为欧阳氏家学，代代相传，八世皆习《尚书》今文学。故在官学、私学两个层面的下授情况，《尚书》欧阳学均可称盛。

一　欧阳生与《尚书》欧阳学派的发端

欧阳生是汉代《尚书》欧阳学的鼻祖，名容，字和伯，生卒年不详，当为西汉文帝、景帝世千乘人。欧阳容曾师事伏生习《尚书》，并下传成《尚书》今文欧阳学派，后立为学官。其事迹主要见于以下文献，《史记·儒林列传》载："伏生教济南张生及欧阳生。欧阳生教千乘儿宽。"[2]《汉书·儒林传》载："欧阳生……事伏生，授儿宽。……宽授欧阳生子，世世相传，至曾孙高子阳，为博士。高孙地余长宾以太子中庶入授太子，后为博士，论石渠。……地余少子政，为王莽讲学大夫。由是《尚书》世有欧阳

---

① 唐晏：《两汉三国学案》卷3，吴东民点校，中华书局2008年版。
② 《史记》卷121《儒林列传》。

氏学。"①《后汉书·儒林传》载："前书云：'济南伏生传《尚书》，授济南张生及千乘欧阳生，欧阳生授同郡儿宽，宽授欧阳生之子，世世相传，至曾孙欧阳高，为《尚书》欧阳氏学。'"②《东观汉记》载："其先和伯，从伏生受《尚书》。"③郑玄《尚书大传叙》载："伏生……张生、欧阳生从其学。"④《释文序录》载："伏生授济南张生、千乘欧阳生，生授同郡儿宽，宽又从孔安国受业，以授欧阳生之子。欧阳氏世传业，至曾孙高作《尚书章句》，为欧阳氏学。高孙地余以《书》授元帝，传至欧阳歙，歙以上八世皆为博士。"⑤

张金吾《两汉五经博士考》据欧阳氏两本《谱图序》定欧阳容为文帝朝《尚书》博士。⑥但程元敏先生认为欧阳容未曾为博士，其说：

> 儿宽先师事欧阳容，后以郡选诣孔安国博士受业。夫同为习《尚书》，若先己从朝廷博士欧阳学，不应郡又选诣太学受业孔博士。安国为博士有明文，史传多载，而容为博士最早见《家谱》，后说皆从是出。家乘溢美，不可信也。⑦

欧阳生曾受业伏生并下传为《尚书》欧阳氏学当无疑。至于欧阳容本人曾否为《尚书》学博士，从目前所存文献来看，还难以定论。欧阳氏《谱序》所说欧阳和伯"仕于汉世，为博士，以经名家"⑧，或为授儿宽《尚书》学之后的事。

二　儿宽《尚书》学问题

儿宽是汉代《尚书》欧阳学传承过程中的重要一环。其生年不详，卒

①《汉书》卷88《儒林传》。

②《后汉书》卷79《儒林传》。

③《东观汉记》卷13《欧阳歙传》。

④ 郑玄：《尚书大传·叙》，《尚书正义》卷1《尚书序》。

⑤ 陆德明：《经典释文·序录》。

⑥ 张金吾：《两汉五经博士考》，《后知不足斋丛书》本。

⑦ 程元敏撰有专文《欧阳容夏侯胜未曾身为尚书博士考》，载《"国立"编译馆馆刊》1994年第23卷第2期。

⑧ 唐太宗敕定《欧阳氏谱序》。

于太初二年，即公元前 102 年，西汉千乘人。《汉书·百官公卿表》说："元封元年，左内史儿宽为御史大夫，八年卒。"①《汉书·武帝纪》说："太初二年冬十二月，御史大夫儿宽卒。"② 儿宽为西汉《尚书》今文学派传承中的关键人物，欧阳、大小夏侯氏学皆出于儿宽。儿宽曾位至三公，《汉书·儿宽传》说：

> （儿宽）以郡国选诣博士，受业孔安国。贫无资用，尝为弟子都养。时行赁作，带经而锄，休息辄读诵，其精如此。以射策为掌故，功次补廷尉文学卒史。……善属文。……（张汤）以宽为奏谳掾，以古法义决疑狱，甚重之。……（宽）见上，语经学，上说之，从问《尚书》一篇。擢为中大夫，迁左内史。……诏宽与迁等共定汉《太初历》。……宽为御史大夫……居位九岁，以官卒。③

上已考之，儿宽治《尚书》兼从晁错、欧阳容、孔安国三人受学，三者皆为伏生之学。孔安国又为西汉《古文尚书》学大宗师，亦应间以古学教授儿宽，则儿宽当多有贡献于《尚书》今、古文学之融通。儿宽授《尚书》学于欧阳容之子欧阳巨，欧阳巨传欧阳远，欧阳远传欧阳容之曾孙欧阳高，逐衍成《尚书》欧阳学派。儿宽又授蕳卿，蕳卿授夏侯胜，小夏侯师大夏侯及欧阳高，两夏侯氏《尚书》学均为西汉之显学。故西汉《尚书》今文学三大派均出自儿宽无疑，故《汉书》说"欧阳、大小夏侯氏学皆出于宽"④。

在中国传世文献中，"经学"之名第一次出现与儿宽有关。《汉书·儒林传》说："宽有俊才，初见武帝，语经学。上曰：'吾始以《尚书》为朴学，弗好；及闻宽说，可观。'乃从宽问一篇。"⑤ 儿宽为汉武帝说《尚书》一事属于"语经学"的范畴，说明武帝朝已有"经学"之说，《尚书》之学

① 《汉书》卷 19《百官公卿表》。
② 《汉书》卷 6《武帝纪》。
③ 《汉书》卷 58《儿宽传》。
④ 同上。
⑤ 《汉书》卷 88《儒林传》。

自然属于经学范畴。

儿宽《尚书》学具有以下特色：西汉初期的《尚书》今文学者多重《尚书》中的刑名思想，儿宽亦不例外。儿宽曾为法曹，以古法义决疑狱，应是据《尧典》《吕刑》《康诰》诸篇言刑典相关内容以决狱，这与晁错《尚书》学多重刑名之节相同，亦与董仲舒以《春秋》决狱类似，三人皆通于世务，明习文法，善以经术治吏事。

儿宽颇通儒术，并得到汉武帝重视。儿宽本传引对封禅一事，《律历志》引议改正朔一事，都充分体现了这一点。儿宽"对封禅，上然之"，于是宽乃"自制仪，采儒术以文焉"。朝廷下诏与博士议改正朔，亦以儿宽"明经术"为由。因儿宽多才，颇通儒术，于是领诏与多人共定《太初历》。《汉书·艺文志》之儒家类，著录有《儿宽》九篇，或有《尚书》学的内容在内，但史无从考，只能阙疑。马国翰辑有《儿宽书》一卷，系于《子部》儒家类。另外儿宽善属文，《汉书·艺文志》著有"儿宽赋二篇"。

三　《尚书》欧阳学派的形成

欧阳巨曾受《尚书》学于儿宽。欧阳巨，字孝仁，名巨，生卒年不详，当为景帝世千乘人。《汉书·儒林传》说："（儿）宽授欧阳生子，世世相传，至曾孙高子阳为博士。"①《东观汉记·欧阳歙传》说："其先和伯，从伏生受《尚书》，至歙七世，皆为博士。"②《后汉书·儒林传》亦说："自欧阳生传伏生《尚书》，至歙七世，皆为博士。"③ 欧阳巨传其《尚书》学于子欧阳远，欧阳远家世下传，遂衍成蔚为大观的《尚书》欧阳家学。

欧阳远，名远，字叔游，生卒年不详，当为武帝世千乘人。欧阳远传《尚书》家学于子欧阳高。欧阳高曾为武帝朝《尚书》欧阳学博士，名高，字子阳，生卒年不详，当为武帝世千乘人。《汉书·儒林传》说："（儿）宽授欧阳生子，世世相传，至曾孙高子阳为博士。"《后汉书·儒林传》亦说："前书云：'宽授欧阳生之子，世世相传，至曾孙欧阳高，为《尚书》欧阳

---

① 《汉书》卷88《儒林传》。

② 《东观汉记》卷10《欧阳歙传》。

③ 《后汉书》卷79《儒林传》。

氏学。……立博士。'"《释文序录》又说："欧阳氏世传业，至曾孙高作《尚书章句》，为欧阳氏学。"① 《汉书·艺文志》之《书》类《叙》说："孝宣世有欧阳、大小夏侯氏立于学官。"② 此处是通言，不可认为是各家始立之世。刘歆《移太常博士书》说："往者博士：《书》有欧阳……然孝宣皇帝犹复广立……大、小夏侯《尚书》。"③ 《汉书·儒林传》亦说："初，《书》惟有欧阳……至孝宣世，复立大、小夏侯《尚书》。"④ 宣帝前，昭帝未尝增立博士，则此言"往者""初"当为武帝朝无疑。故《儒林传》所说"曾孙高为博士"应在汉武帝世。《汉书·武帝纪》说："建元五年……置五经博士。"《尚书》欧阳氏学于汉武帝建元五年始立于学官，所立博士当有欧阳高。

欧阳高传家学于子欧阳仲仁。欧阳仲仁失名，字仲仁，生卒年不详，当为武帝、昭帝世千乘人。上承家学，下传《尚书》欧阳学于子欧阳地余。欧阳地余亦曾为《尚书》欧阳学博士。欧阳地余，名地余，字长宾，生年不详，卒年当为公元前38年⑤，西汉千乘人。欧阳地余传父业，其仕历、学业及下授情况，《汉书·儒林传》有明确记载：

> （欧阳）高孙地余长宾，以太子中庶子授太子，后为博士，论石渠。元帝即位，地余侍中，贵幸，至少府。戒其子曰："我死，官属即送汝财物，慎毋受。汝九卿儒者子孙，以廉洁著，可以自成。"及地余死，少府官属共送数百万，其子不受，天子闻而嘉之，赐钱百万。地余少子政为王莽讲学大夫，由是《尚书》世有欧阳氏学。⑥

欧阳地余为《尚书》学博士，《东观汉记》《后汉书·儒林传》《释文序录》所记均与《汉书·百官公卿表》同。石渠会议在宣帝甘露三年，则

① 陆德明：《经典释文·序录》。
② 《汉书》卷30《艺文志》。
③ 《汉书》卷36《刘歆传》。
④ 《汉书》卷88《儒林传》。
⑤ 《汉书·百官公卿表》说："永光元年，侍中中大夫欧阳地余为少府，五年卒。"
⑥ 《汉书》卷88《儒林传》。

欧阳地余为博士当在此前。《汉书·艺文志》之《书》类下有"《议奏》四十二篇"。班氏自注曰："宣帝时石渠论。"石渠合论五经同异，与欧阳地余同议者，《尚书》家还有林尊、周堪、孔霸、张山拊、假仓，则此《议奏》四十二篇当为此六人共撰。

欧阳地余传《尚书》学于少子欧阳政。欧阳政生卒年不详，当为平帝、新莽世人，传父学业。《汉书·儒林传》说："地余少子政，为王莽讲学大夫，由是《尚书》世有欧阳氏学。"① 后又传至欧阳歙，八世皆传欧阳氏学。欧阳歙，名歙，字正思，生年不详，当卒于建武十六年，即公元40年，两汉交替之际乐安千乘人。《后汉书·光武帝纪》说："建武十五年冬十一月甲戌，大司徒欧阳歙下狱死。"② 司马彪《续汉书·天文志》亦说："建武十五年正月丁未，彗星见品……品星为狱事。是时大司徒欧阳歙以事系狱，踰岁死。"③ 其生平，《后汉书·儒林传》有载记：

> 欧阳歙……自欧阳生传伏生《尚书》，至歙八世，皆为博士。歙既传业，而恭谦好礼让。王莽时为长社宰。更始立为原武令。世祖平河北到原武，见歙在县修政，迁河南都尉，后行太守事。世祖即位，始为河南尹，封被阳侯。建武五年，坐事免官。明年，拜扬州牧，迁汝南太守。推用贤俊，政称异迹。九年，更封夜侯。歙在郡，教授数百人，视事九岁，征为大司徒。坐在汝南臧罪千余万发觉下狱。④

欧阳歙曾为西汉末《尚书》欧阳学博士当无疑。其学下传礼震、曹曾、高获诸人。

四　《尚书》欧阳学派的发展与分途：平、陈之学

《尚书》欧阳氏学，除在欧阳氏家族内延传外，自欧阳高始，其学亦在非欧阳氏学者中有所拓展，比较关键的过渡人物是林尊。自林尊以下，又衍

---

① 欧阳政亦未尝为博士。
② 《后汉书》卷1《光武帝纪》。
③ 司马彪：《续汉书·天文志》，见范晔《后汉书》中的"八志"部分。
④ 《后汉书》卷79《儒林传》。

生出新的两大学派，即平、陈之学。林尊曾师事欧阳高，为《尚书》欧阳学博士，官至少府、太子太傅，参与石渠论议，字长宾，生卒年不详，当为昭帝、宣帝世济南人，《汉书·儒林传》说：

> （尊）授平陵平当、梁陈翁生。当至丞相。翁生信都太傅，家世传业。由是欧阳有平、陈之学。翁生授琅邪殷崇、楚国龚胜。崇为博士。而平当授九江朱普公文、上党鲍宣。普为博士，宣司隶校尉。徒众尤盛，知名者也。①

林尊曾与欧阳地余等五人于石渠会议共论《尚书》义，《汉书·艺文志》之《书》类著录有《议奏》四十二篇。济南林尊应为此四十二篇《石渠议奏》的作者之一。

（一）欧阳《尚书》平氏学

平当受《尚书》学于林尊，平当亦为博士，又曾在官学教弟子员，主治《尚书》欧阳氏学，后衍师法为专家，终成《尚书》平氏学一派。字子思，生年不详，卒于建平三年②，西汉平陵（今山西文水）人③，哀帝朝官至宰相。平当以明经为博士，《汉书》记载："（平当）论议通明，给事中。每有灾异，当辄傅经术，言得失。……当以经明《禹贡》，使行河，为骑都尉，领河堤。"④ 平当以《尚书·禹贡》义治黄河为经学史之大事，与夏侯胜以《洪范》察变、董仲舒以《春秋》决狱及王式以《三百五篇》当谏书，同为汉人以经术治事之显例。"以经明《禹贡》"，师古注曰："《禹贡》载禹治水，次第山川高下，当明此经，是也。"故使其治河。《汉书·沟洫志》亦载有此事："哀帝初，平当使领河堤，奏言：'九河今皆寘灭，按经义治水，有决河深川，而无堤防壅塞之文。河从魏郡以东，北多溢决，水迹难以分明。四海之众不可诬，宜博求能浚川疏河者。'"⑤

---

① 《汉书》卷88《儒林传》。
② 《汉书·哀帝纪》说："建平三年三月己酉，丞相当薨。"
③ 平当祖父曾自下邑徙平陵，故以此定其里籍。
④ 《汉书》卷71《隽疏于薛平彭传》。
⑤ 《汉书》卷29《沟洫志》。

　　平当所言即《禹贡》疏通九河之古义，使黄河总归于海，而摒弃阻塞之法，正合《禹贡》经义。平当传其学于子平晏，故平晏亦明《尚书》今文欧阳学。平晏，生卒年不详，当为平帝、新莽世平陵人。平帝世，平晏以长乐少府与刘歆等治明堂、辟雍，元始五年，以明经历位大司徒，封防乡侯，后为尚书令，新莽朝为太傅，封就新公。《汉书·匡张孔马传赞》云："当、子晏咸以儒宗居宰相位。"

　　平当《尚书》学嫡传弟子知名者还有朱普、鲍宣二人。朱普，字公文[①]，生卒年不详，当为平帝、新莽、光武世九江人，曾为《尚书》欧阳学博士，著《尚书章句》四十万言，已具今文章句繁琐之弊。朱普又下传师法于皋弘、彭闳及桓荣。桓荣将其学发扬光大，使之在东汉时臻于极盛。鲍宣，生年不详，卒于公元3年[②]，当为哀帝、平帝、新莽、光武世渤海高城人，《汉书》记载："宣坐距闭使者，亡人臣礼……下廷尉狱。博士弟子济南王咸举幡太学下，曰：'欲救鲍司隶者会此下。'诸生会者千余人。……上遂抵宣罪减死一等，髡钳。宣既被刑，徙之上党。平帝即位，王莽秉政……坐系狱，自杀。"[③] 哀帝朝曾征鲍宣为谏大夫，谏大夫属于言职，故其上疏奏事多援《尚书》义。后又师事桓氏，亦治《尚书》欧阳学，《后汉书·列女传》说："勃海鲍宣妻者，桓氏之女也，字少君。宣当就少君父学。"[④]《汉书·儒林传》谓鲍宣"徒众尤盛，知名者也"，其本传亦说"诸生会者千余人"，足见鲍宣在当时《尚书》今文学中的影响。鲍宣传其学于子鲍永。

　　（二）欧阳《尚书》陈氏学

　　陈翁生衍欧阳学者林尊之师法为专家，以之授徒，其徒知名者殷崇曾为欧阳《尚书》学博士。陈氏师徒影响颇大，遂衍成欧阳《尚书》陈氏学一派，与平氏学并行不悖。

　　陈翁生，生卒年不详，当为成帝、哀帝世梁人，官至信都太傅。其《尚

---

①　《东观汉记·桓荣传》作"文刚"。

②　《汉书·何武传》说："元始三年，吕宽等事起……连引诸所欲诛，上当鲍宣……郡国豪杰坐死者数百人。"

③　《汉书》卷72《两龚传》。

④　《后汉书》卷84《列女传》。

书》学源自林尊，并家世传业。《汉书·儒林传》说："（翁生）家世传业。由是欧阳有平、陈之学。"其学下传徒众，知名者有殷崇、龚胜、龚舍三人。

殷崇，生卒年不详，当为哀帝、平帝世琅琊人，师事陈翁生受《尚书》学，后为《尚书》欧阳学博士。龚胜，字君宾，生于公元前68年，卒于公元11年，享年七十九岁，两汉之际楚国彭城人，师事陈翁生受《尚书》欧阳学。《汉书·王莽传》说："遣谒者持安车印绶，即拜楚国龚胜为太子师友祭酒；胜不应征，不食而死。"①《汉书·两龚传》亦说：

> 两龚皆楚人也，胜字君宾，舍字君倩，二人相友，并著名节，故世谓之楚两龚。少皆好学明经，胜为郡吏，舍不仕。……（王）莽遣使者即拜胜为讲学祭酒，胜称疾不应征。后二年，莽复遣使者奉玺书、太子师友祭酒印绶，安车驷马迎胜。……胜称病笃……因敕以棺敛丧事……遂不复开口饮食，积十四日死，死时七十九矣。②

龚舍，字君倩，当为西汉末楚国武原人，通五经，《汉书》本传说："久之，楚王入朝，闻舍高名，聘舍为常侍，不得已随王归国，固辞，愿卒学，复至长安。……舍亦通五经，以《鲁诗》教授。……龚舍以龚胜荐，征为谏大夫，病免。复征为博士，又病去。……舍年六十八，王莽居摄中卒。"③据《后汉书·杨震传》"居摄二年杨宝与两龚、蒋诩俱征"可知，王莽居摄二年时龚舍仍健在，故其卒于居摄之时必不早于二年。上推六十九年，则当生于公元前62年。龚胜从陈翁生学《尚书》，而龚胜与龚舍"二人相友，并著名节"，皆通"五经"，则龚舍应有可能同师陈翁生习欧阳《尚书》学。陈乔枞说："胜、舍同族相友，本传称舍通五经，以《鲁诗》教授，虽不言其与胜同受《尚书》，然舍以胜荐，曾复征为博士，其于《尚书》当亦与胜同习欧阳之学也。"④

除上述平、陈之学派外，西汉《尚书》欧阳学亦有个别不明师承者，

---

① 《汉书》卷99《王莽传》。
② 《汉书》卷72《两龚传》。
③ 同上。
④ 陈乔枞：《今文尚书经说考》之《今文尚书序录》。

如东汉光武帝刘秀之师许子威，其学就承师不明。许子威，失名，字子威，生卒年不详，当为哀帝、平帝、新莽世庐江人。新莽天凤年间，曾在太学为《尚书》欧阳学博士，其学下授光武帝、张充。其学承师情况史不见载。张充，生卒年不详，当为平帝、新莽世汝南细阳人，《东观汉记》说："张酺，祖父充与光武同门学；光武即位，求问充，充已死。"光武帝刘秀从庐江博士许子威受《尚书》欧阳学，与张充"同门学"，则知张充亦从许师受业为弟子，张充以《尚书》欧阳学传其孙张酺。

第五节　《尚书》欧阳学经传研究

《尚书》欧阳学虽出自伏氏学，然据《汉书·艺文志》著录可知，其在"《书》教"活动中师徒间所授受的本经与伏氏本经并不完全相同，在卷数、篇目、篇次等方面稍有差异。在《尚书》诠释方面亦应有一定的差异，欧阳氏学衍师法为专家，著有《欧阳章句》三十一卷、《欧阳说义》二篇。二著早已佚失，与伏生《尚书大传》之异同不知具体区别为何。现就其个别问题考述如下。

一　欧阳《尚书》本经卷数问题

《尚书》欧阳本经当为三十二卷，末卷为《书序》。《汉书》汲古阁本谓"欧阳《经》二十二卷"，王先谦《汉书补注》说："注：二十二，官本、汪本并作三十二。案三十（二）是也，下云'《欧阳章句》三十一卷'，不应本经，卷异，卷上'二'字当为'三'。"[1] 陈寿祺《左海经辨》亦说："余偏检武英殿本、明南北监本、汪文盛本，皆作三十二卷，惟汲古阁本作二十二卷，上'二'字误脱一笔，《玉海》卷三十七引《汉志》正作'欧阳《经》三十二卷'。"[2] 汉代本经与传注分书分册，《书序》被视为经，故有时亦得加入本经计卷。《汉书·艺文志》自注"欧阳《经》三十二卷"，其中末卷即是《书序》。

---

①　王先谦：《汉书补注》卷10，上海古籍出版社12册平装点校本。
②　陈寿祺：《左海经辨》之《今文尚书大誓后得说》。

　　《尚书》伏生本无《书序》，但欧阳氏本却有《书序》，故《尚书》欧阳学虽立学在前，《汉书·艺文志》却自注在后，使之不与伏生本切近，目的就是明两本之不同处。两夏侯本无《书序》，本经二十九篇，故虽立学在后，《汉书·艺文志》自注却摆置于前，使与伏生本切近，目的是明两本之同。《书序》叙本经各篇之作意，犹经书之传注，但《尚书》欧阳家以之为孔子作，视之为《尚书》经，故总之为一卷系于全经之末，为第三十二卷，《汉书·艺文志》依以著录。

　　《尚书》欧阳本经三十二卷中有《泰誓》一篇，《顾命》《康王之诰》两篇合为一篇，以《顾命》篇名之。《尚书》欧阳学先于武帝末已立学官，后得《太誓》被其增入本经。刘向《别录》说："武帝末，民有得《泰誓》书于壁内者，献之，与博士，使请说之，数月皆起，传以教人。"[1] 刘歆《七略》亦说："孝武皇帝末，有人得《泰誓》书于壁中者，献之，与博士，使赞说之，因传以教。"[2] 汉武帝下此篇与博士，"使赞说之"，而博士集读"数月"，遂兴起家法，传以教博士弟子员，以充学官。欧阳学先于武帝末已立学官，此时大、小夏侯学尚未得立，故仅有欧阳氏学增《太誓》入其本经，单独作为一卷。欧阳学家又将伏生二十九篇中的《顾命》《康王之诰》两篇合为一篇，以《顾命》篇名之。在汉武帝末，欧阳氏增入后得之《太誓》，计为上、中、下三篇，合前二十八篇为三十一篇；又加附《书序》一篇为一卷，其中含《太誓》三篇之《书序》，置于全经之末，合前三十一篇为三十二篇。以一篇当一卷，故《汉书·艺文志》将欧阳《经》著录为三十二卷。

　　据此可知，《尚书》欧阳本经三十二卷的篇目、篇次应为：

　　《尧典》第一、《皋陶谟》第二、《禹贡》第三、《甘誓》第四、《汤誓》第五、《盘庚》第六、《高宗肜日》第七、《西伯戡饥》第八、《微子》第九、《太誓上》第十、《太誓中》第十一、《太誓下》第十二、《牧誓》第十三、《鸿范》第十四、《金縢》第十五、《大诰》第十六、《康诰》第十七、《酒诰》第十八、《梓材》第十九、《召诰》第二十、《洛诰》第二十一、

---

①　《尚书正义》卷1《尚书序》。
②　《汉书》卷30《艺文志》。

《多士》第二十二、《毋劮》第二十三、《君奭》第二十四、《多方》第二十五、《立政》第二十六、《顾命》第二十七、《鲜誓》第二十八、《甫刑》第二十九、《文侯之命》第三十、《秦誓》第三十一、《书序》① 第三十二。

二　《欧阳章句》《欧阳说义》问题

《汉书·艺文志》著录欧阳《尚书》著述包括《欧阳章句》三十一卷、《欧阳说义》二篇。《欧阳章句》三十一卷，与《大夏侯章句》二十九卷、《小夏侯章句》二十九卷、《大夏侯解故》二十九篇、《小夏侯解故》二十九篇，当属于同类性质的著作，其特点是逐章逐句解诂。《尚书》欧阳本经三十二卷中含《书序》一卷，而下云"《欧阳章句》三十一卷"者，当时人尚不必为经解之《书序》作注，故少一卷。汉人为《书序》作注，著为专书者自马融《尚书传》始，其弟子郑玄承之，今尚存其残文。此前只有借《书序》以论事，而尚无人为《书序》作注。故两《夏侯章句》《夏侯解故》为二十九篇卷，必无《书序》章句或解故，《欧阳章句》三十一卷中亦无《书序》章句。

《汉书·艺文志》未题《欧阳章句》作者，郑玄《尚书大传注》说："伏生终后，数子各论所闻……而别作章句。"《玉海》卷三七载《中兴书目》引陆氏《释文序录》，明定其为欧阳高作。吴承仕说："盖汉世博士章句之学，作始也简，而将毕也巨，师资相袭，代有增益。……故推其本始，则以章句为欧阳生所为，及其末流，则后师所补笪牵饰者多矣。"② 其言属实。汉代史籍所谓"受"或"授"或某某"学"者，当均有师法或家法存在。早在欧阳生以《尚书》授儿宽时已应有章句，以便相授；欧阳氏又世世相传至曾孙欧阳高，欧阳高为武帝博士，亦应有章句，以便传授。清马国翰《玉函山房辑佚书》、黄奭《黄氏逸书考》均辑有欧阳容《尚书章句》，此辑概为欧阳氏多人所成，以起始者署名。

至于《欧阳说义》二篇，朱彝尊说："汉欧阳氏世传《书》学，《说

---

① 共 29 条，仅有 29 篇目之《序》，《泰誓》3 篇共 1《序》。
② 吴承仕：《经典释文序录疏证》，中华书局 2008 年版。

义》二篇，未经□□注明，不知作者。"① 程元敏说："其成书也，其作始也简，出自始师容手，其后同学派后学，又有增益。"② 其说理是。《说义》诠释特点应为说经大义，异于《欧阳章句》之逐章逐句解诂，而类于《尚书大传》。《尚书大传》四十一篇、《说义》二篇，此处所谓的篇数应与各该家本经版本之篇目、篇次无直接关联。《欧阳说义》早佚，其诠释体例如何不得而知。

第六节　《尚书》大夏侯学派流变

西汉《尚书》大夏侯学派始师为夏侯胜。夏侯胜《尚书》学师出多源，其支流亦较繁盛。夏侯胜承师知名者有三，即夏侯始昌、蕳卿、欧阳高；授徒知名者有六，即汉昭帝、昭帝皇后上官氏、黄霸、夏侯建、孔霸、周堪。大夏侯《尚书》学于宣帝朝立于学官，自此之后至西汉末年一直兴盛。析其原因，约略有三：一是大夏侯学者善谈灾异，迎合了时君所好，开启了《尚书》谶纬化走向，学者多归属之；二是大夏侯学者善于论难，在石渠会议上大夏侯学者周堪论经最高；三是大夏侯学者多为帝王师或朝中重臣，夏侯胜曾为昭帝及其上官皇后之师，孔霸为元帝之师，许商、黄霸、周堪、孔霸、孔光、唐林、吴章等多为三公九卿，位高自然徒众。

一　夏侯胜与《尚书》大夏侯学派的发端

夏侯胜字长公，生卒年不详，当为汉武帝至汉宣帝世东平人，年九十卒于官，属于长寿学者。其先夏侯都尉从济南张生受《尚书》，传族子夏侯始昌，夏侯始昌通五经，善推《五行传》，并以之传本族子夏侯胜，遂衍成家学。从史籍来看，夏侯胜为学非一师，其学多源。除承家学于夏侯始昌外，《汉书·儒林传》说："胜又事同郡蕳卿。蕳卿者，儿宽门人。"③《释文序录》亦说："始昌传族子胜。胜从始昌受《尚书》及《洪范五行

---

① 朱彝尊：《经义考》卷76。
② 程元敏：《尚书学史》，第534页。
③ 《汉书》卷88《儒林传》。

传》，说灾异。又事同郡萠卿。……又从欧阳氏问。……号为大夏侯氏学。"①

夏侯胜为学特重经术，善以《洪范》察变，发展了夏侯始昌的《洪范五行传》，使汉代《尚书》今文经学向谶纬化转向。《汉书·夏侯胜传》说："胜每讲授，常谓诸生曰：'士病不明经术，经术苟明，其取青紫如俯拾地芥耳。学经不明，不如归耕。'"② 又载：

> 胜少孤，好学，从始昌受《尚书》及《洪范五行传》，说灾异。……为学精熟，所问非一师也。善说《礼服》，征为博士、光禄大夫。会昭帝崩，昌邑王嗣立，数出。胜当乘舆前谏曰："天久阴而不雨，臣下有谋上者，陛下出欲何之？"……霍光……乃召问胜，胜对言："在《洪范传》曰：'皇之不极，厥罚常阴，时则下人有伐上者'。恶察察言，故云臣下有谋。"③

在《尚书》学方面，夏侯胜为学精熟，曾奉诏撰写《尚书说》。《夏侯胜传》记载："（霍）光以为群臣奏事东宫，太后省政，宜知经术，白令胜用《尚书》授太后。……（黄）霸欲从胜受经……遂授之。……受诏撰《尚书》《论语》说。"④ 夏侯胜虽多次被统治者青睐，甚而位至帝王之师，但一生却未曾被征为《尚书》大夏侯学博士。

二 《尚书》大夏侯学派的开拓

《尚书》大夏侯学派自夏侯胜开始，其流脉广延，上至帝王，下至平民百姓，十分繁盛，不仅当时的多位皇帝习之，其他知名者亦多达数十人。试逐一考述如下。

（一）汉昭帝曾习大夏侯学

汉昭帝即汉武帝少子刘弗陵，生于公元前 94 年，卒于公元前 74 年，享

---

① 陆德明：《经典释文·序录》。
② 《汉书》卷 75《夏侯胜传》。
③ 同上。
④ 同上。

年二十一岁。孝昭皇帝曾召儒臣进授经义,《后汉书·桓郁传》说:"孝昭皇帝八岁即位,大臣辅政,亦选名儒韦贤、蔡义、夏侯胜等入授于前。"①韦贤以《诗》教授,后被征为博士、给事中,进授昭帝《诗》学。蔡义为昭帝说《韩诗》,被擢为光禄大夫、给事中。而夏侯胜授孝昭帝何经,其本传未言,相关传记亦未见载,夏侯胜以《尚书》学为精,曾受昭撰写《尚书说》,正史虽未明言其以《尚书》相授,按理推之,其所授昭帝之学当为《尚书》大夏侯学。

（二）昭帝上官皇后亦曾习大夏侯学

上官皇后是霍光的外孙女,上官桀之孙女,生于公元前88年,卒于公元前37年,享年五十二岁,陇西上邽人。光禄大夫夏侯胜曾授之以《尚书》。《汉书·夏侯胜传》说:"（霍）光卒与安世共白太后,废昌邑王,尊立宣帝。光以为群臣奏事东宫,太后省政,宜知经术,白令胜用《尚书》授太后。"②

昭帝元平元年七月宣帝得立,时上官皇后年十八,所谓"太后省政"当在此时,故依次推之,夏侯胜授上官皇太后《尚书》亦在此际。作为女性,上官皇后能从夏侯胜受《尚书》经学,在《尚书》学史上,除伏生女外,别不多见。

（三）汉元帝亦曾习大夏侯学

汉元帝为宣帝之子,即刘奭,生于公元前76年,卒于公元前33年,享年四十四岁。《汉书·孔光传》说:"（孔）霸亦治《尚书》……昭帝末年为博士,宣帝时为太中大夫,以选授皇太子经……元帝即位,征霸,以师赐爵关内侯。"③《汉书·儒林传》亦说:"（孔）霸为博士……以太中大夫授太子。……霸以帝师赐爵,号褒成君。"④ 孔霸以《尚书》大夏侯学为博士,传记或云宣帝时"授太子",或云"以《书》授元帝",又或云"为元帝师",其实都是一回事。汉元帝即尊位后以孔霸为帝师,并赐之爵号,当属常事。

---

① 《后汉书》卷37《桓郁传》。
② 《汉书》卷75《夏侯胜传》。
③ 《汉书》卷81《孔光传》。
④ 《汉书》卷88《儒林传》。

（四）周堪曾以大夏侯《尚书》学者身份参与石渠会议

周堪生年不详，卒于公元前40年，当为宣帝、元帝世齐人，周堪与孔霸曾俱师事于夏侯胜，参与石渠论议。石渠论议有《议奏》四十二篇，其中的《尚书》学部分概为周堪与欧阳地余等六人共撰。《汉书·儒林传》说："（周）堪译官令，论于石渠，经为最高，后为太子少傅。……及元帝即位，堪为光禄大夫，与萧望之并领尚书事，为石显等所谮，皆免官。望之自杀，上愍之，乃擢堪为光禄勋。……堪授牟卿及长安许商长伯。"① 周堪、萧望之皆出大夏侯门下，共领尚书事。《汉书·萧望之传》又载："望之、堪本以师傅见尊重，上即位，数宴见，陈王事……望之、堪数荐名儒茂材以备谏官。"② 周堪《尚书》学下授知名者有牟卿、许商、张猛诸人。

（五）黄霸曾狱中学《尚书》于夏侯胜

黄霸生年不详，卒于公元前51年，当为宣帝、元帝世淮阳阳夏人。《汉书·循吏传》说：

> （黄霸）少学律令，喜为吏。……召以为廷尉正……坐公卿大议廷中，知长信少府夏侯胜非议诏书大不敬，霸阿从不举劾，皆下廷尉，系狱当死。霸因从胜受《尚书》狱中，再踰冬，积三岁乃出。……征霸为太子太傅。……五凤三年，代丙吉为丞相，封建成侯。……为丞相五岁，甘露三年薨，谥曰定侯。③

黄霸于狱中受大夏侯《尚书》一事，《汉书·夏侯胜传》亦有记载："丞相（蔡）义、御史大夫（田）广，明劾奏胜非议诏书，毁先帝，不道，及丞相长史黄霸阿纵胜，不举劾，俱下狱。……胜、霸既久系，霸欲从胜受经，胜辞以罪死，霸曰'朝闻道，夕死可矣'，胜贤其言，遂授之。系再更冬，讲论不怠。"④ 黄霸受《尚书》于夏侯胜当在宣帝本始二年至四年。黄霸初学法律，而《尚书》颇言刑政，故黄霸在狱中执卷请授夏侯胜三年。

---

① 《汉书》卷88《儒林传》。
② 《汉书》卷78《萧望之传》。
③ 《汉书》卷89《循吏传》。
④ 《汉书》卷75《夏侯胜传》。

文帝时，晁错亦以文法之吏受《尚书》于伏生，其事与之类同。

（六）张骞之孙张猛为周堪《尚书》学弟子

张猛生年不详，卒于公元前40年，当为宣帝、元帝世汉中成固人，张猛曾师事周堪学《尚书》大夏侯学，《汉书·五行志》说："永光四年六月甲戌……刘向以为先是，上复征用周堪为光禄勋，及堪弟子张猛为太中大夫，石显等复潜毁之，皆出外迁。是岁，上复征堪领尚书，猛给事中。……显诬告张猛，自杀于公车。"①《刘向传》亦说："乃擢周堪为光禄勋，堪弟子张猛光禄大夫，给事中。"②

（七）牟卿亦曾从周堪习大夏侯学

牟卿生卒年不详，当为元帝世人，里籍亦不详，其事迹史不多载。唯《汉书·儒林传》说："周堪……事大夏侯胜……授牟卿……牟卿为博士。……光，亦事卿。"③牟卿传《尚书》大夏侯学，曾为《尚书》官学博士，并以之授孔光。但《汉书》并未载牟卿有《尚书》学专著存世，然《后汉书·张奂传》说："初，《牟氏章句》浮辞繁多，有四十五万余言，奂减为九万言。"④李贤注："时牟卿受《书》于张堪⑤，为博士，故有《牟氏章句》。"李注说误，查阅相关文献记载，著《牟氏章句》者之牟氏当为牟长，字君高，非此牟卿。

三　《尚书》大夏侯学派的流延与分途：孔、许之学

宣帝朝，随着《尚书》大夏侯学得立于学官，其流延逐渐茂盛。大夏侯学宗下别自成专家者世有孔氏之学、许氏之学。现分别考述如下。

（一）《尚书》大夏侯孔氏学

《尚书》大夏侯孔氏学源于孔霸。孔霸之学师出夏侯胜，下授其子孔光。因孔光及其弟子繁茂，遂衍成一大学派。孔霸字次儒⑥，孔子裔孙，孔

---

① 《汉书》卷27《五行志上》。
② 《汉书》卷36《刘向传》。
③ 《汉书》卷88《儒林传》。
④ 《后汉书》卷65《张奂传》。
⑤ "张"字，当作"周"。
⑥ "儒"字，当作"孺"。

延年之子，当为昭帝、宣帝世鲁国曲阜人。《汉书·孔光传》说："（孔）霸亦治《尚书》，事太傅夏侯胜，昭帝末年为博士，宣帝时为太中大夫，以选授皇太子经，迁詹事、高密相。……元帝即位，征霸，以师赐爵关内侯……号褒成君。"①《汉书·儒林传》亦说："周堪……与孔霸俱事大夏侯胜，霸为博士……以太中大夫授太子。……霸以帝师赐爵号褒成君。"②《释文序录》又说："（夏侯）胜……传齐人周堪及鲁国孔霸，霸传子光。"孔延年曾为《尚书》今文学博士，孔霸或亦承传孔氏《尚书》家学。

孔霸以大夏侯《尚书》学授其子孔光。孔光为孔子十四世孙，孔霸之少子，生于公元前65年，卒于元始五年，即公元5年，享年七十岁，官历御史大夫、丞相、大司徒、太傅、太师，历元帝、成帝、哀帝、平帝四世，居公辅前后长达十七年。其《尚书》学理有两个渊源，一个为受父业，学自孔霸，一个为受业于牟卿。其学下授徒众，弟子多成就为博士、大夫。

孔光及其弟子发皇大夏侯《尚书》学，影响颇大，故世人以之与许商同论，并称"孔、许之学"。《汉书·儒林传》说："孔霸……俱事大夏侯胜。……堪授牟卿及长安许商。……霸传于光，（光）亦事牟卿，至丞相。"孔光经学尤明，曾为谏大夫，左迁虹长，自免归教授。成帝初即位时举为博士。曾以《盘庚》义为比，力主中山王宜为嗣，足见孔光善《尚书》今文之学。孔光自虹长免归教授，故其当有门徒。《汉书·鲍宣传》记载，鲍宣曾上书说："故大司空何武、师丹、故丞相孔光、故左将军彭宣，经皆更博士，位皆历三公。"③可知孔光又曾为博士，亦当有不少弟子员。

（二）《尚书》大夏侯许氏学

许商为《尚书》大夏侯博士，以大夏侯《尚书》授徒，著有《尚书》学专著，又位列九卿，遂于大夏侯学宗下别成专家之学，与孔氏之《尚书》学合称"孔、许之学"。大夏侯《尚书》许氏学源于周堪，肇始于许商，下传唐林、吴章、王吉、炔钦、班伯等，徒众繁盛。

许商字长伯④，生卒年不详，西汉长安人，曾为《尚书》大夏侯学博

---

① 《汉书》卷81《孔光传》。
② 《汉书》卷88《儒林传》。
③ 《汉书》卷72《鲍宣传》。
④ 此据《汉书·儒林传》，《释文序录》陆德明自注为"字伯长"。

士，《汉书·沟洫志》说："博士许商治《尚书》。"①《汉书·儒林传》又说：

> （许）商善为算，著《五行论》《历》，四至九卿，号其门人沛唐林子高为德行，平陵吴章伟君为言语，重泉王吉少音为政事，齐炔钦幼卿为文学。王莽时，林、吉为九卿，自表上师冢，大夫博士郎吏为许氏学者各从门人，会车数百辆，儒者荣之。钦、章皆为博士，徒众尤盛。②

许商著《五行论》《历》，《汉书·艺文志》未见著录，而《六艺略》之《书》类有《许商五行传记》一篇，次于刘向《五行传记》之后；复于《数术略》之《历谱》类著录有许商《算术》二十六卷。《五行论》应即为"《五行传记》一篇"，据"洪范五行"以言阴阳灾异，正合伏生、夏侯氏相传之家法，与刘向《五行传记》同。其《历》应即为"许商《算术》二十六卷"。许商五行算术之学讲究经世致用，在平治黄河洪水中曾发挥过作用，《汉书·沟洫志》说：

> 成帝初，清河都尉冯逡奏言："……屯氏河不流行七十余年……可复浚以助大河泄暴水。……"事下丞相、御史，白博士许商治《尚书》，善为算，能度功用，遣行视。以为屯氏河盈溢所为，方用度不足，可且勿浚。……后……河复决平原……杜钦说大将军王凤，以为"……宜遣（杨）焉及将作大匠许商、谏大夫乘马延年杂作。……商、延年皆明计算……择其善而从之，必有成功"。……遣焉等作治，六月乃成。③

唐林曾承师大夏侯学博士许商。唐林字子高，生卒年不详，当为哀帝、平帝、新莽世沛人，许商分弟子四科而唐林为德行居首。哀帝朝，唐林为尚

---

①《汉书》卷29《沟洫志》。

②《汉书》卷88《儒林传》。

③《汉书》卷29《沟洫志》。

书令，新莽时，初为太子四友之一，后升为师友祭酒，秩上卿，以德高而封侯。《汉书·王莽传》说："始建国三年……为太子置师友各四人，秩以大夫。……故尚书令唐林为胥附……是为四友。……四年五月，莽曰：'保成师友祭酒唐林，孝弟忠恕，敬人爱下，博通旧闻，至于黄发，靡有愆失，其封林为建德侯。'"① 唐林与同门王吉尝"自表上师冢，大夫博士郎吏为许氏学者各从门人，会车数百辆，儒者荣之"。足见许氏学之繁盛。

吴章亦曾为许商门人，治《尚书》大夏侯学，字伟君，生年不详，卒于公元 3 年，西汉末平陵人。平帝时为博士，授《尚书》于王莽之子王宇，与宇并为王莽所诛。《汉书·云敞传》说：

> （吴）章治《尚书》经，为博士。……莽长子宇非莽鬲绝卫氏，恐帝长大后见怨。宇与吴章谋，夜以血涂莽门，若鬼神之戒，冀以惧莽。章欲因对其处。事发觉，莽杀宇。……章坐要斩，磔尸东市门。初，章为当世名儒，教授尤盛，弟子千余人，莽以为恶人党，皆当禁锢，不得仕宦。门人尽更名他师。②

吴章为当世大儒，弟子众至千余人，其被腰斩后，弟子皆讳之，不敢称出其门，故知名者唯王宇、云敞二人而已。王宇为王莽之子，生年不详，卒于公元 3 年，曾师事平陵吴章，传治《尚书》大夏侯学。与其师吴章及吕宽等谋令归政卫氏，事被发觉，元始三年被王莽诛杀。云敞生卒年不详，当为平帝、新莽世平陵人，曾从博士吴章学治大夏侯《尚书》。吴章因与王宇共谋而获罪腰斩，弟子咸更名他师，独其弟子云敞收吴章尸殡葬之，尽弟子之礼。车骑将军王舜高其志节，比之栾布，表奏以之为掾，荐其为中郎谏大夫。王莽篡位后以王舜为太师，王舜复荐云敞，云敞称以病免。唐林言云敞可"典郡"，遂擢为鲁郡大尹。更始时，安车征云敞为御史大夫，云敞复因病免因去，后卒于家。

王吉曾师事博士许商学治大夏侯《尚书》。王吉，字少音，生卒年不

---

① 《汉书》卷 99《王莽传》。
② 《汉书》卷 67《云敞传》。

详，当为哀帝、平帝、新莽世重泉人，许商以四科类比门人，王吉占政事一科。新莽时，王吉官至九卿，曾与同门唐林会《尚书》学者，荣尊亡师许商。

炔钦亦习《尚书》大夏侯学于许商，许商以之为"圣门四科"之文学，后为《尚书》学博士，徒众甚盛。字幼卿，生卒年不详，当为哀帝、平帝、新莽世齐人，《汉书·师丹传》说：

> 廷尉劾丹大不敬。事未决，给事中博士申咸、炔钦上书言"丹经行无比，自近世大臣能若丹者少。……漏泄之过不在丹。以此贬黜，恐不厌众心。"尚书劾咸、钦："幸得以儒官选擢备腹心，上所折中定疑，知丹社稷重臣，议罪处罚，国之所慎，咸、钦初傅经义以为当治，事以暴列，乃复上书妄称誉丹，前后相违，不敬。"上贬咸、钦各二等。①

炔钦以"丹经行无比"论事，其风格正合大夏侯学所长，善于论议。

第七节　《尚书》大夏侯学经传相关问题研究

西汉《尚书》三家今文经学虽都源出伏生，但《汉书·艺文志》著录其本经及其相关著述却有所不同。就大夏侯学言，《汉书·艺文志》著有《经》二十九卷②、《大夏侯章句》二十九卷、《大夏侯解故》二十九卷。《尚书》大夏侯学本经的篇目、篇次，夏侯胜是否曾为《尚书》博士，大夏侯《尚书》学何时立于学官等疑难问题，历来多有争议。试考述如下。

一　《尚书》大夏侯学本经及其传记问题

（一）《尚书》大夏侯学本经问题

由《汉书·艺文志》著录可知，大夏侯本经为二十九卷，大夏侯本经当无《书序》，卷数与伏生本同。简朝亮说：

---

① 《汉书》卷86《师丹传》。
② 班固原自注："大、小夏侯二家"。

《汉志》云"《尚书》，经二十九卷"，自注云"大、小夏侯二家"……盖二十九卷者，伏生今文本也，故《汉志》大书之。大、小夏侯从伏生本者，故《汉志》小注而先之。欧阳虽先立而不先之也，欧阳变伏生本者，故小注"经三十二卷"而后之：《汉志》之例严矣。伏生今文无《序》也。①

简氏说是。两夏侯本经最初仅二十九篇而无《书序》，故《汉书·艺文志》自注时提至欧阳经之前述之，使其切近于伏生本之下。最初虽均无《书序》，但大夏侯本经篇目、篇次却又不完全与伏生本相同。大夏侯本经将伏生本《顾命》《康王之诰》二篇合为一篇，名篇为《顾命》，又增入后得之《太誓》一篇，本经篇数仍维持伏生本二十九篇不变。

宣帝朝，《尚书》大夏侯学立于学官在得《太誓》篇之后，既立学官，为方便授受，博士《尚书》教本旋即加入后得之《太誓》篇，为维持二十九篇数之旧，故不得已并《顾命》《康王之诰》为一篇。《汉书·艺文志》著录只以本经二十九篇正合伏生本二十九之数，不遑细分其篇目增合。所谓《顾命》篇，马、郑、王本为自开篇"惟四月，哉生魄"至"无坏我高祖寡命"，伪孔本则为自开篇"惟四月，哉生魄"至"诸侯出庙门俟"。所谓《康王之诰》篇，马、郑、王本为自"王若曰：庶邦，侯甸男卫"至篇末"反丧服"，《经典释文》于《康王之诰》篇"王若曰：庶邦，侯甸另卫"下说："马（融）本从此以下为《康王之诰》。马（融）又云：'与《顾命》差异。'"② 伪孔本则为自"王出在应门之内"至篇末"反丧服"。马、郑、王本据孔壁古文本，伪孔本则当承伏生本之旧。

主张大夏侯本经二十九卷，后增入《泰誓》一卷的学者不少。

清俞正燮说，博士业者，其《书》后增入《太誓》。徐养原说："《汉志》大小夏侯经二十九卷，两夏侯皆立官宣帝世，至是增入《泰誓》始全。"③ 陈寿祺说：

① 简朝亮：《尚书集注述疏》卷首《尚书大名》。
② 《经典释文》卷4《尚书音义下》。
③ 《经义丛钞》（严杰补编），《皇清经解》本。

曰"博士读说"，曰"博士集而读之"，曰"下示博士"，曰"以充学"，是今文《尚书》夏侯增《太誓》后乃为二十九篇也……而夏侯胜宣帝时卒，年九十，计得亲见《太誓》之出。《传》称其又从欧阳氏问，从子建又师事欧阳高，左右采获。欧阳既增《太誓》立于学官，故两夏侯亦从而增入其书。[①]

刘师培引惠栋语说："二十九篇，夏侯也，依伏生篇数增入《泰誓》一篇。"[②] 邵瑞彭亦说："今所决定者，伏生本经无《太誓》，而今文有之，立学时加之也。"[③] 王先谦《尚书孔传参正序例》更是直接列大夏侯本《太誓》为第十。

由上述可知，最初《尚书》大夏侯本经为二十九卷，无《书序》，《顾命》《康王之诰》合为一篇，以《顾命》名篇，增入《太誓》一篇。其具体篇目、篇次，试胪列如下：

《尧典》第一、《皋陶谟》第二、《禹贡》第三、《甘誓》第四、《汤誓》第五、《般庚》第六、《高宗肜日》第七、《西伯堪饥》第八、《微子》第九、《太誓》第十、《牧誓》第十一、《鸿范》第十二、《金縢》第十三、《大诰》第十四、《康诰》第十五、《酒诰》第十六、《梓材》第十七、《召诰》第十八、《雒诰》第十九、《多士》第二十、《毋劮》第二十一、《君奭》第二十二、《多方》第二十三、《立政》第二十四、《顾命》第二十五、《鲜誓》第二十六、《甫刑》第二十七、《文侯之命》第二十八、《秦誓》第二十九。

（二）《大夏侯章句》《大夏侯解故》问题

二者篇目当与其本经同。《汉书·艺文志》著录大、小《夏侯章句》各二十九卷及大、小《夏侯解故》各二十九篇。章句为逐章逐句详解，解故则为简注，便于著于竹帛传世。《大夏侯章句》二十九卷，篇目卷次当同大夏侯《尚书》本经，无《书序》之章句。《大夏侯解故》二十九篇亦同大夏

① 陈寿祺：《左海经辨》之《今文尚书大誓后得说》。
② 刘师培：《左盦外集》之《今文尚书无序说》。
③ 邵瑞彭：《太誓决疑》，开封1933年刻红印本。

侯《尚书》本经，以一篇当一卷，亦无附《书序》之解故。马国翰《玉函山房辑佚书》辑有《大夏侯尚书章句》一卷。

（三）夏侯胜撰作《尚书说》① 问题

《夏侯胜传》记载，夏侯胜曾受诏撰《尚书说》《论语说》两书。《尚书说》早已佚绝，《汉书·艺文志》已不见著录。其《论语说》见《汉书·艺文志》之《论语》类："《鲁夏侯说》二十一篇。"《尚书说》《论语说》，颜师古注曰："解说其意，若今义疏也。"陈梦家说：夏侯胜"《尚书说》，疑即《大夏侯解故》"②。夏侯胜两为长信少府，曾教太后《尚书》，又迁为太子太傅，授太子《尚书》《论语》。教太后及太子《尚书》，通大义而已，其《尚书说》必非博士太学授诸生之繁琐章句。陈氏说无据，《尚书说》即《大夏侯解故》之说不可从。

二　大夏侯学立于学官与夏侯胜是否为博士问题

大夏侯《尚书》学立于学官当在宣帝甘露三年石渠会议之后。

刘歆《移太常博士书》说："往者博士，《书》有欧阳……然孝宣皇帝犹复广立……大、小夏侯《尚书》。"③《汉书·艺文志》亦说："《书》……讫孝宣世，有……大、小夏侯立于学官。"④ 《后汉书·章帝纪》载记为："建初四年十一月壬戌，诏曰：'……孝宣皇帝以为去圣久远，学不厌博，故遂立大、小夏侯《尚书》。'"《汉书·儒林传》所载亦同。故大夏侯《尚书》立于学官在汉宣帝之时应无异议。《汉书·宣帝纪》又说："甘露三年，诏诸儒讲五经同异……。乃立……大、小夏侯《尚书》《谷梁春秋》博士。"⑤ 按其叙述时序又可知，大夏侯《尚书》立于学官当在汉宣帝甘露三年之后。

《汉书·夏侯胜传》记载夏侯胜"善说《礼服》，征为博士"，又可知在

---

① 大夏侯《尚书说》，见许慎《五经异义》及郑玄《驳五经异义》，另陈乔枞著有《今文尚书经说考》与《尚书欧阳夏侯遗说考》。

② 陈梦家：《尚书通论》，第75页。

③ 《汉书》卷36《刘歆传》。

④ 《汉书》卷30《艺文志》。

⑤ 《汉书》卷8《宣帝纪》。

昭帝朝夏侯胜已为官学博士，但此时《尚书》大夏侯学尚未增列于学官，知夏侯胜此时实为《仪礼》学博士。虽夏侯胜享年高寿，石渠会后尚健在，但史传文献记其事历，不复有博士官，故程元敏先生认为："夏侯胜本身宣帝朝不复为博士，而初立之大夏侯《尚书》博士，为其后学若牟卿之辈。"其说甚是，他说不可从。

第八节　《尚书》小夏侯学派流变

《尚书》小夏侯学派始师为夏侯建。夏侯建兼采欧阳、大夏侯两家之学，又从五经诸儒问与《尚书》相出入者，"牵引以次章句"，由是今文《尚书》别有小夏侯之学。小夏侯学派，中经张山拊，下传授徒成名者居多，多自为专家。自宣帝立于学官至西汉末，小夏侯学在三家中最为兴盛，概因其兼有欧阳、大夏侯二家之长所致。夏侯建之学源自夏侯胜，其学亦善说"洪范五行"灾异之术，适应了时代的要求，迎合了帝王的口味。同时，小夏侯学者亦有为帝王师者，如郑宽中就曾为成帝之师，张山拊、郑宽中、李寻、假仓、赵玄等亦跻身重臣之列，故学者多愿习小夏侯学。宣帝之后，小夏侯学流衍日盛，乃势所必然。

一　夏侯建与《尚书》小夏侯学派的发端

夏侯建字长卿，生卒年不详，当为宣帝世东平人。《汉书·夏侯胜传》说："胜从父[①]子建，字长卿，自师事胜及欧阳高，左右采获，又从五经诸儒问与《尚书》相出入者，牵引以次章句，具文饰说。胜非之曰'建所谓章句小儒，破碎大道。'建亦非胜'为学疏略，难以应敌'。建卒自专门名经，为议郎、博士，至太子少傅。"[②]《汉书·儒林传》又载："胜传从兄子建，建又事欧阳高……由是《尚书》有大、小夏侯之学。"[③]《后汉书·儒林传》《释文序录》记载与《汉书·夏侯胜传》同。由上述可知，《尚书》小

---

① 《汉书·儒林传》作"兄"。
② 《汉书》卷75《夏侯胜传》。
③ 《汉书》卷88《儒林传》。

夏侯氏卒自成专门学派，并于甘露三年之后立于学官，终汉之世与大夏侯学、欧阳氏学并立。

两汉时期治经者讲求兼通为学术发展大势。夏侯建独自名家，正是因为他治《尚书》讲求会通，不仅兼通欧阳、大夏侯两家学说，又参考了五经诸儒的说法。他这么做，据他自己说，是为了论难应敌，论难应敌是当时经学发展客观情势的需要。除此之外，利禄引诱及通经致用也是造成小夏侯经说分立的重要因素。《尚书》学既然成了获取利禄之途，经师另创一说自成一个新的体系，就有希望立于学官。所以汉代《尚书》学虽极重师法，而分立出来的家派却很多，其实分出的各家经说并不都是违背师说的，除了经学上的见解有所歧异之外，利禄的诱惑应是造成诸《尚书》经学流派分立的重要原因。

二　《尚书》小夏侯学派之光大

小夏侯之学自夏侯建始，中经张山拊，至郑宽中、李寻、张无故、假仓、秦恭等五子而不断光大。五子各皆为专家，自为学派，在三家今文官立《尚书》学中最为显学。试逐一考述如下：

张山拊师事夏侯建，曾为《尚书》小夏侯学博士，参与石渠论议，后官至少府。其生卒年不详，当为宣帝世平陵人，《汉书·儒林传》说：

> （张山拊）授同县李寻、郑宽中少君、山阳张无故子儒、信都秦恭延君、陈留假仓子骄。无故善修章句，为广陵太傅，守小夏侯说文。恭增师法至百万言，为成阳内史。仓以谒者论石渠，至胶东相。寻善说灾异，为骑都尉。……宽中有俊材，以博士授太子，成帝即位，赐爵关内侯。……由是小夏侯有郑、张、秦、假、李氏之学。①

在小夏侯学承传中，张山拊具有十分重要的地位，小夏侯学在其授受中得以发扬光大。《释文序录》云："夏侯建……为小夏侯氏学，传平陵张山

---

① 《汉书》卷88《儒林传》。

拊①。山拊授同县李寻及郑宽中、山阳张无故、信都秦恭、陈留假仓。宽中授东郡赵玄，无故授沛唐尊，恭授鲁冯宾。"②《汉书·艺文志》之《书》类著录有石渠《议奏》四十二篇，为参与石渠会议的《尚书》家共撰，张山拊当为《议奏》撰者之一。

郑宽中师事张山拊，学治小夏侯《尚书》，笃守师说，曾为《尚书》小夏侯学博士。其字少君，生卒年不详，当为元帝、成帝世平陵人，《汉书·儒林传》说："宽中有俊材，以博士授太子，成帝即位，赐爵关内侯……迁光禄大夫，领尚书事，甚尊重。"郑宽中早卒，但其学甚精，颇为时贤所重。《汉书·儒林传》说：

> 会疾卒，谷永上疏曰："臣闻圣王尊师傅，褒贤儁，显有功，生则致其爵禄，死则异其礼谥。……郑宽中有颜子之美质，包商、偃之文学，严然总五经之眇论，立师傅之显位，入则乡唐虞之闳道，王法纳乎圣听，出则参冢宰之重职，功列施乎政事……卒然早终，尤可悼痛！臣愚以为宜加其葬礼，赐之令谥，以章尊师褒贤显功之德。"上吊赠宽中甚厚。③

《汉书·王尊传》说："博士郑宽中使行风俗。"④《张禹传》又说："初元中，立皇太子，而博士郑宽中以《尚书》授太子，令禹授太子《论语》。……元帝崩，成帝即位，征禹、宽中，皆以师赐爵关内侯。"⑤ 初元二年四月丁巳，刘骜立为太子，郑宽中授其《尚书》，说明此前郑宽中已为《尚书》小夏侯学博士。郑宽中《尚书》小夏侯学下授汉成帝、赵玄、班伯⑥诸人，自成一大分支。

汉成帝好经书，宽博谨慎，曾于太子时受小夏侯《尚书》于郑宽中。

---

① 陆氏自注："为博士，论石渠。"
② 《经典释文·序录》。
③ 《汉书》卷88《儒林传》。
④ 《汉书》卷76《王尊传》。
⑤ 《汉书》卷81《张禹传》。
⑥ 班伯《尚书》学，在东汉部分另论。

汉成帝为汉元帝太子，即刘骜，生于公元前51年，卒于公元前7年，享年四十五岁。赵玄亦习治小夏侯学。其生卒年不详，当为成帝、哀帝世东郡人，郑宽中曾以《尚书》相授，赵玄官历光禄勋、太子太傅、御史大夫。《汉书·哀帝纪》说："（赵玄）……建平二年八月，坐为奸谋，减死论。"①

李寻治小夏侯《尚书》，与张无故、郑宽中等同师事于张山拊。其生卒年不详，当为哀帝、平帝世平陵人。李寻《尚书》学虽学出张山拊，再传小夏侯《尚书》义，但不若郑宽中等纯笃，而好说《洪范》灾异，言天灾必资星历，又旁习月令阴阳，其学甚近大夏侯学风格。《汉书·李寻传》说："宽中等守师法教授，寻独好《洪范》灾异，又学天文月令阴阳。事丞相翟方进，方进亦善为星历，除寻为吏。……哀帝初立……迁黄门侍郎。以寻言且有水灾，故拜寻为骑都尉，使护河堤。"②《汉书·翟方进传》亦说："方进好天文星历，厚李寻，以为议曹。"③《汉书·儒林传》亦载："寻善说灾异。"《五行志》《沟洫志》《李寻传》等多载有李寻奏对之事，动辄引《洪范》申说阴阳五行灾变，用以纳说时君。故《汉书·眭两夏侯京翼李传赞》说："汉兴，推阴阳言灾异者，孝武时有董仲舒、夏侯始昌，昭、宣则眭孟、夏侯胜，元则京房、翼奉、刘向、谷永，哀、平则李寻、田终术，此其纳说时君著明者也。"于小夏侯学宗中，李寻之学以善说阴阳五行灾异别为一派，故能与同门郑宽中、秦恭等并称郑、张、秦、假、李氏之学。

张无故亦师事张山拊习治小夏侯《尚书》，守其师祖夏侯建师法，善修章句。字子儒，生卒年不详，当为元帝、成帝世山阳人，《汉书·儒林传》说："张山拊……授……山阳张无故子儒。……无故善修章句，为广陵太傅，守小夏侯说文。"张无故守其师祖小夏侯章句并无损益，既不同于秦恭为之增饰至百万言，亦不同于李寻善说阴阳五行灾异近大夏侯学风格。张无故《尚书》学下传沛人唐尊。

唐尊字伯高④，生年不详，卒于公元23年，事汉、新两朝，曾师事张无

---

① 《汉书》卷11《哀帝纪》。

② 《汉书》卷75《李寻传》。

③ 《汉书》卷84《翟方进传》。

④ 《汉书·王莽传》作"子虞"，今据《鲍宣传》。

故，为张山拊再传弟子，习治小夏侯《尚书》学。《汉书·鲍宣传》说：
"自成帝至王莽时，清名之士……唐尊伯高皆以明经饬行显名于世。……仕
王莽，封侯贵重，历公卿位。"①《王莽传》又载："以予虞唐尊为太傅。尊
曰：'国虚民贫，咎在奢泰。'乃身短衣小褒，乘牝马柴车，藉槁，瓦器，
又以历遗公卿。出见男女不异路者，尊自下车，以象刑赭幡污染其衣。莽闻
而说之，下诏申敕公卿思与厥齐。封尊为平化侯。"②象刑出自《尧典》篇，
《尚书大传》说："唐虞之象刑，上刑赭衣不纯，中刑杂屦，下刑墨幪，以
居州里而民耻之。"③由此可知，唐尊曾以伏生今文经义治事。

假仓受《尚书》于张山拊，习治小夏侯学，以谒者论于石渠。其字子
骄，生卒年不详，当为宣帝、元帝、成帝世陈留人，官至胶东相。《汉书·
艺文志》之《书》类著录有石渠《议奏》四十二篇，当为假仓、欧阳地余
等六人共撰。

秦恭师事夏侯建之弟子张山拊习治小夏侯《尚书》学。其字延君④，生
卒年不详，当为宣帝、元帝、成帝、哀帝、平帝世信都人，其事迹别无可
考。《说文解字·自叙》载记："孝宣皇帝时，召通《仓颉》读者，张敞从
受之；凉州刺史杜业、沛人爰礼、讲学大夫秦近⑤亦能言之。孝平皇帝时，
征礼等百余人，令说文字未央廷中，以礼为小学元士。"⑥段玉裁注之说：
"讲学大夫，新莽所设官名。……秦近，或曰即桓谭《新论》云'秦近
君'。"⑦《汉书·儒林传》又说秦恭"增师法至百万言"，《释文序录》载记
与之同，桓谭《新论》说："秦近君能说《尧典》，篇目两字之说至十余万
言，但说'曰若稽古'三万言。"⑧《文心雕龙·论说》篇亦说："秦延君注
《尧典》十余万字。"⑨但《汉书·艺文志》却没有著录秦氏《尚书章句》，

① 《汉书》卷72《鲍宣传》。
② 《汉书》卷99《王莽传》。
③ 《尚书大传》卷1《尧典》。
④ 一作"近君"。
⑤ 当作"延"，下又当增"君"字。
⑥ 段玉裁：《说文解字注》，上海古籍出版社1981年版。
⑦ 同上。
⑧ 桓谭：《新论·正经》，《新编诸子集成续编》，中华书局2009年版。
⑨ 《文心雕龙·论说》篇，中华书局2012年版。

《艺文志》之《小学》类《叙》说："后世经传既已乖离，博学者又不思多闻阙疑之义，而务碎义逃难，便辞巧说，破坏形体；说五字之文至二三万言。"①《尚书》小夏侯学说繁饰之特点被秦恭推阐至极，此处所言当指秦恭章句之类。秦恭之学下传于冯宾。冯宾生卒年不详，当为成帝、哀帝世鲁人，曾为《尚书》小夏侯学博士。史不见载其事迹。

第九节 《尚书》小夏侯学经传问题研究

西汉今文《尚书》三家之学虽都源出伏生，但《汉书·艺文志》著录各家本经及其相关著述时却有所不同。就小夏侯学而言，《汉书·艺文志》著有经二十九卷，②《小夏侯章句》二十九卷，《小夏侯解故》二十九卷。小夏侯学立于学官问题与大夏侯同，前已述之。除此之外，小夏侯学《尚书》本经的篇目、篇次问题，夏侯建学说兼通群经问题，汉石经《尚书》底本是否为小夏侯本经问题等，历来多有争议。试逐一考述如下。

一 《尚书》小夏侯学本经及其传记问题

《尚书》小夏侯学本经问题。由《汉书·艺文志》著录可知，小夏侯本经为二十九卷，与伏生本经、大夏侯本经同。小夏侯本经无《书序》，亦与大夏侯本、伏生本相同。简朝亮说：

> 《汉志》云"《尚书》，经二十九卷"，自注云"大、小夏侯二家"……盖二十九卷者，伏生今文本也，故《汉志》大书之。大、小夏侯从伏生本者，故《汉志》小注而先之。欧阳虽先立而不先之也，欧阳变伏生本者，故小注"经三十二卷"而后之：《汉志》之例严矣。伏生今文无《序》也。③

---

① 《汉书》卷30《艺文志》。
② 班固原自注："大、小夏侯二家"。
③ 简朝亮：《尚书集注述疏》卷首《尚书大名》。

两夏侯本经最初仅具本经二十九篇而无《书序》，故《汉书·艺文志》自注提到欧阳经之前，使其切近于伏生本之下。小夏侯本经篇目、篇次与大夏侯本经同，均无《书序》，但与伏生本经有所不同，小夏侯本经将伏生本《顾命》《康王之诰》二篇合为一篇，名篇为《顾命》，又增入后得之《太誓》一篇，本经篇数仍维持伏生本二十九不变。宣帝朝，《尚书》小夏侯学与大夏侯学同时立于学官，立学当在得《太誓》之后。既得立于学官，《尚书》博士教本旋即加入后得《太誓》篇，为维持二十九篇数之旧，故不得已并《顾命》《康王之诰》为一篇，遂减少一篇目。《汉书·艺文志》著录，只以本经二十九篇正合伏生本二十九之数，没有细分其篇目之增合。

主张小夏侯本经二十九卷增入《泰誓》一卷的学者亦不少。如徐养原说：“《汉志》大小夏侯经二十九卷，两夏侯皆立官宣帝世，至是增入《泰誓》始全。”① 陈寿祺说：

> 曰“博士读说”，曰“博士集而读之”，曰“下示博士”，曰“以充学”，是今文《尚书》夏侯增《太誓》后乃为二十九篇也……从子建又师事欧阳高，左右采获。欧阳既增《太誓》立于学官，故两夏侯亦从而增入其书。②

刘师培引惠栋语说：“二十九篇，夏侯也，依伏生篇数增入《泰誓》一篇。”③ 王先谦《尚书孔传参正·序例》亦列小夏侯本《太誓》为第十。④

由上述可知，《尚书》小夏侯本经原为二十九卷，无《书序》，《顾命》《康王之诰》合为一篇，增入《太誓》一篇。试胪列其具体篇名、篇目、篇次如下：

《尧典》第一、《皋陶谟》第二、《禹贡》第三、《甘誓》第四、《汤誓》第五、《般庚》第六、《高宗肜日》第七、《西伯戡饥》第八、《微子》第九、《太誓》第十、《牧誓》第十一、《鸿范》第十二、《金縢》第十三、

① 徐养原：《今文尚书增泰誓说》。
② 陈寿祺：《左海经辨》之《今文尚书太誓后得说》。
③ 刘师培：《左盦外集》之《今文尚书无序说》。
④ 王先谦：《尚书孔传参正·序例》。

《大诰》第十四、《康诰》第十五、《酒诰》第十六、《梓材》第十七、《召诰》第十八、《雒诰》第十九、《多士》第二十、《毋劮》第二十一、《君奭》第二十二、《多方》第二十三、《立政》第二十四、《顾命》第二十五、《鲜誓》第二十六、《甫刑》第二十七、《文侯之命》第二十八、《秦誓》第二十九。

《小夏侯章句》《小夏侯解故》问题。二者篇目与其本经相同。《汉书·艺文志》著录大、小《夏侯章句》各二十九卷及大、小《夏侯解故》各二十九篇。章句为逐章逐句详解，解故则为简注，便于著于竹帛传世。《小夏侯章句》二十九卷，篇目卷次同小夏侯《尚书》本经，无《书序》之章句。《小夏侯解故》二十九篇亦同小夏侯《尚书》本经，以一篇当一卷，亦无附《书序》之解故。马国翰《玉函山房辑佚书》辑有《小夏侯尚书章句》一卷。

二 《尚书》小夏侯学通贯群经问题

夏侯建先从叔父夏侯胜学今文《尚书》，又从问于欧阳高，犹嫌不足，乃更从五经诸儒问其他群经与《尚书》义相出入者，牵引众经之义，具文饰说《尚书》义。故小夏侯学除兼具欧阳、大夏侯两家《尚书》说义特点外，又特重通贯群经之说义。

五经于治一也，《尚书》与诸经确多有兼通之处。《诗》以四言韵文为主体，《尚书》亦颇多四言，故周秦时期有称《书》为"《周诗》"者。《周易》之卦爻辞，凡中爻皆吉，其源始自《尚书》之中和思想；《洪范》之阴阳五行学，《易》之《系辞》《文言传》亦明阴阳之道，二者间当相互发明。《尧典》首提儒家修、齐、治、平思想，《礼·大学》篇遂衍申为三纲领、八条目①。清范士增作《尚书解四书》，用"如得其情则哀矜而勿喜"解以"惟刑之恤哉"，"有罪不敢赦"解以"今予恭行天之罚"。② 陈铁凡《孝经学源流》论《尚书》之《尧典》《皋陶谟》《西伯戡黎》《康诰》《召诰》

---

① 黄镇成：《尚书通考》，《通志堂经解》本。卷1作《尧典》《大学》宗祖之图，以明其相互关系。

② 范士增：《尚书解四书》，清嘉庆间刻本。

《洛诰》《甫刑》义，认为诸篇可与《孝经》篇义相发明①。《仪礼》之典礼可从《尚书》诸诰中讨得其本原。《周礼》之官制往往源出于《尚书》中的《周官》及《立政》《酒诰》诸篇。大、小戴《礼记》《春秋》三传亦经常引《尚书》经文或采用《尚书》义论事明礼。由上可知，《尚书》本经确实多有通贯群经之义。小夏侯学所牵引诸经情况，概与上所述略同。

章句之学，不只是零星字词的解释，而是整段逐句的文义解释，是一种很繁琐的经说。夏侯建的经说参考了五经诸儒的说法，其章句之学自然更加繁琐。"牵引以次章句，具文饰说"，说明从夏侯胜到夏侯建，经说的字数一定增加了不少。夏侯建授张山拊，张山拊授秦恭，秦恭增师法至百万言。可见从夏侯建之后，经说的字数还在继续增加。经说流于繁琐，自然引人反感。但博取群经及传记以昌明《尚书》义，形成繁博周延之特色，实乃小夏侯学的基本特色。虽其说义历来以繁琐而多受讥讽，及其末流更是破碎大道，使经义沦为记问之学，去圣人经世致用原意甚远，但其说《尚书》不囿于一经实为可贵之举。

三　汉石经《尚书》底本是否用小夏侯本问题

东汉《尚书》官学沿袭西汉之制，仍为欧阳、大小夏侯今文三家，《古文尚书》一直未能立学，汉熹平刻石《尚书》所据底本必为官刻今文本。三家本经均为官学传本，但稍有不同，前已述之。熹平石经《尚书》所据底本，旧有欧阳本、大夏侯本、小夏侯本等说法，一直争讼不断。今系于此，做一总结。

钱玄同认为熹平石经《尚书》底本所据为欧阳本。马衡引述其观点说：

> 新出残石于《秦誓》之后有《书序》七行，存《尧典》《汤誓》《西伯堪饥》《鸿范》《召诰》《君奭》《甫刑》等《序》残字，亡友钱玄同氏以《汉书·艺文志》叙今文《尚书》之卷数，大小夏侯二家《经》及《章句》皆二十九卷，《解故》二十九篇，而欧阳则《经》三十二卷，《章句》三十一卷，卷数独多。又据《隶释》所录及今出《盘

---

①　陈铁凡：《孝经学源流》，"国立"编译馆 1986 年版。

庚》残字上、中、下三篇之间空一格，以为《盘庚》确分三篇，则总数为三十一篇。益以此《序》，则得三十二篇。《书序》不作训，故《章句》为三十一卷，《经》为三十二卷。据此以证汉石经《尚书》之为欧阳本。又引陈寿祺之"今文有序"十七证中之第十三证……以为东汉习欧阳《尚书》者引《书序》，不但可证欧阳本有《序》，更可证有《序》之汉石经《尚书》之为欧阳本。其说诚不可易。①

钱氏以《盘庚》残字上、中、下三篇之间空一格主《盘庚》分为三篇，进而推定熹平石经《尚书》底本所据为三十二篇之欧阳本，其说虽持之有故，然并不准确。石经残字中有"《酒诰》第十六"字样，自《尧典》第一数至《酒诰》为第十五，伏生本如此，必增入后得之《太誓》一篇为第十，同时也说明汉石经《太誓》非三篇，当为一篇，即河内《泰誓》篇，依此则《酒诰》可列次为第十六。虽然石经残字尚未发见《太誓》经文，但屈万里论之说："据此推证，知《太誓》当占十四行，并篇题与篇末空白计，其字数与伪古文《太誓》字数相近而稍多。"② 且石经《书序》残文中有"（作西伯）堪饥"，此《西伯戡黎》序文，文在上；又发现《书序》残文"箕子（归，作鸿范）"，此《鸿范》序文，文在下，以字推复原碑，上下两序之间必有《太誓》序文曰"惟十有一年，武王伐殷，一月戊午，师渡孟津，作《大誓》。"《书序》因本经而录具，则汉石经《尚书》必为二十九篇本，而非三十二篇的欧阳本。

周凤五亦认为熹平石经《尚书》底本所据为欧阳本，不过其认为所据底本为二十九目三十二篇。1968 年冬河南偃师新出土一方汉石经残石，编号为六二七八，属于汉石经《尚书》的第一石，残石背面残字存《尧典》《皋陶谟》二篇校记十六行，有"皋陶大小""震敬六德大""斯食大小夏""根食大夏侯言艰""粉米大夏侯言粉""是好傲虐是作大夏""时乃工大夏侯言""于予击石大夏侯无""箫韶九成大夏侯"字样，周氏以为"大小""大小夏"当为"大小夏侯"残文，"大""大夏"当为"大夏侯"残文。

---

① 马衡：《汉石经集存》，台湾艺文印书馆 1976 年版。
② 屈万里：《汉石经尚书残字集证》卷 1。

周凤五说："以熹平石经校记体例推之……凡出现于石经校记的家数，必非经文所据之本。《尚书》'校记'既屡见大小夏侯，其经文必非大小夏侯本，而确为欧阳本无疑。"① 熹平石经刻石《尚书》由右至左排刻，先刻经文，各篇目自为起讫，篇题和篇末都有空行，各篇目经文版面的天头是高低相错的，篇目与篇目之间以差一格相区别，最后刻《书序》和校记。故周氏以为据大小夏侯两家经文做参校，底本所据必为另一立于学官的欧阳本。

屈翼鹏认为熹平石经《尚书》底本所据为夏侯本，不分大小。屈氏说：

> 欧阳《尚书》，所以多于《书序》夏侯《尚书》三卷者，除《书序》一卷外，其余则或谓欧阳本分《盘庚》为三篇，或谓其分《泰誓》为三篇。而《盘庚》《泰誓》俱在《酒诰》之前，二者之一如分为三篇，则《尚书》篇第至《酒诰》当为第十八篇。而汉石经《尚书》残字尚存《酒诰》篇题，云"酒诰第十六"。据此知汉石经《尚书》之《盘庚》《泰誓》皆不分篇。即此一事可知汉石经为二十九篇本，亦即夏侯氏本也。②

屈氏推定汉石经为二十九篇本当无误。在石经残字中，《文侯之命》篇题下有"（第）廿八"，《文侯之命》为今文《尚书》本之倒数第二篇，其下即末篇第二十九《秦誓》篇，说明汉石经本《尚书》总计为二十九篇无疑。

程元敏则认为熹平石经《尚书》底本所据为小夏侯本："汉石经用小夏侯本，本经亦二十九篇，末附《书》二十九篇《序》一大篇，石经以之为底本，并以欧阳、大夏侯本参校异同。"③ 又说："则石经所据之小夏侯本将《顾命》《康王之诰》合为一篇，欧阳、大夏侯本当同，确也已矣！"④

在汉石经《尚书》残字中，《盘庚》三篇接写不循空行之例，仅于"弗可悔"及"永建乃家"下各空一格，各刊一粗圆点为标示，圆点表示分篇

---

① 周凤五：《新出熹平石经尚书残字研究》，《幼狮学志》1986 年第 19 卷第 3 期，第 125 页。
② 屈万里：《汉石经尚书残字集证》卷 1。
③ 程元敏：《尚书学史》，第 512 页。
④ 同上书，第 520 页。

不分目，未发现"盘庚上、盘庚中、盘庚下"标题之残字，故石经《盘庚》当为一目三篇。篇目与篇数不同。东汉今文三家经文，就篇数言，虽有二十九与三十二之别，而篇目均为二十九。程氏以《尚书》小夏侯本经为二十九卷，《顾命》《康王之诰》合为一篇，增入《泰誓》一篇，其说有理。但以汉石经《尚书》底本为小夏侯本，其说不确。程氏又认为西汉末之前，小夏侯本已加入《书序》为一卷，其说难定，阙疑。

由上考述可知，熹平石经《尚书》所据底本为二十九篇目，《盘庚》为一目三篇，有《太誓》篇，《顾命》《康王之诰》合为一篇，以《顾命》名篇，《酒诰》为第十六篇目，二十九篇目经文之后有二十九篇目之《书序》一篇，《书序》后有"校记"。以三家哪一家为底本实难确定，也许根本就没有固定底本，或以白虎观所论定为准亦未可知。张国淦依《书序》残字，考证熹平石经《尚书》篇名、篇目、篇次如下：

《尧典》第一、《皋繇谟》第二、《禹贡》第三、《甘誓》第四、《汤誓》第五、《盘庚》第六、《高宗肜日》第七、《西伯勘饥》第八、《微子》第九、《太誓》第十、《牧誓》第十一、《鸿范》第十二、《金滕》第十三、《大诰》第十四、《康诰》第十五、《酒诰》第十六、《梓材》第十七、《召诰》第十八、《雒诰》第十九、《多士》第二十、《毋劮》第二十一、《君奭》第二十二、《多方》第二十三、《立政》第二十四、《顾命》第二十五、《鲜誓》第二十六、《甫刑》第二十七、《文侯之命》第二十八、《秦誓》第二十九。碑末另附有《书序》及"校记"。①

---

① 张国淦：《汉石经碑图·叙例》，民国铅字排印本。

第三章
西汉《尚书》今文学说研究

　　西汉《尚书》今文各家不独篇名、篇目、篇次有异，其解说《尚书》经义亦不相同。汉代解说今文的专著始自伏生的《尚书大传》。自伏氏之后，今文欧阳、大小夏侯三家除承其师说外，亦各自名家，解经各有长短。三家官学内部又分不同枝蔓，因其阐释《尚书》义的重点不同所致。西汉《尚书》今文三家说经常借经论政，不重训诂，且杂以阴阳五行，善说消救之术，体现了较强的经世致用目的，如以《洪范》察变，以《禹贡》治河，以《吕刑》决狱，等等。特别是在哀帝、平帝之后，又兴起谶纬之学，《尚书纬》与《尚书》本经并行，且有称其为内经而视《尚书》本经为外经者。此外，西汉时部分《尚书》今文学者在阐释《尚书》时已露繁琐之弊病，为其走向凋敝埋下了伏笔。

第一节　《尚书大传》研究

　　《尚书大传》是汉代最早的《尚书》学著述，在整部《尚书》学史上都具有十分突出的学术地位。其意义不仅在于开创了系统研究《尚书》的先河，更重要的是该著是连接周秦与汉代及其之后《尚书》学传统的桥梁，为我们研究先秦时期的《尚书》说、汉代《尚书》今文学说及其之后的《尚书》学说的流变提供了宝贵的史料。可惜其原本已亡佚，今人研究仅能以清人辑本为据。

一　《尚书大传》著成、始称问题
　　《汉书·艺文志·六艺略》之《书》类著录有"《传》四十一篇"。《艺文志》著录今文经例不著"今文"二字，"《传》四十一篇"之"传"，上冒"《尚书》古文经"之"尚书"，因从省，则知此《传》四十一篇，当为《尚书传》无疑。《汉书·艺文志》虽未直接名之为《尚书大传》，但班固确已始称此《传》为"大传"于另文。

《尚书》先秦只题为《书》。"书"上"尚"字，伏生、张生、欧阳生师徒始添增之，班固《艺文志》、郑玄《尚书传》习用之。《尚书大传》之"大"，班固始予称之，郑玄注伏氏《尚书传》始用《尚书大传》为全书题目。命为《大传》者实仿之《小戴礼记》。《礼记》第十六《大传》篇紧次于第十五《丧服小记》篇之后，两篇分题"小""大"，孔颖达《礼记正义》说："郑《目录》云：'名曰《大传》者，以其记祖宗人亲之大义；此于《别录》属《通录》。'"①

王应麟《玉海》引《中兴书目》有：

> 郑康成《序》云"（尚书大传）盖自伏生也。伏生为秦博士，至孝文时，年近百岁，张生、欧阳生从其学而授之，音声犹有讹误，先后犹有差舛，重以篆隶之殊，不能无失，生终后，数子各论所闻，以己意弥缝其阙，别作《章句》；又特撰大义，因经属指，名之曰《传》。刘向校书，得而上之，凡四十一篇。"至康成，始诠次为八十三篇。②

张生、欧阳生为伏生遗说特辑一《传》，依《尚书》本经之旨申发"大义"，此《传》即《尚书大传》无疑。后依张生、欧阳生撰旨，班固始加"大"于"传"上，称伏氏《传》为《大传》。如《汉书·刘向传赞》说："刘氏《洪范论》发明《大传》，著天人之应。"③班固主撰的《白虎通义》亦直称《尚书大传》之名，并直引其文者凡十一条。郑玄注此《传》缘班固之成例，亦就原《尚书传》加一"大"字，名为《尚书大传》，《后汉书·郑玄传》有"凡玄所注……《尚书大传》"一说。郑玄之后，诸家多题

---

① 《礼记正义》卷34《大传》。
② 王应麟《玉海》卷37《艺文》著录《尚书大传》。
③ 《汉书》卷46《刘向传》。

此伏生《尚书传》为《尚书大传》。又甚多直接题为伏生自撰者，如北魏郦道元《水经注·河水》就有："漯水又东迳汉征君伏生墓南，碑碣尚存，以明经为秦博士。秦坑儒士，伏生隐焉。汉兴，教于齐鲁之间，撰五经[①]《尚书大传》，文帝安车征之。"[②]《宋书·五行志》亦说："至伏生创纪《大传》，五行之体始详。"[③] 自此以后，史籍多称《尚书大传》，清人辑本，亦沿此例称之。

二　《尚书大传》传本问题

西晋末永嘉之乱时，真《古文尚书》、三家今文《尚书》传本尽亡，《尚书大传》传本因郑玄为之作注而未亡，实乃幸甚。但后世文献载记《尚书大传》或言三卷或言四卷，体例不一。《释文》说："《尚书大传》三卷，伏生作。"[④]《隋书·经籍志》说："《尚书大传》三卷，郑玄注。"[⑤]《崇文总目》说："《尚书大传》三卷，汉济南伏胜撰。"[⑥]《中兴书目》及《玉海》《郡斋读书志》亦均说秦伏胜撰《尚书大传》三卷。郑樵《通志·艺文略》说："伏生《大传》三卷，郑玄注。"[⑦]《宋史·艺文志》说："伏胜《大传》三卷，郑玄注。"[⑧]《直斋书录解题》却说："《尚书大传》四卷，伏胜撰，郑康成注。"[⑨] 徐坚《初学记》仍作原旧名不变，更是不言卷数，只说："伏生为《尚书传》四十一篇，欧阳、大小夏侯传其学。"[⑩]

《旧唐书·经籍志》著有"《尚书畅训》三卷，伏胜注"，而《新唐书·艺文志》著有"伏胜注《大传》三卷，又《畅训》一卷"。伏生注《尚书畅训》前史无征，《旧唐书·经籍志》所记可疑。陈寿祺说："《尚书

① "五经"当为"五行"之误。
② 《水经注》卷5《河水》。
③ 沈约：《宋书·五行志一》，中华书局1974年版。
④ 陆德明：《经典释文·序录》。
⑤ 魏征等：《隋书》卷32《经籍志》，中华书局1982年版。
⑥ 《崇文总目》卷1，《后知不足斋丛书》本。
⑦ 郑樵：《通志》卷63《艺文略》，《万有文库》本。
⑧ 《宋史》卷202《艺文志》。
⑨ 陈振孙：《直斋书录解题》卷2，上海古籍出版社1987年校点本。
⑩ 徐坚：《初学记》卷21，中华书局1980年重印本。

大传》有《略说》一篇，诸经义疏每引之。伏生无此书。《畅训》当为‘略说’形近之伪，三卷当为一卷；此伏生所撰，不可谓‘注’。《旧志》此条多谬，《新唐书》亦然。"① 余嘉锡亦说："陈寿祺说颇能持之有故，盖草书‘略说’二字与‘畅训’笔画相似，传钞者不审文义，因以致误尔。然则《略说》乃《大传》中之一篇，唐时传本，盖尝析出单行，章学诚所谓‘裁篇别出’；《玉海》别为一书，未为失也。"②

《尚书大传》原本、刘向校定的四十一篇本、郑玄重诠的八十三篇本今俱不可见。《释文序录》以下多家著录之三卷、四卷本，时至今日亦均无完本，故《郡斋读书志》病其所录之本《尚书大传》"首尾不伦"③，《直斋书录解题》疑其所录《尚书大传》"当是其徒欧阳生、张生之徒杂记所闻，然亦未必当时本书也"④。至《通志》《宋史》往往据见抄目，未必尝亲见原书。勿论全残，《尚书大传》至宋末犹存，宋末元初人王应麟曾见之，于《玉海》中著录之，又于撰《困学纪闻》时引用过。清孙志祖对《尚书大传》的流传有所概述：

> 伏生《尚书大传》三卷，南宋王厚斋时犹存，不知何时始佚也。今观《困学纪闻》所引《玉海》云"《冏命》，《大传》作《臩命》"：此皆明见全书而引之者，不似后人之授拾补缀。然《白虎通》引"拊革著以糠"，《周礼·大师》贾《疏》云"今《书传》无者，在亡逸中"。则知唐时《大传》已无足本矣。⑤

三 《尚书大传》释例问题

《尚书大传》释例如《礼·大传》，通说《尚书》全经大义而已。《礼·丧服小记》只传《仪礼·丧服》一篇义，其义小；《礼·大传》虽亦

---

① 陈寿祺：《尚书大传定本·序录》。

② 余嘉锡：《四库提要辨证》，云南人民出版社 2004 年重印本。

③ 晁公武：《郡斋读书志》，上海古籍出版社 2011 年版。

④ 陈振孙：《直斋书录解题》卷 2。

⑤ 孙志祖：《读书脞录续编》，嘉庆壬戌刊。

记丧服，但通述祖宗人亲之大义，不专属言丧服之某篇，故不称"某某大传"。《尚书大传》亦然，虽分《唐传》《虞夏传》《夏传》《殷传》《周传》，但每出一义并不局限于《尚书》某代某篇。

《尚书大传》释例亦如《易·大传》。今本《易》之《象传》《大象传》属比卦辞后，《小象传》属比爻辞后。于《尚书》而言，欧阳、两夏侯《尚书章句》亦犹是，其传注文皆循章贴句，属比经文之下。《系辞传》则不章解句释卦辞，但统论六十四卦三百八十四爻大义，故或称《易·大传》。《尚书大传》亦统论大义，故名曰《大传》。《尚书大传》之在《尚书》犹《系辞传》之在《易》，各传其本经大义，故均名曰"大"字。

《尚书大传》释例最近《韩诗外传》。《尚书大传》释《尚书》不尽比附经文，又颇杂入旁事以证本经，体近群经之"外传"类。群经著成"外传"者，《诗》有《齐诗外传》《韩诗外传》，《礼》有《礼记外传》，《春秋》有《公羊外传》《谷梁外传》《春秋外传》；至于《尚书》，亦见隋顾彪有《尚书文外义》。① 《尚书大传》体例最近《韩诗外传》，清沈彤说："《大传》……条举《尚书》事辞，采他籍为之申证，若《韩诗外传》者流。"② 陈寿祺亦说："盖《书传》体近《韩诗外传》，往往旁胪异文，非尽释经。"③

从今传《尚书大传》辑本来看，其释经有时离《书》申事，不同于寻常的传注。《大传》杂采古事异辞，申证经义，并非尽释《尚书》本经，《四库全书提要》对此论之尤详："其书或说《尚书》或不说《尚书》，大抵如《诗外传》《春秋繁露》，与经义在离合之间，而古训旧典往往而在，所谓六艺之支流也。"④ 余嘉锡更进一步辨之说："昔人解经有内外传之不同。'内传'循文下意，'外传'则本与经不必相比附，臂犹《国语》为《春秋外传》。……是书之与经在离合之间者，盖'外传'之体耳。"⑤ 其实，

---

① 《隋书·经籍志》记作 1 卷，《新唐书·艺文志》一本同，另一本作 5 卷。
② 董丰垣：《尚书大传考纂》之《序》，1871 年刘履芬抄本。
③ 陈寿祺：《左海经辨》之《今文尚书有序说》。
④ 《四库全书提要》之《经部·书类》2《尚书大传》。
⑤ 余嘉锡：《四库提要辨证》。

"外传"与"大传"还是有一些区别的。如《韩诗外传》每条必引《诗》以证事，而非引事以证事，《尚书大传》则否，多引事以证《尚书》。再者，《尚书大传》文辞朴质，《韩诗外传》文辞浮泛，二者行文风格不同。对此不同风格，傅斯年论述说："伏生说《书》也不是专训诂，也是借《书》论政，杂以故事，合以阴阳，一如《春秋》及《诗》之齐学……然已可看其杂于五行阴阳之学，纯是汉初年状态。西汉儒者本不以故训为大业……都是'通经致用'的人们。"①

四 《尚书大传》齐学特色问题

《尚书大传》释经体例实为战国末期至汉初齐学释经的通行风格。西汉经学从地域属性而言可分齐、鲁两种风格。鲁学注重典籍原义，擅训诂考证，传说经义。齐学不专解经，讲说著作，藉经论政，注重通经致用。伏胜乃齐学大家，其《尚书大传》中的《洪范五行传》张发天人之学，托言天变以警策人君，往往省察时政，上体天意，终极目的在于经世致用。《尚书大传》释经凸显了鲜明的齐学特色，以通经致用为要。概而言之，其齐学特色主要体现在以下几方面。

《尚书大传》释经或综观《书》之要义，或断一篇之要旨，均重在大义之申畅，凸显了鲜明的齐学特色。《尚书大传》竭力传播流行于先秦时期的孔子《书》教"七观"说。在子夏、颜回读《尚书》时，孔子诲之说："丘常悉心尽志以入其中，则前有高岸，后有大谷，填填正立而已。'六誓'可以观义，'五诰'可以观仁，《甫刑》可以观诚，《洪范》可以观度，《禹贡》可以观事，《皋陶谟》可以观治，《尧典》可以观美。"②

用义、仁、诚、度、事、治、美七者观《尚书》，均为说经之大义。不仅如此，《尚书大传》亦非常重视于细小处申畅经义。如《尧典》"有鳏在下，曰虞舜"，《孟子·梁惠王》下云"老而无妻曰鳏"，时舜年未三十，不可谓老，《伪孔传》云"无妻曰鳏"。《尚书大传》则申发其大义说："孔子

---

① 傅斯年：《傅斯年文集：中国古代文学史讲义》，上海古籍出版社 2012 年版。
② 《尚书大传》卷 3《略说》。

曰：'舜父顽，母嚚，不见室家之端，故谓之鳏。'"①

《尚书大传》释经以训诂改字，实亦齐学风格。《尚书大传》以诂训字直改经本字，是齐学不注重训诂的遗风，如《尧典》"寅饯纳（内）日"，《尚书大传》改"纳（内）"作"入"，《洪范》"不离（罹）于咎"，《尚书大传》改"离（罹）"作"丽"，《洛诰》"奉答天命"，《尚书大传》改"答"作"对"，等等。

《尚书大传》释经推尊禅让古风，实亦齐学特色。《尧典》记载帝尧试舜说："纳于大麓，烈风雷雨弗迷。"郑玄注说："山足曰麓，麓者，禄也。古者天子命大事、命诸侯，则为坛国之外，尧聚诸侯命舜陟位居摄，致天下之事，使大禄之。"② 郑玄释麓字本义为山麓，在国郊；又借为禄，引申义为大禄万机，即谓总摄天下政事。为坛祭告上天，是尧帝向天推荐舜帝为天子。《尚书大传》却说："尧推尊舜，属诸侯，致天下于大麓之野。"③ 伏生以之谓尧试舜三年，使之主事而事治，验之于人而人协，推尊禅让，实齐学推尊禅让古风之遗存。

《尚书大传》广据方俗记志充实经解，亦不离齐学遗风。如《尚书大传》释《太誓》篇说："武王伐纣，至于商郊，停止宿夜。士卒皆欢乐歌舞以待旦。……惟丙午，王逮师。前师乃鼓譟噪，师乃慆，前歌后舞。"④ 伏生为秦汉之际的大儒，多览遗献，其说所依据绝非凿空杜撰。常璩说："周武王伐纣，得巴蜀之师，著乎《尚书》。巴师勇锐，歌舞以凌殷人，前徒倒戈，故世称之'武王伐纣，前歌后舞'也。"⑤ 又说："阆中有渝水賨民，多居水左右，天性劲勇。初为汉前锋，陷阵锐气，喜舞。帝善之，曰：'此武王伐纣之歌也。'乃今乐人习学之，今所谓《巴渝舞》也。"⑥ 二者所记可与《尚书大传》相发明。

《尚书大传》内容还有补充遗失、补正古史、还原史实、辨章制度等价

---

① 《尚书大传》卷1《尧典》。

② 《尚书正义》卷1《尧典》。

③ 《尚书大传》卷2《虞夏传》。

④ 《尚书大传》卷2《周传》。

⑤ 常璩：《华阳国志》卷1《巴志》，齐鲁书社2010年版。

⑥ 同上。

值，实亦近齐学古风不远。《尚书大传》称述所及《尚书》篇目有出二十九篇之外者，如《帝告》《大誓》《大战》《嘉禾》《揜诰》《冏命》六篇。其中《大战》《揜诰》还在《百篇书序》之外，而其他文献从来无人称引过。《尚书大传》说："文王受命：一年断虞、芮之质，二年伐于，三年伐密须，四年伐畎夷，五年伐耆，六年伐崇，七年而崩。"① 谓五年伐耆，此与《韩非子·难二》记文王伐耆在侵盂（于）、克莒（密须）、举丰（畎夷）之后相合，以此可补正《史记·周本纪》四年败耆之误。《尚书大传》有时还可还原史实，如其文说："周公摄政：一年救乱，二年克殷，三年践奄，四年建侯卫，五年营成周，六年制礼作乐，七年致政成王。"② 摄政，谓摄行政事，辅佐成王，《大诰·书序》所记"武王崩，三监及淮夷叛；周公相成王"一说与此相同，《史记·周本纪》却说："武王……崩，太子诵代立，是为成王。成王少……周公乃摄行政当国。"③ "相"成王，即谓摄政，周公摄政未曾称王。王莽欲篡汉自立，却诬周公称王，《汉书·王莽传》说："《尚书·康诰》王若曰：'孟侯，朕其弟，小子封'，此周公居摄称王之文也。"④

　　除此之外，《尚书大传》还有不少辨章制度的内容，如《尚书大传》释《尧典》说："五年亲自巡守……循行守视之辞。亦不可国至，人见为烦扰。故至四岳，知四方之政而已。"⑤ 又释《九共》说："古者诸侯之于天子，五年一朝。朝见其身，述其职。"⑥ 由此二例可知，《尧典》"五载一巡守，群后四朝"是谓每五年天子巡守四方一次，费时一年，其余四年四方诸侯分别来京师朝见。《尚书大传》"五年亲自巡守，诸侯五年一朝"义即如此。

　　《尚书大传》释经还有稍离经文者，如《禹贡》有"既修大原"，《尚书大传》释文为："大而高平者谓之大原。"释原为高平，与经字在离合

---

① 《尚书大传》卷2《康诰》。
② 同上。
③ 《史记》卷4《周本纪》。
④ 《汉书》卷99《王莽传》。
⑤ 《尚书大传》卷1《尧典》。
⑥ 《尚书大传》卷1《虞传》。

之间，释义已稍离经文。再如子曰："老弱不受刑……是故老而受刑谓之悖，弱而受刑谓之暴。"悖、暴，是掇拾遗籍，旁衍经义，仍可尚见齐学风格。

《尚书大传》释经亦有贴经释文不似齐学风格者，如《洛诰》有"乃汝其悉自学功"，《尚书大传》释文为："悉，尽也；学，效也。"①《尧典》有"在旋机玉衡，以齐七政"，《尚书大传》释文为："旋者，还也；机者，几也、微也。"②类此贴经释文极为罕见。

五　《尚书大传》刑律内容问题

《尚书大传》刑论内容非常丰富，不仅与《尚书》部分篇目实为最早的刑罚制度记录有关，实与伏生亲眼目睹了秦王朝的滥刑有关。这在整个中国法律史中都具有前沿意义，对两汉之吏治亦多有直接影响。晁错、儿宽等于此多所阐发借用。

《尚书大传》论刑首及刑罚的教化问题。如《尚书·酒诰》有"勿庸杀之，姑惟教之有斯明刑"。《尚书大传》论之说："古之刑者省之，今之刑者繁之。其教：古者有礼然后有刑，是以省刑也；今也反是，无礼而齐之以刑，是以繁也。"③

《尚书·吕刑》有"士制百姓于刑之中，以教祗德"，《尚书大传》记述了孔子师徒有关内容的问答："子张曰：'尧舜之王，一人不刑而天下治，何则？教诚而爱深也。今一夫而被此五刑，子龙子曰未可谓能为《书》。'孔子曰：'不然也，五刑有此教。'"④

《尚书大传》论刑次及宽刑问题。《尚书·尧典》"流宥五刑""五流有宅"与《皋陶谟》"皋陶……方施象刑"等文本均与宽刑有关，《尚书大传》论之说："唐虞之象刑，上刑赭衣不纯，中刑杂屦，下刑墨幪，以居州里而反于礼。"⑤又说："唐虞象刑，犯墨者蒙皂巾，犯劓者赭其衣，犯膑者

---

① 《尚书大传》卷2《洛诰》。
② 《尚书大传》卷1《尧典》。
③ 《尚书大传》卷2《多方》。
④ 同上。
⑤ 《尚书大传》卷1《尧典》。

以墨幪其腆处而书之，犯大辟者布衣无领。"①《吕刑》"罚惩非死，人极于病"与《尧典》"金作赎刑"等文本亦与宽刑思想关联，《尚书大传》论之说："夏后氏不杀不刑，死罪罚二千馔。"② 又说："禹之君民也，罚弗及强而天下治，一馔六两。"③ 又说："听讼之术，大略有三：治必宽，宽之术，归于察，察之术，归于义。"④ 又借孔子之口说："子曰：'古之听民者，察贫穷哀孤独矜寡、宥老幼不肖无告，有过必赦。小过勿增，大罪勿累。老弱不受刑，有过不受罚。……故与其杀不辜，宁失有罪；与其增以有罪，宁失过以有赦。'"⑤

《尚书大传》论刑亦涉及听讼问题。《尧典》"惟刑之恤哉"与《多方》"慎厥丽"、《康诰》"明德慎罚"、《吕刑》"哀敬折狱"等文本均与听讼问题有关，《尚书大传》亦以孔子之语论之说："孔子曰：'听讼者，虽得其情，必哀矜之。死者不可复生，断者不可复续也。'"⑥

《尚书大传》论刑亦涉及严刑问题。《尚书大传》主严惩不贷，认为犯五刑之罪，情节重大者，依律惩处万勿宽赦。其论之说："决关梁，踰城郭，而略盗者，其刑髌；男女不以义交者，其刑宫触；易君命，革舆服制度，奸轨盗攘伤人者，其刑劓；非事而事之，出入不以道义，而诵不详之辞者，其刑墨；降叛寇贼劫略夺攘矫虔者，其刑死。"⑦

六 《尚书大传》中的儒家伦理内容问题

《尚书大传》善于用儒家学说的核心伦理范畴来诠释《尚书》或具体篇目。如《尚书大传》强调《书》所蕴含的"尧舜之道""三王之义"：

> 子夏读《书》毕，孔子问曰："吾子何为于《书》?"子夏曰："《书》之论事，昭昭然若日月，离离若参辰之错行，上有尧舜之道，

---

① 《尚书大传》卷1《尧典》。
② 《尚书大传》卷2《多方》。
③ 同上。
④ 同上。
⑤ 同上。
⑥ 同上。
⑦ 同上。

下有三王之义。商所受于夫子者，志之弗敢忘也。虽退而穷居河、济之间，深山之中，壤室编蓬为户，于中弹琴，咏先王之道，则可发愤慷慨矣。"①

《尚书大传》借孔子之口提出的"七观说"，更是用义、仁、诚、度、事、治、美七者来观《尚书》大义。其文说：

夫子愀然变容，曰："嘻！子殆可与言《书》矣。虽然，见其表，未见其里，窥其门，未入其中。"颜回曰："何谓也？"孔子曰："丘常悉心尽志以入其中，则前有高岸，后有大溪，填填正立而已。'六誓'可以观义，'五诰'可以观仁，《甫刑》可以观戒，《洪范》可以观度，《禹贡》可以观事，《皋陶谟》可以观治，《尧典》可以观美。"②

《尚书大传》首提"通三统，立三正"说，这对汉代统治者寻求立政之依据颇有功用。三统即三王之政统；三正即三王各立正朔。汉代儒家以三统立说，虽然董仲舒等以《春秋公羊传》攀附此义对汉代影响很大，但伏生《尚书大传》首提之，现将其相关表述胪列如下：

王者存二王之后，与己为三，所以通三统，立三正。周人以日至为正，殷人以日至后三十日为正，夏人以日至后六十日为正。天有三统，土有三王；三王者，所以统天下也。③
王者之法，必正号，绌王谓之帝，封其后以小国使奉祀之；下存二王之后，以大国使服其服，行其礼乐，称客而朝。故同时称命者五，称王者三，所以昭五端、通三统也。④
天有三统，物有三变，故正色有三。……夏以十三月为正，色尚

① 《尚书大传》卷3《略说》。
② 同上。
③ 同上。
④ 同上。

黑，以平旦为朔。殷以十二月为正，色尚白，以鸡鸣为朔。周以十一月为正，色尚赤，以夜半为朔。①

　　周以至动，殷以萌，夏以牙。物有三变，故正色有三。……周人以日至为正，殷人以日至三十日为正，夏以日至六十日为正：是故三统、三正若循连环，周则又始，穷则反本。②

有汉之世，董仲舒《春秋繁露》论黑统、白统、赤统，《公羊》家言通三统、存二王之后，皆以《尚书大传》之说为矢。

七　《尚书大传》阴阳五行学说问题

《尚书大传》中的阴阳五行学说以《洪范五行传》③为核心而展开。伏生《尚书大传》原本已失，今所及见者唯有辑本。清孙之骧、陈寿祺、王闿运、皮锡瑞等辑本均收有《洪范五行传》。《洪范》是伏生本《尚书》二十九篇中的一篇，《洪范传》是专门诠解《洪范》经的，"洪范九畴"言天人相感，要在"五行""五事"及"庶征"三畴，伏生资以发明阴阳灾异之学，作《洪范五行传》是顺其自然的事。《白虎通义·灾变》有："故《尚书大传》曰'时则有服乘（妖）'也。……《尚书大传》曰'时则有介虫之孽。时则有龟孽。'"④《续汉书·五行志》梁刘昭注有"《尚书大传》曰""某《尚书大传》作某"等文本，《文选·舞赋》李善注引"郑玄《尚书五行传注》"等，均可证《尚书大传》原本确有《洪范五行传》篇。故王先谦

---

① 《尚书大传》卷3《略说》。

② 同上。

③ 清程廷祚《洪范五行传考》说："《洪范五行传》，汉代未有以为伏生之书者也。《五行志》云'汉兴，承秦灭学之后，景武之世，董仲舒治《公羊春秋》，始推阴阳为儒者宗'；而睦孟诸人赞云'孝武时，推阴阳，言灾异者，有董仲舒、夏侯始昌'；《夏侯胜传》则云'胜从始昌受《尚书》及《洪范五行传》，说灾异'。然则汉初之儒固无以阴阳灾异为学者，而仲舒以《春秋》倡之于前，始昌以《洪范》继之于后。《五行传》至始昌方显，而谓为伏生所创，其误盖自《晋志》始也。或曰：为此书者，其始昌乎？曰：其书甚古，非汉以后所能为，盖周人之遗书，而肄业者以备《洪范》之义者也。始昌得之，而其后误入于伏氏之书。"程廷祚说不确。伏生至夏侯始昌一脉传承的《洪范五行传》出自《尚书》，董仲舒推阴阳之学出自《公羊春秋》。董仲舒阴阳说本之《春秋公羊》学，但也受《洪范》义影响。

④ 《白虎通义疏证》卷4《灾变》，中华书局1994年版。

引王鸣盛语说：“《志》先引《经》，是《尚书·洪范》文，次引《传》，是伏生《洪范五行传》文。”①

《尚书大传》中的天人感应主要是用《洪范》中的五行、五事、皇极、庶征、六极言天人相感。《宋书·五行志》说：“至伏生创纪《大传》，五行之体始详。”② 又说：“文帝时，宓生创纪《大传》，其言五行、庶征备矣。”③ 王应麟亦说：“汉儒《五行传》，其原自《大传》，其流为灾异之说。”④

《洪范》虽未明言“阴阳”一词，但其文确有实指阴阳二气者。“雨旸燠寒风时，时阳若，恒阳若。”旸（或作阳）即气也。《洪范五行传》说：“不艾，时阳若，厥罚常阳。”⑤ 四季更替亦均为阴阳二气之变化。

《洪范》言“五行”，欲为天行五气之义，五行实亦为五气⑥。五行之畴，旨在阐发水、火、木、金、土五者的自然之性，尽物之性，水则润下，火则炎上，木则曲直，金则从革，土爱稼穑，皆得其性，才能“彝伦攸叙”。五事之畴为貌、言、视、听、思五种人身职司，则必貌肃、言乂、视悊、听谋、思圣，若五事失其性，则必貌狂、言僭、视豫、听急、思蒙，进而水不润下，火不炎上，木不曲直，金不从革，土不宜稼穑。《洪范》“念用庶征”，其义谓人应经常以天所显示之众征候为念。又说“敬用五事”，其义谓人应谨行其身之职司。若貌肃，言乂，视悊，听谋，思圣，五事正则天以休征应，则时雨，时阳，时燠，时寒，时风。若五事悖则貌狂，言僭，视豫，听急，思蒙，则天以咎征应，为恒雨，恒阳，恒燠，恒寒，恒风。

伏生《洪范五行传》解《洪范》深得箕子陈畴之要旨。《洪范五行传》除阐发《洪范》本经五行、五事、庶征而外，又就“皇极之建不建”及“六极之罚惩”强调大中立极之要。其文说：

---

① 王先谦：《汉书补注·本志》卷7“五行志”。
② 《宋书·五行志一》。
③ 同上。
④ 王应麟：《汉书·艺文志考证》卷1。
⑤ 《尚书大传》卷2《洪范五行传》。
⑥ 《释名疏证补》中华书局2008年版。《释天》卷说：“五行者，五气也。”

　　维王后元祀，帝令大禹步于上帝。维时洪祀六沴用咎于下，是用知不畏而神之怒。若时共御，帝用不差，神则不怒，五福乃降，用章于下；若六沴作见，若不共御，六伐既侵，六极其下。禹乃共辟厥德，受命休令。①

　　此段要旨有三：六沴作当恭顺上帝之意，否则六伐六极下侵；沴伐极原由天降，当祭天以告解；后君当修致好德，并以之上告，受天休令。又说：

　　爰用五事，建用王极。五事一曰貌，貌之不恭，是谓不肃。厥咎狂，厥罚恒雨，厥极恶。时则有服妖，时则有龟孽，时则有鸡祸，时则有下体生于上之痾，时则有青眚、青祥。维金沴木。次二事曰言，言之不从，是谓不艾。厥咎僭，厥罚恒阳，厥极忧。时则有诗妖，时则有介虫之孽，时则有犬祸，时则有口舌之痾，时则有白眚、白祥。维火沴金。次三事曰视，视之不明，是谓不悊。厥咎荼，厥罚恒奥，厥极疾。时则有草妖，时则有保虫之孽，时则有羊祸，时则有目痾，时则有赤眚、赤祥。维水沴火。次四事曰听，听之不聪，是谓不谋。厥咎急，厥罚恒寒，厥极贫。时则有鼓妖，时则有鱼孽，时则有豕祸，时则有耳痾，时则有黑眚、黑祥。维土沴水。次五事曰思心，思心之不睿，是谓不圣。厥咎雾，厥罚恒风，厥极凶短折。时则有脂夜之妖，时则有华孽，时则有牛祸，时则有心腹之痾，时则有黄眚、黄祥。维木金水火沴土。王之不极，是谓不建。厥咎瞀，厥罚恒阴，厥极弱，时则有射妖，时则有龙虵之孽，时则有马祸，时则有下人伐上之痾，时则有日月乱行、星辰逆行。②

　　伏生《洪范五行传》要义尽汇于此：五事、五行各五，伏生加入五极，以之与五事、五行配应。五事象五行，则王极象天。五行与五色相配，天人相与，休征、咎征并陈，五事之正、悖，天候之时、恒，政事之得、失，一

---

① 《尚书大传》卷2《洪范五行传》。
② 同上。

一俱列。又新创青、白、赤、黑、黄眚祥说。此处主旨为申明消救之道，但却成为汉人消救之术取之不竭的理论源泉。其消救第一步，强调先省察五事，以明其得失；第二步，强调执政者当常思天征，用洪范五行察变，若不则需责免三公；第三步，强调省念五事，修致好德，祭以上告神天，太祝告神之辞。至此汉代的消救之事，则由中央遍至四方藩国。

（一）西汉今文经学传授《洪范五行传》问题

《汉书·两夏侯传》说："始昌……通五经，以……《尚书》教授。自董仲舒、韩婴后，武帝得始昌，甚重之。始昌明于阴阳，先言柏梁台灾日，至期日果然。"《汉书·五行志》说："太初元年十一月乙酉，未央宫柏梁台灾。先是大风发其屋，夏侯始昌先言其灾日，后有江充巫蛊卫太子事。"[1]夏侯始昌的阴阳灾异说受之张生，张生受于伏生。

夏侯胜从夏侯始昌受《尚书》及《洪范五行传》，善说灾异。史载：

> 昌邑王嗣立，数出。胜当乘舆前谏曰："天久阴而不雨，臣下有谋上者，陛下出欲何之？"……霍光……乃召问胜，胜对言："在《洪范传》曰'皇之不极，厥罚常阴，时则下人有伐上者。'恶察察言，故云臣下有谋。"[2]

夏侯胜又将此学传于许商。《汉书·儒林传》说："大夏侯胜……授……许商。商善为算，著《五行论》《历》。"[3]《汉书·艺文志》将《五行论》著录为"许商《五行传记》一篇"，归入《尚书》类。《洪范》言阴阳五行，需推度天文，必资历算，故许商著有《五行历》。《汉书·五行志》每事先引《洪范》经，次引《洪范传》，复次引解《传》之文，许商《五行论》之文殆即若解《传》之文。

（二）刘向、刘歆父子传伏生《洪范五行传》问题

《汉书·五行志》多载刘向、刘歆父子阴阳五行论说。《汉书·五行志

① 《汉书》卷 27《五行志上》。
② 《汉书》卷 75《夏侯始昌传》。
③ 《汉书》卷 88《儒林传》。

上》说："宣、元之后，刘向治《谷梁春秋》，数其祸福，传以《洪范》，与仲舒错。至向子歆……《五行传》，又颇不同。"① 刘向、刘歆父子各撰有"五行"专著，《汉书·艺文志》著录有"刘向《五行传记》十一卷"。《汉书·刘向传》却说："诏向领校中五经秘书，向见《尚书·洪范》箕子为武王陈五行阴阳休咎之应。向乃集合上古以来历春秋、六国至秦汉符瑞灾异之记，推迹行事，连传祸福，著其占验，比类相从，各有条目。凡十一篇，号曰《洪范五行传论》，奏之。"② 刘向《洪范五行传论》应是论伏生《洪范五行传》的专著，《五行传记》或为别名，二者实为一书。

刘歆《洪范五行传记》亦是论伏生《洪范五行传》一类的专著，《五行志》载有"刘歆《皇极传》曰"，"皇极"为《洪范》之第五畴。故班固说："刘氏《洪范论》发明《大传》，著天人之应。"③《隋书·经籍志》著录有《尚书洪范五行传论》十一卷，《隋书·经籍志》说："济南伏生之《传》，唯刘向父子所著《五行传》是其本法。"④

刘氏父子以"洪范五行"察变，概括而言，其要点有二：

一是，以伏生《尚书大传》为前源，以《春秋》事比类汉事，创制《洪范五行传论》。刘向、刘歆父子以"洪范五行"察变，虽然依据伏生《尚书大传·洪范五行传》推衍其义，如白祥、青眚、虫孽、服妖等，皆伏生创辞，前所未有，刘向、刘歆父子承用之。但亦不全如此，如在消灾弭祸之道方面，刘氏父子就多所发明。伏生《洪范五行传》据《洪范》确立了五行、五事众征象以及福、祥、罚、极天人相应之理论体系，但未曾搜讨古今灾异符瑞等历史事件，用以推合吉凶，故伏生所出消救之道⑤仅确立理论而已。而刘向依《洪范》本经陈五行阴阳休咎之应，集合上古以来历春秋六国至秦汉符瑞灾异之记，推迹行事，连传祸福，著其占验，

---

① 《汉书》卷27《五行志上》。
② 《汉书》卷36《刘向传》。
③ 《汉书·刘向传赞》卷36。《宋书·五行志》说："伏生创纪《大传》，五行之体始详。刘向广演《洪范》，休咎之文益备。"
④ 《隋书》卷32《经籍志》。
⑤ 如"六沴作见，若是共御，帝用不差，神则不怒，五福乃降"，"维五位复建，辟厥沴。凡六沴之作，后王受之，正卿受之，庶民受之，从其礼祭之，沴乃从"。

比类相从，各有条目，是为《洪范五行传论》。① 如汉景帝时，白颈乌与黑乌群斗；汉昭帝时，鹈鹕集昌邑王殿下；汉惠帝时，天雨血。并推合其咎征为"近白黑祥""近青祥""近赤祥"等，这些行事载记均在刘向《传论》之中。另外，刘氏父子擅以古今事比类相从，如《春秋·僖公二十四年》郑子臧好聚鹬冠，汉昌邑王贺多治注冠，刘向《传论》均占之为"近服妖也"。《春秋·文公十三年》大室屋坏，汉景帝三年吴国二城门自倾，刘向《传论》并占之为"近金沴木，木动也"。《春秋·庄公八年》豕人立而啼，汉昭帝元凤元年豕出圈坏物，刘向《传论》均推论说"近豕祸也"。《春秋》宣公时郊牛之口伤，秦孝文王时见五足牛，汉景帝时有牛足出背上，刘向《传论》以为均是"近牛祸也"。以《春秋》事比类汉事，著其占验，亦为刘氏父子用"洪范五行"察变之发明。

二是，宗继前人之说，著天人之应。天人之应说，先秦已有之，西汉始于伏生《洪范五行传》，董仲舒次之，前已论及。刘向父子用"洪范五行"说察变，效仿前说。如：宋襄公欲行霸道，长狄兄弟不行礼义，刘向《传论》说"天戒若曰……"，其义即天谴告之。《春秋》桓公御廪灾，刘向以为此桓公弃法亡礼之应。宋灾，刘歆以为公听谗言杀太子，应"火不炎上"之罚也；君舒缓，诛不行，刘向谓应在阴霜而不能杀草；桓公元年、庄公二四年大水，刘歆据伏生《洪范五行传》"简宗庙，不祷祠，则水不润下"，断言说"废祭祀之罚也，简宗庙之罚也"。

刘向、刘歆父子各自著有《洪范五行传》著述，原典均佚，佚文散见于各类典籍述引，其中见于《汉书·五行志》者最多。刘向《洪范五行传》内容，可检索到的有以下数条，从中我们可以看到其宗继前说，发明伏生《洪范五行传》的详情。

《春秋·襄公三十年》："五月，宋灾。"刘向《洪范五行传》说："宋公听谗而杀太子痤，应火不炎上之罚也。"刘向所据为伏生《洪范五行传》"弃法律，逐功臣，杀太子，以妾为妻，则火不炎上"义。《春秋·庄公二十八年》："冬，大亡麦禾。"刘向《洪范五行传》说："不书水旱而曰'大亡麦禾'者，土气不养，稼穑不成者也。是时，夫人淫于二叔，内外无别，

---

① 《宋书·五行志》说："刘向广演《洪范》，休咎之文益备。"

又因凶饥，一年而三筑台，故应是而稼穑不成，饰台榭、内淫乱之罚云。"刘向所据为伏生《洪范五行传》"治宫室，饰台榭，内淫乱，犯亲戚，侮父兄，则稼穑不成"义。《左传·昭公八年》："春，石言于晋魏榆。"刘向《洪范五行传》说："石，白色为主，属白祥。"刘向所据为伏生《洪范五行传》"言之不从，是谓不艾……时则有白眚白祥"义。

《左传》载记，周景王大夫宾起见雄鸡自断其尾，刘向《洪范五行传》说："近鸡祸也。"《春秋·成公七年》："鼷鼠食牛角；改卜牛，又食其角。"刘向《洪范五行传》说："近青祥，亦牛祸也。"《春秋·文公十三年》"大室屋坏"，汉景帝三年十二月吴二城门自倾，大船自覆，刘向《洪范五行传》说："近金沴木，木动也。"此五条事例，刘向所释皆据伏生《洪范五行传》"貌之不恭，是谓不肃，厥咎狂，厥罚恒雨，厥极恶。时则有服妖，时则有龟孽，时则有鸡祸，时则有下体生上之痾，时则有青眚、青祥；唯金沴木"义。《春秋·庄公十七年》："冬，多麋。"刘向《洪范五行传》说："麋色青，近青祥也。"又说："庶征之恒阳，春秋大旱也。"刘向所据均为伏生《洪范五行传》"言之不从，是谓不艾，厥咎僭，厥罚恒阳，厥极忧。时则有诗妖，时则有介虫之孽，时则有犬祸，时则有口舌之痾，时则有白眚白祥；惟木沴金"义。

《春秋·僖公三十三年》："十二月，陨霜不杀草。"刘向《洪范五行传》说："今十月，周十二月……今十月陨霜而不能杀草，此君诛不行，舒缓之应也。"《咸乂序》："伊陟相太戊，亳有祥，桑、谷共生。"刘向《洪范五行传》说："桑犹丧也，谷犹生也，杀生之秉，失而在下，近草妖也。"《高宗肜日序》："高宗祭成汤，有蜚雉登鼎耳而雊。"刘向《洪范五行传》说："雉雊鸣者雄也，以赤色为主。……雉，南方，近赤祥也。"《春秋·僖公三十三年》："十二月，李梅实。"刘向《洪范五行传》说："周十二月，今十月也，李梅当剥落，今反华实，近草妖也。"汉景帝三年十一月，有白颈乌与黑乌群斗，刘向《洪范五行传》说："近白黑祥也。"汉昭帝时有鹈鹕集昌邑王殿下，刘向《洪范五行传》说："水鸟色青，青祥也。"汉惠帝二年天雨血于宜阳，刘向《洪范五行传》说："赤眚也。"上述七条事例，刘向所据均为伏生《洪范五行传》"视之不明，是谓不悊，厥咎舒，厥罚恒奥，厥极疾。时则有草妖，时则有蠃虫之孽，时则有羊祸，时则有目痾，时则有赤眚、赤祥；惟水沴火”义。

秦始皇八年，黄河鱼大上。刘向《洪范五行传》说："近鱼孽也。"《左传·庄公八年》："齐襄公田，见豕，豕人立而啼。"刘向《洪范五行传》说："近豕祸也。"汉昭帝元凤元年，燕王宫永巷中豕出圈，衔其囗六七枚置殿前。刘向《洪范五行传》说："近豕祸也。"上述三条事例，刘向所据均为伏生《洪范五行传》"听之不聪，是谓不谋，厥咎急，厥罚恒寒。时则有鼓妖，时则有鱼孽，时则有豕祸，时则有耳痾，时则有黑眚、黑祥；惟火沴木"义。

《春秋·僖公十六年》："正月戊申朔，陨石于宋五，是月六鹢退飞，过宋都。"刘向《洪范五行传》说："象宋襄公欲行伯道将自败之戒也。石，阴类，五，阳数，自上而陨，比阴而阳行，欲高反下也。石与金同类，色以白为主，近白祥也。鹢，水鸟，六，阴数，退飞，欲进反退也。其色青，青祥也，属于貌之不恭。天戒若曰：德薄国小，勿持炕阳，欲长诸侯，与强大争，必受其害。"《春秋·僖公十五年》："九月己卯晦，震伯夷之庙。"《春秋·成公十六年》："六月甲午晦。"刘向《洪范五行传》说："此皆所谓夜妖者也。"《春秋·宣公三年》："郊牛之口伤，改卜牛，牛死。"秦孝文王五年，有献五足牛者。汉景帝中元六年，"梁孝王田，有献牛，足出背上"。刘向《洪范五行传》皆以为"近牛祸也"。《左传·昭公二十一年》："春，周景王将铸无射钟。"刘向《洪范五行传》说："是时景王好淫声，适庶不明，思心雾乱，明年以心疾崩，近心腹之痾，凶短之极者也。"周幽王二年，三川皆震。刘向《洪范五行传》说："金木水火沴土者也。"汉文帝元年四月，齐楚多地同日俱发大水，刘向《洪范五行传》说："近水沴土也。"上述九条事例，刘向所据均为伏生《洪范五行传》"思心之不睿，是谓不圣，厥咎雾，厥罚恒风，厥极凶短折。时则有脂夜之妖，时则有华孽，时则有牛祸，时则有心腹之痾，时则有黄、眚黄祥，时则有金木水火沴土"义。

《春秋·庄公十八年》："秋，有蜮。"刘向《洪范五行传》说："蜮犹惑也，在水旁，能射人。"鲁哀公时，有矢集于陈廷而死，楛矢贯之。刘向《洪范五行传》说："并近射妖也。"《左传·文公十一年》载记，长狄兄弟三人，皆见杀，刘向《洪范五行传》说："是时周室衰微，三国为大。……

天戒若曰：'不行礼义，大为夷狄之行，将至危亡。'其后三国皆有篡弑之祸，近下人伐上之痾也。"上述四条事例，刘向所据均为伏生《洪范五行传》"王之不极，是谓不建。厥咎眊，厥罚恒阴，厥极弱。时则有射妖，时则有龙蛇之孽，时则有马祸，时则有下人伐上之痾，时则有日月乱行，星辰逆行"义。

刘歆《洪范五行传》内容，可检索到的有以下数条，从中我们亦可以看到其宗继前说，发明伏胜《洪范五行传》的详情：

《春秋·成公十六年》："正月，雨，木冰。"刘歆《洪范五行传》说："上阳施不下通，下阴施不上达，故雨，而木为之冰，云气寒，木不曲直也。"刘歆此处所据为伏生《洪范五行传》"田猎不宿，饮食不享，出入不节，夺民农时，则木不曲直"义。

《春秋·桓公十四年》："八月，御廪灾。"刘歆《洪范五行传》说："御廪，公所亲耕籍田以奉粢盛者也，弃法度亡礼之应也。"刘歆所据为伏生《洪范五行传》"弃法律，逐功臣，杀太子，以妾为妻，则火不炎上"义。

《左传·昭公八年》："春，石言于晋魏榆。"刘歆《洪范五行传》说："金石同类，是为金不从革，失其性也。"刘歆所据为伏生《洪范五行传》"好战攻，轻百姓，饰城郭，侵边境，则金不从革"义。

《春秋·桓公元年》："秋，大水。"刘歆《洪范五行传》说："桓易许田，不祀周公，废祭祀之罚也。"《春秋·庄公二十四年》："大水。"刘歆《洪范五行传》说："庄饰宗庙，刻桷丹楹，以夸夫人，简宗庙之罚也。"刘歆所据为伏生《洪范五行传》"简宗庙，不祷祠，废祭祀，逆天时，则水不润下"义。

《春秋·隐公九年》："三月癸酉，大雨。"刘歆《洪范五行传》说："当雨，而不当大雨。大雨，恒雨之罚也。"另外刘歆《洪范五行传·貌传》说："有鳞虫之孽，羊祸，鼻痾。"刘歆所据为伏生《洪范五行传》"貌之不恭，是谓不肃，厥咎狂，厥罚恒雨，厥极恶。时则有服妖，时则有龟孽，时则有鸡祸，时则有下体生上之痾，时则有青眚、青祥；唯金沴木"义。

《春秋·庄公十七年》："冬，多麋。"刘歆《洪范五行传》说："毛虫之孽为灾。"另外刘歆《洪范五行传·言传》说："时有毛虫孽。"刘歆所据为伏生《洪范五行传》"言之不从，是谓不艾，厥咎僭，厥罚恒阳，厥极忧。时则有诗妖，时则有介虫之孽，时则有犬祸，时则有口舌之痾，时则有白眚、白祥；惟木沴金"义。

《春秋·僖公三十三年》："十二月，陨霜不杀草。"刘歆《洪范五行传》说："草妖也。"《高宗肜日序》说："高宗祭成汤，有蜚雉登鼎耳而雊。"刘歆《洪范五行传》说："羽虫之孽。"《春秋·僖公三十三年》："十二月，李梅实。"刘歆《洪范五行传》说："庶征皆以虫为孽，思心，蠃虫孽也。李梅实，属草妖。"《春秋·昭公二十五年》"夏，有鸲鹆来巢。"刘歆《洪范五行传》说："羽虫之孽，其色黑，又黑祥也，视不明听不聪之罚也。"刘歆所据均为伏生《洪范五行传》"视之不明，是谓不悊，厥咎舒，厥罚恒奥，厥极疾。时则有草妖，时则有蠃虫之孽，时则有羊祸，时则有目痾，时则有赤眚、赤祥；惟水沴火"义。

《春秋·桓公五年》："秋，螽。"刘歆《洪范五行传·听传》说："有介虫孽也，庶征之恒寒。……大雨雪，及未当雨雪而雨雪，及大雨雹，陨霜杀叔草，皆恒寒之罚也。"刘歆《洪范五行传》说："贪虐取民则螽，介虫之孽也，与鱼孽同占。"刘歆所据均为伏生《洪范五行传》"听之不聪，是谓不谋，厥咎急，厥罚恒寒。时则有鼓妖，时则有鱼孽，时则有豕祸，时则有耳痾，时则有黑眚、黑祥；惟火沴木"义。

《春秋·僖公十六年》："正月戊申朔，陨石于宋五，是月六鹢退飞，过宋都。"刘歆《洪范五行传·思心传》说："时则有蠃虫之孽，谓螟螣之属也。"刘歆《洪范五行传》说："风发于它所，至宋而高，鹢高蜚而逢之。……《（左）传》……言风，恒风之罚也。"《春秋·隐公五年》："秋，螟。"刘歆《洪范五行传》说："又逆臧僖伯之谏，贪利区霿，以生蠃虫之孽也。"刘歆所据均为伏生《洪范五行传》"思心之不睿，是谓不圣，厥咎霿，厥罚恒风，厥极凶短折。时则有脂夜之妖，时则有华孽，时则有牛祸，时则有心腹之痾，时则有黄眚、黄祥，时则有金木水火沴土"义。

《左传·文公十一年》载记："长狄兄弟三人，皆见杀。"刘歆《洪范五行传·皇极传》说："有下体生上之痾。"刘歆《洪范五行传》说："人变，属黄祥。"刘歆所据均为伏生《洪范五行传》"皇之不极，是谓不建，厥咎眊，厥罚恒阴，厥极弱。时则有射妖，时则有龙蛇之孽，时则有马祸，时则有下人伐上之痾，时则有日月乱行，星辰逆行"义。

八 《尚书大传》谶纬问题

纬书与谶书互应。谶，验也。谶先纬后，汉人常互名通称。《四库提要》说："《尚书大传》于经文之外推衍旁义，盖即古之纬书。"[1] 言《尚书大传》为纬书实不太恰切，言其内容有谶纬思想尚可。《后汉书·张衡传》说："立言于前，有征于后，故智者贵焉，谓之谶书。"[2] 纬书、谶书多附儒经以出，实乃经之支流，衍申而及旁义。征，即预决吉凶；纬，即织横丝。伏生、董仲舒号称能述阴阳五行说，厘其性质，往往近谶纬之义，而非谶纬。《四库全书提要》说：

> 谶者，诡为隐语，预决吉凶，《史记·秦本纪》称"卢生奏《禄图书》"之语，是其始也。纬者，经之支流，衍及旁义。……盖秦汉以来，去圣日远，儒者推阐论说，各自成书，与经原不相比附，如伏生《尚书大传》、董仲舒《春秋阴阳》，核其文体，即是纬书。特以显有主名，故不能托诸孔子。其他私相撰述，渐杂以术数之言。既不知作者为谁，因附会以神其说。迨弥传弥失，又益以妖妄之词，遂与谶合而为一。[3]

检《尚书大传》内容，具谶纬性质者有如下数条：
《高宗肜日》记飞雉升鼎之事：

> 武丁祭成汤，有飞雉升鼎耳而雊。武丁问诸祖己。祖己曰："雉者野鸟也，不当升鼎；今升鼎者，欲为用也。远方将有来朝者乎？"故武丁内反诸己，以思先王之道，三年，编发重译来朝者六国。孔子曰："今于《高宗肜日》见德之有报之疾也。"[4]

---

① 《四库全书提要》卷2《书类附录》。
② 《后汉书》卷59《张衡传》。
③ 《四库全书提要》卷6《经部易类附录》。
④ 《尚书大传》卷1《高宗肜日》。

《尚书大传》此释，推衍经义，借经论政，谓雉来登鼎应远人将来，王应修德以致之。于是王修先王之道，不过三年，编发重译来朝者多达六国，德报之快如此。《嘉禾》记周成王得嘉禾，三苗共穗祥瑞，应越裳重译而来之事：

> 武丁之时，桑、谷俱生于朝，七日而大拱。武丁召其相而问焉。其相曰："吾虽知之，吾不能言也。"问诸祖己，曰："桑、谷，野草也；野草生于朝，亡乎？"武丁惧，侧身修行。思昔先王之政，兴灭国，继绝世，举逸民，明养老之礼，重译来朝者，六国。①

《尚书》之《咸乂序》有"伊陟相大戊，亳有祥，桑、谷共生于朝"一说，《书序》记此祥妖，不卜祸福，而《尚书大传》推衍其义，由之生发出"武丁修德行仁政，远人来服"之义。《尚书大传》用时语引古《泰誓》四条，其旨亦关涉谶纬之说。第一条："唯四月，太子发上祭于毕，下至于孟津之上。……太子发升于舟，中流，白鱼入于舟，王跪取出俟以燎，群公咸曰：'休哉！'"② 第二条："武王渡河，中流，白鱼双跃入舟，武王俯取以祭。"③ 第三条："武王伐纣，观兵于盟津，有火流于王屋，化为赤乌，三足。"④ 第四条："周将兴之时，有大赤乌衔谷之种而集王屋之上者，武王喜，诸大夫皆喜，周公曰：'茂哉！茂哉！天之见此以劝之也，恐恃之。'"⑤ 此四者皆有谶纬倾向。

《吕氏春秋》说："……及文王之时，……赤乌衔丹书集于周社。"《尚书大传》由此推衍出"天命武王"之义，进而推衍为"白鱼入舟于孟渡，负天命命武王"。自《尚书大传》以后，董仲舒、司马迁、刘向、王充等不断缘饰《尚书大传》"天命武王"义。至哀平之际，与之相关的谶书、纬书更是大出，如《尚书纬·帝命验》说："太子发渡河，中流，火流为乌，其

---

① 《尚书大传》卷1《高宗肜日》。
② 《尚书大传》卷2《周传》。
③ 同上。
④ 同上。
⑤ 同上。

色赤。"①《尚书纬·璇玑钤》说:"武得兵钤,谋东观,白鱼入舟,俯取鱼以燎。"②《尚书·中候》说:"太子发……渡于孟津,中流,受文命,待天谋。白鱼跃入王舟,王俯取。……有火自天出于王屋,流为赤乌五至,以谷俱来。"③

九 《尚书大传》与"三科之条,五家之教"问题

从文献载记来看,"三科之条,五家之教"说最早见于郑玄《书赞》。程元敏先生对其释之说:

> 五家,《唐书》一家、《虞书》二家、《夏书》三家、《商书》四家、《周书》五家也。教,《尚书》义主号令,五家之教者,唐、虞、夏、商、周五家之号令也。此汉今文家《尚书》例也。先秦儒家本《尚书》止称《虞书》《夏书》《商书》《周书》,无有称《唐书》,亦无虞夏连文称《虞夏书》者,伏生《尚书大传》始题《唐书》《虞夏书》。三科,《虞夏书》一科、《商书》二科、《周书》三科也。科,品类。条,法教也。三科之条者,虞夏、商、周三类书之法教也。虞夏兼称上承《大传》。此汉古文家《尚书》例也。刘向、扬雄、马融、郑玄及魏王肃子雍皆持是说。④

由程氏诠释可知,"三科之条""五家之教"之原委均与《尚书大传》相关联。

我们先来看"五家之教"与《尚书大传》题例问题⑤。"五家之教"说,西汉刘向首提之,然溯其源,当可追至《尚书大传》。伏生《尚书大

---

① 《尚书纬·帝命验》,中华书局 2012 年版。
② 《尚书纬·璇玑钤》。
③ 《尚书中候·雒师谋》,光绪十四年(1888)刻本。
④ 程元敏:《尚书"三科之条五家之教"稽义》,《孔孟学报》1991 年第 61 期,第 77 页。
⑤ 据笔者统计,先秦典籍引《书》时有分别加题朝代者,《虞书》1 次,《夏书》见称 48 次,《商书》见称 10 次,《周书》见称 17 次。其中,《墨子》与《吕氏春秋》分题《夏书》《商书》《周书》,《春秋》《国语》分题《虞书》《夏书》《商书》《周书》,且已定《尧典》为《虞书》,未见有题《尧典》为《唐书》者,亦未见有题《虞夏书》者。

传》虽已失传，但从其辑本看，《尧典》前题有《唐传》，《九共》前题有
《虞传》，"尧为天子，丹朱为太子，舜为左右"前题为《虞夏传》，《禹贡》
前题有《夏传》，《帝告》《汤誓》前题有《殷传》，由《洛诰传》"《周书》
自《太誓》就《召诰》而盛于《洛诰》"说，可推知《太誓》前当题有
《周传》。传为解经而作，传分题六类，自然其所解之经亦题分六类，即把
《尧典》一篇归为《唐书》，把《九共》一目九篇归为《虞书》，把《皋陶
谟》等归为《虞夏书》，把《禹贡》《甘誓》两篇归为《夏书》，把《帝告》
以下《太誓》之前诸篇归为《殷书》，《太誓》以下诸篇归为《周书》。"五
家之教"之五家，比《尚书大传》少了《虞夏书》一家。王充说："唐、
虞、夏、殷、周者，土地之名。尧以唐侯嗣位，舜从虞地得达，禹由夏地而
起，汤因殷而盛，武王阶周而伐：皆本所兴昌之地，重本不忘始，故以为
号，若人之有姓矣。说《尚书》谓之有天下之代号，唐、虞、夏、殷、周
者，功德之名，隆盛之意也。……其褒五家大矣！"①
段玉裁以为"五家之教"乃今文家说：

> 五家者，今文家说，《唐书》《虞书》《夏书》《商书》《周书》是
> 也。……五家：《尧典》为《唐书》，《皋陶谟》为《虞书》，《禹贡》
> 《甘誓》为《夏书》，《汤誓》以下为《商书》，《太誓》《牧誓》以下为
> 《周书》。……伏生有五家之教，故《尚书大传》有《唐传》《虞传》
> 《夏传》《殷传》《周传》之目。②

再看"三科之条"与《尚书大传》题例问题。先秦无《虞夏书》之称，
虞夏连称始自伏生《尚书大传》，且将《皋陶谟》归属《虞夏书》，伏生以
为《皋陶谟》记皋陶、禹、帝舜在虞廷谋国事之言，禹言治水、五服等关
涉虞、夏两代，故兼题《虞夏书》。后刘向、扬雄、马融、郑玄、王肃等沿
袭此一说法。扬雄说："虞夏之《书》浑浑尔，《商书》灏灏尔，《周书》

---

① 《论衡·正说》篇。
② 见段玉裁《说文解字注》"稘"下注。

噩噩尔。"① 扬雄的"虞夏之《书》"说当从《尚书大传》而来。马融、郑玄定《帝告》为《殷书》，亦从《尚书大传》将《帝告》归为《殷传》说而来。

第二节 西汉《尚书》今文各家说义异同

由前述可知，伏生本经二十九篇，《顾命》《康王之诰》各自为篇，无《泰誓》篇，无《书序》。今文三家本经，欧阳本合《顾命》《康王之诰》为一篇，以《顾命》篇名之，有《泰誓》一目，分上、中、下三篇，有《书序》，记为三十二卷。两夏侯本亦合《顾命》《康王之诰》为一篇，以《顾命》篇名之，有《泰誓》一篇，最初无《书序》，记为二十九卷。伏生本经之篇名、目次与三家本经之异同问题已见上述。今文三家与伏氏学相比，不仅本经有异同，其说义亦多有同异处。伏生《尚书》今文学下分欧阳、大小夏侯三家，大夏侯胜既受家学于夏侯始昌，又事同郡欧阳学者蒉卿，复从博士欧阳高问，兼收两大派三大家之长。夏侯建先从夏侯胜学，又从问于欧阳高，犹嫌不足，乃更从五经诸儒问其他群经与《尚书》义相出入者，牵引众经之义，具文饰说《尚书》义，兼收五经各家之长。因三家经说多已亡佚，今仅能根据少量辑佚材料考述之。

一 欧阳、两夏侯三家全承用伏生说问题

今文诸家《尚书》说多已亡佚，各派别间的异同只能靠零星的辑佚资料来比对。欧阳、大小夏侯三家《尚书》说全承伏生说者，辑得如下两条：

1. 三公九卿②。伏生《尚书大传》之《夏传》说："天子三公，一曰司徒公，二曰司马公，三曰司空公。"③ 又说："古者天子有三公，每一公三卿佐之，每一卿三大夫佐之，每一大夫三元士佐之，故有三公、九卿、二十七大夫，八十一元士。"④《五经异义》说："今《尚书》夏侯、欧阳说'天子

---

① 扬雄：《法言》卷5《问神》，中华书局《诸子集成》本。
② 《甘誓》："乃召六卿。"
③ 《尚书大传》卷3《夏传》。
④ 同上。

三公，一曰司徒，二曰司马，三曰司空；九卿，二十七大夫，八十一元士。'"① 由上可知，伏生、欧阳、大小夏侯"三公九卿"说均用夏制。后汉许慎、郑玄说与此不同。许慎说："太师、大保、太傅为三公，用《尚书》真《周官》文。"② 郑玄说："立太师、太傅、太保，兹惟三公。"③ 由此又可知，许慎、郑玄所说"三公"与今文伏生及其后今文三家各说为夏制不同，许慎、郑玄所言为周制。

2. 罚锾④。伏生《尚书大传》有"一馔六两"说，《周礼·秋官·职金》贾疏说："夏侯、欧阳《说》云：'墨罚疑赦，其罚百率。古以六两为率。'"⑤ 由此可知，伏生《尚书大传》之说盖为今文三家之所本。陈寿祺说："《尚书·释文》引马融云，贾逵说：'俗儒以锊重六两，《周官》剑重九锊。俗儒近是。'俗儒谓夏侯、欧阳等也。此即指《尚书大传》'一馔六两'及夏侯、欧阳说'古以六两为率'之言也。"⑥

二 欧阳、两夏侯三家说异于伏生者问题

从辑佚资料来看，欧阳、大小夏侯三家《尚书》说以及用字问题，亦有不同于伏生者。现辑得以下五条：

1. 六宗⑦。《尚书大传》说："万物非天不生，非地不载，非春不动，非更不长，非秋不收，非冬不藏，故《书》曰'禋于六宗'，此之谓也。"⑧ 许慎《五经异义》说："今欧阳、夏侯说：'六宗者，上不及天，下不及地，旁不及四时，居中央恍忽无有，神助阴阳变化，有益于人，故郊天并祭之。'"⑨ 伏生以天地四时为六宗，马融说与之相同，但与今文三家说不同。今文三家谓"六宗"非天地四时六位之尊"神"，而为居中央为天地四时六

---

① 陈寿祺：《五经异义疏证》卷上《三公》，上海古籍出版社2012年版。
② 许慎：《五经异义》，王谟《汉魏遗书钞》本。
③ 《周礼保氏序》官疏引《郑志》。
④ 《吕刑》："墨辟疑赦，其罚百锾。"
⑤ 《周礼·秋官·职金》贾疏。
⑥ 陈寿祺：《五经异义疏证》卷下《墨罚》。
⑦ 《尧典》："禋于六宗。"
⑧ 《尚书大传》卷1《尧典》。
⑨ 陈寿祺：《五经异义疏证》卷上《六宗》。

神助阴阳二气变化所尊之"神"。

2. 嵎夷①。孔颖达《尚书正义》说："《古文尚书》篇与夏侯等同，而经字多异：夏侯等书'宅嵎夷'为'宅嵎鐵'。"② 鐵、夷二字古通用。鐵，古文铁字，鐵即铁。伏生字同《古文尚书》。由此可知，夏侯等于此用字与伏生用字相异。

3. 昧谷③。孔颖达《尚书正义》说："《古文尚书》篇与夏侯等同，而经字多异：夏侯等书……'昧谷'曰'柳谷'。"④ 柳谷，《尚书大传》之《唐传》作"栁穀"。由此可知，夏侯等三家于此用字与伏生用字不同。"栁穀"即"柳谷"。"昧"字，孔壁古文"昧"作"卯"，郑玄读作"昧"，"栁谷"作"昧谷"，实为转写异字。昧，冥也，日入处曰昧谷，相对阳谷、明谷而言。

4. 劓刵椓黥⑤。孔颖达《尚书正义》说："《古文尚书》篇与夏侯等同，而经字多异：夏侯等书……'劓刵椓剠'为'膑宫劓割头庶剠'。"⑥ 劓，即截人鼻，"宫劓"即截人鼻；刵，即断人耳，今文改写为割；椓，或作斀，借字，椓人阴也，今文作宫；剠，墨刑，《尚书大传》作"墨"。"头庶剠"，谓给罪人头上刺字渍墨。夏侯等三家于此用字与伏生用字亦有所不同。

5. 五行⑦。许慎《五经异义》说："《今文尚书》欧阳说'肝，木也；心，火也；脾，土也；肺，金也；肾，水也。'"⑧ 陈寿祺《五经异义疏证》注说："日本国所传萧吉《五行大义》引《五经异义》……首句作'《尚书》夏侯、欧阳说'。"⑨ 此条乃欧阳、大小夏侯三家同义。伏生《洪范五行传》为木配春东、火配夏南、土配季夏央、金配秋西、水配冬北，虽五行次

① 《尧典》："宅嵎夷。"
② 《尚书正义》卷2《尧典》。
③ 《尧典》："曰昧谷。"
④ 《尚书正义》卷2《尧典》。
⑤ 《吕刑》："爰始为劓刵椓黥。"
⑥ 《尚书正义》卷2《尧典》。
⑦ 《洪范》："五行：一曰水，二曰火，三曰木、四曰金，五曰土。"
⑧ 陈寿祺：《五经异义疏证》称引。
⑨ 陈寿祺：《五经异义疏证》卷下《五脏所属》。

序为欧阳、夏侯三家承用，但五行所配各不相同，一为身职五脏，一为节气方位。

三 欧阳、两夏侯三家《尚书》说同异①问题

伏生《尚书》今文学下传分为欧阳、两夏侯三家，至两夏侯时，始不再专守一师之学，但并不意味着欧阳、两夏侯《尚书》说完全相异，同源同宗又各自为派，其异同当属自然现象。如：

1. 昊天②。陈寿祺《五经异义疏证》引许慎《五经异义》说："今《尚书》欧阳说：'春曰昊天，夏曰苍天，秋曰旻天，冬曰上天，总为皇天。'"③此处不言与夏侯同，殆表示欧阳与二夏侯说相异。

2. 九族。许慎《五经异义》说："今《戴礼》《尚书》欧阳说：'九族乃异姓有亲属者。父族四：五属之内为一族，父女昆弟适人者与其子为一族，己女昆弟适人者与其子为一族，己之女子子适人者与其子为一族；母族三：母之父姓为一族，母之母姓为一族，母女昆弟适人者与其子为一族；妻族二：妻之父姓为一族，妻之母姓为一族。'"④ 孔颖达《尚书正义》说："又《异义》：夏侯、欧阳等以为九族者，父族四、母族三、妻族二。"由上可知，持此说者为西汉欧阳、夏侯三家，三家同义。《五经异义》又说："古《尚书》说：'九族者，从高祖至玄孙凡九，皆同姓。'"⑤ 由此亦可证，古文与今文九族义不相同。

3. 类（祭）⑥。陈寿祺《五经异义疏证》引许慎《五经异义》说："今《尚书》夏侯、欧阳说：'类，祭天名也。以事类祭之奈何？天位在南方，就南郊祭之是也。'"⑦ 由此可知，欧阳、两夏侯三家，"类"祭义相同。

---

① 欧阳、两夏侯《尚书》说，见许慎《五经异义》及郑玄《驳五经异义》、王谟辑《今文尚书说》及陈乔枞《今文尚书经说考》与《尚书欧阳夏侯遗说考》。

② 《尧典》："钦若昊天。"

③ 陈寿祺：《五经异义疏证》卷上《天号》。

④ 许慎：《五经异义》。

⑤ 同上。

⑥ 《尧典》："肆类于上帝。"

⑦ 陈寿祺：《五经异义疏证》卷上《类祭》。

4. 弼成五服，至于五千①。陈寿祺《五经异义疏证》引许慎《五经异义》说："今《尚书》欧阳、夏侯说：中国方五千里。"② 由此可知，欧阳、两夏侯三家"弼成五服，至于五千"义相同。

四 今文各家本经篇名用字异同问题

今文各家本经的篇名用字异同现象十分复杂。为方便比较，试汇总今文各家《尚书》本经情况，胪列其篇名、目次如下：

（1）据伪孔传本及唐石经本，可得伏生本经二十九篇之篇名、目次如下。

《尧典》第一、《皋陶谟》第二、《禹贡》第三、《甘誓》第四、《汤誓》第五、《盘庚》第六、《高宗肜日》第七、《西伯戡黎》第八、《微子》第九、《牧誓》第十、《洪范》第十一、《金縢》第十二、《大诰》第十三、《康诰》第十四、《酒诰》第十五、《梓材》第十六、《召诰》第十七、《洛诰》第十八、《多士》第十九、《无逸》第二十、《君奭》第二十一、《多方》第二十二、《立政》第二十三、《顾命》第二十四、《康王之诰》第二十五、《吕刑》第二十六、《文侯之命》第二十七、《费誓》第二十八、《秦誓》第二十九。

（2）据陈寿祺所辑《尚书大传》整理本，可得《尚书》伏生本残存二十九篇的篇名、目次如下：

《尧典》第一、《皋繇谟》第二、《禹贡》第三、《甘誓》第四、《汤誓》第五、《般庚》第六、《高宗肜日》第七、《西伯戡耆》第八、《微子》第九、《牧誓》第十、《洪范》第十一、《大诰》第十二、《金縢》第十三、《康诰》第十四、《酒诰》第十五、《梓材》第十六、《召诰》第十七、《洛诰》第十八、《多士》第十九、《毋逸》第二十、《君奭》第二十一、《多方》第二十二、《立政》第二十三、《顾命》第二十四、《康王之诰》第二十五、《鲜誓》第二十六、《甫刑》第二十七、《文侯之命》第二十八、《秦誓》第二十九。

---

① 出自《皋陶谟》篇。
② 陈寿祺：《五经异义疏证》卷下《中国里数》。

（3）欧阳《尚书》本经三十二卷，其篇名、目次可定为：

《尧典》第一、《皋陶谟》第二、《禹贡》第三、《甘誓》第四、《汤誓》第五、《般庚》第六、《高宗肜日》第七、《西伯戡饥》第八、《微子》第九、《大誓》（上）第十、《大誓》（中）第十一、《大誓》（下）第十二、《牧誓》第十三、《鸿范》第十四、《金縢》第十五、《大诰》第十六、《康诰》第十七、《酒诰》第十八、《梓材》第十九、《召诰》第二十、《雒诰》第二十一、《多士》第二十二、《毋劮》第二十三、《君奭》第二十四、《多方》第二十五、《立政》第二十六、《顾命》第二十七、《鲜誓》第二十八、《甫刑》第二十九、《文侯之命》第三十、《秦誓》第三十一、《书序》（共二十九条）第三十二。

（4）大夏侯、小夏侯《尚书》本经各二十九卷，本经之末附《书序》一大篇，其篇名、目次可定为：

《尧典》第一、《皋陶谟》第二、《禹贡》第三、《甘誓》第四、《汤誓》第五、《般庚》第六、《高宗肜日》第七、《西伯戡饥》第八、《微子》第九、《大誓》第十、《牧誓》第十一、《鸿范》第十二、《金縢》第十三、《大诰》第十四、《康诰》第十五、《酒诰》第十六、《梓材》第十七、《召诰》第十八、《雒诰》第十九、《多士》第二十、《毋劮》第二十一、《君奭》第二十二、《多方》第二十三、《立政》第二十四、《顾命》第二十五、《鲜誓》第二十六、《甫刑》第二十七、《文侯之命》第二十八、《秦誓》第二十九。另附有《书序》一篇。

（5）熹平石经《尚书》底本之篇名、目次当为：

《尧典》第一、《皋繇谟》第二、《禹贡》第三、《甘誓》第四、《汤誓》第五、《般庚》第六、《高宗肜日》第七、《西伯戡饥》第八、《微子》第九、《大誓》第十、《牧誓》第十一、《鸿范》第十二、《金縢》第十三、《大诰》第十四、《康诰》第十五、《酒诰》第十六、《梓材》第十七、《召诰》第十八、《雒诰》第十九、《多士》第二十、《毋劮》第二十一、《君奭》第二十二、《多方》第二十三、《立政》第二十四、《顾命》第二十五、《鲜誓》第二十六、《甫刑》第二十七、《文侯之命》第二十八、《秦誓》第二十九。碑末另附有《书序》及"校记"。

第四章

西汉《古文尚书》学派流变

　　《古文尚书》是汉代的"考古发现"。所谓《古文尚书》，实为用先秦古文所写之《尚书》，秦火之后，西汉散见有多种《古文尚书》传本。所谓《尚书》古文学，与《尚书》今文学对言，是指其经为《古文尚书》，其学为诠解《古文尚书》之学。今文学、古文学均以其是否具有师法或所传家法为标志，无师法、家法承传，则不能称之为学。故有经未必有学，然有学必有经。西汉《古文尚书》授受能称学者不多。孔氏《古文尚书》学必有师法或家法，后世所传孔安国《古文尚书传》之真伪，虽学界已经定其为赝品，但至今仍有持不同意见者。孔氏《古文尚书》学，除平帝朝至新莽世（约二十三年左右）短暂立于学官外，一直在民间私相授受，有着清晰的承传脉络。除孔氏古文学外，西汉尚有承学不明的《尚书》古文学在民间传播。张霸所伪造的百两篇《古文尚书》，也是不可不涉及的一个重要话题。百两篇《古文尚书》的出现不仅与《百篇书序》的复出流变有关，而且与西汉统治者追求《尚书》本经之真的努力局面相关，造伪的出现不仅仅是造伪，而且是利禄之驱使在作怪。

第一节　孔安国与《古文尚书》学派流变

　　孔安国兼通《尚书》今文、古文学。曾为武帝朝《尚书》今文学博士，授学于兒宽，今文三家又均源于兒宽，并衍生出强势的今文学格局，故孔安国于《尚书》今文学之贡献，可谓大矣。其为博士并授兒宽，当自有其今文师法，其《尚书》今文学情况已见上述。孔安国又为《古文尚书》学大宗师，曾私相传学于都尉朝，亦当有其师法或家法，下衍成诸多古文学派，至东汉而大兴。孔安国不仅有功于汉代《古文尚书》学的传播，亦多有功于《尚书》今文、古文学之贯通。

一　孔安国与《古文尚书》学派的发端

孔安国曾以《古文尚书》与《百篇书序》授徒，孔氏《古文尚书》家法因此而兴。《史记·儒林传》载："孔氏有《古文尚书》，而安国以今文读之，因之起其家。逸《书》得十余篇，盖《尚书》滋多于是矣。"① 《汉书·儒林传》亦说："孔氏有《古文尚书》，孔安国以今文字读之，因以起其家，逸《书》十余篇，盖《尚书》兹多于是矣。"② 就此两条文献载记内容，宋以后的学者提出了几个莫衷一是的问题，试分别考述如下。

（一）"孔氏有《古文尚书》"问题

《史记》《汉书》并言"孔氏有《古文尚书》"，然未明言此《古文尚书》是不是孔壁所出《古文尚书》，故两者是一还是二，历来多有争议。一种观点认为，此《古文尚书》为孔氏家学传本，自先秦孔子始，后由子思下传，经战国、秦王朝延传至西汉孔安国，未曾间断。另一种观点认为，此《古文尚书》为孔壁所出本，经秦氏焚、禁，孔氏汉初至武帝间未曾传有《古文尚书》家学。

笔者认为，经秦始皇焚、禁，孔氏家族不可能再有《古文尚书》传本，所谓"孔氏有《古文尚书》"之说，当指孔氏从壁中所得之《古文尚书》。既然孔安国以今文字读"孔氏"所属"《古文尚书》"，并因以起其家，则说明在汉初《古文尚书》壁出之前的一段时间内，孔氏未曾存有《古文尚书》。

（二）孔安国"以今文读之"问题

孔壁《古文尚书》出后，孔安国曾"以今文读之"③。何谓"以今文读之"？《书大序》说："（安国）以所闻伏生之《书》考论文义，定其可知者

---

① 《史记》卷121《儒林列传》。
② 《汉书》卷88《儒林传》。
③ 《史记》："以今文读之"，《汉书》："以今文字读之"。

为隶古定，更以竹简写之。"①《尚书正义》又说："言隶古者，正谓就古文体而从隶定之；存古为可慕，以隶为可识，故曰隶古。以虽隶而犹古，由此故谓孔君所传为古文也。"② 对此，学界多有争议。阎若璩主张孔安国"以今文字读之"，仅为以隶书改写古字，"读"后古、隶并存。其说："尝思：《书》藏屋壁之中，纯是科斗古文，及孔安国以今文字读之，始易以隶，然犹古、隶并存，孔颖达所谓'存古为可慕，以隶为可识'，故《大序》云'隶古定'是也。"③ 程元敏从其说，认为："以今文字读之，即易科斗古文为隶书，为别一本，壁书原本文字未改。读，一如后世之于法帖，法帖原字不改，但译释为易识字耳。"④

程廷祚则说："伏《书》初出屋壁，亦古文也；其后口授晜错，而错写以今文。安国所得，则以今文通其读而未改壁中之字。"⑤ 方苞更进一步认为"以今文读之"非谓以隶书更之，而是"以显易之辞通其奥涩"⑥："因是疑古文易晓，必秦汉闲儒者得其书，苦其奥涩，而稍以显易之释更之，其大体则固经之本文也。……然则迁所云'以今文读之者'，即余所谓以显易之辞通其奥涩，而非谓以隶书传之也。"⑦

皮锡瑞认为"以今文读之"如后之释文、校勘记，必无章句训义："古文晚出，无师说，各经皆然，非独《尚书》。孔安国以今文读古文，或略缀以文字，如后之释文、校勘记，亦未可知。要之，必无章句训义。"⑧ 黄庆萱认为"以今文读之"就是以训诂代之："《艺文志》（《尚书》类叙）：'……古文读应尔雅，故解古今语而可知也。'孔安国以今文读《尚书》，亦

① 《尚书正义》卷1《尚书序》。

② 同上。

③ 阎若璩：《尚书古文疏证》卷2第18，第160—161页。

④ 程元敏：《尚书学史》，第647页。

⑤ 程廷祚：《晚书订疑》卷1，《续修四库全书》本。

⑥ 此说与龚自珍在《太誓答问》所说相同。龚氏说："今文、古文……一为伏生之徒读之，一为孔安国读之。……既读之后，皆今文矣。……此如后世翻译……未译之先皆彼方语矣；既译之后皆此方语矣。其所以不得不译者，不能使此方之人晓殊方语故；经师之不得不读者，不能使汉博士及弟子员悉通周古文故。……又译字之人，必华夷两通而后能之；读古文之人，必古今字尽识而后能之。"

⑦ 方苞：《方望溪全集》卷1《读古文尚书说》，中国书店1991年版。

⑧ 皮锡瑞：《经学通论》卷1《论古文无师说》。

犹史书《五帝本纪》引《尧典》文，皆以训诂代之也。"①

　　段玉裁主张孔安国"以今文字读之"，既包括字体的更换，又包括大义的解说：

　　　　壁中书皆古文，故谓之《古文尚书》。今文者汉所习隶书也。以今文读之者，犹言以今字读之也。秦制隶书，以趣约易，而古文遂绝。壁中古文少能识者，安国独能以今字写定古文。凡古云"读"者，其义不一：讽诵其文曰读，定其难识之字曰读，得其假借之字曰读，拙续其义而推演之曰读。子国于壁中书兼此四者，如古文作"戬"隶作"蠡"……"好"之假借为"敆"……皆子国创为之，并口说各篇大义，递传至都尉朝……以故《尚书》有古孔说、今欧阳夏侯说。……且《史记》云"以今文读之"，《汉书》则云"以今文字读之"，今文字者，谓今之文字也，读之者，兼前四者而言。②

　　章太炎认为"以今文读之"就是"以声音训故展转求通"：

　　　　《尚书》初出壁中，孔安国以今文字读之，则如"閟"读为"闗"、"三"读为"四"是也。其以声音训故展转求通者，虑亦不少。今壁中古文，残存于正始石经……石经所录，上古文下师读，若麋繼为迷乱、中宗为仲宗，皆上存真本，而下以师读通之。③

　　章氏又说：

　　　　昔人传注，本与经文别行。古文家每传一经，计有三部，与近世集钟鼎款识者相类：其原本古文，经师摹写者，则犹彼之摹写款识也；其以今字迻书者，则犹彼之书作今隶也；其自为传注，则犹彼之释文也。

---

① 黄庆萱：《史记汉书儒林列传疏证》，嘉新水泥公司文化基金会 1966 年版。
② 段玉裁：《古文尚书撰异》卷1，七叶衍祥堂藏版。
③ 章太炎：《疏证古文八事》，《华国月刊》1925 年卷2 第10 期。

但彼于一书中，分作三列，而此乃分为三书耳。①

王国维更是认为，以今文定其章句，通其假借，读而传之，是谓"以今文读之"：

> 盖《古文尚书》初出，其本与伏生所传颇有异同，而尚无章句、训诂，安国因以今文定其章句，通其假借，读而传之，是谓以今文读之。其所谓"读"，与班孟坚所谓"齐人能正《苍颉》读"、马季长所谓"杜子春始通《周官》读"之读无以异也。然则安国之于《古文尚书》，其事业在读之、起之，至于文字，盖非当世所不复知，如王仲任辈所云也。②

以上诸说，各以其识揣测之，均难定论。笔者认为，"以今文读之"或"以今文字读之"，绝不仅限于以隶书定古字。孔安国初习今文《尚书》，为伏生学，不可能仅易科斗古文为隶书，而应以伏生今文《尚书》二十九篇部分考论《古文尚书》相关二十九篇部分的篇次、字句、文义等。另外，"以今文读之"或"以今文字读之"，其义应与下句"因以起其家"相关联来理解。虽然今传孔安国《古文尚书传》之伪已成定谳，但孔安国是否为《古文尚书》各篇作传注，至今仍莫衷一是。按理说，"因以"即指"以今文读之"，"起其家"是说别起为家法，别起为家法，则必将家法著于竹帛，绝不仅仅是将古字译写为今字，能"起其家"，应包括为之断句，口授各篇大义，等等。

（三）"因以起其家"问题

"因以起其家"，其义当是指因孔安国以今文读孔氏《古文尚书》而别起为家法。汉代经学传授讲究家法，《后汉书·儒林传》说："立五经博士，

---

① 章太炎：《与承仕论尚书今古文书第一书》，《章太炎学术史论集》，中国社会科学出版社 1997 年版。

② 王国维：《观堂集林》卷 7《史记所谓古文说》。

各以家法教授。"① 《后汉书·顺帝纪》亦说："先能通经者，各令随其家法。"②关于"因以起其家《逸书》得多十余篇"如何断句，学界多不赞同司马贞之说。司马贞《索隐》断为"起其家逸《书》，得多十余篇"。清王念孙说：

> 孔氏有《古文尚书》而以今文读之因以起其家逸《书》得十余篇"，《索隐》出"起其家逸《书》"五字，《解》曰："起者，谓起发以出也。"引之曰："当读'因以起其家'为句，'逸《书》'二字连下读。……非谓发书以出也；逸《书》已自壁中出，何又言起发以出耶?③

何焯亦说："司马贞云'起者，谓起发以出也'，则当属下'逸《书》'读。当读'因以起其家'为上句，'逸《书》得十余篇'为下句，《索隐》失读。"④ 王氏、何氏辨说为是。邵瑞彭认为"因以起其家"是指孔安国以通《古文尚书》为博士：

> 共王既归其书，安国一一校雠理董，非十余年不得蒇事。武帝即位，始抱书入京师，适值五经立学，因以通《尚书》为博士，所谓"起家"者，此也。……安国起家为博士即缘古文，史公所诵之古文亦缘问故而得，若延至天汉末始献，安国无由起家，《史记》无由载古文说。⑤

邵氏此说不确，武帝即位之第五年，即建元五年，始备立五经博士，后约四十年，即武帝末年，孔氏才献壁中书，邵氏谓武帝初孔安国抱书入京，因以通《古文尚书》为博士，显然不对。孔安国先为今文《尚书》官学博

---

① 《后汉书》卷88《儒林传》。
② 《后汉书》卷6《孝顺帝纪》。
③ 王念孙：《读书杂志》卷3《因以起其家》，凤凰出版社2000年版。
④ 何焯：《义门读书记》卷20，中华书局1987年版，第334页。
⑤ 邵瑞彭：《尚书决疑》之《太誓决疑》。

士，授今文二十九篇于兒宽，孔安国后迁升谏大夫，始以私学《古文尚书》教都尉朝及司马迁。遍检各类文献可知，两汉除王莽当政时，即除平帝、新莽朝外，从未立《古文尚书》为学官。

除上述司马贞、邵瑞彭两家见解外，主张"因以起其家"为别起家法的学者最多，笔者认同此说。何焯说："起其家，似谓别起家法。"① 段玉裁说："'因以起其家'，谓于伏生、欧阳《尚书》外别立古文家也。"② 王引之论析更为精详：

> 起，兴起也；家，家法也。汉世《尚书》多用今文，自孔氏治古文经，读之说之，传以教人，其后遂有古文家。是古文家法自孔氏兴起也，故曰"因以起其家"。《汉书·艺文志》曰"凡《书》九家"，谓孔氏《古文》、伏生《大传》、欧阳、大小夏侯《说》及刘向《五行传》、许商《五行传记》、《逸周书》、《石渠议奏》也。《刘歆传》曰"数家之事，会先帝所亲论，今上所考视"，谓逸《礼》《古文尚书》《春秋左氏》也。是《古文尚书》自为一家之证。《书序正义》引刘向《别录》曰"武帝末，民间有得《泰誓》者献之，与博士，使读说之，数月皆起"，《后汉书·桓郁传注》引华峤《汉后书》曰"明帝问郁曰：'子几人，能传学？'郁曰：'臣子皆未能传学，孤兄子一人学方起'。上曰：'努力教之，有起者即白之'"。是起谓其学兴起，非谓发书以出也。③

二 孔氏《古文尚书》学私相传承问题

孔氏有《古文尚书》，自孔安国"以今文读之，因以起其家"之后，曾因秦禁和楚汉战争等原因而失传的《尚书》孔氏家学又进一步得以发扬光大，除在孔氏家族中得以延传外，在民间亦得以不断传授。《后汉书·儒林

---

① 何焯：《义门读书记》卷20，第334页。
② 段玉裁：《古文尚书撰异》卷1上。
③ 王念孙：《读书杂志》称引。

传》说："自安国以下，世传《古文尚书》。"《古文尚书》传世谱系见于《汉书·儒林传》：

> 安国为谏大夫，授都尉朝，而司马迁亦从安国问故。……都尉朝授胶东庸生。庸生授清河胡常少子……常授虢徐敖。敖为右扶风掾……授王璜、平陵涂恽子真。子真授河南桑钦君长。王莽时，诸学皆立。刘歆为国师，璜、恽等皆贵显。①

《后汉书·儒林传》亦说："鲁人孔安国传《古文尚书》，授都尉朝，朝授胶东庸生，为《古文尚书》学，未得立。"②《释文序录》亦说："《古文尚书》……安国以授都尉朝，司马迁亦从安国问故。"③ 孔安国《古文尚书》学之下传，当始于去博士职迁为谏大夫之时。《汉书·儒林传》说："安国为谏大夫，授都尉朝，而司马迁亦从安国问故。"④ 孔安国以壁中《尚书》四十六篇⑤私家教授，授都尉朝、司马迁，当在卸《尚书》今文博士升任谏大夫以后。"司马迁从孔安国问故"及孔氏家学"家世相传"问题下文另论。

都尉朝，名朝，字子俊，亡其姓，都尉为官职⑥，生卒年不详，当为武帝世人，里籍不详，因孔安国早卒，授徒不多，且《古文尚书》武帝朝未立于学官，只能私家传授，故都尉朝是西汉《古文尚书》学传授过程中的关键一环。相关文献多载其事，《汉书·儒林传》说："孔氏有《古文尚书》，孔安国以今文字读之，因以起其家……安国为谏大夫，授都尉朝。……朝授胶东庸生。"⑦《后汉书·儒林传》转述之。《释文序录》又说："安国又受诏为《古文尚书传》，值武帝末巫蛊事起，经籍道息，不获奏上，

---

① 《汉书》卷88《儒林传》。
② 《后汉书》卷79《儒林传》。
③ 《经典释文·序录》。
④ 《汉书》卷88《儒林传》。
⑤ 同于伏生《尚书》29篇，加多得16篇，加《百篇书序》1篇，计为46篇。
⑥ 服虔说："朝名，都尉姓。"周寿昌说："疑都尉官名，亡其姓，《传》中以都尉传经者不少。"周说是，如夏侯都尉，就传今文经。
⑦ 《汉书》卷88《儒林传》。

藏之私家，以授都尉朝。……都尉朝授胶东庸生。"① 孔安国受诏为《古文尚书传》一事，下文另论。

庸生为孔安国再传弟子，师从都尉朝治《古文尚书》学。其名谭，生卒年不详，当为武帝、昭帝世胶东人。庸生当以孔壁抄本在民间私相传授，为孔壁《古文尚书》及孔安国《古文尚书》学的传播作出过重要贡献。刘歆《移太常博士书》说：

> 及鲁恭王坏孔子宅……得古文于坏壁之中，逸《礼》有三十九，（逸）《书》十六篇……及《春秋左氏》，丘明所修，皆古文旧书……藏于秘府，伏而未发。孝成皇帝……乃陈发秘藏，校理旧文，得此三事。……传问民间，则有鲁国桓公、赵国贯公、胶东庸生之遗学，与此同抑而未施。②

三事之一的逸《书》未于太学设科立博士，孔安国私家授学，故只能在"民间"传授；"未施"即是未立学官授徒之意。庸生谭所治"遗学"即《古文尚书》学，正是此逸《书》之学，除十六篇之学外，自然还应包括与今文相同的二十九篇之学在内。庸生又传《齐论语》，《艺文志》之《论语叙》说："传《齐论语》者……胶东庸生。"③ 《张禹传》亦说："及禹壮……从胶东庸生问《论语》。"④

胡常为孔安国之三传弟子，曾从胶东庸谭受《古文尚书》学，并下授徐敖。胡常生卒年不详，当为宣帝、成帝世清河人，又曾从博士江公受《谷梁春秋》学，从尹更始受《左氏》学。《汉书·儒林传》说："《古文尚书》……庸生授清河胡常少子，以明《谷梁春秋》为博士、部刺史……常授虢徐敖。"⑤ 胡常少子，意不甚明，意为胡姓名常，字为少子，抑或少子二字有误。徐敖生卒年不详，当为成帝、哀帝世虢人，孔安国之四传弟子，

---

① 《经典释文·序录》。
② 《汉书》卷 36《刘歆传》。
③ 《汉书》卷 30《艺文志》。
④ 《汉书》卷 67《张禹传》。
⑤ 《汉书》卷 88《儒林传》。

曾受《古文尚书》于胡常,下传于王璜、涂恽,有功于《古文尚书》学自民间走向官学。《汉书·儒林传》说:"《古文尚书》……(胡)常授虢徐敖。敖为右扶风掾,又传《毛诗》。授王璜、平陵涂恽子真。"① 其事迹不见载于其他文献。

三 《古文尚书》学立于学官及其承传问题

壁中《古文尚书》被发现后并未及时献上朝廷,至天汉末才由孔家上献武帝,又因巫蛊仓卒之难未能及时立于学官。至哀帝建平元寿年间,刘歆欲建立《古文尚书》,列于学官,但由于今文经学博士的强烈反对,未能获立。自王莽执政,刘歆得幸,《古文尚书》才在官学层面得以重视,终于在平帝五年得立于学官。《汉书·儒林传赞》说:"平帝时,又立《左氏春秋》《毛诗》《古文尚书》,所以网罗遗失,兼而存之,是在其中矣。"②

王莽篡位,刘歆为国师,《古文尚书》官学仍承前制。新莽朝曾为《古文尚书》博士者,当有王璜、涂恽等。唐昌、苏竟曾为王莽朝《尚书》祭酒。王璜曾从徐敖受治《古文尚书》学,其学当得立于学官,王璜因之而贵显。字平中,名璜,生卒年不详,当为哀帝、平帝、新莽世琅玡人,王璜又师从费直传《易》学。《汉书·儒林传》说:"费直……治《易》……长于卦筮,亡章句,徒以《彖》《象》《系辞》十篇《文言》解说上下经。琅邪王璜平中能传之。璜又传《古文尚书》。"③ 《后汉书·儒林传》亦说:"东莱费直传《易》,授琅邪王横④,为费氏学。"⑤ 王璜《古文尚书》之受授,《汉书·儒林传》明载:"《古文尚书》……(徐)敖为右扶风掾……授王璜。……王莽时,诸学皆立。刘歆为国师,璜、恽等皆贵显。"⑥ 诸学皆立,其中当然包括《古文尚书》学。

涂恽曾与王璜同师于徐敖,受治《古文尚书》学,字子真,生卒年不

---

① 《汉书》卷88《儒林传》。
② 同上。
③ 同上。
④ 疑"王横"当为"王璜","横"为"璜"别字。
⑤ 《后汉书》卷79《儒林传》。
⑥ 《汉书》卷88《儒林传》。

详，当为哀帝、平帝、新莽世平陵人，其学亦当得立于学官，涂恽曾为《古文尚书》学博士，因之而贵显①。其《古文尚书》学下传桑钦、贾徽。《汉书·儒林传》说："《古文尚书》……（徐）敖为右扶风掾……授……平陵涂恽子真，子真授河南桑钦君长。王莽时，诸学皆立。刘歆为国师，（王）璜、恽皆贵显。"

桑钦师从涂恽，亦传治《古文尚书》学，字君长，名钦，生卒年不详，当为新莽、光武世河南人。旧谓桑钦著有《水经》二卷，今存。桑氏《古文尚书说》今存有少许佚文，王国维说："桑钦……传《古文尚书》者也。《汉书·地理志》六引桑钦说。《说文·水部》三引桑钦说，皆其说《禹贡》之语。"②

贾徽《古文尚书》学授受关系另论。

第二节　孔壁《古文尚书》经传研究

西汉《古文尚书》有四个来源，一是孔壁所出《古文尚书》，前已述之。二是河间献王刘德所得《古文尚书》，《汉书·河间献王传》说："献王所得书，皆古文先秦旧书，《周官》《尚书》《礼》《礼记》《孟子》《老子》之属，皆经传说记，七十子之徒所论。其学举六艺，立《毛氏诗》《左氏春秋》博士。"③ 三是秘府搜集所得《古文尚书》，《史记·太史公自序》说："百年之间，天下遗文古事靡不毕集太史公。"④ 四是张霸百两篇《古文尚书》，此本曾在民间得以流传。四者之间是否有关联，学界多有分歧，河间本可能是孔壁抄本，秘府本亦有可能是孔壁本或其抄本。王莽窃柄，首尾长达二十三年，孔壁《古文尚书》虽于此间得立，然其间四方鼎沸，世情辄以人废言，官学又旋立旋废，遂致众篇目日后散亡。既然立学，必然就有相关传记，否则无所谓"学"。但东汉马融、郑玄师徒以"古文绝无师说"，

---

① 涂恽，王莽专政时或新莽朝立为《尚书》博士。文献明载《古文尚书》立于学官，当立有博士无疑。
② 王国维：《观堂集林》卷7《两汉古文学家多小学家说》。
③ 《汉书》卷53《河间献王传》。
④ 《史记》卷130《太史公自序》。

非朝廷所置，无关利禄，学子多不欲习诵，故不为之作注，终使后人无法目睹孔壁《古文尚书》经文及其传记，致使与其相关诸问题难以辨明，历来众说纷纭。

一　孔壁《古文尚书》篇目、篇次及其亡佚问题

孔壁所出《古文尚书》篇目超出官学今文博士本无疑。《史记·儒林传》《汉书·儒林传》均说"逸《书》得十余篇，盖《尚书》滋多于是矣"。"多于是"当是指多于当时的官学本。多者当为十六篇，亦应不误。刘歆《移太常博士书》说："逸……《书》十六篇。"《汉书·艺文志》之《书》类《叙》亦说："《古文尚书》……孔安国……悉得其书，以考二十九篇，得多十六篇。"外加《百篇书序》为一大篇，则为四十六篇。以一篇为一卷，故《汉书·艺文志》著录为"凡四十六卷"。

孔壁《古文尚书》本经当为四十五篇，外加《百篇书序》一篇，西汉武帝末，孔安国家人将其献上朝廷，藏在中秘，刘向曾据之以校欧阳、两夏侯三家今文本，刘歆曾移书太常博士为之求立学官，东汉大儒贾逵、马融、许慎等在典校中秘时亦均曾亲见。现据程元敏《古文尚书之壁藏、发现、献上及篇卷目次考》①，按《虞夏书》《商书》《周书》列其篇名目次于下：

《虞夏书》十一卷：

《尧典》卷一、《舜典》卷二、《汩作》卷三、《九共》（九篇）卷四、《大禹谟》卷五、《咎繇谟》卷六、《弃稷》卷七、《禹贡》卷八、《甘誓》卷九、五子之歌卷十、胤征卷十一。

《商书》十一卷：

《汤誓》卷十二、《典宝》卷十三、《汤诰》卷十四、《咸有一德》卷十五、《伊训》卷十六、《肆命》卷十七、《原命》卷十八、《盘庚》（上中下三篇）卷十九、《高宗肜日》卷二十、《西伯戡耆》卷二十一、《微子》卷二十二。

《周书》二十三卷：

---

① 程元敏：《古文尚书之壁藏、发现、献上及篇卷目次考》，《孔孟学报》1993年第66期，第87页。

《坶誓》卷二十三、《武成》卷二十四、《鸿范》卷二十五、《旅獒》卷二十六、《金縢》卷二十七、《大诰》卷二十八、《康诰》卷二十九、《酒诰》卷三十、《梓材》卷三十一、《召诰》卷三十二、《洛诰》卷三十三、《多士》卷三十四、《无逸》卷三十五、《君奭》卷三十六、《多方》卷三十七、《立政》卷三十八、《顾命》卷三十九、《康王之诰》卷四十、《冏命》卷四十一、《柴誓》卷四十二、《吕刑卷》四十三、《文侯之命》卷四十四、《秦誓》卷四十五。

《书序》（百篇总为一卷）卷四十六：

四十六卷中，第二十四卷《武成》篇亡于建武之际。郑玄《武成书序注》说："《武成》，逸《书》，建武之际亡。"① "建武之际亡"即《武成》篇于此时亡佚。所谓建武之际，应是指新莽末年至更始帝及光武初年兵灾之时，更始三年即建武元年，赤眉入长安，烧宫室，《武成》亡佚当在此际。《汉书·艺文志》之《小学类》著录《史籀》十五篇，自注说："建武时亡六篇矣。"此次兵灾《古文尚书》仅亡一篇，还算侥幸。

阎若璩、王引之、王鸣盛、王先谦、皮锡瑞等皆信此说。唯宋翔凤稍持异议：

> 是向、歆父子在西京时，悉见此十六篇。至建武之际，秘书散亡，卫宏等所传，遂不说此十六篇，而其文不传矣。《书·武成正义》引郑曰："《武成》，逸《书》，建武之际亡。"盖偶于《武成序注》中及之，其实十六篇之逸《书》并亡于建武之际也。②

卫宏治《古文尚书》，著有《尚书训旨》，当见过逸《书》十六篇，今存其《尚书训旨》佚文两条。马融亦尝见逸《书》十六篇，谓其绝无师说。郑玄述及此十六篇时仅缺《武成》，郑氏考其亡时，定在建武，其余十五篇未亡，故不著亡。宋氏"十六篇均亡于建武"说显然有误，不可信从。

包括逸《书》十六篇在内，其余四十四卷《古文尚书》原本均亡于

---

① 《尚书正义》卷11《武成书序注》。
② 宋翔凤：《尚书谱》。

西晋末年永嘉之乱时。《经典释文》说："永嘉丧乱，众家之《书》并灭亡，而《古文孔传》始兴，置博士。"① "众家之《书》" 当包括壁出《古文尚书》，统亡于此时。《隋书·经籍志》亦说："晋世秘府所存，有《古文尚书》经文，今无有传者。及永嘉之乱，欧阳，大、小夏侯《尚书》并亡。……至东晋，豫章内史梅赜，始得安国之《传》，奏之，时又缺《舜典》一篇。"② 永嘉之前，壁出《古文尚书》四十四篇犹存。阎若璩说：

　　尝疑郑康成卒于献帝时，距东晋元帝尚百余年，《古文尚书》十六篇之亡当即亡于此百年中。后读《隋书·经籍志》"晋世秘府所存，有《古文尚书》经文，今无有传者。及永嘉之乱，欧阳，大、小夏侯《尚书》并亡"。……秘府有其书，犹得流传于人间，惟不幸而永嘉丧乱，经籍道消，凡欧阳，大、小夏侯学，号为经师递相讲授者，已扫地无余，又何况秘府所藏区区简册耶？③

　　逸《古文尚书》十六篇本经虽已亡佚，但世存有其零散逸文。据程元敏先生统计：《九共》一条十六字，《胤征》一条二十一字，《汤诰》一条一百二十六字，《咸有一德》二条共二十六字，《伊训》四条共四十三字，《武成》四条共八十六字。凡六篇十三条三百一十八字。④

　　四十四卷《古文尚书》原本亡佚之原因，王鸣盛说：

　　增多之篇所以亡者，其故有三焉：在两汉，则重为欧阳、夏侯等俗学之所压伏，抱残守缺，以不诵绝之，虽以刘歆、贾逵等极意表彰，而终于不立学官，其故一也。在汉末，则郑氏天下所取信，亦未及为注，坐令亡佚，与逸《礼》三十九篇康成不注，遂无传焉者正同，其故二也。在魏晋南北朝，则伪《书》突出，江左崇尚于前，焯、炫尊信于

---

① 陆德明：《经典释文·序录》。
② 《隋书》卷32《经籍志》。
③ 阎若璩：《尚书古文疏证》卷1第2，第39—40页。
④ 程元敏：《尚书学史》，第657页。

后，而郑氏孤学愈微，其故三也。①

　　古文出景帝时，其出稍后，已有伏生之《书》在前，为其所压，不得立学。刘歆移书欲立，为诸儒所排，厥后得志，古文得以暂立，无如歆虽识古，而仕于新莽，为世大诟，古文不幸，所遇非其人，旋立旋废。东汉古学颇盛，而终不得立学，康成又但注二十九篇，而不注增多之篇，此所以易亡也。②

王氏析论，相当精深，可以信从。

二　"逸《书》绝无师说"问题

　　《史记·儒林列传》、《汉书·儒林传》、《汉书·艺文志》及刘歆《移太常博士书》均谓孔壁得"逸《书》"，其言说背景是与官学博士所持《尚书》今文经二十九篇相对而言的，后贾逵、马融等沿其称谓。东汉马融《尚书传自序》说："逸十六篇绝无师说。"《隋书·经籍志》又说："东汉扶风杜林传《古文尚书》，同郡贾逵为之作《训》，马融作《传》，郑玄亦为之《注》。然其所传唯二十九篇，又杂以今文，非孔旧本，自余绝无师说。"

　　关于马融之前，逸十六篇绝无师说问题，王先谦、钱基博等曾提出过怀疑。王氏说：

　　　　据《汉书·儒林传》：安国《古文》，都尉朝、胶东庸生、胡常、徐敖、涂恽、桑钦，递相传授。《后汉书》称张楷作《注》，卫宏作《训旨》，贾逵作《训》，则得多之十六篇不容无说。而《书疏》引马《序》云"逸十六篇绝无师说"，疑都尉朝等所传，但习其句读，而不释其文义。张、卫、贾之《注》《训》，皆止解二十九篇。③

钱基博亦说："马融《书叙》云：'逸十六篇绝无师说'，岂都尉朝、庸

---

①　王鸣盛：《尚书后案》之《尚书后辨附》"又辨卷首疏"。

②　王鸣盛：《尚书后案》之《尚书后辨附》"辨陆德明释文"。

③　王先谦：《尚书孔传参正·序例》。

生等所传，但习其句读，而不解其文谊欤？抑岂先有其说而后亡之欤？彼张楷之《注》、卫贾之《训》，并止解二十九篇而不解十六篇欤？"① 蒙文通先生更是怀疑逸《书》十六篇非经，乃传记，故无师说：

> 马融谓"逸十六篇绝无师说"，则孔壁得书，今学家不以传于十七篇之《礼》、二十九篇之《书》，视以为经而传之，古学家亦莫以传于经而传之。……殆皆以传记视之，不以为经耳。若以无师说故不传，则《周官》《费易》为有师说耶？河内得《泰誓》《说卦》，博士集而读之，为有师说耶？本师廖先生谓"《泰誓》为《牧誓》之传，《九共》为《禹贡》之传"，《孔子世家》云"故《书传》《礼记》自孔氏"，盖即谓此逸《书》十六篇、逸《礼》三十九篇，于时儒者谓之传记，而不谓为经也。②

逸《书》十六篇为古文本经无疑，并非传记。《史记》谓"逸《书》得十余篇"，《书》即《尚书》本经。《汉书·艺文志》亦明文，自孔安国至郑玄，从无人将逸十六篇等同于传记。关于"逸十六篇绝无师说"问题，钱大昕的观点较为稳妥可信：

> 问：孔壁《书》增多二十四篇，康成既亲见之，何以不为之注？曰：汉儒无无师之学，《古文尚书》初得之屋壁，未有能通之者，孔安国始以今文读之，而成孔氏之学。然安国非能自造也，亦由先通伏生《书》，古今文本不相远，以此证彼，易于阊阐；惟文义不能相通者，乃别为之说，以名其学。若增多之《书》，既无今文可相参考，虽亦写定而不为训诂，故马季长云"逸十六篇绝无师说"也。自安国以及卫、贾、马诸君，皆未有说此逸篇者，康成又何能以无征不信之说著于竹帛乎？……自东晋古文出，乃有"安国承诏为五十八篇作传"之语，夫使安国果为逸篇作传，则都尉朝、庸生辈必兼受之，何以马、郑以前传

---

① 钱基博：《经学通志》，中华书局1936年版。
② 蒙文通：《经学抉原》，上海人民出版社2006年版。

古文者皆止二十九篇已哉？①

程元敏亦说：

> 古文始师孔安国断句、隶定以授，谅偏至四十五篇及《书序》，观其弟子司马迁述《尚书》本经与伏本同者达二十一篇，又述《书序》多篇，又引逸十六篇中之《汤诰》本经，可知也。另弟子都尉朝及后学庸谭、胡常、徐敖、王璜、涂恽、贾徽均无《尚书》专著及《书》说遗文传世，度其所受，亦为壁《尚书》全经及《书序》，亦限于分章句、隶定。至与伏《书》同有之廿九篇，因前有今文师说可参，故安国能口传其大义，后学受焉，桑钦说《禹贡》、贾逵撰《古文尚书与今文三家异同》、逵弟子许慎《说文》所引皆在廿九篇之内，是承师说也，而不注说逸十六篇。马云"逸十六篇绝无师说"，谓此也。②

至于逸《书》十六篇绝无师说的原因，陈乔枞之论析颇有理据：

> 孔安国得壁中古文，多逸《书》十六篇，绝无师说，终汉之世，独传二十九篇而已。何则？二十九篇今文具存，文字异者不过数百，其余与古文大致略均，足相推据。逸十六篇既无今文可考，遂莫能尽通其义。凡古文《易》《书》《诗》《礼》《论语》《孝经》所以传，悉由今文为之先驱，今文所无，辄废。古《春秋左氏传》赖张苍先修其业，故传。……《书》亦犹是也，向微伏生，则唐虞三代典、谟、诰、命之经烟消灰灭，万古长夜。③

马融《尚书传》、郑玄《尚书注》原典至唐犹存，陆德明、孔颖达所亲见，二人均记其解只有二十九篇，陈氏说为是。终汉之世，除孔氏家学外逸

---

① 钱大昕：《潜研堂文集》卷5，上海古籍出版社2009年版。
② 程元敏：《尚书学史》，第659页。
③ 陈乔枞：《今文尚书经说考·自序》。

《书》十六篇绝无师说。

三　"逸十六篇之著成"问题

逸《书》十六篇不仅存在有无师说问题，其著成问题亦有多种说法。一种说法认为，《古文尚书》逸篇非出孔壁，而是秦汉学者记其可符合于经书者补缀以成。如宋翔凤说：

> 刘歆《移太常博士书》云"会恭王坏孔子宅，欲以为宫，而得古文于坏壁之中，逸《礼》有三十九，《书》十六篇，天汉之后，孔安国献之，遭巫蛊仓卒之难，未及施行"。据歆书，似十六篇至天汉后始出。然《伏生大传》已引《九共》逸句、《太誓》全文，董生亦引《太誓》，则不出自鲁壁也。大抵十六篇者，在秦汉之间，去周为近，诸子百家所记，往往可傅合于经，学者补缀以比于二十八篇，足以考究前闻而已。故伏生能引《太誓》之文，而所传《尚书》仍缺是篇，亦以为正经之所无，而出于百家之杂说，遂不以溷于二十八篇也。①

此说显然有误，壁中《古文尚书》景帝时已出，武帝初孔安国读之，以授司马迁、都尉朝等，不必等至天汉末孔氏家人上献朝廷时。壁中《古文尚书》无《泰誓》，亦不能证逸《书》晚出。伏生《尚书大传》载《九共》残文十二字，伏生征引之以授弟子，不但不能证逸《书》晚出，反而可证逸《书》之可信。逸《书》至迟战国初叶已流传，《孟子》曾引《胤征》《伊训》两篇文，《礼记》曾引《咸有一德》篇，"清华简"中亦有《咸有一德》篇，皆属逸篇。故宋氏谓秦汉间人缀集，显为不妥。

另一种说法认为，《古文尚书》逸十六篇是西汉成帝朝张霸或其父张某所伪造，郑玄曾为其作注。孔颖达《尚书正义》说：

> 张霸之徒，于郑注之外，伪造《尚书》凡二十四篇。……所增益二十四篇者，则郑注《书序》所列的：《舜典》一、《汩作》二、《九

---

① 宋翔凤：《尚书谱》。

共》九篇十一、《大禹谟》十二、《益稷》十三、《五子之歌》十四、《胤征》十五、《汤诰》十六、《咸有一德》十七、《典宝》十八、《伊训》十九、《肆命》二十、《原命》二十一、《武成》二十二、《旅獒》二十三、《冏命》二十四。以此二十四为十六卷，以《九共》九篇共卷；除八篇，故为十六。

谓郑玄为张霸之伪二十四篇作注，郑樵、黄镇成《尚书通考》等从其说。对逸《书》十六篇是张霸或其父张某所伪造的观点进行反驳者亦很多。惠栋说：

> 《汉书·儒林传》……先述逸《书》，后称《百两》，明逸《书》非《百两》，其疑一也。《经典序录》曰"百二篇文意浅陋，成帝时刘向校之，非是，后遂黜其书。"夫校古文者向也，识百两之非古文者亦向也，岂有向撰《别录》，仍取张霸伪书者乎？其疑二也。①

王鸣盛亦反驳说：

> 郑所述二十四篇，即刘歆、班固、贾逵、马融之所谓十六篇，此正安国所得壁内真古文。自东晋之二十五篇行，乃以二十四篇归之张霸，是信其所可疑，而疑其所可信。岂知刘歆在成、哀间领校秘书，班固在显宗时典其职，于十六篇皆亲见其文而载之。……若张霸所伪造乃百两篇，且以乖秘书见黜，然则郑之二十四篇非张霸书而为真古文，可决也。②

笔者认为，郑玄为古文百篇《书序》作注，所据即刘向《别录》本，其中就有《舜典》《汩作》《九共》等二十四篇之《序》，绝非为张霸伪百两篇经文作注，孔氏《正义》之说误无疑。

---

① 惠栋：《古文尚书考》，见《皇清经解》本。
② 王鸣盛：《尚书后案》之《尚书后辨附》"又辨卷首疏"。

第三种说法认为，《古文尚书》逸十六篇是西汉刘歆所伪造。刘逢禄说：

> 太史公亲见孔安国所得《古文尚书》，而所作《舜本纪》亦无出《尧典》所述之外，可知非别有篇矣。……《史记》云"逸《书》得十余篇"，刘歆云"逸《书》有十六篇"……盖此十六篇亦《逸周书》之类，未必出于孔壁，刘歆辈增设之，以抑今文博士耳。……据《舜典》《皋陶谟序》读之，则典、谟皆完备；逸《书》别有《舜典》《大禹谟》《益稷》等等，必歆等之伪也。①
>
> 逸《书》十六篇……亦《逸周书》之类，未必孔壁中本。且刘歆自造逸《嘉禾》篇"假王莅政，咸和天下"之文，以傅会居摄，且出逸十六篇之外，则其作伪亦何所不至，乌知非其增窜以抑今文博士者乎？②

康有为亦主此说：

> 《汉书·律历志》全用刘歆《三统历》，其引《武成》，以《逸周书》考之，即《世俘解》也。……其为歆窃取以为《武成》无疑。郑康成以为建武之际亡，意歆以出于《逸周书》太显，又从而匿之耶？若此篇刘逢禄以为亦《逸周书》之类，宜也。③

笔者认为，《史记·五帝本纪》备录《尚书·尧典》文，记舜事迹多出《尧典》外，其或有取于《孟子》及逸《书·舜典》篇者，逸《书》十六篇中有《舜典》信然。《大禹谟》亦别有其篇，作《书序》者据此作序文，并均非王莽、刘歆所伪造。《尚书·嘉禾》篇亡佚，汉人始终未见原典，王莽、刘歆伪造文句，用于篡窃政权，若逸《书》存于中秘，何敢公然伪造

---

① 刘逢禄：《尚书今古文集解》卷30《舜典书序》，南菁书院清光绪十四年（1888）本。
② 刘逢禄：《书序述闻》，第351页。
③ 康有为：《新学伪经考》之《汉书艺文志辨伪》第3上。

字句？逸《书》十六篇，《孟子》《礼记》《尚书大传》《史记》均称引其残文，《书序》亦备载其目。其著成于孔安国，及其经文下传，载在史册，当无疑。故逸《书》十六篇绝非秦汉学者记其可傅合于经书者，补缀以成，亦非张霸、刘歆辈所能伪造。

四　壁出"《古文尚书》立于学官"问题

鲁壁《古文尚书》出后，天汉末才由孔家上献武帝，以巫蛊仓卒之难，未能立于学官。终汉之世，《古文尚书》曾于平帝至王莽秉正时期短暂立于学官外，皆在民间私相传授。其间虽多有今文、古文之争，但《古文尚书》始终未能与今文《尚书》同日而语。

哀帝建平元寿年间，刘歆亲幸，欲将《左氏春秋》《古文尚书》等列于学官。后因太常、博士们的反对，《古文尚书》未获立官，刘歆也被外迁，补为郡守。《后汉书·儒林传》说："又鲁人孔安国传《古文尚书》，授都尉朝，朝授胶东庸谭，为《尚书》古文学，未得立。"[①] 哀帝时，曾令刘歆与五经博士讲论其义，诸博士不肯置对，刘歆撰《移太常博士书》说：

> 鲁恭王坏孔子宅……得古文于坏壁之中……《书》十六篇。……以考学官所传，经或脱简，传或间编。传问民间，则有……胶东庸生之遗学，与此同抑而未施。……往者缀学之士……抑此三学，以《尚书》为备……此数家之事，皆先帝所亲论，今上所考视，其古文旧书皆有征验，外内相应，岂苟而已哉！……往者博士，《书》有欧阳……然孝宣皇帝犹复广立……大、小夏侯《尚书》……何则？与其过而废之也，宁过而立之。……今此数家之言，所以兼包大小之义，岂可偏绝哉？若必专己守残，党同门，嫉道真，违明诏，失圣意，以陷于文吏之议，甚为二三君子不取也。[②]

从该书所述情况来看，当时《尚书》今文、古文已起争议。自王莽执

---

① 《后汉书》卷79《儒林传》。
② 《汉书》卷36《刘歆传》。

政刘歆始得幸，《尚书》古文经才日见尊重。《汉书》说："征天下通一艺教授十一人以上，及有逸《礼》、古《书》《毛诗》《周官》……通知其意者，皆诣公车。……皆令记说廷中，将令正乖谬，壹异说云。"① 此次诣公车对《古文尚书》的传播意义重大。王莽新朝虽是昙花一现，但其在古文方面的官方行为，培养了很多古文经学的后备人才，为其后《古文尚书》学的壮大与发展准备了条件。东汉杜林、卫宏、郑兴、贾逵等《古文尚书》大师的产生，恐怕都应归功于王莽所推行的古学运动。《古文尚书》立于学官当始于汉平帝五年，下至新莽篡立始建国元年刘歆为国师时，《古文尚书》立于学官未辍。

五　临淮太守孔安国是否撰作《尚书传》问题

孔壁所出《古文尚书》献上武帝时，以巫蛊仓卒之难，武帝世未能立官。终汉之世，除平帝与孺子婴朝王莽执政、新莽十余年立于学官外，概未得立。既然曾立于学官，不论时间长短，则必有师法相授受。孔安国未曾立为《古文尚书》博士，则所立《古文尚书》博士之师法或家法，是自创呢，还是来自民间所授之传统？此为孔安国曾否撰作《尚书传》之关键。可惜汉代文献未有此信息流传情况，且逸《书》十六篇亦绝无师说，《史记》《汉书》《后汉书》亦均未曾说西汉孔安国奉诏著有《尚书传》。然《书大序》《孔子家语》《孔丛子》等均言孔安国奉诏撰作《古文尚书传》。学界多认为，今传孔安国《尚书传》实为两汉末至东晋中期人所伪托，《书大序》所言实捏造事实，掩其伪作。当然，也有不同意此观点者，力主西汉临淮太守孔安国确曾撰作《尚书传》。

《书大序》最早提出西汉临淮太守孔安国曾撰作《尚书传》：

> 鲁恭王……坏孔子旧宅……于壁中得先人所藏古文虞、夏、商、周之《书》……悉以《书》还孔氏。……并《序》凡五十九篇。……安国……承诏为五十九篇作《传》，于是遂研精覃思，博考经籍，采摭群

---

① 《汉书》卷99《王莽传》。

言，以立训传。……《书序》……引之各冠其篇首。①

自此之后，《孔子家语》及《孔丛子》等并言西汉孔安国作《尚书传》。王肃说：

> 鲁恭王坏夫子故宅，得壁中《诗》《书》，悉以归子国②，子国考论古今文字，撰众师之义，为《古文论语训》十一篇，《孝经传》二篇，《尚书传》五十八篇，皆所得壁中科斗本也。……刘向校定众书，都记录，名《古今文书》《论语别录》。子国孙衍为博士，上书辩之曰："……臣祖故临淮太守安国……赞明道义，见称前朝。时鲁恭王坏孔子故宅，得古文科斗《尚书》《孝经》《论语》……安国为之今文读，而训传其义。……向以为其时所未施之故，《尚书》则不记于《别录》，《论语》则不使名家也。"③

《孔丛子》亦说："臧辞曰：'臣世以经学为业，家传相承，作为训法。然今俗儒繁说远本，杂以妖妄，难可以教。侍中安国受诏缀集古义，臣乞为太常，典臣家业，与安国纪网古训，使永垂来嗣。'"④

自《书大序》《孔子家语后序》及《孔丛子》并谓孔安国为五十八篇《古文尚书》作传以后，唐宋人并依以著录。《释文序录》说："《古文尚书》者……鲁恭王坏孔子旧宅于壁中得之……（孔安国）又受诏为《古文尚书传》⑤……孔安国《古文尚书传》十三卷。"⑥《隋书·经籍志》之《书类叙》说："安国又为五十八篇作《传》。"⑦《旧唐书·经籍志》说："《古文尚书》十三卷，孔安国传。"⑧《新唐书·艺文志》说："《古文尚书孔安

---

① 出自《书大序》。

② 子国，即孔安国。

③ 王肃：《孔子家语·后序》。

④ 《孔丛子》卷7《连丛子上》。

⑤ 陆氏自注："安国并作《古文论语》《古文孝经传》。"

⑥ 陆德明：《经典释文·序录》。

⑦ 《隋书》卷32《经籍志》。

⑧ 《旧唐书》卷46《经籍志》，中华书局1975年版。

国传》，十三卷。"①

　　《史记》、《汉书》、刘歆《移让太常博士书》、《后汉书》均不言孔安国著《尚书传》，《书大序》《孔子家语》《孔丛子》等突发临淮太守孔安国奉诏作《尚书传》。后世治《尚书》者多不信，力辨孔安国未著《尚书传》。徐养原说：

　　　　《书序》云"承诏为五十九篇作《传》"，以迁、固书考之，不然。《史记·儒林列传》曰"孔氏有《古文尚书》，安国以今文读之，因以起其家"……不言作《传》；《汉书·艺文志》曰"安国献之，遭巫蛊事，未列于学官"，亦不言作《传》。……《志》序六艺，率先经后传。以《尚书》言之，首列《尚书》古文经四十六卷，此古文经也；下云"经二十九卷、大小夏侯二家"，又云"欧阳经三十二卷"，此今文经也。次乃列《传》四十一篇，则伏生书也，又次列《欧阳章句》三十一卷、《大、小夏侯章句》各二十九卷、《大、小夏侯解故》二十九篇、《欧阳说义》二篇，则三家之传也。使安国果作传，必应与经别行，《志》何为不著其目乎？②

杨椿列五疑辨之说：

　　　　《孔传》之伪，先儒辨之已晰，顾尚有未及者。《汉书·儒林传》"司马迁载《尧典》诸篇，多古文说"，说即《史记》所用训诂是也，《孔传》每与之异，一也。《汉书·地理志》古文云云、桑钦云云、《水经》《禹贡》山水泽地所在篇云云，皆孔说也，《孔传》概不之及，二也。刘歆《移让大常博士书》"孝成皇帝，陈发秘藏，传问民间，古文《书》有胶东庸生之遗"，不言《孔传》，三也。两汉经师《毛诗》，邸、夹《春秋》，费、高之《易》，虽未立博士，然皆列之史传，《孔传》则未有及之者，四也。《后汉书·孔僖传》"自安国以下，世传

---

① 《新唐书》卷47《艺文志》，中华书局1975年版。
② 徐养原：《顽石庐经说》卷1《古文尚书》，《皇清经解续编》本。

《古文尚书》",亦不言有传,五也。①

　　从文献载记来看,《孔传》之传文最早见引于《续汉书·祭祀志》梁刘昭《注》中:"孔安国曰:'精意以享谓之禋。宗,尊也。所尊祭,其祀有六:埋少牢于太昭,祭时也;相近于坎坛,祭寒暑也;王宫,祭日也;夜明,祭月也;幽禜,祭星也;雩禜,祭水旱也。禋于六宗,此之谓也。'"②然邵瑞彭说:"汉人所传安国遗说,如司马彪引'六宗'说之类,殆出《石渠议奏》《五经通义》等书,乃经学通说。"③汉宣帝甘露三年石渠会议,《尚书》《礼》家无一古文家参与,刘向亦今文家,其《五经通义》不用古文《尚书》《礼》家说,邵氏谓司马彪引孔说出《石渠议奏》《五经通义》类文献显然不可信。章炳麟说:"司马彪引安国说而破之,是必冲引安国以定《礼》,而司马彪就文为辨,非彪曾见《伪孔传》也。"④章氏又说:"至司马彪、李颙引安国说,皆今《孔传》所无。……前书疑郑冲议《礼》,先引安国,彪即就文申驳,亦不暇问其来历。至梅氏献书时,《舜典》无《孔传》者,或郑冲被彪所驳,遂自删其《传》乎?"⑤检原孔安国《尚书传》相关条目为:"精意以享谓之禋。宗,尊也。所尊祭者,其祀有六:谓四时也,寒暑也,日也,月也,星也,水旱也。"此虽与司马彪所引孔安国说文字不尽同,但义完全相同,盖司马彪确曾亲见孔安国《尚书传》。东晋梅赜献上孔安国《尚书传》,司马彪与梅赜同时代人,见而引之,当属常事。

　　东晋江夏郡太守李颙,字长林,撰有《尚书注》《尚书新释》《尚书要略》三书,其《泰誓注》引"孔安国曰"内容不见于今孔安国《尚书传》,多家以为文出西汉孔安国真《尚书传》。如清周联奎说:"李氏注《尚书》,于《太誓》辄引'孔安国曰',则孔氏古文亦有此篇。"⑥程廷祚说:"东晋有李氏撰《集解尚书》⑦……其书所解乃汉之伪《泰誓》,又每引孔安国

---

① 杨椿:《孟邻堂文钞》卷6《孔安国书传辨》,嘉靖二十四年(1819)杨鲁生刻本。

② 《续汉书·祭祀志》梁刘昭注。

③ 邵瑞彭:《尚书决疑·序目决疑》。

④ 章太炎:《与吴承仕论尚书古今文续》,《华国月刊》1925年第2卷第7期,第2页。

⑤ 同上书,第3—4页。

⑥ 周联奎:《今古文尚书增太誓说》。

⑦ 即李颙的《尚书注》。

注。……若谓渡江之初孔书已出，则颙为《集解》时必无取于伪《泰
誓》。"① 钱大昕亦说："李长林《集注尚书》于今文《太誓》篇每引'孔安
国曰'，知安国尝为《太誓》作传。安国亲见壁中古文，使果识其伪，必不
为作传。以是知今文《太誓》之非伪。"② 前已考述，知孔壁所出《古文尚
书》无《太誓》篇，周、钱二氏说均误。先秦《太誓》原典亡佚，汉人所
见乃武帝末河内之《太誓》。故李颙所引孔安国《尚书传》，决非西汉临淮
太守孔安国所作。王鸣盛说：

> 安国本无《传》之事也，《史记》、前后《汉书》皆无此言。……
> 可疑者惟李颙于真古文《太誓》引安国注，据此则颙似曾见真《孔传》
> 矣。然孔果有《传》，汉魏诸儒何无一言及之？直至隋《经籍志》方有
> 此语。李颙所引殊不可解。且颙东晋人，其时若有真《孔传》，今伪本
> 岂能行世？斯言应从抹杀。③

更有学者认为李颙所引"孔安国曰"为东晋孔安国《尚书说》。如清冯
登府说：

> 《续晋阳秋》曰"孔安国，字安国，会稽山阴人，以儒素见称，历
> 侍中、太常、尚书，迁左仆射、特进卒"。《宋书·礼志》"太元十三
> 年，召孔安国为侍中"，《宋书·礼志》又引孔安国议禘祫殷祭。是东
> 晋别有一孔安国，亦通经学，与梅赜上书元帝时相先后。《书传》或出
> 其手，而后人误以为汉之临淮也。④

陈寿祺亦说：

---

① 程廷祚：《晚书订疑》卷1。
② 钱大昕：《潜研堂集》卷5。
③ 王鸣盛：《尚书后案》之《尚书后辨附》之《辨孔安国序》。
④ 冯登府：《十三经诂答问》卷1。冯氏自注说："《泰誓疏》谓晋李长林《尚书集注》每引孔安
国说，今《孔传》无之，疑即山阴之孔，非真汉《孔传》也。"《皇清经解续编》本。

《宋书》卷十六《礼志》、《通典》之《吉礼》又引孔安国议禘祫
殷祭，《通典》之《凶礼》晋孔安国问徐邈皇太子为新安公主服，是东
晋时别有一孔安国，亦通经学，李长林东晋江夏太守，封乐安亭侯，宜
与此孔安国同时，故得引其说，而颖达误以为汉之孔临淮，遂无能辨
之者。①

东晋孔安国，字安国，西汉孔安国，字子国，姓名同，字不同。且东晋
孔安国晚于李颙，李颙著书必不致引其后之人《书》说。故刘师培驳之说：
"近儒以《孔疏》所称孔安国乃晋孔愉子，然《释文》引李颙《书注》在
范宁前，愉子安国卒于义熙时，计其年代，且出颙后，颙书所称必非此安
国也。"②

李颙生年约为晋成帝咸康八年，卒于晋安帝义熙元年，东晋孔安国于义
熙四年四月卒，所处时代应稍晚于李颙，既是此孔安国著有《尚书传》，李
颙亦不可能引之，刘氏说是。但刘师培认为，李颙所引《泰誓孔传》当出
自曹魏中叶儒者所伪造，有别于梅献本《古文尚书传》：

> 曹魏中叶儒者伪造安国三书与《家语》相应：一为《尚书
> 传》……《周书·太誓序》孔疏云"李颙《集解尚书》，于《伪泰
> 誓》篇每引孔安国曰"。……夫孔《疏》所谓《伪泰誓》者即汉代
> 《泰誓》，亦即马、郑、王所注之本。所谓李颙《集解尚书》者……
> 盖李氏所注，即马、郑本，故所注《太誓》亦与马、郑《太誓》同；
> 顾兼引安国注说，是必魏《孔传》五十八篇本，无梅本《太誓》三
> 篇，所据仍为汉《太誓》，东晋虽亡其本，其传说散见他籍，故李氏
> 迻录其文。③

王鸣盛则认为李颙引《孔传》是皇甫谧所伪造："晋皇甫谧见《古文尚

---

① 陈寿祺：《左海经辨》之《今文尚书泰誓后得说》。
② 刘师培：《尚书源流考》，1934—1936 年宁武南氏校印。
③ 同上。

书》衰微将绝，乃别撰古文二十五篇，贪《泰誓》文多易掇，攒凑成之。……又并造孔安国《传》。……其后，嫌彼《泰誓》多所不备，复摭经传所引，别造三篇，兼为之《传》。而初稿流落人间，顾得以援引耳。"①《晋书》谓皇甫谧《帝王世纪》往往载《孔传》五十八篇之书，不可再别造三篇经传，王氏此说亦误。

丁晏认为伪《泰誓》及其《传》均是王肃之徒伪造："安国为汉初大儒，又亲传古文，故后人多好依托，《书正义》称'李容②《集注尚书》伪《泰誓》引孔安国《传》孔氏曰'……《释文》又有孔安国《音》，陆氏曰'汉人不作音，后人所托'，是皆子雍③作伪之徒也。"④《隋书·经籍志》之《书》类著有"梁有《尚书音》五卷，孔安国、郑玄、李轨、徐邈等撰"。孔安国为汉古文经学第一大家，而孔壁书又有《论语》《孝经》，故丁氏认为是王肃之徒托其名，伪撰《论语训》《孝经传》及《尚书孔传》《孔音》。章炳麟又说：

> 李颙《尚书集注》引孔安国以说后得《泰誓》，是或郑冲古文《泰誓》犹用旧本，而今之孔书中《泰誓》又出于梁柳、臧曹所伪造邪？……冲之《泰誓》及《传》，不与今孔书同可知已。……李颙注汉《太誓》引孔安国义，必是郑冲原书于《太誓》独用旧本，而今之所传出于梁柳以后也。……故疑二十五篇书中二十三篇为冲作，《泰誓》三篇又出其后也。⑤

梅本《古文尚书》由郑冲递传苏愉、梁柳、皇甫谧与臧曹，即今五十八篇本《尚书》，其中《泰誓》三篇即今天流传着的《泰誓》三篇，伪二十五篇都是王肃之徒郑冲等伪造说不可能。

邵瑞彭以为李颙引《泰誓孔传》不外三途：

---

① 王鸣盛：《十七史商榷》卷5，凤凰出版社2008年版。
② "容"字误，当为"颙"字。
③ 王肃，字子雍。
④ 丁晏：《尚书余论·序》。
⑤ 章太炎：《与吴承仕论尚书古今文书续》，第2—4页。

汉人所传安国遗说……殆出《石渠议奏》《五经通义》等书，乃经学通说，非《太誓》专注，一也；伪《孔》初用河内本《太誓》，且为之伪《传》矣，及见马融《说》，乃始别造伪篇，复别造伪《传》，但前此所造河内本伪《传》已流布于世，故颙得见之，二也；汉魏间所传安国《论语训》，何晏《集解》引之，又有古文《孝经传》，其来原皆未足信，颙所见当即此类，或出晋初孔氏博士之说，三也。①

所谓晋初孔氏博士，即为魏王肃之徒孔晁辈。

综上所述，孔安国《尚书传》的伪造者有多说，诸说理据繁杂，在现有史料的情况下，实难定论，其为魏晋间人所伪作也并非无疑，西汉临淮太守孔安国未曾撰作《尚书传》仍有商讨之余地。

除上述力主为伪说之外，范文澜先生力主临淮太守孔安国曾撰作《尚书传》：

《史记》"孔氏有《古文尚书》，而安国以今文读之，因以起其家"。所谓起其家者，必为之作《传》，非仅以今文读之而已也。太史公从安国问故，故即《传》也。苟史公仅问文字异同而无师说，则《史记》所载古文义，岂皆出于自造乎？……大抵西汉之世，孔安国《书传》非世儒所诵习，故班氏作《志》不著其名。②

范文澜先生之说世人多不重视，但毫无疑问的是，西汉《古文尚书》曾立于学官前后约二十三年，《古文尚书》博士教授博士弟子员不可能没有师法或家法，其师法或家法之来源肯定与孔安国私相所授《古文尚书》学一系有关。

---

① 邵瑞彭：《尚书决疑·序目决疑》。
② 范文澜：《群经概论》，北平朴社 1933 年版，第 70 页。

第三节　西汉承师不明《古文尚书》学派流变

西汉有一些难以考源的《古文尚书》，如贾谊《古文尚书》、河间献王《古文尚书》等，其源流实难考辨，阙疑不论。但除孔安国以《古文尚书》授于民间形成家法，并下传自成一系外，还有一些承师不明的《古文尚书》学派存在。试考述如下。

一　王君仲、董春师徒《古文尚书》学问题

王君仲字君仲，名已失，生卒年不详，里籍亦不详，当为宣帝、元帝世人。据周辑谢承《后汉书》可知，其官至侍中祭酒，曾授会稽余姚董春《古文尚书》。但遍检其他各类文献，却不见载王君仲《古文尚书》学之师承。既然其曾传授《古文尚书》，称其所教授的一系为《古文尚书》学派，则不为虚妄之说。

董春，生卒年不详，当为成帝、哀帝世会稽余姚人。周辑谢承《后汉书》说："少好学，曾师事侍中祭酒王君仲，受《古文尚书》。后诣京房受《易》，究极圣旨，条列科义。后还归为师，主精舍，远方门徒学者常数百人。诸生每升讲堂，鸣鼓三通，横经捧手，请问者百人，追随上堂难问者百余人。"[1] 顾櫰三引《会稽典录》亦说："董春，师事侍中王君仲，受《古文尚书》。"[2] 董春拜师侍中祭酒王君仲之后，曾还归会稽，以之授徒，而且门徒学者常数百人，由此可知，王、董之学曾在社会中有过一定影响，于《古文尚书》学的传播作出过贡献。

二　张霸之父与张霸同门樊并之《古文尚书》学问题

张霸之父，名、字均已失，生卒年不详，当为元帝、成帝世人，治《古文尚书》，或兼习今文《尚书》。其籍贯，《汉书》说"东莱"，《论衡》说"东海"，吴承仕《经典释文序录疏证》说"'海'应作'莱'"。

---

① 谢承：《后汉书》卷6《董春传》，《八家后汉书辑注》。
② 顾櫰三：《补后汉书·艺文志》卷10。

　　樊并，生年不详，卒于公元前 13 年，当为成帝世陈留郡尉氏县人，张霸父之弟子，传其《古文尚书》学、今文《尚书》学，成帝永始三年叛国，为其徒所杀。《汉书·成帝纪》说：“永始三年十一月，尉氏男子樊并等十三人谋反，杀陈留太守，劫略吏民，自称将军。徒李谭等五人[①]共格杀并等，皆封为列侯。”[②]《汉书·天文志》亦有载记：“永始三年十二月己卯，尉氏男子樊并等谋反，贼杀陈留太守严普及吏民，出囚徒，取库兵，劫略令丞，自称将军，皆诛死。”[③] 张霸之百两篇《古文尚书》，因樊并谋反乃黜，但民间却在不断流传。

三　张霸与伪造百两篇《古文尚书》作者问题

　　张霸曾于成帝朝上百两篇《古文尚书》。其生卒年不详，当为成帝世人，里籍见其父，其事迹见于以下文献，《汉书·儒林传》说：

　　　　世所传百两篇者，出东莱张霸，分析合[④]二十九篇以为数十，又采《左氏传》《书叙》为作首尾，凡百二篇。篇或数简，文意浅陋。成帝时求其古文者，霸以能为百两征，以中书校之，非是。霸辞受父，父有弟子尉氏樊并。时太中大夫平当、侍御史周敞劝上存之。后樊并谋反，乃黜其书。[⑤]

《论衡·佚文篇》亦说：

　　　　孝成皇帝读百篇《尚书》，博士郎吏莫能晓知，征天下能为《尚书》者，东海张霸通《左氏春秋》，案百篇《序》，以《左氏》训诂造作百二篇，具成奏上。成帝出秘《尚书》以考校之，无一字相应者。

---

①　《汉书补注》说：“《功臣表》只载李谭、称忠、钟祖、訾顺四人，非五人。”
②　《汉书》卷10《成帝纪》。
③　《汉书》卷26《天文志》。
④　王念孙《读书杂志》卷4说：“引之曰：‘合’字与上下文意不相属，盖‘今’字之误，‘今’谓伏生所传之《书》也。”此说不确，“析”与“合”相对举，意为分、合两种作伪方式，非“今”字之误。
⑤　《汉书》卷88《儒林传》。

成帝下霸于吏。吏当霸辜大不谨敬。成帝奇霸之才，赦其辜亦不灭其经，故百二篇《书》传在民间。①

言本百两篇者，妄也。盖《尚书》本百篇，孔子以授也。至孝成皇帝时，征为《古文尚书》学，东海张霸案百篇之《序》，空造百两之篇，献之成帝。帝出秘百篇以校之，皆不相应，于是下霸于吏。吏白霸罪当至死。成帝高其才而不诛，亦惜其文而不灭，故百两之篇传在世间者。传见之人则谓《尚书》本有百两篇矣。②

东海张霸造百两篇，其言虽未可信，且假以问。③

上述文献至少告诉我们以下一些信息：第一，东汉班固、王充时，百两篇《尚书》还在民间流传。第二，百两篇为《古文尚书》无疑。第三，百两篇不是凭空伪造，而是有所凭依，其价值不应一概否定。第四，百两篇《古文尚书》应是有传记一类的东西流传，成帝求古文，不是求其本经，因为秘府已有古本本经，而是求能说解《古文尚书》之人，张霸应该是从其父那里继承了《古文尚书》学的说解部分。第五，百两篇在成帝求古文之前已经存在，张霸作伪动机不是为了成帝之求，《论衡》说不确。

吕思勉《燕石札记》谓百两篇非伪书④，其说较为新特，成帝求《古文尚书》，张霸以能治应征，且上其所造百两篇《尚书》，校以中书真古文，皆不相应，奸伪之罪当死，汉人已明确认定百两篇为伪书。吕氏说谬。至于作伪者是谁，《论衡》认定是张霸，《儒林传》则说"霸辞受父"，到底是张霸之父还是张霸本人？从吏论张霸死罪来看，作伪者当为张霸。

四　百两篇《古文尚书》是否立于学官问题

百两篇《古文尚书》上献后，藏在朝廷，并未立学。张霸作伪既昭，平当、周敞劝上存之，颜师古却注曰："存者，立其学。"⑤ 陈柱论之说：

---

① 《论衡》卷20《佚文篇》。
② 《论衡》卷28《正说篇》。
③ 《论衡》卷18《感类篇》。
④ 吕思勉：《燕石札记》，商务印书馆1937年版。
⑤ 《汉书·儒林传》颜师古注。

"《论衡》云'亦惜其文而不灭',则存者不灭之谓,非立于学官也。既明知其书之非,而欲诛其人,忽又立之于学,宁有是理邪?"① 陈氏说为是。终汉四百年,除王莽柄政二十三年外,《古文尚书》未尝立于学官,何况明知其为伪书!吕思勉说:"师古……非也。存与黜为对辞,黜者,不充秘府之谓,故《汉志》无霸《书》。"②

张霸百两篇《古文尚书》藏在朝廷至多十一年。成帝河平三年,即公元前26年,成帝使陈农访求天下遗书,张霸邀赏,上献百两篇《古文尚书》当在此之后,永始二年,即公元前15年,平当自长信少府迁为大鸿胪,其为太中大夫劝帝存伪书,尚在为长信少府之前,故张霸献书至迟在永始二年之前。百两篇见废,当在永始三年,即公元前14年十一月樊并倡乱至次年伏诛之前。由此可知,百两篇《古文尚书》藏在朝廷至多十一年。秘府藏原本,历约十一年,乃遭黜灭,其间民间必有转写本,王充《论衡·感类篇》引百两篇说:"伊尹死,大雾三日。"③ 当是依据民间转写本。

五　百两篇《古文尚书》篇目、篇次问题

张霸百两篇《古文尚书》依百篇《书序》编次百篇,又前有《总序》一篇,后有《书序》一篇,计为一百零二篇。《论衡》载张霸"案百篇《序》,造作《百二篇》",言其篇目、篇次当与百篇《书序》相同。张霸未见中秘古文《书序》,故其所案《书序》当是今文百篇《书序》,而今文《书序》的篇目当为本经八十一目一百篇。

《汉书·儒林传》又载张霸"采《左氏传》《书叙》为作首尾",《论衡》亦载张霸"以《左氏》训诂造作",言其伪造篇文资料之来源。《汉书·儒林传》载张霸"分析合④二十九篇以为数十",言其伪造各篇之法式。成帝朝今文《尚书》通行本为增入河内所得《太誓》一篇、合伏本《顾命》《康王之诰》二篇为一篇的两夏侯本二十九篇,张霸分析此二十九篇为数十

① 陈柱:《尚书论略》,商务印书馆1930年版。
② 吕思勉:《燕石札记》。
③ 《论衡》卷18《感类篇》。
④ 王念孙《读书杂志》卷4之14载王引之说:"'合'字与上下文意不相属,盖'今'字之误,'今'谓伏生所传之《书》也。"

篇，因析少篇为多篇，故时而有一篇仅止数行的情况，依二十九篇编次。但陈乔枞以为百两篇《古文尚书》中有上、下两篇《书序》，与《古文尚书》之《序》同："《尚书》……今文之《叙》总为一篇，古文之《叙》分为二篇。……郑君《书论》据《尚书纬》云……《书纬》言百二篇者，并《叙》数之也。……百篇之《叙》亦分上、下，故曰'百二篇'。"①

六　纬书因袭张霸百两篇《古文尚书》问题

汉代纬书曾因袭百两篇《古文尚书》的篇目立说。孔颖达《尚书正义》说：

> 郑作《书论》，依《尚书纬》云"孔子求书，得黄帝玄孙帝魁之书，迄于秦穆公，凡三千二百四十篇；断远取近，定可以为世法者百二十篇，以百二篇为《尚书》，十八篇为《中候》"，以为去三千一百二十篇。②

> 凡百篇，据《序》而数故耳。或云百二篇者，误有所由，以西汉之时有东莱张霸伪造《尚书》百两篇，而为纬者附之。③

《春秋说题辞》定《尚书》篇数亦附从张霸百两篇立说："《尚书》者，二帝之迹，三王之义，所以推其运，明命授之际。《书》之言信，而明天地之精，帝王之功，凡百二篇，第次委曲。"④ 王应麟、赵贞信等多从此说。蒋善国对纬书因袭百两篇《古文尚书》篇目持怀疑态度，他说："纬书在成帝之时约已出现，张霸的百两篇可能是附会纬书，而不是纬书附会百两篇；《正义》误信纬起哀、平，致有此误。最明显的反证是张霸伪造的百两篇在当时即被发觉，造纬书的人又何必依据伪书以暴露自己的伪迹呢？"⑤ 西汉宣、元之世已有纬书，但纬书初盛于哀、平之际，大盛于新莽、光武朝，成

---

① 陈乔枞：《今文尚书经说考》卷32。
② 《尚书正义》卷1《尚书序》。
③ 同上。
④ 《太平御览》第609卷载引，中华书局1960年版。
⑤ 蒋善国：《尚书综述》，第51页。

帝时还未有《尚书》纬，蒋氏说不确。

七　逸《书》十六篇非"张霸之徒"所伪造问题

张霸兼通《尚书》今古文学。张霸伪造百两篇曾据今文《书序》编次百篇书目，析分今文二十九篇本为数十，又说以阴阳灾异，可知张霸曾习《尚书》今文学。成帝欲广道艺、扶微学，求治《古文尚书》者，张霸以治百两篇征，则又知张霸亦习《古文尚书》。《汉书·儒林传》载记张霸献百两篇《古文尚书》事系于孔安国《古文尚书》事之下，亦说明班固亦认为张霸为古文学派。

孔颖达《尚书正义》认为逸《书》十六篇为"张霸之徒"所伪造：

> 张霸之徒，于郑注之外，伪造《尚书》凡二十四篇。……所增益二十四篇者，则郑注《书序》所列的：《舜典》一、《汨作》二、《九共》九篇十一、《大禹谟》十二、《益稷》十三、《五子之歌》十四、《胤征》十五、《汤诰》十六、《咸有一德》十七、《典宝》十八、《伊训》十九、《肆命》二十、《原命》二十一、《武成》二十二、《旅獒》二十三、《冏命》二十四。以此二十四为十六卷，以《九共》九篇共卷；除八篇，故为十六。①

郑樵、李冶、黄镇成等多信从《尚书正义》逸《书》十六篇为"张霸之徒"所伪造说。逸《书》十六篇应非张霸所伪造。阎若璩、惠栋、杨椿等于此有说。阎氏说：

> 说者必欲信梅所献之《孔》，而不信郑所受之《孔》，遂以郑所受之《孔》为张霸之徒伪撰。今张霸书已不传，而见于王充《论衡》所引者尚有数语，曰"伊尹死，大雾三日"，此何等语，而可令马、郑诸儒见耶？……百两篇甫出而即败，已著于人耳目者，王充浅识，亦知未可信，而马、郑诸儒识顾出王充下耶？然则《汨作》《九共》二十四篇

---

① 《尚书正义》卷2《尧典》。

必得之于孔壁，而非采《左氏》按《书叙》者之所能作也。①

　　惠氏论逸《书》十六篇非张霸所伪造已见上述。杨椿亦说："《传》又云'张霸分析合二十九篇以为数十'，《正义》言'《孔传》三十三篇与郑注同'，则郑之二十四篇非分析合二十九篇明已！《传》又云'霸书凡百二篇'，而《正义》以郑注二十四篇为张霸伪造，岂百二篇中康成止采二十四篇耶？"② 郑玄亲见孔壁古文及《书序》，并为《古文书序》百篇作注，其中就有《舜典》《汨作》《九共》等二十四篇《序》。《尚书正义》失察，阎氏、惠氏、杨氏说是。

①　阎若璩：《尚书古文疏证》卷1第3，第48页。
②　杨椿：《孟邻堂文钞》卷6《孔书篇数考》。

第五章

西汉《古文尚书》孔氏家学研究

　　孔氏家族是中国王朝时代的特殊人群，以其与孔子的特殊关系，该家族不仅世代受到封建统治者的封赏尊崇，享有较高的社会地位，而且他们自身也因孔子的原因，世代不忘传承其祖业，很早就已形成孔氏家学。西汉时期的孔氏家学与两汉《尚书》学中的诸多疑难命题有着不可分割的联系。故理清汉代孔氏家学之传承，具体了解其家族的学术活动及贡献，是解决汉代《尚书》学诸多谜团的重要环节。孔安国是《尚书》孔氏家学中的核心人物，黄怀信先生认为："了解了孔安国的家学渊源与学术传承，就可以知道他当年有没有条件和能力整理《古文尚书》并为之作传；了解了其后人的家学与学术传承，就可以知道孔安国当年到底有没有作《尚书孔传》。"① 其说颇得要点，孔安国问题是两汉《古文尚书》学研究中至为关键的一环。

第一节　西汉《古文尚书》孔氏家学前源研究

　　汉代孔氏家学是在周秦孔氏家学传统基础之上的承传与创新，要探讨西汉时期的《古文尚书》孔氏家学，首先就要理清西汉孔氏家学的历史渊源。作为儒家学派的开创者，孔子"祖述尧舜，宪章文武"，对西周以来传世的文献典籍进行了系统的整理，并开启了私家讲学之风。孔子在传授《诗》《书》《礼》《乐》于诸弟子的同时，也传之于孔氏子孙；在创立儒家学派的同时，也开创了孔氏家学。但学界对战国、秦汉之际孔氏《尚书》学的

---

　　①　黄怀信：《汉晋孔氏家学与"伪书"公案》，第3页。

承传命题历来多所怀疑，今在时贤已有研究成果基础上，拟做一系统探讨。

一 孔子对《尚书》的整理与《尚书》孔氏家学的开创

孔子与《尚书》的关系问题一直是学术界众说纷纭的难题。笔者坚持"论从史出"的原则，采用"竭泽而渔"式的文献梳理方法，将相关传世文献与出土文献汇总，尝试重新探讨孔子与《尚书》的关系问题，发现了一些新的线索与思路。试简述如下：

现在能见到的五十八篇《尚书》的真伪问题，自宋代朱熹至今讨论了近千年，辨来辨去，似乎篇篇皆伪。若按这些辨伪者的标准，我们今天看到的五十八篇的大部分都是孔子以后的伪作，孔子编次《尚书》的真实性问题自然引起了质疑。今人郭仁成说："现在讲古籍真伪，标准是古史真相。相对于古史真相而言，现存古籍没有绝对真的，也没有绝对伪的；大都是真中有伪，伪中有真。"① 其说理是，从文献称引来看，在孔子之后，《尚书》确曾在不同派别之间流传，由于不同派别的古籍观不同，在其各自传《书》、用《书》、释《书》的过程中，时有据己意增删、润色者，既有篇目的增删，亦有文本的润色加工，这是造成今传《尚书》篇目、文本与周秦文献所称说的篇目、文本有一定差异的主要原因。那么，孔子与《尚书》之关系究竟如何？

（一）孔子确曾对《尚书》进行过整理

《史记·孔子世家》说："孔子之时，周室微而礼乐废，《诗》《书》缺。追迹三代之礼，序书传，上纪唐虞之际，下至秦缪，编次其事。……故书传、礼记自孔氏。"②《汉书·艺文志》说："《书》之所起远矣，至孔子纂焉，上断于尧，下讫于秦，凡百篇而为之序，言其作意。"③《书纬·璇玑钤》说："孔子求《书》，得黄帝玄孙帝魁之《书》，迄于秦穆公，凡三千二百四十篇，断远取近，定可以为世法者百二十篇，以百二篇为《尚书》，十

---

① 郭仁成：《尚书今古文全璧》，岳麓书社 2006 年版，第 11 页。
② 《史记》卷 47《孔子世家》。
③ 《汉书》卷 30《艺文志》。

八篇为《中候》。"① 郑康成《书赞》说："孔子乃尊而命之，曰《尚书》。"②
《孔传》说："先君孔子生于周末……讨论《坟》《典》，断自唐虞以下，迄
于周。芟夷烦乱，剪截浮辞。举其宏纲，撮其机要，足以垂世立教，典、
谟、训、诰、誓、命之凡百篇，所以恢宏至道，示人主以规范也。"③ 据此
五条文献记载，似乎孔子不仅删过《尚书》，作过《书传》《书序》，并且首
称《尚书》之名。但此五条文献均为汉代或之后的文献，翻检各类先秦文
献，未有一条言及孔子编次《尚书》的事，故这些记载曾引起后人的长期
争议。按理说，蕴含夏、商、周三代官方文化结晶的《尚书》以及源远流
长的以《尚书》赞治、以《尚书》造士的《尚书》学传统，对以天下为己
任的孔子来讲，具有强大的吸引力是肯定无疑的。

　　孔子自己曾说"述而不作"，后世所谓孔子撰《尚书》的说法根本不值
一驳，但孔子编次《尚书》的说法真实性又如何呢？《书纬·璇玑钤》为汉
代的纬书，其说自不可信，《汉书》的说法又是建立在汉代《尚书》经学者
之说和《史记》之说基础上的，"凡百篇而为之序，言其作意"是汉儒的普
遍观点，其可信度如何还很难说。只有《史记》去古未远，其说应有部分
的真实性。

　　孔子时"周室微而礼乐废，《诗》《书》缺"，其意正说明《尚书》在
孔子及其之前的时代是以类之属性而存在于人们头脑中的，而一"缺"字
再次证明在孔子之前，以类所存《尚书》的篇目具有相对的不稳定性，增
减现象时有发生。《诗》《书》两类史料在孔子时已经大量消亡，仅有少数
被保存下来的史实已被大量先秦文献所证实。

　　至于"序书传"，不管"序书传"指的是序《书》《传》，还是序《书
传》，至少都与《尚书》的诠释有关。"序"亦当为编次之义。孔子自言
"述而不作"，"述"主要就是阐述的意思。在先秦时期直接传述经典的著论
已有不少，如出土文献中的《孔子诗论》《易传》，传世文献中《易》的
《系辞》、传述《春秋》的《左传》、传述《礼》的《礼记》等都应是

---

① 《尚书纬·璇玑钤》。
② 《尚书正义》卷1《尚书序》。
③ 同上。

"述"。从文献载记来看，孔子确曾对《尚书》进行过大量的诠释，将这些诠释视作《尚书》之"传"，完全是可以的。

有问题的是"上纪唐虞之际，下至秦缪，编次其事"之说。此说显然是一种时间断限，这种上、下断限，其本质就是一种取舍，就是一种形式的"删"。若就此而言，孔子删《尚书》说是能成立的，但问题是孔子有没有可能以此说来断限？《史记》所言上限为"唐虞之纪"，与《汉书》所言上限"尧"，《书纬》所言上限"黄帝玄孙帝魁之《书》"似乎有所不同，但相差不大，难以比较。《说文解字》说："黄帝之史仓颉，初造书契。依类象形，故谓之文。其后形声相益，即谓之字，著于竹帛谓之书。书，如也。"① 由"文"到"字"再到"书"，特别是到用于政教的、记言的、较长的《尚书》，必定经过了漫长的历程，唐虞之际，或尧或帝魁之时，即使已经产生了用于政教的、记言的、较长的《尚书》，恐怕也是非常少的；即使这些书能被王廷史官保存到孔子之时，恐怕孔子也很难有机会看到，何况又要删改呢！但从另一个角度看，《左传》《国语》所称引《尚书》一类资料中又有唐尧虞舜之前的相关资料，这些载记文本当为西周末期史官以古为鉴、收集既往的产物。《左传·昭公十二年》记载楚左史倚相能读《三坟》《五典》《八索》《九丘》，《孔传》说孔子"讨论《坟》《典》，断自唐虞以下，迄于周"。可能孔子亦能读《坟》《典》一类的资料，但这些资料多是荒诞不经的传说，故孔子在编纂《尚书》一类资料时，断于唐虞之际，将那些荒诞不经的资料剔除是完全正常的事。《史记·五帝本纪》记载："太史公曰：'学者多称五帝，尚矣。然《尚书》独载尧以来；而百家言黄帝，其文不雅驯，荐绅先生难言之。'"② 言黄帝之文"不雅训"，而孔子皆"雅言"，亦可以看作孔子编次《尚书》断于唐虞之际的理由之一。

若孔子确曾编次过《尚书》，也确曾"上断于唐虞之际"，他又为什么要下断于"秦缪"呢？据今传《尚书》可知，《秦誓》为五十八篇《尚书》的最后一篇，"下至秦缪"，似乎就是指此篇为下限。据其《书序》知，鲁僖公三十三年，"秦穆公伐郑，晋襄公帅师败诸殽，还归，作《秦誓》"。

---

① 《说文解字·序》。

② 《史记》卷1《五帝本纪》。

《秦誓》文本内容亦与此说相符。鲁僖公三十三年，即秦穆公三十三年，为公元前627年，故可知《秦誓》之文确是可信的春秋史料，但《春秋》三传、《国语》等均未提及秦穆公作誓一事，仅有《史记·秦本纪》提及秦穆公曾作过誓，不过将其作誓的时间定在王官之战后，即公元前624年，与《书序》不符，但与《秦誓》所记内容基本相符。从文献来看，《秦誓》之文应是春秋时期秦国的一篇真实文献，理应藏之秦国官府，由秦史官所掌，春秋中叶以后，秦偏寓于西方，直至战国中期，都不能算是中原强国，孔子西行不到秦，《春秋》三传及《国语》等均未提及此誓，亦说明该篇文献在先秦时期，至少在孔子时期，未得到广泛传播，孔子不可能看到藏在秦国官府中的这篇誓辞。翻检称引《书》的各类文献，仅有《孔丛子·论书》篇有"《秦誓》可以观义"一例，而《尚书大传》在与此相似的文本内是"'六誓'可以观义"，《孔丛子》所记该例后出或曾被人篡改的可能性较大。既然孔子不可能见到《秦誓》之文，又怎能说孔子编次《尚书》"下至秦缪"或"下迄秦缪"呢？疑《秦誓》为战国末期至汉初之间编纂《尚书》者加入。故孔子编次《尚书》"下至秦缪"的文献是不符合史实的。

虽然《史记》《汉书》等所载孔子编次《尚书》"下至秦缪"是受秦汉时期"秦继周朝正统"之说影响下的产物，为不实之词，但也不能就此而肯定孔子未曾编次过《尚书》。倒是《孔传》所言"迄于周"，更有可能符合孔子编次《尚书》的下限。在诸霸争雄，周室衰微，《诗》《书》等文化史料渐趋消亡的关键时期，孔子积极倡导传承周代礼乐文化，在早期《尚书》的整理、传播及诠释方面起到了关键作用。孔子不仅自己雅言《尚书》，而且还将传统官方顺《尚书》以教的传统下移至民间。不仅用《尚书》教授弟子门人，而且也用《尚书》教授子孙，在周游列国及在鲁国为仕之际还引《尚书》以训，亦继承了引《尚书》以赞治的《尚书》学传统。

（二）孔子《尚书》学观的嬗变

《史记·孔子世家》说："季氏亦僭于公室，陪臣执国政，是以鲁自大夫以下皆僭离于正道。故孔子不仕，退而修《诗》《书》《礼》《乐》，弟子弥众，至自远方，莫不受业焉。"[①] 这段文本前面有"孔子年四十二，鲁昭

---

① 《史记》卷47《孔子世家》。

公卒于干侯，定公立"，后面有"定公九年，阳虎不胜，奔于齐。是时，孔
子年五十"。说明孔子在四十二至五十岁之间曾经"修"过《尚书》，且以
《尚书》授徒。

在"孔子之去鲁凡十四岁而反乎鲁"和"孔子年七十三，以鲁哀公十
六年四月己丑卒"之间，《孔子世家》又说：

> 孔子之时，周室微而礼乐废，《诗》《书》缺。追迹三代之礼，序
> 《书传》，上纪唐虞之际，下至秦缪，编次其事。曰："夏礼吾能言之，
> 杞不足徵也。殷礼吾能言之，宋不足徵也。足，则吾能徵之矣。"观殷、
> 夏所损益，曰："后虽百世可知也，以一文一质，周监于二代，郁郁乎
> 文哉！吾从周。"故《书传》《礼记》自孔氏。①

这段文字说明，在鲁哀公十一年，即孔子六十八岁之后，孔子又曾序过
《书传》。由以上两条文献来看，孔子之于《尚书》，在其一生中可分为三个
时间段。即四十二岁之前，曾学习过当时社会所流行的《尚书》，并以之授
徒。在其四十二岁至五十岁之间，曾系统地修过《尚书》，并以其修过的
《尚书》授徒，在五十岁之后至六十七岁反鲁之间，亦是以其修过的《尚
书》教授弟子。在其六十八岁之后又为其修过的《尚书》作了"传"，并以
其《书传》教授弟子。

孔子作为首开私教的第一人，在其传授《尚书》的过程中，曾两次对
《尚书》进行系统研究，故其《尚书》学观有一个前后发展变化的过程。由
以上两条文献载记，亦可以得知孔子是以《尚书》为学的，其《尚书》学
观主要体现在其"《书》教"思想中。"《书》教"一词是与《诗》教、
《礼》教、《乐》教等词同时由孔子提出的。《礼记·经解》说："孔子曰：
'入其国，其教可知也。其为人也，温柔敦厚，《诗》教也；疏通知远，
《书》教也……故《诗》之失在愚，《书》之失在诬……其为人也，温柔敦
厚而不愚，则深于《诗》者也；疏通知远而不诬，则深于《书》者也。'"②

---

① 《史记》卷47《孔子世家》。
② 《礼记·经解篇》，中州古籍出版社2010年版。

《孔子家语·问玉》篇亦有同样的记载。

孔子把《尚书》的教化功能定位为"疏通知远而不诬",是把《尚书》当作历史来看的,此定位可以说是准确地把握住了《尚书》文本所蕴含的文化价值的超越性。综观传世本《尚书》的核心内容,其主体是虞、夏、商、周时期的典、谟、训、诰、誓、命,是上古时期雄主能臣在斗争实践中总结出的中华先民智慧的结晶,这里不仅有对唐尧虞舜禅让的赞美,对汤武革命的称颂,亦有对明主贤臣的标榜,对民瘼冷暖的关注,从中不仅可以了解促使王朝兴替、历史巨变的底因,以古鉴今,甚至可以学到修身、齐家、治国、平天下的大道理。其实,从孔安国受《古文尚书》的司马迁对孔子"疏通知远而不诬"的"《书》教"观领悟得最为深刻,其"究天人之际,通古今之变"之主张,可以说是对孔子早期以《尚书》为史"《书》教"观的最好注脚。

孔子以《尚书》为史的"《书》教"观还体现在下面一则孔子论《尚书》文本之中:

> 孔子曰:"《书》之于事也,远而不阔,近而不迫;志尽而不怨,辞顺而不诎。吾于《高宗肜日》,见德有报之疾也。苟由其道致其仁,则远方归志而致其敬焉。吾于《洪范》,见君子之不忍言人之恶而质人之美也。发乎中而见乎外以成文者,其唯《洪范》乎!"[1]

此则文本与孔子"疏通知远而不诬"的《尚书》学思想是一致的,"《书》之于事也,远而不阔,近而不迫;志尽而不怨,辞顺而不诎","发乎中而见乎外以成文"都是与"不诬"相联系的,不阔、不迫、不怨、不诎,其义均是不诬,其意旨都是说《尚书》大体上是符合历史的。以《尚书》为史的《书》学观理应是孔子早期的主要思想。

以下两则文献则体现了孔子晚年的《尚书》学思想。

《艺文类聚》引《尚书大传》有孔子与子夏论《书》的记载:"子夏读《书》毕,孔子问曰:'吾子何为于《书》?'子夏曰:'《书》之论事,

---

[1] 《孔丛子》卷1第2《论书》。

昭昭然若日月，离离若参辰之错行，上有尧舜之道，下有三王之义。商所受于夫子者，志之弗敢忘也。虽退而穷居河、济之间，深山之中，壤室编蓬为户，于中弹琴，咏先王之道，则可发愤慷慨矣。'"① 子夏读书毕，见夫子，夫子问之，何为于书，子夏曰：书之论事，昭昭如日月之代明，离离如参辰之错行，商所受于夫子者，志之于心，不敢忘也。《外纪》卷九引《尚书大传》与此基本一致，不过比上文多了孔子对子夏的评价和孔子回答颜回的话，所记与《孔丛子》所载大体相一致，其多出的一段文字如下：

> 夫子愀然变容，曰："嘻！子殆可与言《书》矣。虽然，见其表，未见其里，窥其门，未入其中。"颜回曰："何谓也？"孔子曰："丘常悉心尽志以入其中，则前有高岸，后有大溪，填填正立而已。'六誓'可以观义，'五诰'可以观仁，《甫刑》可以观戒，《洪范》可以观度，《禹贡》可以观事，《皋陶谟》可以观治，《尧典》可以观美。"②

由郭店战国楚墓竹简知，孔子早在战国初期已经被尊为圣人，其言语已被广泛称引，而孔门弟子又先后曾在广大的区域内传播过孔子之术，战国时期流传的孔子论《尚书》、释《尚书》的史料或许有一些属于儒者臆造，但大部分文本的主旨出自孔子，当不无道理。黄怀信、杨朝明、王钧林等学者均考辨过《孔丛子》中的《论书》篇等材料理应来源于先秦时期。

这两则文献正体现了孔子晚年《书》学观的基本主张。子夏受之于夫子且志之弗敢忘的"上有尧舜之道，下有三王之义"，在孔子看来，只不过是《书》之"表"。后来孔子经过"悉心尽志以入其中"，又发现了《书》篇有"七观"之义，"六誓"可以观义，"五诰"可以观仁，《甫刑》可以观戒，《洪范》可以观度，《禹贡》可以观事，《皋陶谟》可以观治，《尧典》可以观美，这才是《书》之"里"，足见孔子在"以《书》为史"的认识前提下，又进一步得出了"以《书》为训"的"《书》教"思想，这

① 《艺文类聚》卷55《杂文部·读书》，上海古籍出版社1995年版。
② 《外纪》卷9，上海人民出版社2011年版，钦定《四库全书》本。

是孔子晚年《书》学观中最为本质的内容。义、仁、戒、度、事、治、美七者实为孔子实施王道政治的基本主张，由此足见《书》对孔子思想体系的形成起着核心影响作用，孔子的《书》学思想对后世儒家学说影响甚巨。

总之，孔子是中国历史上真正以《书》为学的第一人，正是在对当时流传的《书》一类资料的诠释、修改、编次、传授过程中形成了孔子丰富的《书》学思想，此一思想亦成为孔氏家学中的《尚书》学传统，一直绵延不断。孔子前后不同的《书》学思想不仅对秦汉时期的《尚书》阐释活动产生了重大影响，而且也对孔氏《尚书》家学传统的形成与丰富作出了开创性的贡献。

二　孔子"《书》教"传统在诸弟子中的承传

孔氏《尚书》家学的开创，是在孔子教授弟子门人过程中同步实现的。子思所承继和下传的《尚书》家学，除在少年时接受祖父孔子之学外，多来源于孔门弟子《尚书》学。为确保此一研究命题的完整性，实有必要对孔门弟子传《书》情况进行简要概述。

《史记·孔子世家》说："孔子以《诗》《书》《礼》《乐》教，弟子盖三千焉，身通六艺者七十有二人。"① 显然三千之说是虚数，七十二贤均通六艺之说我们也难以确证，但孔子死后，"杨朱、墨翟之言盈天下，天下之言，不归杨，则归墨"，孔门儒学受到了前所未有的挑战，但赖以部分门徒的努力，儒学还是不断得以传播，至战国最终发展成为两大显学之一。在孔子死后儒学发展传播的早期过程中，《书》的授受关系不详，据文献记载来看，确实与《书》传播有关者，主要有漆雕开、子张、子夏、子思数人。现分别考述如下。

（一）漆雕氏之儒与《尚书》

孔门七十二弟子中有三个漆雕，即漆雕开（字子若）、漆雕哆、漆雕徒父，三千弟子中还有一个漆雕凭。子若小孔子十一岁，在孔门弟子中只有仲由比之年长，故漆雕开在孔门中应属于长者，《史记正义》说："漆雕开，

---

① 《史记》卷47《孔子世家》。

习《尚书》，不乐仕。"①《正义》谓其"习《尚书》，不乐仕"的记载是可信的，《论语·公冶长》说："子使漆雕开仕，对曰：'吾斯之未能信。'子悦。"②《孔子家语》亦有更为详细的记载："孔子曰：'子之齿可以仕矣，时将过！'子若报其书曰：'吾斯之未能信。'孔子悦焉！"③ 漆雕开为蔡国人，据"报其书"来看，此时漆雕开当离开鲁国返回蔡，春秋末年的蔡国已沦落为楚国的附庸国，作为一个备受孔子重视并受孔子"《书》教"思想影响深刻的有仁有义的蔡籍文人，再加上漆雕开为残疾人，其不愿入楚为官，而效法师恩，投入到传《书》布教的事业中去是符合情理的。韩非论漆雕氏说："漆雕之议，不色挠，不目逃，行曲则违于臧获，行直则怒于诸侯，世主以为廉而礼之。"④

韩非对子张、子思之儒多所批评，称之为贱儒、俗儒，而对漆雕氏之儒多所赞美，由此亦见漆雕开所开创的漆雕氏之儒不乐仕的君子儒风格。漆雕开在孔门《书》学传播中占有重要地位，漆雕开在孔门中属于长者，比子张、子夏、子思等其他传《书》者要早三十多岁，既为师兄又为前辈，又以传《书》为主，且其门徒如漆雕徒父、漆雕哆、曹恤、秦冉、漆雕凭、宓子贱、公孙尼子、世硕、巫马施等代有传人，韩非把漆雕氏列为儒家八派之一，足以为信。

（二）子张之儒与《尚书》

子张小孔子四十八岁，在孔门中属于小字辈，孔门弟子在发扬儒学方面成就较大者被韩非概括为八，而子张之儒居首，说明子张在传播孔学方面占有极其重要的地位。子张与《尚书》的传授有着紧密关系，这可以从以下一些文献的记载而得知。《论语·宪问》说：

　　　子张曰："《书》云：'高宗谅阴，三年不言'，何谓也？"子曰："何必高宗，古之人皆然。君薨，百官总己以听于冢宰三年。"⑤

———————————

① 《史记》卷67《仲尼弟子列传》。
② 《论语·公冶长》篇，中华书局2006年版。
③ 《孔子家语》卷9《七十二弟子解》。
④ 《韩非子·显学》，中华书局2010年版。
⑤ 《论语·宪问》。

《礼记·檀弓下》说：

> 子张曰："《书》云：'高宗三年不言，言乃讙。'有诸?"仲尼曰：'胡为其不然也！古者天子崩，王世子听于冢宰三年。'"①

《尚书大传》论《尧典》的部分说：

> 孔子对子张曰："男子三十而娶，女子二十而嫁。女二十通织纴绩纺之事，黼黻文章之美。不若是，则上无以孝于舅姑，下无以事夫养子也。"孔子曰："舜父顽母嚚，不见室家之端，故谓之鳏。《书》曰：'有鳏在下，曰虞舜。'"②

《尚书大传》论《说命》的部分说：

> 《书》曰："高宗梁闇，三年不言"，何谓梁闇也?《传》曰："高宗居凶庐，三年不言。此之谓梁闇。"子张曰："何谓也?"孔子曰："古者君薨，世子听于冢宰三年。不敢服先王之服，履先王之位而听焉。"③

《尚书大传》论《甫刑》的部分说："子张曰：'尧舜之王，一人不刑而天下治，何则? 教诚而爱深也。'"④《尚书大传》又说：

> 子张曰："仁者何乐于山也?"孔子曰："夫山者，岿然高。岿然高，则何乐也? 夫山，草木生焉，鸟兽蕃焉，财用殖焉。生财用而无私为焉，四方皆代焉，每无私予焉。出云风以通乎天地之间，阴阳和合，

---

① 《礼记·檀弓下》。
② 《尚书大传》卷1《尧典》。
③ 《尚书大传》卷2《多士》。
④ 同上。

雨露之泽，万物以成，百姓以飨，此仁者所以乐于山者也。"①

从上述材料来看，子张在孔门弟子中是对《书》最用心的，而且单从《尚书大传》来看，在孔门弟子中引子张的话最多，足以看出子张在先秦儒家《书》传授中的重要地位。据司马迁记载，孔子死后，弟子各分散，子张居陈，而子张又是于《书》用功最勤的一个，陈为楚所灭，说明子张在南方陈地传播过《尚书》，并形成了势力极大的一派，漆雕开在南方蔡地传播《尚书》也形成了较有影响的一派，二者一前一后，对儒学在南方楚地的传播起到了非常关键的作用。

（三）子夏之儒与《尚书》

子夏姓卜名商，字子夏，魏人，小孔子四十四岁，是孔门传授六艺最为关键的人物。孔子死后，子夏居西河，招生授徒，孜孜于儒家文化典籍的传授，曾为魏文侯师。《韩诗外传》记载：

> 子夏读《书》已毕。夫子问曰："尔亦可言于《书》矣？"子夏对曰："《书》之于事也，昭昭乎若日月之代明，燎燎乎如星辰之错行，上有尧舜之道，下有三王之义，弟子所受于夫子者，志之于心不敢忘。虽居蓬户之中，弹琴以咏先王之风，有人亦乐之，无人亦乐之，亦可发愤忘食矣。"②

子夏明说从夫子受《尚书》而学到尧舜之道、三王之义，并志之于心而不敢忘，说明子夏曾系统地接受过孔子的"《书》教"思想。《尚书大传》卷五也记载了子夏向孔子汇报学习《尚书》的心得体会，子夏认为通过学习《尚书》，对尧、舜、禹、汤、文王的治世之道已经了然于胸，而个人的得失和生死已经置之度外；孔子对他的回答从总体上给予了肯定，然后指出，你这只是见其表未见其里、窥其门未入其中，教育子夏要善于把握《尚书》每一篇中的深刻意蕴，汲取临民治政的智慧；可见，子夏对于《尚书》

---

① 《尚书大传》卷3《略说》。
② 《韩诗外传》卷2，中华书局1980年版。

的学习也是下了一番工夫的。但杨朝明师认为子夏于《尚书》"未为精微"，扬雄《法言·君子》所说"子夏得其《书》矣，未得其所以《书》也"①，可以作为对子夏之于《尚书》关系的概括。

作为一部解释《尚书》经义的著作，《尚书大传》曾先后五次明确提及子夏，其中一次称"魏文侯问子夏"，魏文侯所问，毫无疑问是关乎《尚书》经义的内容；《尚书大传》还记载有子夏解释《尚书·康诰》慎罚原则的一番话："昔者，三王慤然欲错刑遂罚，平心而应之，和然后行之，然且曰：'吾意者以不平虑之乎？吾意者以不和平之乎？'如此者三，然后行之，此之谓慎罚。"② 从语言风格上分析，它很像是随问而答，就内容而言，它阐发的是治国策略，鉴于子夏和魏文侯的师徒关系，有学者推测，这或许就是两人之间的问对。可见，子夏传《尚书》确是"信而有征"的。

三　孔子后裔与周秦孔氏《尚书》家学传统

孔子后裔多精熟于《尚书》学，仅周秦时期知名者就有多位，现分别考述如下。

（一）子思《尚书》学

子思之学来源是双重的，一为孔子，一为孔门弟子，此一认识当无疑问。子思名孔伋，孔鲤之子，孔子之孙。孔鲤早卒。《孔丛子》篇记载了不少子思问学于孔子的事迹，如《记问》篇：

> 子思问于夫子曰："伋闻夫子之诏，正俗化民之政，莫善于礼乐也。管子任法以治齐，而天下称仁焉。是法与礼乐异用而同功也，何必但礼乐哉？"子曰："尧舜之化，百世不辍，仁义之风远也。管仲任法，身死则法息，严而寡恩也。若管仲之知，足以定法。材非管仲而专任法，终必乱成矣。"③

---

① 扬雄：《法言》卷12《君子》。
② 《尚书大传》卷2《康诰》。
③ 《孔丛子》卷2《记问》。

　　《孔丛子·公仪》篇亦载有子思明言其亲闻于夫子之事："穆公谓子思曰：'子之书所记夫子之言，或者以谓子之辞。'子思曰：'臣所记臣祖之言，或亲闻之者，有闻之于人者。'"① 《孔丛子·杂训》载子思答子上说："吾昔从夫子于郯遇程子于涂，倾盖而语，终日而别，命子路将束帛赠焉。"② 子思曾随夫子身旁周游列国，孔子对子思亦必有家教。

　　在孔子卒后，子思曾受业于曾子、子游及子夏等孔子门徒。后来子思曾在鲁国收徒授业，后又周游列国，到过宋、齐、卫等诸侯国，曾在鲁、卫从政。孟子受学于他的门人，因为孟子与子思的思想及学术观念颇为一致，所以后世称之为"思孟学派"。子思是孔子死后之邹鲁大儒，影响较大，确实如孔子所愿，不仅"世不废业"，而且继承发展了孔子的学说。

　　子思所传承的家学传统，《尚书》学当为其核心内容之一。《孔丛子》记有子思与宋大夫乐朔讨论《尚书》的事：

　　　　子思年十六适宋，宋大夫乐朔与之言学焉。朔曰："《尚书》虞夏《数（书）》四篇，善也。下此以讫于《秦》《费》，效尧舜之言耳，殊不如也。"子思答曰："事变有极，正自当耳！假令周公、尧、舜更时异处，其《书》同矣。"乐朔曰："凡《书》之作，欲以喻民也，简易为上。而乃故作难知之辞，不亦繁乎？"子思曰："《书》之意兼复深奥，训诂成义，古人所以为典雅也。"③

　　子思年仅十六即精熟于《尚书》，正可由此看出孔氏家学自一开始就已有非常好的传统。子思曾严厉要求子上学《诗》《书》，寄书督促其学业，亦很好地体现了孔氏《诗》《书》家学优良传统。《隋书》引沈约语说："《中庸》《表记》《坊记》《缁衣》皆取《子思子》。"④ 现在郭店简《缁衣》篇和《鲁穆公问子思》篇同时出土，可证沈约所言不妄。学界通过对郭店简儒家类著作的研究，发现《唐虞之道》《缁衣》《五行》《六德》《成之闻

---

① 《孔丛子》卷3《公仪》。
② 《孔丛子》卷2《杂训》。
③ 《孔丛子》卷2《居卫》。
④ 《隋书》卷13《音乐志》。

之》《性自命出》《穷达以时》《鲁穆公问子思》诸篇均有可能是子思所作，是《子思子》的佚篇。[①] 杨朝明师认为上博简《从政》篇也是《子思子》中的佚篇。[②] 这些观点虽还需要做进一步的研究，但《表记》《坊记》《缁衣》及今本《中庸》之第二章至第二十章为子思所作已基本可以肯定。《唐虞之道》《缁衣》《六德》《成之闻之》《性自命出》等出土文献多有称说《尚书》的内容。若真如上述学者认定的那样，可知子思从孔子那里继承的家学中《尚书》学是其重要内容，并将此专门之学传给了儿子子上，树立了孔氏家学父子相承的《尚书》学传统。

（二）孔白《尚书》学

子思上承孔子《尚书》学并下传于子孙，有历史文献明确载记。《孔丛子》记载了子思对其子孔白（字子上）的悉心教导和家学传授情况："子上请所习于子思。子思曰：'先人有训焉：学必由圣，所以致其材也；厉必由砥，所以致其刃也。故夫子之教，必始于《诗》《书》而终于《礼》《乐》，杂说不与焉。又何请？'"[③]

子思不仅面授子上，而且在周游列国之际还以书信相教。《孔丛子》又载："子思在鲁，使以书如卫问子上。子上北面再拜，受书伏读。"[④] 以书问子上，无非主要是问其学业。可见子思家教之严。

子思之孙子京，子京之子子家，子京之孙子高，子高之子子顺，子高之孙子鱼，亦可能传有《尚书》孔氏学。从文献载记来看，孔子六代孙子高、七代孙子顺、八代孙子鱼在孔氏《尚书》学的承传发明方面多有贡献。

（三）孔穿《尚书》学

孔穿，字子高，有"天下之高士"之美誉，曾见重于赵、魏、齐诸国。《儒服》篇载：

---

① 参见李学勤《荆门郭店楚简中的子思子》，《文物天地》1998 年第 2 期；庞朴《孔孟之间——郭店楚简的思想史地位》，《中国社会科学》1998 年第 5 期；姜广辉《郭店楚简与〈子思子〉》，《哲学研究》1998 年第 7 期。

② 参见杨朝明《上博竹书〈从政〉篇与〈子思子〉》，《孔子研究》2005 年第 2 期。

③ 《孔丛子》卷 2《杂训》。

④ 同上。

齐君曰："周公圣人，而子贤者，弗如也。"子高曰："然。臣固弗如周公也。……夫以周公之圣，兄弟相知之审，而近失于管、蔡，明人难知也。……《尚书》曰'知人则哲，惟帝难之'，穿何惭焉？"①

由此可知子高确实熟于孔氏《尚书》学，无疑其学当传自孔氏家学。可惜其父其祖的《尚书》学传承情况史不见载，不知其家学传承之详情。

（四）子顺《尚书》学

子顺②，子高之子，曾为魏相，以"道德懿邵"闻名，对孔氏《尚书》家学的传承多所贡献，《孔丛子》载：

魏王朝群臣，问理国之所先。季文对曰："唯在知人。"王未之应。子顺进曰："知人则哲，帝尧所病；故四凶在朝，鲧任无功。"③

"知人则哲"出自《尚书》中的《皋陶谟》篇。帝尧、四凶在朝及鲧之任而无功事迹亦皆与《虞书》有关，足见子顺对《尚书》学较为精熟。《孔丛子》又载：

赵孝成王问曰："昔伊尹为臣而放其君，其君不怨，何可而得乎此也？"子顺答曰："伊尹执人臣之节而弼其君以礼，亦行此道而已矣。"王曰："方以放君为名，而先生称礼，何也？"子顺曰："以礼括其君，使入于善也。"曰："其说可得闻乎？"答曰："其在《商书》，太甲嗣立而干冢宰之政，伊尹曰……"④

此处子顺不仅明言《尚书》中的《商书》，而且于《商书》所记之事件亦相当精熟。同篇又载：

① 《孔丛子》卷4《儒服》。
② 或作"子慎"。
③ 《孔丛子》卷5《陈士义》。
④ 《孔丛子》卷5《执节》。

魏王问子顺曰："寡人闻昔者上天神异后稷，而为之下嘉谷，周以遂兴。往中山之地无故有谷，非人所为，云天雨之，反亡国，何故也？"答曰："天虽至神，自古及今，未闻下谷与人也。……故《诗》曰'诞降嘉种'，犹《书》所谓'稷降播种''农殖嘉谷'，皆说种之，其义一也。"①

"稷降播种""农殖嘉谷"皆出自《尚书》中的《周书》部分。这几则文献足以表明子顺精熟于《尚书》学。子顺的《尚书》学无疑与其父子高有关，子高、子顺都继承了孔氏《尚书》家学传统，进一步发展了《尚书》孔氏家学。

（五）孔鲋《尚书》学

孔子八代孙孔鲋，字子鱼，名鲋，又名孔甲。《孔子世家谱》载："秦始皇并天下，李斯议焚书……（鲋）乃与弟子襄藏《论语》《尚书》《孝经》于祖堂旧壁中，自隐于嵩山，教弟子百余人。"② 孔鲋对两汉《尚书》学的繁盛意义重大。正是孔鲋于危难之时将《尚书》等儒家经典藏于祖堂夹壁之中，才保存了汉代孔氏本《古文尚书》。《孔丛子》载："陈余谓子鱼曰：'秦将灭先王之籍，而子为书籍之主，其危矣。'子鱼曰：'顾有可惧者，必或求天下之书焚之。书不出则有祸，吾将先藏之，以待其求，求至无患矣。'"③ 对于子鱼藏书一事，学界尚有争议，但毫无疑问的是，西汉孔壁确曾出过《古文尚书》，那么秦代孔氏藏《尚书》一事就必为历史事实。另有《家语后序》为孔鲋弟子襄之子孔慧所藏一说。

综上所述，以孔子、孔伋、孔白、孔穿、子顺、孔鲋为代表的周秦时期的孔氏家族学者共同塑造了绵延不断的周秦孔氏《尚书》家学传统，并构成了基本可信的孔氏《尚书》家学承传脉络。他们不仅对先秦孔氏《尚书》家学的创立与发展功不可没，而且为汉代留下了宝贵的《尚书》学遗产，为汉代《古文尚书》学的兴起提供了可能。

---

① 《孔丛子》卷5《执节》。

② 孔德成等编次：《孔子世家谱》，《孔子文化大全·史志类》，山东友谊书社1990年版。

③ 《孔丛子》卷6《独治》。

第二节　西汉《尚书》孔氏家学研究

先秦孔氏《尚书》家学已经形成传统，但秦始皇焚书坑儒无疑给《尚书》孔氏家学带来了重创，在焚禁期间孔氏裔孙自然不敢传承孔氏《尚书》学。直到汉惠帝四年三月除"挟书律"，孔氏家学才有了公开延续与恢复的可能，可能不等于事实，直到汉武帝采取独尊儒术的一系列政策，确立了儒学在百家之学中的主导地位时，孔氏家学才再一次进入隆兴期。随着作为构建儒家学说核心之一的《尚书》被法定为"经"，信奉《尚书》学说成为时尚，研习《尚书》更成为通向利禄的坦途之一。文献载记，自汉武帝立《尚书》博士，"开弟子员，设科射策，劝以官禄，百有余年，《尚书》传业者寖盛，支叶蕃滋，大师众至千余人，经说有多至百余万言者"。

传承孔氏家学本是孔子裔孙义不容辞的责任，随着儒学在汉代得以独尊，儒学开创者孔子的地位自然上升，孔子裔孙的地位也随之得到明显提高。其实，早在汉惠帝时，孔鲋的弟弟子襄就已成为博士。在此有利的政治形势下，以孔安国为代表的孔子裔孙们，或为传承祖业，或为功名利禄，或为纯粹治学，大都致力于研习儒家经书。特别是在《尚书》学领域，不少孔氏学者作以训法，并世代相承，逐步形成了西汉时期的孔氏《尚书》家学传统。西汉孔氏《尚书》家学可分今文、古文两类传承世系。

一　西汉孔氏传承世系综考

梳理西汉时期的《尚书》孔氏家学传统，必须弄清此一时期以及秦汉之际的孔氏传承世系。《史记》记载：

> 孔子生鲤，字伯鱼。伯鱼年五十，先孔子死。伯鱼生伋，字子思，年六十二，尝困于宋，子思作《中庸》。子思生白，字子上，年四十七。子上生求，字子家，年四十五。子家生箕，字子京，年四十六。子京生穿，字子高，年五十一。子高生子慎，年五十七，尝为魏相。子慎生鲋，年五十七，为陈王涉博士，死于陈下。鲋弟子襄，年五十七，尝

为孝惠皇帝博士，迁为长沙太守，长九尺六寸。子襄生忠，年五十七。①

由此可知，孔鲋当有一弟，字子襄。但《孔子家语》《孔丛子》等与此一文献载记稍有不同，《孔丛子》记载："家之族胤一世相承，以至九世相魏居大梁，始有三子焉。长子之后承殷统为宋公，中子之后奉夫子祀为褒成侯，小子之后彦（即产）以将事高祖有功封蓼侯，其子臧嗣焉。"②《孔子家语·后序》又说："子武生子鱼名鲋，及子襄名腾、子文名祔。"③《史记索隐》引《孔子家语》说："子武生子鱼及子文，文生㝡（即襄），字子产。"④ 上述几则文献所记孔鲋子鱼之父有子慎、子顺、子武三说，虽有出入，但孔鲋子鱼为长子当不误，其后"承殷统，为宋公"亦无可疑。《孔丛子》所谓相魏居大梁者，即指子顺（慎）。由此可知，子鱼孔鲋、子襄孔腾兄弟之后还有一弟，即子文孔祔。子顺长子即子鱼，中子即子襄，小子即子文。三者世系考述如下：

（一）孔鲋世系

自孔鲋之后，此系有文献可考者计四人。一是孔随，为孔鲋之子。《阙里志》说："孔鲋子随，字符路。四传至吉，生何齐，皆承殷后为宋公。"⑤《孔氏南宗考略》亦说："九世曰鲋……十世曰随，字符路。四传至吉，承殷统为宋公。"⑥《孔子家语》亦载："子鱼……生元路，一字符生，名育，后名随。"⑦ 二是孔吉，为孔鲋五世孙。《汉书》载："盖闻王者必存二王之后，所以通三统也。昔成汤受命，列为三代，而祭祀废绝。考求其后，莫正孔吉，其封吉为殷绍嘉侯。"⑧ 三是孔何齐，为孔鲋六世孙。《汉书》载："殷绍嘉侯孔何齐，以殷后孔子世吉适（嫡）子侯。……元始二年，更为宋

①　《史记》卷47《孔子世家》。
②　《连丛子上·叙世》。
③　《孔子家语·后序》。
④　《史记》卷18《高祖功臣侯者年表》。
⑤　《阙里志》卷2《世家志》，山东友谊书社1989年版。
⑥　《孔氏南宗考略》卷1第3《北宋以前圣裔考》，徐镜泉纂辑，孔繁英参订，徐寿昌点校，《两浙史事丛稿》本。
⑦　《孔子家语·后序》。
⑧　《汉书》卷10《成帝纪》。

公。"① 四是孔弘，孔何齐之子，孔鲋七世孙。《汉书·王莽传》载，王莽始建国元年"殷后宋公孔弘运转次移，更封为章昭侯"。王莽始建国元年为公元 9 年，相去元始二年，即公元 2 年更封孔何齐为宋公仅七年，由此可推知，孔弘当为孔何齐之子。

（二）孔腾世系

孔顺之中子孔腾子襄之后，"奉夫子祀，为褒成侯"。此一世系文献记载有出入。《史记》载："子襄生忠，年五十七。忠生武，武生延年及安国。安国为今皇帝博士，至临淮太守，早卒。安国生卬，卬生驩。"②《汉书》却说："襄生忠，忠生武及安国。武生延年。延年生霸，字次儒。霸生光焉。"③《史记》以孔武与孔安国为父子，《汉书》则以二人为兄弟。考《史记·儒林列传》集解引徐广语说："孔鲋之弟子襄为惠帝博士，迁为长沙太傅，生忠，忠生武及安国。"④ 此说与《汉书》同。吉林大学张固也认为："《史记》'武生延年'四字很可能在'蚤卒'二字前，今本偶有错简。"⑤《史记》原文本应作"忠生武及安国。安国为今皇帝博士，至临淮太守。武生延年，早卒"。《史记集解》引徐广曰同《汉书》，本身说明徐广之时《史记》尚未误，张氏此说当可信。故孔腾一系自孔忠以下就应有孔武及孔安国两支。

1. 孔武一支

孔武生孔延年，孔延年生孔霸。《汉书》载："霸四子：长子福、次子捷、捷弟喜，光最少。"⑥ 由此可推知，孔霸之后又可分为四个分支：

孔福分支。《汉书》载："始，光父霸以初元元年为关内侯，食邑。霸上书求奉孔子祭祀，元帝下诏曰：'其令师褒成君关内侯霸以所食邑八百户祀孔子焉。'霸薨，子福嗣。福薨，子房嗣。房薨，子莽嗣。元始元年，莽更封为褒成侯，后避王莽，更名均。"⑦ 由此可推知，西汉时期孔武长孙孔

---

① 《汉书》卷 18《外戚恩泽表》。
② 《史记》卷 47《孔子世家》。
③ 《汉书》卷 81《孔光传》。
④ 《史记》卷 121《儒林列传》。
⑤ 张固也：《西汉孔子世系与孔壁古文之真伪》，《史学集刊》2008 年第 2 期，第 15 页。
⑥ 《汉书》卷 81《孔光传》。
⑦ 同上。

霸之长子孔福一支世系应为：孔福→孔房→孔莽（均）。

孔捷分支。《后汉书》说："孔奋，字君鱼……曾祖霸。……奋少从刘歆受《春秋左氏传》。……弟奇……博通经典，作《春秋左氏删》。……奋晚有子嘉……作《左氏说》。"[①]《连丛子》又载："（孔奇）褒成君次孺（孔霸字次孺）第二子之后也。……兄君鱼少从刘子骏（刘歆）受《春秋左氏传》。"[②] 由此可推知，孔奋、孔奇为兄弟，孔奋有子嘉。《孔子世家谱》以孔奋、孔奇为孔永之子[③]，《汉书·孔光传》载"莽篡位后，以光兄子永为大司马"。由此可推知，孔武长孙孔霸之次子孔捷一支世系应为：孔捷→孔永→孔奋、孔奇→孔嘉。

孔武次孙孔霸三子孔喜之后世子孙，正史及各孔氏家谱均无片言记载，不可考。

孔光分支。至于孔武次孙孔霸四子孔光一支，《孔光传》说孔光之子为孔放。《汉书》又载："莽白太后下诏曰：'……封……光孙寿为合意侯。'"[④] 由此可推知，孔寿当为孔放之子，故孔光一支世系应为：孔光→孔放→孔寿。

2. 孔安国一支

《史记》载："安国生卬，卬生骧。"[⑤]《连丛子》又载："臧子琳……子国，生子卬……子卬生仲骧。……仲骧生子立，善《诗》《书》。少游京师，与刘歆友善。……子立生子元，以郎校书。……子元生子建。"[⑥] 这里的子国、子卬、仲骧，无疑就是《孔子世家》所载的孔安国、孔卬、孔仲骧。《叙世》篇载孔仲骧之后世系为：子立→子元→子建→仁→子丰→子和→长彦、季彦，与《后汉书·孔僖传》等处的记载一致。《孔子家语》又载："孝成皇帝诏光禄大夫刘向校订群书……子国孙衍为博士，上书辩与曰：'臣祖故临淮太守安国建仕于孝武皇帝之世。'"[⑦] 由此可推知，孔安国还有

---

① 《后汉书》卷31《孔奋传》。
② 《孔丛子》之《连丛子·叙世》。
③ 《孔子世家谱》卷1，第74—75页。
④ 《汉书》卷99《王莽传》。
⑤ 《史记》卷47《孔子世家》。
⑥ 《连丛子上·叙世》。
⑦ 《孔子家语·后序》。

一孙孔衍。孔仲驩、孔衍当为兄弟。故孔安国一支在西汉的世系应为：孔安国→孔卬→孔仲驩、孔衍→孔子立→孔子元→孔子建。

（三）孔襗世系

关于孔顺三子孔襗子文一系，《连丛子》载："小子之后彦，以将士高祖有功封蓼侯，其子臧嗣。"① 《史记》又载："孔藂以执盾元年从起砀，以司马为将军……于高祖受封为蓼侯。文帝九年，其子臧嗣爵。"② 由此可知，孔藂与孔彦应为一人，当为孔襗子文之子。《连丛子》又载："臧子琳……琳子黄，其德不修，失侯爵，大司徒光以其祖有功德而邑土废绝，分所食邑三百户，封黄弟茂为内侯。"③ 《汉书》又载："元康四年，聚（藂）玄孙长安公士宣诏复家。"④ 元康四年即宣帝时，据时间推算，孔宣当为孔黄之子。故孔襗子文一支世系应为：孔襗→孔藂（字子产）→孔臧→孔琳→孔黄、孔茂→孔宣。

补：孔安国世系再考辨

上述孔安国世系，文献载记亦有与此不同者。《连丛子》说："臧子琳……琳子黄……黄弟茂，茂子子国。"⑤ 《孔子家语》亦说："子文生菆（藂），字子产，子产后从高祖，以左司马将军从韩信破楚于垓下，以功封蓼侯，年五十三而卒，谥曰夷侯。长子灭（臧）嗣，官至太常；次子襄字子士，后名让，为孝惠皇帝博士，迁长沙王太傅，年五十七而卒。生季中名员，年五十七而卒。生武及子国。"⑥ 此两则文献均以孔安国为孔顺小子子文之后，出自孔臧一系。《连丛子·叙世》以孔安国为孔臧曾孙，《家语》以孔安国为孔臧之弟子襄的孙子。二者在辈分上有出入，而同为小子子文之后，则是一致的。那么孔安国究竟属中子孔腾之后还是小子孔襗之后呢？

解决此一悬案的关键在于如何区分子襄孔腾、子士孔襄上，二者不是指同一人，二者辈分有差别。张固也认为："西汉私人编撰家谱的风气尚未兴

---

① 《连丛子上·叙书》。

② 《史记》卷18《高祖功臣侯者列表》。

③ 《连丛子上·叙世》。

④ 《汉书》卷16《高惠高后功臣表》。

⑤ 《连丛子上·叙世》。

⑥ 《孔子家语·后序》。

起，司马迁可能只是从孔子后人采访其世系，不慎将子襄腾、子士襄误合为一人。而孔衍序所述是今存最早的西汉孔子后人记载的世系，其以子襄腾、子士襄为二人，应更可信。"① 司马迁又将孔腾子襄之子孔忠与孔蕉次子孔襄之子子忠误成一人，遂使实为孔顺第三子孔祔子文之后的孔武与孔安国两支均成了中子孔腾子襄之后。

《后汉书》载："孔僖，字仲和……自安国以下世传《古文尚书》《毛诗》。曾祖父子建。"② 此说与《叙世》篇所载子国五世孙为子建、八世孙为子和说一致，说明《叙世》篇中的子国、子印、仲骧即《史记》《汉书》中所说的孔安国、孔印、孔骧。然而《叙世》篇却以子国为孔茂的儿子，孔茂为孔臧之孙，孔臧为小子子文之孙。据《史记》《汉书》载记，孔安国为子顺中子子襄之孙，孔臧为子顺小子子文之孙，孔安国与孔臧二人同辈次；《连丛子·与侍中从弟安国书》中孔臧亦呼孔安国为从弟，与《史记》《汉书》一致。然而据《史记·高祖功臣侯者列表》，孔臧之父孔蕉卒于文帝九年，据《家语后序》可知其年为五十三岁，那么其生年就应为公元前 223 年。以古代男子正常二十余岁生子计，孔臧之生年就应在公元前 200 年左右，长孔安国约五十岁。长五十岁为祖孙自有可能，为曾祖孙则不可能。所以《叙世》篇所言孔安国为孔茂之子是不可能的。那么孔安国有没有可能为孔臧之弟孔襄的孙子呢？孔臧既长孔安国约五十岁，其弟也有可能长孔安国五十岁左右，所以其为祖孙亦无可能，为从兄弟，则绝不可能。

综上所述，孔安国应为孔氏第十三代，即孔子十二代孙，为孔蕉中子孔襄子士之后，而孔蕉为小子子文之后无疑。那么，孔蕉、孔安国的世系就可以排为：

孔祔（子文）→孔蕉→孔臧→孔琳→孔黄
　　　　　　　→孔襄（子士）→孔贞（季中）→孔武
　　　　　　　　　　　　　　→孔安国→子印→仲骧

①　张固也：《西汉孔子世系与孔璧古文之真伪》，第 13—15 页。
②　《后汉书》卷 79《孔僖传》。

二　西汉今文《尚书》孔氏家学传统

西汉时期是今文经学极盛的时期，自汉武帝独尊儒术之后，儒学取得了学术上的主导地位，汉武帝立五经博士，五经博士所传的儒家经典都是今文，当时《尚书》仅有欧阳一家。到汉宣帝时期，博士经学结构开始分化，形成了一经数家的现象，宣帝先后增置不少博士。单就《尚书》一经而言，复立大、小夏侯《尚书》，《尚书》就由武帝时的欧阳一家博士，发展为欧阳、大夏侯、小夏侯三家博士。

但就孔氏裔孙而言，从史书及家谱的记载可知，孔安国、孔延年、孔骥、孔子立等人随时尚学习今文经学，并因学识卓越、品学兼优，皆被立为《尚书》今文学博士。

孔武之子孔延年曾治《尚书》今文学。据《汉书·孔光传》载："安国、延年皆以治《尚书》为武帝博士。"① 孔延年虽为孔安国之侄，但出于长房，年龄不会相差过大，而汉武帝在位时间又长，二人同为武帝博士完全可能，所以此记载当属可信。考西汉武帝时所立皆今文经博士，可知孔安国、孔延年皆精通《尚书》今文学，皆为《尚书》今文学博士。

孔延年之子孔霸，为孔子十四代孙，亦曾治《尚书》今文大夏侯学。《汉书》载记：

> 延年生霸，字次儒。霸亦治《尚书》，事太傅夏侯胜，昭帝末年为博士。宣帝时为太中大夫，以选授皇太子经，迁詹事、高密相。是时，诸侯王相在郡守上。元帝即位，征霸，以师赐爵关内侯，号褒成君。……霸为人谦退，不好权势……及霸薨，上素服临吊者再，至赐东园秘器钱帛，策赠以列侯礼，谥曰烈君。②
>
> 周堪与孔霸俱事大夏侯胜，霸为博士。……孔霸以太中大夫授太子及元帝，堪为光禄大夫。……博士霸以帝师赐爵号褒成君，传子光，亦

---

① 《汉书》卷81《孔光传》。
② 同上。

事牟卿，自有传。由是大夏侯有孔许之学。①

两则文献基本一致，可知孔霸继承父业亦治《尚书》今文学，又师从夏侯胜，昭帝末年为大夏侯学博士，宣帝时为皇太子即汉元帝师，封关内侯，号褒成君。孔霸又承祖上家学传统，传《尚书》今文学于第四子孔光，开大夏侯学派中的"孔氏之学"，对孔家《尚书》今文学的传承功不可没。孔霸四子孔光，为孔子十五代孙，《汉书》有《孔光传》。据其本传所载"年七十，元始五年薨"，知其生于汉宣帝元康元年，卒于汉平帝元始五年。本传载其生平说：

> 孔光，字子夏……经学尤明……光独以为礼立嗣以亲，中山王先帝之子，帝亲弟也，以《尚书·盘庚》殷之及王为比。……光凡为御史大夫、丞相各再，一为大司徒、太傅、太师，历三世，居公辅位前后十七年。……光年七十，元始五年薨。②

孔光博通经典，亦为博士，而且三世官居高位，是西汉时期孔氏家族中官位最为显赫者之一。又，《夏侯胜传》言其父孔霸学《尚书》今文于大夏侯，并传之于孔光，"光亦事牟卿"。可知孔光在学术上是师从其父孔霸、牟卿二人，学大夏侯氏《尚书》今文学。《汉书》又载："帝年幼，选置师友，大司徒孔光以明经高行为孔氏师。"③ 由此可知孔霸、孔光父子皆传《尚书》今文学，并以明经高行皆曾为帝师。孔光曾聚徒讲学，以《尚书》教授："光自为《尚书》，止不教授，后为卿，时会门下大生讲问疑难，举大义云。其弟子多成就为博士、大夫者。"④ 唐晏《两汉三国学案》中《尚书》类列孔霸、孔光父子为《尚书》今文大夏侯学派，《汉书》明载此事，故当可信。

由上考述可知，西汉孔氏裔孙中，孔安国、孔延年是汉武帝时的《尚

---

① 《汉书》卷88《夏侯胜传》。
② 《汉书》卷81《孔光传》。
③ 《汉书》卷68《霍光金日磾传》。
④ 《汉书》卷81《孔光传》。

书》欧阳学专经博士，孔霸是汉昭帝时的《尚书》大夏侯学博士。孔光是汉哀帝时的丞相，在奏疏中多引《尚书》，也是著名的《尚书》学者，《汉书》本传说他在汉成帝时举为博士，应当也是《尚书》大夏侯学博士。孔延年、孔霸、孔光祖孙三代当皆治《尚书》今文学。

三 西汉《古文尚书》孔氏家学传统

孔壁出书确有其事。《汉书·艺文志》说："《古文尚书》者，出孔子壁中。……孔安国者，孔子后也，悉得其书。"① 孔壁出书是西汉历史和中国学术史上影响深远的大事。汉惠帝除"挟书律"，武帝尊儒学，为孔家后人述祖业、治经学创造了社会环境，今文经学的兴盛促进了孔氏家学的发展，而孔壁所出的《古文尚书》则为孔氏家学提供了新的治学条件。孔壁所出《古文尚书》应是孔氏在先秦的家传本，前文已提及孔壁书当是孔子八世长孙孔鲋所藏。孔壁《古文尚书》出后，先归孔家，后献朝廷，藏于秘府，史有明载。《史记》说："孔氏有《古文尚书》，而安国以今文读之，因以起其家。逸书得十余篇，盖《尚书》兹多于是矣。"②

司马迁尝从安国问故，《儒林列传》记载应当不会有假。所谓"孔氏有《古文尚书》"，无疑是指孔壁所出之书，而不可能是所谓孔氏家传本。所谓"以今文字读之"，就是用当时通行的文字释读之。既释读之，自然会另行写定。当时通行的文字是隶书，以之写定古文，所以又称之为"隶古定"。孔安国《尚书序》说：

> （鲁恭王）悉以书还孔氏。科斗书久废，时人无能知。以伏生之《书》考论文义，定其可知者为隶古定，更以竹简写之，增多伏生二十五篇。伏生又以《舜典》合于《尧典》，《益稷》合于《皋陶谟》，《盘庚》三篇合为一，《康王之诰》合于《顾命》，复出此篇，并序凡五十九篇，为四十六卷。其余错乱摩灭，弗可复知。③

---

① 《汉书》卷30《艺文志》。
② 《史记》卷121《儒林列传》。
③ 《尚书正义》卷1《尚书序》。

另《家语后序》所附孔安国之孙孔衍上奏成帝书亦说：

> 臣祖故临淮太守安国，逮仕于孝武皇帝之世，以经学为名，以儒雅为官，赞明道义，见称前朝。时鲁恭王坏孔子故宅，得古文蝌蚪《尚书》《孝经》《论语》，世人莫有能言者。安国为改今文，读而训传其义，又撰《孔子家语》。既毕，会值巫蛊事起，遂各废，不行于时。①

武帝末期孔壁《古文尚书》上献后被藏在秘府，汉成帝时曾发秘府而得所藏《古文尚书》，故《刘歆传》说：

> 及鲁恭王坏孔子宅，欲以为官，而得古文于坏壁之中，《逸礼》有三十九，《书》十六篇。天汉之后孔安国献之，遭巫蛊仓卒之难，未及施行。及《春秋左氏》丘明所修，皆古文旧书，多者二十余通，藏于秘府，伏而未发。孝成皇帝闵学残文缺，稍离其真，乃陈发秘藏，校理旧文，得此三事。②

孔安国为西汉《古文尚书》孔氏家学的始创者。孔安国不仅传授壁出《古文尚书》，开创了《古文尚书》学派，而且在孔家子孙和弟子中形成了两支传授系统与谱系。关于孔安国传授《古文尚书》的问题，学者们多有争议。《汉书》明确记载西汉时期孔安国《古文尚书》在民间的传授谱系为："孔氏有《古文尚书》，孔安国以今文字读之，因以起其家。……安国为谏大夫，授都尉朝，而司马迁亦从安国问故。迁书载《尧典》《禹贡》《洪范》《微子》《金縢》诸篇，多古文说。都尉朝授胶东庸生。庸生授清河胡常少子……常授虢徐敖。"③ 此则文献所列传授弟子都尉朝、庸生、胡常等人皆有史料可证，此传授谱系不会是虚托。东汉时期的《古文尚书》大师们也都把孔安国作为《古文尚书》学派的鼻祖。如郑玄《书赞》说："我

---

① 《孔子家语·后序》。
② 《汉书》卷36《刘歆传》。
③ 《汉书》卷88《儒林传》。

先师棘下生安国，亦好此学。"①

孔安国《古文尚书》家族传授谱系。孔安国亦曾将《古文尚书》传给其后孔氏裔孙。《后汉书》说："自安国以下，世传《古文尚书》《毛诗》。"② 孔安国之子孔卬，为孔子第十三代孙。《孔子世家谱》言其"传家学"。《后汉书·孔僖传》又载："自安国以下，世传《古文尚书》《毛诗》。"孔安国确曾整理、隶古定过孔壁所出《古文尚书》《论语》《孝经》，并训解其义而传之。孔卬既传家学，必当习《古文尚书》学无疑。孔卬长子孔衍，为孔子第十四代孙。孔衍事迹最早见载于《孔子家语》："孝成皇帝诏光禄大夫刘向校定众书，都记录，名古今文书，《论语》别录，子国孙衍为博士，上书辩之。"③《阙里文献考》亦载："（子国）孙驩、衍……孔驩成帝博士，衍亦成帝博士。成帝诏刘向校定秘书，不录《古文尚书》，《论语》别录，衍于是上书……帝许之，会帝崩，向又病之，不果行。"④《孔子家语》载记孔衍所奏之言如下：

> 臣闻明王不掩人之功，大圣不遗人小善，所以能其明圣也。陛下发明诏，诏群儒集天下书籍，无言不悉。命通才大夫校定其义，使退载之文以大著于今日，立言之士垂于不朽。此则蹈明王之轨，遵大圣之风者也。虽唐帝之焕然，周王之或或，未若斯之极也。故述作之士，莫不乐测大伦焉。臣祖故临淮太守安国，逮仕于孝武皇帝之世，以经学为名，以儒雅为官，赞明道义，见称前朝。时鲁恭王坏孔子故宅，得古文蝌蚪《尚书》《孝经》《论语》，世人莫有能言者。安国为改今文，读而训传其义，又撰《孔子家语》。既毕，会值巫蛊事起，遂各废，不行于时。然其典雅正实，与世所传者不同日而论也。光禄大夫向以为其时所未施之，故《尚书》则不记于《别录》，《论语》则不使名家也。臣窃惜之。且百家章句无不毕记，况《孔子家语》古文正实而疑之哉？又戴圣，近世小儒，以《曲礼》不足，而乃取《孔子家语》杂乱者及子思、孟

---

① 《尚书正义》卷2《尧典》。
② 《后汉书》卷79《儒林传》。
③ 《孔子家语·后序》。
④ 《阙里文献考》卷5《世系考》第1之5，上海古籍出版社1995年版。

轲、孙卿之书以裨益之，总名曰《礼记》，今尚见。其已在《礼记》者则便除《家语》之本篇，是灭其原而存其末，不亦难乎？臣之愚，以为宜如此为例，皆记录别见，故敢冒昧以闻。①

孔衍奏言透露出两条《古文尚书》的传授信息：一是孔安国曾整理孔壁所出《古文尚书》，改以今文读，而且初步训传其义；二是对刘向《别录》不著录《古文尚书》非常不满。《后汉书》明言自孔安国以下孔氏世传《古文尚书》，故孔衍亦当传习过《古文尚书》。

孔印次子孔骥，字子仲，又作仲骥，于《古文尚书》家学自当有所传授。据黄怀信师统计，《小尔雅》②所收释的词语，有百分之十左右为《古文尚书》中的词语。故《小尔雅》的作者必修治过《古文尚书》之学。

孔骥之子孔子立，为孔子第十五代孙，汉成帝时人，生卒年不可考。《连丛子》说："仲骥生子立，善《诗》《书》，少游京师，与刘歆友善，尝以清论讥贬史丹，史丹诸子并用事，为是不仕，以《诗》《书》教于阙里数百人。"③孔子立不同其祖上孔安国、孔骥、孔衍等人皆曾为博士，终生未仕，言其"善《诗》《书》"，正与《后汉书·孔僖传》所言孔安国以下"世传《古文尚书》"相吻合。又言其与刘歆友善，刘歆欲立《左氏春秋》及《毛诗》《逸礼》《古文尚书》于学官，遭到当时五经今文博士的反对。孔子立与刘歆友善，概二人皆好古文经学，孔子立为学亦必习孔氏所传《古文尚书》家学。孔子立好古文经学，习《古文尚书》学，以之教化阙里，聚徒讲学，可谓善承孔氏家学者。

孔子立之子孔子元，为孔子第十六代孙。《连丛子》载："子立生子元，以郎校书。时刘歆大用事，而子元校书七年而官不益，或讥以为不恤于进取，唯扬子云善之。"④《孔子世家谱》云："元字子元，为校书郎，时刘歆用事，七年官不益，或讥其不恤于进取，唯扬子云善之。子一健。"⑤

---

① 《孔子家语·后序》。
② 孔骥及其子孔子立曾合著《小尔雅》一书。
③ 《连丛子上·叙世》。
④ 同上。
⑤ 孔德成等编次：《孔子世家谱》。

　　孔子元为郎校书七年，必能博览群书；其洁身自好，不趋富贵，不务功名，扬雄所称誉孔子元处正是其古文经学学风。故孔子元亦必习《古文尚书》学无疑。另外，唐晏《两汉三国学案》还列孔霸、孔福、孔房、孔均等人为《古文尚书》学派。

第六章

司马迁《尚书》学研究

　　司马迁素习当时流传比较广泛的伏生《尚书》今文学，然司马迁十岁能诵古文①，且其撰作《史记》时曾说："百家言黄帝，其文不雅驯""不离古文者近是"②。又曾从孔安国问《尚书》故，应对孔氏《古文尚书》学颇多了解，而孔安国兼通《尚书》今、古文学，故司马迁亦应兼习《尚书》今、古文学。司马迁《尚书》学不同于其他汉代《尚书》学学者的地方是其独到的"以《书》为史"的理念。《史记》述《尚书》兼采今、古文可为其证明。司马迁以治《古文尚书》学为主，班固言其述《尧典》《禹贡》《洪范》《微子》《金縢》诸篇均用古文说。但司马迁《史记》引《尧典》《禹贡》《皋陶谟》等亦兼取今文说，撰作三代史事亦多取《书序》为说。除此之外，司马迁还博采与《尚书》有关的经、纪、传，如《五帝德》《帝系姓》《尚书大传》《尚书集世》等，以作经文之补充。概而言之，《史记》中的五帝、夏、殷、周、秦等本纪，鲁、宋、晋等世家之文中，多采《尚书》经、说，难怪有学者会认为"《史记》是一部很好的《尚书传》，一部今存较早的《尚书传》"。③　正是因为如此，研究两汉《尚书》学就不得不重点观照司马迁《史记》中的《尚书》学要素以及司马迁《尚书》学的核心理念。

---

　　①　《索隐》说："案：迁及事伏生，是学诵《古文尚书》，刘氏以为《左传》《国语》《系本》等书，是亦名古文也。"其说不确，《古文尚书》仅为古文之一种而已。

　　②　沈涛说："是古文既谓《尚书》。太史公自序，年十岁则诵古文，亦谓《古文尚书》，小司马于纪赞则以为《帝德》《帝系》等书，于自序则以为《左传》《国语》等书，皆非。"其说亦缺少确凿证据。

　　③　洪安全：《司马迁之尚书学》，《"国立政治大学"学报》1981年第33期，第117页。

第一节　司马迁《尚书》学的承传及其称引研究

研究司马迁《尚书》学以及《史记》中的《尚书》学要素，首要的问题就是解决司马迁《尚书》学的师承关系。司马迁《尚书》学之来源有多说，一说为伏生之学，一说来自家学，一说来自孔安国，一说来自贾嘉，一说来自董仲舒，等等，今试通而论之。《史记》称引《尚书》，体例有多种形式，前人多有探究，如古国顺的《〈史记〉逐录〈尚书〉原文例》、易宁的《〈史记·殷本纪〉释〈尚书·高宗肜日〉考论》、黄盛雄的《〈史记〉引〈尚书〉文考释》等。在诸位已有研究成果的基础上，亦尝试概述之。

一　司马迁《尚书》学承传问题

司马迁曾从孔安国问故，所问应兼有《尚书》今文学、古文学。司马迁，字子长，约生于公元前 145 年，卒于公元前 86 年，西汉左冯翊夏阳人。武帝时曾为太史令，后迁中书令，著《史记》一百三十篇，五十二万言，其事迹详见《史记·太史公自序》《汉书·司马迁传》及司马迁《报任少卿书》。司马迁兼通《尚书》今文学、古文学，其学当有多源。

《汉书》说："孔氏有《古文尚书》，孔安国以今文字读之，因以起其家，逸《书》得十余篇，盖《尚书》兹多于是矣。遭巫蛊，未立于学官。安国为谏大夫，授都尉朝，而司马迁亦从安国问故。迁书载《尧典》《禹贡》《洪范》《微子》《金滕》诸篇，多古文说。"[1]《经典释文》亦说："以授都尉朝，司马迁亦从安国问故，迁书多古文说。"[2] 孔安国兼通《尚书》今文学、古文学，先为今文《尚书》学博士，转任谏大夫后，始以《古文尚书》学私家授徒，司马迁从孔安国问故，当在孔氏以《古文尚书》学私家授徒之际，故司马迁所问应以《古文尚书》学为主。孔安国既兼通今、古文，授《古文尚书》于司马迁时，"以今文证古文，并举旁资，其势决

---

[1] 《汉书》卷 88《儒林传》。
[2] 陆德明：《经典释文·序录》。

然"。① 司马迁以著《史记》为使命，而《尚书》为早期史官所记上古政史，司马迁在其《太史公自序》中对《尚书》的性质认定已有表述，他说："《书》记先王之事，故长于政。……《书》以道事。"② 于司马迁而言，他是把《尚书》当作真史对待的，其着意处当在《尚书》之资料的摘取，不会刻意去区分今文、古文，故言其从孔安国问故，应今、古文之《尚书》学兼而收之。且当时今、古文之争还未兴起，学者间当不会扬此抑彼，司马迁更应如此。

除受自孔安国外，司马迁的《尚书》学或有多源。其学有受自董仲舒的可能性，《汉书》说："董仲舒通五经，能持论，善属文。"③ 通五经，说明董氏应通《尚书》之学。在《太史公自序》中司马迁曾说："太史公曰：'余闻董生曰……'"④ 说明司马迁亦可能曾从董仲舒问故。董仲舒或以《尚书》义授司马迁。亦有受自贾谊之孙贾嘉的可能性，《史记》说："贾嘉最好学，世其家，与余通书。"⑤ 贾嘉与孔安国齐名，且与司马迁友善，贾嘉曾世其家学，而其祖父贾谊善《诗》《书》，曾以《书》义谏高祖；《史记》又说："鲁周霸、孔安国，雒阳贾嘉，颇能言《尚书》事。"⑥ 无论是受自家学还是伏生，贾嘉能言《尚书》学无疑，司马迁与贾嘉有书信来往，或尝从贾嘉问故，贾嘉以《尚书》义相授。更有受自其父司马谈的可能性，《太史公自序》说：

> 太史公执迁手而泣曰："……幽厉之后，王道缺，礼乐衰，孔子修旧起废，论《诗》《书》，作《春秋》，则学者至今则之。"……先人有言："……孔子卒后至于今五百岁，有能绍明世……本《诗》《书》《礼》《乐》之际?"……小子何敢让焉。……余闻之先人曰："……尧

---

① 《史记》卷130《太史公自序》。

② 《礼记·玉藻》曰："天子……玄瑞而居，动则左史书之，言则右史书之。"《荀子·劝学》更是总结出了《尚书》的政史之性质："《书》者，政事之纪也。"又其《儒效》载："《书》言是其事也。"郑玄《六艺论》又曰："左史所记为《春秋》，右史所记为《尚书》。"均与司马迁同。

③ 《汉书》卷88《儒林传》。

④ 《史记》卷130《太史公自序》。

⑤ 《汉书》卷88《儒林传》。

⑥ 同上。

舜之盛,《尚书》载之,礼、乐作焉。"①

司马谈亟称《尚书》对撰史的重要性,或曾以《尚书》学授子司马迁。程元敏认为,无论司马迁《尚书》学从司马谈、董仲舒、贾嘉、孔安国哪一家所出,所习均应为《尚书》今文学:"汉文、景、武世,《尚书》学立官者唯今文学,故无论司马谈、董仲舒、贾嘉,即孔安国时亦皆治《书》今文,故马迁从所习者亦今文无疑。"② 程氏此说尚有可商榷处,贾谊、司马谈、董仲舒皆汉初著名学者,三者均有传习《古文尚书》学的可能性,除伏生、孔氏《尚书》学外,在民间或有传自先秦时期的《尚书》学,如河间献王藏书中就有《古文尚书》。而且武帝朝,《尚书》家并未着意于今文、古文之分,盖学者多兼而习之,司马迁亦然。

司马迁《尚书》学虽兼通今文、古文学,但其学却未能下传。司马迁毕生心血用于继承家学著史,虽其兼习《尚书》今文、古文学,但不遣授徒,其《尚书》学可能及身而绝。检阅各类史料,东汉弘农杨氏有《尚书》家学,其学或来源西汉司马迁,司马迁之重外孙杨宝治《尚书》学,或曾受司马迁《尚书》学影响,并下传为杨氏《尚书》家学。不确,暂列于此。

二　《史记》引用《尚书》体例问题

《尚书》之文最是古奥难通,司马迁取其经文作为撰著四代的史料,若不将《尚书》原文改为当时易晓文字则卒难通读。故《史记》除个别地方直接照录《尚书》原文外,翻译经句,改写原文,增饰释文,方式十分灵活。前人于此多有研探,张钧才在《史记引尚书文考例》③一文中定为七例,卓秀岩在《史记夏本纪尚书考征》④一文中定为四例,古国顺在《史记述尚书研究》⑤一文中定为六例,李周龙在《司马迁古文尚书义释例》⑥一

---

① 《史记》卷130《太史公自序》。
② 程元敏:《尚书学史》,第686页。
③ 张钧才:《史记引尚书文考例》,《金陵学报》1936年第6卷第2期,第201—230页。
④ 卓秀岩:《史记夏本纪尚书考征》,《成功大学学报》1978年第13期,第67—134页。
⑤ 古国顺:《史记述尚书研究》,台北文史哲出版社1985年版。
⑥ 李周龙:《司马迁古文尚书义释例》,《孔孟月刊》1971年第9卷第9期,第24—28页。

文中仅古文就定为五例。在诸人研究成果的基础上，今概而言之，约为八类：

一为照录《尚书》篇章原文。如《五帝本纪》中照录《尧典》部分文本，《夏本纪》照录《皋陶谟》《甘誓》诸篇部分文本，《殷本纪》照录《汤誓》《高宗肜日》《西伯戡饥》诸篇部分文本，《微子世家》照录《微子》部分文本，《周本纪》照录《牧誓》部分文本，《鲁周公世家》照录《金縢》《无逸》《吕刑》诸篇部分文本，《燕召公世家》照录《君奭》部分文本，《晋世家》照录《文侯之命》部分文本，《宋世家》照录《洪范》部分文本，等等。其中《夏本纪》照录《禹贡》部分多达一千一百九十六字，《宋微子世家》照录《洪范》部分亦多达一千零四十四字。

二为据训诂改难识、难读字。《史记》录《尚书》文，若其有难读字词，则以故训字易之，如《尧典》"克明俊德，协和万邦"，《史记》将"克明"改作"能明"，将"协和"改作"合和"。司马迁又多取《尔雅》同义字代《尚书》经字，如"旧劳于外"，《史记》作"久劳于外"；"庶绩咸熙"，《史记》作"众功皆兴"；"寅宾"，《史记》作"敬道"；"方鸠"，《史记》作"旁聚"；"禹曰：俞，如何?"《史记》作"禹曰：然，如何?""彰厥有常"，《史记》作"章其有常"；"莱夷作牧"，《史记》作"莱夷为牧"；"达于河"，《史记》作"通于河"；"六府孔修"，《史记》作"六府甚修"；"其如台?"《史记》作"其奈何?""逖矣西土之人"，《史记》作"远矣西土之人"；"相协厥居"，《史记》作"相和其居"；"彝伦攸叙"，《史记》作"常伦所序"；"曰乂"，《史记》作"曰治"；等等。

三为摘其要而适当剪裁《尚书》文。《史记》各《列传》多引用摘取《尚书》本经中的重要章节、字句，但又不全文照录，而是适当剪裁之，如摘引《尧典》《盘庚》《微子》《多士》《文侯之命》等部分内容，便是如此。

四为意译《尚书》文句。如《五帝本纪》"信饬百官……如丧礼，尧善之"一段，即是司马迁将《尧典》"允厘百工……帝曰'钦哉'"一段翻译后的通行文字。这样的例证很多，不再一一详述。

五为以记事体改写《尚书》记言体原文。如《五帝本纪》将《尧典》"咨十有二牧。曰：'食哉，惟时！柔远能迩，惟德允元'"，改为"命十二牧，论帝德，行厚德"，等等。

六为简化概括《尚书》原文。如《周本纪》用"乃命召公、毕公以相太子而立之"，实为概括《顾命》"乃同召太保奭、芮伯、彤伯、毕公、卫侯、毛公、师氏、虎臣、百尹、御事……用敬保元子钊弘济于艰难"之文。

七为对所引《尚书》原文加注释。如《五帝纪》为《尧典》"文祖"增注曰："文祖者，尧太祖也。"这样的情况不是很多。

八为用专用术语等引《尚书》事。如"鸿渐"之谏、《书》美"厘降"等。

上述各类，除直接引用《尚书》原文外，有学者将其看作司马迁善于使用《尚书》同义语料，如钱宗武师在指导研究生毕业论文时，曾就此命题进行过专门探讨。

三 《史记》采摘《尚书》及其称引《尚书》篇目问题

司马迁撰作《史记》特重采摘《尚书》，其虞夏、商、周三代纪事多采用《尚书》文，司马迁在《史记》中曾多次明确流露此意。如《五帝本纪赞》说："太史公曰：'学者多称五帝，尚矣。然《尚书》独载尧以来。而百家言黄帝，其文不雅驯，荐绅先生难言之。'"① 司马迁撰《五帝本纪》主要依据《尧典》以下多篇《尚书》文，其做法正合此说。《史记》又说："夫学者载籍极博，犹考信于六艺。《诗》《书》虽缺，然虞、夏之文可知也。"② 《尧典》《舜典》《皋陶谟》《禹贡》《甘誓》等诸篇皆是虞、夏之文。《史记》说："太史公曰：'自虞夏时，贡赋备矣。'"③ 《史记》又说："故言九州，《尚书》近之矣。"④ 贡赋、九州，皆出自《禹贡》篇。《史记》说："太史公曰：'余以《颂》次契之事，自成汤以来，采于《书》《诗》。'"⑤ 采自《尚书》者，是指采摘《汤征》以下二十三篇，采自《诗》者，《那》《烈祖》《玄鸟》《长发》四篇而已，故其言"采自《书》

---

① 《史记》卷1《五帝本纪》。
② 《史记》卷61《伯夷列传》。
③ 《史记》卷2《夏本纪》。
④ 《史记》卷123《大宛列传》。
⑤ 《史记》卷3《殷本纪》。

《诗》",不言"采自《诗》《书》"。检阅司马迁撰写《史记》,确是考信于六艺,其重视《尚书》的程度于此可见一斑。

《史记》具体称引《尚书》篇目问题,前人多有探讨。金德建在《司马迁所见书考》一文中定为"篇目六十,篇数六十四"。① 古国顺在其《史记述尚书研究》一文中定为"多目、六十八篇"。② 程元敏定为"《史记》之用《尚书》本经说义与称引百篇《书序》本文,或但称《书序》所载《尚书》篇名者,共得七十三目九十二篇",③ 其考证较为全面。另据程氏统计,九十二篇中有二十二篇具见伏生传本,孔壁真古文逸十六篇中仅《舜典》《汩作》《大禹谟》《益稷》《旅獒》五篇未见称引。其他十一篇之称引或有争议,但玩味其文义,确是不离其义,如《史记·殷本纪》曾引逸《汤征》残文"汤曰:予有言"等五十七字,引逸《汤诰》"维三月"等一百二十六字,载《汝鸠》《汝方》佚文;《周本纪》曾载《泰誓》《武成》四篇佚文;等等。

四 《史记》称引《尚书》今、古文问题

《史记》称引《尚书》今、古文的情况非常复杂。西汉《尚书》今、古文原本早已亡佚,今人无法亲见,但仍可依汉石经残字、《尚书大传》《说文解字》《白虎通义》等所称引《尚书》文来考订《史记》引《尚书》今、古文的情况。

《史记》称引《尚书》今文问题。今本《尚书·尧典》:"协和万邦",《史记·五帝本纪》引为"合和万国"。段玉裁认为,《古文尚书》"邦"字,今文《尚书》皆作"国",此等"国"字,非本朝讳,而是今文《尚书》本来就作"国"字。《史记》此处用今文文本。今本《尚书·皋陶谟》:"予思日孜孜",《史记·夏本纪》引为"予思日孳孳"。《说文解字》说:"孜,汲汲也。……《周书》曰'孜孜无怠'。"④ 此《周书》应出《古文尚书》之《泰誓》篇,今文《尚书》之《泰誓》篇皆作"孳"。故知

---

① 金德建:《司马迁所见书考》,上海人民出版社 1963 年版。
② 古国顺:《史记述尚书研究》绪论部分,台北文史哲出版社 1985 年版。
③ 程元敏:《书序通考》,台湾学生书局 1999 年版。
④ 许慎:《说文解字》,卷 3"攴"部。

《史记》此处称引亦用今文文本。今本《尚书·禹贡》："海滨广斥"，《史记·夏本纪》引为"海滨广潟"。段玉裁认为，"斥，依《说文》当作"潟"，作"斥"者，《古文尚书》，作"潟"者，属于今文《尚书》。故《史记》此处亦用今文文本。今本《尚书·洪范》："鲧堙洪水"，汉石经之《尚书·洪范》残字作"□伊鸿水"，《史记·宋微子世家》引为"鲧陻鸿水"。汉石经用今文本，可知《史记》此处亦用今文文本。今本《尚书·洪范》："无偏无党，王道荡荡；无党无偏，王道平平"，汉石经残字《尚书·洪范》引作"毋偏毋党，王道荡荡：毋党□□，□□□□"。《史记·宋微子世家》引为"毋偏毋党，王道荡荡；毋党毋偏，王道平平"。汉石经用今文本，亦可知《史记》此处用今文文本。

《史记》称引《古文尚书》文本问题。今本《尚书·尧典》："肇十有二州"，《尚书大传》为"兆十有二州"。由是可知，《古文尚书》"肇"字，今文《尚书》作"兆"。《史记·五帝本纪》有"肇十有二州"。知《史记》用古文文本。今本《尚书·洪范》："王眚惟岁"，新出土汉石经残字中《易·震》"眚"作"省"，石经为今文，由是可知，《古文尚书》"眚"字，今文《尚书》作"省"。《史记·宋微子世家》有"王眚维岁"。知《史记》此处用古文文本。今本《尚书·无逸》："肆高宗之享国，五十有九年"，汉石经残字为"肆高宗之飨国，百年"。石经"百年"说为今文文本，《史记·鲁周公世家》作"高宗飨国，五十五年"[①]。"五十五"当作"五十九"，"五十九年"为古文文本，知《史记》此处亦用古文文本。今本《尚书·无逸》："文王……惠鲜鳏寡"，汉石经为"文王……惠于矜□"。《史记·鲁周公世家》为"祖甲……不侮鳏寡"。汉石经用今文本，可见，《古文尚书》"鳏"字，今文《尚书》作"矜"字。由是可知，《史记》此处亦用古文文本。这样的例证还很多。

第二节　司马迁《尚书》学说研究

司马迁《尚书》学说集今、古文各说兼而有之，其具体内容主要体现

---

① 王叔岷《尚书斠证》说："《史记》'五年'，疑本作'九年'，涉上'五'字而误。"

在其撰作《史记》的各类称说中。司马迁《尚书》学的渊源极深，不仅曾从孔安国问《尚书》故，而且遍览中秘所藏。再者，作为太史令的司马迁具有敏锐的史家眼光，其对具有政史性质的《尚书》之去取，要远胜于专守一经之学的《尚书》学大师。此外，汉武帝之前的《尚书》学研究状况，今人能看到的仅有后人辑本《尚书大传》和《史记》所称说的相关内容，二者最为可信。故研究司马迁《尚书》学，就必须重点观照《史记》中的《尚书》学要素。

一 《史记》载《尚书》"多古文说"问题

《汉书》说："司马迁亦从安国问故，迁书载《尧典》《禹贡》《洪范》《微子》《金縢》诸篇多古文说。"① 段玉裁谓此"说"当为说义，非谓文字："司马氏偶有古文说而已。《汉书·儒林传》曰'司马迁亦从安国问故，迁书载《尧典》《禹贡》《洪范》《微子》《金縢》诸篇多古文说'，按此谓诸篇有古文说耳，非谓其文字多用古文也。《五经异义》每云古某说、今某说，皆谓其义，非谓其文字。"②

司马迁撰著《史记》多有古文说，明史载记，不容怀疑，如《史记》载《尧典》《洪范》就多用古文义。《尚书大传》有："尧推尊舜，属诸侯，致天下于大麓之野。"③ 郑玄注说："山足曰麓，麓者禄也。古者天子命大事、命诸侯，则为坛国之外，尧聚诸侯，命舜陟位居摄，致天下之事，使大禄之。"④ 此为今文说。《史记》说："尧使舜入山林川泽，暴风雷雨，舜行不迷，尧以为圣。……舜入于大麓，烈风雷雨不迷，尧乃知舜之足授天下。"⑤《史记》不云大禄万几之政，与今文性质的《尚书大传》异，可知《史记》此处用古文说无疑。

《尚书大传》载记，箕子受封朝鲜在其陈《洪范》之前，"武王释箕子囚，箕子不忍周之释，走之朝鲜。武王闻之，因以朝鲜封之。箕子既受周之

---

① 《汉书》卷88《儒林传》。
② 段玉裁：《古文尚书撰异·序》。
③ 《尚书大传》卷1《虞夏传》。
④ 同上。
⑤ 《史记》卷1《五帝本纪》。

封，不得无臣礼，故于十三祀来朝武王。因其朝而问《洪范》"。① 《史记》记箕子受封在陈《洪范》之后："既陈《范》，于是乃封箕子于朝鲜。"② 《尚书大传》为今文说，《史记》与之不同，当采用古文说。

班固言《史记》采摘《尚书》多古文说，若反向思维，"多古文说"的反面应是说司马迁也用今文说，段氏谓司马迁"偶有古文说"，理是。今、古文说兼采，正符合司马迁撰史的总特色。如《史记》载《金縢》篇往往多用今文义。今本《金縢》有："武王既丧，管叔及其群弟乃流言于国，曰：'公将不利于孺子。'"③ 谯周《五经然否论》说："《古文尚书说》：武王崩，成王年十三。"④ 《尚书大传》却说："成王幼，在襁褓。"⑤ 《史记》说："其后武王既崩，成王少，在强葆之中。"⑥ 《尚书大传》与《史记》同，此为今文说。《史记》此处异乎古文说，当为今文说。

再如《尚书大传》以为《金縢》"秋，大熟"以下至篇末记周公薨后事："周公死，天乃雷雨以风，禾尽偃，大木斯拔，国人大恐。王与大夫开金縢之书，执书以泣，曰：'周公勤劳王家，予幼人弗及知。'"⑦ 《史记》说："周公卒后，秋末获，暴风雷，禾尽偃，大木尽拔。周国大恐，成王与大夫朝服以开金縢书，王乃得周公所自以为功代武王之说。"⑧ 此处与《尚书大传》说义相同，可知司马迁于此亦用今文说。

由上观之，司马迁《史记》采摘诠解《尚书》资料，实不限今文、古文说义。班固所说"迁书载《尧典》《禹贡》《洪范》《微子》《金縢》诸篇多古文说"并未精准，皮锡瑞《经学通论》谓明此五篇以外一皆今文经说⑨，亦不确。诸家论司马迁《史记》之《尚书》说用欧阳、两夏侯三家义，亦误。残卷《五经异义》载今文欧阳、夏侯《尚书》说义与《史记》

---

① 《尚书大传》卷2《周传》。
② 《史记》卷38《宋微子世家》。
③ 《尚书正义》卷12《金縢》。
④ 谯周：《五经然否论》，王谟《汉魏遗书钞》第4集。
⑤ 《尚书大传》卷2《大诰》。
⑥ 《史记》卷33《鲁周公世家》。
⑦ 《尚书大传》卷2《大诰》。
⑧ 《史记》卷33《鲁周公世家》。
⑨ 皮锡瑞：《经学通论》，第47—48页。

之《尚书》说相比较，多有不合之处。

二　《史记》因袭《书序》内容问题

《史记》因袭《书序》涉及今、古文篇目问题。《史记》称述《书序》亦兼采今、古文。《史记》称述《书序》用《古文尚书》篇目者有：《女鸠》《女房》《仲□作诰》《异母同颖》《薄姑》《鲁天子之命》；其对应《尚书》今文本篇目分别为：《汝鸠》《汝方》《仲虺作诰》《异亩同颖》《蒲姑》《旅天子之命》。《史记》称述《书序》用今文《尚书》篇目者有：《毋逸》《臩命》《甫刑》《肸誓》；其对应《古文尚书》本篇目分别为：《无逸》《冏命》《吕刑》《费誓》。

《史记》因袭《书序》文本问题。《史记》照录《书序》文本，涉及五十六目，即《夏社》《明居》《咸有一德》《五子之歌》《汤征》《帝告》《汝鸠》《汝方》《嘉禾》《仲丁》《河亶甲》《祖乙》《甘誓》《胤征》《汤誓》《典宝》《汤诰》《伊训》《肆命》《徂后》《沃丁》《高宗肜日》《牧誓》《武成》《大诰》《微子之命》《康诰》《召诰》《洛诰》《多士》《君奭》《多方》《立政》《周官》《顾命》《康王之诰》《毕命》《仲虺之诰》《太甲》《咸乂》《泰誓》《归禾》《无逸》《贿肃慎之命》《冏命》《吕刑》《费誓》《分器》《伊陟》《说命》《成王政》《将蒲姑》《亳姑》《盘庚》《文侯之命》《秦誓》。此外，据《书序》所存篇目，《史记》因知其篇目而记之，且据本经述其义与《书序》相合者，有《酒诰》《梓材》二目。《书序》亡佚，司马迁未见原《序》文，但据《书序》所存篇目，因知其篇目而只记此篇目者，有《九共》《槁饫》《厘沃》《疑至》《臣扈》《原命》《高宗之训》七目。据《尚书》本文述义不及篇名者，有《尧典》《皋陶谟》《禹贡》《西伯戡黎》《微子》《洪范》《金縢》七目。《史记》又据《左传》述蔡仲事同《书序》但不及篇名者《蔡仲之命》一目。总体来看，《书序》有而《史记》述义不及亦未引篇目者，仅有《舜典》《汩作》《大禹谟》《益稷》《旅契》《旅巢命》《君陈》《君牙》八目八篇而已。

《史记》因袭《书序》篇次问题。《史记》因袭《书序》篇次有与《书序》小异者，计有以下诸条：《史记》为《典宝》次《夏社》前，《书序》为《典宝》次《夏社》后；《史记》为《咸有一德》次《明居》《太甲》

前,《书序》为《咸有一德》次《明居》《太甲》后;《史记》为《君奭》次《召诰》《洛诰》《多士》《无逸》前,《书序》为《君奭》次《召诰》《洛诰》《多士》《无逸》后;《史记》为《周官》次《立政》前,《书序》为《立政》次《周官》前;《史记》为《费誓》次《吕刑》《文侯之命》前,《书序》为《费誓》次《吕刑》《文侯之命》后。《史记》所说《典宝》《周官》《费誓》之篇次为是,由此三篇篇次之异同可正《伪孔本书序》的篇次错误。

三　《史记》论述孔子与《尚书》经、序、传关系问题

旧说称司马迁始称《书序》为孔子所作,其实此说有待商榷。《史记》所述孔子"序《书传》""序《尚书》""论次"《尚书》等,并不等于言孔子作《书序》。

《史记·孔子世家》所谓孔子"序《书传》",其义实谓编次《尚书》,非别撰《书传》或《书序》。《孔子世家》说:"孔子……追迹三代之礼,序《书传》,上纪唐、虞之际,下至秦缪,编次其事。"《尚书》本经称"传"者,先秦时已有之,《荀子·君子》篇曾引《秦誓》篇就作"传曰"。"序《书传》"与此段话的下文"编次其事"是互文关系,序,即编次;上纪唐、虞之际,即谓孔子编次《尚书》始自《尧典》篇,《尧典》篇正纪唐虞之际史事;下至秦缪,即谓孔子编次《尚书》迄于《秦誓》篇,《秦誓》篇正纪秦缪公史事。

《史记·三代世表序》所谓"序《尚书》",其义亦谓编次《尚书》,非别撰《书序》:"太史公曰……孔子因史文次《春秋》,纪元年,正时日月,盖其详哉!至于序《尚书》,则略无年月,或颇有,然多缺,不可录。故疑则传疑。"① 此处"序《尚书》"与其上文"次《春秋》"相对举,序、次互文,序《尚书》即编次《尚书》。"略无年月"与上文"纪元年,正时日月"相对举,《春秋》按鲁史记年、月、日时比较完备,而今传《尚书》二十九篇本经纪年、月、日全者极少。较完整者仅有两篇:《召诰》纪年、月、日:"二月既望,越六日乙未。……越若来三月,惟丙午朏,越三日戊

---

① 《史记》卷13《三代世表》。

申。……越三日庚戌。……越五日甲寅。……若翼日乙卯。……越三日丁巳。……越翼日戊午。……越七日甲子。"①《洛诰》纪年、月、日："予惟乙卯,朝至于洛师。……戊辰……在十有二月……惟七年。"②

纪月、日而缺年者,仅《顾命》《康诰》《多方》、逸《武成》四篇。《顾命》为:"惟四月,哉生魄。……甲子。……越翼日乙丑。丁卯。……越七日癸酉。"③《康诰》为:"惟三月,哉生魄。"④《多方》为:"惟五月丁亥。"⑤ 逸《武成》为:"惟一月壬辰,旁死霸,若翌日癸巳……粤若来三月,既死霸,粤五日甲子……惟四月,既旁生霸,粤六日庚戌……翌日辛亥……粤五日乙卯。"⑥

《洪范》纪年而不纪月、日:"惟十有三祀。"⑦《皋陶谟》《牧誓》纪日而缺年、月。《皋陶谟》为:"辛壬癸甲。"⑧《牧誓》为:"时甲子昧爽。"⑨

由上考述可见,《史记》所谓"略无年月,或颇有,然多缺",与《尚书》文本记时的实际情况是相符合的,司马迁所说的"序《尚书》",就是编次《尚书》,非为《尚书》作《序》。

《史记》又有所谓"论次"《尚书》的说法:"太史公曰:……孔子闵王路废而邪道兴,于是论次《诗》《书》,修起礼乐。……自卫返鲁,然后乐正,《雅》《颂》各得其所。"⑩ 其义亦谓编次《尚书》,非他指。"论次《诗》"与"《雅》《颂》各得其所"相呼应,可知是论次《诗》本经与《诗》乐,非言孔子论次《诗传》;以之推度"论次"《书》义,亦当为论次《尚书》篇章,非言孔子论次《尚书序》。

《汉书》说:"《书》之所起远也,至孔子纂焉,上断于尧,下讫于

① 《尚书正义》卷14《召诰》。

② 《尚书正义》卷15《洛诰》。

③ 《尚书正义》卷18《顾命》。

④ 《尚书正义》卷14《康诰》。

⑤ 《尚书正义》卷17《多方》。

⑥ 《汉书》卷21《律历志上》。

⑦ 《尚书正义》卷12《洪范》。

⑧ 《尚书正义》卷4《皋陶谟》。

⑨ 《尚书正义》卷11《牧誓》。

⑩ 《史记》卷121《儒林列传》。

秦。"① 《汉书》又说："孔子……于是叙《书》，则断《尧典》。"② 纂《书》、叙《书》其义一也，与《史记》所云"序《书传》""序《尚书》""论次"《书》意旨相同，皆谓编次《尚书》本经，并非谓孔子撰著《书序》或《书传》。

四　《太史公自序》模仿《书序》问题

古人撰文其体裁必有所来源。《太史公自序》为《史记》一百三十篇中的最后一篇，其要旨在于叙说撰作《史记》的体系与体例。该篇从多个层面对《书序》都有所模仿。

首先，《太史公自序》模仿《书序》"为某事作某"行文体例。俞樾说："纪事之体本于《尚书》，故太史公作《自序》一篇，云'为某事作某本纪、某表、某书、某世家、某列传'，犹《尚书》之有《序》也。古人之文，其体裁必有所自。"③ 检阅《太史公自序》叙述一百三十篇目之要旨时，上文述某事，下文乃结言作某文，确如俞樾所说，实仿《书序》行文体例。如《太史公自序》说："维昔黄帝，法天则地，四圣道序，各成法度。唐尧逊位，虞舜不台；厥美帝功，万世载之，作《五帝本纪》第一。"④《太史公自序》说："武王克纣，天下未协而崩。成王既幼，管蔡疑之，淮夷叛之，于是召公率德，安集王室，以宁东土。燕易之禅，乃成祸乱。嘉《甘棠》之诗，作《燕世家》第四。"⑤《太史公自序》说："末世争利，维彼奔义；让国饿死，天下称之，作《伯夷列传》第一。"⑥ 遍检《太史公自序》各条目，仅有一例不合《书序》体例者，即："秦既暴虐，楚人发难，项氏遂乱，汉乃扶义征伐；八年之间，天下三嬗，事繁变众，故详著《秦楚之际月表》。"⑦ 用"故详著"代"作"，不合体例。

其次，《太史公自序》模仿《书序》"作某篇第几"体例。司马迁《太

① 《汉书》卷30《艺文志》。
② 《汉书》卷88《儒林传》。
③ 俞樾：《湖楼笔谈》卷3，《续修四库全书》本。
④ 《史记》卷130《太史公自序》。
⑤ 同上。
⑥ 同上。
⑦ 同上。

史公自序》模仿《书序》"作某篇"于下增序数"第几"体例，并将其统为长文一大篇，一如《书序》体例。如"作《礼书》第一""作《乐书》第二""作《伍子胥列传》第六""作《仲尼弟子列传》第七"，等等，无一例外。

再者，《太史公自序》模仿《书序》上、下两序相顾为文体例。《书序》各篇上、下两序常相顾为文，如《汤誓序》"汤伐桀……遂与桀战于鸣条之野"，继以《典宝序》"夏师败绩，汤遂从之"，复有《夏社序》"汤既胜夏"；《洪范序》"武王胜殷杀受"，下《分器序》承之说"武王既胜殷"；《大诰序》"成王将黜殷"，下《微子之命序》承之说"成王既黜殷命"；《召诰序》"成王……使召公先相宅"，《洛诰序》承之说"召公既相宅"；等等，各序文脉贯连，事迹相因，极便畅读。司马迁《史记·太史公自序》仿之，因全书一百三十篇被分为本纪、表、书、世家、列传五类，故有时上、下两序文脉事迹未必皆能贯连，当在情理之中。

此外，《太史公自序》模仿《书序》殿全书之末体例。秦汉时，序录统缀于编末是惯例，如《易·序卦》《逸周书·序》《庄子·天下》《淮南子·要略》《论衡·自纪》，等等。先秦、两汉时期的《书序》亦如是，总为一大编置于全经之末①。《太史公自序》模仿《书序》体例编制，亦总系全书之后作为末卷，即第一百三十卷。

---

① 至东晋《孔传》始引百篇《书序》文分冠各篇本经之前。

第七章

王莽《尚书》学研究

综观王莽篡汉治新经历，《尚书》学起到了至为关键的作用。无论后人如何褒贬，此乃《尚书》学史中左右历史前行的成例无疑。西汉哀帝于元寿二年六月崩，平帝九岁继任大统，太皇太后王氏临朝称制，委政于内侄王莽，平帝元年朝廷诏封王莽为"安汉公"，以之媲美于周公。元始五年十二月，平帝崩，平帝无子，王莽立刘婴为皇太子，号为"孺子"，次年王莽改元"居摄"，开始居摄称祚，如周公故事。居摄元年五月，太后下诏称王莽为"假皇帝"。是年东郡太守翟义立刘信为天子，郡国从者十余万人，王莽非常惶恐，抱孺子祷告于郊庙，仿《大诰》作策颁行天下。居摄三年，王莽又暗中授意佞臣私造符命，"复子明辟"，假意待孺子长成后再还政，一若《尚书》所记周公摄政还政成王故事。但王莽篡位后，马上策命孺子为定安公，篡位当日立汉祖庙于其封国。除篡汉极用《尚书》义外，王莽治政亦多以《尚书》义为据，如巡狩封禅、国丧、治河、封建大臣、更定官名等多依《尚书》古义，虽然这些治政行为有泥古不化之嫌，但毫无疑问的是，王莽在辅政、当政期间，推行了一系列有益于经学发展的举措，特别是在《古文尚书》学的兴起上，其积极作用不可抹杀。

第一节　《尚书》学与王莽篡汉

伏生《尚书大传》为汉代最早明文提及"五德终始"说与"三统"说者，王莽篡汉建新朝，兼采"五德终始"说与"三统"说立政，如同西汉武帝。在王莽居摄称"假皇帝"时亦多仿《尚书》周公故事。

一　王莽篡汉建新朝依"五德终始"说立政

《汉书》记载，初始元年十二月：

> 哀章见莽居摄，即作铜匮，为两检……其一署曰"赤帝行玺某传予
> 黄帝金策书"，书言"王莽为真天子，皇太后如天命"。……即日昏时，
> 衣黄衣，持匮至高庙，以付仆射；仆射以闻。戊辰，莽至高庙拜受金匮
> 神嬗。御王冠，谒太后，还坐未央宫前殿，下书曰："予以不德，托于
> 皇初祖考黄帝之后，皇始祖考虞帝之苗裔。……神明诏告，属予以天下
> 兆民，赤帝汉氏高皇帝之灵，承天命，传国金策之书。予甚祗畏，敢不
> 钦受！"以戊辰直定，御王冠，即真天子位，定有天下之号曰新。其改
> 正朔，易服色，变牺牲，殊征帜，异器制。以十二月朔癸酉为（始）
> 建国元年正月之朔，以鸡鸣为时。服色配德上黄，牺牲应正用白，使节
> 之旄幡皆纯黄，其署曰"新使五威节"，以承皇天上帝威命也。①

王莽诈称承皇天上帝的威命应代汉称帝，其所谓赤帝某是指汉高祖刘
邦，汉以火德王，故为赤，火色为赤；王莽以土德自处，土色为黄，故服色
配德尚黄，牺牲应正用白，使节之旄幡皆纯黄，意为王莽当为新朝的黄帝。
又王莽另策载："予之皇始祖考虞帝受嬗于唐，汉氏祖宗唐帝，世有传国之
象，予复亲受金策于汉高皇帝之灵。"② 王莽又说："深惟汉氏三七之阨，赤
德气尽。……然赤世计尽……皇天明威，黄德当兴，隆显大命，属予以天
下。"③ 帝尧为火德，刘汉为唐尧之后，故远承之亦为火德。虞舜受唐尧禅
位，是谓火生土，则虞舜为土德，而王莽为虞舜之后，故亦新朝为土德，服
色配德尚黄，使节之旄幡皆用纯黄。哀章"奉策书，衣黄衣"，皆为土德命
色，正合此理。其署使节名之说"新使五威节"，数亦用五。《王莽传》
又载：

---

① 《汉书》卷99《王莽传上》。
② 《汉书》卷99《王莽传中》。
③ 同上。

秋，遣五威将王奇等十二人班《符命》四十二篇于天下：德祥五事，符命二十五，福应十二，凡四十二篇。……五威将奉《符命》，赍印绶，王侯以下及吏官名更者，外及匈奴、西域，徼外蛮夷，皆即授新室印绶，因收故汉印绶。……大赦天下。五威将乘《乾》文车，驾《坤》六马，背负鷩鸟之毛，服饰甚伟。①

所颁数多用五，或五之倍数，以五为记，显然王莽篡汉建新实用"五德终始"说立政。

二　王莽篡汉建新朝亦兼采"三统"说立政

王莽篡汉建新，改正朔，易服色，定牲色，存三统，皆采"三统"说。王莽以十二月朔癸酉为建国元年正月朔癸酉，用殷正建丑，合于《尚书大传》"三统"说中的白统。王莽以鸡鸣为时，即《尚书大传》中的"以鸡鸣为朔"，亦"三统"说中的白统。王莽祭祀牺牲正用白，固亦是"三统"中的白统义。

通三统，即一姓之王天下，存二王之后，通己为三。王莽依此为据，其篡位当日即封刘婴为公，立汉祖庙于其封国。《汉书》记载，始建国元年正月朔，王莽顺符命去汉号，乃策命孺子说："咨！尔婴，昔皇天右乃太祖，历世十二，享国二百一十载，历数在于予躬。《诗》不云乎：'侯服于周，天命靡常。'封尔为定安公，永为新室宾。"②又说："其以平原、安德、漯阴、鬲、重丘，凡户万，地方百里，为定安公国。立汉祖宗之庙于其国，与周后并，行其正朔、服色。"③此举正是存二王之后通己以为三的成例。《王莽传》又说："惟王氏，虞帝之后也……刘氏，尧之后也……于是封……刘歆子叠为伊休侯，奉尧后；妫昌为始睦侯，奉虞帝后。……汉后定安公刘婴，位为宾。周后卫公姬党，更封为章平公，亦为宾。殷后宋公孔弘，运转次移，更封为章昭侯，位为恪。夏后辽西姒丰，封为章功侯，亦为恪。"④王

---

① 《汉书》卷99《王莽传中》。
② 同上。
③ 同上。
④ 同上。

莽存周后与汉后，并均封之为"公"，命其为大国公爵，称"宾"而朝。又封五帝之后为小国侯爵，称"恪"①入朝。此举亦均依"通三统"义而来。

三　王莽篡汉多用《尚书》周公故事

从《尚书》及《史记》记载来看，周武王崩后的政治局面主要涉及以下内容：武王崩，周公自立为王，成王、召公及满朝文武均不满，以管叔为首的群叔不满尤甚，成王、召公等不满并未见诸行动，而管叔、蔡叔、霍叔却逼周公让位成王，周公不让。管叔逼周公让位于己，周公亦不让。管、蔡一怒之下与武庚结成联盟起兵伐周，周公在万分焦急之下，团结成王，劝说召公，一致对外。周公领兵东征，后方交由召公、成王负责。周公号召西方诸侯起兵东伐，作《大诰》。成王命召公联合太公遥为之援，见《史记·齐太公世家》。周公东征，三年事成，封微子于宋，作《微子之命》。封康叔于卫，作《康诰》。营大邑洛，安置殷顽民，作《多士》。安抚地方诸侯，作《多方》。六年朝天下诸侯于明堂。七年让位成王，作《洛诰》。周公让位成王后，自为东王，都洛。召公主持周公就职典礼，作《召诰》。周公为东王之后，东西双方曾有摩擦，周公败而奔楚。周公离国之后，成王命君陈守护东土，见《君陈》。周公奔楚后，东方之事，成王亦无法安定，于是成王迎回周公，见《金縢》。周公卒，鲁有天子之礼乐，成王命鲁郊祭文王，见《史记·鲁周公世家》。

王莽谋篡汉为真皇帝多假上述周公故事以诳闾天下。王莽曾使群臣上奏说：

> 臣闻周成王幼少……不能……修文武之烈。周公权而居摄，则周道成，五室安，不居摄，则恐周坠失天命，《书》曰"我嗣事子孙，大不克共上下，遏失前人光，在家不知命不易。天应棐谌，乃亡坠命。"《说》曰：周公服天子之冕，南面而朝群臣，发号施令，常称王命。召公贤人，不知其意，故不悦也。……《书》逸《嘉禾》篇曰"周公奉鬯立于阼阶，延登，赞曰：'假王莅政，勤和天下'。"此周公摄政，赞

者所。

又《康诰》篇王若曰"孟侯，朕其弟，小子封。"此周公居摄称王之文也。①

此处所引《书》语出自《君奭》篇，其原义是说："周公语召公曰：'我周家后诸王，若不知敬天地，致绝吾周家前王之功烈，将丧失国命。'"王莽却使人篡改其义为："召公不悦周公之居摄常称王命"。所引《康诰》原义是说"周武王呼其弟康叔'封'，并命'封'之于康，这里的王是周武王，并非周公旦"。王莽误以为周公事。逸《嘉禾》文不知所据。

王莽居摄三年又阴授意佞臣私造符命，其符命说"摄皇帝当为真"，于是王莽上奏王太后说："臣莽夙夜养育隆就孺子，令与周之成王比德……孺子加元服，复子明辟，如周公故事。"②"复子明辟"出自《尚书·洛诰》篇，王莽篡改其原义，假意待孺子成长而还政，一若周公摄政还政成王故事。但其篡位后即策命孺子为定安公，并假意说："昔周公摄位，终得复子明辟，今予独迫皇天威命，不得如意。"③

平帝患病时，王莽作策请于泰畤，戴璧秉圭，愿以己身代平帝，并藏策于金縢中，置于前殿，敕诸公勿言。又以汉高庙为文祖庙，取《虞书》"受终文祖"之意。此皆援引《尚书》以行事，但所引并非《尚书》本经原义。《舜典》"正月上日，受终于文祖"，其原义为舜初摄尧政，告尧太祖庙。王莽自表为舜后，而汉为尧后，故更改汉高庙号为文祖庙。王莽仿效其先祖舜受摄尧文祖庙之例，借告于汉文祖庙来宣明其受摄之举。

周公居臣位而专国政，是居摄，居君位行天子之事，为假王。而周公至多做到假王，而王莽却由居摄、假王变为真王。王莽以《金縢》篇为其杀平帝、立孺子张本，以《立政》篇为自立为假皇帝专制朝政张本，以《洛诰》篇掩饰周公还政成王的事实，以期为其篡汉自立目的张本。由此足见，王莽假《尚书》周公故事之良苦用心。

---

① 《汉书》卷99《王莽传上》。
② 同上。
③ 《汉书》卷99《王莽传中》。

第二节　《尚书》学与王莽治政

王莽自汉平帝元始元年（公元1年）始，因平帝年幼而掌柄汉权，至其篡汉建国号曰"新"，再至其地皇四年（公元23年）伪新朝灭亡，前后秉政二十四年。在这二十四年间，王莽除兼采"五德终始"说和"三统说"、表法周公故事以篡汉立新外，亦多用《尚书》义行政牧民。

一　王莽采用《尚书》义计划巡狩封禅事

上古天子四时巡狩制度最早见于《尚书·舜典》篇：

> 岁二月，东巡狩，至于岱宗，柴。望秩于山川，肆觐东后。协时月正日，同律度量衡。修五礼、五玉、三帛、二生、一死贽。如五器，卒乃复。五月南巡狩，至于南岳，如岱礼。八月西巡狩，至于西岳，如初。十有一月朔巡狩，至于北岳，如西礼。归，格于艺祖，用特。五载一巡狩，群后四朝。敷奏以言，明试以功，车服以庸。①

巡狩的功用在于祭祀山川神明，厘正治政制度。王莽当上皇帝以后，所进行的复古改制非常重要的一条就是计划巡狩天下。王莽两次计划巡狩四方，均是参照《尚书》制定的。始建国四年，王莽第一次计划巡狩四方：

> 莽志方盛，以为四夷不足吞灭，专念稽古之事，复下书曰："伏念予之皇始祖考虞帝，受终文祖，在璇玑玉衡以齐七政，遂类于上帝，禋于六宗，望秩于山川，遍于群神，巡狩五岳，群后四朝，敷奏以言，明试以功。予之受命即真，到于建国五年，已五载矣。阳九之厄既度，百六之会已过。岁在寿星，填在明堂，仓龙癸酉，德在中宫。观晋掌岁，龟策告从，其以此年二月建寅之节东巡狩，具礼仪调度。"群公奏请募吏民人马布帛绵，又请内郡国十二买马，发帛四十五万匹，输常安，前

---

① 《尚书正义》卷3《舜典》。

后毋相须。至者过半。①

当时因为新室文母王太后身体不好，王莽计划巡狩之事只好作罢。王莽在天凤元年（公元 14 年）又制订了第二次巡狩计划：

> 予以二月建寅之节行巡狩之礼，太官赍糒干肉，内者行张坐卧，所过毋得有所给。予之东巡，必躬载耒，每县则耕，以劝东作。予之南巡，必躬载耨，每县则耨，以劝南伪。予之西巡，必躬载铚，每县则获，以劝西成。予之北巡，必躬载拂，每县则粟，以劝盖藏。毕北巡狩之礼，即于土中居雒阳之都焉。敢有趍谨犯法，辄以军法从事。②

此次巡狩计划亦未能实现。在百官的劝谏之下，王莽只好将计划推迟到天凤七年，不过天凤六年以后就改了年号，而且那个时候新室王朝忧患重重，已无力巡狩天下，王莽的巡狩计划最终也没有成行。

王莽所计划的巡狩制度中是有封禅的。2001 年西安（汉长安城）桂宫第四号建筑遗址出土一件封禅遗物，发掘者定其名为"玉牒"。根据玉牒内容"封壇泰山新室昌"③，可以知道王莽准备巡狩未果，但其巡狩计划中却有封禅内容。汉代文献记载的封禅往往与易姓受命有关。《史记·封禅书》说"自古受命帝王，曷尝不封禅"④，《白虎通义》"封禅"篇虽然主要说封禅的目的是"告太平"，但在一开头就提到"王者易姓而起，必升封泰山何？报告之义也"⑤。王莽的巡狩以及封禅泰山似乎更合他们所谓"受命而封禅"的目的。

天子封禅的一个重要目的就是"告成"，所谓"自古受命而帝，治世之隆，必有封禅，以告成功焉"⑥。王莽封禅泰山的计划就是自认为其改制是

---

① 《汉书》卷 99《王莽传中》。
② 同上。
③ 王艺：《王莽巡狩封禅制度新证》，《中国典籍与中国文化》2005 年第 3 期，第 14 页。
④ 《史记》卷 28《封禅书》。
⑤ 《白虎通义》卷 5《封禅》。
⑥ 《后汉书》卷 23《张纯传》。

应天的，王莽篡汉功成而封禅，目的是保佑他所创建的新室王朝昌盛长命。

二　王莽依《尚书》义更定官名例

新莽始建国更定官名悉用《尚书》义，如据《尧典》"帝尧乃命羲和"更名大司农为"羲和"，据"龙，汝作纳言"又更名为"纳言"；据《尧典》"皋陶，汝作士"更名大理为"作士"；据《尧典》"伯夷，汝作秩宗"更名太常为"秩宗"；据《尧典》"夔，命汝典乐"更名大鸿胪为"典乐"；据《尧典》"垂，汝共工"更名少府为"共工"；据《尧典》"益，汝作朕虞"更名水衡都尉为"予虞"。

另外，王莽又自创官名，名之为"五司大夫"，《汉书》载："又置司恭、司徒、司明、司聪、司中大夫。"① 王莽并策之说："予闻上圣欲昭厥德，罔不慎修厥身，用绥于远，是用建尔司于五事。……于戏，勖哉！"② 此为用《洪范》"五事"义。③

三　王莽依《尚书》义定州制、郡界例

王莽掌权时依《尚书》义分汉九州为十二州。《汉书》记载：

> 帝尧时，禹治水，分天下九州④。舜摄政，分天下为十二州⑤。汉平帝元始四年，王莽奏曰："圣王序天文，定地理，因山川民俗以制州界。汉家地广二帝三王，凡十三州，后定为九州，州名及界多不应经。《尧典》十有二州，后定为九州。汉家廓地辽远，州牧行部，远者三万余里，不可为九，谨以经义正十二州名分界，以应正始。"⑥

在其至明堂，授诸侯茅土时，又因《禹贡》九州古例定州域。据《汉

---

① 《汉书》卷99《王莽传中》。
② 同上。
③ 《洪范》五事：事，司也，五事即五种职司；五事之目及其衍义——貌曰恭、言曰从、视曰明、听曰聪、思曰睿，此王莽官司恭、司从、司明、司聪、司中之所本。
④ 据《禹贡》篇。
⑤ 据《尧典》篇。
⑥ 《汉书》卷99《王莽传中》。

书》记载：

> （莽）下书曰："……惟在《尧典》，十有二州，卫有五服。《诗》国十五，拊遍九州。《殷颂》有'奄有九有'之言。《禹贡》之九州无并、幽，《周礼·司马》则无徐、梁。……昔周二后受命，故有东都、西都之居。予之受命，盖亦如之。其以洛阳为新室东都，常安为新室西都。邦畿连体，各有采任。州从《禹贡》为九，爵从周氏有五。……"①

天凤元年，王莽为一百二十五郡定制："粟米之内曰内郡，其外曰近郡，有鄣徼者曰边郡。"② 颜师古注说："《禹贡》去王城四百里纳粟，五百里纳米，皆在甸服之内。"此内郡与近郡的界定即依《禹贡》"五百里甸服……四百里粟，五百里米"之古例。

四　王莽依《尚书》义行丧礼例

王莽多次用《尚书》"亮阴三年"③ 义行丧礼。元始五年十二月，汉平帝崩，王莽征明礼者宗伯凤等，规定天下六百石以上的官吏皆服丧三年。服丧三年后，王莽下书说："遏密之义，讫于季冬。正月郊祀，八音当奏。"④"遏密"之义源自《尚书》，即服丧三载，哀不举乐。居摄三年九月，王莽母亲功显君去世，王莽以自己奉汉大宗之后，不得服其私亲，故命其孙王宗为主服丧三年。始建国五年二月，王莽母皇太后王政君去世，王莽为之服丧三年。

五　王莽仿《尚书》文体行文例

王莽初柄朝政，曾经谦恭下士，常常自比周公，然周公忍辱负重，留名

---

① 《汉书》卷99《王莽传中》。
② 同上。
③ 《尧典》："帝乃殂落，百姓如丧考妣，三载，四海遏密八音。"孟子以为三年之丧。《无逸》："及其即位，乃或亮阴，三年不言。"孔子以为三年之丧。
④ 《汉书》卷99《王莽传上》。

后世，王莽谋篡汉庭，弑君夺位，臭名昭著。其仿《大诰》制《莽诰》①更是显其狼子野心。王莽秉政之时，政用文章多仿《尚书》经行文。例如：始建国元年正月，王莽策命孺子，其策文为："敬天之休，往践乃位，毋废予命。"②此处语出《洛诰》"不敢不敬天之休……不敢废乃命，汝往，敬哉！"地皇元年七月，王莽下书说："乃壬午餔时，有列风雷雨发屋折木之变……伏念一旬，迷乃解矣。"③此处"列风雷雨"语出《尧典》"烈风雷雨弗迷"，"念旬"语本《康诰》"服念五六日，至于旬时"。

王莽秉政时，其臣子受王莽的影响，所上奏议用语亦常仿效《尚书》文。例如，元始四年群臣奏言："公以八月载生魄庚子奉使，朝用书临赋营筑，越若翊辛丑，诸生、庶民大和会，十万众并集，平作④二旬，大功毕成。"⑤此处用语源自《康诰》"惟三月，哉生魄，周公初基作新大邑于东国洛，四方民大和会"及《召诰》"若翼日乙卯……周公乃朝用书命庶殷……庶殷丕作"。这样的例证非常多，《汉书》多有载之，不再一一累述。

王莽曾仿《尚书·大诰》作《莽诰》。汉平帝元始五年十二月，平帝崩。平帝无子，王莽征宣帝玄孙广戚侯之子年仅两岁的刘婴立为孺子，王莽居摄政祚。居摄二年九月，翟方进之子翟义立严乡侯刘信为天子，兴师讨逆，众十余万人。王莽闻之惶惧不能食，昼夜抱孺子告祷郊庙，遣将迎击翟军。同年十月十五日甲子，王莽仿《大诰》作策，后人谓之《莽诰》。王莽常以周公自况，谓《尚书·周书》中的《大诰》篇为周公之书，故仿《大诰》作诰。《莽诰》凡一一四六字，今见载于《汉书·翟方进传》。

六　王莽引《尚书》义策群司、封宗族、改田制币制例

王莽改元后，曾多次作策命群"司"。《汉书》记载：

---

① 案：所谓《莽诰》，就是指《汉书·翟义传》所载王莽诰文，因其初名《大诰》，与《尚书·大诰》篇名相同，故别而称之为《莽诰》。

② 《汉书》卷99《王莽传中》。

③ 《汉书》卷99《王莽传下》。

④ 当作"丕"，形似致伪。

⑤ 《汉书》卷99《王莽传上》。

莽策群司曰："岁星司肃，东（狱）〔岳〕太师典致时雨，青炜登平，考景以晷。荧惑司恚，南岳太傅典致时奥，赤炜颂平，考声以律。太白司艾，西岳国师典致时阳，白炜象平，考虑以量。辰星司谋，北岳国将典致时寒，玄炜和平，考星以漏。月刑元股左，司马典致武应，考方法矩，主司天文，钦若昊天，敬授民时，力来农事，以丰年谷。日德元太右，司徒典致文瑞，考圜合规，主司人道，五教是辅，帅民承上，宣美风俗，五品乃训。斗平元心中，司空典致物图，考度以绳，主司地里，平治水土，掌名山川，众殖鸟兽，蕃茂草木。"①

各策群司、宗亲，命之以职，如《尚书》典诰之文。王莽改元后认为："姚、妫、陈、田、王氏凡五姓者，皆黄、虞苗裔，予之同族也。《书》不云乎：'惇序九族。'其令天下上此五姓名籍于秩宗，皆以为宗室。"② 此为王莽引《尚书》原文，托其旨意以封宗室。

王莽藉《尚书》义批评秦朝田亩制度，更名天下田为"王田"，批评奴婢买卖制度，更名奴婢为"私属"，皆不得卖买。王莽欲改革货币制度，先托《洪范》八政之义以论币制的重要性，复下书说："民以食为命，以货为资，是以八政……"③

七　王莽依《尚书》义决刑狱、论灾异例

始建国三年，王莽心疑大臣怨谤，欲震威以惧下："乃流棻于幽州，放寻于三危，殛隆于羽山，皆驿车载其尸传致云。"④《舜典》载帝舜罚共工、驩兜、三苗、鲧等，用刑当其罪，天下咸服。王莽欲惧下，于是仿帝舜之法，流棻、寻、隆三人与幽州、三危、羽山之地，仿《尚书》意甚明。

帝皇元年七月，狂风摧毁了王路堂，王莽下诏书说："乃壬午餔时，有列风雷雨发屋折木之变，予甚弁焉，予甚栗焉，予甚恐焉。伏念一旬，迷乃

① 《汉书》卷99《王莽传中》。
② 同上。
③ 同上。
④ 同上。

解矣。"① 颜师古注说："先言列风雷雨,后言迷乃解矣,盖取舜'纳于大麓,列风雷不迷',以为言也。"此处王莽引《尚书·舜典》所载帝舜故事,论大风异象,托经而论,自比帝舜。

从以上诸例可以看出,王莽在布政、治政的诸多方面常常借助《尚书》义。

第三节　王莽《尚书》学评价

作为帝王之书、政事之纪的《尚书》尤重经世致用,汉代《尚书》学的发展承继了周秦《尚书》学的传统,在以《尚书》赞治、以《尚书》为训、以《尚书》为教的基础上继续向前发展。哀帝之后,王莽登上历史舞台,王莽充分利用《尚书》学传统,在通经致用方面可谓"卓有建树",王莽在政治层面上对《尚书》的广泛应用,表明《尚书》学思想在国家政治生活中已经有了相当程度的渗透。概而言之,在其篡汉时,可谓把《尚书》之用发挥到极致;但在其治新时,却泥古不化,不但未能实现其托古改制的目的,反而是一味地拟古、复古,远离了社会现实,新莽速亡,理所当然。

一　王莽善于依《尚书》义正名、造势,可谓《尚书》学史中的显例

王莽为孝元皇后之弟子,其世父大将军王凤死前将其托于太后,遂拜为黄门郎,迁射声校尉。王莽深知"名不正,则言不顺"的道理,作为外戚出身的他,要想进入当朝政治权力中心,必须为自己寻找一个良好的出身。据《汉书》记载,王莽自谓黄帝之后:

> 黄帝姓姚氏,八世生虞舜。舜起妫汭,以妫为姓。至周武王封舜后妫满于陈,是为胡公,十三世生完。完字敬仲,奔齐,齐桓公以为卿,姓田氏。十一世,田和有齐国,二世称王,至王建为秦所灭。项羽起,封建孙安为济北王。至汉兴,安失国,齐人谓之"王家",因以为氏。②

---

① 《汉书》卷99《王莽传下》。
② 《汉书》卷98《元后传》。

　　王莽自谓黄帝、帝舜之后，此一出身能让他日后登临帝位变得名正言顺。王莽素重名誉，出仕之前便以恭俭勤学，结贤知礼而为人称道，进入仕途后，更是礼下士，分俸禄，交贤俊，济贫民，这一度让王莽在民间与官方都有极高的声望。

　　在王莽改制时期，亦有其奏文中引《尚书》文句及《尚书》典故为己正名之例，如居摄三年十一月甲子，王莽上奏太后说：

　　　　《尚书·康诰》"王若曰：'孟侯，朕其弟，小子封。'"此周公居摄称王之文也。《春秋》隐公不言即位，摄也。此二经周公、孔子所定，盖为后法。孔子曰："畏天命，畏大人，畏圣人之言。"臣莽敢不承用！臣请共事神祇宗庙，奏言太皇太后、孝平皇后，皆称假皇帝。其号令天下，天下奏言事，毋言"摄"。以居摄三年为初始元年，漏刻以百二十为度，用应天命。臣莽夙夜养育隆就孺子，令与周之成王比德，宣明太皇太后威德于万方，期于富而教之。孺子加元服，复子明辟，如周公故事。①

　　王莽此处引《康诰》之文为其改元称制寻找依据，并以周公故事为依托奏请为孺子刘婴加元服，复明辟。王莽改元后，又曾说："予之皇始祖考虞帝受禅于唐，汉氏初祖唐帝，世有传国之象。"②又说："予前在大麓，至于摄假。"③摄假，谓初为摄皇帝，又为假皇帝。王莽自谓舜后，此处更是以舜自比，将自己官大司马、宰衡时期比为帝舜纳于大麓之时。

二　王莽尊经重《书》影响群臣，极大地推动了《尚书》学的发展

　　王莽既自比周公，群臣自然顺其意引《尚书》经据周公典以赞其功德，为其上位造势。王莽时，众庶知王莽奉符命，指意群臣博议别奏，以视即真之渐。元始元年二月丙辰，王莽拜为太傅，受安汉公号，其所受策书中称：

---

① 《汉书》卷99《王莽传上》。
② 《汉书》卷99《王莽传中》。
③ 同上。

"（莽）功德茂著，宗庙以安，盖白雉之瑞，周成象焉。"① 颜师古注说："言莽致白雉之瑞，有周公相成王之相。"周公相成王出自《大诰》篇，此为群臣为王莽借《尚书》义而正名。王莽升为宰衡后，群臣更请为王莽加九命之锡，于是公卿大夫、博士、议郎、列侯张纯等九百二人上奏说："今九族亲睦，百姓既章，万国和协，黎民时雍，圣瑞毕溱，太平已洽。帝者之盛莫隆于唐虞，而陛下任之；忠臣茂功莫著于伊、周，而宰衡配之。所谓异时而兴，如合符者也。谨以六艺通义，经文所见，《周官》《礼记》宜于今者，为九命之锡。臣请命锡。"② 此处为群臣引《尧典》经文以赞治，引伊尹、周公之典故以称王莽，为王莽加赐提供充分的古经依托。王莽居摄前，亦有大臣援引《尚书》之典赞王莽例，如泉陵侯刘庆上书说："周成王幼少，称孺子，周公居摄。今帝富于春秋，宜令安汉公行天子事，如周公。"③ 刘庆此处引《尚书》周公居摄之典奏请王莽居摄，得到群臣的响应。此一事件亦为王莽篡汉造势。平帝崩后，太保王舜等即共令太后下诏令王莽居摄践祚：

> 盖闻天生众民，不能相治，为之立君以统理之。君年幼稚，必有寄托而居摄焉，然后能奉天施而成地化，群生茂育。《书》不云乎："天工，人其代之。"……安汉公莽辅政三世，比遭际会，安光汉室，遂同殊风，至于制作，与周公异世同符。今前辉光谢嚣、武功长通上言丹石之符，朕深思厥意，云"为皇帝"者，乃摄行皇帝之事也。夫有法成易，非圣人者亡法。其令安汉公居摄践祚，如周公故事，以武功县为安汉公采地，名曰汉光邑。具礼仪奏。④

太后诏文以周公比王莽，称王莽居摄如周公故事。于是群臣又奏言说：

> 太后圣德昭然，深见天意，诏令安汉公居摄。臣闻周成王幼少，周

---

① 《汉书》卷99《王莽传上》。
② 同上。
③ 同上。
④ 同上。

道未成，成王不能共事天地，修文、武之烈。周公权而居摄，则周道成，王室安；不居摄，则恐周队失天命。《书》曰："我嗣事子孙，大不克共上下，遏失前人光，在家不知命不易。天应棐谌，乃亡队命。"①《说》曰："周公服天子之冕，南面而朝群臣，发号施令，常称王命。召公贤人，不知圣人之意，故不说也。……由是言之，周公始摄则居天子之位，非乃六年而践阼也。"《书》逸《嘉禾》篇曰："周公奉鬯立于阼阶，延登，赞曰：'假王莅政，勤和天下。'"此周公摄政，赞者所称。成王加元服，周公则致政。《书》曰"朕复子明辟"②，周公常称王命，专行不报，故言我复子明君也。臣请安汉公居摄践阼。……③

此段群臣诏文、奏文三引《尚书》经文，述周公相成王及其摄政之事，将王莽比作周公，请其居摄，与太后诏文呼应，以顺理成章地将王莽推向"摄皇帝"之位。

受王莽尊崇《尚书》的影响，王公大臣亦有引《尚书》议事之例。《汉书》记载："十月戊辰，王路朱鸟门鸣，昼夜不绝，崔发等曰：'虞帝辟四门，通四聪。门鸣者，明当修先圣之礼，招四方之士也'。"④ 王莽于是令群臣皆贺，所举四行从朱鸟门入而对策焉。崔发等人托《尚书》义以奏请修礼招士之举，即是诸卿从《尚书》出发以议事明例。王莽诸卿自觉运用《尚书》义例，表明《尚书》学作为一种治政理念，已经逐渐融入社会政治生活的各方面。

三 王莽与《尚书》学的发展

从小深受经学浸淫的王莽，为政时格外着力于经学的发展，其辅政、当政期间，多推行有益于《尚书》学发展的举措。

---

① 颜师古注说："《周书·君奭》之篇也。邵公为保，周公为师，相成王为左右。邵公不悦，周公作《君奭》以告之。奭，召公名也。尊而呼之，故曰君也。言我恐后嗣子孙大不能恭承天地，绝失先王光大之道，不知受命之难。天所应辅唯在有诚，所以亡失其命也。"
② 颜师古注说："《周书·洛诰》载周公告成王之辞，言我复还明君之政于子也。"
③ 《汉书》卷99《王莽传上》。
④ 《汉书》卷99《王莽传中》。

1. 考论"五经"，有益于《尚书》学发展

王莽受策安汉公后，为巩固其权，欲以其女配帝为皇后，遂上奏说："皇帝即位三年，长秋宫未建，掖廷媵未充。乃者，国家之难，本从亡嗣，配取不正。请考论《五经》，定取礼，正十二女之义，以广继嗣。博采二王后及周公孔子世列侯在长安者适子女。"① 请考论"五经"，定娶礼之举，虽是具备一定的政治目的，但在客观上对经学的发展起到了积极的促进作用。

2. 筑学舍，增博士，征经士，集群说，有益于《尚书》学发展

元始四年，王莽之女立为皇后，王莽拜为宰衡，位至上公。"是岁，莽奏起明堂、辟雍、灵台，为学者筑舍万区，作市、常满仓，制度甚盛。立《乐经》，益博士员，经各五人。征天下通一艺教授十一人以上，及有《逸礼》、古《书》、《毛诗》、《周官》、《尔雅》、天文、图谶、钟律、月令、兵法、《史篇》文字，通知其意者，皆诣公车。网罗天下异能之士，至者前后千数，皆令记说廷中，将令正乖缪，一异说云。"②

王莽拜为宰衡后，着力于经学发展，他修舍开市，经学博士各增五人，广征天下通经之士，其间包含通《古文尚书》的学者，令他们讲说于庭中，进行学术大讨论。对《古文尚书》学者的征用，无疑是王莽鼓励《古文尚书》学兴起与发展的表现之一。

3. 为太子置师友，有益于《尚书》学发展

始建国三年，王莽为太子置师友各四人，祭酒九人：

> 为太子置师友各四人，秩以大夫。以故大司徒马宫为师疑，故少府宗伯凤为傅丞，博士袁圣为阿辅，京兆尹王嘉为保拂，是为四师；故尚书令唐林为胥附，博士李充为犇走，谏大夫赵襄为先后，中郎将廉丹为御侮，是为四友。又置师友祭酒及侍中、谏议、六经祭酒各一人，凡九祭酒，秩上卿。琅邪左咸为讲《春秋》、颍川满昌为讲《诗》、长安国由为讲《易》、平阳唐昌为讲《书》、沛郡陈咸为讲《礼》、崔发为讲

---

① 《汉书》卷 99《王莽传上》。
② 同上。

《乐》祭酒。①

　　置太子师友，是王莽重经重教的典型表现，四师四友九祭酒，加六经之师各一人，为太子之教提供了庞大的师资。王莽这一举措表明了当时官方"《书》教"活动的深入与成熟。

　　《汉书》记载王莽增学士的举措说："平帝时王莽秉政，增元士之子得授业如弟子，勿以为员，岁课甲科四十人为郎中，乙科二十人为太子舍人，丙科四十人补文学掌故云。"② 儒生借习经而获得利禄，政治地位得以提高，必然能刺激其治学的积极性，进而推动整个《尚书》学的发展。

　　4. 尊儒者，立官学，有益于《尚书》学发展

　　王莽时，今文、古文并重，就《尚书》今文学而言，王莽亦尊治《尚书》今文学者，据《汉书》记载："地余少子政为王莽讲学大夫。"③ 欧阳地余曾为《尚书》欧阳学博士，欧阳政传《尚书》欧阳学，王莽迁其为讲学大夫。此时，唐林、王吉位列九卿，唐林、王吉皆为《尚书》大夏侯学者许商的门人。

　　王莽对《古文尚书》的鼓励极大地促进了《古文尚书》学的兴起。刘歆曾欲建立《左氏春秋》及《毛诗》、《逸礼》、《古文尚书》于学官，遭到诸儒反对而未能成功，及至王莽得权，刘歆请立学官一事方得以实现。此时诸学皆立，刘歆为国师，传《古文尚书》学者王璜、涂恽皆贵显。

　　王莽制礼作乐，讲合六经，不顾狱讼之政，虽造成了社会的不安定，但于经学却起到了一定的促进作用。王莽托古经改制，是借助整个经学为其政治服务的，而这其中《尚书》占有相当比重，《尚书》作为封建帝王布政施政的理论依据，在王莽时期得到了更为充分的重视与更加广泛的应用。这与《尚书》学在当时国家政治生活中的进一步渗透有着必然联系，王莽大范围地运用《尚书》义是整个前汉《尚书》学不断向前发展的集中体现。说王莽是一个篡汉代新的阴谋家也好，一个勇于革新的政治家也罢，王莽诸多对

――――――――――

　　① 《汉书》卷99《王莽传中》。
　　② 《汉书》卷88《儒林传》。
　　③ 同上。

《尚书》的应用及一些对《尚书》学发展产生影响的举措不可避免地带着政治功利性，但不可否认的是，这种应用与这些举措在客观上潜移默化地推动了前汉末期《尚书》学的发展。

王莽、群臣、太后对《尚书》经文的称引，对《尚书》典故的应用，以及对《尚书》文本的模仿，表明"《书》教"活动在这一时期具备了相当程度的普遍性与深入性。王莽依《尚书》正名，依《尚书》治政，诸卿依《尚书》赞莽，是当时统治阶级自觉运用《尚书》的充分体现。这些统治阶级的帝王、诸卿对《尚书》学思想的自觉应用，表明《尚书》逐渐成为一种观念，融入统治阶级的政治生活中。《尚书》已由一部儒家经典嬗变为一种统治意识形态，对后汉《尚书》学的发展起到了积极的促进作用。《古文尚书》的出现与崭露头角，为后汉《古文尚书》学的兴起作了准备。

第 二 编

东汉《尚书》学研究

东汉经学兴盛的概况，《后汉书》有过相当精彩的描述："自光武中兴以后，干戈稍戢，专事经学，自是其风世笃焉。其服儒衣，称先王，游庠序，聚横塾者，盖布之于邦域矣。若乃经生所处，不远万里之路，精庐暂建，赢粮动有千百，其著名高义开门受徒者，编牒不下万人，皆专相传祖，莫或讹杂。至有分争王庭，树朋私里，繁其章条，穿求崖穴，以合一家之说。"① 上有所好，下必甚焉。中兴以来，光武帝雅好经术，"未及下车，先访儒雅，采求阙文，补缀漏逸"。自此东汉诸帝多能仿效之，诸帝太子时多习《尚书》，及其为帝时又多能尊宠《尚书》有加，奖掖《尚书》学渐成风气。东汉约二百年间，《尚书》学大师辈出，且多活跃于政治舞台，再加之《尚书》学说多有资于吏治，东汉政清俗美多赖"《书》教"之功，《尚书》学造士化俗之力于东汉可见一斑。

由前述可知，西汉《尚书》学极讲究师法、家法，今文官学重微言大义，善以《洪范》察变，《禹贡》治河；《古文尚书》流传民间，以私学相授，地位低微。哀、平之后，《书纬》《中候》兴起，《尚书》谶纬化倾向明显。此一时《尚书》古文学亦见尊重。光武中兴，《尚书》古文学始大兴，说经偏重章句训诂，然仍未立学于官。今文学则不然，赖之利禄所在，《尚书》今文学渐趋极盛。但今文所盛者多为章句之学而已。后汉章句之学，破坏大体，故通人多鄙其固。在此背景下，《尚书》今、古文学渐趋融合，学者多通儒，贾逵家传《古文尚书》学而以大夏侯学教授；尹敏少习欧阳学，后又受古文；大儒马融、郑玄，更是兼注今、古文。东汉后期，自安帝览政，"薄于艺文，博士倚席不讲，朋徒相视怠散，学舍颓敝，鞠为园蔬，牧儿荛竖，至于薪刈其下"，顺帝乃更修黉宇，试明经下第，补弟子，增甲乙之科员各十人，除郡国耆儒皆补郎、舍人，自是游学增盛，太学诸生多至三万余人。然而章句渐疏，多以浮华相尚，儒者之风已是衰微不振，终致《尚书》学在东汉末年发生新变。

---

① 《后汉书》卷 79《儒林传》。

第八章

东汉《尚书》今文学研究

东汉约二百年间，《尚书》古文学虽兴，却仍未得立于学官，官学博士仍沿袭前制，仅置今文欧阳、两夏侯三家。《后汉书》说："中兴，北海牟融习大夏侯《尚书》，东海王良习小夏侯《尚书》，沛国桓荣习欧阳《尚书》。荣世习相授，东京最盛。"① 此述正合东京《尚书》今文学之大势。东汉诸帝多习欧阳《尚书》，盖为桓荣之功，除桓荣亲授明帝，桓郁亲授章帝、和帝，桓焉亲授安帝、顺帝外，杨秉授桓帝，杨赐授灵帝，二杨之学来自桓氏。诸人代为帝王师，往往恩宠有加，多有益于《尚书》欧阳学东京最盛局面的形成。

帝王研习今文《尚书》对东汉约二百年间的《尚书》今文学的发展具有特殊意义。帝王即倡导于上，《尚书》今文学者复承之于下，使《尚书》今文学的教化活动得以在更为广阔的区域内展开，其造士化俗的功效得以充分发挥，对东汉社会产生了广泛的影响。然其繁琐化、谶纬化倾向又严重制约了《尚书》今文学的前行，在讲究兼通以及古文学大兴、清议之风浸染的大势下，《尚书》今文学与其他各经今文学一样，迅速走向衰微。

第一节 东汉《尚书》欧阳学派流变

《尚书》欧阳学至东汉臻于极盛。在三家官立之学的竞争中，欧阳氏学一枝独秀，不仅桓、杨两氏代为帝王师，多人位至三公，且其支派蔓延，如

---

① 《后汉书》卷79《儒林传》。

丁氏学等，大都盛极一时，其整体发展可谓蔚为壮观。析其极盛的缘由有三：一是东汉光武帝、明帝、章帝、和帝、安帝、顺帝、灵帝等七位最高统治者均习《尚书》欧阳学，上有所好，下必甚焉，自然欧阳学可以臻于极盛；二是欧阳学者多人身为帝王师或三公，如桓荣为明帝师，桓郁为章帝、和帝师，桓焉为安帝、顺帝师，另外，何汤授明帝、张酺授章帝、邓弘授安帝、杨赐授灵帝，桓氏门徒多人位至卿相，如丁鸿、张禹、张酺、杨震、朱宠、黄琼、杨赐等都位至三公，刘恺、巴茂、朱伥等皆至公卿，在利禄之途的引诱下，自然学者多习欧阳学；三是欧阳学者丁鸿在白虎观论经最明，引来远方弟子数千人，为欧阳学争得了荣誉。

一　《尚书》欧阳歙学承传问题

欧阳政之子欧阳歙传《尚书》欧阳家学，曾为西汉末年《尚书》欧阳学博士，又在汝南教授数百人，为东汉欧阳学的传播作出了极大贡献。欧阳歙，字正思，生年不详，当卒于建武十五年冬，即公元 40 年，乐安千乘人。《后汉书》说：

> 欧阳歙……自欧阳生传伏生《尚书》，至歙八世，皆为博士。歙既传业，而恭谦好礼让。王莽时，为长社宰。更始立，为原武令。世祖平河北，到原武，见歙在县修政，迁河南都尉，后行太守事。世祖即位，始为河南尹，封被阳侯。建武五年，坐事免官。明年，拜扬州牧，迁汝南太守。推用贤俊，政称异迹。九年，更封夜侯。歙在郡，教授数百人，视事九岁，征为大司徒。坐在汝南臧罪千余万，发觉下狱。①

欧阳歙《尚书》学下传徒众，知名者有礼震、曹曾、高获三人。欧阳歙卒时，其子尚幼，《尚书》欧阳家学遂绝。礼震曾师事欧阳歙受《尚书》学。礼震生于公元 23 年，卒年不详，平原人，《后汉书》说：

> 歙在（汝南）郡，教授数百人……坐在汝南臧罪千余万，发觉下

---

① 《后汉书》卷 79《儒林传》。

狱，诸生守阙为歆求哀者千余人，至有自髡剔者。平原礼震，年十七，闻狱当断，驰之京师，行到河内获嘉县，自系上书求代歆死。曰："伏见臣师大司徒欧阳歆，学为儒宗，八世博士，而以臧咎当伏重辜。歆门单子幼，未能传学，身死之后，永为废绝，上令陛下获杀贤之讥，下使学者丧师资之益。乞杀臣身以代歆命。"书奏，而歆已死狱中。①

后来，礼震因此举而得以升迁。《后汉书集解》引谢承《后汉书》说："（礼）震，光武嘉其仁义，拜震郎中，后以公事左迁淮阳王厩长。"②

曹曾亦曾从欧阳歆习《尚书》今文学，下授其学于子曹祉，父子并授徒众，门徒三千人。其生卒年不详，当为光武世济阴人。《后汉书》说："济阴曹曾，从（欧阳）歆受《尚书》……位至谏议大夫。"③《拾遗记》记述曹曾事迹较详：

> 曹曾，鲁人也。……家财巨亿……学徒有贫者皆给食。天下名书、上古以来文篆诡落者，曾皆刊正，垂万余卷。及国难既夷，收天下遗书于曾家，连车继轨输于王府。诸弟子于门外立祠，谓曰曹师祠。及世乱，家家焚庐，曾虑先文湮没，乃积石为仓以藏书，故谓曹氏为"书仓"。④

曹祉传父曹曾《尚书》欧阳学以教授，官至河南尹。其生卒年不详，当为光武帝、明帝世济阴人。

高获字敬公，当为新莽、光武世汝南新息人。少游学京师，与光武有旧，师事司徒欧阳歆。《后汉书》说：

> 歆下狱当断，（高）获冠铁冠，带鈇锧，诣阙请歆。……获素善天文，晓遁甲，能役使鬼神。（鲍）昱自往问何以致雨，获曰："急罢三

---

① 《后汉书》卷79《儒林传》。
② 同上。
③ 同上。
④ 《拾遗记》卷6。

部督邮，明府当自北出，到三十里亭，雨可致也。"昱从之，果得大雨。……远遁江南，卒于石城。①

高获以消救术致雨理应为《尚书》学致用之举，当源出于《洪范五行传》，又杂以东汉初比较流行的谶纬之术。

二 《尚书》朱普学承传问题

朱普为欧阳高三传弟子，做过《尚书》欧阳学博士，治今文章句，因注《尚书》繁琐而著称。字公文②，生卒年不详，当为西汉平帝、新莽、东汉光武三朝九江人。《尚书》欧阳学因朱普弟子桓荣而得以光大，朱普下授之功不可抹杀。《后汉书》说："桓荣……少学长安，习欧阳《尚书》，事博士九江朱普。"③《东观汉记》亦说："荣少……治欧阳《尚书》，事九江朱文刚，穷极师道。"④《后汉书》说："初，（桓）荣受朱普学《章句》四十万言，浮辞繁长，多过其实。"⑤《文心雕龙》亦说："若秦延君之注《尧典》，十余万字，朱普之解《尚书》，三十万言，所以通人恶烦，羞学章句。"⑥ 两则文献所载一为四十万言，一为三十万言，必有一误。但朱普《尚书》学诠解具有繁琐特点，于此可见一斑。

《尚书》朱普学下传知名者有皋弘、彭闳及桓荣三人。皋弘从朱普习《尚书》欧阳学，其生卒年不详，当为光武世吴郡人。其家代为冠族，少有英才，与桓荣相善，历官扬州从事，经同门生桓荣举荐，官至议郎。彭闳亦曾从朱普习《尚书》欧阳学，字作明⑦，生卒年不详，当为东汉光武世人。《后汉书》说："会欧阳博士缺，帝欲用荣。荣叩头让曰：'臣经术浅薄，不如同门生郎中彭闳、扬州从事皋弘。'帝……因拜荣为博士，引闳、弘为

① 《后汉书》卷82《方术传》。
② 《东观汉记·桓荣传》作"字文刚"。今依《汉书》。
③ 《后汉书》卷37《桓荣传》。
④ 《东观汉记》卷5《桓荣传》。
⑤ 《后汉书》卷37《桓郁传》。
⑥ 《文心雕龙》卷4《论说》。
⑦ 司马彪：《续汉书》卷3《桓荣传》，《八家后汉书辑注》。

议郎。"①

三 欧阳《尚书》桓氏学家传问题

东汉桓氏因治《尚书》欧阳学而贵显。自桓荣以《尚书》欧阳为学，家世传习，至玄孙桓典，九世承传其家学。桓荣、桓郁、桓焉祖孙三代曾先后五为帝王师，遂使《尚书》欧阳学臻于极盛。故《后汉书》说："中兴……沛国桓荣习欧阳《尚书》……世习相传授，东京最盛。"②

桓荣，字春卿③，当为光武、明帝世沛郡龙亢人。少学长安，习欧阳《尚书》，事博士九江朱普。桓荣受朱普学《章句》四十万言，浮辞繁长，多过其实，及桓荣入授显宗，减为二十三万言，由是世有《桓君大太常章句》。桓荣曾为东汉欧阳《尚书》学博士，《后汉书》说："博士桓荣上言宜立辟雍、明堂。"④《后汉书》亦说："师事博士桓荣，学通《尚书》。"⑤《后汉书》又说："会欧阳博士缺，帝……因拜荣为博士。……车驾幸太学，会诸博士论难于前，荣被服儒衣，温恭有蕴藉，辩明经义，每以礼让相厌，不以辞长胜人，儒者莫及之。"⑥

桓荣少时勤治《尚书》欧阳学，讲论不怠，曾十五年不窥家园，故其无论聚徒讲论，还是与公卿论难二帝前，皆能究极师法，辩明经义，而上惬天心，下厌众望。诸事迹多见载其本传：

> （桓荣）贫穷无资，常客佣以自给，精力不倦，十五年不窥家园，至王莽篡位乃归。会朱普卒，荣奔丧九江，负土成坟，因留教授，徒众数百人。莽败，天下乱。荣抱其经书与弟子逃匿山谷，虽常饥困而讲论不辍，后复客授江淮间。建武十九年，年六十余，始辟大司徒府。时显宗立为皇太子，选求明经……召荣，令说《尚书》，甚善之。拜为议

---

① 《后汉书》卷37《桓荣桓郁传》。
② 《后汉书》卷79《儒林传》。
③ 《北唐书钞》卷56引司马彪《续汉书》作"字子春"。疑误。
④ 《后汉书》卷35《张纯传》。
⑤ 《后汉书》卷2《明帝纪》。
⑥ 《后汉书》卷37《桓荣桓郁传》。

郎……入使授太子。每朝会，辄令荣于公卿前敷奏经书，帝称善，曰：
"得生几晚！"……后荣入会庭中，诏赐奇果，受者皆怀之，荣独举手
捧之以拜，帝笑，指之曰："此真儒生也。"……三十年，拜为太
常。……显宗即位……会百官骠骑将军东平王苍以下及荣门生数百人，
天子亲自执业，每言辄曰"大师在是"。……永平二年，三雍初成，拜
荣为五更。每大射养老礼毕，帝辄引荣及弟子升堂，执经自为下说。①

桓荣《尚书》学下传徒众，知名者有张酺、何汤、胡宪、汉明帝、桓
郁、鲍骏、丁鸿、张禹等。就其家学而言，其子桓郁，生年不详，卒于公元
93年，沛郡龙亢人，敦厚笃学，传父桓荣《尚书》欧阳学，以《尚书》教
授，门徒常数百人。桓郁曾删省《桓君大太常章句》定成十二万言，由是
世有《桓君小太常章句》。章帝建初四年，与楼望、贾逵等论定五经同异于
白虎观，后由班固撰集成《白虎通义》存世。《后汉书》说：

> （明）帝以郁先师子，有礼让，甚见亲厚，常居中论经书。帝自制
> 《五家要说章句》，令郁校定于宣明殿。……永平十五年，入授皇太子
> （章帝）经。……和帝即位……窦宪……欲令少主（和帝）颇涉经学，
> 上疏皇太后曰："……昔五更桓荣，亲为帝师，子郁结发敦尚，继传父
> 业……入授先帝……今白首好礼，经行笃备。……宜令郁……入教
> 授。"……由是……复入侍讲。永元四年……为太常。②

桓郁于永平间授章帝，章和二年五月侍讲和帝，又为明帝校定《五家
说章句》。其授经三帝，恩宠甚笃。桓郁有六子，除桓焉外，他者皆不能传
父业。《东观汉记》记载："（显宗）问郁曰：'子几人能传学？'郁曰：'臣
子皆未能传学，孤兄子一人学方起。'上曰：'努力教之。'"③桓荣之长子桓
雍早卒，"孤兄子一人"，当为桓雍之子，今失其名。"学方起"，谓学《尚

---

① 《后汉书》卷37《桓荣桓郁传》。
② 同上。
③ 《东观汉记》卷5《桓郁传》。

书》欧阳学已起步。桓郁学曾传族子桓鸾。

桓荣之孙桓焉，桓郁之中子，生年不详，卒于公元142年，沛郡龙亢人，少以父任为郎，明经笃行，曾授《尚书》欧阳学于安、顺二帝。《后汉书》说："永初元年，入授安帝。……永宁中，顺帝立为皇太子，以焉为太子少傅，月余，迁太傅。……顺帝即位……焉复入授经禁中。……永和五年……为太尉。汉安元年，以日食免，明年，卒于家。"①

桓郁之孙桓鸾亦传其家学，桓鸾字始春，为桓良②之子，生于公元108年，卒于公元184年，享年七十七岁，沛郡龙亢人。《后汉书》本传说："（桓鸾）学览六经，莫不综贯。推财孤寡，分赇友朋，泰于待贤。……为巳吾、汲二县令……征拜议郎。"③欧阳《尚书》为桓氏家学，桓鸾综贯六经，当通《尚书》欧阳学无疑。《后汉书》载有其女事迹："沛刘长卿妻者，同郡桓鸾之女也。……曰：'昔我先君五更，学为儒宗，尊为帝师。五更已来，历代不替，男以忠孝显，女以贞顺称。'"④

桓焉之孙、桓顺之子桓典亦传其家学，桓典字公雅，生年不详，卒于公元201年，沛郡龙亢人。《后汉书》说："典复传其家业，以《尚书》教授颍川，门徒数百人。举孝廉为郎。……会（沛）国相王吉以罪被诛，故人亲戚莫敢至者，典独弃官收敛归葬。……拜御史中丞，赐爵关内侯。……建安六年，卒官。"⑤

四　《尚书》桓氏学师徒承传问题

《尚书》桓氏学源于博士九江朱普，桓荣为始师。除家世传其学业外，桓氏师徒授受流变亦极为复杂，分支别出，蔚为大观。今按桓荣、桓郁、桓焉之传学分别考述如下。

（一）桓荣学师徒承传问题

汉明帝、张酺、何汤、胡宪、鲍骏、丁鸿、张禹诸人，皆为桓荣《尚

---

① 《后汉书》卷37《桓焉桓典传》。
② 桓良曾为龙舒侯相。
③ 《后汉书》卷37《桓鸾传》
④ 《后汉书》卷84《列女传》。
⑤ 《后汉书》卷37《桓焉桓典传》。

书》学弟子，其中丁鸿、张禹等皆仕至通显。丁鸿之学另论。

张酺治《尚书》欧阳学，其生卒年不详，当为明帝、章帝、和帝世汝南细阳人。其学承师有二。少从祖父张充受《尚书》欧阳学，能传其业，初张酺曾自家聚徒讲业。后又事太常桓荣，勤力不怠，聚徒以百数。张璠《后汉纪》说："张辅①事太常桓荣，勤力于学，常在师门，讲诵不怠。"②后张酺又为四姓小侯师，《后汉书》说："永平九年，显宗为四姓小侯开学于南宫，置五经师。酺以《尚书》教授，数讲于御前。"③ 张酺曾入授皇太子，为其讲授《尚书》学，终为章帝师。《后汉书》又说：

> 以论难当意，除为郎……遂令入授皇太子。酺为人质直，守经义，每侍讲间隙，数有匡正之辞。……肃宗即位，出为东郡太守。……帝每见诸王师傅，常言："张酺前入侍讲，屡有谏正……有史鱼之风矣。"元和二年……幸东郡，引酺及门生并郡县掾史并会庭中，命先备弟子之仪，使酺讲《尚书》一篇。④

司马彪《续汉书》又载张酺事迹说："论难应对，常合上意，其在东郡讲书，帝且特使尚书令王鲔与酺相难。"⑤ 敢于讲书帝前，实《尚书》学家之风，西汉儿宽"见武帝，语经学，上说之，从问《尚书》一篇"与此同。张酺《尚书》学亲授章帝，又下传子张蕃。史载张蕃事迹甚少，仅《后汉书》说："永元五年……时子蕃以郎侍讲。"⑥ 张蕃殆受父《尚书》欧阳学业，善论难，亦敢于讲经帝前。

桓荣弟子何汤，字仲弓，生卒年不详，当为光武、明帝世豫章南昌人。桓荣门徒常四百余人，何汤为高第，以才明知名。光武擢何汤为虎贲中郎将，以《尚书》授太子。周辑谢承《后汉书》说："汤以明经，尝授

---

① "张辅"，疑其有误，当作"张酺"。

② 张璠：《后汉纪》之《和帝纪》"永元十六年"，《八家后汉书辑注》。

③ 《后汉书》卷45《张酺传》。

④ 同上。

⑤ 司马彪：《续汉书》卷4《张酺传》，《八家后汉书辑注》。

⑥ 《后汉书》卷45《张酺传》。

太子，推荐荣，荣拜五更，封关内侯。荣常言曰：'此皆何仲弓之力也。'"①

桓荣弟子胡宪，生卒年不详，当为明帝、章帝世九江人，曾以欧阳《尚书》侍讲明帝。《后汉书》说："荣荐门下生九江胡宪侍讲，乃听得出，且一人而已。"②

桓荣《尚书》学弟子鲍骏③，生卒年不详，当为明帝、章帝世九江人。《后汉书》说："（丁）鸿……从桓荣受欧阳《尚书》。……鸿初与九江人鲍骏同事桓荣，甚相友善。……骏亦上书言鸿经学至行，显宗甚贤之。"④

桓荣弟子张禹亦习欧阳《尚书》，字伯达，生年不详，卒于公元113年，东汉赵国襄人。永元六年拜太尉，延平元年迁为太傅，永初元年封安乡侯。《东观汉记》说："张禹好学，习欧阳《尚书》，事太常桓荣。……永平六年，禹为廷尉府北曹史，处事执平，为京师所称；明帝以其明达法理，有张释之风，超迁非次，拜廷尉。"⑤ 张禹为廷尉吏时，曾执事决狱，周辑谢承《后汉书》说："张禹少作公府史，给廷尉为北曹史，每断法决处事执平，为京师所称。"⑥ 张禹此风亦与西汉晁错、儿宽等《尚书》学学者相同。张禹为太傅时，曾上言曰："方谅闇密静之时，不宜依常有事于苑囿。"⑦《尚书·无逸》篇有"高宗……乃或亮阴"，亮阴，欧阳本经作"谅闇"；《尧典》篇有"四海遏密八音"，遏密，欧阳义训"密静"。故知张禹此言，当本之于欧阳《尚书》学无疑。

（二）桓郁学师徒承传问题

欧阳《尚书》桓郁学受自其父桓荣，桓郁曾以之教授，门徒数百人。除其家学下传外，桓郁门徒今犹知其名者有朱宠、杨震二人。杨震之学另论。

桓郁《尚书》学弟子朱宠，生卒年不详，当为和帝、安帝、顺帝世京

① 谢承：《后汉书》卷3《桓荣传》，《八家后汉书辑注》。
② 《后汉书》卷37《桓荣桓郁传》。
③ 《后汉书集解》引惠栋说："《袁宏纪》作'俊'。"
④ 《后汉书》卷37《丁鸿传》。
⑤ 《东观汉记》卷4《张禹传》。
⑥ 谢承：《后汉书》卷8《张禹传》，《八家后汉书辑注》。
⑦ 《后汉书》卷44《张禹传》。

兆人。顾櫰三《补汉书·艺文志》说："谢承《后汉书》：'（朱宠）习欧阳《尚书》，师事太尉桓郁。'"① 《后汉书》说："（朱）宠……初辟骘府，稍迁颍川太守，治理有声。及拜太尉，封安乡侯，甚加优礼。"② 谢承《后汉书》本传又说："京兆朱宠，为太尉。家贫，食脱粟饭，卧布被，朝廷知之，赐锦被粱肉，皆不敢当，兼卧布被。"③ 朱宠在颍川太守任上，曾力倡经学，袁宏《后汉纪》说："（朱宠）初为颍川太守，表孝弟儒义……功曹、主簿皆选明经有高行者，每出行县，使文学祭酒佩经书前驱，顿止亭传，辄复教授。"④

朱宠以《尚书》欧阳学下授张奂。张奂，生于公元 104 年，卒于公元 181 年，享年七十八岁，东汉敦煌渊泉人⑤。少游三辅，师事太尉朱宠，学欧阳《尚书》。中兴之初，牟长著《尚书章句》，俗号为《牟氏章句》，张奂删减之，定章句九万言，世有《张奂章句》，上献桓帝。《后汉书》说："初，《牟氏章句》浮辞繁多，有四十五万余言，奂减为九万言。后辟大将军梁冀府，乃上书桓帝，奏其章句，诏下东观。"⑥ 永寿元年，张奂迁安定属国都尉，延熹九年春，征拜大司农，后转为太常。张奂博通经学，谢承《后汉书》说："（张奂）诣太学受业，博通五经。"⑦ 司马彪《续汉书》亦说："奂该览群籍，古今详备。"⑧ 其受《尚书》欧阳学于太尉朱宠，当在永建年间。后闭门不出，养徒千人，谢承《后汉书》说："张奂……隐处在扶风郿县界中，立精舍，斟酌法乔卿之雅训，昼诵《书传》，暮习弓马。"⑨ 正是在此时，张奂撰作《尚书记难》三十余万言。《尚书记难》及其《张奂章句》两书皆已佚。其本传尚载有张奂《尚书》说一条："昔周公葬不如礼，天乃动威。"⑩ 此为说《金縢》义，正合《尚书大传》意旨。

---

① 顾櫰三：《补汉书·艺文志》。
② 《后汉书》卷 16《邓骘传》。
③ 谢承：《后汉书》卷 8《朱宠传》，《八家后汉书辑注》。
④ 袁宏：《后汉纪》卷 18《顺帝纪》。
⑤ 永康元年后，张奂徙弘农华阴，故谢承《后汉书》又说张奂为弘农华阴人。
⑥ 《后汉书》卷 65《张奂传》。
⑦ 谢承：《后汉书》卷 4《张奂传》，《八家后汉书辑注》。
⑧ 司马彪：《续汉书》卷 4《张奂传》，《八家后汉书辑注》。
⑨ 谢承：《后汉书》卷 4《张奂传》，《八家后汉书辑注》。
⑩ 《后汉书》卷 65《张奂传》。

（三）桓焉学师徒承传问题

桓焉习家学，治《尚书》欧阳学，并以之教授，弟子传业者亦数百人，黄琼、杨赐最为显贵。杨赐之学另论。

黄琼习《尚书》欧阳学，师事桓焉，字世英，生于公元 86 年，卒于公元 164 年，享年七十九岁，东汉江夏安陆人。黄琼长于经学，《后汉书》说："焉……弟子传业者数百人，黄琼、杨赐最为显贵。"① 黄琼永建中拜议郎，稍迁尚书仆射，和平中以选入侍讲禁中，永兴元年迁司徒，后转太尉，延熹元年以师傅之恩而不阿梁氏，乃封为邟乡侯。黄琼居职时，连有灾异，曾上疏建言使儒者参政："间者以来……寒燠相干，蒙气数兴。"② 此说应依据"洪范九畴"中的"庶征"。永建三年大旱，黄琼上疏谋消救之道，并数荐公卿，引纳儒士。桓帝欲褒梁冀，黄琼又说："昔周公辅相成王，制礼作乐。"③ 此应依据《尚书大传》义。顺帝即位，不行籍田礼，黄琼亦曾上奏说："《书》美文王之不暇食。"④ 此说出自《无逸》篇欧阳义。

五 桓氏《尚书》欧阳学分途之一：丁氏学问题

东汉世有丁氏《尚书》欧阳学派，实为桓氏《尚书》欧阳学派之分支。丁鸿年十三，从桓荣习欧阳《尚书》，三年明章句。就国开门受徒，后又参加论定五经同异于北宫白虎观，论难最明，诸儒称之，谓其为"殿中无双"，故别成丁氏学。东汉欧阳学者授徒众多，丁鸿门下尤盛，至者数千人。彭城刘恺、北海巴茂、九江朱伥皆至公卿，陈留陈弇、杨伦亦一时名弟子。今试述其师徒承传情况如下：

丁鸿少从桓荣受欧阳《尚书》，三年而明章句。字孝公⑤，生年不详，卒于公元 94 年，颍川定陵人。丁氏善论难，曾为都讲，笃志精锐，还就国后始开门教授。永元四年为司徒。《后汉书》说：

---

① 《后汉书》卷 37《桓焉桓典传》。
② 《后汉书》卷 61《黄琼传》。
③ 同上。
④ 同上。
⑤ 李善《文选注》作"字季公"，中华书局 1977 年版。

　　初与九江人鲍骏同事桓荣。……骏亦上书言鸿经学至行，显宗甚贤之。永平十年诏征，鸿至，即召见，说《文侯之命》篇，赐御衣及绶，禀食公车，与博士同礼。……肃宗召鸿与广平王羡及诸儒楼望、成封、桓郁、贾逵等论定五经同异于北宫白虎观……帝亲称制临决。鸿以才高，论难最明，诸儒称之，帝数嗟美焉。时人叹曰："殿中无双丁孝公。"①

　　朱彝尊却说："丁鸿治《古文尚书》。"② 此说应据《后汉书·儒林传》所载杨伦"师事司徒丁鸿，习《古文尚书》"一说而来。其弟子著名者，尚有陈留陈弇、杨伦二士。

　　刘恺受欧阳《尚书》于丁鸿，其生年不详，卒于公元215年，东汉彭城人。父刘般，字伯豫。刘恺袭父刘般爵，让与弟刘宪，遁逃避封。刘恺"论议引正，辞气高雅"，可谓得师门宗传。和帝时拜为郎，永初元年为太常，元初二年为司徒，安帝始亲政事，诏引刘恺，拜为太尉。华峤《汉后书》说："刘恺……为太常，论议□□，常引正大义，诸儒为之语曰：'难经伉伉刘太常。'"③

　　今存其议论有关《尚书》者两条：一条引证《尧典》，其说为："今刺史……职在辩章百姓，宣美风俗。"④《尧典》原文为"平章百姓"，此作"辩章"，同于伏氏《尚书大传》。另一条引证《吕刑》，其说为："《尚书》曰'上刑挟轻，下刑挟重'，如今使臧吏禁锢子孙，以轻从重，惧及善人，非先王详刑之意也。"⑤《吕刑》原文为"上刑适轻，下服；下刑适重，上服"，本经两"适"字，此皆作"挟"字，欧阳家"挟"读为"浃"，其义为：洽也，适也。知其为欧阳学无疑。

　　巴茂从丁鸿受欧阳《尚书》，生卒年不详，当为章帝、和帝世北海人，其习丁鸿欧阳《尚书》学当在建初四年白虎观论议之后，其事迹不见载于

---

① 《后汉书》卷37《丁鸿传》。
② 朱彝尊：《经义考》卷284。
③ 华峤：《汉后书》卷2《刘恺传》，《八家后汉书辑注》。
④ 《后汉书》卷39《刘般传》。
⑤ 《后汉书》卷39《刘恺传》。

他史。朱伥，生卒年不详，当为章帝、和帝世九江人，建初四年白虎观论议后，受欧阳《尚书》学于丁鸿，其事迹亦不见载于他史。丁鸿弟子陈弇，生卒年不详，当为章帝、和帝世陈留人。《后汉书》说："又陈留陈弇，亦受欧阳《尚书》于司徒丁鸿，仕为薪长。"① 司马彪《续汉书》说："弇以《尚书》教授，躬自耕种，常有黄雀飞来，随弇翱翔。"② 言其以《尚书》教授，不见他载。

丁鸿弟子杨伦，字仲桓，生卒年不详，当为安帝、顺帝世陈留东昏人。《后汉书》说："少为诸生，师事司徒丁鸿，习《古文尚书》③。为郡文学掾。更历数将，志乖于时，以不能人间事，遂去职，不复应州郡命。讲授于大泽中，弟子至千余人。元初中，郡礼请，三守并辟，公车征，皆辞疾不就。后特征博士，为清河王傅。……阳嘉二年，征拜太中大夫。……既归，闭门讲授，自绝人事。公车复征，道遁不行，卒于家。"④ 辟征多次，杨伦皆不就，即使三次被征，亦皆以直谏不合，此乃东汉部分习经学者的共有风格，已开魏晋时代隐逸玄谈之先风。杨伦从师丁鸿，当在建初四年白虎观大会丁鸿学声大振之后。杨伦私家设讲座，弟子至千人，晚年闭门讲授，传《尚书》学不辍。

六　桓氏学分途之二：杨氏学问题

东汉弘农杨氏累世传《尚书》欧阳学，其学源出臻于极盛的东汉桓氏学，杨震、杨秉、杨赐、杨彪祖孙曾四世为三公，两帝王师。除家学相传外，杨氏诸人下授门徒众多，盛极一时，至三国仍绵延不断。

杨震字伯起，生年不详，卒于公元124年，东汉弘农华阴人。永宁元年为司徒，延光二年为太尉。其父杨宝亦习欧阳《尚书》学。杨震传其家学，以为不足，又师事桓郁。《后汉书》本传说："震少好学，受欧阳《尚书》

---

① 《后汉书》卷79《儒林传》。
② 司马彪：《续汉书》卷5《陈弇传》，《八家后汉书辑注》。
③ 王国维《汉魏博士题名考》说："案：《古文尚书》当作欧阳《尚书》，《丁鸿传》：'鸿年十三，从桓荣受欧阳《尚书》。'又《儒林传》：'陈弇……受欧阳《尚书》于司徒丁鸿。'则伦师事丁鸿，当受欧阳《尚书》，非《古文尚书》矣。"王氏说不确，丁鸿所处时代，古文大兴，今、古文已有融合之势，丁鸿兼通今、古文学，当属自然现象。
④ 《后汉书》卷79《儒林传》。

于太常桓郁，明经博览，无不穷究，诸儒为之语曰：'关西孔子杨伯起'。"①
杨震《尚书》学延传了欧阳学以致用为主的风格，其曾因地震上疏说："臣
闻师言'地者阴精，当安静承阳'，而今动摇者，阴道盛也。……《书》
曰：'僭，恒阳若，臣无作威作福玉食。'唯陛下奋乾刚之德，弃骄奢之臣，
以掩妖言之口，奉承皇天之戒，无令威福久移于下。"② 此处称引出自《尚
书·洪范》篇，其说依《洪范五行传》义。杨震本传未尝明言其设科授徒，
但从"关西孔子"之誉推知，当是曾以《尚书》教授。《隶释》说："鸿渐
衡门，群英云集，咸共饮酌其流者，有踰三千。"③ 足见亲炙杨震者有三千
余人，今犹知名者，有其门生虞放、陈翼及其子杨牧、杨秉、杨奉诸人。

杨震长子杨牧，生卒年不详，当为顺帝世弘农华阴人，曾为富波相。世
授《尚书》，传家学于少子。其少子，名、字均已失，生于公元 124 年，卒
于公元 174 年，享年五十一岁，曾迁繁阳令。亦世授《尚书》，为国师辅。
《隶释》载其："述而好古，少传祖业，兼苞载籍，靡不周览。英儒仰则，
景附其高。"④

杨震第三子杨秉传父祖学业，治《尚书》欧阳学且以教授。生于公元
92 年，卒于公元 165 年，享年七十四岁，东汉弘农华阴人，延熹五年冬为太
尉。《后汉书》本传说："少传父业，兼明京氏《易》，博通《书传》，常隐
居教授。……桓帝即位，以明《尚书》征入劝讲。"⑤《全后汉文》记载蔡邕
作《太尉杨秉碑》又说："公承夙绪，世笃儒教，以欧阳《尚书》、京氏
《易》诲授，四方学者自远而至，盖踰三千。"⑥

杨秉《尚书》学下传其子杨赐、杨馥。杨赐，生年不详，卒于公元 185
年，东汉弘农华阴人。熹平四年拜太常，熹平五年冬复拜太尉。少传家业，
精深《尚书》，曾亲炙于桓焉。《后汉书》本传说："笃志博闻，遍治五经，
常退居隐约，教授门徒，以《尚书》授徒于民间。……建宁初，灵帝当受

---

① 《后汉书》卷54《杨震传》。
② 同上。
③ 《隶释》卷12《杨震碑》，中华书局1986年版。
④ 《隶释》卷9《繁阳令杨君碑》。
⑤ 《后汉书》卷54《杨秉传》。
⑥ 《全后汉文》卷75《太尉杨秉碑》，商务印书馆1999年版。

学，诏太傅、三公选通《尚书桓君章句》宿有重名者，三公举赐，乃侍讲于华光殿中。"①《全后汉文》又说："（赐）兼通五典，周览篇籍，以为《尚书》帝王之政要，有国之大本也。是以三叶相承，研其精义……五代之微言，王政之约纲，罔不寻其端源，究其条贯，凛乎其见圣人之情旨也。"②杨赐曾与诸儒共奏正定经字，后刻于石，是为熹平石经。杨赐上疏言事常用《尚书》义，如熹平元年上封事说："臣闻和气致祥，乖气致灾，休征则五福应，咎征则六极至。……天之与人，岂不符哉？《尚书》曰：'天齐乎人，假我一日'。"③ 此为用《洪范》义说天人相感。又直引《吕刑》本经，不过文字稍有出入，"于民"作"乎人"，"俾"作"假"。杨赐下传徒众，弟子传业者数百人，知名者有王朗、颖容等。杨馥亦传父学业，治欧阳《尚书》学，生卒年不详，当为桓帝世弘农华阴人。事迹不见载于他史。

杨赐之子杨彪，生卒年不详，当为灵帝、献帝世弘农华阴人，少幸家学，治欧阳《尚书》学。熹平中以博习旧闻公车征拜议郎，后迁侍中、京兆尹。中平六年代董卓为司空，其冬代黄琬为司徒。杨彪尝著作东观，与卢植、蔡邕等典校中书，司马彪《续汉书》说："彪……博览众书……与诸郎著作东观。"④ 杨彪议政亦常征引《尚书》义。《后汉书》本传说："关东兵起，董卓……曰：'……案《石包谶》，宜徙都长安。'……彪曰：'移都改制，天下大事，故盘庚五迁，殷民胥怨。……《石包谶》妖妄之书，岂可信用？'"⑤ 此处所谓"盘庚五迁，殷民胥怨"为引欧阳本《盘庚书序》故事议政。

东海郯人王朗曾师事杨赐受欧阳《尚书》学。王朗生年不详，卒于公元 228 年，博通诸经，著有《易》《春秋》《孝经》《周官传》等。《三国志》说："（朗）以通经拜郎中，除菑丘长。师太尉杨赐，赐薨，弃官行服。……魏国初建，以军祭酒领魏郡太守。……文帝即王位，迁御史大

① 《后汉书》卷54《杨赐传》。
② 《全后汉文》卷78《太尉杨赐碑》。
③ 《后汉书》卷54《杨赐传》。
④ 司马彪：《续汉书》卷4《杨震传》，《八家后汉书辑注》。
⑤ 《后汉书》卷54《杨彪传》。

夫……太和二年薨，谥曰成侯。"① 王朗议政亦具欧阳学学以致用风格，曾上疏劝育民省刑说："《易》称'救法'，《书》著'详刑'，'一人有庆，兆民赖之'，慎法狱之谓也。"② "详刑""一人有庆，兆民赖之"出自《吕刑》篇。

陈国长平人颖容，亦曾师事太尉杨赐习《尚书》欧阳学，其生卒年不详，当为灵帝、献帝世人。博学多通，善《春秋左氏》，著《春秋左氏条例》五万余言。《后汉书》记载颖容："避乱荆州，聚徒千余人。刘表以为武陵太守，不肯起。……建安中卒。"③

杨震少子杨奉，字季叔，生卒年不详，当为桓帝、灵帝世弘农华阴人。传父业习欧阳《尚书》，官至城门校尉，黄门侍郎。

杨奉之子杨敷，生卒年不详，当为灵帝世弘农华阴人。《后汉书》说："（敷）笃志博闻，议者以为能世其家。敷早卒。"④ 杨敷之子杨众，亦传先业，生卒年不详，当为献帝世弘农华阴人，以谒者仆射从献帝入关，累迁御史中丞，拜侍中，建安二年追前功封务亭侯。

此外，陈留东昏人虞放，曾师事太尉杨震治欧阳《尚书》。其生卒年不详，当为安帝、顺帝世人。《后汉书》说："从曾孙放，少为太尉杨震门徒，及震被谗自杀，顺帝初，放诣阙追讼震罪，由是知名。"⑤

杨震门生陈翼，生卒年不详，当为安帝、顺帝世人，与虞放同师事太尉杨震，受欧阳《尚书》。其事迹不见载于他史。

七　东汉帝王承传《尚书》欧阳学问题

两汉诸帝多习今文《尚书》。从现有文献记载来看，西汉昭帝是第一个习《尚书》的帝王，其师夏侯胜备受器重，之后汉元帝从孔霸习大夏侯学，成帝从郑宽中习小夏侯学，故西汉中后期以夏侯学为盛。东汉与西汉不同，东汉帝王几乎遍习《尚书》欧阳学，甚有著述留世者。正是东汉帝王多能

---

① 《三国志》卷13《王朗传》，中华书局2005年版。
② 同上。
③ 《后汉书》卷79《儒林传》。
④ 《后汉书》卷54《杨震传》。
⑤ 《后汉书》卷33《虞延传》。

通《尚书》欧阳学且能大力提倡与奖掖，故东汉《尚书》今文欧阳学才一枝独秀，可谓极盛。今逐一考述如下：

世祖光武帝刘秀，字文叔，汉高祖九世孙，博通经艺。生于公元前6年，卒于公元57年，享年六十三岁，南阳蔡阳人。父刘钦曾为南顿令。刘秀九岁而孤，养于叔父刘良家，王莽天凤中，刘秀到长安受业于太学，从博士九江人许子威学欧阳《尚书》，略通大义。公元25年登基后，立《尚书》今文欧阳及大、小夏侯三家于学官，而于欧阳学者特加礼敬重用①，以欧阳歙博士为汝南太守，后征其为大司徒；建武二年拜牟长为博士，迁河内太守；擢何汤为虎贲中郎将，令授太子《尚书》；使桓荣入授太子，拜为博士。

光武帝第四子显宗孝明皇帝刘庄，生于公元28年，卒于公元75年，享年四十八岁，十岁能通《春秋》，建武十九年立为皇太子，师事博士桓荣，学通《尚书》。中元二年二月戊戌即皇帝位。《东观汉记》说："建武十九年，以东海王立为皇太子，治《尚书》，备师法，兼通九经，略举大义，博观群书，以助学术。"② 刘庄《尚书》学为欧阳学，桓荣弟子何汤先授之。《后汉书》说："建武十九年……显宗始立为皇太子，选求明经，乃擢荣弟子豫章何汤为虎贲中郎将，以《尚书》授太子。"③ 光武帝又召桓荣授太子《尚书》，其间桓荣弟子胡宪亦尝侍讲于太子："问汤本师为谁，汤对曰：'沛国桓荣。'帝即召荣，令说《尚书》，甚善之。拜为议郎……入使授太子。……常令止宿太子宫，积五年，荣荐门下生九江胡宪侍讲，乃听得出，旦一入而已。"④ 后又以桓荣为太子少傅。显宗即位，尊桓荣以师礼，甚见亲重。

明帝虽历何汤、桓荣、胡宪三师教授，所习实均为欧阳学。明帝自撰有《尚书》学专著《五家要说章句》："（桓）郁以永平十四年为议郎，迁侍

---

① 光武帝亦重《古文尚书》学，杜林治《古文尚书》，后被光武帝征拜为侍御史，官至大司空；郑兴学古文经，光武帝征其为太中大夫；卫宏从杜林习《古文尚书》，光武帝以之为议郎。东汉今文欧阳学及杜林《古文尚书》学之所以大兴，均与光武帝的提携推崇有关联。

② 《东观汉记》卷2《明帝纪》。

③ 《后汉书》卷37《桓荣桓郁传》。

④ 《后汉书》卷37《桓荣传》

中。上自制《五家要说章句》，令郁校定于宣明殿。上谓郁曰：'卿经及先师，致复文雅。'其冬，上亲于辟雍自讲所制《五行章句》已，复令郁说一篇。上谓郁曰：'我为孔子，卿为子夏，起予者商也。'"① 章怀注以"五家"为"五行"之家，华峤《汉后书》亦说："帝自制《五行②章句》。"③ 其说亦误。此《五家要说章句》当为欧阳学派先师五家要义，明帝集而讲之，又令臣桓郁校定者。《后汉书集解》引沈钦韩语说："五家，谓欧阳、林尊、平当、朱普、桓荣也。华《书》作'五行'，似专言洪范五行，盖非。"④ 其说为是。明帝所著《五家要说章句》为中国帝王第一部经学专著，在经学史上具有特殊意义。明帝《尚书》学虽系出自欧阳学，但刘庄亦重视大、小夏侯说，永平二年曾下诏乘舆从欧阳说，公卿以下用大、小夏侯说，可知当时三家之学确曾并立于学官。

　　显宗刘庄第五子肃宗孝章皇帝刘炟好儒术，生于公元56年，卒于公元88年，享年三十三岁。永平三年立为皇太子，十八年八月壬子即皇帝位。《东观汉记》说："既志于学，始治《尚书》，遂兼五经，周览古今，无所不观。"⑤ 永平九年汝南张酺授其《尚书》学，十五年又承师于桓郁。张酺、桓郁皆受业桓荣，续传《尚书》欧阳学。⑥ 章帝曾令贾逵搜古文与三家《尚书》同异。《后汉书》说：

　　　　建初元年，诏逵入讲北宫白虎观、南宫云台。帝善逵说。……逵数为帝言《古文尚书》与经《传》、《尔雅》诂训相应，诏令撰《欧阳大小夏侯尚书古文同异》，逵集为三卷，帝善之。……八年，乃诏诸儒各选高材生受《左氏》《谷梁春秋》《古文尚书》《毛诗》，由是四经遂行于世。⑦

---

① 《东观汉记》卷5《桓郁传》。
② 《北堂书钞》卷58引作："明帝自制《五经章句》，令郁校定于宣明殿中。""经"字误，当为"家"。
③ 华峤：《汉后书》卷1《明帝纪》，《八家后汉书辑注》。
④ 王先谦：《后汉书集解》，广陵书社2006年版。
⑤ 《东观汉记》卷2《章帝纪》。
⑥ 章帝又雅好古文经，对东汉古文学大兴亦有所推崇。曾令贾逵进讲。
⑦ 《后汉书》卷36《贾逵传》。

建初四年诸儒大会于白虎观讨论经义，章帝亲称制临决，后班固等撰集为《白虎通义》。此一事件，在东汉经学史中具有特殊意义，足见章帝对经学的重视。

章帝之中子穆宗孝和皇帝刘肇，生于公元79年，建初七年立为皇太子，章和二年春二月即皇帝位，在位十七年，卒于公元105年，享年二十七岁。刘肇初治《尚书》以桓郁为侍讲，兼览《书传》，习《桓君小太常章句》，好古乐道，无所不照。《东观汉记》说："永元十三年春正月上日，帝以五经异义、《书传》意殊，亲幸东观，览书林，阅篇籍。"① 和帝亲临东观，览书林，阅篇籍，对经学的影响亦很大。其亲临因异义、意殊而起，这对东汉谋求统一经说，促进今、古文走向融合当有帮助。又因和帝习欧阳《尚书》，此次亲幸当对《尚书》学者有所刺激，亦极大地促进了《尚书》经说走向统一。

章帝之孙、清河孝王刘庆之子恭宗孝安皇帝刘祜，生于公元94年，卒于公元125年，享年三十二岁。刘祜好学史书，喜经籍。延平元年即皇帝位。永初元年冬十一月桓焉入授安帝，授其《尚书》。《后汉书》又说："弘少治欧阳《尚书》，授帝禁中。"② 由此可知刘祜又曾从邓弘为师，受《尚书》欧阳学。《尧典》有"禋于六宗"之说，安帝曾按欧阳说立六宗于洛城北。《安帝纪》曾记载此事："元初六年三月庚辰，始立六宗，祀于洛城北。"③ 司马彪《续汉书》亦说："元初六年，以欧阳《尚书》家说，谓六宗者，在天地四方之中，为上下四方之宗。"④ 立六宗于洛阳城北为欧阳《尚书》学经世致用史上的大事。六宗之说一向有争议，安帝能同意以欧阳义立之，而不用古文说，当与安帝所习《尚书》欧阳学有关。安帝立六宗之举对研经之风，特别是对《尚书》学而言，具有极大的推进作用。

安帝长子敬宗孝顺皇帝刘保，生于公元115年，卒于公元144年，享年三十岁。永宁元年为皇太子，六岁开始受业《尚书》，桓焉先后为其少傅、太傅。延光四年十一月，即皇帝位，在位十九年。

---

① 《东观汉记》卷2《和帝纪》。
② 《后汉书》卷16《邓弘传》。
③ 同上。
④ 司马彪：《续汉书》卷1《安帝纪》，《八家后汉书辑注》。

章帝曾孙、刘翼之子威宗孝桓皇帝刘志，生于公元132年，卒于公元167年，享年三十六岁。本初元年即皇帝位。《后汉书》说："桓帝即位，（秉）以明《尚书》征入劝讲。"① 司马彪《续汉书》亦说："杨秉以《尚书》侍讲。"②《后汉书》又说："和平中，（琼）以选入侍讲禁中。"③ 杨秉、黄琼均治欧阳《尚书》，故桓帝当从杨秉、黄琼二人受《尚书》欧阳学无疑。

章帝玄孙、刘苌之子孝灵皇帝刘宏，生于公元156年，卒于公元189年，享年三十四岁。建宁元年正月己亥即皇帝位，从师杨赐受《尚书》。《后汉书》说："建宁初，灵帝当受学，诏太傅、三公选通《尚书桓君章句》宿有重名者，三公举赐，乃侍讲于华光殿中。"④ 灵帝刘宏多有功于《尚书》学，曾诏正经字，刻石立学，创置鸿都门学。《后汉书·灵帝本纪》说："熹平四年春三月，诏诸儒正五经文字，刻石立于太学门外。……光和元年二月，始置鸿都门学生。……三年，诏公卿举能通《古文尚书》……各一人，悉除议郎。"⑤ 灵帝所立熹平石经《尚书》⑥ 部分，今尚有残石留存或出土，为今文二十九篇本，至于为今文哪家之本经，学界多有争议，前已考述。

八　东汉《尚书》欧阳学承师不明问题

东汉《尚书》欧阳学臻于极盛，支派别出，门徒弟子众多，除前述有明确载记的承传外，尚有牟长、刘述、刘宽、傅燮、董扶、廖扶、徐稺等承师不明者多家。试述如下：

牟长少习《尚书》欧阳学，不仕王莽。生卒年不详，当为新莽、光武世乐安临济人。中兴之后，建武二年拜博士，稍迁河内太守，后复征为中散大夫。牟长为博士及在河内时，诸生讲学者常有千余人，著录前后万人。其

---

① 《后汉书》卷54《杨秉传》。
② 司马彪：《续汉书》卷4《杨震传》，《八家后汉书辑注》。
③ 《后汉书》卷61《黄琼传》。
④ 《后汉书》卷54《杨赐传》。
⑤ 《后汉书》卷8《灵帝本纪》。
⑥ 灵帝不囿于今文一家，其广道艺，扶微学，亦有功于《古文尚书》学的传播。

在当时影响之大于此可见一斑。牟长著有《尚书》章句，俗号为《牟氏章句》。牟长所习《尚书》欧阳学，史不见载其师传。其学下传于子牟纡①。牟纡少承父学，生卒年不详，当为明帝、章帝世乐安临济人。《后汉书》说："（牟纡）以隐居教授，门生千人。肃宗闻而征之，欲以为博士，道物故。"②牟氏之学在当时之盛，亦由牟纡教授门生千人而知之。牟氏《尚书》学在当时影响非常大，著录万人，门生千人，足见后汉《尚书》欧阳学的繁盛。

明帝世人景某，传祖父《尚书》欧阳学，其祖父《尚书》欧阳学的承师不详。其子景某，当为章帝世人，传父学业，下传子景某。景某，生年不详，卒于公元 117 年。《隶释》记载："元初四年三月丙戌，郏令景君卒。……君……信而好古，非法不言。治欧阳《尚书》，传祖父河南尹、父步兵校尉业，门徒上录三千余人。"③从其门徒上录多达三千余人来看，景氏《尚书》欧阳学在当时亦有较大影响。

章帝、和帝世人刘述，以《尚书》欧阳学下传邓弘，其学亦承师不明。其生卒年不详，其事迹不见载于他史。邓禹之孙邓弘，生年不详，卒于公元 115 年，南阳新野人。《东观汉记》本传说："和熹后兄也。天资善学，年十五治欧阳《尚书》，师事刘述。常在师门，布衣徒行，讲诵孜孜不辍。"④邓弘曾授安帝欧阳《尚书》，《后汉书》有记载："弘少治欧阳《尚书》，授帝禁中，诸儒多归附之。"⑤诸儒多归附之，且能授帝禁中，说明其学在当时亦有很大影响。邓弘《尚书》学传子邓甫德。邓甫德生卒年不详，当为安帝、顺帝世南阳新野人，初荫封都乡侯，后废为庶人，传父家业，治《尚书》欧阳学。《后汉书》说："甫德更召征为开封令，学传父业。"⑥

安帝、顺帝世京兆长安人宋登，亦传《尚书》欧阳学，不知受自何人。其生卒年不详，《后汉书》说："少传欧阳《尚书》，教授数千人。为汝阴

---

①　《传经表》为"牟舒"，疑误，今据《后汉书》改之。

②　《后汉书》卷 79《儒林传》。

③　《隶释》卷 6《郏令景君阙铭》。

④　《东观汉记》卷 9《邓弘传》。

⑤　《后汉书》卷 16《邓禹传》。

⑥　同上。

令，政为明能，号称'神父'。……入为尚书仆射。顺帝以登明识礼乐，使持节临太学，奏定典律，转拜侍中。"① 其教授弟子数千人，在当时亦影响较广，当有功于《尚书》欧阳学的极盛。可惜其弟子门徒今皆失其名。

此外，有名王政者，生于公元104年，卒于公元153年，里籍不详，治欧阳《尚书》，其学上承不明。《隶释》说："汉中太守之孙，从事掾之第三子，治欧阳《尚书》。桓帝元嘉三年正月戊寅卒，年五十。"② 其事迹不见载于他史。

桓帝世南阳安众人宗资，生卒年不详，学治欧阳《尚书》、孟氏《易》。祖父宗均，好经书，受业博士，通《诗》《礼》。其祖父宗京，以大夏侯《尚书》教授。谢承《后汉书》说："资少在京师，学孟氏《易》、欧阳《尚书》。……拜议郎，补御史中丞、汝南太守。置范滂为功曹，委任政事，推功于滂，不伐其美。任善之名，闻于海内。"③ 宗资所治《尚书》欧阳学非传自祖业，其学承师不明。

河内林虑人杜乔，生年不详，卒于公元147年。少为诸生④，辟司徒杨震府，入拜侍中。建和元年，代胡广为太尉，后以地震免，执死狱中。司马彪《续汉书》说："乔少好学，治韩《诗》、京氏《易》、欧阳《尚书》。……虽二千石，子常步担求师。"⑤ 其所治《尚书》欧阳学承师不明。耿伯，生卒年不详，当为桓帝、灵帝世人，为杜乔门生，所学应为《尚书》欧阳学。

郎中郑固，生年不详，卒于公元158年，里籍不详。《隶释》说："初受业于欧阳，遂穷究于典籍。膺游、夏之文学，襄冉、季之政事。"⑥ 受业于欧阳，当是指受《尚书》欧阳学，其承师不详。

弘农华阴人刘宽，生于公元120年，卒于公元185年，享年六十六岁。刘宽周览五经，泛笃《尚书》，善守师法。谢承《后汉书》说："宽

① 《后汉书》卷79《儒林传》。
② 《隶释》卷1《郎中王政碑》。
③ 谢承：《后汉书》卷2《宋均传》，《八家后汉书辑注》。
④ 即为太学博士之诸弟子员。
⑤ 司马彪：《续汉书》卷4《杜乔传》，《八家后汉书辑注》。
⑥ 《隶释》卷6《郎中郑固碑》。

少学欧阳《尚书》、京氏《易》，尤明《韩诗外传》、星官、风角、算历，皆究极师法，称为通儒。"① 《后汉书》本传又说："延熹八年，征拜尚书令，迁南阳太守。典历三郡，温仁多恕。……吏人有过，但用蒲鞭罚之，示辱而已，终不加苦。……灵帝初，征拜太中大夫，侍讲华光殿。……灵帝……常令讲经。……后以日食策免。"② 侍讲华光殿，则必尝讲论《尚书》欧阳义。其欧阳《尚书》学承师不明，下传傅燮、郭异、殷苞、李照等。

傅燮少师事太尉刘宽受《尚书》欧阳学。其本字幼起，慕南容三复白珪，乃易字为南容，生年不详，卒于公元 187 年，北地灵州人。傅燮曾上疏说："虞舜升朝，先除四凶，然后用十六相。明恶人不去，则善人无由进也。……陛下宜思虞舜四罪之举，速行谗佞放殛之诛。"③ 除四凶，即据《尧典》"流共工于幽洲，放驩兜于崇山，窜三苗于三危，殛鲧于羽山：四罪而天下咸服"义，用十六相，即谓舜命九官及未见任命但确已任用之才俊朱、虎、熊、罴、殳、戕暨伯益七人。由此可知其精熟于《尚书》学。

灵帝、献帝世人郭异亦师事太尉刘宽，治《尚书》欧阳学。其生卒年不详，里籍不详。《全后汉文》说："门生郭异等□公永慕……无以慰怀，泂涕述高，乃共刊石建碑，式序鸿烈。……门生颖川殷苞、京兆□□、何内李照等共所兴工。"④

灵帝、献帝世颖川人殷苞，生卒年不详，亦为刘宽弟子，治《尚书》欧阳学。其事迹不见载他史。灵帝、献帝世河内人李照，生卒年不详，当为刘宽弟子，治《尚书》欧阳学。其事迹不见载于他史。

桓帝、灵帝世广汉绵竹人董扶，生卒年不详，少游太学，事同郡杨厚，学图谶。陈寿说：

　　董扶……少从师学，兼通数经，善欧阳《尚书》，又事博士杨厚，

① 谢承：《后汉书》卷 2 《刘宽传》，《八家后汉书辑注》。
② 《后汉书》卷 25 《刘宽传》。
③ 《后汉书》卷 58 《傅燮传》。
④ 《全后汉文》卷 77 蔡邕《太尉刘宽碑》。按："何内"当为"河内"。

究极图谶。遂至京师，游览太学，还家讲授，弟子自远而至。永康元年，日有蚀之，诏举贤良方正之士，策问得失。扶……遥于长安上封事，遂称疾笃归家。前后宰府十辟，公车三征，再举贤良方正、博士、有道皆不就，名称尤重。大将军何进表荐扶曰："资游、夏之德，述孔氏之风，内怀焦、董消复之术。……宜敕公车特召，待以异礼，谘谋奇策。"于是灵帝征扶，即拜侍中。在朝称为儒宗，甚见器重。①

董扶善《尚书》欧阳学，但承师不明。其以阴阳推说灾异，本《尚书》欧阳学者所擅长。在家讲授，弟子自远而至，但名籍均无考。

桓帝、灵帝世汝南平舆人廖扶，生卒年不详，习韩《诗》、欧阳《尚书》，教授常数百人，其《尚书》欧阳学亦承师不明。《后汉书》载："专精经典，尤明天文、谶纬、风角、推步之术。州郡公府辟君皆不应；就问灾异，亦无所对。……号为北郭先生。"② 观其所明多与欧阳学同，欧阳学以《洪范》阴阳五行为根柢，佐以谶纬、天文、历算等，善说灾异。

灵帝、献帝世巴郡江州人③谒焕，生卒年不详，曾从廖扶学治欧阳《尚书》。《后汉书》说："太守谒焕，先为诸生，从扶学。后临郡，未到先遣吏修门人之礼，又欲擢扶子弟。"④

桓帝、灵帝世豫章南昌人徐稺，字孺子。《后汉书》本传载：

　　（稺）恭俭义让，所居服其德。屡辟公府，不起。……（郭）林宗有母忧，稺往吊之，置生刍一束于庐前而去。……林宗曰："此必南州高士徐孺子也。《诗》不云乎：'生刍一束，其人如玉'。吾无德以堪之。"灵帝初，欲蒲轮聘稺，会卒，时年七十二。⑤

徐稺善经纬之学，曾习《尚书》欧阳学，但承师不明。谢承《后汉书》

---

① 《三国志》卷31《蜀书一·益部耆旧传》。
② 《后汉书》卷82《方术传》。
③ 一云"巴郡垫江人"。
④ 《后汉书》卷82《方术传》。
⑤ 《后汉书》卷53《徐稺传》。

说："稺少为诸生，学严氏《春秋》、京氏《易》、欧阳《尚书》，兼综风角、星官、算历、河图、七纬、推步、变易。"① 欧阳学擅长"洪范五行"，以之说灾异，又助以谶纬、星算，甚合时务。徐稺既学《尚书》欧阳学，又擅长风角、星官、算历、河图、七纬、推步、变易，故陈蕃等疏荐五人可以左右大业，首推徐稺。

灵帝世人间葵袭，生卒年不详。《隶释》载其治《尚书》欧阳学②，其学承师不明。东汉末年人胡硕，生于公元128年，卒于公元168年，享年四十一岁。建宁元年召拜议郎。其年七月拜陈留太守。《全后汉文》说："交趾都尉之孙，太傅安乐乡侯少子也。……君总角入学，治孟氏《易》、欧阳《尚书》、韩《诗》。"③ 言其治欧阳《尚书》学，但其学承师不明。

东汉末年人韩宗，生卒年不详，里籍亦不详。《三国志注》说："《吴书》曰：'纮入太学，事博士韩宗，治京氏《易》、欧阳《尚书》。'"④ 由此可推知，韩宗当治《尚书》欧阳学，但其学承师不详。

另有熊氏祖孙父子，家世相传《尚书》欧阳学，祖父熊师承学不详。熊乔，字汉举，官更督邮主簿，治欧阳《尚书》。熊某，名、字均失，生于公元146年，卒于公元226年，《全后汉文》说："君立迹唯仁，与……祖父师……治欧羊⑤《尚书》、六日七分。"⑥

南阳安众人刘宏，字子高，生卒年不详。顾櫰三说："司空南阳安众刘宏子高，□□年十五，治欧阳《尚书》，常在师门，衣布徒行，讲诵孜孜。"⑦ 他史不见其师承授受载记，蒋善国《尚书综述》中《两汉尚书传授表》将其系于刘述下⑧，不知所据。

---

① 谢承：《后汉书》卷3《徐稺传》，《八家后汉书辑注》。
② 《隶释》卷5《汉成阳令唐扶颂》。
③ 《全后汉文》卷75蔡邕《陈留太守胡硕碑》。
④ 《三国志·吴书》之《张纮传》。
⑤ 欧羊，当为欧阳，羊字误。
⑥ 《全后汉文》卷105《绥民校尉熊君碑》。
⑦ 顾櫰三：《补后汉书·艺文志》卷末附《经学师承》。
⑧ 蒋善国：《尚书综述》，第82页。

第二节　东汉弘农杨氏《尚书》学渊源及其特色

　　由于汉代尊经重儒，有汉一代出现了许多以经学起家的世家大族，他们往往累世传经学，并以此累世荣登公卿之位。单就《尚书》一经而言，东汉桓氏、弘农杨氏等都是显赫一时的《尚书》学世家。今以杨氏《尚书》学为例，对东汉《尚书》家学传统进行微观审视。弘农杨氏在政治上曾一度占据特出地位，赵翼曾将杨氏与当时的袁氏并称，认为："古来世族之盛，未有如二家（杨氏、袁氏）者。"① 杨氏以《尚书》欧阳学名家，自杨震始，其子杨秉，秉子杨赐，赐子杨彪，皆以《尚书》欧阳学为业，形成了东汉历史上《尚书》欧阳学最为重要的学派分支之一。

一　弘农杨氏《尚书》学渊源探微

　　东汉弘农杨氏《尚书》家学渊源较为复杂，与东汉桓氏《尚书》学有直接的渊源，亦有可能与司马迁《尚书》学、西汉《尚书》欧阳学有一定的渊源。此一特点充分体现了其家学兼收并蓄的特色，同时也为其学显明一时奠定了基础。弘农杨氏《尚书》欧阳学，自杨宝始，至其六世孙杨修被曹操所杀为止，共传六世。

　　弘农杨氏先祖并非以经学起家，杨氏八世祖杨喜在汉高祖时因有军功封赤泉侯，《两汉时代的弘农杨氏》② 一文对此的梳理清楚详备，不再赘述。汉昭帝时，杨震之高祖杨敞为丞相，封安平侯。但《汉书·杨敞传》并未载明其治学事迹。杨敞有二子，即杨忠、杨恽，杨敞之妻是司马迁之女。杨恽始读外祖《太史公记》，以材能称，好交英俊诸儒，名显朝廷。杨忠承袭杨敞的爵位，杨忠之子杨谭袭封安平侯，后因杨恽事免为庶人。《汉书》载杨谭之子杨宝："习欧阳《尚书》，哀、平之世隐居教授。居摄二年与两龚、蒋诩俱征，遂遁逃，不知所处。光武高其节，建武中，公车特征，老病不

---

　　① 赵翼：《二十二史札记》卷5《后汉书》。

　　② 何德章、马力群：《两汉时代的弘农杨氏》，《魏晋南北朝隋唐史资料》2005 年刊，武汉大学文科学报编辑部主办，第 4—30 页。

到，卒于家。"① 司马迁兼通《尚书》今、古文学，其外孙杨忠之孙杨谭习欧阳《尚书》，且于哀、平之世隐居教授，其学未明说师事于何人，或与司马迁《尚书》学有一定的渊源关系。

杨宝传《尚书》欧阳学于杨震，乃成家学。杨宝习《尚书》欧阳学，西汉哀帝、平帝时隐居教授，不应王莽之征。杨宝之子杨震亦习《尚书》欧阳学，明经博览，当时人称"关西孔子杨伯起"，但年五十始举为茂才，迁荆州刺史、东莱太守。所举荆州茂才王密为昌邑令，至夜怀金十斤送杨震，谓暮夜无知者。杨震以"天知，神知，我知，子知"作答而拒收。有人劝他置业产，杨震说"愿使后世称清白吏子孙，不亦可乎？"延光二年拜太尉。杨震生杨秉，杨秉博通《书传》，年四十余应司空辟，历任豫、荆、徐、兖、四川刺史，以廉洁称。秉尝说："我有三不惑，酒、色、财也。"杨秉生杨赐，杨赐少传家学，所谓家学，当为《尚书》欧阳学无疑。杨赐笃志博闻，初隐居，不应征辟。桓帝时，以司空高第，官侍中。灵帝即位，侍讲华光殿，累迁司徒、司空、太尉，封临晋侯。杨赐之子杨彪，少传家学，以博习旧闻征拜议郎，累迁司徒，董卓死，拜太尉。其子杨修，为曹操所杀。曹操问之，杨彪回答说："犹怀老牛舐犊之爱。"自杨震至杨赐，三为宰相，自杨震至杨彪，四世为太尉，故东京杨氏为汉之望族。

弘农杨氏《尚书》学与司马迁《尚书》学有一定的渊源关系，但只是据史猜测，正史并未明载。但弘农杨氏《尚书》欧阳学来源于桓氏，史有明载。主要为杨震受业于桓郁，杨赐受业于桓焉。杨震少好学，受《尚书》欧阳学于太常桓郁，明经博览，无不穷究，有"关西孔子杨伯起"之称。杨震五十之前隐居不仕，教授二十余年。元初四年，征为太仆，迁太常。永年元年为司徒，延光二年为太尉，三年饮鸩而卒，时年七十余岁。顺帝即位，以礼将其改葬于华阴潼亭。杨秉为杨震第三子，少传父业，兼明京氏《易》，博通《书传》，曾隐居教授，四十余岁才出仕。桓帝即位，以明《尚书》征入劝讲，拜太中大夫、左中郎将，迁侍中、尚书，延熹三年免官归田里，其冬复征。延熹五年为太尉，八年薨，时年七十四岁。

杨赐受业于桓郁之中子桓焉，退居隐约，教授门徒。建宁初，灵帝当受

---

① 《汉书》卷66《杨敞传》。

学，诏太傅、三公选通《尚书桓君章句》宿有重名者，三公推举杨赐，杨赐侍讲于华光殿中。熹平二年为司空，以灾异免，后复拜为光禄大夫。《后汉书》载："熹平四年，（蔡邕）乃与五官中郎将堂溪典，光禄大夫杨赐，谏议大夫马日磾，议郎张驯、韩说，太史令单飏等，奏求正定六经文字。灵帝许之，邕乃自书丹于碑，使工镌刻立于太学门外。"① 此石刻即熹平石经。熹平五年杨赐为司徒，后又被免，复拜光禄大夫。光和元年为司徒，四年以病被罢。中平二年九月为司空，其月卒。

杨彪，字文先，少传家学。熹平中，以博习旧闻征拜议郎，迁侍中，京兆尹。中平六年，代董卓为司空，其冬为司徒。七年关东兵起，董卓欲迁都，百官无敢言者，唯杨彪力争之。黄初六年卒于家中，终年八十四岁。

弘农杨氏所传《尚书》欧阳学，除从杨宝所承家学外，其余当为《桓君小太常章句》。杨震受业于桓郁，所学应为桓郁删省定成的《桓君小太常章句》十二万言，并传为家学。杨赐受业于桓焉，且"通《尚书桓君章句》，宿有重名"，所传亦为《桓君小太常章句》。

弘农杨氏《尚书》家学在承传过程中体现了兼收并蓄和隐逸用世两大特点。其学来自多源，不死守家法，而且不断吸收别家之说。杨宝、杨震、杨秉、杨赐、杨彪等多是早年退居隐约，以教授门徒为务，中年或晚年又多应辟，官至三公者多人。另外，弘农杨氏家学到后期已有兼通他经的倾向。值得一提的是，杨赐曾参与正定五经，在汉代《尚书》文本整理方面当有所贡献。

二　东汉弘农杨氏《尚书》学特色

东汉弘农杨氏《尚书》欧阳学资料多见于零散史籍中，为探寻杨氏《尚书》学的特色，有必要先对弘农杨氏《尚书》学文献进行系统梳理。

杨震引《尚书》、用《尚书》共计三条：第一条，永宁二年，安帝乳母王圣缘恩放咨，其子女伯荣出入宫掖，传通奸赂。于是杨震上疏说："臣闻政以得贤为本，理以去秽为务。是以唐虞俊乂在官，四凶流放，天下咸服，

---

① 《后汉书》卷60《蔡邕列传》。

以致雍熙。方今九德未事，嬖幸充庭。……《书》诫牝鸡牡鸣……"① 杨震所说"唐虞俊乂在官，四凶流放，天下咸服"与《舜典》"流共工于幽州，放驩兜于崇山，窜三苗于三危，殛鲧于羽山，四罪而天下咸服"意同；所说"以致雍熙"与《尧典》"黎民于变时雍。……允厘百工，庶绩咸熙"意同；所说"九德"与《皋陶谟》"亦行有九德……宽而栗，柔而立，愿而恭，乱而敬，扰而毅，直而温，简而廉，刚而塞，强而义。……翕受敷施，九德咸事，俊乂在官"意同；所云"牝鸡牡鸣"与《牧誓》"古人有言曰：'牝鸡无晨。牝鸡之晨，惟家之索'"意同。第二条，杨震因地震上疏说："《书》曰：'僭，恒阳若，臣无作威作福玉食。'"② 此处所引与《洪范》"臣无有作福作威玉食。……曰僭，恒旸若"意同，但语序有所不同。第三条，河间赵腾上疏指陈得失，帝怒收考诏狱，结以罔上不道。杨震上疏说："臣闻尧舜之世，谏鼓谤木，立之于朝；殷周哲王，小人怨詈，则还自敬德。"③ 此处与《无逸》"自殷王中宗，及高宗，及祖甲，及我周文王，兹四人迪哲。厥或告之曰：'小人怨汝詈汝'，则皇自敬德"意同。

杨秉引《尚书》、用《尚书》仅有一条：延熹七年，杨秉随从桓帝南巡园陵，南阳太守张彪与桓帝微时有旧恩，张彪以车驾当至，调拨钱粮，多以入私。行至南阳，左右并通奸利，桓帝下诏书多所除拜。杨秉上谏说："臣闻先王建国，顺天制官。太微积星，名为郎位，入奉宿卫，出牧百姓。皋陶诫虞，在于官人。"④ 杨秉所说"皋陶诫虞，在于官人"见于《皋陶谟》"皋陶曰：'都！在知人，在安民。'禹曰：'吁！咸若时，惟帝其难之。知人则哲，能官人。'"

杨赐引《尚书》、用《尚书》共计五条：第一条，熹平元年，青蛇见御坐，帝问祥异祸福，杨赐上密疏说："臣闻和气致祥，乖气致灾，休征则五福应，咎征则六极至。……《尚书》曰：'天齐乎人，假我一日。'是其明征也。夫皇极不建，则有蛇龙之孽。"⑤ 此处所云"休征则五福应，咎征则

① 《后汉书》卷54《杨震列传》。
② 同上。
③ 同上。
④ 《后汉书》卷54《杨秉传》。
⑤ 《后汉书》卷54《杨赐传》。

六极至"与《洪范》"次五曰'建用皇极'……次九曰'向用五福，威用六极'"意同。所引"《尚书》曰"内容见于《吕刑》"天齐于民，俾我一日，非终惟终在人"。用字有细微差异。

第二条，熹平五年，朝廷授爵多不以次，而且帝好微行，常游幸外苑。杨赐上疏说："是以唐虞'兢兢业业'，周文'日昃不暇''明慎庶官''俊乂在职''三载考绩'，以观厥成。……又闻数微行出幸苑囿，观鹰犬之执，极盘游之荒，政事日堕，大化陵迟。"① 此处所说与《皋陶谟》"无教逸欲有邦，兢兢业业，一日二日万几"、《无逸》"自朝至于日中昃，不遑暇食，用咸和万民"、《舜典》"三载考绩，三考，黜陟幽明，庶绩咸熙"意同。

第三条，光和元年有虹蜺在白日降于嘉德殿前，帝问祥异祸福。杨赐回答说：

> 今妾媵嬖人阉尹之徒，共专国朝，欺罔日月，又鸿都门下，招会群小，造作赋说，以虫篆小技见宠于时，如驩兜、共工更相荐说。……《周书》曰："天子见怪则修德，诸侯见怪则修政，卿大夫见怪则修职，士庶人见怪则修身。"②

所云"驩兜、共工更相荐说"见于《尧典》"驩兜曰：'都！共工方鸠僝功。'"所引《周书》"天子见怪则修德，诸侯见怪则修政，卿大夫见怪则修职，士庶人见怪则修身"，今传《尚书》文本无。此条在两汉称引《尚书》文献中非常特出，不见于今传五十八篇中，亦不见于今传《逸周书》七十一篇中。似谶纬、中候一类内容。杨氏《尚书》学不可能不受时代谶纬风气的影响。

第四条，灵帝欲造毕圭灵琨苑，杨赐上疏劝谏说："今猥规郊城之地以为苑囿，坏沃衍，废田园，驱居人，畜禽兽，殆非所谓'若保赤子'之义。"③ 此处所说"若保赤子"见于《康诰》"若保赤子，惟民其康乂"。

---

① 《后汉书》卷54《杨赐传》。
② 同上。
③ 同上。

第五条，汉灵帝封赏杨赐，杨赐推辞说："三后成功，惟殷于民，皋陶不与焉，盖耻之也。"① 此处所说与《吕刑》"三后成功，惟殷于民"意同。

杨彪引《尚书》、用《尚书》仅得一条：中平七年，董卓与公卿商议迁都一事，百官没有敢反对者。只有杨彪力阻说："移都改制，天下大事，故盘庚五迁，殷民胥怨。……今天下无虞，百姓乐安。"② 此处所说与《盘庚》篇《书序》"盘庚五迁，将治亳殷，民咨胥怨，作《盘庚》三篇"意同。

由上考述可知，杨氏引《尚书》内容复杂，多为意引，即使直接引用，往往也与今传文本有所差异，其中引用《周书》内容不见于今传五十八篇。具体来看，涉及如下篇目：《尧典》二次、《舜典》二次、《皋陶谟》三次、《盘庚》篇《书序》一次、《牧誓》一次、《洪范》二次、《康诰》一次、《无逸》二次、《吕刑》二次。除《舜典》外均包含在伏生所传今文二十九篇之内。《舜典》原在《尧典》内，孔传本将其从《尧典》中分出。

弘农杨氏用《尚书》体现为资政、谶纬两大特色。杨氏引《尚书》用以阐发政见，很好地发挥了《尚书》的教化作用，其资政内容包括谏上疏远内宠，谏上广开言路，谏上务劳民伤财、修建园囿以及反对移都改制等。杨氏用《尚书》亦多讲天象灾异，将经学与谶纬掺杂在一起，虽然目的在于劝谏，但偏离了经说的学术正途，用《尚书》十条中有三条为谈灾异。杨氏在引《尚书》、用《尚书》外，还引用《易》《诗》《春秋》等，且杨秉兼明京氏《易》，这亦反映了东汉治经者重视博通，追求"三年而通一艺……三十而五经立"的目标。

综上所述，弘农杨氏《尚书》学可称得上是汉代《尚书》家学的典型，其本身的特色和它所反映出的经学特点，使其具有重要的学术参考价值。其隐居教授之风亦对魏晋学风多有影响。其因通经进入仕途，且多位至三公，四世两为帝师，虽与东汉统治者大力宣导经学、明经取仕有关，亦可从中看出《尚书》学在东汉的盛况。其以《尚书》学资政和以谶纬说灾异，亦充分体现了东汉《尚书》学的基本取向。

---

① 《后汉书》卷54《杨赐传》。
② 同上。

第三节 东汉《尚书》夏侯学派流变

西汉中后期《尚书》两夏侯学较《尚书》欧阳学为盛,虽然东汉《尚书》两夏侯学亦立于学官,但与《尚书》欧阳学相较,则其发展并不十分兴盛。就大夏侯学而言,除上述由夏侯胜传孔霸,孔霸下传七世至孔昱,皆习《尚书》大夏侯学外,东汉习《尚书》大夏侯学者并不多见。就《尚书》小夏侯学而言,则有王良、蔡邕等。亦有不明《尚书》大、小夏侯之学者,如蜀地杨氏、班固等所习《尚书》夏侯学,其源并无明史载之。

一 东汉《尚书》大夏侯学承师不明问题

明帝世中山人鲑阳鸿为世名儒,治《尚书》大夏侯学。其生卒年不详,永平中拜少府。据毕沅《通经表》说:"鸿亦治大夏侯。"① 不知所据,亦未知其师承关系。

明帝世齐国临淄人吴良治《尚书》大夏侯学,学通师法,曾为大夏侯学博士。其生卒年不详,《后汉书》本传说:

> 初为郡吏。东平王苍……荐良曰:"……吴良资质敦固,公方廉恪,躬俭安贫,白首一节;又治《尚书》,学通师法,经任博士,行中表仪。"……显宗……曰:"……今以良为议郎。"……后迁司徒长史,每处大议,辄据经典,不希旨偶俗,以徼时誉。②

《东观汉记》又说:"吴良……习大夏侯《尚书》,为郡议曹掾。"③ 吴良的大夏侯学必有承师,今不知何师所授。此处显示,吴良据经典议朝政,正合大夏侯学师法。

明帝世南阳安众人宗京,官至辽东太守,以大夏侯《尚书》教授。生

---

① 张金吾《两汉五经博士考》卷3称引。
② 《后汉书》卷27《吴良传》。
③ 《东观汉记》卷14《吴良传》。

卒年不详，《后汉书》记载："宋均①，字叔痒，南阳安众人也。……族子意。意字②，父京，以大夏侯《尚书》教授，至辽东太守。"③ 宗京《尚书》大夏侯学师承不明，其学传族子宗意。宗意，字伯志，宗京之子，生年不详，卒于公元 90 年，南阳安众人。宗意少传父业，治大夏侯《尚书》学。显宗时举孝廉，以召对合旨，擢拜阿阳侯相。建初中征为尚书，迁司隶校尉。

北海安丘人牟融，少博学，以大夏侯《尚书》教授。其生年不详，卒于公元 79 年，承师不明，门徒数百人，名称州里。《后汉书》本传说："司徒范迁荐融忠正公方，经行纯备，宜在本朝，并上其理状。……（永平）十一年……为大司农。……融经明才高，善论议，朝廷皆服其能。"④《后汉书》又说："中兴，北海牟融习大夏侯《尚书》。"⑤

顺帝、灵帝世济阴定陶人张驯，字子俊，少游太学，能诵《春秋左氏传》，曾参与奏定六经文字。以大夏侯《尚书》教授，承师不明。其生卒年不详，《后汉书》记载："（驯）拜议郎，与蔡邕共奏定六经文字，擢拜侍中，典领秘书近署，甚见纳异。"⑥ 与蔡邕共奏定六经文字一事，还见《蔡邕传》："邕以经籍去圣久远，文字多谬，俗儒穿凿，疑误后学，熹平四年，乃与五官中郎将堂溪典，光禄大夫马日磾，议郎张驯、韩说，太史令单扬等，奏求正定六经文字，灵帝许之。"⑦ 熹平四年春三月，灵帝诏诸儒正定五经文字，刻石立太学门外，即后世所谓熹平石经。张驯专治大夏侯《尚书》，其所董理熹平石经当为《尚书》部分，有学者以此认定熹平石经《尚书》所用底本为大夏侯本，不确。张驯《尚书》大夏侯学承师莫能确考。

---

① "宋"当作"宗"，下宋京、宋意，"宋"皆当作"宗"。
② 似有佚字，佚字当为"伯志"。
③ 《后汉书》卷 41《宋均宋意传》。
④ 《后汉书》卷 26《牟融传》。
⑤ 《后汉书》卷 79《儒林传》。
⑥ 同上。
⑦ 《后汉书》卷 60《蔡邕传》。

二　蜀地杨氏《尚书》夏侯学问题①

西汉广汉新都人杨仲续，为杨厚之高祖父，世传《尚书》夏侯学。其生卒年不详，《后汉书注》引《益都耆旧传》说："统字仲通。曾祖父仲续，举河东方正，拜祁令，甚有德惠，人为立祠。乐益部风俗，因留家新都。代修儒学，以夏侯《尚书》相传。"② 此记杨氏传夏侯《尚书》，不别大、小。顾櫰三将杨仲续列为治大夏侯《尚书》③ 者，不知所据。毕阮《传经表》只列其治《尚书》，未详所受。

新莽末世广汉新都人杨春卿，杨统之父，生卒年不详，善图谶学，传父业，治夏侯《尚书》学。《华阳国志》记载："道德三老杨统，字仲通，新都人也。曾祖仲绩④，祁令。父春卿，为公孙述将。"⑤《后汉书》又载："杨厚……祖父春卿，善图谶学，为公孙述将。汉兵平蜀，春卿自杀。临命，戒子统曰：'吾绨袠中有先祖所传秘记，为汉家用，尔其修之。'统感父遗言……"⑥

明帝世广汉新都人杨统，杨春卿之子，杨博之父，生卒年不详，亦传祖业，治《尚书》夏侯学。《后汉书》记载：

（杨）统感父遗言，服阕，辞家从犍为、周循学习先法，又就同郡郑伯山受《河洛书》及天文推步之术。建初中，为彭城令，一州大旱，统推阴阳消伏，县界蒙泽。太守宗湛使统为郡求雨，亦即降澍。自是朝廷灾异，多以访之。统作《家法章句》及《内谶》二卷解说。位至光禄大夫，为国三老。年九十卒。⑦

————————

① 杨仲续、杨春卿祖孙二人为西汉或新莽末世人，因其夏侯学具有地域特点，便于叙述起见，故放在东汉部分一并考述之。

② 《后汉书》卷30《杨厚传注》称引。

③ 顾櫰三：《补后汉书·艺文志》卷10《经学师承》。程元敏据其后世子孙杨统、杨厚以善说阴阳灾异而名世，故将蜀地杨氏《尚书》学列为大夏侯学。其说亦不确，小夏侯学师出大夏侯，亦善说阴阳灾异。

④ 当为仲续。

⑤ 《华阳国志》卷12《广汉士女目录》。

⑥ 《后汉书》卷30《杨厚传》。

⑦ 同上。

《内谶》当为谶纬书类。杨氏世治《尚书》夏侯学，深晓阴阳五行灾异，至杨统乃杂以谶纬，以推说天变因以名家，遂作《家法章句》及《内谶》二卷，乃情理中事。

章帝、和帝世广汉新都人杨博，杨统之长子，杨厚之同父异母兄，字仲达，生卒年不详。杨博官至光禄大夫，亦应传祖业，治夏侯《尚书》学，可惜史传未见载记。仅《后汉书》杨厚本传说："统生厚。厚母初与前妻子博不相安……。博后至光禄大夫。"①

广汉新都人杨厚，一作杨序②，以兄名博推之，作厚是。字仲桓，杨统之次子，生于公元72年，卒于公元153年，享年八十二岁。少学父业，精力思述。杨厚家世相传夏侯《尚书》，本传虽无明文，然观其屡陈消救灾异之术，知其确承《尚书》夏侯学无疑。《后汉书》说：

> 杨厚……安帝永初三年，太白入斗，洛阳大水。时统为侍中，厚随在京师。朝廷以问统，统对年老耳目不明，子厚晓读图书，粗识其意。邓太后使中常侍承制问之，厚对以为"诸王子多在京师，容有非常，宜亟发遣各还本国"。太后从之，星寻灭不见。又克水退期日，皆如所言，除为中郎。太后特引见，问以图谶，厚对不合，免归。……顺帝特征，诏告郡县督促发遣。厚……因陈汉三百五十年之厄，宜蠲法改宪之道，及消伏灾异，凡五事。……及至，拜议郎，三迁为侍中……上言"今夏必盛寒，当有疾疫蝗虫之害"。是岁，果六州大蝗，疫气流行。后又连上"西北二方有兵气，宜备边寇"。车驾临当西巡，感厚言而止。至阳嘉三年，西羌寇陇右，明年，乌桓围度辽将军耿晔。永和元年，复上"京师应有水患，又当火灾，三公有免者，蛮夷当反畔"。是夏，洛阳暴水，杀千余人；至冬，承福殿灾，太尉庞参免；荆、交二州蛮夷贼杀长吏，寇城郭。又言"阴臣、近戚、妃党当受祸"，明年，宋阿母与宦者褒信侯李元等遘奸废退；后二年，中常侍张逵等复坐诬罔大将军梁商

---

① 《后汉书》卷30《杨厚传》。
② 《华阳国志》卷10《广汉士女赞》载记为"杨序"。疑为"厚"与"序"形近而至误。

专恣，悉伏诛。每有灾异，厚辄上消救之法。……教授门生，上名录者三千余人。①

常璩《华阳国志》亦载其"授门徒三千人"。② 图谶为杨氏家藏秘籍，溯自杨仲续，并以之传诸子孙，欲其为汉家用，至杨统而隆先业。杨厚又少学父业，精力思述，故年未四十即能承制对问，谥曰"文父"。

三　东汉《尚书》小夏侯学承传问题

小夏侯建，善牵引群经，循章贴句，缘饰以说。故《尚书》伏生学传至夏侯建而繁缛。小夏侯学单传张山拊，再传秦恭增师法至百万言，说《尧典》篇目十万言，解"曰若稽古帝尧"至三万言，遂至其末流之烦猥，故东汉《尚书》小夏侯学不兴。虽与欧阳、大夏侯并列三家，皆立于学官，但知名者不多见载，仅王良、郭宪、闾葵廉三人而已。兹简述如下：

新莽、光武时期东海兰陵人王良，字仲子，生卒年不详。少好学，习小夏侯《尚书》，然其学承师不详。《后汉书》本传说："王莽时，（王良）寝病不仕，教授诸生千余人。……建武六年……为大司徒司直。"③《后汉书》又说："中兴，东海王良习小夏侯《尚书》。"④ 王良弟子多达千人，足见其影响，但今知名者，仅郭宪一人而已。

新莽、光武时期汝南宋人郭宪，王良弟子，字子横，生卒年不详，曾为光武世《尚书》小夏侯学博士。《后汉书》说："少师事东海王仲子。……王莽……拜宪郎中……光武即位，求天下有道之人，乃征宪，拜博士，再迁，建武七年……为光禄勋。……谏争不合，乃伏地称眩瞀，不复言。……帝曰：'常闻关东觥觥郭子横，竟不虚也。'宪遂以病辞退，卒于家。"⑤《汝南先贤传》亦说："宪学贯秘奥，师事东海王仲子。"⑥ 郭宪为《尚书》小夏

---

① 《后汉书》卷30《杨厚传》。

② 《华阳国志》卷10《广汉士女赞》。

③ 《后汉书》卷27《王良传》。

④ 《后汉书》卷79《儒林传》。

⑤ 《后汉书》卷82《方术传》。

⑥ 王先谦：《后汉书集解》称引。

侯学博士的时间当在建武之初，不会太晚。

灵帝世人间葵廉，字仲絜，生卒年不详，里籍不详。据《隶释》① 记载，间葵廉治小夏侯《尚书》学。其事迹不见载他史。

---

① 《隶释》卷5《汉成阳令唐扶颂》。

第九章

班固《尚书》学研究

光武中兴之后的《尚书》学风上承西汉末今、古文之争的特点，欧阳、两夏侯三家今文《尚书》官学与《古文尚书》私学四家并行，相互间攻讦争胜不断。东汉《尚书》学者往往既守家法、师法，又承师多源，班固《尚书》学就体现了这种兼通的趋向。班固生活在光武至和帝之间，正值《尚书》今文、古文学大盛之际，作为有志于撰史的大家，班固不专守一家而兼通之，正体现了其通儒的学术特色。班固《尚书》学说主要体现在其所撰《汉书》称说《尚书》学的具体体例中。

第一节　班固《尚书》学承传及其称引研究

班固生活在汉代经学最为兴盛的时期，作为著史者，其眼界远比一般经学者要开阔得多，《尚书》乃"政史之纪"，经学者在诠释《尚书》时虽有谶纬化、繁琐化倾向，但仍为班固所重视。班固《尚书》学承师颇为纷杂，考之文献，或远承之于班伯。《汉书》称引《尚书》兼采今、古文，很好地体现了班固学术兼通的特色。

一　班伯《尚书》学承师问题①

班况长子班伯，生卒年不详，享年三十八岁，西汉成帝世扶风安陵人，兼通《诗》《书》。其《尚书》学兼治大、小夏侯学两家，分别受《尚书》

---

① 班伯《尚书》学虽为西汉事，系于东汉述之，是为方便统言班氏《尚书》学。

于小夏侯学者郑宽中、大夏侯学者许商。《汉书》说：

> 况生三子：伯、斿、穉。伯少受《诗》于师丹。大将军王凤荐伯宜劝学，召见宴昵殿……拜为中常侍。时，上方向学，郑宽中、张禹朝夕入说《尚书》《论语》[①] 于金华殿中，诏伯受焉。既通大义，又讲异同于许商，迁奉车都尉。数年，金华之业绝，出与王、许子弟为群，在于绮襦纨绔之间，非其好也。[②]

由此则文献可知，班伯在金华殿中受《尚书》小夏侯业，师事博士郑宽中。《汉书》又说："是时，许商为少府，师丹为光禄勋，上于是引商、丹入为光禄大夫，伯迁水衡都尉，与两师并侍中。"[③] 班伯少受《诗》于师丹，此云"两师"，则另一师指许商无疑，许商为《尚书》大夏侯博士，则知班伯亦治《尚书》大夏侯学，曾师事许商。再者，许商弟子庚齿、学望均视班伯为先进，与班伯讲异同，亦可证班伯曾师事许商。在金华殿中，班伯通小夏侯学大义后，曾讲异同于许商，自然要涉猎大夏侯学无疑，或自此便称许商为师。

《尚书》大、小夏侯学均重学以政用，班伯《尚书》学正体现了这一特点。《汉书》载有班伯对上问事：

> 时乘舆幄坐张画屏风，画纣醉踞妲己作长夜之乐。……因顾指画而问伯："纣为无道，至于是乎？"伯对曰："《书》云：'乃用妇人之言。'何有踞肆于朝？所谓众恶归之，不如是之甚者也。"上曰："苟不若此，此图何戒？"伯曰："'沈湎于酒'，微子所以告去也。……《诗》《书》淫乱之戒，其原皆在于酒。"[④]

今传《泰誓》篇有"今殷王纣乃听其妇人之言"，《牧誓》有"今商王

---

① 金华殿授经，张禹本传说："禹任《论语》。"郑宽中为小夏侯博士，其任《尚书》无疑。
② 《汉书》卷100《叙传》。
③ 如淳注说："两师，许商、师丹。"
④ 《汉书》卷100《叙传》。

受惟妇言是用",《酒诰》载有"在今后嗣王酣身，惟荒腆于酒。庶群自酒，腥闻在上，故天降丧于殷"。又《无逸》有"无若殷王受之迷乱，酗于酒德哉!"班伯据《尚书》义说"淫乱之原皆在于酒"以戒上，其以《尚书》为用，可见于此。

班伯《尚书》学下授不详。程元敏先生认为班伯："庭以授固，孟坚因兼通二夏侯两宗之学焉。"① 其说非是。班伯早卒，享年仅三十八岁，为西汉成帝时期人，班固生于公元 32 年，成帝卒年在公元前 7 年，二者相距四十余年，故班伯"庭以授固"实不可能，其说不符合史实。揣测之，班伯与班固之间当有家学相承传，但班固非亲炙于班伯。

二 班固承传《尚书》诸学问题

班固，班伯之弟班穉之孙，班彪之子，字孟坚，生于公元 32 年，卒于公元 92 年，享年六十一岁，东汉扶风安陵人。班固博贯载籍，九流百家之言无不穷究，所学无常师，不为章句，举大义而已。《后汉书》说："中兴以来，通儒达士班固、贾逵、郑兴父子。"② 范晔以班固为东汉初期三通儒之一，其说正体现了班孟坚之学的总特点。班固撰作不朽断代史著《汉书》，撰集囊括五经诸家之义的《白虎通义》，二著均体现了其上述治学特色。《汉书》说：

> 班彪有子曰固。……永平中为郎，典校秘书，专笃志于博学，以著述为业。……固以为唐、虞、三代，《诗》《书》所及，世有典籍，故虽尧舜之盛必有典、谟之篇，然后扬名于后世，冠德于百王。……汉绍尧运，以建帝业，至于六世，史臣乃追述功德，私作本纪，编于百王之末，侧于秦、项之列。太初以后，缺而不录。故探纂前记，缀辑所闻，以述《汉书》。……综其行事，旁贯五经，上下洽通，为春秋考纪、表、志、传，凡百篇。③

---

① 程元敏：《尚书学史》，第 605 页。
② 《后汉书》卷 64《卢植传》。
③ 《汉书》卷 100《叙传》。

此则文献说明，班固撰作《汉书》正续《尚书》记史之例。《后汉书》又说："天子合诸儒讲论五经，作《白虎通德论》，令固撰集其事。"① 撰集工作非简单记述而已，自有抉择、编次、兼顾等逐项内容，更需要有很强的判断能力，非兼通诸派之学者不能担承此任。令班固撰集诸儒所论，正说明班固具有全面掌控五经诸学的能力。

班固本传言其"学无常师"，这可以从其所撰《汉书》称引《尚书》学的情况窥探一二。其《汉书》引西汉《尚书》学者，除大、小两夏侯外，又有欧阳学者，偶更引伏生弟子晁错说，又不弃古文说。其所撰集《白虎通义》，《尚书大传》《古文尚书》欧阳学、两夏侯学，诸学皆兼而引之，正体现了其"所学无常师"的特点。

班固《尚书》学不为繁细章句，多说经举大义而已。班固所体现的此一学风是针对西汉末东汉初《尚书》今文章句流于繁文浮辞、丛碎无用的弊端而进行的求变之举。桓谭《新论》说："秦近君②能说《尧典》篇目两字之说至十余万言，但说'曰若稽古'，三万言。"③ 《文心雕龙》亦说："若秦延君之注《尧典》十余万字，朱普之解《尚书》三十万言，所以通人恶烦，羞学章句。"④《汉书》说："张山拊事小夏侯建为博士，授……信都秦恭延君。……恭增师法至百万言。"⑤ 秦恭延君，为小夏侯学之再传，朱普，为欧阳高之三传，二者皆为治今文章句繁缛之显例。治经在于致用，此一时期的《尚书》今文经学繁文浮辞，已远离经世致用的初衷，沦为无用之学，不容不变，是以班氏改之。班固在其《艺文志·六艺略》之《总叙》中对此种倾向有更为准确的论议：

> 古之学者耕且养，三年而通一艺，存其大体，玩经文而已，是故日用少而畜德多，三十而五经立也。后世经传既已乖离，博学者又不思多闻阙疑之义，而务碎义逃难，便辞巧说，破坏形体；说五字之文，至于

---

① 《后汉书》卷40《班彪传》。
② "近君"当为"延君"之误。
③ 《新论》卷上《正经》。
④ 《文心雕龙》卷4《论说》。
⑤ 《汉书》卷88《儒林传》。

二、三万言。后进弥以驰逐，故幼童而守一艺，白首而后能言。安其所习，毁所不见，终以自蔽。此学者之大患也。①

三 《汉书》称说《尚书》篇目、体例问题

班固曾典校秘书，当能见到中秘所藏《尚书》各种传本及其传记。据笔者统计，《汉书》直接或间接称引《尚书》本经或说义者，涉及伏生今文二十九篇中的二十四篇，即《尧典》《皋陶谟》《禹贡》《甘誓》《汤誓》《盘庚》《高宗肜日》《微子》《牧誓》《洪范》《金縢》《大诰》《康诰》《召诰》《洛诰》《无逸》《君奭》《多方》《立政》《顾命》《康王之诰》《吕刑》《文侯之命》《秦誓》，仅有《西伯戡黎》《酒诰》《梓材》《多士》《费誓》五篇未见称引。逸《书》十六篇见引《汉书》者，有《伊训》《泰誓》《武成》《嘉禾》四篇，其余十二篇不见称引。此外，还多次称引《书序》。

《汉书》引用《尚书》本经或说义之体例，概而论之，计为如下七条：

一为照录《尚书》本经原文。如《汉书》照录《洪范》全经入《五行志》，几尽录《禹贡》全经入《地理志》等。《食货志》起首说："《洪范》八政，一曰食，二曰货。"此为直引《洪范》本经以明作《食货志》之所本。《郊祀志》起首说："《洪范》八政，三曰祀。"此为引《洪范》本经以明作《郊祀志》之所本。《礼乐志》引《尧典》说："故帝舜命夔曰：'女典乐，教胄子，直而温……八音克谐'，此之谓也。"又直引《尧典》本经"击石拊石，百兽率舞"文。《刑法志》说："《洪范》曰：'天子作民父母，为天下王。'圣人取类以正名，而谓君为父母，明仁爱德让，王道之本也。……故制礼以崇敬，作刑以明威也。"此为班氏直引《洪范》本经以明制礼作刑乃为王道之本。《刑法志》说："《书》云'天秩有礼，天讨有罪'，故圣人因天秩而制五礼，因天讨而作五刑。"此为班氏直引《皋陶谟》本经以明人君依天理制五刑之义。《刑法志》说："《书》云'伯夷降典，悊民惟刑'，言制礼以止刑，犹堤之防溢水也。"此为班氏直引《吕刑》本经以明制礼以止刑之义，等等。

二为用训诂字改《尚书》经字。如《郊祀志》引《尧典》将"肆觐东

---

① 《汉书》卷30《艺文志》。

后"改为"遂见东后";《律历志》引《尧典》将"庶绩咸熙"改为"众功皆美";《地理志》引《禹贡》将"济、河惟兖州"改为"沛、河惟兖州",将"达于济"改为"达于沛",将"厥篚织文"改为"厥棐织文",等等。

三为用意译法改写《尚书》经文。如《百官公卿表》说:"唐、虞之际,命羲和四子顺天文,授民时。"此实系用意译法改写《尧典》经文"乃命羲和,钦若昊天;历象日月星辰,敬授人时"。再如《刑法志》说"穆王眊荒,命甫侯度时作刑,以诘四方"。实系用意译法改写《吕刑》本经"惟吕命,王享国百年,耄荒;度作刑以诘四方"。

四为在引文中增插注释。如《尧典》有"岱宗""南岳""西岳""北岳",《郊祀志》注释说"岱宗,泰山也""南岳,衡山也""西岳,华山也""北岳,恒山也"①。

五为出己意解经,举大义而已。如《食货志》说:"禹平洪水,定九州,制土田,各因所生远近,赋入贡棐,懋迁有无,万国作乂。"② 此为班固称说《禹贡》义以明赋贡、贸易之要。禹定九州,根据各州土壤肥瘠、生产贡物品类多寡而制赋贡,并非各以所生远近贡输,班孟坚出己意解经,此正其不为章句、治经求通大义之举。《五行志》说:"刘歆以为:禹治洪水,赐《洛书》,法而陈之,《洪范》是也。……'初一曰五行……威用六极',凡此六十五字,皆《洛书》本文,所谓天乃锡禹大法九章常事所次者也。"③ 刘歆谓天锡禹《洛书》,禹取之而陈《洪范》九畴,班氏直引《洪范》本经六十五字,并认此六十五字载于天赐之《洛书》。前无此说,班氏实开后世"图书"之学。

六为以特定术语代指《尚书》事。如《礼乐志》说:"国子者,卿大夫之子弟也,皆学歌九德。"④ "九德"出自《皋陶谟》本经,此处用"九德"代指五帝之乐教。

七为在称引中删减《尚书》本经。如《禹贡》有"厥土黑坟,厥草维

① 《汉书》卷25《郊祀志》。
② 《汉书》卷24《食货志》。
③ 《汉书》卷27《五行志》。
④ 《汉书》卷22《礼乐志》。

绦，厥木惟条"，《地理志》减并称引为"厥土黑坟，中绦木条"。①《禹贡》有"莜荡既敷，厥草惟夭，厥木惟乔"，《地理志》减并后二句为"中夭木乔"。《禹贡》有"厥田维上中，厥赋中中，厥贡维土五色"，《地理志》减并为"田上中，赋中中，贡土五色"，等等。

四　班固著史多称引《尚书》今文，偶尔兼用古文经问题

班固所撰《汉书》各传引《尚书》多用今文经。《汉书·刘向传》说："毋若殷王纣。"段玉裁《古文尚书撰异》说："'无'作'毋'、'受'作'纣'者，今文《尚书》然也。凡《古文尚书》'受'字，《今文》皆作'纣'；古文不言'纣'，今文不言'受'。"其说是，班氏此处用《尚书》今文。《汉书·车千秋传》说："毋偏毋党。"《汉书·谷永传》说："毋逸于游田。"汉石经用《尚书》今文本，汉石经《尚书》残字有："毋逸于遊田。"毋，今文；无，古文。作"毋"者为今文本，班固此处用今文。《谷永传》说："俊艾在官。"汉石经残字有《洪范》文"艾用三德"，《皋陶谟》说："俊乂在官"。"艾"，今文；"乂"，古文，《谷永传》用今文。

班固所撰《汉书》亦兼引用《古文尚书》。如《五行志》说："鲧陻洪水。"汉石经残字"洪"作"鸿"，知"鸿"为今文，"洪"为古文，班氏此处用古文。《律历志》说："故《顾命》曰：'惟四月，哉生霸。'"今传《顾命》说："惟四月，哉生魄。""霸"，古文；"魄"，今文，班氏此处用古文。《季布传赞》说："困彘奴僇。"今传《甘誓》说："予则孥戮汝。""僇"，古文；"戮"，今文，班氏此处用古文。《汉书·武帝纪》说："海外肃眘。"今传《贿肃慎之命》之《书序》说："肃慎来贺。""眘"，古文；"慎"，今文，班氏此处用古文，等等。

第二节　班固《尚书》学说研究

班固《尚书》学说主要体现在其所撰《汉书》称说《尚书》学的具体内容中。前人对此亦多有研究，如周少豪的专著《汉书引尚书研究》、骆文

琦的硕士论文《汉书引尚书说考征》、刘璇的硕士论文《两汉书引尚书研究》，等等。在诸成果的基础上，试考述之：

一　班固撰史兼用今、古文说义问题

班固撰作《地理志》多引《古文尚书》义，兼存今文家说。《地理志》开卷说："水土既平，更制九州，列五服，任土作《贡》。"① 此为班氏据《禹贡》之《书序》"禹别九州，随山浚川，任土作贡"并参《皋陶谟》本经"弼成五服"以及《禹贡》本经"九州服贡"文义，以明作《地理志》之所本。《地理志》直引《禹贡》本经"禹敷土，……锡圭告成"全文后，更记本朝行政区域说："汉兴……至武帝……南置交址，北置朔方之州，兼徐、梁、幽、并夏周之制，改雍曰梁，改梁曰益，凡十三部，置刺史。先王之迹既远，地名又数改易，是以采获旧闻，考迹《诗》《书》，推表山川，以缀《禹贡》《周官》《春秋》，下及战国、秦、汉焉。"② 此为班氏考《诗》《书》所载，缀缉《禹贡》《周礼》《春秋》经传所著之古地望，③ 以考征今古山川之名及其改易之沿革。

《地理志》多据《禹贡》古文家说，并以之证汉代山川。如：右扶风：汧，班固自注说："吴山在西，古文以为汧山。"武功，班固自注说："太壹山，古文以为终南；垂山，古文以为敦物。"颍川郡：密高，班固自注说："古文以崇高为外方山也。"江夏郡：竟陵，班固自注说："章山在东北，古文以为内方山。"安陆，班固自注说："横尾山在东北，古文以为陪尾山。"东海郡：下邳，班固自注说："葛峄山在西，古文以为峄阳。"会稽郡：吴，班固自注说："具区泽在西，扬州薮，古文以为震泽。"豫章郡：历陵，班固自注说："傅易山、傅易川，古文以为傅浅原。"武威郡：武威，班固自注说："休屠泽在东北，古文以为猪野泽。"张掖郡：居延，班固自注说："居延泽在东北，古文以为流沙。"班氏自注所称"古文"者，为汉《古文

---

① 《汉书》卷28《地理志》。

② 同上。

③ 《地理志》以《禹贡》考证今古山川之名，比《诗》《礼》《春秋》要多，成蓉镜《禹贡班义述自序》说："欲言《禹贡》，当先明班氏之例，《志》称《禹贡》者凡三十有八，称禹治者凡一。"计39条。

尚书》家之《禹贡》说义。陈寿祺认为，其称"古文以为"者，必古文先师说无疑；古文家之间相互转述，很难得其主名，故不能如桑钦杜林，可以直书其人。王国维亦论之说："六艺于书籍中为最尊，而古文于六艺中又自为一派，于是'古文'二字，遂由书体之名而变为学派之名。故《地理志》于《古文尚书》家说亦单谓之'古文'……所谓'古文'，非以文字言，以学派言也。"①

《地理志》引《古文尚书》家桑钦说六事，杜林说一事，均直书其人。桑钦说六事为：上党郡"屯留"下引桑钦言"绛水"，平原郡"高唐"下引桑钦言"漯水"，泰山郡"莱芜"下引桑钦言"汶水"，丹阳郡"陵阳"下引桑钦言"淮水"，张掖郡"删丹"下引桑钦言"弱水"，中山国"北新成"下引桑钦言"易水"。敦煌郡"敦煌"下引杜林以为古"瓜州"地②。

《地理志》明引《尚书》今文家说，唯见平当一事：平原郡"鬲"，班固自注说："平当以为鬲津。"陈寿祺认为，此必平当说今《尚书·禹贡》九河语，平当曾受《尚书》欧阳学于林尊，并立为《尚书》今文学博士。

班固兼治《尚书》两夏侯学，主治今文学，为何《地理志》明引《尚书》今文家说仅及平氏一事而及古文八事呢？钱大昕对此释疑说："《志》称《禹贡》某山某水者，今文、古文所同也。古文家有是说，而今文家阙不言者，则称'古文以为'以别之。若平当桑钦辈别立新义，则称名以显之。今文著于功令，人所共习，故言古文不言今文耳。"③ 钱氏此说理是。

班氏著史多用《尚书》今文说。其撰写《五行志》之体例最能体现这一特色，《五行志》每大节首引"《经》曰"，即《洪范》本经，接下引"《传》曰"，即今文伏生《洪范五行传》，《传》后即引"《说》曰"，即张生、夏侯始昌、夏侯都尉等今文家说伏《传》之文。"《说》曰"后杂陈当世多位《洪范》阴阳五行学说。班固所撰集的《白虎通义》更是全用《尚书》今文说，无一例古文说。班固承旨撰集《白虎通义》，其所引《尚书》及《尚书》义，包括引《尚书大传》近十余条，其中《考黜》篇引《尚

---

① 王国维：《观堂集林》卷7《汉书所谓古文说》。
② 此为杜伯山说《古文尚书》语。
③ 段玉裁：《古文尚书撰异》称引。

书》"三年一考，少黜以地"应为《书传》文，而字有脱漏。两引逸篇，即《爵》："《书》之逸篇曰：'厥兆天子爵，何以内也?'"社稷："《尚书》亡篇曰：'太社唯松，东社唯栢，南社唯梓，西社唯栗，北社唯槐。'"班固所引逸《尚书》直称《尚书》逸篇，而不言古文。

二　《汉书》承传《尚书》作意问题

班孟坚推尊《尚书》为信史，曾作《典引》一篇以续《尚书·尧典》篇。《后汉书》说："固又作《典引》篇，述叙汉德。"[①] 李贤注说："《典》谓《尧典》，引犹续也。汉承尧后，故述汉德以续《尧典》。"[②] 由此一例可见《尚书》对班固影响之甚。其实最能体现班固承传《尚书》者非其不朽之作《汉书》莫属。班固撰著《汉书》，其意首在承传《尚书》的记政史。章学诚说"六经皆史也"，然六经中《尚书》最为纯一无杂的史籍。故班固《汉书》说："古之王者，世有史官，君举必书，所以慎言行昭法式也。左史记言，右史记事，事为《春秋》，言为《尚书》，帝王靡不同之。"[③] 帝王靡不同之，其暗含之意是汉室也应如古代帝王设史官以记史，班固并以为其本人正可担当此一大任。班固又说："《书》者，古之号令；号令于众，其言不立具，则听受施行者弗晓。"[④] 班氏谓《尚书》为记事之政书，此一思想当源于《荀子》《史记》。《荀子·劝学》篇说："《书》者，政事之纪也。"《儒效》篇说："《书》言是其事也。"《史记·太史公自序》亦说："《书》记先王之事，故长于政。……《书》以道事。"

班孟坚著《汉书》，其意正在绍继《尚书》作意。《汉书》说："古之儒者，博学乎六艺之文。六艺者，王教之典籍，先圣所以明天道、正人伦、致至治之成法也。"[⑤] 致"至治"之成法，六经皆不如《尚书》记上古之事为可信。五经群籍，九流百家，其言虽多，然皆不如《尚书》唐虞盛世《典》《谟》史篇。班固认为《尚书》笔法是写史的成法，故他说："《书》

---

① 《后汉书》卷40《班彪传》。
② 同上。
③ 《汉书》卷30《艺文志》。
④ 同上。
⑤ 《汉书》卷88《儒林传》。

之所起远矣，至孔子纂焉，上断于尧，下讫于秦，凡百篇。"① 又说："六艺之文，《书》以广听，知之术也。"② "广听"实依据《礼记·经解》"其为人也，疏通知远，《书》教也"之义。广听，其义是说，远知古帝王之政教，以之知现今国家之施政。班固撰作《汉书》目的正在资政垂教，与孔子纂次《尚书》之目的，可谓殊途同归。

三 班固与《书序》问题

班固曾亲见中秘《书序》，并首言孔子作《书序》。《汉书·艺文志》著录有《尚书》古文经四十六卷，又自注今文说"《尚书》欧阳经三十二卷"，四十六卷、三十二卷皆各含总作一卷之《书序》。班固《艺文志》最早提出孔子撰作百篇《书序》一事："《书》之所起远矣，至孔子纂焉……凡百篇，而为之《序》，言其作意。"③

班固直接引《书序》以证史。《汉书》说："（禹）别九州，随山浚川，任土作《贡》。"④ 此为《禹贡》篇《书序》文。《汉书》说："禹……更制九州……任土作《贡》。"⑤ 其旨与《禹贡》篇《书序》同。《汉书》说："《书序》曰：'伊陟相太戊，亳有祥，桑、谷共生。'"⑥ 此为《咸乂》篇《书序》文。《艺文志》之《杂占》说："桑、谷共生，太戊以兴。"⑦ 其旨与《咸乂》篇《书序》同。《汉书》说："《书序》又曰：'高宗祭成汤，有蜚雉登鼎耳而雊。'"⑧ 此为《高宗肜日》篇《书序》文。《艺文志》之《杂占》说："雊雉登鼎，武丁为宗。"⑨ 其旨与《高宗肜日》篇《书序》同。《白虎通义》曾直接称引《泰誓叙》说："武王伐纣。"⑩ 此为节引《泰誓》篇《书序》文。

班固亦间接引《书序》以证史。《汉书》说："汤伐桀，欲迁夏社，不

---

① 《汉书》卷30《艺文志》。
② 同上。
③ 同上。
④ 《汉书》卷29《沟洫志》。
⑤ 《汉书》卷28《地理志》。
⑥ 《汉书》卷27《五行志》。
⑦ 《汉书》卷30《艺文志》。
⑧ 《汉书》卷27《五行志》。
⑨ 《汉书》卷30《艺文志》。
⑩ 《白虎通义》卷4《诛伐》。

可，作《夏社》。"① 此处为节改《夏社》篇《书序》文。《汉书》说："《书序》曰：'成汤既没，太甲元年，使伊尹作《伊训》。'"② 此为班氏据刘歆《三统历》转引《伊训》篇《书序》文。《汉书》说："故《书序》曰：'惟十有一年，武王伐纣，作《太誓》。'……《序》曰：'一月戊午，师度于孟津。'"③ 此处两"《序》曰"亦为班氏据刘歆《三统历》析引《太誓》篇《书序》文。《汉书》说："故《书序》曰：'武王克殷，以箕子归，作《洪范》。'"④ 此处为班氏据刘歆《三统历》约取《洪范》篇《书序》文。《汉书》说："故《书序》曰：'武王崩，三监畔，周公诛之。'"⑤ 此为班氏节改《大诰》篇《书序》文。

班固撰《汉书·叙传》及其论纪、表、志、传之所以作，体式模仿《书序》。《汉书》说："为春秋考纪、表、志、传，凡百篇，其叙曰：'皇矣汉祖，……述《高帝纪》第一。……第二。……'"⑥ 自"皇矣汉祖"以下诸叙皆班固自论撰《汉书》意，司马迁在叙目时说"为某事作某本纪"或"为某事作某列传"等，但班固不言"作"而改言"述"，盖避"作者之谓圣"而取"述者之谓明"之义。"述高（帝）纪"即"作《高帝纪》"，同《书序》"作《尧典》……作《文侯之命》"等同义。"述"上"皇矣汉祖……赫赫明明"述作此目之事由，亦犹《书序·尧典》上"昔在帝尧……让于虞舜"等。《汉书》叙其"八表"、叙其"十志"、叙其"七十列传"，亦远绍《书序》体例。如"篇章博举，通于上下，略差名号，九品之叙，述《古今人表》第八"；"……光演文武，《春秋》之占，咎征是举，告往知来，王事之表，述《五行志》第七"；"淮南僭狂，二子受殃，安辩而邪，赐顽以荒，敢行称乱，窘世荐亡，述《淮南衡山济北传》第十四"；等等。这些体例均前叙事由后著"述某目第几"，实仿《书序》体例无疑。

四　班固善论"洪范五行"察变问题

班固善论"洪范五行"，集西汉以"洪范五行"察变之大成。其说多见

---

① 《汉书》卷25《郊祀志》。
② 《汉书》卷21《律历志》。
③ 同上。
④ 同上。
⑤ 《汉书》卷28《地理志》。
⑥ 《汉书》卷100《叙传》。

于《五行志》五卷中，谨考班氏论"洪范五行"察变数例于下：

班固善于依伏生《洪范五行传》论灾异。伏生《洪范五行传》说："言之不从，是谓不艾，厥咎僭，厥罚恒阳，厥极忧。时则有诗妖，时则有介虫之孽，时则有犬祸，时则有口舌之痾，时则有白眚白祥。惟木沴金。"① 班固据此而论说：

> 言上号令不顺民心，虚哗愦乱，则不能治海内，失在过差，故其咎僭。僭，差也。刑罚妄加，群阴不附，则阳气胜，故其罚恒阳也。旱伤百谷，则有寇难，上下俱忧，故其极忧也。君炕阳而暴虐，臣畏刑而柑口，则怨谤之气发于謌谣，故有诗妖。介虫孽者，谓小虫有甲飞扬之类，阳气所生也，于《春秋》为螽，今谓之蝗，皆其类也。于《易·兑》为口，犬以吠守，而不可信，言气毁故有犬祸。一曰，旱岁犬多狂死及为怪，亦是也。及人，则多病口喉□者，故有口舌痾。金色白，故有白眚白祥。凡言伤者，病金气；金气病，则木沴之。其极忧者，顺之，其福曰康宁。②

《汉书》说："《史记》'周威烈王二十三年，九鼎震。金震，木动之也。是时周室衰微，刑重而虐，号令不从，以乱金气。鼎者，宗庙之宝器也。宗庙将废，宝鼎将迁，故震动也。九鼎之震，木沴金，失众甚！'"③ 此为班氏举周灾异事，依伏生《洪范五行传》而申证金沴木，为天行相克。号令不从，即伏生《洪范五行传》之"言之不从，是谓不艾"。

伏氏《洪范五行传》说："听之不聪，是谓不谋，厥咎急，厥罚恒寒，厥极贫。时则有鼓妖，时则有鱼孽，时则有豕祸，时则有耳痾，时则有黑眚黑祥；惟火沴水。"④ 班固《汉书》说：

> 言上偏听不聪，下情隔塞，则不能谋虑利害，失在严急，故其咎急也。盛冬日短，寒以杀物，政促迫，故其罚恒寒也。寒则不生百谷，上

---

① 《尚书大传》卷2《洪范五行传》。
② 《汉书》卷27《五行志中》。
③ 同上。
④ 《尚书大传》卷2《洪范五行传》。

下俱贫，故其极贫也。君严猛而闭下，臣战果而塞耳，则妄闻之气发于音声，故有鼓妖。寒气动，故有鱼孽。雨以龟为孽，龟能陆处，非极阴也；鱼去水而死，极阴之孽也。于《易·坎》为豕，豕大耳而不聪察，听气毁，故有豕祸也。①

此班氏依伏生《洪范五行传》而申证火沴水，为天行相克。

班固还依伏生《洪范五行传》评刘向、刘歆《洪范五行传》之是非。如班氏说："（歆）《说》以为于天文东方辰为龙星，故为鳞虫，于《易·兑》为羊，木为金所病，故致羊祸，与恒雨同应。此《说》非是。春与秋，气阴阳相敌，木病金盛，故能相并。唯此一事耳。祸与妖、痾、祥、眚同类，不得独异。"②《汉书》又说："歆《洪范五行传·心传》谓'貌之不恭将有鳞虫之孽，羊祸，鼻痾'，《说》异乎伏《传》及夏侯始昌《传》。"③

伏氏《洪范五行传》说："视之不明，是谓不悊，厥咎舒，厥罚恒奥，厥极疾。时则有草妖，时则有嬴虫之孽，时则有羊祸，时则有目痾，时则有赤眚赤祥；惟水沴火。"④ 班固《汉书》说：

> 言上不明，暗昧蔽惑，则不能知善恶，亲近习，长同类，亡功者受赏，有罪者不杀，百官废乱，失在舒缓，故其咎舒也。盛夏日长，暑以养物，政弛缓，故其罚恒奥也。奥则冬温，春夏不和，伤病民人，故极疾也。诛不行则霜不杀草，繇臣下则杀不以时，故有草妖。凡妖，貌则以服，言则以诗，听则以声，视则以色者，五色物之大分也，在于眚祥，故圣人以为草妖，失秉之明者也。温奥生虫，故有嬴虫之孽，谓螟腾之类当死不死，未当生而生，或多于故而为灾也。……刘歆《视传》曰："有羽虫之孽，鸡祸。"《说》以为："于天文南方喙为鸟星，故为羽虫；祸亦从羽，故为鸡。鸡于《易》自在《巽》。"《说》非是。⑤

---

① 《汉书》卷27《五行志中》。
② 同上。
③ 同上。
④ 《尚书大传》卷2《洪范五行传》。
⑤ 《汉书》卷27《五行志中》。

此为班固依伏生《洪范五行传》"蠃虫之孽，羊祸"申斥刘歆《洪范五行传》"羽虫之孽，鸡祸"之非是。班固《汉书》说：

> 成帝建始元年八月戊午，晨漏未尽三刻，有两月重见。京房《易传》曰："……晦而月见西方谓之朓，朔而月见东方谓之仄慝，仄慝则侯王其肃，朓则侯王其舒。"刘向以为朓者疾也，君舒缓则臣骄慢，故日行迟而月行疾也。仄慝者不进之意，君肃急则臣恐惧，故日行疾而月行迟，不敢迫近君也。不舒不急，以正失之者，食朔日。刘歆以为舒者侯王展意颛事，臣下促急，故月行疾也。肃者王侯缩朒不任事，臣下弛纵，故月行迟也。当春秋时，侯王率多缩朒不任事，故食二日仄慝者十八，食晦日朓者一，此其效也。考之汉家，食晦朓者三十六，终亡二日仄慝者，歆说信矣。此皆谓日月乱行者也。①

此为班氏依据汉家之说论刘向、刘歆父子诠释"肃""舒"之是非。

---

① 《汉书》卷27《五行志下》。

第十章

东汉《古文尚书》学研究

在汉代，由于古文被认为是远古圣人留下来的文字，包含着最为古老的古圣先王的智慧信息，往往能成为托古改制的理论依据，如《书》孔氏、《春秋》左氏，等等。孔壁古文的发现，使得在官方经学为主流的学术史之下，客观地存在着古文学这样一种不可忽视的学术力量，不时地冲击着当时的官方经学。因为古文经学中的典籍往往超出今文经典的范围，而且更接近上古圣王智慧的原貌，往往更能成为托古改制的凭依。任何改制行为的背后都存在着现实固有的势力在作为对立面而存在，从古圣先王那里找寻改制的理论依据，这是改制派的法宝，但对于拥有既得利益的保守派来说，既然无法否定上古圣人的智慧与天理，剩下来的就只能是怀疑改革派所提供的论据是否值得信任一条路了。汉哀帝时，已经走向衰落的汉帝国急需一种新的意识形态来振奋被动局面，刘歆拟帮助哀帝以增立古学方式托古改制，却遭到了在政治上占据极大优势的今文学博士们的集体反对，博士们以"改乱旧章，非毁先帝所立"之名不肯置对。古文学虽未得立，却催生出了托古与疑古之争。

进入东汉王朝，今文经学为迎合最高统治者虚荣心理的需要，在怪异乖奇的方向上愈走愈深，学说的谶纬化、繁琐化氛围笼罩着官学领域。而古文经学虽未立于学官，但前汉后期短暂立官的事实已为古文经学的发展造就了不少人才，古文经学平实严谨，能免除许多通经致用所引起的弊端。东汉古文诸家多为研究小学文字之士，多能以古文字学的识见实事求是地解说古文经典，以此来纠正今文浮词妄说之弊。

就《尚书》一经而言，东汉初杜林所传的漆书《古文尚书》之学为东汉《古文尚书》学的繁荣播下了种子。《后汉书》说："扶风杜林传《古文尚书》，林同郡贾逵为之作《训》，马融作《传》，郑玄注《解》，由是《古文尚书》遂显于世。"① 杜林《古文尚书》学得显于世，盖由东汉诸大儒多能精研的缘故。《古文尚书》虽未立于学官，然东汉章帝曾诏令群儒选高材生受《古文尚书》，以扶微学，广异义，并令贾逵撰《三家与古文同异》，得到了最高统治者的推崇与奖掖，实是未立而立。

第一节　东汉《古文尚书》学派流变

就《尚书》学传播情况而言，传授今文《尚书》的诸儒多有师承，可溯其家法，所以多明确可考。而《古文尚书》因出于壁崖，初不为时人所重，亦未立于学官②，故西汉除孔安国一系外，可称为学派者极少。及至东汉，古文嗣兴，今、古文之争渐成大势，最初仅为文字，后演成诠释风格之争，《古文尚书》学派遂多端并起，衍成家法、师法，在民间私相授受。试考述如下。

一　东汉《古文尚书》贾氏学承传问题

《古文尚书》学，西汉已有之，除短暂立于学官之外，一直流传于民间，若论其盛兴之时，盖当属于东汉。若论东汉《古文尚书》学的承先启后，关西扶风大儒贾逵堪居首功。贾逵九世祖贾谊年十八就能"诵《诗》属《书》"，上疏时曾引《吕刑》文，贾氏世传《古文尚书》家学亦有可能。贾逵之父贾徽受《古文尚书》学于涂恽，贾逵悉传父业，故贾逵《古文尚书》学应兼得家学及孔氏学二家。

光武世扶风平陵人贾徽，字符伯，生卒年不详，曾为颍阴令，师事涂恽，治孔氏《古文尚书》，后以之传子贾逵。《后汉书》说："（徽）从刘歆受《左氏春秋》，兼习《国语》《周官》，又受《古文尚书》于涂恽③，学

---

① 《后汉书》卷79《儒林传》。
② 仅平帝至王莽朝一度立为博士，不久即废。
③ 《汉书·儒林传》说："孔氏有《古文尚书》，孔安国以今文字读之，因以起其家。……安国……授都尉朝，朝授胶东庸生，庸生授清河胡常……常授虢徐敖，敖……授平陵涂恽。"

《毛诗》于谢曼卿，作《左氏条例》二十一篇。"① 从文献汇集来看，贾逵当兼通《尚书》今、古文学，犹有功于《古文尚书》学的行世。其字景伯，生于公元30年，卒于公元101年，享年七十二岁，《后汉书》说：

> 九世祖谊。……父徽……逵悉传父业，弱冠能诵《左氏传》及《五经》本文，以大夏侯《尚书》教授，虽为古学，兼通五家《谷梁》之说。自为儿童，常在太学……诸儒为之语曰："问事不休贾长头。"……肃宗立……特好《古文尚书》《左氏传》。建初元年，诏逵入讲。……逵数为帝言《古文尚书》与经传《尔雅》诂训相应，诏令撰《欧阳、大小夏侯尚书古文同异》。逵集为三卷，帝善之。……八年，乃诏诸儒各选高才生，受《左氏》《谷梁春秋》《古文尚书》《毛诗》，由是四经遂行于世。皆拜逵所选弟子及门生为千乘王国郎，朝夕受业黄门署，学者皆欣欣羡慕焉。……（和帝永元）八年，复为侍中……兼领秘书近署。……逵所著经传义诂及论难百万余言。②

贾逵受学于太学博士，习今文经学，故能通今文《春秋谷梁》五家说，能比较今、古文《诗》《书》学之异同，又能以大、小夏侯《尚书》教授。③ 华峤《汉后书》把贾逵列东汉"通儒"之首，说其"有赡才，能通古今学"，确是。贾逵先以大、小夏侯《尚书》授受，后又以《古文尚书》学相授，兼通今古文学，实为东汉《尚书》难得的通儒，故肃宗命其撰作《欧阳、大小夏侯尚书古文同异》三卷。建初四年，白虎观大会，集诸儒讨论经今古义，其事亦发轫于贾逵等为古学争地位的行为。《后汉书》说："肃宗诏鸿与广平王羡及诸儒楼望、成封、桓郁、贾逵等，论定五经同异于北宫白虎观。"④

贾逵《尚书》学弟子亲受业者多人，许慎最为高足。许慎弟子尹珍等亦下承孔氏《古文尚书》学。

---

① 《后汉书》卷36《贾逵传》。
② 同上。
③ 《东观汉记》比《后汉书》多一"小"字。
④ 《后汉书》卷37《丁鸿传》。

二　东汉《古文尚书》许氏学承传问题

许慎《说文自序》说"其称《书》孔氏"。① 概谓其治《尚书》主孔安国之古文。虽未明言受自贾师景伯，但其子许冲《上说文表》曾说："臣父故太尉南阁祭酒慎，本从逵受古学。"② 汝南召陵人许慎，字叔重，约生于公元58年，卒于公元148年③，享年九十一岁，性淳笃，少博学经籍，马融常推敬之，时人说："五经无双许叔重。"后从贾逵习古学，主治《古文尚书》学，兼习今文。撰有《五经异义》，今、古文兼采，又作《说文解字》十四篇，二书皆传于世。其学下授尹珍。

明帝、章帝世毋敛人尹珍，字道真，生卒年不详。从许慎学五经，理应习贾逵所传之《古文尚书》学。《华阳国志》说："明、章之世，尹珍……以生遐裔，未渐庠序，乃远从汝南许叔重受五经，又师事应世叔学图纬，通三才，还以教授，于是南域始有学焉。珍以经术选用，历尚书丞、郎、荆州刺史。"④《后汉书》亦说："桓帝时，郡人尹珍，自以生于荒裔，不知礼义，乃从汝南许慎、应奉受经书图纬。学成还乡里教授，于是南域始有学焉。珍官至荆州刺史。"⑤ 尹珍学五经于许慎，返乡教授，对诸经在南方的传播多所贡献。

安帝、顺帝时人孟生，生卒年不详，里籍亦不详，亦曾师事许慎。许冲《上说文表》说："慎前以诏书校书东观，教小黄门孟生、李喜等。"⑥《后汉书》又说："（顺帝）永建元年，代陈禅为司隶校尉，数月间，奏……中常侍……孟生、李闰等，百官侧目。"⑦ 孟生、李闰从许慎受经，当在安帝永初四年，所受何经不详，或亦有《古文尚书》之学。李闰⑧，生卒年不详，里籍亦不详，曾师事许慎，官历中黄门、常侍、中常侍、小黄门。《后汉

① 许慎：《说文解字·自序》。
② 许冲：《上说文表》，见《说文解字》，中华书局1963年版，第319—320页。
③ 陶方琦：《许君年表考》，忍庵校本。
④ 《华阳国志》卷4《南中志》。
⑤ 《后汉书》卷86《南蛮西南夷列传》。
⑥ 许冲：《上说文表》。
⑦ 《后汉书》卷58《虞诩传》。
⑧ 许冲《上说文表》载记为"李喜"。诸可宝《许君疑年录》说："闰疑即喜，或为传写之讹。"

书》传记多载李闰事迹："太后……乃博选诸儒刘珍等及博士、议郎、四府掾吏五十余人，诣东观校传记。……又诏中官近臣于东观受读经传，以教授宫人。"① 李闰从许慎受经当在此时，但所受何经不详，或亦有《古文尚书》学在内。

三　盖豫师徒《古文尚书》学承传问题

东汉盖豫、周防、周举一系《尚书》学，溯其上源亦承师不明，但治《古文尚书》学无疑。周防承师于盖豫，并下授其子周举。现将其承传情况胪列如下：

新莽、光武时人盖豫，生卒年不详，里籍不详，曾为徐州刺史，曾授周防《古文尚书》学。《后汉书》说："周防……师事徐州刺史盖豫，受《古文尚书》。"② 然遍检诸史未见载盖氏《古文尚书》学之承师。程元敏先生将其虚系于孔安国《古文尚书》下，认为盖豫、杜林、马融所受《古文尚书》，皆渊源于始师孔氏，汉家传《古文尚书》统出于孔安国，一若今文统出于伏翁③，其说理是，王莽时孔氏《尚书》曾短暂立于学官，为《尚书》孔氏学培养了不少专才。然顾栋三《经义考》说："东汉为《古文尚书》者不一家，有盖豫所传，有杜林所得，初不本于安国，而孔颖达《正义》谬称孔所传者贾逵、马融等皆是。世儒不察，见古文字即以为安国所传，亦粗疏甚矣！"④ 从近代以来各类出土文献看，特别是"清华简"的发现，周秦时期的《尚书》在两汉时期当有多个传本，上已考述，不外乎四个来源，然均未流传开来，盖豫、杜林的《古文尚书》学渊源于孔壁《古文尚书》为是。

西汉末、光武时期汝南汝阳人周防，师事徐州刺史盖豫，受《古文尚书》，生卒年不详，享年七十八岁。史载周防经明，曾撰有《尚书杂记》三十二篇，四十万言。其学下传于子周举。《后汉书》说："（防）年二六，仕郡小吏。世祖巡狩汝南，召掾史试经，防尤能诵读，拜为守丞。防以未冠谒

---

① 《后汉书》卷10《和熹邓皇后纪》。
② 《后汉书》卷79《儒林传》。
③ 程元敏：《尚书学史》，第735页。
④ 顾栋三：《经义考》卷77。

去。……太尉张禹荐补博士，稍迁陈留太守，坐法免。"① 周防所著《尚书杂记》三十二篇多至四十万言，当时可谓巨著，可与今文《尚书》类著述相比美，惜今尽佚。东汉未立《古文尚书》博士，张禹荐补周防为博士，说明周防当兼通今文《尚书》，一若孔安国为今文《尚书》博士，亦通《古文尚书》。其《尚书杂记》多至四十万言实乃今文家之繁琐风格，亦可知其确为今文《尚书》博士。

周举传父周防之业，治《古文尚书》学，字宣光，生年不详，卒于公元148年，东汉汝南汝阳人，《后汉书》本传说：

> （举）博学洽闻，为儒者所宗，故京师为之语曰"五经纵横周宣光。"阳嘉三年……拜尚书……对曰："……夫'五品不训'，责在司徒。"……永和元年……对曰："昔周公摄天子事，及薨，成王欲以公礼葬之，天为变动，及更葬以天子之礼，即有反风之应。"……拜谏议大夫。……对曰："《书》曰：'僭，恒阳若'。夫僭差无度，则言不从而下不正；阳无以制，则上扰下竭。"②

周氏家世相传《古文尚书》，周防著有四十余万言《尚书杂记》，周举亦不会太差，定乃东汉《尚书》学大家。周举对策常称引《尚书》经义，多今文家说。如其所引"五品不训"，训，今文欧阳本如此。引《洪范》议政，更是今文家风格。"更葬"周公以天子礼，有反风之应，亦出《尚书大传》今文说。故周举当兼治今文《尚书》。

四　扶风杜林《古文尚书》学承传问题

扶风《古文尚书》学派创始于杜林，下传于卫宏、徐巡二人，于是东汉《古文尚书》遂大行。今考述如下：

扶风茂陵人杜林，字伯山，生年不详，卒于公元47年。其父杜邺，西汉成帝、哀帝间为凉州刺史。杜林少好学深思，家既多书，又外氏张竦父子

---

① 《后汉书》卷79《儒林传》。
② 《后汉书》卷61《周举传》。

喜文采，杜林从张竦受学，博洽多闻，时称通儒。《后汉书》本传说：

> 光武闻林已还三铺，乃征拜侍御史，引见，问以经书、故旧及西州事，甚悦之。……京师士大夫咸推其博洽。河南郑兴、东海卫宏等皆长于古学。……济南徐巡始师事宏，后皆更受林学。林前于西州得漆书《古文尚书》一卷，常宝爱之，虽遭难困握持不离身。出以示宏等曰："林流离兵乱，常恐斯经将绝，何意东海卫子、济南徐生复能传之，是道竟不坠于地也。古文虽不合时务，然愿诸生无悔所学。"宏、巡益重之，于是古文遂行。①

《东观汉记》卷十三《杜林传》亦记杜林得漆书《古文尚书》一卷事。杜林擅长古文字学，又博洽多闻，故特好《古文尚书》。早年所得漆书一卷多存古字，故杜林以之为宝。杜林知卫宏亦长古学，亟欲得而传之，乃寄语郑兴说："使宏得林，又有以益之。"② 后来，卫宏见杜林而服，更使其弟子徐巡从杜林受业。杜林不仅以漆书示之，而且传其"道"于卫宏、徐巡。其语"常恐斯经将绝，何意东海卫子、济南徐生复能传之，是道竟不坠于地也"，这里的"斯经"，当谓《尚书》全经，故知漆书一卷非指一篇。这里的"道"，当谓《尚书》所承载之道。当时官学所立，《尚书》唯今文三家，禄利在今文，故其下文说"古文不合时务"，则所传《尚书》古文学不止一卷甚明。其学由卫宏、徐巡二儒承而传之，"由是古学大兴"，亦说明杜林《古文尚书》学所用本经当为多篇无疑。

卫宏当为光武时东海人，曾师事杜林，擅《古文尚书》学，字敬仲，生卒年不详，光武以为议郎。《后汉书》说："少与河南郑兴俱好古学。初，九江谢曼卿善《毛诗》，乃为其训。宏从曼卿受学，因作《毛诗序》，善得风雅之旨，于今传于世。后从大司空杜林更受《古文尚书》，为作《训旨》。时济南徐巡师事宏，后从林受学，亦以儒显，由是古学大兴。"③ 卫宏传杜

---

① 《后汉书》卷27《杜林传》。
② 同上。
③ 《后汉书》卷79《儒林传》。

林《古文尚书》学，并曾为之作《古文尚书训旨》，史有明载，可惜此著已佚，无以知其具体篇目、篇次及其所训何旨。

徐巡为明帝、章帝时济南人，曾先后从卫宏及杜林学《古文尚书》。其生卒年不详，《后汉书》说："东海卫宏……长于古学。……济南徐巡，始师事宏，后皆更受林学。"①《卫宏传》又说："卫宏……好古学。……后从大司空杜林更受《古文尚书》。……时济南徐巡师事宏，后从林受学，亦以儒显，由是古学大兴。"②

五　东汉《古文尚书》学承师不明问题

除上述师承可考者外，东汉还有一些承传不明的《古文尚书》学派。试考述如下：

尹敏，为光武帝、明帝时南阳堵阳人，少为诸生，初习欧阳《尚书》，后受古文，兼善《毛诗》《谷梁》《左氏春秋》。其生卒年不详。《后汉书》说：

> 建武二年，（敏）上疏陈《洪范》消灾之术。……（光武）帝以敏通经记，令校图谶，使蠲去崔发所为王莽著录次比。敏对曰："谶书非圣人所作，其中多近鄙别字，颇类世俗之辞，恐疑误后生。"帝不纳。敏因其阙文增之曰："君无口，为汉辅。"帝见而怪之。召敏问其故，敏对曰："臣见前人增损图书，敢不自量，窃幸万一。"帝深非之；虽竟不罪，而亦以此沈滞。③

尹敏最初仅习《尚书》欧阳今文学，欧阳学传伏生《尚书大传》"洪范五行"消救之术，故其能上疏陈术，并以之获得禄利。后又习《古文尚书》。光武帝命尹君对崔发为王莽著录之图谶资料进行"次比"，然尹敏主治《古文尚书》，不信图谶内学，故其敢说"谶书非圣人所作，其中多近鄙

---

① 《后汉书》卷27《杜林传》。
② 《后汉书》卷79《儒林传》。
③ 《后汉书》卷82《方术传》。

别字，颇类世俗之辞，恐疑误后生"①。其《古文尚书》学承师不明，史不见载。

周磐为汝南安成人，字坚伯，生于公元4年，卒年不详，《后汉书》说：

> （磐）少游京师，学《古文尚书》《洪范五行》《左氏传》，好礼有行，非《典》《谟》不言，诸儒宗之。……建光元年，年七十三，岁朝会集诸生，讲论终日，因令其二子曰："吾日者梦见先师东里先生②与我讲于阴堂之奥。"既而长叹："……若命终之日……编二尺四寸简，写《尧典》一篇，并刀笔各一，以置棺前，示不忘圣道。"其月望日，无病忽终。③

周磐《古文尚书》学当受之"东里先生"，然"东里先生"之学亦不晓其源。周磐非《典》《谟》不言，要求其子"编二尺四寸简，写《尧典》一篇，并刀笔各一，以置棺前"，由此可见，其笃信《尚书》学甚深。汉代《尚书》学影响之深入人心，由此可见一斑。

张楷为顺帝、桓帝时蜀郡成都人，通严氏《春秋》《古文尚书》，撰有《尚书注》，门徒常百人。其生卒年不详，享年七十岁，《后汉书》本传说："（楷）……性好道术，能作五里雾。……桓帝即位，（裴）优遂行雾作贼，事觉被考，引楷言，从学术，楷坐系廷尉诏狱，积二年，恒讽诵经籍，作《尚书注》。"④ 周辑谢承《后汉书》亦说张楷治严氏《春秋》《古文尚书》。其《古文尚书》学承受情况不明。所作《尚书注》当为其授徒所用，虽未言古文、今文，当以古文为是。其《尚书注》后世文献未见载录，早已不传。

度尚为山阳湖陆人，字博平，生于公元117年，卒于公元166年，享年五十岁。延熹五年为荆州刺史，七年封右乡侯，迁桂阳太守，后为辽东太守。周辑谢承《后汉书》说："尚少丧父，事母至孝。通《京氏易》《古文

---

① 《后汉书》卷79《儒林传》
② 东里先生，名不详，里籍不详，当为章帝、和帝世人，授《古文尚书》于周磐。
③ 《后汉书》卷39《周磐传》。
④ 《后汉书》卷36《张楷传》。

尚书》。为吏清洁，有文武才略。"①《后汉书》又说："度尚、张邈、王考、刘儒、胡母班、秦周、蕃向、王章为'八厨'，厨者，言能以财救人者。"②其《古文尚书》学亦承师不详。

刘佑为桓帝、灵帝世中山安国人，生卒年不详，延熹四年拜尚书令，又出为河南尹，转司隶校尉，灵帝初为河南尹。周辑谢承《后汉书》说："刘佑……宗室胤绪……少修操行，学《严氏春秋》《小戴礼》《古文尚书》。仕郡为主簿……郡将为使子就佑受经，五日一试，不满呈限，白决罚，遂成学业。"③ 其《古文尚书》学亦师承不详，曾下授学徒。

刘陶为颍川颍阴人，字子奇，一名伟，生年不详，卒于公元185年，济北贞王刘勃之后。尝为太学生，从博士受今文《尚书》，为之训诂，曾撰《尚书注》；且又推三家《尚书》与古文之异同，是正文字七百余事，撰作《中文尚书》。此外，刘陶还著有《七曜论》，该著取名因《尧典》"在璇玑玉衡，以齐七政"而起，与郑玄《七政论》性质同，亦为有关《尚书》学类撰著。《后汉书》本传说："（陶）……拜谏议大夫……上疏言……天下大乱，皆由宦官。宦官事急，共谮陶。……于是收陶……掠按日急……遂闭气而死，天下莫不痛之。"④ 刘陶于东汉《尚书》学贡献颇多，不仅有正经之作《中文尚书》，亦有注释之作《尚书注》，更有传论之作《七曜论》。刘陶《尚书》学不知古今，但从其能推三家今文与古文之异同，可知其必晓《古文尚书》无疑，其学承师不明，下传三国时的士燮。

孙期为灵帝、献帝时济阴成武人，少为诸生，字仲彧，生卒年不详，习《京氏易》《古文尚书》，《后汉书》说："孙期……家贫，事母至孝，牧豕于大泽中，以奉养焉。远人从其学者皆执经垄畔以追之，里落化其仁让。"⑤孙期《古文尚书》学亦承师不详。其学下授徒众，然名籍多已难考。

---

①　谢承：《后汉书》卷3《度尚传》，《八家后汉书辑注》。
②　《后汉书》卷67《党锢传》。
③　同上。
④　《后汉书》卷57《刘陶传》。
⑤　《后汉书》卷79《儒林传》。

第二节　东汉《古文尚书》学说研究

汉代学术与政治之间的关系太过紧密，其变迁受政治变化的影响非常明显。古文经学随着王莽新朝的建立而初兴，随着其覆灭而又失去了意识形态的统治地位，但其学已成，其流已广。东汉初年，今文经学凭借着谶纬之力，虽然还占据着官学统治地位，但已渐露颓废之势。相反，古文经学则处在上升趋势，大师迭出，如贾徽、贾逵、郑兴、郑众、杜林、卫宏、陈元等，皆好古文经学，加之东汉后期马融、许慎、刘陶、郑玄等大儒的不断诠释，古文各家经学臻于极盛。其间此消彼长，乃大势所趋。

《尚书》学在汉代的发展存有今古之争是谁都无法否认的事实，二者所争并非仅限于篇目之异、文字之别、利禄所在，实乃诠释内容、阐释观点、为学方式等不同所致；若论今文学、古文学之大体，乃同源异流，二者之间又多有相通之处。经学的使命在于资政牧民，东汉诸多经学大家并未抱残守缺，执一而守终。龚自珍说：

> 伏生壁中书，实古文也，欧阳、夏侯之徒以今文读之，传诸博士，后世因曰伏生今文家之祖，此失其名也。孔壁固古文也，孔安国以今文读之，则与博士何以异？而曰孔安国古文家之祖，此又失其名也。今文、古文同出孔子之手，一为伏生之徒读之，一为孔安国读之，未读之先皆古文矣，既读之后皆今文矣。惟读者因其人不同，故其说不同，源一流二，渐至源一流百。①

其说对于两汉《尚书》今古文的承传大势可谓一语中的。虽今文家斥古文家为"颠倒五经，变乱师法"，古文家责今文家为"专己守残，党同妒真"，其实《尚书》今文、古文其源本一，并无什么不同，所以东汉《古文尚书》学派诸家多能今、古文兼通。伊敏兼习欧阳和古文两家之学，贾逵兼习欧阳、大小夏侯、古文四家之学，刘陶亦兼习欧阳、大小夏侯、古文四家

---

① 龚自珍：《大誓答问》第24。

之学，可证明龚氏所说不谬。

儒家经典早在周秦时期已经形成定本，在汉代是不允许诠释者随便更改的，但诠释经典的行为无论是在官方还是民间并没有受到限制。其实，今文经学家把他们自己的诠释看作是对圣人道统的合法继承，但并不反对古文经学在民间的传播，也并不反对古文经学家从纯粹学术视角去诠释儒家经典，他们反对的是把古文经学立于学官，反对的是古文经学的争立扰乱了圣人的道统。

一代学术折射出一代人文精神，东汉乃中国几千年封建王朝中少见的政清民纯时代，那个时代选择了儒家经学，选择了古文经学，而不是其他学术，今天看来，确有其不可替代的人文精神魅力，很是值得我们尊重。可惜的是，此一时代古文经学的全貌我们已经无法窥视，支离破碎的历史记忆是我们开展东汉古文经学研究的唯一凭借，故此一时期的《古文尚书》学说研究，只能是挂一漏万。

一　贾逵《古文尚书》说及其相关问题

贾逵《古文尚书》本经来源问题。贾逵所治《古文尚书》本经来源于孔壁本。其学可上逆推之为：

贾徽→涂恽→徐敖→胡常→庸谭→都尉朝→孔安国。

王鸣盛《尚书后案》说："逵之《书》本于涂恽，自恽溯而上之，以至安国，一脉相承，历历可指也。逵之《书》即安国之《书》明矣。"①

再者，建初中贾逵与傅毅、班固等共典校秘书，后又"兼领秘书"，前后历约二十年，必于中秘亲见中秘本《古文尚书》。贾逵所著《欧阳、大小夏侯尚书古文同异》及《尚书说》所依古文，即为中秘孔壁本。

贾逵《古文尚书》说问题。贾逵所著《欧阳、大小夏侯尚书古文同异》及《尚书说》均已佚失。通过前人辑佚，可得如下数条：贾逵释《尚书·尧典》"曰若稽古"为"顺考古道"。《三国志》说："贾、马、王皆以为顺

---

①　王鸣盛：《尚书后案》之《尚书后辨附》"贾逵传"。

考古道。"① 《册府元龟》载："王肃云：'尧顺考古道而行之。'"② 又说："贾、马及肃皆以为顺考古道。"③ 此为贾逵说《尚书·尧典》"曰若稽古"文，郑玄用谶纬义释"稽古"为"同天"，马融用贾逵义，王肃"善贾、马之学，而不好郑氏"，亦与贾逵、马融说相同。

贾逵释《尚书·酒诰》"成王若曰"为"戒成康叔以慎酒"。《释文序录》载："卫、贾以为戒成康叔以慎酒，成就人之道也，故曰成。"④ 此为贾逵说《尚书·酒诰》文，成王指周成王姬诵，非成就康王之道义，贾逵此说属于对《酒诰》本经的误解。

贾逵释"六宗"义亦不同于今文说。《太平御览》载："六宗⑤者，天地属神之尊者，谓天宗三、地宗三。天宗，日月北辰也，地宗，岱山河海也。日月为阴阳宗，北辰为星宗，岱为山宗，河为水宗，海为泽宗也。祀天则天文从，祀地则地理从也。"⑥ 《礼记正义》载："贾逵云：'天宗三，日月星也；地宗三，河海岱也。'"⑦ 两条文献字数虽有差异，但贾逵说为约减文，意旨相同，均为《古文尚书》说无疑。贾逵"六宗"说当为驳斥今文欧阳、两夏侯说而起。

另外，贾逵所奏《别录》存有《尚书》百篇次第。《尚书正义》在《尧典》大题下说："百篇次第……郑依贾氏所奏《别录》为次。"⑧ 刘向以中秘所藏孔壁《古文尚书》校今文三家本的次第，具见于其所撰《别录》中。贾逵依之，故郑玄依贾逵所奏《别录》百篇次第为其所注《尚书》的篇次。

贾逵曾称引河内本《泰誓》文。《尚书正义》在《虞书》大题下说："东汉初，贾逵奏《尚书疏》云：'流为乌'。"⑨ "流为乌"乃河内本《太

---

① 《三国志》卷4《魏书》庾峻所称引。
② 《册府元龟》卷599《学校部·侍讲》，中华书局2009年版。
③ 《经典释文》卷4《尚书音义》。
④ 《尚书正义》卷14《酒诰》。
⑤ 出自《尧典》篇，其文为"禋于六宗。"
⑥ 《太平御览》卷528《古尚书》称引《五经异义引古尚书说》。
⑦ 《礼记正义》卷47《祭义》。
⑧ 《尚书正义》卷2《尧典》。
⑨ 《尚书正义》卷2《虞书》。

誓》文，上献朝廷时被认定为"古文"，后被博士们集而读之，加入今文三家本。贾逵于中秘见而引用之，可知贾逵时河内《太誓》篇已入藏中秘，伏生原本无此篇。

贾逵在今文、古文本经用字方面有所正定，兼及古文说义。如贾逵曾校定今文《洪范》本经"驿"字当为"圛"。《诗·齐风·载驱》有"岂弟"，《笺》："《古文尚书》以弟为圛。"《诗正义》说："盖古文作悌，今文作圛，贾逵以今文校之，定以为圛，故郑依贾氏所奏，从定为圛，于古文则为悌。"

据马宗霍《说文解字引通人说考》可考知，许慎《说文解字》犧、嚳、囧、豫、陛、㠯六字下为引贾侍中《欧阳、大小夏侯尚书古文同异》残文。亞字下为贾侍中引《尚书大传》残文。其引文如下：

犧　贾侍中说："此非古字。"①

嚳　贾侍中说："嚳、穔、稽三字，皆本名。"②

囧　贾侍中说："读与明同。"③

豫　贾侍中说："不害于物，从象予声。䝞，古文。"④

陛　贾侍中说："陛，法度也。"⑤

㠯　贾侍中说："己意己实也，象形。"⑥

亞　《说文》说："亞，丑也。"段注说："《尚书大传》：'王升舟入水，鼓钟恶，观台恶，将舟恶，'郑注：'读恶为亞。亞，次也。'皆与贾说合。"⑦

贾逵曾为杜林《古文尚书》作《训》。《后汉书》说："中兴……扶风杜林传《古文尚书》，林同郡贾逵为之作《训》，马融作《传》，郑玄注《解》，由是《古文尚书》遂显于世。"⑧《释文序录》所引亦同。

---

① "犧"字见《尚书·微子》篇。
② "嚳"字见《尧典》《洪范》等篇。
③ "囧"字见《冏命》篇。
④ "豫"字见《禹贡》《洪范》《无逸》等篇。
⑤ "陛"字见《秦誓》篇。
⑥ "㠯"字见《尧典》《盘庚》等篇。
⑦ 段玉裁：《说文解字注》，第738页。
⑧ 《后汉书》卷79《儒林传》。

涂恽曾传承孔氏《古文尚书》学，又下传扶风平陵贾徽，贾徽传子贾逵，贾逵悉传父业，故贾逵在传承孔氏《古文尚书》学方面当有所贡献。再者，贾逵依刘向《别录》次第百篇《书序》，刘向《别录》依孔壁《书序》次第。贾逵奉诏撰集《欧阳、大小夏侯尚书古文同异》三卷，亦准孔壁本。《儒林传》又谓贾逵为杜本漆书本作《训》。说明贾逵即对孔氏《古文尚书》本较为熟悉，又对杜林《古文尚书》本较熟悉，则二者本经当不会有太大差异，理应为统一传本的不同抄本而已。

二　杜林《古文尚书》说及其相关问题

杜林长于小学，富有古文字学知识储备。杜林通《古文尚书》学，正需古文字学作功底。《汉书》说："杜邺……其母张敞女。邺壮，从敞子吉学问，得其家书。……邺子林，清静好古，亦有雅材。……其正文字过于邺、疎，故世言小学者由杜公。"[1]《后汉书》亦说："又外氏张疎父子喜文采，林从疎受学。"[2]《汉书》又说："《苍颉》多古字，俗师失其读，宣帝征齐人能正读者，张敞从受之，传至外孙之子杜林，为作《训故》，并列焉。"[3] 杜伯山清静好古，张氏以所长之古文字学相授，而《苍颉》多古字，故杜林著有《苍颉训纂》《苍颉故》各一篇。张氏祖孙三人与杜邺，史不载其治《尚书》，然诸人均堪称通儒，或尝习《尚书》学而以之显于世。杜林通《古文尚书》学或以家学相传，且以其富古文字之故。

（一）杜林得漆书《古文尚书》时间问题

杜伯山曾随父到过凉州刺史任所，即"客河西"。地皇三年兵乱至建武六年，杜林持丧东归故里茂陵，后杜林又曾与郑兴同寓陇右，则知杜林曾先后两次居西州。其得漆书《古文尚书》应在遇郑兴同寓陇右之前的"客河西"时。金德建说："林所谓'前于西州得漆书'句中'前'，便指父杜邺时；西州就是凉州。"[4] 杜邺曾于绥和二年哀帝即位时迁凉州刺史，建平四年免刺史，故杜林得漆书当在此四年间。此时至王莽败乱作，杜伯山已得漆

---

① 《汉书》卷85《杜邺传》。
② 《后汉书》卷27《杜林传》。
③ 《汉书》卷30《艺文志》。
④ 金德建：《经今古文字考》，齐鲁书社1986年版，第264页。

书长达二十余年，其"虽遭难困，握持不离身""每遭困阨，握抱此经"及"流离兵乱，常恐斯经将绝"，亦说明其得书应在随父杜邺到凉州刺史任所时。

（二）杜林漆书《古文尚书》本归属问题

对杜林所得漆书①《古文尚书》版本归属，前贤多有探究。兹胪列诸说如下：

杜林所得漆书为中秘所藏《古文尚书》本佚出说。主此说者有刘师培、皮锡瑞、陈汉章等学者。刘师培说："林之所得……盖安国以漆书原简献秘府，名曰《中古文》，后承大乱，秘书星散，故林得之于西州，则漆书即《中古文》。"② 皮锡瑞说："此漆书或是中秘古文，遭乱佚出者。"③ 范文澜说："案漆书古文之篇数文字，不可考见，惟传明云一卷，则至多不过二三篇，其为中古文遭乱而残编流传民间者无疑。说者竟谓漆书篇目与伏生所传者同，殆未可信。"④ 三家泛言因灾乱中秘孔壁《古文尚书》佚出，为杜林漆书之来源，此说有误，杜林得漆书远在西汉末年兵乱之前的三十余年，自孔安国家人天汉末献壁书至新莽时，并无大战乱，此间秘府《古文尚书》本不可能流散。只是到了更始三年赤眉军入京，宫室焚灭无余，才有可能流散民间。《尚书·武成》篇即亡于此际。

杜林所得漆书为孔壁《古文尚书》本说。主此说者主要是王鸣盛：

> 唐张怀瓘《书品》载林事与此略同，惟伯山作北山，末又云："灵帝时，刘陶删定古文、今文《尚书》，号《中文尚书》，以北山本为正。"……据此，知陶本亦本之于林者也。漆书即科斗……状，腹团圆似水虫之科斗。……《尚书》惟安国壁中本用科斗，则林之所得即壁中本明矣。⑤

---

① 王鸣盛：《尚书后案》说："漆书，……古无纸笔，以漆书竹简。"
② 刘师培：《汉代古文学辨诬》，《国粹学报》1907 年第 24—30 期。
③ 皮锡瑞：《经学通论》，第 54 页。
④ 范文澜：《群经概论》，第 73 页。
⑤ 王鸣盛：《尚书后案》之《尚书后辨附》"贾逵传"。

颍川刘陶推三家《尚书》及古文同异，是正文字七百余事，署名《中文尚书》，是以古文本校欧阳、二夏侯三家今文本，所据古文本当为二十九篇全本，杜林所得一卷本到底有多少篇，实难知晓，也许是全本，不知张怀瓘之说何据。

杜林所得漆书为孔壁《古文尚书》传写本说。主此说者为王国维："杜林于西州得漆书《古文尚书》一卷，此卷由来迄无可考。虽东汉之初秘府《古文尚书》已亡《武成》一篇，然杜林所得未必即秘府所亡。又西州荒裔，非齐鲁比，则此卷又不能视为西州所出。疑亦孔壁之传写本。"① 孔壁古文原本具在中秘，临写传抄虽不容易，然有其可能，再者，上献后孔氏家传抄本仍在，孔安国曾以之授徒，民间应有其抄本存在，王氏之疑为是。

杜林所得漆书为孔氏家传《古文尚书》今文译本的校定古文本说。主此说者为金德建。金德建以为孔安国家祖传《古文尚书》，至孔安国将古文译改为汉代今文隶书，而杜林漆书古文："应当就是把以前今文本（即孔译本）的文字校定成为古文本而产生的。"② 金氏所言转据今文译本，实非难信。

杜林所得漆书为伪作说。清人毛奇龄主此说，清成瓘驳斥毛氏此观点说：

> 近世毛大可奇龄右祖枚《书》，谓杜林漆文是伪作，且谓郑本五十八篇并是杜氏漆文，绝非西汉秘府之本。余谓杜所得于西州者止漆文一卷耳，何尝有五十八篇之说？唯一卷故可握持不离身，若有五十八篇，则将累然四十六卷之多且重，何能以身时时握持之，况流离兵乱时邪？……考正古字，唯杜氏为天下所宗。林又传《古文尚书》，则其本之考定字样音读故训，天下当无出其右者。哀平立学时，字样固有中古文，而音读故训未必不专藉杜氏本矣。……光武中兴，又废古学，林所嘅斯经将亡，及古文不合时务，意固谓此。幸遇卫、徐，皆好古学，其相期自有出于寻常外者。投契既深，因出向所深秘之珍，与共欣赏，情

---

① 王国维：《观堂集林》卷7《汉时诸经有传写本说》。
② 金德建：《经今古文字考》，第264页。

理之常，何烦异议？……兴与歆相得如此，歆之所立，兴必详析之，倘杜林古《尚书》与歆所立者迥异，兴能恬然受其欺乎？奇龄之言实无稽也。①

成氏驳之确然，杜林漆书绝非伪造。

杜林所得漆书本归属不确说。蒋善国说："这卷漆书，如不是民间旧藏的，就是孔壁《古文尚书》或河间献王所得的《尚书》原本的一卷，西汉末年经新莽变乱而流散到民间的。"② 杜林所得漆书为河间献王所得《尚书》原本之佚出说不可信从，杜林得漆书之前后二十余年未有战乱，不会存在佚失问题。

（三）杜林漆书《古文尚书》卷篇问题

对杜林所得漆书《古文尚书》卷篇问题，前贤亦多有探究。杜林于西州得漆书《古文尚书》一卷，此处称"卷"，依常理，写在布帛上谓之"卷"，写在竹简、木椟上谓之"篇"，故陈梦家说："此漆书称卷，知非竹简本。"③ 蒋善国亦说："此漆书是用漆黑色的墨写在纸帛上的。"④ 程元敏说："孔壁《古文尚书》写竹，但《汉志》著录称《尚书》古文经四十六卷，自注为五十七篇，是称卷不必帛本；而漆书亦可写于帛，不必定书于竹。"⑤ 众说莫衷一是，确难定论，权衡论之，以陈氏说为是。

（四）杜林《古文尚书》说义问题

杜林古文说义，史载很少，清王绍兰考得杜林《古文尚书》说义六条⑥，但其中唯《夏书·禹贡》《周书·吕刑》两条可信。另外，《说文解字》之《水部》"渭"下引"杜林说"一条。第一条：《东观汉记》载杜林上疏议郊祀故事："群臣佥荐鲧，考绩不成，九载乃殛。"⑦ 此议所据源于《尧典》"帝诤四岳，谁堪治水？佥对曰：鲧。九载，绩用弗成"及《洪范》

---

① 成瓘：《篛园日札》卷 2《读尚书偶笔》。
② 蒋善国：《尚书综述》，第 52 页。
③ 陈梦家：《尚书通论》，第 45—46 页。
④ 蒋善国：《尚书综述》，第 51 页。
⑤ 程元敏：《尚书学史》，第 739 页。
⑥ 王绍兰：《许郑学庐存稿》卷 2《漆书古文尚书考》，燕京大学图书馆 1936 年影印道光本。
⑦ 《东观汉记》卷 13《杜林传》。

"帝乃震怒，鲧则殛死"。第二条：《后汉书》载杜林奏谏从增科禁："周之五刑，不过三千。"① 此说所据源自《周书·吕刑》"……五刑之属三千。"第三条：《说文解字》载："杜林说：'渭水出陇西首阳渭首亭南谷，《夏书》以为出鸟鼠山。'"② 此说所据源自《夏书·禹贡》"导渭自鸟鼠同穴"。

（五）贾逵、马融、郑玄分别为杜林《古文尚书》作《训》《传》《注解》问题

《后汉书》说："中兴……扶风杜林传《古文尚书》，林同郡贾逵为之作《训》，马融作《传》，郑玄《注解》，由是《古文尚书》遂显于世。"③《释文序录》所引亦同。清朱彝尊《经义考》、王鸣盛《尚书后案》、简朝亮《述疏》、王先谦《尚书孔传参正》皆从其说。贾逵作《训》前已考论之。马融受业挚恂，曾典校东观，应得观中秘《古文尚书》，故其作注者应系孔壁本，若其为杜林漆书《古文尚书》作《传》，则杜林漆书本当与孔壁本相同，此恰证明杜林古文本为孔壁古文抄本无疑。郑玄《古文尚书》学初受于张恭祖，后又师事马融，其百篇次第依贾逵所奏《别录》为次，或系得自马师传授，郑玄自记其《古文尚书》之学说："我先师棘子下生安国亦好此学，卫、贾、马二三君子之业，则雅才好博，既宣之矣。"④ 棘下生当指孔安国，郑氏称美前修包括孔安国、卫宏、贾逵、马融，却并未及杜伯山，若郑玄曾为杜林漆书古文本作《注解》，则可证明杜林古文本为孔壁古文抄本之流传在民间者，卫宏、贾逵、马融所用《古文尚书》均为孔壁本之抄本。

三 卫宏、徐巡《古文尚书》说及其相关问题

（一）卫宏《古文尚书》说

卫宏传杜林《古文尚书》学，曾为之作《古文尚书训旨》，其书惜已佚失。今有姚氏著录其佚文二条，第一条是《史记》引卫宏《尧典训旨》说：

---

① 《后汉书》卷27《杜林传》。
② 《说文解字》卷12《水部》，中华书局1963年版。
③ 《后汉书》卷79《儒林传》。
④ 《尚书正义》卷2《尧典正义》称引郑玄《书赞》语。

"挚立九年，而唐侯德盛，因禅位焉。"① 第二条是《经典释文》之《酒诰》引卫宏、贾逵语："成王，戒成康叔以慎酒，成就人之道也，故曰成。"② 此外，《说文解字》"黼"字下亦有卫宏《尚书》说一条："衮衣山龙华虫。黼，画粉也，从黹从粉省。卫宏说。"③ 马宗霍说："此盖引卫宏说说形义，亦即卫宏之《尚书》学也。"④

《史记正义》引有卫宏《诏定古文尚书序》内容两条，第一条，《儒林列传正义》引之说："秦既焚书，恐天下不从所改更法，而诸生到者拜为郎，前后七百人。乃密种瓜于骊山陵谷中温处，瓜实成，诏博士、诸生说之；人言不同，乃令就视。为伏机，诸生贤儒皆至焉。方相难不决，固发机，从上填之以土，皆压，终乃无声也。"⑤《晁错传正义》引之说："征之，老不能行，遣太常掌故晁错往读之。年九十余，不能正言，言不可晓，使其女传言教错。齐人语多与颍川异，错所不知者凡十二三，略以其意属读而已。"⑥ 第二条，《汉书注》引卫宏《诏定古文尚书序》说："伏生老，不能正言，言不可晓也，使其女传言教错，齐人语多与颍川异，错所不知者凡十二三，略以其意属读而已。"⑦

（二）《史记》《汉书》所题卫宏"《古文尚书》"当为"《古文官书》"问题

《隋书》说："《古文官书》一卷，东汉议郎卫敬仲撰。"⑧《旧唐书》亦说："《诏定古文官书》一卷，卫宏撰。"⑨《新唐书》却说："卫宏《诏定古文字书》一卷。"⑩ 上述三则文献所载均同入小学类。段玉裁因之谓《史记》《汉书》所题"《古文尚书》"当为"《古文官书》"之说。⑪ 其说猝难信从。

① 《史记》卷1《五帝本纪》"索隐"，台湾商务印书馆1986年版。
② 《经典释文》卷4《尚书音义下》。
③ 《说文解字》卷7《黹部》。
④ 马宗霍：《说文解字引通人说考》，科学出版社1959年版。
⑤ 《史记正义》卷121《儒林列传正义》。
⑥ 《史记正义》卷101《晁错传正义》。
⑦ 《汉书》卷88《儒林传注》。
⑧ 《隋书》卷32《经籍志》。
⑨ 《旧唐书》卷46—47《经籍志》。
⑩ 《新唐书》卷57—60《艺文志》。
⑪ 段玉裁：《经韵楼集》卷7《卫宏官书考》，上海古籍出版社2008年版。

卫宏治《古文尚书》经学，除师事杜林外，亦曾从师于郑兴。孙诒让以为"汉卫宏"为"晋卫恒"之伪，① 其说亦无确证。唐释玄应《一切经音义》曾引卫宏《诏定古文官书》，韩愈曾亲见过，其《科斗书后记》说："贞元中，愈事董丞相幕府于汴州，识开封令服之者，阳冰子，授余以其家科斗《孝经》、汉卫宏《官书》，两部合一卷。"② 马国翰辑《古文官书》每条合录古今字，字下音反，多达数百文，确实属于古文字学著作，以《古文官书》为名确然。

（三）徐巡《古文尚书》说

徐巡从卫宏、杜林学《古文尚书》。今辑得《说文解字》引其《尚书》说二条。第一条，《说文解字》卤部㮯下："㮚，古文㮯，从西从二卤 ，徐巡说：'木至西方战㮚。'"③ 段玉裁说："盖《尧典》《皋陶谟》'宽而栗'，中古文《尚书》作㮚，而徐巡说之如此也。"④ 王国维说："㮚字由字形以说其义，与汉人诂经家法不同。盖巡本受学于杜林、卫宏，故以小学说经。"⑤ 第二条，《说文解字》"皀"部"隍"下引徐巡说："隍，凶也。"⑥ 王国维、段玉裁均以此为徐巡说《秦誓》文。

四　刘陶《古文尚书》说及其相关问题

刘陶以中秘《古文尚书》本⑦校今文欧阳、大小夏侯三家本，订正今古文本误七百余事。惠栋论之曰："俗本作三百余事，今从北宋本改正。《艺文志》曰：'刘向以中古文校三家经文，文字异者七百有余。'盖古文与今文异者本有此数，故陶从而是正也。"⑧ 蒋善国又说："他（刘陶）这部书，

---

① 孙诒让：《卫宏诏定古文官书考》，《国粹学报》1909 年第 5 卷第 6 期。

② 韩愈：《科斗书后记》，马其昶《韩昌黎文集校注》，上海古籍出版社 1986 年版，第 94—95 页。

③ 《说文解字》卷 13《1 部》。

④ 段玉裁：《说文解字注》卷 12《3 部》。

⑤ 王国维：《观堂集林》卷 7。

⑥ 《说文解字》卷 14《A 部》。

⑦ 汉之中秘，当存有《古文尚书》本。武帝末，孔氏上献朝廷，并藏于秘府的《古文尚书》，即为"中古文"。江声《尚书集注音疏》说："古文则虽入于秘府，未列学官，……故称逸《书》，亦称《中古文》。"其说是。

⑧ 惠栋：《后汉书补注》卷 13。

与贾逵的《欧阳、大小夏侯尚书古文同异》都是对于今古文作比较的研究。"① 马宗霍亦说："汉儒……释经之体……其一以字解经，如孔氏有《古文尚书》，孔安国以今文读之；……刘陶明《尚书》，推三家《尚书》及古文，是正文字三百余事，名曰《中文尚书》，皆是此例。"② 刘陶所正之举实为汉人努力复原《尚书》本经之延续，《中文尚书》乃《尚书》今、古文的校刊本，不能与《尚书》今、古文并列称之。

刘陶《尚书》学说今辑得如下七条：第一条，《后汉书》刘陶本传载刘陶曾与乐松、袁贡联名上疏说："圣王以天下耳目为视听，故能无不闻见。"③ 此为化用《尧典》"明四目，达四聪"义。第二条，《后汉书》刘陶本传载刘陶曾上疏说："（陛下）令虎豹窟于麑场，豺狼乳于春囿，斯岂唐咨禹、稷，益典朕虞，议物赋土，蒸民之意哉！"④ "唐咨禹、稷，益典朕虞"为化用《尧典》"俞，咨！禹，汝平水土。……弃，黎民阻饥，汝后稷。……俞，咨！益，汝作朕虞"义，"议物赋土"为化用《禹贡》九州田赋与贡物说，"蒸民"即指《皋陶谟》"烝民乃粒"义。第三条，《后汉书》刘陶本传载刘陶曾上议说："夫生养之道，先食后民⑤，是以先王观象育物，敬授民时。"⑥ "食""货"为《洪范》八政之二，"敬授民时"为直接引用《尧典》"敬授人⑦时"文。第四条，《后汉书》刘陶本传载刘陶曾上疏说："陛下……称号，袭常存之庆，循不易之制，目不视鸣条之事。"⑧ "鸣条之事"是指《书序》"伊尹相汤伐桀，升自陑，遂与桀战于鸣条之野，作《汤誓》"义。第五条，《后汉书》刘陶本传载刘陶曾上疏说："危非仁不扶，乱非智不救，故武丁得傅说，以消鼎雉之灾。"⑨ 武丁得傅说见于《说命》篇《书序》："高宗梦得说，使百工营求诸野，得诸傅岩。""消鼎雉之灾"其文

---

① 蒋善国：《尚书综述》，第 79 页。
② 马宗霍：《中国经学史》，第 56—57 页。
③ 《后汉书》卷 57《刘陶传》。
④ 同上。
⑤ 当作"货"字。
⑥ 《后汉书》卷 57《刘陶传》。
⑦ 当作"民"字，避唐李世民讳，卫包改为"人"字。
⑧ 《后汉书》卷 57《刘陶传》。
⑨ 同上。

来源于《高宗肜日》篇《书序》与《尚书大传》,《高宗肜日》篇《书序》:
"高宗祭成汤,有飞雉升鼎耳而雊,祖己训诸王",《尚书大传》:"武丁内反
诸己,以思先王之道,三年,编发重译来朝者六国。"第六条,《后汉书》
刘陶本传载刘陶曾上议说: "武旅有凫藻之士,皆举合时宜,动顺人道
也。"① 此为化用《泰誓》武王伐纣事,当本于《尚书大传》"惟丙午,王
还师,师乃鼓噪,师乃慆,前歌后舞"义。第七条,《后汉书》刘陶本传载
刘陶曾上议说:"议者不违农殖之本。"② "农殖"出自《吕刑》"农殖嘉
谷"。

五 许慎《古文尚书》说及其相关问题

(一)许慎兼习《尚书》今、古文学

许慎本传载记,在其少年时就已博学通经籍知名,时人称之为"五经无
双许叔重"。诸可宝说:"许君少博学经籍,皆习今文家说,本传叙时誉于
为郡功曹之前,然则不逾弱冠以后矣。"③ 高明驳诸氏说:

> "博学经籍"有二义:一言所学经籍遍及五经,故称"博"。西汉
> 经师多专一经,东汉则多兼治数经,惟贾逵、许慎、马融、郑玄数人可
> 谓遍通五经。本传所称"博学经籍"者,自有取于此义。二言所学经
> 籍遍及今、古文,故称"博"。两汉经师执持今古文之见甚深,通今文
> 者不取古文,通古文者不取今文,甚且相互诘难,纷呶不休。许君后为
> 《五经异义》,今、古文兼采,不专主一家;其为《说文解字》,以说解
> 者为篆文、古文、籀文,故引经不得不以古文为主,而亦不废今文;可
> 见其博综今古,颇为通达,其基础当奠立于少时。本传所称"博学经
> 籍"者,或亦有取于此,似未可谓其少时所学者尽为今文也。④

高氏说为是,东汉经师很多遍治五经兼习今、古文者。

---

① 《后汉书》卷57《刘陶传》。
② 同上。
③ 诸可宝:《许君疑年录》。
④ 高明:《许慎生平行迹考》,《"国立政治大学"学报》1968 年第16—17 期。

（二）许慎从贾逵习《古文尚书》学问题

许慎曾从贾逵问学，虽专习《古文尚书》学，然从学之前，于《古文尚书》未必毫无根柢。许冲说："臣父故太尉南阁祭酒慎，本从逵受古学。"① 贾逵本传亦载记，章帝建初八年，曾诏贾逵选高才生受《左传》《古文尚书》，此时许慎年约二十六岁，许慎从贾逵受《古文尚书》当在此年及其之后。

（三）许慎撰作《五经异义》亦兼采今、古文

许慎撰作《五经异义》当在建初四年诸儒讲论五经同异于白虎观之后，东汉经学官立博士拘于师法、家法，论学往往党同伐异，门户之见甚深。东汉古文家力革此弊，故许慎撰作《五经异义》引经说遍及群经，皆今、古文家说并陈。《五经异义》久佚，陈寿祺辑有其佚文并进行了疏证②。《五经异义》引《尚书》说主《古文尚书》说者有如下八条：

> 《今尚书欧阳说》："春曰昊天，夏曰苍天，秋曰旻天，冬曰上天：总为皇天。"《尔雅》亦然。《古尚书说》云："天有五号，各用所宜称之：尊而君之则曰皇天，元气广大别称昊天，仁覆愍下则称旻天，自上监下则称上天，据远视之苍苍然则称苍天。"（许慎）谨案③：《尚书》"尧命羲和，钦若昊天"，总敕四时，知昊天不独春。《春秋左氏》曰："夏四月己丑，孔子卒，称'昊天不吊'，时非秋天。"④

> 《今欧阳、夏侯说》："六宗者，上不及天，下不及地，旁不及四时，居中央恍惚无有，神助阴阳变化，有益于人，故郊天并祭之。"《古尚书说》："六宗，天地神之尊者，谓天宗三，地宗三。天宗日、月、星辰，地宗岱山、河、海。日月为阴阳宗，北辰为星宗，岱为山宗，河为水宗，海为泽宗。祀天则天文从祀，祀地则地理从祀。"（许慎）谨案：《夏侯、欧阳说》云"宗实一而有六，名实不相应。《春秋》鲁郊祭三望，言郊天日、月、星、河、海、岱凡六宗。鲁下天子，不祭

---

① 许冲：《上说文表》。
② 陈寿祺：《五经异义疏证·自序》。
③ "谨案"为许慎语，下同。
④ 陈寿祺：《五经异义疏证》卷上"天号"。

日、月、星，但祭其分野星国中山川，故言三望、六宗，与《古书说》同。"①

《今文尚书说》："肝，木也；心，火也；脾，土也；肺，金也；肾，水也。"《古尚书说》："脾，木也；肺，火也；心，土也；肝，金也；肾，水也。"许慎案：《月令》"春祭脾，夏祭肺，季夏祭心，秋祭肝，冬祭肾。"与《古尚书》同。②

《今戴礼说》："男子阳也成于阴，故二十而冠。"《古尚书说》云："武王崩时，成王年十三。后一年，管蔡作乱，周公东辟之。王与大夫尽弁，以开金縢之书，时成王年十四，明知已冠矣。"③

周公居东，岁大风，王与大夫冠弁，开金縢之书，成王年十四丧冠也。④

《诗鲁说》丞相匡衡以为：殷中宗、周成宣王皆以时毁。《古文尚书说》："经称中宗，明其庙宗而不毁。"（许慎）谨案：《春秋公羊》御史大夫贡禹说："王者宗有德，庙不毁；宗而复毁，非尊德之义。"⑤

《今尚书夏侯、欧阳说》："类，祭天名也。以事类祭之奈何？天位在南方，就南郊祭之是也。"《古尚书说》："非时祭天谓之类，言以事类告也。肆类于上帝，时舜告摄，非常祭。"许慎谨案：《周礼》郊天无言类者，知类非常祭；从《古尚书说》。⑥

《今尚书欧阳、夏侯说》："中国方五千里。"《古尚书说》："五服方五千里，相距万里。"许慎谨案：以今汉地考之，自黑水至东海，衡山之阳至于朔方，经略万里；从《古尚书说》。⑦

《五经异义》引《尚书》说主今文《尚书》说者仅辑有如下二条：

---

① 陈寿祺：《五经异义疏证》卷上"六宗"。
② 陈寿祺：《五经异义疏证》卷下"五脏所属"。
③ 陈寿祺：《五经异义疏证》卷下"冠龄"。
④ 同上。
⑤ 陈寿祺：《五经异义疏证》卷上"宗不复毁"。
⑥ 陈寿祺：《五经异义疏证》卷上"类祭"。
⑦ 陈寿祺：《五经异义疏证》卷下"中国里数"。

今《戴礼》《尚书欧阳说》云："九族乃异姓有亲属者。父族四：五属之内为一族，父女昆弟适人者与其子为一族，己女昆弟适人者与其子为一族，己之女子子适人者与其子为一族；母族三：母之父姓为一族，母之母姓为一族，母女昆弟适人者与其子为一族；妻族二：妻之父姓为一族，妻之母姓为一族。"《古尚书说》："九族者，从高祖至玄孙凡九，皆同姓。"（许慎）谨案：《礼》缌麻：三月以上服，恩之所及。《礼》：为妻父母有服。明在九族中；九族不得但施于同姓。①

《今尚书夏侯、欧阳说》："天子三公，一曰司徒，二曰司马，三曰司空。"……《古周礼说》："天子立三公，曰太师、太傅、太保，无官属，与王同职，故曰'坐而论道'谓之三公。"（许慎）谨案：周公为傅，召公为保，太公为师；无为司徒、司空文。知师、保、傅三公，官名也。五帝三王不同物，此周之制也。②

陈氏《五经异义疏证》说："《大戴礼·保傅篇》卢《注》'《今尚书》说三公，司马、司徒、司空也。《古尚书》及《周礼》与此文同。'卢氏此注，当亦本《异义》。"

（四）许慎《说文解字》兼采今、古文《尚书》说问题

许慎治经主古文，其《说文解字》引《尚书》主孔安国《古文尚书》学。许慎在其《说文自叙》中说：

时有六书：一曰古文，孔子壁中书也。二曰奇字，即古文而异者也。……鲁恭王坏孔子宅而得《礼记》《尚书》……又北平侯张苍献《春秋左氏传》，郡国亦往往于山川得鼎彝，其铭即诗代之古文。……其称《易孟氏》《书孔氏》……皆古文也。③

由此可推知，许慎所谓古文见于说文引《尚书》者，一来自孔壁书，

---

① 陈寿祺：《五经异义疏证》卷下"九族"。
② 陈寿祺：《五经异义疏证》卷下"三公"。
③ 许慎：《说文解字·自序》。

二来自古文奇字，三来自前代彝铭，而以壁中古文书为最要。故段玉裁说："孔氏者，许《书》学之宗也。"① 孔安国、司马迁、都尉朝、庸谭、胡常、徐敖、王璜、涂恽、桑钦、贾徽、杜林、卫宏、徐巡、贾逵等皆许慎之前的《古文尚书》学家，皆主《尚书》孔氏。司马迁《史记》兼采今、古文，又每以训诂字代本经字，亦主壁中《尚书》；卫宏《尚书训旨》、徐巡《古文尚书说》今佚，仅有少量残存，源自《尚书》孔氏无疑；贾逵所作《欧阳、大小夏侯尚书古文同异》虽非章句训解之作，但也应以《尚书》孔氏本为参照本，故许慎《尚书》说之所宗本为孔壁《古文尚书》抄本无疑。《说文解字》于"陛"下引徐、贾说各一条，谓此许本续徐、贾，又于"黺"下暗用《皋陶谟》文，引卫宏说"衮衣山龙华虫，黺，画粉也。从黹，从粉省"。他者则无所考。

据笔者统计：《说文解字》十四篇引《尚书》一百五十九次，多为《古文尚书》经字，先立本字作篆体，下引《尚书》经文，《尚书》经文为孔壁《古文尚书》，篆体与之一致，亦为壁中《尚书》，即将古文译为篆字。此类凡一二七字，如："訧，罪也。从言，尤声。《周书》曰：'报以庶訧。'"② 也有今文《尚书》经字的情况，先立本字作篆体，下引《尚书》经文，引《尚书》字与所立篆字异，《尚书》字有孔壁古文，说明所立篆字为今文。此类凡八字，如："蚍"，《说文》引《夏书》说："蟰，《夏书》'蚍从虫宾'。"③逸《书》十六篇未见称引，盖因前无师说可承，难以通读。贾、马、郑等《古文尚书》大家只注说与伏本相同的二十九篇，而于多出伏本的十六篇不为注说，许慎亦然，其《说文》引《尚书》皆在二十九篇之内。

许慎《说文解字》称引《尚书》经文多与今传《孔传》说义相同。如：《说文》"牿"下说："牛马牢也。"《孔传》有："今军人惟大放舍牿牢之牛马。"释"牿"为"牢"，许说与《孔传》同。再如，《说文》"谝"下说："便巧言也。"《孔传》有："惟察察便巧，善为辩佞之言。""便巧"二字，许说与《孔传》相同。

① 段玉裁：《说文解字注》卷15上，第24页。
② 许慎：《说文解字》卷3《言部》。
③ 许慎：《说文解字》卷1《玉部》。

　　《说文解字》所征引的古文与三体石经所录《尚书》古文形同形近之字，计有以下四十四字：帝、南、典、栗、拜、弼、五、禹、金、革、事、网、及、用、敢、工、乃、韦、日、游、绍、君、远、后、嗣、卜、庸、智、奭、鹳、平、乘、扈、时、明、惠、彝、陟、成、商、多、克、宅、慎等，分别出自《尧典》《皋陶谟》《金滕》《多士》《无逸》《君奭》《多方》七篇。

第十一章

东汉《尚书》孔氏家学研究

自孔子开创《尚书》学以后，《尚书》学便沿着两条线索向前发展，一条由孔子众多《尚书》学弟子及其后儒将之推向社会，发展到汉武帝时一跃而为《尚书》今文官学，上升为封建社会的主流意识形态；一条为孔子后裔世代相承的《尚书》孔氏家学，发展成为汉代民间《古文尚书》学的主流，至东汉而大兴。汉代《古文尚书》孔氏家学对《尚书》学发展的主线起着辅助和支撑作用，在两汉学术史上具有重要意义。由于受《孔丛子》《孔子家语》和《尚书孔传》等所谓"伪书"公案及疑古思想的影响，长期以来人们对两汉《尚书》孔氏家学缺乏深入研究。李学勤先生率先使用"汉魏孔氏家学"之名，并认为："《孔丛子》很可能陆续成于孔安国、孔僖、孔季彦、孔猛等孔氏学者之手，有着很长的编纂、改动、增补的过程，是汉魏孔氏家学的产物。"① 黄怀信先生逐篇分析了《孔丛子》的材料来源，认为《孔丛子》为孔子后裔数代人的作品而非王肃所伪造，其中有关孔子《论书》等前四章当为先秦时期的材料，并认定孔扶（孔仲渊）是今传本《孔丛子》的最后编订者，将最终编订时间推定在："东汉桓帝永康元年（公元167年）至灵帝建宁元年（公元168年）之间。"②

上博楚简材料面世后，李存山先生根据上博简中的《孔子诗论》与传世文献《孔丛子·记义》中孔子论诗的材料，通过比勘认为："《孔丛子》

---

① 李学勤：《竹简〈家语〉与汉魏孔氏家学》，《孔子研究》1987年第2期，第64页。

② 黄怀信：《〈孔丛子〉的时代与作者》，《西北大学学报》（哲学社会科学版）1987年第1期，第37页。

六卷当出自汉魏孔氏家学。"① 这些成果为东汉《尚书》孔氏家学的研究奠定了前期基础。在诸前贤研究基础上，我们尝试作以下考论。

第一节 东汉孔子后裔世系考辨

东汉时期的《尚书》孔氏家学来源于前汉孔氏家学。《汉书》载："孔氏有《古文尚书》，孔安国以今文字读之，因以起其家。"② 《后汉书》载："自安国以下，世传《古文尚书》《毛诗》。……僖二子长彦、季彦，长彦好章句学，季彦守其家业。"③ 《后汉书》又载："孔昱，字符世，鲁国鲁人也……少习家学。"④《孔丛子》载："长彦、季彦家有先人遗书，兄弟相勉，讽诵不倦。长彦颇随时，为今学，季彦壹守家业，兼修《史》《汉》，不好诸家之书。"⑤ 这些都是正史明载孔氏有《古文尚书》《毛诗》家学的重要资料，是我们研究东汉《尚书》孔氏家学的重要依据。

同西汉《尚书》孔氏家学研究一样，我们仍从孔子后裔的世系开始。有关东汉孔子后裔世系的材料，除前面所提各种书籍文献之外，还有洪适《隶释》《隶续》所录存的部分汉碑，以及今山东曲阜所存的部分汉碑。今参酌各书与汉碑资料，对东汉孔子后裔世系，即孔子第十八代孙至第二十二代孙的世次进行考辨，仍以子顺之三子孔鲋子鱼、孔腾子襄、孔袖子文为序，以承接前文所考定的西汉孔子后裔世系。

一 孔鲋子鱼之后

孔鲋子鱼的后裔，我们据《王莽传》"殷后宋公孔弘运转次移，更封为章昭侯"排至孔弘，孔弘当为孔子第十八代孙。孔弘以下世系见于史籍者仅有一条，即《后汉书》所载："建武五年二月壬申，封殷后孔安为殷绍嘉

---

① 李存山：《〈孔丛子〉中的"孔子诗论"》，《孔子研究》2003 年第 3 期，第 8 页。
② 《汉书》卷 88《孔安国传》。
③ 《后汉书》卷 67《党锢列传》。
④ 同上。
⑤ 《孔丛子》卷 7《连丛子下》。

公。"① 孔安必为孔弘后人。王莽始建国元年至建武五年约二十年，按时间推算，孔安当为孔弘之子，故我们排定孔安为孔子第十九代孙②，属于孔鲋子鱼世系。

二　孔腾子襄之后

参考黄怀信师考辨，我们前编考定司马迁将子顺之中子孔腾子襄与《家语后序》所载孔蕣之次子名襄字子士后更名让者误成一人，又将孔腾子襄之子孔忠与孔蕣之次子孔襄之子子忠误成一人，遂使实为孔顺第三子孔祔子文之后的孔武与孔安国两支均成了中子孔腾子襄之后。故孔武与孔安国两支在东汉的后裔也均列为中子之后。如果将此错误纠正过来，子顺中子孔腾子襄之后实际上自孔忠以下就已无考。

三　孔祔子文之后

子顺之小子孔祔子文之长孙孔臧一支，前编我们已经排定孔宣为孔臧之后，为孔子十三代孙，《连丛子》又载：

> 臧子琳……琳子黄，其德不修失侯爵，大司徒光以其祖有功德而邑土废绝，分所食邑三百户封黄弟茂关内侯。茂子子国生子卬……子卬生仲骓……仲骓生子立，善《诗》《书》。少游京师，与刘歆友善……子元生子建，与崔义幼相善，长相亲也。义仕王莽为建新大尹，数以世利劝子建仕。子建答曰"吾有布衣之心，子有衮冕之志，各从所好，不亦善乎！"③

此处"子国"应是指孔安国无疑，但此载记多有矛盾之处，孔臧之孙孔茂与孔光同时，孔光与刘歆为同时代人，则孔茂当亦与刘歆为同一时代人，孔茂四代孙孔子立与刘歆友善，是不可能的事，孔子立之孙孔子建不仕

---

① 《后汉书》卷1《光武帝纪》。
② 《孔子世家谱》将孔安列为孔子第十六代孙，其说误。
③ 《孔丛子》卷7《连丛子》之《叙世》篇。

王莽，亦再说孔子建也与刘歆为同一时代人，祖孙七代均与王莽同时，显然是荒唐的。故《连丛子》将子国叙为孔茂之子是错误的。孔臧一支在第五代之后就已失载，因而东汉子臧一支世系已无考。

排除孔臧一支世系后，孔衬子文之后人，在东汉时期就只剩下孔襄之后待考。前编已经考定，孔襄之后分为孔武和孔安国二支，而孔武一支，到三代孙孔霸又有四子，分为四支，即长子孔福嗣关内侯，次子孔捷、孔捷弟孔喜皆列校尉诸曹，少子为孔光。孔光、孔喜后裔文献无载，世系不可考。故可考者唯长子孔福、次子孔捷二支。

1. 孔武之孙孔霸长子孔福一支

《孔子世家谱》载："汉成帝时，（孔福）嗣关内侯，年六十三卒，葬祖墓北。子二，房、某。"① 孔福长子孔房一支，西汉部分已序至第十八代孔房之子孔莽。东汉部分考述如下：

《汉书》载："元始元年，（孔）莽更封为褒成侯，后避王莽，更名均。"② 《后汉书》载："建武十四年夏四月辛巳，封孔子后志为褒成侯。"③ 孔莽与孔志先后被封为褒成侯，且建武十四年至元始元年约三十八年，则孔志当为孔均之子。此世系在《后汉书》中有明确记载："初，平帝时王莽秉政，乃封孔子后孔均为褒成侯，追谥孔子为褒成宣尼。及莽败失国，建武十三年，世祖复封均子志为褒成侯。"④ 又载："（孔）志卒，子损嗣，徙封褒亭侯。损卒，子曜嗣。曜卒，子完嗣。世世相传，至献帝初，国绝。"⑤

《孔子世家谱》又载："（志）子三，损、澍、恢。"⑥《孔子世家谱》所载孔澍、孔恢之文当有所据。《鲁相韩敕造孔庙礼器碑》载有阴捐赀者题名："守庙百石鲁孔恢圣文　故从事鲁孔树（澍）君德"。⑦《孔子世家谱》说："澍，字君德……子一，麟廉。"⑧《孔庙置守庙百石孔龢碑》载有："孔

---

① 《孔子世家谱》卷1，第74页。
② 《汉书》卷81《孔光传》。
③ 《后汉书》卷1《光武帝纪》。
④ 《后汉书》卷67《党锢列传》。
⑤ 同上。
⑥ 《孔子世家谱》卷1，第75页。
⑦ 《隶释》卷1《鲁相韩勅造孔庙礼器碑》。
⑧ 《孔子世家谱》卷1，第75页。

子十九世孙孔麟廉请置百石卒史一人"。① 由此可知，孔澍有子麟廉，为孔子十九代孙。

《孔子世家谱》记载："（孔）曜字君曜，汉安帝延光三年嗣褒亭侯，年六十四卒。子三：完、赞、文。"② 《孔氏祖庭广记》载："（孔）耀袭封褒亭侯，食邑一千户。生完。"③ 此两处"孔曜（耀）"即《后汉书·孔僖传》所载的"孔曜"，由此可知，孔曜有三子：孔完、孔赞、孔文，为孔子第二十一代孙。孔完为孔曜之子，还见于《后汉书·孔僖传》。《孔氏祖庭广记》又载："（孔）完袭封褒亭侯，食邑一千户。早亡，无嗣。"④ 孔完既能袭封，则其为长子无疑。孔赞又见于《史晨飨孔庙后碑》⑤：

> 守庙百石孔赞
>
> 副掾孔纲
>
> 故尚书孔立元世
>
> 河东太守孔彪元上
>
> 处士孔褒文礼

可见《孔子世家谱》所载完、赞、文为兄弟的记载是可信的。

由上述可推定孔福长子一支在东汉时期的可考世系为：

> 孔志→孔损→孔曜→孔完、孔赞、孔文
>
> →孔澍→孔麟廉
>
> →孔恢

孔福次子孔某一支的世系考述如下：

---

① 《隶释》卷1《孔庙置守庙百石孔龢碑》。
② 《孔子世家谱》卷1，第75页。
③ 《孔氏祖庭广记》卷1，上海商务印书馆1936年版，第65页。
④ 同上。
⑤ 《隶释》卷1《史晨飨孔庙后碑》。

　　《孔子世家谱》又载："某，子一，尚。"① 可知孔福次子孔某生有一子名尚，以辈次论，孔尚当为孔子第十七代孙。《三国志·崔琰传》裴注说："（孔）融，孔子二十世（计孔子，实为二十一世）孙也，高祖父尚，巨鹿太守。"② 孔融既为二十代孙，其高祖父孔尚自然就是十七代孙。《后汉书》又载："孔融，字文举，鲁国人，孔子二十世孙也，七世祖霸……父宙，太山都尉。"③ 由此可知，孔融为孔宙之子，为孔霸七世孙。《博陵太守孔彪碑》又载："君讳彪，字符上，孔子十九世之孙，颖川君之元子也。"④ 由此可知，孔彪为孔宙之兄，同为孔子二十代孙。《阙里文献考》载："（孔）宙，字季将，先圣十九代孙，六世祖黄，见《太常蓼侯臧传》。黄子及孙失考。其曾孙尚为巨鹿太守，生畴，畴为陈相，生贤，贤生三子。长即宙；次翊，字符世；次彪，字符上。"⑤ 巨鹿太守即孔尚，这里的"黄"字应是"某"字之误。因为孔黄为孔琳之子、孔臧之孙，为第十三代。另外，此处所记孔贤三子的次序与《博陵太守孔彪碑》所记孔彪为"元子"相矛盾，当以碑刻为是，故孔贤三子的次序为：孔彪为长子，孔宙为次子，孔翊为小子。

　　长子孔彪世系可考者如下，《乾隆曲阜县志》说："彪子乂"，⑥《三国志》载："济南相鲁国孔乂"，⑦ 裴松之注说："案《孔氏谱》，孔乂，字符俊，孔子之后。曾祖畴，字符矩，陈相。……乂父、祖皆二千石……子恂，字士信。"⑧ 孔恂以下无考。次子孔宙世系可考者如下，《汉故豫州从事孔褒碑》载："君讳褒，字文礼，孔子二十世孙，泰山都尉之元子也。"⑨《后汉书》载"宙，太山都尉"。由此可知，孔褒为孔宙之长子。又《孔谦碣》载："孔谦，字德让者，宣尼公廿世孙都尉君之子也。"⑩ 都尉即孔宙，由此

---

① 《孔子世家谱》卷1，第74页。
② 《三国志》卷12《崔琰传》。
③ 《后汉书》卷77《孔融传》。
④ 《隶释》卷8《博陵太守孔彪碑》。
⑤ 孔继汾：《阙里文献考》。
⑥ 《乾隆曲阜县志》，《中国地方志集成·山东府县专辑》，凤凰出版社2004年影印本。
⑦ 《三国志》卷16《仓慈传》。
⑧ 同上。
⑨ 骆承烈：《石头上的儒家文献》，齐鲁书社2003年版，第45页。
⑩ 《隶释》卷6，第76页。

可知，孔谦亦为孔宙之子。又《孔融别传》载："宙有七子，融之次第
六。"①《乾隆曲阜县志》亦说："宙子七人，传者五：曰晨、曰谦、曰褒、
曰昱、曰融。"② 结合上述《汉故豫州从事孔褒碑》所载，可知孔宙五子
（可传者）长幼次序为：孔褒、孔晨、孔谦、孔昱、孔融。五人为孔子二十
一世孙。小子孔翊之后无考。

据上可知，孔福次子孔某一支在东汉世系可排定为：

孔尚→孔畴→孔贤→孔彪→孔乂→孔恂

　　　　　　→孔宙→孔褒、孔晨、孔谦、孔昱、孔融

　　　　　　→孔翊

2. 孔武之孙孔霸之次子孔捷一支

《连丛子》载："（孔）奇为褒成君次儒（孔霸）第二子（孔捷）之
后。"③ 由此可知，孔奇为孔捷之后，上述已知孔捷之子为孔永，以时代论
孔奇当是孔捷之孙。《连丛子》又载："（孔奇）雅好儒术，淡忽荣禄……著
书未毕，而早世不永。宗人子通痛其不遂。"④ 宗人"子通"，严可均《全后
汉文》谓"太师孔光族曾孙"⑤，不知所出。又《后汉书》载："孔奋，字
君鱼，扶风茂陵人也。曾祖霸，元帝时为侍中。"⑥ 又载："弟奇，游学洛
阳。……奇博通经典，作《春秋左氏删》。奋晚有子嘉，官至城门校尉，作
《左氏说》云。"⑦ 可知，孔奋与孔奇为兄弟，为孔捷之孙，孔霸曾孙。孔奋
有子孔嘉。《孔子世家谱》列孔嘉以下为孔稣，《乾隆曲阜县志》又载："孔
稣，嘉之子也……子扶。"⑧ 由此可知，孔扶为孔稣之子。《隶续》载：

① 《隶释》卷6，第76页。
② 《乾隆曲阜县志》卷76，第460页。
③ 《孔丛子》卷7《连丛子·叙世》。
④ 同上。
⑤ 《全后汉文》卷34。
⑥ 《后汉书》卷31《孔奋传》。
⑦ 同上。
⑧ 《乾隆曲阜县志》卷75"孔稣"。

"（扶，孔）子十九世之孙。公始即位……疾病卒官，有子男二人（阙）。"①
此处碑文明言孔扶为孔子十九世孙，则孔龢为十八代孙。由上考述可知，孔
捷一支到东汉的世系可排定为：

> 孔奋→孔嘉→孔龢→孔扶
> 孔奇

3. 孔武之弟孔安国一支

孔安国一支西汉部分，我们已经序至第十八代孔子建。其世系在东汉可
考者如下：

《连丛子》载："光武中兴……是时阙里无故荆棘丛生……府君大惊，
谓子建曰……。子建生仁，以文学为议郎、博士、南海太守。生子丰。……
子丰生子和。"② 又载："（子和）二子。长曰长彦……次曰季彦。季彦……
年四十有九，延光三年十一月丁丑卒。"③ 子和即《后汉书》所载的孔僖。

由上述可知，孔安国一支在东汉的世系可排定为：

> 子建→仁→子丰→子和→长彦、季彦

第二节　东汉《尚书》孔氏家学研究

孔子八代孙有三子，即长子孔鲋，中子孔腾，小子孔袝。至东汉长子一
支虽有人物可考，但无学术活动。中子一支不可考。故东汉《尚书》孔氏
家学传承研究只能限于孔袝子文一支。而本支孔臧一系东汉无考，孔臧之弟
孔襄一系的裔孙又分为孔武与孔安国两个分支。其中孔武一支两传至孔霸，
孔霸有四子，长子孔福又有子二人，长子三传又有子三人，次子四传有子三

---

① 《隶续》卷11《司空孔扶碑》。
② 《孔丛子》卷7《连丛子·叙世》。
③ 《孔丛子》卷7《连丛子下》。

人，其中子孔宙又有子五人。孔安国一支东汉传承世系比较清晰，四世单传，至子和始有二子，即孔长彦、孔季彦。

一　东汉《尚书》孔氏家学传承考辨

东汉《尚书》孔氏家学沿袭西汉孔氏家学的传统，亦有《尚书》今文学、古文学之分。为了考述方面，我们仍以世系为线索来关照，兼顾今文、古文学之分。

（一）孔霸长子孔福之后的《尚书》孔氏家学

孔福之长子孔房一支世奉夫子祀，传承不可考。次子孔某之后，包括孔尚、孔畴、孔贤、孔彪、孔宙、孔翊、孔褒、孔谦、孔昱、孔融、孔乂，共五代十一人。其中，可能传有《尚书》家学者有如下几位：

孔福之孙，孔畴之父，孔子十七代孙孔尚。孔尚曾任巨鹿太守，既为郡太守，则必为有学之士。其曾祖孔霸治今文《尚书》大夏侯学，为汉昭帝时的大夏侯《尚书》博士，祖父孔福亦承之，则孔尚家学亦当传有今文《尚书》大夏侯学。孔尚之子孔畴，字符矩，事迹见《三国志》裴松之注所引《孔氏谱》，其语说："汉桓帝立老子庙于苦县之赖乡，画孔子象于壁；畴为陈相，立孔子碑于像前。"[1] 孔畴为陈相，说明其必为有学之士，当传有家学，可能亦治今文《尚书》大夏侯学。

孔贤长子孔彪，字符上，《博陵太守孔彪碑》载：

> （彪）孔子十九世之孙，颍川君之元子也。君少履天姿自然之正，帅礼不爽，好恶不愆，孝忠度忠，修身践言，龙德而学，不至于谷，浮游尘埃之外。……郡将嘉其所履，前后聘召，盖不得已，乃翻尔束带，弘论穷理：直道事人，仁必有勇，可以托六；授命如毛，诺则不宿，美之至也，莫不归服。举孝廉，除郎中，博昌长……拜尚书侍郎……拜治书御史，膺皋陶之廉恕。博陵太守……迁下邳相、河东太守。……四十九，建宁四年七月辛未（卒）。[2]

① 《三国志》卷16《仓慈传》。
② 《隶释》卷8《博陵太守孔彪碑》。

《阙里文献考》卷八十九所载略同。碑文虽未明言其治何经，但碑文"膺皋陶之廉恕"以下，又言"五教以传""消四凶""尚桓桓"等，皆出《尚书》，虽出门生故吏笔下，但必与孔彪有关。据此，则其亦有可能治《尚书》家学。《后汉书》载："孔昱，字符世，鲁国鲁人也。七世祖霸，成帝时历九卿，封褒成侯。自霸至昱，爵位相系，其卿相牧守五十三人，列侯七人。昱少习家学，大将军梁冀辟，不应。"① 所谓"少习家学"，李贤注说："家学，《尚书》。"孔霸一系孔氏家学当为今文《尚书》大夏侯学，孔昱少习家学，所习当为《尚书》大夏侯学，《山东省志·孔子故里志》记其著有《尚书传》②。唐晏《两汉三国学案》将其列为《古文尚书》学派，③其实有误。孔昱少习家学，则其父孔宙自当传习之，故孔宙亦曾传习《尚书》大夏侯学。综上所述，本支世系家学以今文《尚书》大夏侯学为主。

（二）孔安国后裔的《尚书》孔氏家学

本支自孔安国五代孙子建以下，可考者有子建、仁、子丰、子和、长彦、季彦，计五代六人。六人都曾传有《古文尚书》家学。《后汉书》载：

> 孔僖，字仲和，鲁国鲁人也。自安国以下世传《古文尚书》《毛诗》。曾祖父子建，少游长安，与崔篆友善。及篆仕王莽为建新大尹，尝劝子建仕，对曰："吾有布衣之心，子有衮冕之志，各从所好，不亦善乎？道即乖矣，请从此辞。"遂归，终于家。④

子建为孔安国五代孙，既自孔安国以下世传《古文尚书》，则无疑包括子建，子建当传《古文尚书》无疑。又《连丛子》载："子建与崔义幼相善，长相亲也。义仕王莽，为建新大尹，数以世利劝子建仕。子建答曰：'吾有布衣之心，子有衮冕之志，各从所好，不亦善乎'云。"⑤ 王莽好古文，立《古文尚书》等古文经于学官，子建治《古文尚书》与王莽之意合，

① 《后汉书》卷67《党锢列传》。
② 《山东省志·孔子故里志》，中华书局1994年版，第249页。
③ 唐晏：《两汉三国学案》，第101页。
④ 《后汉书》卷79《儒林传》。
⑤ 《汉书》卷99《王莽传》。

故崔篆劝其仕。此则文献可证《后汉书·孔僖传》"自安国以下世传《古文尚书》"的记载是可信的。《汉书》载："地皇三年，是时下江兵盛……莽遣司命大将军孔仁部豫州，纳言大将军严尤、秩宗大将军陈茂击荆州。"① 由此可知，孔仁在新莽时期做过司命大将军。又《连丛子》载："子建生仁，以文学为议郎、博士、南海太守。"② 孔仁传有《古文尚书》家学，若曾为博士，必在新莽时期，因东汉未曾设立《古文尚书》学博士。亦可证《后汉书·孔僖传》所谓"自安国以下世传《古文尚书》"之说不妄。

　　《连丛子》载："子丰以学行闻三府，交命委质司空，拜高第、御史。建初元岁大旱，天子忧之，问群臣政教得失，子丰乃上疏曰……天子纳其言而从之，三日雨即降。转拜黄门侍郎，典东观事。"③《孔子世家谱》亦载："子丰以学行闻，明帝时辟司空府，章帝时为御史。建初元年大旱，帝闻群臣政教得失，丰上疏曰……帝从之，三日大雨。"④ 由这两则文献可知，孔子十九代孙孔子丰学行突出，官至黄门侍郎而典东观事。东观为东汉朝廷藏书之所，典东观事则意味着他熟悉经典。具体所善何经，史无明文。以"世传《古文尚书》《毛诗》"之说推之，子丰亦治《古文尚书》。另据《后汉书》所载："肃宗（章帝）立，降意儒术，特好《古文尚书》《左氏传》。建初元年，诏逵入讲北宫白虎观、南宫云台。"⑤ 由此可知章帝好古文，看来章帝以子丰典东观事并非无因。《连丛子》载："子丰善于经学，不好诸家书，鲍彦⑥（永）与子丰名齐而业殊。"⑦《后汉书》载："（鲍永）少有志操，习欧阳《尚书》。"⑧ 鲍永习今文《尚书》欧阳学，子丰与其"业殊"，可知子丰治《古文尚书》无疑。此亦可证《后汉书·孔僖传》所载"自安国以下世传《古文尚书》"的记载可信。

---

① 《汉书》卷99《王莽传》。
② 《孔丛子》卷7《连丛子》。
③ 同上。
④ 《孔子世家谱》卷1，第75页。
⑤ 《后汉书》卷36《贾逵传》。
⑥ "彦"当为"永"字。
⑦ 《孔丛子》卷7《连丛子》。
⑧ 《后汉书》卷29《鲍永传》。

　　孔僖，字仲和①，《连丛子》载："杨太尉问季彦曰：'吾闻临晋君（孔僖）异才博闻，周洽群籍，而世不归大儒，何也？'答曰：'不为禄学故也。'"②"禄学"即今文经学，"不为禄学"则说明其所为之学属古文经学，而"不归大儒"原因在于不为今文经学。又《后汉书》载："孔僖，字仲和，鲁国鲁人也。自安国以下，世传《古文尚书》《毛诗》。曾祖父子建，少游长安，与崔篆友善……僖与崔篆孙骃复相友善，同游太学，习《春秋》。"③此处"自安国以下，世传《古文尚书》《毛诗》"则孔僖当在"世传"《古文尚书》之列。《山东省志·孔子故里志》记其著有《古文尚书传》，当非空言。

　　孔僖之子孔长彦、孔季彦为东汉远近闻名的大学者，《后汉书》载："长彦好章句学。季彦守其家业，门徒数百人。延光元年，河西大雨雹，大者如斗。安帝诏有道术之士极陈变眚，乃召季彦，见于德阳殿。帝亲问其故。"④《连丛子》亦载："长彦颇随时，为今学；季彦一其家业，兼修《史》《汉》，不好诸家之书。"⑤章句之学指今文经学，长彦好章句学，说明其治今文经学。其父孔僖既然传习《古文尚书》，通训诂，季彦既"守其家业"，自当传治《古文尚书》学，此亦与《孔僖传》"自安国以下世传《古文尚书》"之说相合。

　　除上述诸人外，蒋善国又说："东汉孔裔传《古文尚书》的有孔僖、孔长彦、孔季彦和孔乔四人。"⑥将孔乔列为孔子的后裔，有没有道理呢？《后汉书》载："安帝初，（樊英）征为博士。至建光元年，复诏公车赐策书，征英及同郡孔乔。"⑦谢承《后汉书》说："（孔）乔，字子松，宛人也。学《古文尚书》《春秋左氏传》。"⑧孔乔是否为孔子直系后裔，据现有资料不能确知，但其学《古文尚书》之说当可信，《古文尚书》正是孔

---

①　《连丛子》载记为"子和"。
②　《孔丛子》卷7《连丛子》。
③　《后汉书》卷79《儒林传》
④　同上。
⑤　《孔丛子》卷7《连丛子》。
⑥　蒋善国：《尚书综述》，第81页。
⑦　《后汉书》卷82《樊英传》。
⑧　《后汉书》卷48《应奉传》。

家自孔僖、季彦以来所传治的学问。唐晏《两汉三国学案》将其列为《古文尚书》学派当不误。综上所述，孔安国一系在东汉传有《古文尚书》家学无疑。

二　汉代《尚书》孔氏家学的贡献

由前编与以上考述可知，就《尚书》一经之学而言，东汉孔氏家学有今文、古文之分，而且均有称名于世的大家。东汉《尚书》孔氏家学是前汉孔氏家学的延续，为了更完整地概述孔氏《尚书》家学的贡献，本部分不再单独对东汉《尚书》孔氏家学进行关照，而是前后汉合并论述。两汉孔氏《尚书》家学的贡献，主要体现在以下几个方面：

一是保存并整理了《古文尚书》，为汉代《古文尚书》学的发展提供了可能。孔壁出书是中国经学史上的要事，没有周秦时期的孔氏裔孙藏书，就无所谓孔壁出书。孔壁所出《古文尚书》是用先秦文字书写的，较好地保存了周秦时期《尚书》的原貌，资料可靠，且篇数多于当时流行的伏氏今文《尚书》，对二十九篇今文有匡谬补缺的版本校勘价值。《古文尚书》被发现之后，孔氏家族及时保护了这批珍贵的历史文献，并适时上献朝廷，藏在秘府，为其后《尚书》学者校勘其他版本提供了最为原始可靠的依据。特别是具有担当意识的当世大儒孔安国，凭其通晓今文《尚书》和深厚的古文字功底，在上献朝廷之前，对壁出《古文尚书》进行了隶古定、释读、整理工作，使其成为时人能够诵读的经典，丰富了汉代儒家经典文献，推动了文化学术的发展，缓解了当时"书缺有间"的困境。

二是创发并不断完善了《古文尚书》经学，传承了周秦时期的"《书》教"传统，丰富了汉代《尚书》学诠释体系。有经未必有学，若没有汉代孔氏家族学者对《古文尚书》的不断诠释，就无所谓《古文尚书》经学。孔安国为《古文尚书》经学的开创者，前汉时期其嫡系后裔孔印、孔衍、孔骥等传承其学，至西汉后期，《古文尚书》经学开始兴起。之后，从"子建不仕王莽"、"子丰善于经学，不好诸家书"到季彦"一其家业，兼修《史》《汉》，不好诸家之书"，孔安国一系孔家学者为维护学术的自尊，始终没有趋炎附势，放弃自己的学术追求，东汉"古文虽不合时务，然愿诸生无悔所学"① 局面的形成，孔安国一系孔氏家学所发挥的影响是不可低估的，正是他们为后世《古文尚书》学的兴盛奠定了基础，没有两汉孔安国一系孔氏家学的传承，《古文尚书》及其经学或许已经荡然无存。今传孔安国《古文尚书传》渊源有自，起点为孔安国所"起"之《古文尚书》家学，中经两汉魏晋时期孔安国一系裔孙的不断发明，最终才有梅赜上献朝廷的可能。前编已知，孔安国三代孙孔子立、四代孙孔子元二人均治《书传》。东汉时期，包括孔安国五代孙子建、六代孙孔仁、七代孙子丰、八代孙孔僖、九代孙季彦均传治《古文尚书》学。季彦既"一其家业"，亦必治《书传》，他自称："先圣遗训，壁出古文，临淮传义，可谓妙矣。而不在科策之例，世人固莫识其奇矣。斯业之所以不泯，赖吾家世世独修之也。"② 像孔僖那样的大儒，面对长期流传下来的《古文尚书》家学传统，必不能无所发明。所以，今传《尚书孔传》极有可能掺入了孔僖等人修治《尚书》的成果。那么，即使其中出现如阎若璩《尚书古文疏证》"证伪"条目中列举的孔安国以后的人、事、官名、地名等，也就不足为怪了。其实，何独孔僖会有所发明，孔印、孔衍、孔骥、孔子立、孔子元、孔子建、孔仁、孔子丰、孔季彦，甚至包括孔乔在内，均应有所发明。故我们认为，孔安国及其一系裔孙承传《古文尚书》并创造、发展了其古文经学系统，这在汉代学术史、文化史、思想史、经学史上都具有划时代的意义。孔氏《古文尚书》家学不仅丰富了两汉《尚书》经学的诠释体系，而且很好地承传了肇始于孔子时代的儒家"《书》教"传统。

三是孔氏《尚书》学大师辈出，多能兼治《尚书》今、古文学，于今、古文学融通多所贡献。孔氏家族学者自孔腾为汉惠帝博士始，孔忠为汉文帝博士，孔武、孔延年、孔安国为汉武帝博士，孔霸为汉昭帝博士，孔光、孔骥、孔衍为汉成帝博士，孔尚为巨鹿太守，孔畴为陈相，孔彪为下邳相、河东太守，孔宙为泰山都尉，孔昱为洛阳令，孔仁为议郎、博士、南海太守、司命大将军，孔丰为黄门侍郎、点校东观，孔僖为兰台令史，诸人皆治《尚书》之学，或古或今，或今、古学兼治，代不乏人，多

---

① 《后汉书》卷27《杜林传》。
② 《孔丛子》卷7《连丛子下》。

为当时《尚书》学界的领军人物，孔延年、孔霸、孔光三代皆治大夏侯今文《尚书》，为今文博士，孔安国、孔卬、孔衍、孔骥一系虽亦为今文博士，却以治《古文尚书》家学为主，他们不仅仅是为求功名利禄而治《尚书》今文学，而是兼容并包，多能以传承《古文尚书》家学为己任。古文经学学风严谨，对今文经学谶纬化、繁琐化学术弊端有重要的纠偏作用，今文经学讲究经世致用，又可以纠正古文经学食古不化的弊端。孔氏家学今、古文兼治，可以兼今、古文各家所长，同时又可抛却今、古文各家之短，这种情况无疑为东汉中后期《尚书》今、古文学合璧创造了条件。由孔安国开创、其后裔不断发明并最终完成的五十八篇孔传本《尚书》，兼容了汉代《尚书》今、古文经学的精华，故能在唐代正定的五经正义中质量最高。

第三节　孔氏《书》教"七观"说研究

《书》教"七观"说属于两汉孔氏家学不断传承的核心理念。该说应形成于周秦时期，绝不是汉晋时期的产物。既然孔子曾系统整理过《尚书》，且曾以《书》为教，该说由其所创，并不是不可能的事。"七观"说是汉代《尚书》今文学各派共同传承的核心要旨，亦是《古文尚书》孔氏家学所坚守的核心理念。"七观"说相关内容最早见于传世文献《尚书大传》《孔丛子》两书，两书载记稍有差异，但就此并不能认为"七观"说属于秦汉或魏晋时期儒者所臆造，恰更能证成其为战国流传下来的一些有关孔子论《书》的"传"文或传说。"七观"说概述了"《书》教"传统的核心要义，对西汉《尚书》孔氏家学产生过重要影响，对东汉《尚书》孔氏家学诠释《尚书》之向度亦产生过重要影响。今系于此，一同考述之。

刘勰在《文心雕龙·宗经》篇中有"《书》标七观"的说法，今人多引《尚书大传·略说》篇载记的孔子与子夏、颜回论《书》时的相关表述来对其标注，其实《孔丛子·论书》篇里亦有《尚书》"七观"说相关内容的载记。《论书》篇相关内容仅为孔子与子夏论《尚书》时的相关表述，并没有提到颜回，而且所涉及的具体《尚书》篇目及其所观之序次，与《略说》

篇亦有差异。从考证学角度而言，根据《尚书大传·略说》篇单一的记载来断定孔子曾有《尚书》"七观"说不免显得有些武断，故《孔丛子·论书》篇相关内容的记载就显得非常重要，至少为考证孔子《书》教"七观"说提供了重要的旁证。伏生引述孔子"《书》教"之心传来教授汉初的门徒弟子是符合史实的，至于两者有关孔子《尚书》"七观"说的文字差异，甚至一些具体内容亦有着明显的不同，主要原因应该是由传述者的不同造成的，这种现象在先秦、两汉时属于常见现象。

"七观"说属于论《尚书》类的内容，两处文献均载记为孔子提出。论《尚书》的现象并不是孔子先为之，在孔子之前有关《尚书》说解的现象早已有之，孔子只不过是对此传统的承传和进一步拓展而已。孔子论《尚书》提出"七观"说，与孔子论《诗》提出"兴、观、群、怨"说一样，完全是有可能的。从较为可信的传世文献《论语》有关孔子论《尚书》的内容来看，虽然不多，但孔子在以《尚书》为教时确实曾提出过一些有关《尚书》的说解。《尚书大传·略说》《孔丛子·论书》两篇都将"七观"说载记为孔子所言，而且稍有差异，恰恰说明此说绝不是空穴来风，当为两汉时儒家不同《尚书》学派收集整理下来的来源于先秦时期的有关孔子诠释《尚书》的"传"文或传说。因"七观"说较早言简意赅地概述了《尚书》中的核心要义，故对汉代孔氏家学诠释《尚书》的向度具有重要的启示和引导作用。

一 《尚书大传》及其"七观"说考源

《尚书大传》一书旧题秦博士伏生撰。伏生为汉代《尚书》今文学派的开山始祖。《后汉书·郑玄传》载郑康成最早为《尚书大传》作注，宋王应麟《玉海》转引陈骙《中兴书目》中有郑玄为其《尚书大传注》所写的《序》，该《序》关于《尚书大传》的作者却有另一种说法：

> （《尚书大传》）盖自伏生也。伏生为秦博士，至孝文时，年且百岁。张生、欧阳生从其学而授之，音声犹有讹误，先后犹有差舛，重以篆隶之殊，不能无失。生终后，数子各论所闻，以己意弥缝其阙，别作《章句》；又特撰大义，因经属指，名曰《传》。刘向校书，得而上之，

凡四十一篇。①

　　据此，学者多认为《尚书大传》同《论语》的成书过程极为类似，是伏生弟子张生、欧阳生等根据伏生所教《尚书》之大义而撰成。台湾郑裕基先生就此曾分析认为："说伏生是这本书的作者，似乎不太精确。不过书中记录的是伏生讲课的内容，将著作权归诸伏生，好像也不算离谱的事。"②

　　《尚书大传》的成书年代当为伏生去世不久，而且在郑玄之前一直以四十一篇的内容在传播。从文献载记来看，《尚书大传》成书后在汉代流布很快，流传非常普遍。生活于汉武帝时的夏侯胜就曾诠释过《尚书大传》中的"时则有下人伐上之痾"，郑玄的《尚书大传注》就曾转引过夏侯胜是如何说解该句中的"伐"宜为"代"的；刘向所著的《洪范论》更是其"发明《大传》，著天人之应"的结果；在《白虎通义》一书中《尚书大传》之专名更是多见，该书的《礼乐》《诛伐》《灾变》《王者不臣》《文质》《三正》诸篇都可以找到不少"《尚书大传》曰"的相关表述。查《汉书·艺文志》并未发现直接著录有《尚书大传》之名，只著录有"《传》四十一篇"，紧随在"《尚书》古文经四十六卷，经二十九卷"之后，但未标明作者，学界多认为此"《传》四十一篇"即为《尚书大传》。至于班固为何不直接著录为"《尚书大传》"而是著录为"《传》四十一篇"，个中原因也许是受刘向《别录》、刘歆《七略》体例的影响，毕竟《尚书大传》即为刘向"校书，得而上之"的"凡四十一篇"之《传》。

　　陆德明《经典释文·序录》最早载记为"《尚书大传》三卷，伏生作"，《隋书·经籍志》亦著录为"《尚书大传》三卷，郑玄注"，并说"伏生作《尚书传》四十一篇"。《唐书·艺文志》亦照例将此书著录为三卷，认为是伏生作。刘勰《文心雕龙》曾说："《尚书大传》有'别风淮雨'，《帝王世纪》云'列风淫雨'，'别''列'、'淮''淫'，字似潜移。'淫''列'义

---

① 王应麟：《玉海》卷54《中兴书目》。
② 郑裕基：《谈谈〈尚书大传〉对语文教学的帮助》，《国文天地》2006年第22卷第5期。

当而不奇，'淮''别'理乖而新异。"①但刘勰所看到的《尚书大传》具体情况已无法查考，理应为由汉代郑玄所注的八十三篇本向隋唐时期的三卷本转变期间的本子。

《尚书大传》三卷本的流传，在唐、宋之间又有变化，宋晁公武《郡斋读书志》说："今本四卷，首尾不伦。"② 叶梦得亦说："今世所见，惟伏生《大传》，首尾不伦，言不雅驯。"③ 陈振孙《直斋书录解题》更有："印版刓阙，合更求完善本。"④ 足见至宋《尚书大传》的流传本还出现过四卷本，而且已经出现前后不伦、版面残缺的现象。元、明两代公私书目都不曾著录《尚书大传》，今天我们能看到的仅为后人的辑本，以清人的辑本为多。如孙之騄所辑的《尚书大传》三卷，《补遗》一卷；董丰垣的《尚书大传考纂》三卷，《备考》一卷，《附录》一卷，《补遗》一卷；卢见曾刊行的《尚书大传》四卷，《补遗》一卷，卢文弨为卢刊本作的《考异》一卷，《续补遗》一卷；袁钧的《尚书大传注》三卷，《尚书略说》一卷，《尚书五行传注》一卷；王仁俊的《尚书大传佚文》一卷，《补遗》一卷；另外还有王谟的《尚书大传》二卷，任兆麟的《尚书大传》一卷，孔广林的《尚书大传注》四卷，黄奭的《尚书大传注》一卷。较上述所胪列的其他辑本而言，陈寿祺的《尚书大传定本》五卷、《洪范五行传》三卷，皮锡瑞的《尚书大传疏证》七卷本，最为精审，王闿运的《尚书大传补注》七卷本亦有可观之处，但较陈、皮二氏所辑、所证显然较为疏略。

《尚书大传》为最早的解说《尚书》的专著，虽为依附《尚书》的解经之作，但其解经的具体内容相当广博，是沟通周秦《尚书》学与汉代《尚书》学的桥梁，与《韩诗外传》颇为相似，故而在探讨先秦《尚书》学说的具体模式方面价值巨大。《四库提要》认为该书"古训旧典往往而在""于经文之外撮拾遗文"，程元敏先生认为该书"杂采古事异辞，审证经义，

① 刘勰：《文心雕龙》卷8《创作论·练字》。
② 晁公武：《郡斋读书志》。
③ 叶梦得：《书传》，《文献通考》"经籍考四"卷177。
④ 陈振孙：《直斋书录解题》。

实非尽释经"。① 都是就此情况所作的简明概述。

《尚书大传》分为《唐书》《虞书》《虞夏书》《夏书》《商书》《周书》《略说》七卷，"七观"说的相关内容见于《略说》卷。《略说》卷为伏生通论上古全五代《尚书》义和孔子及弟子《尚书》学问答的内容，多属于"杂采古事异辞，审证经义""古训旧典""于经文之外撮拾遗文"之类。《尚书大传》虽已失传，但其"七观"说的具体内容尚赖一些传世文献的称引而得以保存。清陈寿祺《尚书大传辑校》据《路史·外纪》卷九辑有以下内容：

> 子夏读《书》毕。孔子问曰："吾子何为于《书》?"子夏曰："《书》之论事，昭昭若日月焉。所受于夫子者，弗敢忘，退而穷居河济之间，深山之中，壤室蓬户，弹琴瑟以歌先王之风，有人亦乐之，无人亦乐之，上见尧舜之道，下见三王之义，可以忘死生矣。"孔子愀然变容曰："嘻！子殆可与言《书》矣。虽然，见其表未见其里，窥其门未入其中。"颜回曰："何谓也?"孔子曰："丘常悉心尽志，以入其中，则前有高岸，后有大谷，填填正立而已。'六誓'可以观义，'五诰'可以观仁，《甫刑》可以观诫，《洪范》可以观度，《禹贡》可以观事，《皋陶谟》可以观治，《尧典》可以观美。通斯七者，《书》之大义举也。"②

《路史·外纪》未明说此段文本征引于何种文献，但《太平御览》卷四百一十九人事部六十、《困学纪闻》卷二、《小学绀珠》卷四并引此段文本中"六誓"以下的相关文本，而且均明言引自《尚书大传》，故此段文本为《尚书大传》文本无疑。陈寿祺对此另加按语说：

> 薛季宣《书古文训序》亦有此文，未有"通斯七者，书之大义举也"二句，亦不称所出。而末叙"七观"云："是故《帝典》可以观

---

① 程元敏：《尚书学史》，第467页。
② 陈寿祺辑校：《尚书大传·略说》。

美，《大禹谟》《禹贡》可以观事，《皋陶谟》《益稷》可以观政，《洪范》可以观度，《六誓》可以观义，《五诰》可以观仁，《甫刑》可以观诚。"其序次与《孔丛子》同，与《御览》《困学纪闻》所引《大传》"七观"异，则非《书大传》之文明矣。《孔丛》言《大禹谟》《益稷》者，盖伪作者羼入，而不知真古文与今文皆无《大禹谟》，其《益稷》一篇则统于《皋陶谟》中也。①

陈氏此说受到了清人辨伪之学的影响，故认为《孔丛子》之说为伪作，此种说法尚有不少商榷之处。

二　《孔丛子》及其七观之说考源

《孔丛子》所记孔子《书》教"七观"说的相关内容为：

> 子夏问《书》大义。子曰："吾于《帝典》见尧、舜之圣焉，于《大禹》《皋陶谟》《益稷》见禹、稷、皋陶之忠勤功勋焉，于《洛诰》见周公之德焉。故《帝典》可以观美，《大禹谟》《禹贡》可以观事，《皋陶谟》《益稷》可以观政，《洪范》可以观度，《秦誓》可以观义，《五诰》可以观仁，《甫刑》可以观诚。"②

《论书》篇为传世本《孔丛子》的第二篇。《孔丛子》共二十三篇，由《孔丛子》二十一篇、《连丛子》二篇组成，是一部记述自孔子至东汉中期十几位孔氏家族著名人物言语行事的杂记。由于分卷不同，现存有两个版本，一是见于《四库全书》的三卷本，一是见于《四部丛刊》的七卷本，二者大同小异，应来源于同一个祖本。《论书》篇共计十六章，主要记载了孔子从不同角度与门弟子或列国诸侯诠释论辩《尚书》的言行片段，或宏观或微观，形式不一而足。具体而言，包括孔子回答子张关于"受终于文祖""有鳏在下，曰虞舜""奠高山""尧舜之世，一人不刑而

---

① 陈寿祺辑校：《尚书大传·略说》。
② 《孔丛子》卷1第2《论书》。

天下治，何则？以教诚而爱深也""龙子以为教一而被以五刑，敢问何谓"五章，回答子夏问《书》大义、辨析子夏"何为于《书》"二章，回答宰我"纳于大麓，烈风雷雨弗迷""禋于六宗"二章，回答季桓子"兹予大享于先王，尔祖其从与享之"一章，回答孟懿子"钦四邻"一章，回答公西赤"其在祖甲，不义惟王"一章，回答鲁定公"维高宗报上甲微""庸庸祇祇，威威显民"二章，回答齐景公"明德慎罚"一章，回答鲁哀公"予击石拊石，百兽率舞，庶尹允谐"一章，以及孔子直接论"《书》之于事"一章。"七观"说见于《孔丛子·论书》篇孔子回答"子夏问《书》大义"章。

　　《孔丛子》旧题孔鲋撰，但班固《汉书·艺文志》未记载此书名，书名最早见于三国魏时王肃所作的《圣证论》中。因孔鲋至王肃四百多年间无人提及此书名，而且书中的一些内容属于孔鲋之后的事，显然非孔鲋所能独撰，故自宋、明以来多视其为伪书。第一个为《孔丛子》作注的宋咸认为前六卷二十一篇为孔鲋撰，后一卷为孔臧所附益，而朱熹怀疑此书应是宋咸本人伪作。亦有学者认为王肃首先伪造了《孔子家语》，后又伪造了《孔丛子》，以便两书互证为真。今人李学勤、黄怀信等学者认为此书成书时间应当提早，且可能是"孔子家学"，可能是孔子二十世孙孔季彦或其后某位孔子后裔搜集先人言行材料编辑而成，非王肃等人伪造，故近年来，《孔丛子》一书的价值才重新为学界所重视。王均林先生则继李、黄二人之后进一步指出：

　　　　从考证作者入手来论证《孔丛子》的真伪，在方法论上存在不少问题。从《孔丛子》全书构成来看，《孔丛子》20篇、《连丛子》2篇、《小尔雅》1篇，实际上皆可独立成书，它们绝不是一位作者所撰……《孔丛子》20篇在题材上与《说苑》《韩诗外传》相类似，都是一些孔子子孙的言行片段，篇幅短小。这类言行片段必非记述于一时一人之手；而且推测其数量不少，零星散处。到了汉代，孔子子孙中有人出来加以搜集、整理，编订成书，于是有了《孔丛子》。因此，《孔丛子》没有作者，只有编者。这位编者很可能是孔鲋，但孔鲋没有最后完成全书的编订工作，他的后人（儿子或孙子）继承其未竟的事业，连带将孔鲋的言行一并编入书中。①

台湾学者许华峰通过比对《孔丛子》称引《尚书》的相关材料后指出：

> 《孔丛子》所引《尚书》来源不一。而且亦无意将所引的《尚书》
> 版本统一。其中，引《尚书》相关材料与伪孔《经》《传》不相违背的
> 部分，并无明确的证据可以证明一定引自伪孔《经》《传》，而不是出
> 自其它来源。就整体的引用情况而言，《孔丛子》比较重视与《今文尚
> 书》相关的篇章。少数可能与伪孔本多出《今文尚书》诸篇相关内容
> 往往不明言出自《尚书》，且文字多与伪孔本不同。②

王钧林先生认为包括《论书》篇在内的《孔丛子》部分没有固定的
作者，只有搜集整理者，是有一定道理的。许华峰认为的"《孔丛子》所
引《尚书》来源不一，而且亦无意将所引的《尚书》版本统一，引《尚
书》相关材料与伪孔《经》《传》不相违背的部分，并无明确的证据可以
证明一定引自伪孔《经》《传》，而不是出自其它来源"亦较为合理。而
今人阎琴南据杨慎《古隽》卷二所引作"孔鲋曰"，《帝典》作《尧典》，
且无《大禹谟》、《益稷》，与《尚书大传》同，认为《孔丛子》与《尚
书》有关的内容本袭用《尚书大传》，但在后来的流传过程中发生了文字
讹误，怀疑《帝典》系"今本《孔丛子》袭《大传》改"，"益稷"二字
系"今本妄增"，导致今本《孔丛子》《论书》篇的内容异于《尚书大
传》。笔者以为此说欠妥，不过阎琴南关于"秦誓"与"六誓"之别的说
法还是有道理的：

> 诸本"秦"或作"泰"，疑双误。当据《书大传》改作"六"，
> 盖《孔丛》此章乃袭《书大传》成文，后世讹"六"为"大"，复缘

---

①　王钧林：《论〈孔丛子〉的真伪与价值》，《齐鲁文化研究》2009 年刊，山东师范大学齐鲁文化
研究中心主办，第 201 页。

②　许华峰：《〈孔丛子〉引〈尚书〉相关材料的分析》，《先秦两汉学报》1992 年第 1 期。

"大"与"太"近（形似音亦通），而书作"泰"今本作"秦"者，盖《书》有《秦誓》，且"秦"与"泰"形近所致。薛季宣《书古文训序》引正作"六"，"六誓"与下文"五诰"亦相对，此可为旁证。①

"六誓"若为《甘誓》《汤誓》《泰誓》《牧誓》《大誓》《费誓》六者，"'六誓'可以观义"是完全能够讲得通的，每一誓都可以观到出师于义的内容。但若说"《秦誓》可以观义"则就讲不通了，因为从《秦誓》里根本观不到义，而是悔过之辞盈满全篇。故阎琴南认为"讹'六'为'大'，复缘'大'与'泰'近（形似音亦通），而书作'泰'……'秦'与'泰'形近所致"，若从内容对应上来看，也是能够成立的。

从所观的结果来看，"七观"在《尚书大传》里包括观义、观仁、观诫、观度、观事、观治、观美，在《孔丛子·论书》篇里包括观美、观事、观政、观度、观议、观仁、观诫，都是七者，只有"政"与"治"、"义"与"议"之间的差异，二者只是字异，实则义同。从叙述的序次来看，"七观"在《尚书大传》里是义、仁、诫、度、事、治、美，在《孔丛子》里是美、事、政、度、议、仁、诫。序次之别，可能为言说习惯不同造成的。从所涉具体篇目来看，"七观"说在《尚书大传》里包括"六誓"六篇、"五诰"五篇，以及《甫刑》《洪范》《禹贡》《皋陶谟》《尧典》，总计十六篇；在《孔丛子·论书》篇里包括《帝典》《大禹谟》《禹贡》《皋陶谟》《益稷》《洪范》《秦誓》《大诰》《康诰》《酒诰》《召诰》《洛诰》《甫刑》，其中《帝典》是单指《尧典》还是《尧典》《舜典》的合称已很难考证，故计十三篇或十四篇。二者虽有篇目之差异，但从传世文本来看，《益稷》一篇统于《皋陶谟》中，《舜典》一篇统于《尧典》中，事实上仅有《大禹谟》与《大禹谟》《禹贡》、"六誓"与《秦誓》之别。传统观点认为《大禹谟》既不在今文篇目内，亦不在真古文篇目内，是伪古文所掺入，但出土文献郭店战国楚墓竹简中的《成之闻之》篇中有《大禹》篇名，李学

---

① 阎琴南：《孔丛子斠证》，中国文化学院 1975 年中国文学研究硕士论文。

勤先生认为《大禹》即《大禹谟》①。

由郭店战国楚墓出土竹简、上博简及最新发现的清华简的部分相关内容可知，孔子早在战国初期已经被尊为圣人，其言语已被广泛称引，而孔门弟子又先后曾在广大的区域内传播过孔子之术，战国时期流传的孔子论《尚书》、释《尚书》史料大部分文本的主旨理应出自孔子，《尚书大传》《孔丛子》两则文献正体现了孔子《尚书》学的一些基本主张。至于二者在一些细节上的差异或出入，不但不能证明"七观"说是汉魏时期学者伪造，更不是今、古文学者在伪造时引起的冲突或露出的破绽，反而更真实地证明了孔子"七观"说确实有着遥远的文献来源，在官方、民间都在以某种样式流传，因当时的书写、方言或门派之别等多种原因，其局部内容稍有出入，是很正常的事。

三　孔子论《尚书》与"七观"说要义考源

从文献载记来看，不仅《尚书》早于孔子已有之，对《尚书》的解说行为亦早于孔子而有之。皮锡瑞曾就此现象指出：

> 孔子以前，未有经名，而已有经说，具见于左氏内、外《传》，《内传》所载……夏后之"九功""九歌"，文武之"九德""七德"，《虞书》数舜功之"四凶""十六相"……非但比汉儒故训为古，且出孔子删定以前。②

程元敏先生则进一步指出："《左传》所称夏后功歌、文武德、舜功，盖《尚书》古传，孔子尝编次之。"③ 程氏言孔子曾编次过《尚书》古传不仅在情理中，因为孔子以《尚书》为教虽有一些属于言前人所未言的自我见解，亦必参考古人的诠释，不可能不对前人的零散《尚书》传进行系统整理编次，而且亦有文献明确载记，《史记·孔子世家》有"孔子……

---

① 叶修成：《论"谟"体之生成及〈尚书·皋陶谟〉的文化意义》，《华中科技大学学报》（社会科学版）2009 年第 5 期，第 6 页。

② 皮锡瑞：《经学历史》，第 9—10 页。

③ 程元敏：《尚书学史》，第 358 页。

序《书传》，上纪唐、虞之际，下至秦缪，编次其事。……故《书传》、《礼记》自孔氏"。司马迁在这里所说的《书传》为孔子所编次，传文或说解多是在孔子与其弟子问答《尚书》时生发出来的，并曾被孔门后学记载下来或在一定区域内得以传播，后来又被战国时期的一些儒学流派所接受。孔子的《尚书》学思想对后世儒家学说影响很大，尤其对汉代《尚书》学及治政思想影响甚巨。孔子的"《书》教"思想包括宏观、微观不同层面，隐含于孔子本人对于《尚书》的认知以及具体的用《尚书》实践中，一方面表现为孔子对《尚书》中的思想进行充分的汲取、吸收，另一方面表现为对这些思想进行选择性地弘扬传播。某种意义上讲，孔子的"《书》教"思想就是孔子教化思想与《尚书》所蕴含的政治思想的有机结合。义、仁、诚、度、事、治、美七者实为孔子实施王道政治的基本主张，是孔子整体思想体系中的核心部分。"七观"说中的仁、义、美是孔子对《尚书》中所倡导的"德""治""事""政"等命题的扩展与深化，儒家早期所主张的中庸思想也是在孔子对《洪范》之"度"命题准确把握之后由其弟子们进行提升的结果，孔子明德慎罚思想更是渊源于"《甫刑》可观诫"。

孔子为何认为可以从"六誓"中能看到"义（義）"呢？"義"为会意字，从我，从羊。"我"是兵器，又表仪仗，"羊"表祭牲，故其本义为一种天命道德范畴，指按照天命的要求而应当做的，包括合宜的道德、行为或道理，即天命之正义。《周礼》说："誓，用于军旅。"[1]《墨子》说："所以整师旅，进退师徒者，誓也。"[2]"誓"主要是指君王诸侯在征伐交战前率队誓师之辞，交战征伐之前统治者对师旅的誓辞必定要陈述征伐的正义性，故孔子提出了"六誓"可以观义的思想。《甘誓》《汤誓》《泰誓》《牧誓》《大誓》《费誓》六篇均为战前的誓辞，《甘誓》是夏启讨伐有扈氏的誓师辞，其申诉征伐有扈氏原因的誓辞为："威侮五行，怠弃三正，天用剿绝其命，今予惟恭行天之罚。"[3]《汤誓》是商汤讨伐夏桀的誓师辞，其申诉征伐

夏桀的誓辞为：

> 非台小子，敢行称乱！有夏多罪，天命殛之。今尔有众，汝曰："我后不恤我众，舍我穑事，而割正夏？"予惟闻汝众言，夏氏有罪，予畏上帝，不敢不正。今汝其曰："夏罪其如台？"夏王率遏众力，率割夏邑。有众率怠弗协，曰："时日曷丧？予及汝皆亡。"夏德若此，今朕必往。①

《泰誓》可分为三篇，上篇是武王伐商大会诸侯时的誓师辞，其申诉征伐商纣王封原因的誓辞为：

> 今商王受，弗敬上天，降灾下民。沉湎冒色，敢行暴虐，罪人以族，官人以世，惟宫室、台榭、陂池、侈服，以残害于尔万姓。焚炙忠良，刳剔孕妇。皇天震怒，命我文考，肃将天威。②
>
> 惟受罔有悛心，乃夷居，弗事上帝神祇，遗厥先宗庙弗祀。牺牲粢盛，既于凶盗。乃曰："吾有民有命！"罔惩其侮。天佑下民，作之君，作之师，惟其克相上帝，宠绥四方。有罪无罪，予曷敢有越厥志？同力，度德；同德，度义。受有臣亿万，惟亿万心；予有臣三千，惟一心。商罪贯盈，天命诛之。予弗顺天，厥罪惟钧。予小子夙夜祗惧，受命文考，类于上帝，宜于冢土，以尔有众，底天之罚。天矜于民，民之所欲，天必从之。尔尚弼予一人，永清四海，时哉弗可失！③

中篇是武王率领军队渡过孟津驻扎在黄河北岸后的誓师辞，其申诉征伐商纣王封原因的誓辞可分为两部分，一是总申商纣王封力行无度："今商王受，力行无度，播弃犁老，昵比罪人。淫酗肆虐，臣下化之，朋家作仇，胁

---

① 《尚书正义》卷 11《泰誓》。
② 同上。
③ 同上。

权相灭。无辜吁天，秽德彰闻。"① 二是从天命、人事两方面力陈商纣王封的罪行：

> 惟天惠民，惟辟奉天。有夏桀弗克若天，流毒下国。天乃佑命成汤，降黜夏命。惟受罪浮于桀。剥丧元良，贼虐谏辅。谓己有天命，谓敬不足行，谓祭无益，谓暴无伤。厥监惟不远，在彼夏王。……受有亿兆夷人，离心离德。②

下篇是讨伐大军出发前的誓师辞，其申诉征伐商纣王封原因的誓辞为：

> 天有显道，厥类惟彰。今商王受，狎侮五常，荒怠弗敬。自绝于天，结怨于民。斫朝涉之胫，剖贤人之心，作威杀戮，毒痡四海。崇信奸回，放黜师保，屏弃典刑，囚奴正士，郊社不修，宗庙不享，作奇技淫巧以悦妇人。上帝弗顺，祝降时丧。③

《牧誓》亦是武王在牧野与商纣王决战前的誓师辞，其申诉讨伐商纣王封原因的誓辞为：

> 古人有言曰："牝鸡无晨；牝鸡之晨，惟家之索。"今商王受惟妇言是用，昏弃厥肆祀弗答，昏弃厥遗王父母弟不迪，乃惟四方之多罪逋逃，是崇是长，是信是使，是以为大夫卿士。俾暴虐于百姓，以奸宄于商邑。今予发惟恭行天之罚。④

《费誓》是鲁公伯禽率师讨伐淮夷徐戎时在鲁国费地发布的誓师辞，其申诉讨伐淮夷、徐戎原因的誓辞为："徂兹淮夷、徐戎并兴"。⑤ 先秦《太

---

① 《尚书正义》卷11《泰誓》。
② 同上。
③ 同上。
④ 同上。
⑤ 《尚书正义》卷20《费誓》。

誓》早已亡佚。

《甘誓》《汤誓》《泰誓》《牧誓》《费誓》均是有德之君讨伐昏君，通过这五誓，我们可以非常清楚地分清正义与非正义，可以使我们对于战争的合理性以及圣王的统治有更深层次的理解。《秦誓》是秦穆公兵败于崤以后的自誓辞，并未申诉进行战争的正义性，而满篇充斥着待士过失的悔辞以及对好贤容善的体认，很难观到义。《孔丛子》所载有误，阎琴南所考为是，《孔丛子》原本亦为"六誓"。

孔子为何认为可以从"五诰"中能看到仁呢？《礼记》说："上下相亲谓之仁。"①《说文解字》说："诰，告也。"②《说文通训定声》说："上告下之义，古用诰。"③"五诰"指《大诰》《康诰》《酒诰》《召诰》《洛诰》。《大诰》是周公以成王的口吻在东征前对多邦诸侯及其官员的诰辞；《康诰》是周公对康叔封卫的诰辞；《酒诰》是周公对康叔封卫的诰辞；《召诰》是周公、召公关于如何巩固政权的论辞；《洛诰》是周公归政成王的诰辞。"五诰"均为西周初年所作，其诰辞充分体现了以文、武、周公、成王为核心的周初统治者营周安殷的辛劳和心系臣民的关切之情，我们可以从周初统治者的言行中领悟到上下相亲之"仁"，以及做一个"仁"者所应具备的基本才能和品质，亦可以观到周初统治者推行仁政于殷之遗人。

孔子为何认为可以从《甫刑》中能观到诫呢？《说文解字》说："诫，敕也。"④ 周穆王初年滥用刑罚，政乱民怨，吕侯为相后劝导穆王明德慎罚，采用中刑，结果国家得到了很好的治理。《吕刑》是周穆王对四方司政典狱及诸侯大臣的一篇诰辞，但其内容体现了吕侯的刑罚主张，故篇名为《吕刑》。吕侯后为甫侯，故也叫《甫刑》。该篇内容涉及刑罚的目的、五刑的内容、实施刑罚的原则等法律方面的内容，使人们认识到量刑公平、适度、慎罚的重要性。孔子认为通过看《甫刑》就可以认识到刑罚适度的道理，对刑罚采取慎重的态度，认为理解这一点对于成功治理国家可

① 《礼记》卷26《经解》。
② 《说文解字》卷4《言部》。
③ 朱骏声：《说文通训定声》，中华书局1984年版。
④ 《说文解字》卷4《言部》。

以说是非常重要的。在郭店楚简《缁衣》篇中，孔子引用三条《尚书》文本来宣扬他的"慎罚"主张，其中两条出自《吕刑》篇：第一条，"《吕刑》曰：'非用侄，制以刑，惟作五虐之刑曰法。'"① 孔子是用苗民滥用刑罚而导致"乃绝厥世"的反面例子来说明慎罚的重要性；第二条，"《吕刑》曰：'播刑之迪。'"② 孔子引用这句话是为了说明量刑要公平。可见，出土文献是与孔子所说的"《甫刑》可以观诫"主张是一致的。

　　孔子为何认为可以从《洪范》中能观到度呢？度为形声字，从又，庶省声，"又"即手，古代多用手、臂等来测量长度。本义为计量长短的标准。度体现出的是一种动态的平衡，从某个角度讲，阴阳的对立统一就是度。在《洪范》中箕子向武王陈述了"洪范九畴"，即"初一曰五行，次二曰敬用五事，次三曰农用八政，次四曰协用五纪，次五曰建用皇极，次六曰又用三德，次七曰明用稽疑，次八曰念用庶征，次九曰向用五福、威用六极"。每一畴体现的都是一种动态的秩序、标准或程度。孔子认为，把握度的原则，在各方面都具有重要的指导意义，只有适度才能算是"中"，二者具有同等的含义。《洪范》中"建用皇极"的"极"字就代表"中"，故孔子说："发乎中而见乎外以成文者，其惟《洪范》乎。"③ 在"洪范九畴"的每一畴的具体陈述中，"适度"的思想更是随处可见。另外，《论语·尧曰》所记帝尧的话"咨！尔舜。天之历数在尔躬，允执其中"也是孔子对"中"思想的宣扬，是与其"《洪范》可以观度"思想相一致的。

　　孔子为何又认为《大禹谟》《禹贡》可以观事呢？事为形声字。从史，之省声。史，掌管文书记录。甲骨文中事与吏同字，本义为官职。《说文解字》说："事，职也。"④《大禹谟》中有"六府三事允治"之说，"事"字在这里就是指一种官职。《大禹谟》记录了舜帝与大臣禹、益、皋陶讨论政务的情况，《禹贡》记录了大禹区划九州、制定贡赋、治理山川、规定五服的业绩。孔子说"《大禹谟》《禹贡》可以观事"，即指通过学习《大禹谟》

---

① 《郭店楚墓竹简》之《缁衣》篇，文物出版社 2002 年版。
② 同上。
③ 《孔丛子》卷 1 第 2《论书》。
④ 《说文解字》卷 3《史部》。

《禹贡》就可以掌握治理国家大政的本领。

　　孔子为何又认为《皋陶谟》可以观治或观政呢？政字为会意兼形声字，从攴从正，正亦声。攴，敲击，统治者靠皮鞭来推行其政治，"正"是光明正大。故政的本义为匡正。《皋陶谟》记述了皋陶向禹陈述如何为君的言论。皋陶认为做君要"知人""安民"，并提出了著名的"九德"之说，即"宽而栗，柔而立，愿而恭，乱而敬，扰而毅，直而温，简而廉，刚而塞，强而义"。孔子认为《皋陶谟》可以观治或观政，事实上是在高度评价舜、禹、皋陶的治政言行，认为虞廷君臣雍穆共治的言行可为后世效法，后人可以从中学习到治国经验。

　　为什么孔子会认为可以从《尧典》或《帝典》中看到美呢？因为从《尧典》或《帝典》篇中能看到尧舜揖让、九官相与推贤之美政。甲骨文中"美"是人戴着羊头跳舞，似乎与原始的巫术礼仪祭祀活动相关。美又与善同义，如《论语》："君子成人之美，不成人之恶。"① 今《尧典》称帝尧"钦明文思安安，允恭克让。光被四表，格于上下。克明俊德，以亲九族；九族既睦，平章百姓；百姓昭明，协和万邦。黎民于变时雍"。记述了尧任命羲、和掌管天文历法，并让位于虞舜的事迹。孔子说《尧典》可以观美，既是对尧作为"圣人"人格的赞美，也表达了孔子对唐虞禅让理想政治的称许和向往。

　　"七观"说是孔子对《尚书》大义的说解，代表着孔子《尚书》学思想的核心观点，可以说是孔子对于《尚书》的教化作用最为本质的认识。子夏受之于夫子且志之弗敢忘的"上有尧舜之道，下有三王之义"，在孔子看来只不过是《尚书》之"表"，孔子经过"悉心尽志以入其中"又发现了《尚书》有"七观"之义，这才是《尚书》之"里"。《荀子》说："《书》者，政事之纪也。"② 仁、议、政、美、事、度、诚七者实为孔子推崇的德治施政大纲，体现了孔子心系天下的高度责任感。正是在孔子这一以"七观"为核心内容思想体系构建过程中，逐渐形成了早期儒学的一些重要理论范畴，其核心部分即为义、仁、诚、度、事、治、美七者。"七观"说不仅

————————

① 《论语》卷12《颜渊》。
② 《荀子》卷1《劝学》。

代表着孔子对《尚书》教化作用最为本质的认识，而且在两汉时期曾发挥过重要影响，一度是非常流行的《尚书》学观念，不仅是汉代今文《尚书》学理论中最为核心的思想，亦是两汉《尚书》孔氏家学传承的核心要义所在。孔子的言行在作为圣人之后的孔氏家族内部被继承，甚或被不断诠释，理所当然。

第十二章

马融《尚书》学研究

东汉文魁马融为当世通儒，才高博洽，教养诸生常有千余人。马氏曾典校秘书十年，遍见中秘古文，正定五经文字。马融首疑河内《泰誓》篇为伪作。马融撰有《古文尚书注》传世，其注宗古文兼及今文。马融首著百篇《书序》，其《尚书》说义多为魏王肃所承传。

第一节　马融《尚书》学承传及其著述考辨

马融承师于挚恂，习治《尚书》学。其学下授徒众，知名者有郑玄、卢植、延笃、范冉、马日磾等。马融注解《尚书》的著述称谓烦乱，但均指《古文尚书注》无疑。其所注《古文尚书》传本当为四十七目五十九篇。

一　马融《尚书》学承师及其相关问题

马融，字季长，东汉将作大匠马严之子，生于公元 79 年，卒于公元 166年，享年八十八岁，扶风茂陵人。《后汉书》载：

> 人美辞貌，有俊才。初，京兆挚恂……融从其游学，博通经籍。恂奇融才，以女妻之。……永初四年拜为校书郎中，诣东观典校秘书。……涿郡卢植、北海郑玄皆其徒也。……常坐高堂，施绛纱帐，前授生徒，后列女乐，弟子以次相传，鲜有入其室者。……注《孝经》《论语》《诗》《易》《三礼》《尚书》……《老子》《淮南子》。①

---

① 《后汉书》卷60《马融传》。

马融曾师事挚恂，史传有明载。挚恂"明《礼》《易》，治五经"，马融承其学，逐遍注群经。史传虽未明言马融从挚恂受《尚书》，以挚恂治五经，度其必以此相授弟子，马融《尚书》学应承师挚恂。挚恂《尚书》学承师不明，不详所受，然挚家世居长安，近右扶风，而右扶风盛行古文学，当治《古文尚书》以授。马融《尚书》学宗古文，传记不言其别有所受①，得诸挚恂《古文尚书》学为是。

马融尝校书东观，当曾亲见孔壁《古文尚书》。谢承《后汉书》说："马融……年十三，为太子舍人，校书东观。"② 《后汉书》亦说："永初中……邓太后诏使与校书刘騊駼、马融及五经博士校定东观五经、诸子、传记、百家、艺术，整齐脱误，是正文字。"③ 司马彪《续汉书》又说："马融安帝时为大将军邓骘所召，拜校书郎中，在东观十年，穷览典籍，上《广成颂》。"④《后汉书》亦称马融为校书郎："校书郎马融上书讼懂与护羌校尉庞参。"⑤ 诸文献均说马融曾为校书郎，校书东观历十余年，当亲见孔壁《古文尚书》本无疑。故马融所撰《尚书》学专著，所用本经当为古文抄本；其学当主古文学。王国维说："汉时古文家如卫宏、贾逵、许慎、马融，或给事中，或领秘书，或校书东观，故得见中秘古文。"⑥ 王氏说良是。

挚恂，当为和帝、安帝、顺帝时京兆长安人，字季直，生卒年不详，为当世通儒，马融曾师从挚恂。晋皇甫谧《高士传》卷下载记：

（恂）博通百家之言，又善属文，词论清美。渭滨弟子扶风马融、沛国桓骥等，自远方至者十余人。既通古今，而性复温敏，不耻下问，故学者宗之。……初，马融如恂受业……融后果为大儒文魁，当世以是服恂之知人。永和中，常博求名儒，公卿荐恂"行侔颜闵，学拟仲舒，文参长卿，才同贾谊，实瑚琏器也。宜在宗庙，为国硕辅"。由是公车

---

① 惠栋：《后汉书补注》卷14引马融自叙说："少而好问学，无常师。"就其《尚书》学而言，或许马融学无常师，非挚恂一师。

② 谢承：《后汉书》卷4《马融传》，《八家后汉书辑注》。

③ 《后汉书》卷80《刘珍传》。

④ 司马彪：《续汉书》卷4《马融传》，《八家后汉书辑注》。

⑤ 《后汉书》卷47《梁懂传》。

⑥ 王国维：《观堂集林》卷7。

征，不诣；大将军窦武举贤良，不就。清名显于世，以寿终。①

安帝、顺帝时沛郡丰县人桓骊，生卒年不详，与马融同师于挚恂，挚恂通五经，今古文兼通，桓骊或从其受《尚书》之学。

二 马融《尚书》学下授问题

马融《尚书》学下授徒众。南阳犨人延笃，生年不详，卒于公元 167 年。据其本传可知，少从颍川唐溪受《左氏传》，旬日能讽之。又从马融受业，博通经传及百家之言，能著文章，有名京师。桓帝以博士征，拜议郎，与朱穆、边韶共著作东观。稍迁侍中，帝数问政事，延笃诡辞密对，动依典义。后徙京兆尹，以病免归，教授家巷。延笃曾致书友人说："吾尝昧爽栉梳，坐于客堂，朝则诵羲文之《易》、虞夏之《书》。"② "昧爽"出自《尚书·牧誓》篇；虞夏之《书》谓《尚书》之《尧典》《皋陶谟》《禹贡》《甘誓》诸篇，此当代指《尚书》。由此可知，延笃从马融博学经业，所学当有《尚书》经、传。后私家开馆授经，所授生徒未见知名传世者。

陈留外黄人范冉③，生于公元 112 年，卒于公元 185 年，享年七十四岁。范冉游学扶风，兼从法真、马融二师学经，尤笃《尚书》学。《后汉书》说："（冉）游三辅就马融通经，历年乃还。"④《后汉书》又说："法真……为关西大儒。弟子远方至者，陈留范冉数百人。"⑤《三辅决录》说："法真少明五经，兼通谶纬。"⑥ 法真、马融两大儒所教者当不止一经，是故蔡邕《范丹碑》说："丹涉五经，览《书传》，尤笃《易》《尚书》。"⑦

马融族子马日磾，字翁叔，生年不详，卒于公元 194 年，扶风茂陵人⑧。《三国志》注引《三辅决录注》说："日磾……少传融业，以才学进。与杨

---

① 皇甫谧：《高士传》卷下，辽宁教育出版社 1998 年版。
② 《后汉书》卷 64《延笃传》。
③ 一作"范丹"。
④ 《后汉书》卷 81《独行传》。
⑤ 《后汉书》卷 83《法真传》。
⑥ 惠栋：《后汉书补注》卷 10 引。
⑦ 《全后汉文》卷 77《蔡邕》。
⑧ 依其族祖马融籍定。

彪、卢植、蔡邕等典校中书，历位九卿，遂登台辅。"① 灵帝朝马日磾为谏
议大夫，灵帝、献帝朝两为太尉，献帝朝为太傅。马日磾"少传融业"，马
季长《古文尚书》学当传于马日磾。马日磾曾校书东观，参与刊刻石经事。
《后汉书》说："熹平四年，乃与五官中郎将堂溪典，光禄大夫杨赐，谏议
大夫马日磾，议郎张驯、韩说，太史令单飏等，奏求正定六经文字。灵帝许
之。……使工镌刻立于太学门外。"②

涿郡涿人卢植，字子干，生于公元159年，卒于公元192年，享年三十
四岁。少与郑玄俱事马融，能通古今学，好研精而不守章句。学终辞归，阖
门教授。《后汉书》本传说："建宁中，征为博士，乃始起焉。……熹平四
年，九江蛮反，四府选植才兼文武，拜九江太守。……作《尚书章句》《三
礼解诂》。……拜为庐江太守。……岁余，复征拜议郎，……校中书五
经。……转为侍中，迁尚书。"③ 卢植曾东观校书。其本传又说：

> 熹平四年……以疾去官，作《尚书章句》《三礼解诂》。时始立太
> 学石经以正五经文字，植乃上书曰："臣少从通儒故南郡太守马融受古
> 学……愿得将能书生二人共诣东观，就官财粮，专心研精，合《尚书章
> 句》，考《礼记》得失，庶裁定圣典，刊正碑文。"④

此处所载"合《尚书章句》"，说明东观所藏《尚书章句》当不止一种。
卢植不守章句，然此处说其曾为《尚书》撰作章句，不知何故？卢植所著
《尚书章句》，《经义考》、姚氏《东汉艺文志》并著录之，此书早佚。

今得其遗说四条：第一条，《三国志》说："《尚书》：'太甲既立不明，
伊尹放之桐宫。'"⑤ 此为化用《太甲》篇《书序》文。第二条，《后汉书》
本传又载："光和元年日食，卢植上封事曰：'臣闻《五行传》：日晦而月见

---

① 《三国志》卷5《袁绍传》。
② 《后汉书》卷60下《蔡邕传》。
③ 《后汉书》卷94《卢植传》。
④ 同上。
⑤ 《三国志》卷6《魏书》之《董卓传注》引《献帝纪》。

谓之朓，王侯其舒。此谓君政舒缓，故日食晦也。'"① 此处采自伏生《尚书大传》之《洪范五行传》文。第三条，《后汉书》本传载卢植规谏窦武书说："《书》陈'谋及庶人'。"② "谋及庶人"出《洪范》本经"稽疑"部分。第四条，卢植又曾陈要政说："修礼者，应征有道之人，若郑玄之徒，陈明《洪范》，攘服灾咎，遵尧者。今郡守刺史一月数迁，宜依黜陟，以章能否，纵不九载，可满三岁。"③ 言《洪范》消救为卢植用伏生、大夏侯、刘向歆父子之学。"黜陟"之义乃卢植仿《尧典》古法，据之以议官吏考绩事。

三　马氏所据《古文尚书》本经篇名、目次问题

马融所据《古文尚书》篇目，旧说较多，程元敏考定为：凡本经四十六目五十八篇，并《序》一目一篇，总为四十七目五十九篇。照录其篇目、篇次如下：

《虞夏书》：《尧典》一、《舜典》二、《汨作》三、《九共》九篇四至十二、《大禹谟》十三、《皋陶谟》十四、《弃稷》④ 十五、《禹贡》十六、《甘誓》十七、《五子之歌》十八、《胤征》十九。

《商书》：《汤誓》二十、《典宝》二十一、《汤诰》二十二、《咸有一德》二十三、《伊训》二十四、《肆命》二十五、《原命》二十六、《盘庚》（上、中、下）二十七至二十九、《高宗肜日》三十、《西伯戡黎》三十一、《微子》三十二。

《周书》：《泰誓》⑤（上、中、下）三十三至三十五、《牧誓》三十六、《武成》三十七、《洪范》三十八、《旅獒》三十九、《金縢》四十、《大诰》四十一、《康诰》四十二、《酒诰》四十三、《梓材》四十四、《召诰》四十五、《洛诰》四十六、《多士》四十七、《无逸》四十八、《君奭》四十九、《多方》五十、《立政》五十一、《顾命》五十二、《康王之诰》五十三、

---

①　《后汉书》卷94《卢植传》。

②　同上。

③　同上。

④　又作《益稷》。

⑤　《泰誓》，武帝末河内所献，马融亦为之作传注，但已疑其是伪作。

《冏命》五十四、《粊誓》五十五、《吕刑》五十六、《文侯之命》五十七、《秦誓》五十八。

《书序》百篇总为一篇，附于后，为五十九。

四 马融首疑河内本《泰誓》篇为伪作问题

马融说："《泰誓》后得，案其文似若浅露。"① 又说：

> "八百诸侯不召自来，不期同时，不谋同辞"及"火复于上，至于王屋，流为鵰，至五，以谷俱来"。举火神怪，得无在"子所不语"中乎！又《春秋》引《泰誓》曰"民之所欲，天必从之"，《国语》引《泰誓》曰"朕梦协朕卜，袭于休祥，戎商必克"，《孟子》引《泰誓》曰"我武惟扬，侵于之疆，取彼凶残，我伐用张，于汤有光"，孙卿引《泰誓》曰"独夫受"，《礼记》引《泰誓》曰"予克受，非予武，惟朕文考无罪；受克予，非朕文考有罪，惟予小子无良"：今文《泰誓》皆无此语。今见《书传》多矣，所引《泰誓》而不在《泰誓》者甚多，弗复悉记，略举五事以明之，亦可知矣。②

马氏疑河内《泰誓》为伪作，理据有二：第一，《左传》《国语》《孟子》《荀子》及《礼记》五书引先秦真《泰誓》，河内《泰誓》文无，马氏又曾见其他许多书传所引真《泰誓》而不在河内《泰誓》者。第二，"白鱼""赤乌"等为汉家五行说，皆入河内《泰誓》文。马氏曾说："鱼者，介鳞之物，兵象也；白者，殷家之正色。言殷之兵众与周之象也。诚亦以五行（殷人尚白；五德终始，殷以金德王）说之，然不言符命，故其释火复王屋云云，曰：'王屋，王所居。流，行也。魄然安定意也。'"③ 马季长为古文家，不用谶纬符命，与今文家作风有殊。马氏此说，与《尚书大传》中《周传》之《太誓》及《书纬》《中候》之言符瑞天命截然不同。

---

① 伪古文《泰誓书序正义》引马融《书（传）序》。
② 同上。
③ 同上。

五　马融《尚书》学著述问题

关于马融《尚书》学著述问题，史传所载杂乱多异，涉及《尚书传》《尚书传序》《尚书注》《古文尚书注》等诸种称谓，其实都是一回事，即《后汉书·马融传》所说的马融注《尚书》。由《后汉书》本传知，马融曾撰有《尚书注》，但未明言所注为古文或今文，《隋书·经籍志》亦未明言马融所注《尚书》为今文或古文，仅说："《尚书》十一卷，马融注。"《释文序录》却说："《古文尚书》十一卷，马融注。"两唐《志》亦说："《古文尚书》十卷，马融传。"

综观各类文献所载，题有传、注之差异，卷有十、十一之出入，经有今、古文之杂称。《书大序》孔《正义》说："马融、王肃亦称注为传。"① 传、注名殊义同，皆谓解经之义。作十一卷者，《经典释文》之《尚书音义》说："马、郑之徒，百篇之《序》总为一卷。"② 则本经十卷，《序》总系于全经之后，别为一卷；伪孔本分众篇《序》置于众篇经文之首，唐人亦分《序》之文各于经篇之前，故并销一卷减为十卷。马融曾撰有《古文尚书注》无疑，《后汉书》谓马融为杜林《古文尚书》作传，传即注，故有称其为《古文尚书注》者。

关于马融《古文尚书注》③ 之著成时间，《周官传序》说："（融）至六十，为武都守，郡小少事，乃述平生之志，著《易》《尚书》《诗》《礼》传皆讫；惟念前业未毕者，唯《周官》。年六十有六，目暝意倦，自力补之，谓之'《周官传》'也。"④ 马融六十岁为武都太守，当在顺帝永和三年，王先谦说："《商芸小说》曰：'融历二郡。……在武都七年。'"⑤ 故马融《古文尚书注》著成当在永和三年至汉安三年之间。

关于马氏所撰《古文尚书注》涉及逸十六篇的问题。马氏所撰《古文尚书注》久佚，有一些后人辑本传世，如王谟《汉魏遗书钞》中就有马氏

---

① 《尚书正义》卷2《尧典》。
② 《经典释文》卷3《尚书音义上·舜典》。
③ 即马融所撰《尚书传》。
④ 《周礼注疏·序》。
⑤ 惠栋：《后汉书补注》卷14《马融列传》。

《尚书注》一卷，马国翰《玉函山房辑佚书》中有《尚书马氏传》四卷，宋王应麟撰集、清孙星衍补集的马融《古文尚书注》十卷。以孙氏补集本最优。由辑本来看，马融所谓逸十六篇"绝无师说"实指逸十六篇没有传述，不为之注解。

第二节　马融《尚书》学说研究

《后汉书·马融传》记载，马融曾注《尚书》，《经典释文》载录马融《尚书注》十卷，《隋书·经籍志》载录为十一卷。马融所注《尚书》亡于宋代，今有宋王应麟撰集、清孙星衍补集的马融《古文尚书注》十卷，马国翰亦辑有《尚书马氏传》四卷。马融《尚书》学说主要见于此类文献中。

一　马融《尚书》说宗古文且多不同于前人说问题

马融曾为《古文尚书》作注，宗古文无疑。其说义颇富于创意，多不同于前人，试举八例如下：

例一，《甘誓》云："有扈氏威侮五行，怠弃三正。"《尚书音义》说："'三正'，马云：'建子、建丑、建寅，三正也。'"① 马融以建子、建丑、建寅为三正，来直释《甘誓》本经，前无此说，属于首创。然马融注河内《泰誓》"三正"却与此不同："动逆天、地、人也。"② 虽"三正"名同，但前者为有扈氏不奉正朔义，后者为商纣王逆天祸人义，各有不同。

例二，《金滕》云："周公乃告二公曰：'我之弗辟，我无以告我先王。'"《尚书音义》说："'辟'，马、郑音'避'，谓避居东都。"③ 前无此说，马融首释辟为避居东都，既合史实，又符经义。郑玄承其说。

例三，《无逸》经文有"亮阴"。马融说："亮，信也，阴，默也；为听于冢宰，信默而不言。"④ 孔子释"谅（亮）阴"为三年之丧，后人多从之。

---

① 《经典释文》卷3《尚书音义上·甘誓》。
② 《尚书正义》卷11《洪范》。
③ 《经典释文》卷4《尚书音义下·金滕》。
④ 《左氏隐公元年传》之《正义》引《尚书传》，孙辑本《尚书今古文注疏》均定为马说。

马氏不为孔子托古改制所囿，始释"亮，信也，阴，默也"，前无此说，马氏先言之。

例四，《尧典》经文有"九族"。《尚书音义》说："上至高祖，下至玄孙，凡九族：马、郑同。"① 可由此知马融定"九族"在同姓内。《尚书正义》说："《异义》：夏侯、欧阳等以为九族者，父族四、母族三、妻族二。皆据异姓有服。"② 由此可知，今文释"九族"与马氏相异。

例五，《尧典》经文有"六宗"，《尚书音义》说："马云：'天地四时也。'"③《尚书正义》亦说："马融云：'万物非天不覆，非地不载，非春不生，非夏不长，非秋不收，非冬不藏：此其谓六也。'"④ 由此可知，马融定天、地、春、夏、秋、冬为六宗。而《周礼·春官·大宗伯》贾《疏》却说《异义》："《今欧阳夏侯说》：'六宗者，上不及天，下不及地，傍不及四时，居中央，恍惚无有，神助阴阳变化，有益于人，故郊祭之。'"⑤ 由此可知，今文释"六宗"与马氏说相异。

例六，《尧典》经文有"羲和"。《尚书音义》说："马云：'羲氏掌天官，和氏掌地官，四子掌四时。'"⑥ 可知马融定"羲和"为六官。而西汉今文家谓"羲和"为羲仲、羲叔、和仲、和叔四人，非为六官。

例七，《尧典》经文有"文祖"。《尚书音义》说："马云：'文祖，天也；天为文，万物之祖，故曰文祖。'"⑦ 由此可知，马融定"文祖"为万物之祖"天"。《尚书释义》驳之说："文祖，《史记》以为尧太祖。按文祖、文考、文母、前文人等，乃周人之习用语也。以《诗》《书》及金文证之，知指亡祖、亡父……言。本篇成于战国初叶，故用周人语。此谓尧太祖之庙也。"⑧ 马氏说虽有创意，然释"文祖"为尧太祖之庙为是。

例八，《立政》经文有"受德"。《尚书音义》说："马云：'受，读曰

---

① 《经典释文》卷 3《尚书音义上·尧典》。

② 《尚书正义》卷 2《尧典》。

③ 《经典释文》卷 3《尚书音义上·尧典》。

④ 《尚书正义》卷 3《舜典》。

⑤ 《周礼·春官·大宗伯》贾疏。

⑥ 《经典释文》卷 3《尚书音义上·尧典》。

⑦ 同上。

⑧ 屈万里：《尚书释义》，中华文化出版事业委员会 1956 年版。

纣；或曰受妇人之言，故号曰受也。'"①《尚书音义》又说："受德，纣字，马云：'受所为德也。'"② 由此可知，马融定"受德"为商纣王受所为之德。德，升也；"受德"谓纣升登王位义。马氏说误。

二　马融不信谶纬问题

马融为《尚书》作注，不善用谶纬，正合古文家特点。华峤《汉后书》说："（光武信图谶）明、章二帝祖述其意，故后世争为图纬之学，以娇世取资，是以通儒贾逵、马融、张衡、朱穆、崔寔、荀爽之徒忿其若此，奏皆以为虚妄不经，宜悉收藏之。"③ 由此说可知马融不信谶纬。遍检马氏《古文尚书注》佚文④，确是不用谶纬说。如《纬书》释"《尚书》，谓上天之书"。《璇玑钤》说："《书》务以天言之。"又说："尚者，上也，上天垂文象，布节度；《书》者，如也，如天行也。"马融不从，首提有虞氏之书为《尚书》说："上古有虞氏之书，故曰《尚书》。"⑤ 又说："有虞氏为《书》之初耳，若《易》历三世，则伏羲为上古，文王为中古，孔子为下古。"⑥ 故马融定《尧典》《皋陶谟》《禹贡》《甘誓》四篇为《虞夏书》，而不用《尚书大传》之《唐书》说。

三　马融注《尚书》多用贾逵《尚书》说

例如：《禹贡》经文"二百里流"下，《尚书正义》说："贾逵、马融以为：'甸服之外百里至五百里米特有此数，去王城千里；其侯、绥、要、荒服各五百里，是面三千里，相距为方六千里。'"⑦ 此为马融依贾逵说无疑。

再如：《书序》有"汤既胜夏，欲迁其社，不可，作《夏社》"，《尚书

---

① 《经典释文》卷3《尚书音义上·西伯戡黎》。
② 《经典释文》卷4《尚书音义下·立政》。
③ 华峤：《汉后书》卷2《郎顗传》，《八家后汉书辑注》。
④ 《史记·宋世家集解》引之说："《洪范》'星有好风'，马融《书传》曰：'箕星好风。'"程元敏认为马氏此说本于纬文，即《春秋纬》所说的"月离于箕，则风沙扬"。其说有可商榷处。
⑤ 《尚书正义》卷1《尚书序》。
⑥ 同上。
⑦ 《尚书正义》卷4《大禹谟》。

正义》说："贾逵、马融等说以社为句龙也。"① 此亦为马融依贾逵说。

四 马融《尚书》说多为魏王肃所采用

《三国志》说："肃善贾、马之学，而不好郑氏，采会同异为《尚书（注）》。"② 今辑得王肃《尚书》说同马融者二十三条：

第一条，《三国志·魏书》之《高贵乡公纪》说：

> 帝问曰："郑玄曰'稽古同天，言尧同于天也'，王肃云'尧顺考古道而行之'，二义不同，何者为是？"博士庾峻对曰："……贾、马及肃皆以为'顺考古道。'"③

由此可知王肃用马融说。

第二条，《禹贡》云："淮夷培殊及鱼。""淮夷"，《尚书音义》说："郑云：'淮水之夷民也。'马云：'淮、夷，二水名。'"④《尚书正义》说："淮、夷是二水之名……王肃亦以淮夷为水名。"⑤ 由此可知，王肃亦用马融说。

第三条，王肃袭用马融《顾命》《康王之诰》之分篇。

第四条，马融谓河内《泰誓》后得，文似浅陋，王肃亦说："《泰誓》近得，非其本经。"⑥

第五条，马融认为《书序》为孔子所作并为之作注，王肃亦袭用此说。

第六条，《康诰》之"康"，马融认为是国名，王肃亦同之。

第七条，马融分《尚书》为《虞夏书》《商书》《周书》，《皋陶谟》与《弃稷》两篇均在《虞夏书》中，王肃袭用之。

第八条，《尧典》"窜北三苗于三危"，马融、王肃均以为"三苗"是

① 《尚书正义》卷2《尧典》。
② 《三国志》卷19《王肃传》。
③ 《三国志》卷4《高贵乡公纪》。
④ 《经典释文》卷3《尚书音义上·禹贡》。
⑤ 《尚书正义》卷20《费誓》。
⑥ 《尚书正义》卷10《泰誓》。

国名。

第九条，马融释"惟明克允"为："当明其罪，能使信服之。"① 王肃所注相同："惟明其罪，使能之信服。"②

第十条，马融、王肃均注《皋陶谟》　"庶绩其凝"之"凝"为"定也"。

第十一条，马融注《禹贡》"岛夷皮服"为："岛夷，北夷国。"③ 王肃注为："鸟夷，东北夷国名也。"④

第十二条，马融注《禹贡》"昆崘析支"为："昆崘在临羌西，析支在河关西。"⑤ 王肃同之。

第十三条，《禹贡》"导研及岐"，马融、王肃皆注为："导研北条，西倾中条，嶓冢南条。"

第十四条，《禹贡》"合黎流沙"，马融、王肃皆认为合黎、流沙为地名。

第十五条，马融、王肃均以为盘庚迁徙有功，故以《盘庚》名篇，而不以诰名篇。

第十六条，马融注"今汝聒聒"为："拒善自用之意。"⑥ 王肃亦注为："聒聒，拒善自用之意。"⑦

第十七条，马融注"迟任"为"古老成人"，王肃亦同之。

第十八条，《微子》"卿士师师非度"，马融与王肃均注释为"卿士以下转相师效，为非法度之事也"。

第十九条，《洪范》"惟辟作福，惟辟作威，惟辟玉食"，马融注为："辟，君也；玉食，美食。不言王者，关诸侯。"⑧ 王肃注为："辟，君也；

① 《史记》卷1《五帝本纪》。
② 《尚书正义》卷3《舜典》王肃注。
③ 《尚书正义》卷6《禹贡》马融注。
④ 《尚书正义》卷6《禹贡》王肃注。
⑤ 《尚书正义》卷6《禹贡》马融注。
⑥ 《尚书正义》卷9《盘庚上》马融注。
⑦ 《尚书正义》卷9《盘庚上》王肃注。
⑧ 《尚书正义》卷12《洪范》马融注。

不言王者，关诸侯也。"①

第二十条，《顾命》"蔑席②"之"篾"，马融注为："纤蒻。"③ 王肃注为："篾席，纤蒻草席。"④

第二十一条，马融注"夷玉"为"东夷之美玉"，王肃亦同之。

第二十二条，马融、王肃注"大辂、缀辂、先辂、次辂"时，均认为"不陈戎辂者，兵事非常，故不陈之"。

第二十三条，《吕刑》"何度非及"之"度"，马融释为："造谋也。"⑤ 王肃注为："度，谋也。"⑥

五　马融《古文尚书》说异于《尚书》今文说问题

马融曾为校书郎中，在东观典校秘书，得见中秘真《古文尚书》，其又曾为杜林所得漆书《古文尚书》作传，且曾参与正定五经文字，其所注《尚书》当为真《古文尚书》本无疑。马融主治《古文尚书》有异于今文《尚书》者，试举其数例如下：

例一，《顾命》《康王之诰》两篇记成、康传位及典礼事，今传伪《孔传》本以"诸侯出庙门俟"以上为《顾命》，"王出在应门之内"以下为《康王之诰》。《经典释文》之《尚书音义下》说："王若曰：'庶邦侯甸男卫'，马本从此已下为《康王之诰》。"⑦ 孔颖达《尚书正义》在《康王之诰》篇《书序》下说："马、郑、王本此篇，自'高祖寡命'已上纳于《顾命》之篇，'王若曰'以下始为《康王之诰》。"⑧ 马融曾校书东观十年，当见真《古文尚书》本经，由此可知，《古文尚书》与今文在《顾命》与《康王之诰》两篇的内容分篇上有所不同，郑玄、王肃从马氏分法。

例二，《西伯戡黎》有："乃罪多参在上。"《经典释文》说："参，马

---

① 《尚书正义》卷12《洪范》王肃注。
② 段玉裁注说："《顾命》文，今作敷重蔑席。蔑，卫包又改为篾。"
③ 《尚书正义》卷18《顾命》马融注。
④ 《尚书正义》卷18《顾命》王肃注。
⑤ 《尚书正义》卷19《吕刑》马融注。
⑥ 《尚书正义》卷19《吕刑》王肃注。
⑦ 《经典释文》卷4《尚书音义下》。
⑧ 《尚书正义》卷14《康诰》。

云：'参字，累在上。'"① 今本"参"字，孔壁本当作"厽"，马本当同，敦煌本伯字二五一六、二六四三均正作"厽"。厽在上，言纠罪多，累积登在帝廷之文案。由此可知，马融所用本经确用古文本经，确有与今文本经字相异者。

例三，《尧典》云："嵎夷"，马融说："嵎，海嵎也；夷，莱夷也。"② 是马本作"嵎夷"。陈乔枞说："今文《尚书》或作嵎铁，或作嵎铗，皆三家之异字。"③ 可知马古文本与今文三家本有夷与铁之差异。

例四，《禹贡》云："沿于江海"，《尚书音义》说："沿，马本作均，云均平。"④《尚书大传》说："顺流而下曰沿。"⑤ 可知今文本作"沿"，古文本作"均"。

例五，《酒诰》篇云："王若曰：明人命于妹邦。"今文《尚书》三家、卫宏、贾逵本皆作"成王若曰"，《经典释文》载记马本亦作"成王若曰"，马融并注之说："言成王者，未闻也。俗儒以为成王骨节始成，故曰成王。或曰以成王为少成二圣之功，生号曰成王，没因为谥。卫、贾以为戒成康叔以慎酒，成就人之道也，故曰成。此三者，吾无取焉。吾以为后录《书》者加之，未敢专从，故曰未闻也。"⑥ 卫宏、贾逵、马融均亲见孔壁本《古文尚书》，"王"上有"成"字，与今文本同。《尚书》记王言，多只言"王曰"或"王若曰"，鲜有王上加文、武、成等字者，故马融认为，古文本"王"上"成"字，亦后录《书》者添增之。

六 马融曾为百篇《书序》作注问题

《经典释文》及孔颖达《尚书正义》等均有称引，孙诒让有其辑本。列举两条如下：

例一，《康诰》之《序》："成王既伐管叔、蔡叔，以殷余民封康叔，作

---

① 《经典释文》卷3《尚书音义上》。
② 《尚书正义》卷2《尧典》。
③ 陈乔枞：《尚书欧阳夏侯遗说考》，见《皇清经解续编》本。
④ 《经典释文》卷3《尚书音义上·禹贡》。
⑤ 《尚书大传》卷1《禹贡》。
⑥ 《经典释文》卷4《尚书音义下·酒诰》。

《康诰》。"①《尚书正义》说："康亦国名，而在圻内。马、王亦然。"② 康，圻内国名，康叔因武王始封之，而得"康"号，是故马融以《康诰》为武王命康叔之书，非成王命书。成王世，康叔乃由康徙封于卫。马氏此说为是。

例二，《西伯戡黎》之《序》云："殷始咎周，周人乘黎。"③《尚书音义》说："马云：'咎周者，为周所咎'。"④ 马融首创"周始咎殷"说，下承以"周人乘黎"，文气亦通贯。

七 马融注《古文尚书》音用反切问题

马融解《尚书》经，音用反切，屡见于《经典释文》所引。如《尧典》篇有"平秩东作"。《尚书音义》说："平，马本作苹，普庚反。"⑤《微子》篇有"雠敛"。《尚书音义》说："马、郑力艳反。"⑥《洛诰》篇有"迓衡不迷文武勤教"。《尚书音义》说："马、郑、王皆音鱼据反。"⑦《经典释文》说："古人音书，止为譬况之说，孙炎始为反语。"⑧ 马融、郑玄、王肃诸儒皆早于孙炎，《经典释文》所说马融、郑玄、王肃言《尚书》皆有音切，甚为可疑。其实，东汉已有音切之法。《汉书·地理志》"广汉郡梓潼"颜师古注说："应劭曰：'潼水所出，南入垫江。垫，音徒浃反。'"⑨ 又"辽东郡沓氏"颜注说："应劭曰：'氏，水也。音长答反。'"⑩ 由此可知，应劭已用音切注史。应劭、郑玄同时，应劭已使用音切法注史，则郑玄使用音切法注经亦有可能。郑玄之音切法或为马融所教授，亦未可知。

不过，传统观点多以马融未曾使用音切。《经典释文》已经明确示之，

---

① 《尚书正义》卷13《康诰》。
② 同上。
③ 《尚书正义》卷9《西伯戡黎》。
④ 《经典释文》卷3《尚书音义上·西伯戡黎》。
⑤ 《经典释文》卷3《尚书音义上·尧典》。
⑥ 《经典释文》卷3《尚书音义上·微子》。
⑦ 《经典释文》卷4《尚书音义下·洛诰》。
⑧ 陆德明：《经典释文·序录》。
⑨ 《汉书》卷28《地理志》颜师古注。
⑩ 同上。

其文说："为《尚书》音者四人：孔安国、郑玄、李轨、徐邈。案汉人不作音，后人所托。"① 此所谓"音"，自是兼谓直音与反切。马融注《尚书》用直音，毋庸赘言。陆氏谓"汉人不作音"，"孙炎始为反语"，则知马融不应用音切。王肃略长于孙炎，故音切之初行用，应不早于东汉末年，马融时尚无，今本《释文》所引马融反切语，应不是马氏所注原文，系后人依托或后人掺入的可能性较大。

八　马融未曾撰作《忠经》问题

《忠经》引文多涉伪《古文尚书》本经。后世流传的《忠经》原题为马融撰、郑玄注。其经文涉及伪《古文尚书》者，计为以下五条：

《天地神明章》引之说："《书》云：'惟精惟一，允执厥中'。"② 此处所引出自伪《古文尚书》之《大禹谟》篇。《兆人章》引之说："《书》云：'一人元良，万邦以贞'。"③ 此处所引出自伪《古文尚书》之《太甲下》篇。《辨忠章》引之说："《书》云：'旌别淑慝'。"④ 此处所引出自伪《古文尚书》之《毕命》篇。《忠谏章》引之说："《书》云：'木从绳则正，后从谏则圣'。"⑤ 此处所引出自伪《古文尚书》之《说命上》篇。《证应章》引之说："《书》云：'作善，降之百祥；作不善，降之百殃'。"⑥ 此处所引出自伪《古文尚书》之《伊训》篇。

关于《忠经》称引伪《古文尚书》问题，惠栋论之说："其书间引梅氏古文，案马季长东汉人，安知晋以后书，此皆不知而妄作者。"⑦ 宋鉴亦说："又考世所传马氏《忠经》引《书》曰：'惟精惟一，允执厥中'，东汉融本传记融著述无《忠经》，隋《经籍志》、新旧《唐书》诸目皆无其本，则亦伪托书与！"⑧《忠经》唐前史传未有著录者，可知《忠经》题马融撰应是

---

① 《经典释文·序录》。
② 《忠经》卷1《天地神明章》，海潮出版社2001年版。
③ 《忠经》卷6《兆人章》。
④ 《忠经》卷14《辨忠章》。
⑤ 《忠经》卷15《忠谏章》。
⑥ 《忠经》卷16《证应章》。
⑦ 惠栋：《古文尚书考》，《皇清经解》本。
⑧ 宋鉴：《尚书考辨》卷4，上海古籍出版社1995年版。

伪托无疑。《四库全书总目》说：

> 《忠经》一卷，旧本题马融撰、郑玄注。其文拟《孝经》为十八
> 章，经与注如出一手。考融所述作具载《后汉书》本传，玄所训释载
> 于《郑志·目录》尤详。……隋《志》、唐《志》皆不著录，《崇文总
> 目》始列其名，其为宋代伪书殆无疑义。《玉海》引宋两朝《志》载有
> 海鹏《忠经》，然则此书本有撰人，原非赝造，后人诈题马、郑，掩其
> 本名，转使其本变伪耳。①

东晋梅颐所上伪《古文尚书》马季长绝不及见，故《忠经》绝非马季
长所撰，应为唐人海鹏撰为是。②

---

① 《四库全书总目》卷95《存目》。
② 《忠经》为唐人海鹏撰说，见章学诚《文史通义》。

第十三章

郑玄《尚书》学研究

东汉后期治经讲求兼通的风气日渐普遍，此一时期的经学大师郑玄遍注儒家经典，以毕生精力整理古代文化遗产，使经学进入了一个"小统一"的时代。单就《尚书》一经之学而言，郑玄遍注《尚书》今、古文经传，以古文学为宗，兼采今文学以附益其义，网罗众家，删裁繁诬，刊改漏失，自郑氏所注《尚书》行世，其余今文各家之说歇然而止。郑氏《尚书》学影响所及长达数百年，《尚书》学史中的郑、王之争，郑、孔之争，足可说明之。

第一节　郑玄《尚书》学承传及其著述考辨

作为汉代经学的集大成者，郑玄遍注群经，兼采今、古文，自其所注儒家各经问世后，学者莫不翕然相从。《尚书》一经的发展流变亦是如此，郑玄《尚书注》对后代《尚书》学的传播与影响可谓"巨大"。

一　郑玄《尚书》学承师问题

北海高密人郑玄，字康成，生于公元 127 年，卒于公元 200 年，享年七十四岁。郑玄《古文尚书》学师承有两个来源：一为张恭祖，一为马融。《后汉书》说：

> 玄少为乡啬夫，得休归，常诣学官，不乐为吏，父数怒之，不能禁。遂造太学受业，师事京兆第五元先，始通《京氏易》《公羊春秋》

《三统历》《九章算术》。又从东郡张恭祖受《周官》《礼记》《左氏春秋》《韩诗》《古文尚书》。以山东无足问者，乃西入关，因涿郡卢植，事扶风马融。融门徒四百余人，升堂进者五十余生。融素骄贵，玄在门下，三年不得见，乃使高业弟子传授于玄。玄日夜寻诵，未尝怠倦。会融集诸生考论图纬，闻玄善算，乃召见于楼上，玄因从质诸疑义，问毕辞归。融喟然谓门人曰："郑生今去，吾道东矣。"玄自游学，十余年乃归乡里。①

郑玄从张恭祖所习各经多为古文学，其中就有《古文尚书》学。郑玄亦推崇其师马氏，郑玄《书赞》曾说："卫、贾、马二三君子之业，则雅才好博，既宣之矣。"②

桓帝、灵帝世东郡人张恭祖③，生卒年不详，其学具有兼通特色，其所授郑玄的《古文尚书》学不知为何本，张氏之学上承不明，史不见载。马融授受关系，已见上述。

郑玄《尚书》学渊源于西汉临淮太守孔安国问题。孔颖达《尚书正义》之《虞书》题下说："郑玄《书赞》云：'我先师棘子下生安国亦好此学；卫、贾、马二三君子之业，则雅才好博，既宣之矣。'"④ 阎若璩说："康成虽云受之张恭祖，然其《书赞》曰'我先师棘子下生安国亦好此学'，则其渊源于安国明矣。"⑤ 北魏郦道元《水经注》记载张逸问郑玄："《书赞》云'我先师棘下生'，何时人？"郑玄回答说："齐田氏时善学者所会处也，齐人号之棘下生；无常人也。"⑥ 程元敏据此"无常人也"，认为"先师棘下生"非固定一人也，盖为泛言先秦田齐时会集稷门之《尚书》学经师，孔安国时代要晚得多，不可能会集于楼下，故郑君未明言其《尚书》学渊源于孔安国。

---

① 《后汉书》卷35《郑玄传》。
② 《尚书正义》卷2《虞书》。
③ 《承节大司农郑公碑》"恭"字作"钦"字。
④ 《尚书正义》卷2《虞书》。
⑤ 阎若璩：《尚书古文疏证》卷2，第134页。
⑥ 郦道元：《水经注》卷26《淄水》。

　　王鸣盛引鹤寿语说："棘下，鲁地；安国，鲁人；故称之为'棘下生'；齐田氏云云，恐是张逸误记。"① 此说较为平实，郑玄《古文尚书》学先后直承师于张恭祖、马融当无疑。张、马之《古文尚书》学均渊源于西汉孔氏《古文尚书》学亦无疑。故郑玄有"我先师棘下生安国亦好此学"之说，不足为怪。

　　"棘子下生安国"之"子"当为衍字。相关文献如问经堂、四库、粤雅堂三本及孙星衍补集岱南阁丛书本均无"子"字。阎若璩认为当作"棘下生子安国"：

　　　　孔颖达疏"先师棘子"字颇不可解，遍检南、北监本及近刻常熟毛氏本俱然。……读《水经注》之《淄水》引《郑志》……始悟是"我先师棘下生子安国"，"子"字请属"安国"。然不曰"孔"而曰"子"者何也？隐十一年《公羊传》"子沈子曰"，注云"沈子称于冠氏上者，著其为师也；不冠以子者，他师也"。康成自以渊源于安国，故冠"子"于"安国"之上；其不曰"子孔子"者，又所以别于"孔子"也。②

　　郑玄《尚书》学不止就教于以上张、马二师。郑氏曾往来幽并究豫等地域，有机会拜会在位通人，处逸大儒，有机会师事此类人物，如可知者当有陈球，《太平御览》引《述征记》说："下相城西北，汉太尉陈球墓有三碑，近墓一碑记弟子卢植、郑玄、管宁、华歆等六十人。"③ 由此可知郑玄曾与卢植共师陈球，时间当在因卢植得事马融之际。《后汉书》陈球本传说："球少涉儒学，善律令。"④ 不知陈球以何经授郑玄，郑玄撰有《汉律章句》，而陈球善律令，或尝以刑律之学授郑玄，而两汉《尚书》家多通申韩刑律之学，陈球善律令，其或通《尚书》学亦未可知。

---

①　王鸣盛：《蛾术编》卷58《案语》，上海书店出版社2012年版。
②　阎若璩：《尚书古文疏证》卷2，第142—143页。
③　《太平御览》卷58 地部23。
④　《后汉书》卷86《陈球传》。

二　郑玄《尚书》学下授问题①

郑玄一生绝意仕进，唯专务著书立说、授业二事。其授业一事史传多载，建宁元年，郑玄学徒已众至千人，《后汉书·郑玄传》说："玄……家贫，客耕东莱，学徒相随已数百千人。"② 后党锢事起而郑玄教授不辍，弟子仍数百人。郑玄常常集诸生讲论终日，弟子河内赵商等自远方来至者数千人，《初学记》说："北海有郑玄'儒林讲堂'，见《郑玄别传》。"③

郑玄弟子门人多已失名，亲受业于郑玄者，程元敏考得有赵商、业共、郗虑、王基、崔琰、公孙方、王经、国渊、任嘏、孙炎、宋均、程秉、张逸、冷刚、孙皓、刘炎④、炅模⑤、田琼、韩益、王瓒⑥、焦乔、泛阁、孙乾二十三人；另据《郑记》有问无答者尚有崇精、崇翱、王权、桓翱、鲍遗、陈铄、陈铿、刘德、任厥九人。众人中哪些曾师事郑玄习《尚书》学很难判断，今从相关文献载记中，考得其事迹与《尚书》学有关者有以下数人：

东汉末三国魏初河内温人赵商，字子声，为郑玄弟子，生卒年不详，当略晚于郑玄。赵商博学有才秀，虽能讲难，但因口吃而不能剧谈。《太平御览》载赵商曾遣人书说："北海郑玄，字康成，学之渊府，今与业共往就之，故辈不暇领命。"⑦《郑志》《郑记》多载郑玄、赵商师生问学事，张舜徽考述《郑志》有六十三条，《郑记》有一条，凡六十四条。其中关涉《尚书》义者七条：《皋陶谟》"弼成五服，至于五千"与《王制》所载不合事。《禹贡》导河与今不符事。《洪范》"鲧则殛死，禹乃嗣兴"与《祭法》所载不合事。《金縢》周公祈祷代武王死事。《康诰》与《周礼·族师职》所记不合事。《顾命》"在东房，在西房"义。《周官》与《周礼》所载不合事。综观此七者，谓赵商曾师事郑玄习《尚书》学无疑。

东莱曲城人王基，生年不详，卒于 261 年，亦曾从郑玄受业习《尚书》

---

① 所记多据《郑志》，亦参郑珍《郑学录》、张舜徽《郑学传述考》、王利器《郑康成年谱》等。
② 《后汉书》卷 35《郑玄传》。
③ 《初学记》卷 24。
④ 一作挟或琰。
⑤ 一作横。
⑥ 一作赞。
⑦ 《太平御览》卷 607《学部》1。

学。王基曾以书诫司马景王说："天下至广，万机至猥，诚不可不袟袟业业，坐而待旦也。"① 此为化用《皋陶谟》本经"兢兢业业，一日二日万机"文，"袟袟"当为"兢兢"，王基当精熟于《尚书》学，其从郑玄所受诸业中当有《尚书》业。

东汉末三国魏初清河东武城人崔琰，字季珪，生卒年不详，其亦曾从郑玄受《尚书》业。《三国志》说："年二十九……乃结公孙方等就郑玄受学。"② 崔琰曾谏曹丕说："盖闻'盘于游田'，《书》之所戒。"③"盘于游田"出自《尚书》中的《无逸》篇，其文为"文王不敢盘于游田"，由此可知崔琰从郑玄所受诸业中可能有《尚书》之业。

东汉末三国魏初人宋均，生卒年不详，亦曾亲受经业于郑玄。宋均得郑玄谶纬学真传，善注纬书。于《尚书纬》而言，宋均著有《书纬注》《尚书中候注》，原书均佚。今辑得其残文十条：《尚书纬》一条：宋均释之说"甄，表也"。用郑玄《尚书纬注》说。《尚书纬·考灵曜》二条：宋均释"建用皇极"之"皇"字为："大、极、天也。"④ 释"秦失金镜，鱼目入珠"为："金镜，喻明道也，言伪乱真也。庄襄王纳吕不韦之妻，生始皇也。"⑤《尚书纬·帝命验》一条：宋均释"顺尧考德，题期立象"说："尧巡省于河、洛，得龟、龙之《图》《书》。舜受禅后习尧礼，得之，演以为《考河命》，显五德之期，立将起之象，凡三篇，在《中候》也。"⑥《尚书纬·璇玑钤》一条：宋均释《璇玑钤》"述尧理世"说："述，修也。"⑦《尚书纬·运期授》一条：宋均释"房，四表之道"说："四星间三道，日、月、五星所从出入也。"⑧《尚书纬·中候》四条：一条释"在璇玑玉衡，以齐七政"说："顺斗机为政也。"⑨ 二条释"吕佐旌"说："旌，理也。"⑩ 三

① 《三国志》卷27《王基传》。
② 《三国志》卷12《崔琰传》。
③ 同上。
④ 《尚书纬·考灵曜》。
⑤ 同上。
⑥ 《尚书纬·帝命验》。
⑦ 《尚书纬·璇玑钤》。
⑧ 《尚书纬·运期授》。
⑨ 《尚书纬·中候》。
⑩ 同上。

条释"礼备至于日稷"说："稷，侧也。"① 四条释"退侯至于下稷"说："稷，读曰侧。"②

东汉末三国吴初汝南南顿人程秉，字德枢，生卒年不详，曾师事郑玄，所受诸业中当有《尚书》学。《三国志》之《程秉传》说："（秉）著《周易摘》《尚书驳》《论语弼》，凡三万余言。"③《尚书驳》为《尚书》类著述无疑，其学有源自郑玄的可能性。

郑玄妹婿东汉末三国魏初北海高密人张逸，生卒年不详。张逸《尚书》学当亲炙于郑康成无疑，《郑志》载张逸问《尚书》义特多，是诸弟子中最精熟于《尚书》的学者，且又以师说转授同门，《郑记》多载其答人问，依《郑志》《郑记》辑得其问答《尚书》事或《尚书》义六条④：问郑玄"《赞》云'我先师棘下生'，何人？"问郑玄"九州而八伯者何？"答焦乔问《尧典》"三苗三危"。问郑玄《左传》所记与《尚书注》"禹朝群臣于会稽"不合。问"殷爵三等公侯伯，尚有微子、箕子何？"问《顾命》"在东房，在西房"义。问"《礼注》曰《书说》，《书说》何书也？"

东汉末三国魏初田琼、韩益二人，生卒年均不详，二人均曾亲炙于郑康成，且均曾为魏博士。《旧唐书》说："《尚书释问》四卷，王粲问，田琼、韩益正，郑玄注。"⑤《新唐书》说："郑玄又注《尚书释问》四卷，王粲问，田琼、韩益正。"⑥ 田琼与韩益"正"合《尚书释问》用以捍卫郑义，故二人曾师事郑玄研习《尚书》无疑。

三　郑玄《尚书》学著述及其相关问题

《后汉书》说：

> 其年六月卒……门人相与撰玄答诸弟子问五经，依《论语》作

---

① 《尚书纬·中候》。
② 同上。
③ 《三国志》卷53《程秉传》。
④ 《郑志疏证》附《郑记考证》，皮锡瑞疏证，世界书局1982年版。
⑤ 《旧唐书》卷50《经籍志》。
⑥ 《新唐书》卷57《艺文志》。

《郑志》八篇。凡玄所注《周易》《尚书》……《尚书大传》《中候》《乾象历》，又著《天文七政论》《鲁礼禘祫义》《六艺论》《毛诗谱》《驳许慎五经异义》《答临孝存周礼难》，凡百余万言。玄质于辞训，通人颇讥其繁。至于经传洽熟，称为纯儒，齐鲁间宗之。①

此处载记郑玄著述凡百余万言。考其著述目录，除其《后汉书》本传记录外，谢承《后汉书》仅简列有十种。后人对郑玄著述多所考述，王鸣盛《蛾术编》卷五八著有《郑氏群书表》，陈家骥著有《郑康成著述考》，王利器等著有《郑康成著述考》和《郑康成年谱著述》。在上述考述基础上，现概述郑玄所著《尚书》经、纬之学目录如下：

《古文尚书注》②。《后汉书·郑玄传》、谢承《后汉书》《郑公祠碑》《释文序录》及新、旧唐《志》均著录郑玄注《古文尚书》九卷。郑玄曾说："遭党锢之事，逃难注《礼》。党锢事解，注《古文尚书》……为袁谭所逼，来至元城，乃注《周易》。"③ 郑玄注《古文尚书》在注《三礼》之后，而郑玄注《三礼》在被禁锢的十四年内，即自汉灵帝建宁四年至中平元年，由此则知郑玄注《古文尚书》当在党锢事解的中平元年或之后。郑玄所注《古文尚书》已佚，宋王应麟撰集、清孙星衍补集有《岱南阁丛书》辑本。郑玄《古文尚书注》本与马融《尚书传》④ 本同，本经均为四十六目五十八篇并序一目一篇，总为四十七目五十九篇，其篇目、篇次，已详于马融《尚书》学部分。

《书赞》。郑玄所作《尚书注》有全书之《序》，为避免与百篇《书序》混名⑤，故题《书赞》，不题《书序》。孔颖达《尚书正义》说："《易》有《序卦》，子夏作《诗序》，孔子亦作《尚书序》……郑玄谓之《赞》者，以《序》不分散，追其《序》名，故谓之《赞》。赞者，明也，佐也；佐成

---

① 《后汉书》卷35《郑玄传》。
② 又称《尚书注》。
③ 《唐会要》卷77载刘知几《孝经注议》所称引，上海古籍出版社2006年版。
④ 即马融《古文尚书注》。
⑤ 马融《书传序》曾以《书序》为题，后人多以之为百篇《书序》。

《序》义，明以注解故也。"① 郑珍亦说："《书赞》今亡，时见疏传称引，按孔冲远曰：'避《序》名，故谓之《赞》。'然则《易赞》《书赞》本因避《序卦》《书序》之名改称，止是《易》《书注》之一《序》耳，非别一种。"② 郑玄所著《书赞》，孔颖达《尚书正义》有所征引。宋王应麟撰集、清孙星衍补集的《岱南阁丛书》辑本附有《书赞》，马国翰《玉函山房辑佚书续编》辑本亦有《书赞》。

《尚书义问》。《隋书》说："梁有《尚书义问》三卷，郑玄、王肃及晋五经博士孔晁撰。"③ 但此前文献不见载《尚书义问》。大概此著为后人辑集郑玄、王肃、孔晁三人《尚书》义而成。

《尚书释问注》。两唐《志》均有著录，其文说："《尚书释问注》四卷，郑玄注，王粲问，田琼、韩益正。"该著关于郑玄所注《尚书》内容，大概为后人抄合郑玄《尚书注》而成。

《尚书音》。《隋书》说："梁有《尚书音》五卷，孔安国、郑玄、李轨、徐邈等撰。"④《经典释文》亦说："为《尚书音》者四人：孔安国、郑玄、李轨、徐邈。"⑤ 汉末郑康成弟子刘德曾为《汉书音》，服虔的《通俗文》悉用反语⑥，服虔亦从郑玄受学，故郑玄于诸经之注时有音切是可能的事，其为《尚书音》当为可信。至于西汉孔安国是否曾为《尚书音》确有可疑之处。

《尚书大传注》。《后汉书·郑玄传》、谢承《后汉书》《郑公祠碑》《隋书·经籍志》均记录有"《尚书大传》三卷，郑玄注"。《唐会要》卷七七载刘知几《孝经注议》引《郑志目录》作《书传注》。后人辑本较多，以陈寿祺《尚书大传》辑校本为最善。

《六艺论》中的《尚书论》。《后汉书·郑玄传》《郑公祠碑》《隋书·经籍志》均著有"《六艺论》一卷，郑玄撰"。朱彝尊却说："《六艺

---

① 《尚书正义》卷1《尚书序》。
② 郑珍：《郑学录》，同治五年唐氏刊《郑子珍遗书》本。
③ 《隋书》卷32《经籍志》。
④ 同上。
⑤ 《经典释文·序录》。
⑥ 服氏《通俗文》已有音切，如：猫，莫豹切；娃，乌佳切；眨，音庄狭反；等等。

论》……孔颖达曰：'方叔机注'。"① 不知其何据。《六艺论》辑本甚多，《玉函山房辑佚书》辑本较为通行。

《驳许慎五经异义》中的《尚书》部分。《后汉书·郑玄传》《郑公祠碑》、两唐《志》均著录有"《驳许慎五经异义》十卷，郑玄撰"。其辑本亦较多，以陈寿祺《五经异义疏证》本为善。

《郑志》八篇中的《尚书》部分。据刘知几《孝经注议》可知，《郑志》是郑玄卒后其弟子为应对时人，追论郑玄所著述的内容而成书，其《尚书》学内容当为郑玄之学。《后汉书·郑玄传》《郑公祠碑》《隋书·经籍志》均著录有"《郑志》十一卷，郑小同撰"，两唐《志》记为九卷。后人辑本中以钱东垣等校订的《粤稚堂丛书》辑本为常见。

《郑记》六卷中的《尚书》部分。《隋书·经籍志》、两唐《志》均著录有"《郑记》，郑玄弟子撰"。据刘知几《孝经注议》可知，《郑记》内容为郑玄弟子"分授门徒，各述师言，更相问答，编录其语"而成。后人辑本中亦以钱东垣等校订的《粤稚堂丛书》辑本为常见。

《尚书纬注》七种。《尚书纬注》，《隋书·经籍志》著录有《尚书纬注》三卷，梁有六卷。两唐《志》亦著录为三卷。《尚书纬·中候注》，《后汉书·郑玄传》、谢承《后汉书》《郑公祠碑》《隋书·经籍志》均著录为《尚书·中候》五卷，郑玄注；梁有八卷，隋朝时已残缺不全。《尚书纬·璇玑钤注》，孔颖达《尚书正义》曾称引。《尚书纬·考灵曜注》《尚书纬·帝命验注》《尚书纬·刑德放注》《尚书纬·运期授注》，均见明代孙瑴的《古微书》本。

此外，《太平御览》卷八三九引《玄别传》记载，郑玄年十六为人改作《献嘉禾表》，又撰《嘉禾颂》一篇。盖此《表》《颂》当沿袭汉代风习，此风习之源头当为《古文尚书》之逸《嘉禾》篇。

第二节 郑玄《尚书》学说研究

郑玄不仅注《古文尚书》，而且还为今文传记如《尚书大传》作注；不

---

① 朱彝尊：《经义考》卷239。

仅为《尚书》经、传作注，而且还为《尚书纬·中候》作注；其《驳五经异义》更是各说并论，不分古今。郑玄可谓集《尚书》今、古文学之大成，极大地方便了《尚书》学的授受，学者大都以郑说为备，故《尚书》郑注风行一时。

一　郑玄《尚书》说与卫宏、贾逵、马融同异问题

郑玄《尚书》说承用卫宏、贾逵问题。郑玄《尚书》学不仅用贾逵所奏《别录》为篇次，而且承用贾逵所校定的《尚书》经字。例如：《洪范》"曰驿"之"驿"字，郑本作"圉"，郑注说："圉即驿也。"《诗·齐风载驱笺》说"《古文尚书》以弟为圉"，孔颖达《尚书正义》说：

> 《洪范》稽疑论卜兆有五"曰圉"，（郑）注云："圉者，色泽光明。"盖古文作悌，今文作圉，贾逵以今文校之，定以为圉。故郑依贾氏所奏，从定为圉，于古文则为悌，故云"《古文尚书》以悌为圉。"①

《释文音义下》之《酒诰》开篇"王若曰"下说："马（融）本作'成王若曰'，注云……卫、贾以为：戒成康叔以慎酒，成就人之道也，故曰成。"郑注说："成王，所言成道之王。"此处郑玄所谓"成道之王"实承继卫宏、贾逵"成就人之道"为说。

郑玄《尚书》说承用马融问题。郑玄《尚书》说多异于马融，其实也不尽然，马、郑同者亦多有之。例如：《尧典》"九族"：《古尚书说》认为"九族者，从高祖至玄孙，凡九，皆同姓。"《古尚书说》即谓马融说。郑玄承用之，《尚书音义》说："上至高祖，下至玄孙，凡九族。马、郑同。"②《尧典》"胤子朱启明"：孔颖达《尚书正义》说"马融、郑玄以为帝之胤子曰朱也。"可知马、郑说相同。《尧典》"五服三就"：马融说"三就，谓大罪陈诸原野，次罪于市朝，同族适甸师氏。"郑玄承用之，孔颖达《尚书

---

① 《尚书正义》卷11《洪范》。
② 《经典释文》卷3《尚书音义上·尧典》。

正义》说："马、郑……皆以三就为原野也、市朝也、甸师氏也。"① 可知马、郑说相同。《皋陶谟》"俊乂在官"：《尚书音义》说："马曰：'千人曰俊，百人曰乂'。"② 孔颖达《尚书正义》说："马、王、郑皆云：'才德过千人为俊，百人为乂。'"③ 可知马、郑说相同。《禹贡》"又东为沧浪之水"，《史记》说："马融、郑玄皆以'沧浪'为夏水，即汉河之别流也。"④ 可知马、郑说相同。《微子》"雠敛"之敛：《尚书音义》说："马、郑谓'赋，敛也'。"⑤ 可知马、郑说相同。《无逸》"其在祖甲，不义惟王，旧为小人"，马融说："祖甲有兄祖庚，而祖甲贤，武丁欲立之，祖甲以王废长立少不义，逃亡民间，故曰'不义惟王，久为小人'也。武丁死，祖庚立；祖庚死，祖甲立。"⑥ 郑玄承用其义，其《尚书注》说："祖甲……有兄祖庚，贤，武丁欲废兄立弟，祖甲以此为不义，逃于人间，故云'久为小人'。"⑦ 可知马、郑说相同。《旅獒》篇《书序》"西旅献獒，太保作《旅獒》"，马融注说："作豪，酋豪也。"⑧ 郑玄承用马融释"獒"为"豪"，云"獒"是借字，其注说："獒，读曰豪。西戎无君，名强大有政者为酋豪；国人遣其酋豪来献见于周。"⑨ 可知马、郑说相同。

　　郑玄《尚书》说异于马融问题。郑玄曾师事马融，故其《尚书》说多有承用马融说者，但又多有不拘泥于马氏说者。皮锡瑞对此现象论之说："郑注诸经皆兼采今古文。……注《尚书》用古文，而多异马融，或马从今而郑从古，或马从古而郑从今。是郑注《书》兼采今古文也。"⑩ 以《尚书》相关篇目为计，列举其异者如下：

　　马、郑《尧典》说多有相异处，例如："曰若稽古帝尧"说。《三国志·魏书》记载帝问曰："郑玄曰：'稽古同天，言尧同于天也。'……"庾

---

① 《尚书正义》卷3《舜典》。

② 《经典释文》卷3《尚书音义上·皋陶谟》。

③ 《尚书正义》卷4《大禹谟》。

④ 《史记》卷2《夏本纪》索隐。

⑤ 《经典释文》卷3《尚书音义上·微子》。

⑥ 《史记》卷33《鲁周公世家》。

⑦ 《尚书·无逸》郑玄注。

⑧ 《尚书正义》卷13《旅獒》。

⑨ 同上。

⑩ 皮锡瑞：《经学历史》，第96页。

峻对曰："贾、马及肃皆以为顺考古道。"① 孔颖达《尚书正义》评价郑玄此说云："郑玄信纬，训稽为同，训古为天。言能顺天而行之，与之同功。"② 郑玄据《纬书》说，谓《尚书》为天书，故解"稽古"为"同天"。其说不同于汉代今文《尚书》家解说，马融说同今文说。"修五礼"说。五礼，《史记·五帝本纪》《集解》引马融说："吉、凶、军、宾、嘉也。"③ 郑玄《书注》④ 却说"五礼"为公、侯、伯、子、男"朝聘之礼"群后四朝"说。马、郑说迥异，《尚书音义》说："马、王皆云：'四面朝于方岳之下'。郑曰：'四朝，四季朝京师也'。"⑤ 郑说为是，天子第一年巡狩四方，余四年四方诸侯每年入京师朝见天子一次。"黎民阻饥"说。《尚书音义》说："阻，马融注《尚书》作'祖'，始也。"⑥ 孔颖达《诗经正义》说："（郑玄《书》）注云：'俎读曰阻，阻，厄也'。"⑦ 郑说为是，"黎民阻饥"，即黎民阸于饥。

　　马、郑《皋陶谟》说亦有相异处。例如："鸟兽跄跄"说。《尚书音义》马融说："鸟兽，笋簴也。"⑧《周礼疏》郑玄说："鸟兽跄跄者，谓飞鸟走兽跄跄然而舞也。"⑨ 郑说为是。

　　马、郑《禹贡》说亦多有相异处。例如："鸟夷皮服"说。马本"鸟"作"岛"，《尚书音义》说："马云：'岛夷，北夷国'。"⑩《史记集解》说："郑玄曰：'鸟夷，东北之民搏食鸟兽者'。"⑪ "二百里蔡"说。《史记集解》说："马融曰：'蔡，法也。受王者刑法而已。'"⑫ 孔颖达《尚书正义》说："郑注云：'蔡之言杀，减杀其赋'。"⑬

---

① 《三国志》卷4《高贵乡公纪》。
② 《尚书正义》卷2《尧典》。
③ 《史记集解》卷1。
④ 即郑玄所撰《古文尚书注》。
⑤ 《经典释文》卷3《尚书音义上·舜典》。
⑥ 同上。
⑦ 同上。
⑧ 《经典释文》卷3《尚书音义上·皋陶谟》。
⑨ 《周礼·大司乐疏》。
⑩ 《经典释文》卷3《尚书音义上·禹贡》。
⑪ 《史记集解》卷2《夏本纪》。
⑫ 同上。
⑬ 《尚书正义》卷6《禹贡》。

马、郑《甘誓》说亦有相异处。例如："怠弃三正"说。《尚书音义》说："马曰：'建子、建丑、建寅，三正也。'"①《史记集解》说："（郑玄说）三正，天、地、人之正道。"②《甘誓》内容为夏启伐有扈国，有扈氏威侮五行，不奉正朔，故讨伐之。马说为是。

马、郑《金縢》说有相异处。例如："新逆"说。《尚书音义》说马本作"亲迎"。孔颖达《毛诗正义》说："郑《书注》：'新逆，改先时之心，更自新以迎周公于东，专任之。'"③"新"，马本作"亲"，释为亲自，意为成王亲自迎周公东征归，郑注失之，非改心以自新义，马说为是。

马、郑《文侯之命》说有相异处。例如："义和"说。《史记集解》说："马融曰：'能义和我诸侯。'"④孔颖达《尚书正义》说："郑玄读'义'为'仪'，仪、仇皆训匹也，故名仇字仪。"⑤《文侯之命》内容为晋文侯仇受周平王之命书，晋文侯仇，字义和，名、字相配，郑说为是，马说失之。

二　郑玄《尚书》说兼通问题

关于郑玄之学兼通问题，范晔《后汉书》曾论之说：

> 自秦焚六经，圣文埃灭。汉兴，诸儒颇修艺文。及东京，学者亦各名家，而守文之徒，滞固所禀，异端纷纭，互相诡激，遂令经有数家，家有数说，章句多者或乃百余万言，学徒劳而少功，后生疑而莫正。郑玄括囊大典，网罗众家，删裁繁诬，刊改漏失，自是学者略知所归。⑥

《后汉书》郑太亦说："东州郑玄学该古今。"⑦《三国志·魏书》引《原别传》孙崧语说："郑君学览古今，博闻强识，钩深致远，诚学者之师

---

① 《经典释文》卷3《尚书音义上·甘誓》。
② 《史记集解》卷2《夏本纪》。
③ 《毛诗正义》卷8，人民文学出版社2012年版。
④ 《史记集解》卷9《晋世家》。
⑤ 《尚书正义》卷20《文侯之命》。
⑥ 《后汉书》卷35《郑玄传》。
⑦ 《后汉书》卷70《郑太传》。

模也。"① 以上诸说均谓郑玄学通古今，博采群籍，贯穿众说，实一代通儒。综观郑氏注释《尚书》经、纬，确是如此。《尚书》学最彰其大儒兼通本色，可谓无人能及。

（一）郑玄兼采《尚书》今、古文说义

例一，《召诰》"越若来三月，惟丙午朏"，《周礼·大司徒疏》引郑注说："是时周公居摄五年。"② 王鸣盛说："郑以此篇为居摄五年事者，伏生《大传》云'周公居摄五年营成周'，《召诰》正是营成周事，故郑以为居摄五年，是本诸伏生也。"③ "周公居摄五年"说当为郑玄引伏氏今文《尚书大传》义。

例二，《尧典》"舜生三十，征庸三十，在位五十载，陟方乃死"，孔颖达《尚书正义》说："郑玄读此经云：'舜生三十，谓生三十年也；登庸二十，谓历试二十年；在位五十载，陟方乃死，谓摄位至死为五十年'。"④ 段玉裁说："三十在位，今文《尚书》作二十，郑君用今文注古文，读三十为二十，可考而知也。"⑤ 郑玄此处用今文家义。又说："郑君云'登庸'……盖《古文尚书》作'登庸'，今文《尚书》作'征庸'；方兴本作'征'，未是。"⑥ "征"作"登"为古文本；"三"字作"二"为今文本。此处郑玄兼采今、古文《尚书》说义。

（二）郑玄《尚书》说兼采诸子、史家义

郑玄遍治诸子百家之学，颇受其师马融的影响，马氏论事引《庄子》，又注《老子》《淮南子》，为世通儒。郑玄亦如其师，注释《尚书》兼采《荀子》《墨子》《孙子》《淮南子》等。郑玄又以史书释《尚书》，如据《国语》《逸周书》《史记》《汉书》《山海经》等注《尚书》经、纬。

（三）郑玄《尚书》说兼用谶说纬义

郑玄生活在谶纬盛行的时代，风气所染，治涉谶纬，势不可免。郑玄少

---

① 《三国志·魏书》之《邴原传》注。
② 《周礼·大司徒疏》卷1《天官冢宰》。
③ 王鸣盛：《尚书后案》卷18《周书·召诰》。
④ 《尚书正义》卷2《尧典》。
⑤ 段玉裁：《古文尚书撰异》卷2《皋陶谟》。
⑥ 同上。

学书数，后从第五元先习通《九章算术》，马融考论图纬，闻其善算，才召其入侍。郑玄又好天文、占候、风角、隐术，又从师第五元先通《三统历》，晚年撰《乾象历》《天文七政论》及《日月交会图注》。临卒之时尚以谶说合梦，足见其终生奉谶不渝。故郑玄治学遍及群书经纬，尤擅经、纬互注，可谓是东汉最大的谶纬学者。此仅就其攸关《尚书》经、纬互助一事，考述如下：

1. 用《尚书纬》注《尚书》之名

《书大序》孔颖达《尚书正义》说：郑氏云："尚者，上也；尊而重之，若天书然，故曰《尚书》。"……郑玄依《书纬》，以"尚"字是孔子所加，故《书赞》曰："孔子乃尊而命之，曰《尚书》。"《璇玑钤》云："因而谓之《书》，加尚以尊之。"又曰："《书》务以天言之。"① 此为郑玄引《尚书纬》之《璇玑钤》注《尚书》之名。其说不可从。

2. 援《尚书》经或《书序》注纬

《中候·握河纪》"凤皇止庭，朱草生郊，嘉禾孳连"，郑注说："朱草可以染服者，嘉，美也，《书序》曰'唐叔得禾，异亩同颖'。"② 此为引《尚书·归禾》篇之《序》注《尚书纬》。《易纬·是类谋》"四野扰扰，郁快芒芒，天卑地高，雷讙虹行"，郑注说："扰扰貌，芒气衰错，天卑地高，神人难扰，《书》曰：'乃命重黎，绝地通天'。"③ 此为引《尚书·吕刑》本经注《易纬》。

3. 用《尚书纬》注经

《礼记·檀弓上》"舜葬于苍梧之野"，郑注说："舜征有苗而死，因留葬焉，《书说》：'舜曰陟方，乃死苍梧'。"④ 此处《书说》属于《尚书纬》类⑤，此为郑玄引《尚书纬》注《礼记》。《尚书·金縢》"王出郊，反风"，孔颖达《尚书正义》说："郑玄引《易传》云：'阳感天不旋日，阳谓天子

---

① 《尚书正义》卷1《尚书序》。

② 《太平御览》卷80《皇王部五》。

③ 《易纬·是类谋》郑玄注。

④ 《礼记正义》卷7《檀弓》。

⑤ 《郑志》载记张逸问："《礼注》曰'《书说》'，何书也?"答曰："《尚书纬》也。当为注时，时在文网中，嫌引秘书，故诸所牵图谶，皆谓之'说'云。"可知，凡郑云"说"者皆纬候类，当时禁纬候，故郑玄转"纬"为"说"。

也。天子行善以感天，不回旋经日，故郊之是得反风也'。"① 郑玄变《易纬》《书纬》等称为《易说》《书说》，这里的《易传》亦属《易纬》类，此为引《易纬》注《尚书》本经。

第三节　郑玄对三国《尚书》学的影响

《尚书》"宣王道之正义，发话言于臣下"，是中国古代统治者必须借鉴的治政大法。东汉一代《尚书》学昌盛，皇帝诏令，群臣奏议，莫不援引《尚书》为施政导民之依据。但到东汉末年，随着政权的解纽，群雄混战，干戈滋扰，中国进入了长期的大动荡、大混乱时期，在两汉时曾纷争不断的《尚书》学也随着今、古文经学地位的变化而发生了转向。此一时期《尚书》学呈现一极端复杂的乱象，今文颓势最为明显，仅能依附郑学而行，一改两汉今文独霸官学的局面，此可由三国时期官学仅立马、郑、王《古文尚书》学，魏三体石经取用《古文尚书》诸现象而得之。

郑学虽集两汉《尚书》学大成，囊括今古，兼及谶纬，无所不备，出现一时之盛，但其盛乃两汉《尚书》学之余波，至三国而成强弩之末，荆州学派开启难郑风气之先，王肃又以古文之平实合理攻郑学今文之神道怪力，郑氏之用谶纬成为诸家驳难的理据，其学颓势，盖由此起，其势不得不变。《古文尚书》虽长期流传于民间，然经过长期的训诂诠释，其风平实求真，已经成为《尚书》学取向的必然依归。再者，东汉末期的党锢清议之风兴起，重人道自然，亦与《古文尚书》学求真之风相合，今文《尚书》学渐次失去了利禄之途的引诱，《古文尚书》学之势已经超过今文，占据了《尚书》学的主流，自此《尚书》致用资政之今文学转入低谷。另外，两汉四百余年对《尚书》的长期整理，再加以郑玄训诂的努力，虽然已经使佶屈聱牙的《尚书》之学内容大明，但无奈儒学整体进入低潮期，不被统治者所重视，以《尚书》学为求取政治资本的途径变窄，至三国初期不仅《尚书》今文、古文学混杂的情势已经极为明显，而且《尚书》学发展之颓

---

① 《尚书正义》卷12《金縢》。

势亦成不争的事实。

虽然《尚书》学整体来看已经进入式微阶段，但从陈寿[①]所撰《三国志》及裴注称引《尚书》的情况来看，三国时期仍有不少士人修习、研究过《尚书》，并能对《尚书》熟练运用，以之与现实结合，极力发挥其治政功能，在某种程度上承传了两汉《尚书》学的治政传统。东汉末年至三国鼎立之间，《尚书》的流传与政用形成了多个地域学派集团，且各有其特点：魏地集团多主《古文尚书》，在论事、上疏、制作等政治活动中多借用《尚书》义，但难郑风气已成，是此一时期《尚书》学发生新变的主力军。蜀地《尚书》今文、古文学并存，对《尚书》引用治政的比较少，多注重《尚书》谶纬学，承传了郑玄《尚书》学的特色。吴地的《尚书》学不仅今、古文兼采，而且还存有《尚书》今文、古文学之争。

一 郑玄对曹魏《尚书》学的影响

东汉末年至三国分立之际，军阀的逞志干戈以及清议学风的兴起不可避免地加速了《尚书》学的衰落，但考察士人的言行及学术情况可以发现，鉴于郑玄《尚书》学的强势影响，一直主要在民间传承的《古文尚书》学却没有在战乱中消失，反而被立于官学并获得了一定的发展和传播时机。魏文帝黄初五年立太学于洛阳，置五经博士，单就《尚书》学而言，立官之贾、马、郑、王四家《尚书》学皆主古文。齐王曹芳正始间刊刻的三体石经亦"以'古文'居上犹经正"[②]。据程元敏先生考证[③]，曹魏终其一代可考者有三十八家《尚书》学，绝大多数主《古文尚书》学，且诸家在论事、上疏、制作等政治活动中多用《尚书》古义。此一特色主要体现在以下几个方面：

一是荆州《尚书》官学的建立与难郑风气的反向意蕴。

作为一方军阀，刘表并没有参加当时的混战而是保持中立，为战乱中的人们开辟了一片绿洲，并极力促进儒家思想的教育发展。《三国志注》引

---

① 《华阳国志》卷11《后贤传》记载："陈寿……少受学于散骑常侍谯周，治《尚书》《三传》……"

② 《三国志》卷4《曹芳传》。

③ 程元敏：《尚书学史》，第992页。

《英雄记》："州界群寇既尽，表乃开立学官，博求儒士，使綦毋闿、宋忠等撰《五经章句》，谓之后定。"① 荆州官学的建立向我们昭示了此时经学发展的主流趋势，王晓毅论之说："从经学发展看，荆州经学堪称汉魏之际官方经学由今文经变为古文经的转折点，古文经合法立于官学。"② 刘表此举为古文经学的迅速发展和传播开辟了道路，《古文尚书》学由此取得了发展的契机。宋忠等人撰写的《五经章句》受贾逵、马融的影响甚深，应包含有《古文尚书》章句。关于宋忠的事迹比较少，但从其所传授弟子的记载中可以看到一些情况。《三国志》载："益部多贵今文而不崇章句，（尹）默知其不博，乃远游荆州，从司马德操、宋仲子等受古学。皆通诸经史。"③ 李譔亦曾从宋忠学：

> （其）父仁，字德贤，与同县尹默俱游荆州，从司马徽、宋忠等学。譔具传其业，又从默讲论义理，五经、诸子无不该览……著古文《易》《尚书》《毛诗》《三礼》《左氏传》《太玄指归》，皆依准贾、马，异于郑玄。④

王肃亦从宋忠学："（王肃）善贾、马之学……采会异同，为《尚书》《诗》《论语》《三礼》《左氏》解，皆列于学官。"⑤ 宋忠等人所传授的五经包含有《古文尚书》内容，这在一定程度上保持了《古文尚书》学的传授与传播。但其以难郑学为目的，若从反向思维，此一举措恰恰说明郑玄《尚书》学在当时仍占有一席之地，理应发挥着重要影响。

二是高贵乡公传承郑玄《尚书》学，并给以高度重视。

曹魏统治者在战乱中不断地下诏书要求尊儒贵学，进行五经课试，终致在太学门外刊刻石经。裴松之引《文章叙录》谈邯郸淳书法时曾言："至正

---

① 《三国志注》卷6《刘表传》。
② 王晓毅：《儒释道与魏晋玄学形成》，中华书局2003年版，第47页。
③ 《三国志》卷42《尹默传》。
④ 《三国志》卷42《李譔传》。
⑤ 《三国志》卷13《王肃传》。

始中，立三字石经。"①

卢弼认为，魏正始年间刊刻三体石经，包括《尚书》《春秋》《左氏传》等，这就为《尚书》的传播和学习确立了官方的版本，由此可知《尚书》之被重视的程度。而齐王曹芳在正始五年时"讲《尚书》经通。"② 则知《尚书》确实是统治者必修的经学科目。同样的情况也发生在高贵乡公身上："讲《尚书》业终，赐执经亲授者司空郑冲、侍中郑小同等各有差。"③《晋书》记载，高贵乡公曾幸太学与庾峻讨论《尚书》："峻援引师说，发明经旨，申畅凝滞，对答详悉。"④《三国志》详细记载了高贵乡公与庾峻的对答。高贵乡公所习郑学是古文经学，而庾峻持王肃学，也属古文经，则知当时是古文经占据了统治地位，并立于官学。承传郑学的高贵乡公曾表示要爱护民众："《书》不云乎：'安民则惠，黎民怀之'。"⑤ 所引出自《皋陶谟》。高贵乡公从如何才能更好地治理国家的目的出发来劝谏，这在当时虽然所起的作用并不很大，挽救不了儒学衰退的现实，但《尚书》"明盛德之源流"的作用却是得到了广大世人的认可，这也是《尚书》在当时仍得以广泛流传的一个重要因素。

三是汉末魏初士大夫、隐居之士承传郑玄《尚书》学并能灵活运用。

尽管战乱及社会的动荡使得士人到处逃避，难以有充裕的时间进行学术研究，但他们对经学的注重却从未停止。例如，崔琰师从郑玄，针对曹丕田猎无度的情况谏文帝："盖闻盘于游田，《书》之所戒。"⑥ "盘于游田"语出《尚书·无逸》篇，其文为"周公曰：'……文王不敢盘于游田，以庶邦惟正之供。'"

再如，国渊曾师事郑玄，裴松之引《魏书》称其："笃学好古，在辽东常讲学于山岩，士人多推慕之。"⑦ 此处虽无明文言其对《尚书》的传习，然从其经历来看讲授《古文尚书》是有极大可能的。管宁亦曾隐居辽东：

① 卢弼：《三国志集解》，中华书局 2006 年影印版，第 135—136 页。
② 《三国志》卷 4《曹芳传》。
③ 《三国志》卷 4《高贵乡公纪》。
④ 《晋书》卷 50《庾峻传》，中华书局 1974 年版。
⑤ 《三国志》卷 4《高贵乡公纪》。
⑥ 《三国志》卷 12《崔琰传》。
⑦ 《三国志》卷 11《国渊传》。

"遂讲《诗》《书》，陈俎豆，饰威仪，明礼让。"① 这些行为都扩大了《尚书》的影响。从这些人的经历来看，虽然儒学的衰落已是无可挽回，但他们自身仍然非常重视对儒家经典的学习，注重加强自身的儒学素养，并尽可能利用机会实行儒家仁政，与民休息，或向周围的人传授经典，使"民化其德"，至少在一定区域内推行了儒家的德治思想，这其中，可以说《尚书》之学功不可没。

四是高堂隆等对郑玄《尚书》谶纬学风的承传。

高堂隆是汉儒高堂生的后代，可谓是家学渊源。高堂隆很注意引用《尚书》中的话来劝谏统治者，如明帝即位之初，大臣提出要庆祝一下，高堂隆引《舜典》加以反对："唐、虞有遏密之哀。"② "遏密"语出《舜典》"帝乃陨落。百姓如丧考妣，三载，四海遏密八音"。青龙年间明帝大建宫室并要把长安的大钟取来，高堂隆又引《尚书》劝谏："故萧韶九成，凤皇来仪。"③ 语出《益稷》"《萧韶》九成，凤凰来仪"。针对冀州大水，高堂隆又上疏谏说："使鲧治之，绩用不成，乃举文命，随山刊木。"④ 相关文本出自《大禹谟》和《禹贡》"大禹曰文命"，"禹敷土，随山刊木"。高堂隆病重时仍忧社稷，在其上疏中说："玉衡曜精。"⑤ 语出《尚书·舜典》："璇玑玉衡，以齐七政"。高堂隆很好地承传了郑玄《尚书》谶纬之学，利用此点来威慑皇帝，试图达到劝谏的目的，如趁"有星孛于大辰"的时机，高堂隆劝谏说："《书》曰'天聪明，自我民聪明；天明畏，自我民明威。'"⑥ 语出《尚书·皋陶谟》"天聪明，自我民聪明。天明畏，自我民明威，达于上下，敬哉有土。"以此警告皇帝不要漠视民意。

二　郑玄对蜀汉《尚书》学的影响

蜀汉政权虽偏于一隅，经学却也有一席之地。自东汉末年以来，随着侨

---

① 《三国志》卷11《管宁传》。
② 《三国志》卷25《高堂隆传》。
③ 同上。
④ 同上。
⑤ 同上。
⑥ 同上。

寓人士的增加，蜀地经学也有了一定的进展。由于蜀汉政权是由土著人士和侨寓人士两类构成，经学学者自然也就由这两方人士构成。故单就《尚书》学而言，在蜀汉政权存续的四十二年间，蜀地《尚书》今文、古文学并存，何随治《尚书》今文欧阳学，周巨、何宗、杜微、高玩等治《尚书》今文大夏侯学；伊墨、伊宗父子及李仁、李譔父子传荆州宋衷、司马徽之《古文尚书》学，谯周、陈寿一脉亦主《尚书》古文学。

史载许慈善郑氏学①，治《易》《尚书》《三礼》《毛诗》《论语》，另有前已提到的尹默、李譔等都对《古文尚书》有比较深的研究。从这些事例可以看出，郑玄《尚书》学在蜀汉地域的发展虽弱于曹魏，但还是有不少士人对之比较熟悉，应是修习过的。

巴蜀之地的偏远使得它和外界的联系不是很多，因而学术的进展往往较为缓慢，史称："益部多贵今文而不崇章句。"② 说明这里仍以今文经学为主，对《尚书》的学习和研究也以此为主。如董扶究极图谶，是今文经学的代表人物，号称"益部无双"；另有大儒任安，史称其"究极图籍"，"与董扶俱以学行齐声"，但对《尚书》研究情况如何，不得而知，范晔《后汉书》称其传孟氏《易》，从他的学生如杜微、杜琼等人来看，他对谶纬之学似更有兴趣，有郑学遗风。

三　郑玄对孙吴《尚书》学的影响

孙吴政权是在得到江东世家大族的支持下建立的，加上战乱，北方逃亡来的士人也比较多，因此孙吴政权的文化修养相对是比较高的，这就为经学的发展提供了有利条件。单就《尚书》之学而言，孙吴之地的《尚书》学很好地承传了郑玄《尚书》学今古文兼采的传统。

孙吴的统治者十分重视经学典籍，为《尚书》学承传创造了条件。孙权对《诗经》《尚书》等儒家经典就很熟悉，他曾对吕蒙说："孤少时历《诗》《书》《礼记》《左传》《国语》，惟不读《易》。"③ 可知他对《尚书》

---

① 《三国志》卷42《许慈传》。

② 《三国志》卷42《尹默传》。

③ 《三国志》卷47《孙权传》。

进行了研读，如答陆逊关于施德缓刑的建议时说："《书》载'予违汝弼，汝无面从'。"① 所引语出《尚书·益稷》"予违汝弼，汝无面从，退有后言"，对陆逊直言给予了鼓励，表现了纳谏的虚心。

孙吴地域修习《尚书》的士人师从郑玄者有程秉。程秉后与刘熙考论大义，博通五经，著有《周易摘》《尚书驳》《论语弼》，则知其对《尚书》应有比较深的研究。

虞翻则以难郑为学，恰说明其生活的时代郑玄《尚书》学仍发挥着重要影响。虞翻以研究《易》而负盛名，但裴注又言其曾奏郑玄解《尚书》违失事目："伏见故征士北海郑玄所注《尚书》，以《顾命》康王执瑁，古'月'似'同'，从误作'同'，既不觉定，复训为杯，谓之酒杯；……甚违，不知盖阙之义。"② 则知其对《尚书》也有一定的研究，并指出郑玄注释的错误，但其研究似仅限于字句注释。

---

① 《三国志》卷 47《孙权传》。
② 《三国志》卷 57《虞翻传》。

第 三 编

"《书》教"传统与汉代政教

在一切民族文明中，政治问题都是早期哲学思考的对象，中国古代文明亦如此。被司马迁称为"政事之纪"的《尚书》实为虞、夏、商、周时代中国政治哲学思维的核心载体，蕴含有一系列特有的治政思维理念，如天与民、天与德、天与自然、天与政权，等等。这些关系虽然还未形成完整的政治哲学体系，但无疑已经是具有中国政治哲学层面的重要命题，共同构成了儒家古典政治哲学产生的背景与前提，亦成为先秦汉魏时期"《书》教"传统中所观照的核心概念，对后世中国政治哲学特色的发展完善亦产生了深远影响，特别是对两汉政治特色的形成，发挥了实质性的导向作用。正是在此意义上讲，研究两汉《尚书》学，就抛不开两汉时期的"《书》教"传统以及"《书》教"活动与汉代政治特色形成之间的相互生发关系。

如何彻底征服和治理庞大的帝国，是西周统治者和两汉统治者都必须回答的首要问题，《尚书》"八诰"周公提出的系统统治思想因而最易成为汉代政治所凭借的历史依据，而且汉代儒者发展了先秦以《尚书》为教的传统，并将《尚书》提升为帝王之教的首选科目，经师本人也因而多被尊为帝王之师而备受器重，最终促成了《尚书》学在汉代经传之学中的特殊地位。除了《尚书》所记上古三代的历史对汉代具有重要意义外，《尚书》中所提及的五行观念在秦汉时期成为阴阳五行学说的发源地，也备受汉代社会重视。汉代社会是一个新生的朝代，是一个文化重建的社会，而反映上古三代历史的《尚书》与其他民族元典一样，已不具有直接的现实性，以至于被汉武帝认为是"朴学"，后经儿宽的解说，汉武帝才知道《尚书》的现实意义，可见只有通过重新阐释，才能使古奥难懂、叙述简略的《尚书》为汉代"现实"所理解和服务，这种"现代"意义的解读就是儒者以盛行于汉代的阴阳五行观念为核心理念，对《尚书》进行不同于先秦的重新阐释，其目的就是为汉帝国的现实政治服务。

"六艺于治一也"，而《尚书》尤然。综观传世本《尚书》的核心内容，其主体是虞、夏、商、周时期的典、谟、训、诰、誓、命，是上古时期雄主能臣在政治斗争实践中总结出的中华先民治政智慧的结晶。其内容不仅有对唐虞禅让的赞美，有对汤武革命的称颂，亦有对明主贤臣的标榜，有对民瘼冷暖的关注，从中不仅可以了解促使王朝兴替、历史巨变的底因，而且还可以学到修身、理家、治国、平天下的要义所在。《尚书》本经乃先王之政典，属于中华治政史中的元典，多立政治国之遗训，具有典范的资政垂教功用。肩负历史使命的汉代《尚书》学者，在其普泛性的施教活动中充分挖掘了《尚书》的这一属性，尤重依《尚书》义立政、治政、导民，把其功用发挥到极致。

第十四章

汉代帝王《尚书》学发微

上有所好，下必甚焉。两汉"《书》教"传统的形成与发展及其对汉代政治哲学的影响，与汉代帝王《尚书》学的繁盛有着极密切的关系。故欲探讨两汉的"《书》教"传统与汉代政治哲学之间的相互生发关系，就不能绕开汉代帝王《尚书》学这一关键环节。

两汉《尚书》学是整个《尚书》学历史长河中尤为引人注目的一个阶段。两汉时期《尚书》学呈现出前所未有的繁盛景象，这与汉代帝王的提倡、奖掖有关。汉代帝王若像秦始皇一样，则无所谓汉代《尚书》学繁盛一说。汉代儒生承袭了先秦以来逐渐成形的有资于政的"《书》教"传统，并将其继续发扬光大，"《书》教"一度被提升为帝王之教的首选科目就是其典型表征之一，而一些为汉代帝王教习《尚书》的经师也借此被尊为帝王之师，进而带动了整个汉代儒生地位的提高，直接影响了汉代四百年政治变迁与汉代经学政治特色的形成。

第一节　西汉帝王与《尚书》今文学的繁盛

汉武帝之后，西汉以《尚书》今文学为官学，西汉帝王在推进《尚书》官学发展上贡献颇多。儒家六经皆讲经世致用，而《尚书》表现尤为显著，《尚书》之用集中体现在资政与助教两个方面。《史记》有"《书》记先王之事，尤长于政"之说，引《尚书》治政是西汉诸帝以《尚书》为用的典型表现，诸帝于其诏文、策书中广引《尚书》文典，将《尚书》学理念融入其政治生活的各个方面。

帝王引用《尚书》是建立在统治者对《尚书》有充分的认识与足够的重视基础之上的。《尚书》作为上古时期的"政事之纪",为封建帝王提供了大量的史料典范,对其治政大有裨益,故西汉诸帝采取过不少措施来促进《尚书》学的发展。搜《尚书》、求治者,举贤良、广教化,立博士、增学者,习《尚书》、尊儒师,在诸多举措的共同作用下,西汉《尚书》今文学得以快速发展。

一　西汉帝王引《尚书》考

除了前述西汉诸帝对促进《尚书》今文学发展的一系列重大举措外,西汉帝王对《尚书》的应用最直观地表现在其对《尚书》的称引上。西汉诸帝于其诏文、策书、报书中多有称引《尚书》之例,他们或直接称引,或稍加改动,今谨以西汉帝王为序列次如下:

汉武帝刘彻。元狩元年,武帝遣谒者巡行天下之诏文说:"朕闻皋陶对禹曰'在知人,知人则哲,惟帝难之'。"① 此为武帝引皋陶与禹之言以论知人之难。武帝在策广陵厉王刘胥之文中曾说:"《书》云:'臣不作福,不作威'。"② 此为武帝引《洪范》"三德"之言以戒广陵厉王刘胥。另外,丞相车千秋与御史、二千石等共颂上美德,劝上施恩惠、缓刑罚,武帝在予之报书中说:"《书》曰:'毋偏毋党,王道荡荡'。"③ 此为武帝引《洪范》"皇极"之文表示帝责诸卿毋更请奏之意。

汉宣帝刘询。地节元年夏六月宣帝下诏征贤劝善以复宗室属籍,诏书说:"盖闻尧亲九族,以和万国。"④ 此为宣帝引《尧典》述尧之辞而略作概括加工,表其欲复昔宗室属籍之意。元康元年三月宣帝赦天下,赐百官,其诏书说:"《书》不云乎:'凤皇来仪,庶(不)〔尹〕允谐。'"⑤ 此为宣帝引《益稷》之辞以赞治,借以大赦天下,加赐群臣。另外,宣帝曾称扬黄

---

① 《汉书》卷6《武帝纪》。
② 《汉书》卷63《武五子传》。
③ 《汉书》卷66《车千秋传》。
④ 同上。
⑤ 《汉书》卷8《宣帝纪》。

霸之治，其诏书说："《书》不云乎：'股肱良哉！'"① 此为宣帝引《益稷》之辞以赞黄霸之才。元康二年春正月宣帝下诏勉法吏说："《书》云：'文王作罚，刑兹无赦。'"② 此为宣帝引《康诰》之文述文王作法之例以劝勉法吏。五凤三年三月宣帝行幸河东，祠后土，勉诸卿，其诏书说："《书》不云乎：'虽休勿休，只事不怠。'"③此为宣帝引《吕刑》之文以勉诸卿敬于事，勿怠惰。

汉元帝刘奭。初元元年夏四月，元帝下诏遣使循行天下，以宣教化，亲六合："《书》不云乎：'股肱良哉，庶事康哉！'"④ 此为元帝引《益稷》之辞言君能任贤，股肱之臣皆得良善，则众事安宁。

汉成帝刘骜。建始元年火灾降于祖庙，有星孛于东方，成帝加赐诸卿，其诏书说："《书》云：'惟先假王正厥事。'"⑤ 此为成帝引《高宗肜日》之文，言古之圣君正其行事，以德应灾异。建始元年以来，灾异频发，三年冬十二月，又有日食、地震，成帝下诏责己说："女无面从，退有后言。"⑥ 此为成帝引《益稷》之言，告诉群臣当正君之违道，毋当面顺从而退后谤毁。河平中律令烦多，成帝与诸卿议减死刑及可除蠲约省者，曾下诏说："《甫刑》云'五刑之属三千，大辟之罚其属二百'……《书》不云乎：'惟刑之恤哉！'"⑦ 此为成帝引《吕刑》与《舜典》之辞以述古之刑律，期望更改今之繁律。成帝闵楚孝王刘嚣之疾，曾封其子刘勋为广戚侯，特下诏说："《书》不云乎：'用德章厥善。'"⑧ 此为成帝引《盘庚》之辞，言其褒赏有德者以彰明其善。阳朔二年春寒，成帝诏说："昔在帝尧立羲、和之官，命以四时之事，令不失其序。故《书》云'黎民于蕃时雍'，明以阴阳为本也。"⑨ 此为成帝引《尧典》之事与辞以调阴阳，顺四时。阳朔四年春正月，

①　《汉书》卷 89《循吏传》。
②　《汉书》卷 8《宣帝纪》。
③　同上。
④　《汉书》卷 9《元帝纪》。
⑤　《汉书》卷 10《成帝纪》。
⑥　同上。
⑦　《汉书》卷 23《刑法志》。
⑧　《汉书》卷 80《楚孝王刘嚣传》。
⑨　《汉书》卷 10《成帝纪》。

成帝下诏劝勉农桑："夫《洪范》八政，以食为首，斯诚家给刑错之本也。……方东作时，其令二千石勉劝农桑，出入阡陌，致劳来之。《书》不云乎：'服田力啬，乃亦有秋。'其勖之哉！"① 此为成帝引《洪范》与《盘庚》之辞以劝农桑。鸿嘉元年春二月，成帝下诏责己说："《书》不云乎：'即我御事，罔克耆寿，咎在厥躬。'"② 此为成帝有感于刑罚不中，阴阳失序，百姓蒙辜，故引《文侯之命》文以自责。成帝无继嗣，且灾异频生，诸卿皆言咎在后宫，上于是省减椒房掖廷用度，许皇后上疏请帝深察，成帝采刘向、谷永之言以报许皇后说：

> 《书》云"高宗肜日，粤有雊雉。祖己曰：'惟先假王正厥事'。又曰：'虽休勿休，惟敬五刑，以成三德。'"③

此为成帝引《高宗肜日》之文以戒后宫，慰许氏。鸿嘉二年成帝下诏举敦厚有行义能言之士说："古之选贤，傅纳以言，明试以功。"④ 此为成帝引《益稷》文以述古帝王之治，明选贤之功。成帝少而亲倚大将军王凤，王凤欲称病出就第，上疏乞骸骨，成帝报王凤书说："《书》不云乎：'公毋困我。'"⑤ 此为成帝引《洛诰》文以留王凤于京师，勿令其远去而使帝困。

汉哀帝刘欣。哀帝从贺良等改元易号之议，诏制丞相御史说："盖闻《尚书》'五曰考终命'，言大运一终，更纪天元人元，考文正理，推历定纪，数如甲子也。"⑥ 此为哀帝引《洪范》五福之数，言得寿考而终其命。哀帝还曾为董贤等封侯之诏中说："《书》不云乎：'用德章厥善。'"⑦ 此为哀帝引《盘庚》文辞以封侯。丞相孔光遭傅太后与朱博谮毁，哀帝于策免孔光文中说："《书》不云乎：'毋旷庶官，天工人其代之。'"⑧ 此为哀帝引

---

① 《汉书》卷10《成帝纪》。
② 同上。
③ 《汉书》卷97《外戚传》。
④ 《汉书》卷10《成帝纪》。
⑤ 《汉书》卷98《元后传》。
⑥ 《汉书》卷75《李寻传》。
⑦ 《汉书》卷80《宣元六王传》。
⑧ 《汉书》卷81《孔光传》。

《书》文以言人代天理官，不可以天官私非其才，因以罢孔光之相位。

汉平帝刘衎。元始五年春正月平帝祫祭明堂，加赐诸卿，其诏说："盖闻帝王以德抚民，其次亲亲以相及也。昔尧睦九族，舜惇叙之。"此为平帝引尧、舜之事以自勉励，冀其能戴上命。

西汉诸帝中，仅见于《汉书》记载称引过《尚书》文辞者便多达六位，约占西汉诸帝总数之半。武、宣、元、成、哀、平六帝于其诏书、策文中称引《尚书》文辞者凡二十三处，涉及《尚书》十一篇二十五条经文，其中《尧典》四条，《舜典》一条，《皋陶谟》三条，《益稷》四条，《盘庚》二条，《高宗肜日》二条，《洪范》四条，《康诰》一条，《洛诰》一条，《吕刑》二条，《文侯之命》一条。而且西汉诸帝对《尚书》的称引不囿今、古，且多用于其治政实践，诸帝对《尚书》称引的数量自武帝之后大致呈上升之势，当可作为西汉诸帝对《尚书》的重视程度不断加深的明证，由此亦可看出西汉帝王所受"《书》教"逐渐深入的发展趋势。

二　西汉帝王用《尚书》考

上述诸帝引《尚书》之例中多涉西汉帝王用《尚书》之举，如武帝世有依《尚书》议事、依《尚书》戒臣之例；宣帝世有依《尚书》封宗族、赐群臣、赞臣治、勉法吏、劝诸卿之例；元帝世有依《尚书》宣教化之例；成帝世有依《尚书》论灾异、封宗族、条阴阳、劝农桑、责己过、戒后宫、举贤良之例；哀帝世有依《尚书》议改元、封宗族、免丞相之例；平帝世有依《尚书》赐诸卿之例。特别是西汉诸帝援引《尚书》义或《尚书》例论灾异、封宗族、治黄河等治政方面的实例，对构建西汉以经学为特色的政治哲学具有不可替代的巨大作用。试逐一论述如下：

依《尚书》义论灾异并下诏责己者有：汉文帝二年十一月癸卯晦，发生日食，帝引《尚书》义下诏责己说："天下治乱，在予一人，唯二三执政犹吾股肱也。"① 此为文帝援引《汤诰》"其尔万方有罪，在予一人"之义，言灾异之源在帝之不德，下诏罪己责臣，举贤良直谏之士，以匡其不逮。成帝世，灾异频发，帝多下诏援引《尚书》义以论灾异，罪己责臣，引《尚

---

① 《汉书》卷4《文帝纪》。

书》之例见上述成帝部分。

依《尚书》义封宗族者有：武帝元狩六年夏四月乙巳，庙立皇子刘闳为齐王，刘旦为燕王，刘胥为广陵王。帝依《尚书》而作诰命三策，分敕封三诸侯王，依《康诰》"肆汝小子封在兹东土""在北土""在南土"之文分封三王于东土、北土、南土。三策文中亦多活用《尚书》经文与《尚书》思想，如"惟命不于常"改自《康诰》"肆汝小子封，惟命于不常"之文；"义之不图，俾君子怠"改自《秦誓》"俾君子易辞"之文；"保国义民，可不敬与"出自《康诰》"用保义民""用康义民"等保民思想。宣帝地节元年夏六月，宣帝欲复其宗族属籍，下诏引《尧典》义以封宗族，见上述宣帝部分；宣帝元康三年三月，帝欲封故昌邑王刘贺为海昏侯说："盖闻象有罪，舜封之。骨肉之亲，析而不殊。"① 此为宣帝化用《尧典》舜弟象与父母共谋杀舜，舜封象有鼻，引舜封象典以封贺。

依《尚书》义治黄河者有：据《汉书·沟洫志》载，武帝世黄河决于瓠子，武帝"道河北行二渠，复禹旧迹"。② 此后齐人延年上书请"开大河上领，出之胡中，东注之海"，以治水灾，御匈奴。而武帝以"河乃大禹之所道也，圣人作事，为万世功，通于神明，恐难改更"③ 为由驳回此议。此例虽小，但从中却能看到《尚书》学在左右汉代治政方面所发挥的影响。

综观西汉诸帝用《尚书》之例，不难看出在西汉时期，《尚书》学中的一些核心理念正逐渐渗透到统治阶级政治生活的各个方面，并内化为统治者布政、施政的具体依据。一些《尚书》学观念与当时的社会现实相融合，逐渐发展形成了西汉社会的正统意识形态。对《尚书》的应用在数量上的逐渐增多及其与政治层面上范围的扩大，表明《尚书》作为儒家经典在统治意识形态领域的不断上升，最终完成了由儒家经典逐渐嬗变为一种统治意识形态的艰难历程。

三　西汉帝王与《尚书》学的发展

历经秦火之厄，《尚书》多所散佚。汉代惠帝之后的统治者吸取秦代焚

---

① 《汉书》卷 8《宣帝纪》。
② 《汉书》卷 29《沟洫志》。
③ 同上。

书坑儒文化政策的历史教训，开始推行较为宽松的文化政策，西汉诸帝王也逐渐由重武向崇儒转变，这种偏向为《尚书》学的勃兴与发展提供了难得的历史契机与政治助力。

汉惠帝四年三月甲子"赦天下，除挟书令"，这一政策的颁布无疑让《尚书》经文的重新出世成为可能。此后，西汉诸帝多举贤良、广教化，立博士、尊儒生，在诸多举措的共同作用下，汉代《尚书》学的发展不断向前推进。现列次西汉诸帝王有助于《尚书》学发展之举措如下。

（一）举贤良，广教化

文帝世：《汉书·文帝纪》载，文帝十五年九月，诏诸侯王公卿郡守举贤良能直言极谏者，上亲策之，傅纳以言。

武帝世：建元元年冬十月，诏丞相、御史、列侯、中二千石、二千石、诸侯相举贤良方正直言极谏之士。元光元年五月，帝亲览贤良文学，诏贤良说："贤良明于古今王事之体，受策察问，咸以书对，著之于篇，朕亲览焉。"① 于是，董仲舒、公孙弘等一代大儒出焉。元朔元年冬十一月，武帝下诏广教化，美风俗，选豪俊，讲文学："公卿大夫，所使总方略，一统类，广教化，美风俗也。夫本仁祖义，褒德録贤，劝善刑暴，五帝三王所由昌也。"② 元朔五年夏六月，武帝下诏荐贤良，广教化："故详延天下方闻之士，咸荐诸朝。其令礼官劝学，讲议洽闻，举遗兴礼，以为天下先。太常其议予博士弟子，崇乡党之化，以厉贤材焉。"③

昭帝世：《汉书·昭帝纪》载，始元五年六月，昭帝下诏举贤良说："其令三辅、太常举贤良各二人，郡国文学高第各一人。赐中二千石以下至吏民爵各有差。"④

宣帝世：本始元年夏四月庚午，地震，帝诏内郡国举文学高第各一人。元康元年秋八月，宣帝下诏举贤良说："其博举吏民，厥身修正，通文学，明于先王之术，宣究其意者，各二人，中二千石各一人。"⑤

① 《汉书》卷6《武帝纪》。
② 同上。
③ 同上。
④ 《汉书》卷7《昭帝纪》。
⑤ 《汉书》卷8《宣帝纪》。

元帝世：初元元年夏四月，元帝下诏宣教化说："相守二千石，诚能正躬劳力，宣明教化，以亲百姓，则六合之内和亲，庶几乎无忧矣。"① 初元二年三月，元帝下诏举贤良说："丞相、御史、中二千石举茂材、异等、直言极谏之士，朕将亲览焉。"② 永光二年三月，日有蚀之，元帝又下诏举贤良说："其令内郡国举茂材、异等、直言极谏之士各一人。"③ 初元五年夏四月，元帝下诏博士弟子不设专职，以广纳社会上的学者。永光元年冬，复博士弟子员。建昭四年夏四月，元帝诏诸卿循行天下，举贤良，广教化："临遣谏大夫博士赏等二十一人循行天下……举茂材特立之士。"④

成帝世：建始二年二月，成帝诏三辅内郡举贤良方正各一人。建始三年冬十二月，日有蚀之，夜有地震，成帝下诏举贤良说："丞相、御史与将军、列侯、中二千石及内郡国举贤良方正能直言极谏之士，诣公车，朕将览焉。"⑤ 阳朔二年九月，成帝下诏举可充博士位者说："丞相、御史其与中二千石、二千石杂举可充博士位者，使卓然可观。"⑥

哀帝世：元寿元年春正月，日有蚀之，哀帝下诏举贤良说："其与将军、列侯、中二千石举贤良方正能直言者各一人。"⑦

平帝世：元始三年夏，立官稷及学官，郡国立学，县、道、邑、侯国立校，各置经师一人，乡立庠，聚立序，各置《孝经》师一人。元始五年，帝征经士，征天下通知逸经、古记、天文、历算、钟律、小学、史篇、方术、本草及以《五经》《论语》《孝经》《尔雅》教授者，在所为驾一封轺传，遣诣京师。至者数千人。

由上可知，西汉帝王多有举贤良广教化之举，这些举措无疑为《尚书》学的发展提供了丰富的人才储备。自文帝至平帝期间，博士弟子员大有成倍增长之趋势，《汉书》关于此一发展趋势有明晰记载：

---

① 《汉书》卷9《元帝纪》。
② 同上。
③ 同上。
④ 同上。
⑤ 《汉书》卷10《成帝纪》。
⑥ 同上。
⑦ 《汉书》卷11《哀帝纪》。

昭帝时举贤良文学，增博士弟子员满百人，宣帝末增倍之。元帝好儒，能通一经者皆复。数年……更为设员千人，郡国置五经百石卒史。成帝末……增弟子员三千人。岁余，复如故。平帝时王莽秉政，增元士之子得受业如弟子，勿以为员，岁课甲科四十人为郎中，乙科二十人为太子舍人，丙科四十人补文学掌故云。①

（二）立博士，增学者

文帝世：《汉书·晁错传》载，文帝诏太常使人受《尚书》，太常遣晁错往故秦博士伏生所受《尚书》，还，诏为太子舍人，门大夫，迁博士。由此知文帝世沿袭秦制而置博士，晁错以传《尚书》而得迁为博士。

武帝世：《汉书·武帝纪》载，建元五年武帝置五经博士。元朔五年夏六月，丞相公孙弘请为博士置弟子员，学者益广。《汉书·孔光传》载，孔安国、孔延年皆以治《尚书》为武帝博士。

昭帝世：《汉书·儒林传》载，孔霸师事大夏侯胜，元平元年以治《尚书》为昭帝博士。宣帝时，孔霸以太中大夫授太子。

宣帝世：《汉书·宣帝纪》载，甘露三年，宣帝诏诸儒讲五经同异，太子太傅萧望之等平奏其议，上亲称制临决，立梁丘《易》、大小夏侯《尚书》、穀梁《春秋》博士。

平帝世：元始年间，平帝兼存今、古诸说，立《古文尚书》博士。

《尚书》博士由最初的欧阳学博士，到欧阳、大小夏侯三家博士，再到立《古文尚书》博士的发展，表明《尚书》学在官学层面的不断发展。西汉《尚书》博士的发展动向，《汉书》中有所表述："初，《书》唯有欧阳……至孝宣世，复立大小夏侯《尚书》……平帝时，又立……《古文尚书》……"②

（三）习《尚书》，尊儒师

昭帝世：始元五年六月，昭帝下诏举贤良说："朕以眇身获保宗庙，战战栗栗，夙兴夜寐，修古帝王之事，通保傅，传《孝经》《论语》《尚书》，

---

① 《汉书》卷88《儒林传》。

② 同上。

未云有明。"① 昭帝言其通《保傅传》，而于《孝经》《论语》《尚书》犹未能明，知昭帝当曾研习过《尚书》。

元帝世：宣帝时，夏侯胜迁太子太傅、孔霸迁太中大夫，均授太子《尚书》，可知宣帝太子即元帝刘奭理应研习过《尚书》学。孔霸以帝师赐爵号褒成君。

成帝世：成帝好经书，以书多散亡故，诏谒者陈农，使求遗书于天下。诏光禄大夫刘向校中秘书。另外，《汉书·张禹传》载，元帝时博士郑宽中以《尚书》授太子。元帝太子即成帝刘骜。成帝即位后，郑宽中以师赐爵关内侯，食邑八百户。

由上述可知，西汉诸帝多在身为太子时习《尚书》，且多从显赫一时的《尚书》学大师，这些治《尚书》学的大儒如孔霸、郑宽中等亦因之赐得爵位，经师的社会地位逐渐得以提高。而汉代儒生亦多将治经作为"利禄路"。据《汉书》载："自武帝立五经博士，开弟子员，设科射策，劝以官禄，讫于元始，百有余年，传业者寖盛，支叶藩滋，一经说至百余万言，大师众至千余人，盖禄利之路然也。"②

经师地位的提高，加之利禄之途的刺激，必然会激发儒生治经的热情，提高其治经的积极性，从而带动整个汉代经学的发展。西汉诸帝研习《尚书》这一现象，表明西汉《尚书》之教在官方层面的逐渐开展与深入，到了后汉，帝王《尚书》之教更为普及，汉光武帝刘秀、明帝刘庄、章帝刘炟、和帝刘肇、安帝刘祜、顺帝刘保、桓帝刘志、灵帝刘宏均习《尚书》，《尚书》之教也逐渐上升为名副其实的"帝王之教"。

综上所述，西汉诸帝对《尚书》的称引与应用，集中体现了汉代经学重"经世致用"的特点。帝王依《尚书》治政，以《尚书》为依托为其政治服务，正是对周秦以《尚书》为用传统的承继与发扬。对《尚书》应用的不断加深，亦表明《尚书》学在其社会功用方面的不断发展。帝王对《尚书》的日益重视，官方"《书》教"的日渐深入，都刺激着《尚书》由儒家经典向官方意识形态的升华。而西汉诸帝对《尚书》学发展所作出的

---

① 《汉书》卷7《昭帝纪》。
② 《汉书》卷88《儒林传》。

一系列努力，更是极大地推动了汉代《尚书》学的发展。西汉帝王举贤良，广教化，立博士，增学者，习《尚书》，尊儒师，等等，在此诸多举措的共同推动下，西汉《尚书》今文学逐渐走向兴盛。

概而言之，《尚书》今文学在西汉的发展表现于家法的形成、繁琐空疏学风的形成以及《尚书》谶纬化倾向的形成三个方面，三者都与西汉诸帝的重视与推崇有关。西汉《尚书》的传经以博士为主，《尚书》学博士及博士弟子人员数量的增多，《尚书》学博士由欧阳家的一枝独秀，到欧阳、大小夏侯的三足鼎立，都表明西汉《尚书》学博士体系的不断发展与完善，这些都与西汉帝王有着直接的关联。同时，西汉《古文尚书》立于学官的昙花一现也预示着《古文尚书》学兴起的萌芽。今文博士的设立，使得《尚书》今文学成为显学变为可能，而且可得以快速发展。西汉《尚书》今文经学的快速繁荣，必然致使《尚书》今文经说的大盛。由经说而演化成师法，由师法又演化成家法。博士与博士弟子员的增多，导致诸多经说与师法、家法的逐渐形成。今文三家博士间又相互争鸣，刺激了《尚书》今文学的繁荣，同时也致使三家家法益严，门户之见益深。帝王对儒生、儒师的重用与尊崇，亦极大地促进了儒生治《尚书》学的积极性。对利禄的追求以及对家法的恪守，导致了汉代《尚书》今文繁琐空疏学风的形成。宣帝以后，《尚书》章句繁芜，经师说经，动辄万言。这种现象正是今文经学发展至鼎盛期所出现的流弊。再者，《尚书》中的天命、五行等思想，往往被统治阶级加以利用，逐渐形成了西汉阴阳、五行、灾异思想与《尚书》今文经学相结合的学术特点，由此而发展起来的"天人感应""五德始终说""三通三正说"等思想逐渐成为汉代的正统思想。《尚书》今文空疏繁琐的学风，《尚书》学者功利性的加强，灾异频发的社会现实，加之天人感应等观念的形成与影响，逐渐导致了汉代《尚书》经学谶纬化倾向的最终形成。

第二节　汉代帝王与《古文尚书》学的兴起

汉代诸帝王研习《尚书》主要以《尚书》今文学为主，汉代诸帝王之师几乎都是今文传授系统中的《尚书》学大师，而属于《古文尚书》传授系统的，据资料显示仅有汉章帝刘炟之师贾逵。汉代帝王研习《尚书》今文学，他们对《尚书》今文学发展的作用自不用说，而对于《古文尚书》的发展发挥的重要作用也是不容忽视的。纠缠千年之久的今古之争始于汉哀帝时刘歆请立《古文尚书》为学官一事，此后，在汉代诸帝王的影响下，《古文尚书》学开始逐渐兴起，并逐渐发展成为足以和《尚书》今文学抗衡的重要力量。东汉中叶，古文经学的发展促使《古文尚书》在今古之争中取得了压倒性的优势。故研究汉代《古文尚书》的兴起与发展，绝不能脱离两汉诸帝王的作用。

一　西汉诸帝与《古文尚书》学的传播

东汉《古文尚书》学不是无源之水，其经、传均来自西汉《古文尚书》学。故在考述东汉诸帝与《古文尚书》学兴起关系之前，实有必要对西汉的状况进行简单回顾。西汉哀帝时，刘歆好古文经学而请立《左氏春秋》《毛诗》《逸礼》《古文尚书》四家古文经于学官。据《汉书》记载：

> 歆及向始皆治《易》，宣帝时诏向受《谷梁春秋》，十余年大明习。及歆校秘文，见古文《春秋左氏传》，歆大好之。……歆数以难向，向不能非间也，然犹自持其《谷梁》义。及歆亲近，欲建立《左氏春秋》及《毛诗》《逸礼》《古文尚书》，皆立于学官。哀帝令歆与五经博士讲论其义，诸博士或不肯置对。歆因移书太常博士责让之。①

刘歆请立四家古文经于学官而遭到了五经博士的反对，由是开始了刘歆与今文经学诸儒的相互指责与批判。据《后汉书》记载：

> 建平中，侍中刘歆欲立《左氏》，不先暴论大义，而轻移太常，恃其义唱，诋挫诸儒，诸儒内怀不服，相与排之，孝哀皇帝重逆众心，故出歆为河内太守。从是攻击《左氏》，遂为重雠。②

---

① 《汉书》卷36《刘歆传》。
② 《后汉书》卷36《贾逵传》。

汉哀帝刘欣迫于朝廷中今文儒生的压力，不得不以贬刘歆为河内太守来作为这次古今之争的收场，此次刘歆请立古文经学一事宣告破产。但在接下来的一千多年的学术史上，《尚书》古文经学与今文经学展开了激烈的竞争，汉哀帝令刘歆与五经博士讲论古文经义这一举动，在客观上为《尚书》古文经学的萌芽提供了条件。

西汉平帝刘衍即位后，王莽改制代汉，开始实行新政，此时汉朝的实际统治权掌握在王莽手中。王莽与刘歆少时同门，故其亦推崇古文经，曾立《古文尚书》博士。《汉书》记载："会哀帝崩，王莽持政。莽少与歆俱为黄门郎，重之。……留歆为右曹大中大夫，迁中垒校尉，……典儒林、史、卜之官。"①《汉书》亦记载："王莽时诸学皆立。"《儒林传赞》记载："平帝时，又立《左氏春秋》《毛诗》《逸礼》《古文尚书》，所以网罗遗失，兼而存之。"②

王莽新政，立古文四家博士，《古文尚书》得以立于学官。然此次《古文尚书》立于学官只是昙花一现，随着王莽政权的迅速瓦解而不了了之。但此一举措曾为东汉《古文尚书》学的兴盛准备了经说传统、研究专才。

二　东汉诸帝与《古文尚书》学的兴起

东汉诸帝与《古文尚书》学有着密切关系，主要有汉光武帝刘秀、汉章帝刘炟以及汉灵帝刘宏。现分别考述如下：

东汉光武帝刘秀。刘秀好经术，设立十四家经学博士，但不包括古文各经在内。据《后汉书》记载：

> 光武中兴，爱好经术，未及下车而先访儒雅，采求阙文，补缀漏逸。先是四方学士多怀挟图书，遁逃林薮。自是莫不抱负坟策，云会京师。范升、陈元、郑兴、杜林、卫宏、刘昆、桓荣之徒，继踵而集。于是立五经博士，各以家法教授。《易》有施、孟、梁丘、京氏，《尚书》欧阳、大、小夏侯，《诗》齐、鲁、韩，《礼》大、小戴，《春秋》严、

---

① 《汉书》卷36《刘歆传》。
② 《汉书》卷88《儒林传》。

颜，凡十四博士。①

刘秀所立的十四经学博士，基本上承袭自西汉，均为今文经学。王莽所立的古文四家博士被刘秀取消，今文经学再次确立了其在官学中的统治地位，直到汉代终结，古文经学依然未能立于学官。但光武帝重视儒家经学之举，客观上为古文经学的发展与繁盛创造了社会文化环境。

东汉章帝刘炟。刘炟雅好古文经，对后汉古文学大兴有所推崇。刘炟曾令贾逵进讲经书，又诏令其搜撰古文与三家《尚书》同异，此举为《古文尚书》的流传奠定了基础。此外，建元四年汉章帝刘炟特下诏诸儒聚集白虎观，讲论经义。其诏说：

> 盖三代导人，教学为本。汉承暴秦，褒显儒术，建立五经，为置博士。其后学者精进，虽曰承师，亦别名家。孝宣皇帝以为去圣久远，学不厌博，故遂立大小夏侯《尚书》，后又立京氏《易》。至建武中，复置颜氏、严氏《春秋》，大、小戴《礼》博士。此皆所以扶进微学，尊广道艺也。中元元年诏书，五经章句烦多，议欲减省。至永平元年，长水校尉（樊）儵奏言：先帝大业，当以时施行。欲使诸儒共正经义，颇令学者得以自助。②

这次讨论，章帝使五官中郎将魏应承制问，侍中淳于恭奏，章帝亲制临决，仿效孝宣帝甘露石渠故事。白虎观在当时洛阳的北宫，这次讨论会的结果，由杨终、班固撰集其事，名之为《白虎通义》，又叫《白虎通德论》。《白虎通义》流传至今，其书除征引六经传记外，兼涉谶纬，而多传古义，其主要目的是希望对当时经学之文字、师说等各方面的纷歧求得统一标准，以维持儒学定于一尊的局面。这次学术大讨论，丁鸿论经最明，丁鸿为《尚书》学者，因而白虎观会议对《尚书》学的发展意义颇大。概其要义有四：其一，反映了当时《尚书》学繁盛的概况；其二，借着不同学者的切磋，

---

① 《后汉书》卷79《儒林传》。
② 《后汉书》卷3《肃宗孝章帝纪》。

集思广益，极大地开拓了《尚书》学者的学术研究视野；其三，这种客观的开放式的讨论，是解决疑难问题的最好方法，"《书》教"传统中的诸多疑难问题，正是在这次大论战中有所折中；其四，白虎观学术大讨论将《古文尚书》正式纳入朝廷视野之内，极大地开拓了《尚书》学者的学术研究视野，为《古文尚书》学的兴起铺平了道路。白虎观会议后的第二年，即建元五年，章帝便下诏说："五经剖判，去圣弥远，章句遗辞，乖疑难正，恐先师微言将遂废绝，非所以重稽古，求道真也。其令群儒选高材生，受学《左氏》《谷梁春秋》《古文尚书》《毛诗》，以扶微学，广异义焉。"①

东汉灵帝刘宏。汉灵帝刘宏从师杨赐受《尚书》。《后汉书》载："建宁初，灵帝当受学，诏太傅、三公选通《尚书桓君章句》宿有重名者，三公举赐，乃侍讲于华光殿中。"② 灵帝刘宏多有功于《尚书》学的发展，曾诏正经字刻石立学，创置鸿都门学。据《后汉书》记载："熹平四年春三月，诏诸儒正五经文字，刻石立于太学门外。……光和元年二月，始置鸿都门学生。……三年……诏公卿举能通《古文尚书》……各一人，悉除议郎。"③ 灵帝不囿于今文一家，兼习古今，其广道艺，扶微学，对《古文尚书》学的传播与发展起到了积极的推动作用。

《古文尚书》经过了西汉中后期的萌芽及与今文学争立阶段的初步发展，到了东汉逐渐开始兴起，汉章帝的白虎观学术大讨论、汉灵帝下诏刊刻的熹平石经等一系列举措为《古文尚书》的兴起与发展提供了契机。东汉中叶以后，古文经学逐渐开始繁盛起来，著名古文经学大师如卫宏、贾逵、马融等被委任以高官，古文经学开始压倒今文经学，极大地促进了《古文尚书》的传播与发展。

《古文尚书》学正是在汉代帝王的照拂下逐渐由弱势发展成为广泛传播的显学，尤其是东汉帝王对《古文尚书》学的影响巨大，上位者的推广使得《古文尚书》学逐渐兴起并迅速发展壮大，到了东汉末期郑玄那里《古文尚书》学得到了真正的发扬光大。

---

① 《后汉书》卷3《肃宗孝章帝纪》。
② 《后汉书》卷54《杨赐传》。
③ 《后汉书》卷8《孝灵帝纪》。

第三节　汉代帝王依《尚书》施政考论

汉代诸多帝王重视《尚书》，研习《尚书》，并采取一系列举措促进《尚书》学的发展，其最终目的都在于运用《尚书》，依《尚书》布政、施政。在两汉帝王的重视与推崇下，汉代"《书》教"活动得以广泛开展，尤其是《尚书》今文之教。汉代帝王研习《尚书》以今文为主，这让今文之教在官、私两个层面均得以大规模施行，《尚书》中的诸多观念被给予了充分的认识与肯定，成为汉代统治者立政过程中制定具体仪制的重要依据。再者，"《书》教"传统中的许多《尚书》学思想，在帝王研习过程中逐渐内化为他们布政施政的根据，而受帝王推广《尚书》的影响，这些《尚书》学观念也正逐渐被全社会所接受，对于统治者制定的各种政策，能够得到社会各阶层尤其是底层民众的拥护，正表明了汉代"《书》教"影响的广泛性与深入性。今对两汉诸帝依《尚书》施政问题进行考述如下：

一　依《尚书》古义封建诰命、任荐大臣、定国疆

汉代用《尚书》古义封建诰命之例始于汉武帝。武帝初嗣大统，亲览贤良文学对策，御决才选，此举应是汉代依经选才之始。武帝元狩六年封建皇子，策立皇子刘闳为齐王、刘旦为燕王、刘胥为广陵王。武帝仿《尚书》诰体①手制诰命三策②。三策中"封于东土""封于北土""封于南土"，仿自《康诰》"肆汝小子封在兹东土"；"惟命不于常"，亦是活用《康诰》经文；"俾君子怠"系改《秦誓》"俾君子易辞"经文；"凶于而国"亦直接引用《洪范》经文。策中又明引《书》"臣不作威，不作福"。这些不单单是从文体上仿效《尚书》，而是依《尚书》古义进行分封。自此以后，汉代帝王封建诰命多用《尚书》义。地节元年六月汉宣帝欲封宗属，下诏说："盖闻尧亲九族，以和万国。朕蒙遗德，奉承圣业，惟念宗室属未尽而以罪

---

① 师古注引服虔说："诰敕王，如《尚书》诸诰也。"
② 司马贞《索隐》说："按《武帝纪》，此三王策皆武帝手制。"武帝依仿《尚书》众诰篇体，自撰策文。

绝，若有贤材，改行劝善，其复属，使得自新。"① 《尧典》有"克明俊德，以亲九族。九族既睦，平章百姓。百姓昭明，协和万邦"，此诏为间接引用《尧典》义来封建宗属。

汉代任荐大臣亦多用《尚书》古义。后汉光武帝欲拜高密侯邓禹为大司徒，其策文说："百姓不亲，五品不训，汝作司徒，敬敷五教，五教在宽。"② 此篇策文几乎全抄《尧典》帝舜命契作司徒之文本。光武帝刘秀曾习《尚书》于欧阳学博士许子威，熟知《尚书》本经，故此策应为光武帝亲撰。

汉代定国疆亦多用《尚书》古义。元帝初元年，珠厓又反，皇上与有司议，准备大发军队征之，贾捐之依《禹贡》疆域以为不当击，认为应弃珠厓不复置郡，阻止发军南征。皇上使王商诘问贾捐之说："珠厓内属为郡久矣，今背畔逆节，而云不当击，长蛮夷之乱，亏先帝功德，经义何以处之？"③ 贾捐之回答说：

> 孔子称尧曰"大哉"，韶曰"尽善"，禹曰"无间"。以三圣之德，地方不过数千里，西被流沙，东渐于海，朔南暨声教，迄于四海，欲与声教则治之，不欲与者不强治也。……骆越之人，父子同川而浴，相习以鼻饮，与禽兽无异，本不足郡县置也。……臣愚以为非冠带之国，《禹贡》所及，《春秋》所治，皆可且无以为。愿遂弃珠厓，专用恤关东为忧。④

丞相于定国以为"捐之议是"，元帝遂下诏说："其罢珠厓郡，民有慕义欲内属，便处之；不欲，勿强。"⑤ 珠厓从此不再设郡。

---

① 《汉书》卷8《宣帝纪》。
② 《后汉书》卷16《邓寇传》。
③ 《汉书》卷64《贾捐之传》。
④ 同上。
⑤ 同上。

二　人君用《洪范》义下罪己诏或策免三公

汉代人君借天意罪己多与伏生《洪范五行传》有关。皮锡瑞说："汉有一种天人之学……伏《传》五行。……其时人主方崇经术，重儒臣，故遇日食地震，必下诏罪己，或责免三公。"① 依《洪范》义，责己之政失，人君下诏罪己或策免三公，于两汉时多有。列举如下：

汉文帝。有汉一代，天人之学大盛。前汉言灾异策对始于汉文帝时，每逢日食、水旱、疾疫等灾变，文帝辄诏议于大臣。曾下诏说："间者数年比不登，又有水旱疾疫之灾。……意者，朕之政有所失而行有过与？乃天道有不顺与？……细大之义，吾未能得其中。其与丞相列侯吏二千石博士议之……无有所隐。"② 又说："人主不德，布政不均，则天示之以菑，以诫不治。……朕下不能理育群生，上以累三光之明，其不德大矣。令至，其悉思朕之过失，及知见思之所不及，匄以告朕。及举贤良方正能直言极谏者，以匡朕之不逮。"③ 此为有汉一代人君因灾异而下诏自责之始。彼时经学博士与百家博士并立，具官待问而已，虽下丞相、博士等议之，经学博士尚不敢直接引经救弊献策，更无直引《尚书》经以决事之举。

汉成帝。鸿嘉二年，成帝曾下诏说："帝自承失于政，是以阴阳错谬，寒暑失序。"④

汉哀帝。哀帝曾因阴阳不和，策免大司空师丹："夫三公者，朕之腹心也。……朕既不明，委政于公，间者阴阳不调，寒暑失常，变异屡臻，山崩地震，河决泉涌，流杀人民……司空之职尤废焉。……其上大司空高乐侯印绶，罢归。"⑤ 哀帝用阴阳不调的理由策免大司空师丹，其理据为"燮理阴阳，固三公职所司也"。哀帝崩，王莽以元后诏册免董贤，其理据亦为阴阳不和故。其诏说："间者以来，阴阳不调，菑害并臻，元元蒙辜。夫三公，鼎足之辅也。高安侯贤未更事理，为大司马不合众心，非所以折冲绥远也。

---

① 皮锡瑞：《经学历史》，第68—69页。
② 《史记》卷10《孝文本纪》。
③ 同上。
④ 《汉书》卷10《成帝纪》。
⑤ 《汉书》卷86《师丹传》。

其收大司马印绶，罢归第。"①

汉安帝。永初五年，以阴阳不和，安帝策免太尉张禹。

汉顺帝。顺帝永和元年正月乙卯，亦因地震下诏自罪："朕秉政不明，灾眚屡臻。典籍所忌，震、食为重。今日变方远，地摇京师，咎征不虚，必有所应。群公百僚其各上封事，指陈得失，靡有所讳。"②典籍所忌，震、食为重，取《尚书》义。永建四年八月，顺帝"以阴阳不和，久托病"策免太尉刘光、司空张皓。

三　两汉帝王施用《禹贡》义治河

汉代的治河导水多有以《禹贡》为据者，这是汉代"《书》教"传统有资于汉政的显例。汉代以《禹贡》义治理黄河始于汉武帝。汉武帝非常重视《禹贡》义，以复夏禹治河之故道为治河之良策，虽有臣工献上治河之良策，犹置不用。《沟洫志》记载，武帝太始二年，齐人延年上书言治河之策，武帝报说："延年计议甚深，然河乃大禹之所道也；圣人作事为万世功，通于神明，恐难改更。"③《史记》载记："元光中，河决瓠子，东南注巨野，通于淮泗，使汲黯、郑当时兴人徒塞之，辄复坏。"④后瓠子堤又决，《河渠书》载："元封二年，帝使汲仁等发卒数万塞瓠子决，武帝自临决河，令群臣皆负薪寘决河，作《瓠子歌》，悼功之不成，于是卒塞瓠子，筑宣防宫其上。而道河北，行二渠，复禹旧迹。"⑤武帝亲临决河，采用塞、导两种方法，双管齐下，实以大禹治水之法以"复禹旧迹"。

汉成帝世施用《禹贡》义治理黄河。成帝初，冯逡寻禹所治九河，欲复依其故道，然而故道未明，乃主张浚通屯氏河。《尚书》学博士许商阻之，后取《禹贡》义以复黄河故道。《沟洫志》记载此事说：

　　屯氏河塞，冯逡主张浚通之，云："禹非不爱民力，以地形有势，

① 《汉书》卷93《佞幸传》。
② 《后汉书》卷6《孝顺帝纪》。
③ 《汉书》卷29《沟洫志》。
④ 《史记》卷29《河渠书》。
⑤ 同上。

故穿九河，今既灭难明，屯氏河不流行七十余年，新绝未久，其处易浚……可复浚以助大河泄暴水。"……事下丞相、御史，白博士许商治《尚书》，善为算，能度功用，遣行视，以为屯氏河盈溢所为，方用度不足，可且勿浚。①

后数载，黄河复决平原，杜钦荐许商等与治。《沟洫志》载："河复决平原，杜钦说大将军王凤，以为'……宜遣焉及将作大匠许商、谏大夫乘马延年杂作。……商、延年皆明计算，能商功利，足以分别是非，择其善而从之，必有成功。'凤如钦言，白遣焉等作治，六月乃成。"② 许商等此次所治平原在兖州，即黄河故道下游将入渤海处，仍略依《禹贡》九河故迹。《沟洫志》又载，成帝鸿嘉四年，孙禁主张：

> 决平原、金堤间，开通大河，令入故笃马河。……许商不古说九河之名，有徒骇、胡苏、鬲津，今见在成平、东光、鬲界中。自鬲以北至徒骇间，相去二百余里；今河虽数移徙，不离此域。孙禁所欲开者，在九河南笃马河，失水之迹，处势平夷，旱则淤绝，水则为败，不可许。③

哀帝世用《禹贡》义治黄河。哀帝朝《尚书》博士平当出主河堤，亦主张以《禹贡》义治水。《汉书》说："（平）当以经明《禹贡》，使行河，为骑都尉，领河堤。"④ 平当治河奏议，载于《汉书·沟洫志》，其奏言为："九河今皆寘灭。按经义，治水有决河深川而无堤防壅塞之文。河从魏郡以东北多溢决，水迹难以分明，四海之众不可诬，宜博求能浚川疏河者。"⑤ 继平当之后，待诏贾让奏议，大申平氏治河义，主张浚导，反对堵塞，其奏

---

① 《汉书》卷29《沟洫志》。
② 同上。
③ 九河，《禹贡》兖州"九河既道"，《释文》说："九河：徒骇、太史、马颊、覆釜、胡苏、简、絜、钩盘、鬲津，出《尔雅》。"九河在平原以北，《禹贡》说："导河积石……北过降水，至于大陆，又北播为九河，同为逆河，入于海。"许商认为孙禁所议开决者不在《禹贡》九河域内，"失水之迹"，故谓不行。
④ 《汉书》卷71《平当传》。
⑤ 《汉书》卷29《沟洫志》。

议说：

> 治河者有上中下策。古者立国居民，疆理土地，必遗川泽之分，度水势所不及。大川无防，小水得入，陂障卑下，以为污泽。……夫土之有川，犹人之有口也，治土而防其川，犹止儿啼而塞其口，岂不遽止？然其死可立而待也。故曰"善为川者，决之使道；善为民者，宣之使言"。……今行上策，徙冀州之民当水冲者，决黎阳遮害亭，放河使北入海。……难者将曰："若如此，败坏城郭田庐冢墓以万数，百姓怨恨。"昔大禹治水，山陵当路者毁之，故凿龙门，辟伊阙，析厎柱，破碣石，堕断天地之性。此乃人功所造，何足言也！……如出数年治河之费，以业所徙之民，遵古圣之法，定山川之位，使神人各处其所，而不相奸。……此功一立，河定民安，千载无患，故谓之上策。……若乃缮完故堤，增卑倍薄，劳费无已，数逢其害，此最下策也。①

大禹治河用疏导之法，贾让所谓"大川无防，小水得入"，"善为川者，决之使道"，"放河使入海"，皆依大禹之法。

王莽、后汉诸帝施用《禹贡》义治河者亦不少。列举如下：

新莽朝议治河仿《禹贡》者尤多，关并、韩牧、王横、桓谭等均谓黄河下游入海处难治，主张寻《禹贡》九河故迹，上继禹功，穿而通之。《汉书》载记关并说："河决率常于平原、东郡左右，其地形下而土疏恶。闻禹治河时，本空此地，以为水猥，盛则放溢，少稍自索，虽时易处，犹不能离此。"② 韩牧说："可略于《禹贡》九河处穿之，纵不能为九，但为四五，宜有益。"③ 大司空掾王横④说："河入勃海，勃海地高于韩牧所欲穿处。往者天尝连雨，东北风，海水溢，西南出，浸数百里，九河之地已为海所渐矣。禹之行河水，本随西山下东北去，《周谱》云'定王五年河徙'，今所行非

---

① 《汉书》卷29《沟洫志》。
② 同上。
③ 同上。
④ 一作王璜，师徐敖，治《古文尚书》，为博士。

禹之所穿也。"①

《后汉书》载记，明帝永平十二年，议修汴渠，乃引见王景，问以理水形便。王景陈其利害，应对敏洽，帝善之。又以尝修浚仪，功业有成，乃赐王景《山海经》《河渠书》《禹贡图》②。

四　两汉帝王用《尚书》义议狱政

汉代帝王曾多次下诏依《尚书》经文古义律法治狱，并以之为减刑或举冤狱的依据。如《汉书》载记，河平中，成帝曾下诏说："《甫刑》云'五刑之属三千，大辟之罚其属二百'，今大辟之刑千有余条……议减死刑及可蠲除约省者，令较然易知，条奏。《书》不云乎：'惟刑之恤哉！'其审核之，务准古法。"③ 又载，鸿嘉二年二月，成帝亦下诏说：

> 朕承天地，获保宗庙，明有所蔽，德不能绥，刑罚不中，众冤失职，趋阙告诉者不绝，是以阴阳错谬，寒暑失序，日月不光，百姓蒙辜，朕甚闵焉。《书》不云乎："即我御事，罔克耆寿，咎在厥躬。"方春生长时，临遣谏大夫理等，举三辅、三河、弘农冤狱。④

宣帝元康二年春正月，宣帝曾下诏说："《书》云：'文王作罚，刑兹无赦'。"⑤ 此处出自《康诰》文，周文王以仁德著称仍需制法行罚，以惩戒乱常违教者。汉宣帝依《尚书》义来勉励官吏励精图治，修身奉法。

后汉光武帝时，梁统上疏主张刑罚宜中，三公、廷尉等不以为然，梁统对问说："故虽尧舜之盛，犹诛四凶，《经》曰：'天讨有罪，五刑五庸哉！'又曰：'爰制百姓于刑之衷。'⑥ ……衷之为言，不轻不重之谓也。……则刑

---

① 《汉书》卷29《沟洫志》。
② 此《禹贡图》，《经义考》有著录，失撰人，姚振宗《汉书·艺文志拾补》怀疑此图即晋裴秀所称"汉氏舆地及括地诸杂图之一"，此书久佚。
③ 《汉书》卷23《刑法志》。
④ 《汉书》卷10《成帝纪》。
⑤ 《汉书》卷8《宣帝纪》。
⑥ 出自《吕刑》篇。

轻之作，反生大患。……臣统愿陛下采择孔光、师丹等议。"① 梁统认为当时刑律过轻，据《尚书》古义欲改从重典，但光武帝宅心慈厚，未予采纳。

章帝初年，陈宠上疏请去苛刑，并以《尚书》义决狱，依《吕刑》议减除当时律条。陈宠说："先王之政，赏不僭，刑不滥……宁僭不滥。故唐尧著典'眚灾肆赦'，周公作戒'勿误庶狱'②，伯夷之典'惟敬五刑，以成三德'③。……往者断狱严明，所以威惩奸慝；奸慝既平，必宜济之以宽。……宜隆先王之道，荡涤烦苛之法。"④ 章帝敬纳陈宠之言，遇事务必宽厚，又下诏有司，绝惨酷刑科，解妖恶之禁。和帝永元中，陈宠为廷尉，数议疑狱，比附经典，务从宽恕。陈宠又校律令条法，尽除《甫刑》之外科条者。

汉代诸帝广依《尚书》布政、施政，使得"《书》教"传统在国家布政、立政等事项中被付诸实践，此一系列举措极大地促进了汉代《尚书》学社会功用的发挥。

---

① 《后汉书》卷34《梁统传》。
② 出自《立政》篇。
③ 出自《吕刑》篇。
④ 《后汉书》卷46《陈宠传》。

第十五章
"《书》教"传统与今古文学之争

在周秦《尚书》学传统已初具雏形的基础上，两汉时期最终形成了完备的《尚书》学体系，但这个完备的体系同时也是一个十分复杂的多层次体系。故两汉《尚书》学研究，既要对学界通常所说的两汉时期诸多派别的《尚书》版本的整理与注解进行系统诠释，又要对《尚书》在两汉政治、学术和社会日常生活中的文句引用、化用及其阐发进行新的阐发，更要对《尚书》传承过程中的不同"《书》教"传统在两汉的授受及其流变等进行观照；既要对历代研究两汉的《尚书》学成果进行学术梳理，又要把其放在汉代经学思潮大背景下进行宏观比较。

"《书》教"传统是《尚书》学史研究过程中十分恰切的抓手，也是《尚书》学发展历程中始终伴随的具象，只要抓住了各个历史朝代"《书》教"传统的特色，就不难揭示不同时代《尚书》学的本质与核心意蕴。汉代的"《书》教"传统，也可以视其为汉代《尚书》学者对《尚书》进行多向诠释的传统，在整个《尚书》学史中都具有十分突出的学术地位。在系统梳理汉代"《书》教"传统在官学、私学层面曲折变迁过程之外，还必须从汉代《尚书》今、古文渊源，篇目篇次及《书序》异同，诠释风格、诠释向度、诠释原则、诠释方法的异同以及论争的过程等视角，对两汉《尚书》学的今文、古文之争命题予以系统观照。

汉代《尚书》学今文、古文之争，是汉代经学今文、古文之争的重要组成部分，伴随汉代"《书》教"今文、古文活动的变迁而得以展开。《尚书》学今文、古文之争并不是贯穿两汉《尚书》学之始终，仅是汉代经学独尊特定背景下西汉后期之后的产物，是与孔氏《古文尚书》的发现与解读、刘歆为之争立官学、杜林漆书《古文尚书》的发现与传播、东汉今文古文并重等一系列重要事件紧密关联的。汉代经学今古文之争，很好地在汉代"《书》教"传统中得以凸显，其重点不在今古文两派在《书序》、篇目、篇次、文本等层面有所不同，而在诠释向度、目的、原则、方法等多层面都有着明显的差别。

第一节 汉代的"《书》教"传统

自孔子始，作为四科之一的"《书》教"就已经形成传统，除秦始皇"焚书坑儒"及汉初"挟书律"未解除期间外，《尚书》一直在官、私两个不同层面得以传承，始终成为社会政治所依存的正统传统文化背景。"《书》教"是与"《诗》教""《礼》教""《乐》教"等一起同时由孔子提出来的，《礼记》记载："孔子曰：'入其国，其教可知也。其为人也，温柔敦厚，《诗》教也；疏通知远，《书》教也；……故《诗》之失在愚，《书》之失在诬……其为人也，温柔敦厚而不愚，则深于《诗》教者也；疏通知远而不诬，则深于《书》教者也。'"① 《孔子家语·问玉》篇亦有同样的记载。

"《书》教"传统在周、秦、汉、魏时期不仅存有官、私两条不同的传播途径，而且其内容也发生过多次嬗变，在多个层面直接影响了社会政治的变迁。官学层面的"《书》教"传统起源很早，远在孔子之前就已形成，除秦末至汉初一段时间中断外，官学层面的"《书》教"活动一直存在，且其规模不断扩大，其规制不断完善，其内容不断丰富，在两汉时期又形成了不同的师法与家法，其传授有着严格的规定，在宣王道之正义、疏通知远、垂戒帝王、赞治造士、化民风俗诸方面都曾发挥过重要作用。作为官学在民间的延伸形式，私家"《书》教"传统起源于孔子，经孔门弟子及再传弟子授受承传，至战国末期，已经形成多区域并存的特色，特别是在齐、鲁两地更是得以广泛传播，至两汉时期遂演化成规模宏大的今、古文学两大传授系统。民间"《书》教"活动除在秦末汉初稍有间断外，亦一直活跃于齐、鲁

---

① 《礼记·经解篇》。

间，在汉惠帝解除"挟书律"之后，更是在不同地域得以普泛传播，至东汉而臻于极盛。

一 两汉官学"《书》教"传统问题

《尚书》的传播及其资政功用的发挥离不开"《书》教"活动的施行，"《书》教"的普遍施行离不开官方的提倡与主导。汉代《尚书》学的昌盛诱因多元，但"《书》教"活动上升为官学至为重要。西汉初期，尚有干戈，高祖刘邦忙于平定四海，"未皇庠序之事"，惠帝、吕后之时公卿皆为武力功臣，亦不重儒学，文景刑名黄老之学受用，直至汉武帝才改制更化，以儒学为教，官方"《书》教"的开展才成为可能。

《尚书》成为官方专经之学始于西汉前期。汉惠帝四年，西汉初年承秦之弊制的"挟书律"始得以解除。汉文帝、汉景帝都曾立有经学博士，于《尚书》一经而言，汉文帝时博士有张生①，汉景帝时有晁错，然此时所立的《尚书》博士，是否具有经教之职，尚难考信。至迟至汉武帝时，《尚书》博士已具备"《书》教"之能事。汉武帝建元五年立五经博士，其中欧阳《尚书》学得立博士。元朔五年夏六月，始为博士置弟子员②，在制度上建成规制，这在经学史上影响极大。《汉书》说：

> 自武帝立五经博士，开弟子员，设科射策，劝以官禄，讫于元始，百有余年，传业者寖胜，支叶蕃滋，一经说至百余万言，大师众至千余人，盖利禄之路然也。初，《书》唯欧阳……至孝宣世，复立大小夏侯《尚书》，平帝时，又立……《古文尚书》，所以网罗遗失，兼而存之，是在其中矣。③

单就《尚书》学而言，这段言辞说明《尚书》之教上升为官学之后，

---

① 欧阳生是否为博士，学界有争议，但张生为博士，有明史载记。
② 《汉书·武帝纪》说："丞相弘请为博士置弟子员，学者益广。"
③ 《汉书》卷88《儒林传赞》。

博士弟子射策过关者可以进入仕途①，故在利禄引诱下，《尚书》之学传业甚盛。同时亦说明《尚书》官学家数在不断增加，经师、经生亦都与日俱增，官方"《书》教"的规模不断扩大。再者，《尚书》专经博士的设立造就了其诠解《尚书》的权威性，故用于"《书》教"的经说也越来越细，在不同家法、师法间的论难中，推进了《尚书》诠释的创新与实用，《尚书》一经说至百余万言者，史有明载。

为《尚书》博士置弟子员对确保《尚书》学的发展极为重要。《史记》说：

> 为博士官置弟子五十人，复其身。太常择民十八以上仪态端正者，补博士弟子。郡国县道邑有好文学，敬长上，肃政教，顺乡里，出入不悖所闻者，令乡长丞上属所二千石，二千石谨察可者，当与计偕，诣太常，得受业如弟子。一岁辄课，能通一艺以上，补文学掌故缺；其高第可以为郎中者，太常奏籍。……自此以来，则公卿大夫士吏彬彬多文学之士矣。②

就《尚书》之教来说，这则文献说明除博士弟子有十人外，又增设了"受业弟子"，亦有利于"《书》教"规模的扩大与普及。再者，规定博士弟子员及受业弟子的选拔任用资格，使其具有了一定的员额、待遇、考核任用程序，亦为提高"《书》教"的影响力创造了合法的条件。又《汉书》载：

> 昭帝举贤良文学，增博士弟子员满百人，宣帝末倍增之。元帝好儒，能通一经者皆复。数年，以用度不足，更为设员千人，郡国置五经百石卒史。成帝末，或言孔子布衣养徒三千人，今天子太学弟子少，于是增弟子员三千人。岁余，复如故。平帝时王莽秉政，增元士之子得受业如弟子，勿以为员，岁课甲科四十人为郎中，乙科二十人为太子舍

---

① 《汉书·张汤传》说："是时，上方向学。汤决大狱，欲傅古义，乃请博士弟子治《尚书》《春秋》，补廷尉史，平亭疑法。"儿宽之仕进，就与张汤此次请补有关。

② 《史记》卷121《儒林列传》。

人，丙科四十人，补文学掌故云。①

　　这则文献说明在"《书》教"官学化背景下，《尚书》学博士弟子员额迅速增长，且成为治政官吏的重要来源，《尚书》官学对汉代政治的影响日见深入。

　　汉代地方官学对推进"《书》教"活动亦具有重要作用。汉代地方设有学、校、庠、序等多种官学，其中由郡国所举办和管理的称学，由县道邑所设置和管理的称校，由乡设置和管理的称为庠，由聚设置和管理的称为序。汉代郡国学的首创者是汉景帝时蜀郡的郡守文翁。汉武帝即位后，对文翁兴学一事极为赞赏，下诏令天下郡国仿效，设置学校官。平帝时，王莽秉政，郡国、县、邑、乡、聚分别设立学、校、庠、序，添置经师，出现"学校如林，庠序盈门"的盛况。郡国学的教育活动主要是传授经学和实施教化。一些郡国学仿效太学分经立官，进行专经教授。郡国学不仅教授生徒，而且面向社会推广教化，移风易俗。与天子视察太学相对应，地方长官视察当地学校在汉代也是常例。例如东汉《尚书》欧阳学大师桓荣的弟子何武为扬州刺史时，每巡视下属郡县必先到学校召见诸生。

二　两汉民间"《书》教"传统问题

　　上有所好，下必甚焉。两汉"《书》教"因有官学之火种，故有私学之燎原。两汉私学较官学更为发达，民间"《书》教"活动极为活跃。汉代民间常设有经馆，又称精舍，或精庐，以传授儒家经典为主，专习一经或数经，程度与太学相当，教师多为名士硕儒。两汉《尚书》学大师大都曾设学教授，他们或亦仕亦教，或辞官致仕后闭门授业，或终生隐逸山泽间聚徒授《尚书》，他们的弟子门徒少则数百人，多则数千人，甚至有多至万人者。

　　于两汉而言，《尚书》之私教始于大宗师伏生，变于季汉大儒马融、郑玄师徒。就今文学而言，伏生曾以二十九篇私相教于齐鲁之间，于是学者颇能言《尚书》，山东诸大师无不涉《尚书》以教，这为汉代《尚书》在民间

---

① 《汉书》卷88《儒林传》。

的教授开了一个好头，种下了汉代民间"《书》教"的种子。伏生弟子张生、欧阳生、晁错等都曾私相教授过《尚书》，夏侯始昌曾以《尚书》教授弟子。欧阳《尚书》学在民间传授亦非常广泛，欧阳歙曾在郡教授门徒数百人，其弟子曹曾私相教授门徒三千人，曹曾之子曹祉授徒亦很多。鲍宣、鲍永、鲍昱祖孙三人都曾开门授徒，鲍宣徒众尤盛，多达千人，鲍昱曾在东平开科授徒。孔光曾免归教授。东汉大儒桓荣曾在九江教授门徒数百人，后又在江淮间授徒尤多。桓郁以《尚书》教授门徒常数百人，桓焉弟子受业者亦数百人，桓典在颍川教授门徒亦数百人，张奂闭门不出养徒千人。丁鸿早年教授数百人，白虎观后门下生多达数千人，其弟子杨伦教授大泽中，弟子多达千人，晚年闭门教授，弟子尤众。有关西孔子之称的杨震更是授徒三千人，其子杨秉亦是隐居教授，授徒三千人，杨赐隐约教授，门徒多不胜数，其弟子颍容在荆州聚徒千人。牟长授徒常千人，前后著录万人，牟纡隐居教授，门徒千人。张酺授徒以百数，郯令景某门徒上录三千人，宋登教授千人。夏侯《尚书》学在民间的传播亦很兴盛。大夏侯学许商之弟子吴章，教授尤盛，弟子千人，炔钦授徒甚盛，杨厚教授门徒三千人，小夏侯学王良教授诸生千余人，牟融教授门徒数百人，宗京、张驯等亦都曾私相授徒。

就《古文尚书》之教而言，西汉一直都在民间进行，东汉则渐趋兴盛，私相授受可考者亦不少，如孔季彦曾教授门徒数百人，王君仲之弟子董春曾教授弟子数百人，张楷车马盈门，授徒亦数百人，孙期在家教授，周磐在家立精舍，教授弟子很多，卢植、延笃等亦都曾合门教授生徒，挚恂、马融、郑玄等大儒更是弟子填门，多不胜数。《古文尚书》之传授因其主要在民间传播，故多不为正史所载录，但两汉四百年间，能从绝学中重生，到了东汉甚者能与官学今文相争胜，自然在民间传播很广，对社会的影响甚巨，其民间之教的盛况当可想见。

三 两汉"《书》教"传统的类型及其差异性

"《书》教"传统的形成史事实上就是一部《尚书》诠释史。《尚书》学者诠释之内容与"《书》教"活动有着紧密的关联，早在孔子之前就有人对《尚书》类的文献进行过有选择的诠释，孔子本人也曾以《尚书》为教。以《尚书》为教就少不了诠释的成分在里面。

汉代统治者把《尚书》学提升到官学体系内进而统一其诠释内容，并使之成为统治意识形态的重要组成部分，随之递变出汉代"《书》教"活动的活跃，同时也产生了对《尚书》文本较为系统的权威诠释。单就《尚书》今文、古文学说的差异而言，后起的《古文尚书》说比伏生所传的今文《尚书》说要平实。这种经说的差异不仅代表着"《书》教"活动中师法、家法的不同及其流衍变迁之轨迹的差别，而且也与两汉经学思想由怪异向平实无奇的变迁有着紧密的关联。今文、古文两派均有较为系统的诠释活动，这就奠定了汉世《尚书》阐释学的基本理论。其阐释理念成为构建汉代社会原始心理结构的重要内容，成为汉代统治者立政思维和治政自觉实践的有机组成部分，同时也奠定了《尚书》学在汉代学术史中的特出地位。

《尚书》的地位由中华原典上升为儒家经典，又由儒家经典上升为社会统治意识形态的重要组成部分，其作用经历了一个逐步提升的过程。在这个过程中，《尚书》今文、古文学家以官、私并存的"《书》教"活动为依托，提出了各种各样的《尚书》学说，这些《尚书》学说在汉代社会政治的发展演变过程中曾发挥过重要作用。无论今文、古文，汉代《尚书》学说中最为重要的就是"七观"说，通斯七者，《尚书》学的大义举也。

《尚书》作为夏、商、周时期的政治档案资料，在其世代延传和古为今用目的的驱动下，两汉时期的学者对《尚书》的不同诠释既有迎合两汉不同时期政治、社会、文化发展需要的一面，也有对先秦诠释传统承继的一面。由于阐释者的诠释对象存在传本的差异以及阐释者的主观阐释意向、诠释风格不同，在四百余年间产生不同的《尚书》学派是顺理成章的事。

在汉代政治哲学特色形成过程中，"《书》教"传统具有十分特出的地位。如何证成帝国存在的合法性，如何彻底征服和治理庞大的帝国，是西周统治者和汉代统治者都必须回答的首要问题。周公在《尚书》八诰中提出的系统治政理念最易成为汉代统治者所凭借的历史依据。汉代儒者发展了先秦以《尚书》为教的传统，并将《尚书》提升为帝王之教的首选科目，经师本人也因而多被尊为帝王之师而备受器重，最终促成了《尚书》学在汉代经传之学中的特出地位。再者，《尚书》中所提及的五行观念，在秦汉时期成为阴阳五行学说的发源地，除了《尚书》所记上古三代的历史对汉代现实具有重要意义外，《尚书》学说中的"洪范五行"观念得到了汉代统治者的格外重视。五德终始说、三统说均与"洪范五行"思想有关。

汉代今文《尚书》学说具有十分明确的经世致用目的。汉代《尚书》学的特出地位是由两汉诸多《尚书》学家们在大量的"《书》教"传播活动中经过多向度的诠释得以实现的。西汉社会是一个新生的朝代,是一个文化重建的社会,反映上古三代历史的《尚书》与其他元典一样已不具有直接的现实性,以至于被汉武帝认为是"朴学",后经儿宽的解说,汉代最高统治者才知道《尚书》的现实意义。可见,只有通过重新阐释,才能使古奥难懂、叙述简略的《尚书》为汉代统治者所接受,并为之统治服务。汉代《尚书》今文学者对《尚书》的解读,不少传承了周秦时期已经形成的传统,但也有许多内容已属于不同于先秦时期的新阐释,其目的就是为汉帝国的现实政治服务。《尚书大传》、《尚书》决狱、《禹贡》治河、《洪范》察变、《尚书纬》等都凸显了两汉《尚书》学者在经典诠释传统方面所具有的"经世致用"学风。

从后世对《尚书大传》《尚书纬》《洪范五行传》等所作的辑本来看,汉代《尚书》学始终存在着一系或以阴阳五行说或以灾异谴告说或以谶侯纬说等为内容的神学化《尚书》学阐释传统。《尚书》中的《洪范》《吕刑》等篇章成为这一系阐释思想的最原始的源泉和证明,他们通过各种神学化的解释将《尚书》所载上古三代历史的社会制度、政治经验等攀附到汉代的现实政治之中,随之出现了大量的《尚书》决狱、《洪范》察变等经世致用之举。

两汉"《书》教"传统具有沿着今文"经世致用"与古文"学术内纯"两条背反规律并行但不均衡地演进的总特点。这一总特点是在西汉初、西汉中后期、两汉之交(新莽时代)、东汉初、东汉中后期五个思想时代的《尚书》学流变中体现出来的,亦是在各流派有关《尚书》传注疏说的动态考察中得以揭示的。两汉时期诸多《尚书》学派的经文诠释、义理解说,既有其共性,又有其独特的个性。

两汉儒者对王道理想的具体内容是什么一直没有统一的意见。面对流传至汉代的上古时期形成的王道理想主要载体的《尚书》文本,以及口传先贤言说《尚书》的传统,两汉时期不同派别、不同地域、不同时期的儒者由于时代的使命不同与时代文明程度的限制,对《尚书》的阐释多斤斤计较于什么是正统的王道理想以及谁是道统的传人等问题，这就使儒者不可能将全部精力投入到古为今用的诠释实践领域以及学术内纯的本体解释学领域。加之仕途功名的诱惑和主观意识的作祟，以及授徒资政的需要，儒者或被迫将传统的本体解释学发展至具有很大局限性的章句之学，或被迫将传统的知人论世、以意逆志诠释学衍化为灾异谴告、图谶纬说，所作阐释或流于空谈繁琐，或攀附各种图谶，无法在现实中落实下来，渐渐违背了传统解释学的根本目的，最终导致了东汉末期《尚书》学的凋敝与新变。

汉儒有关《尚书》学说的著述多已亡佚，今尚所见者多是后人就各类古籍中所辑考的内容，马国翰《玉函山房辑佚书》中辑有《尚书欧阳章句》一卷，《尚书大夏侯章句》一卷，《尚书小夏侯章句》一卷，《尚书古文训》一卷①，《尚书马氏传》四卷②。另外《续皇清经解》中有《尚书大传辑校》三卷，为清陈寿祺撰，《尚书欧阳、夏侯遗说考》一卷，为清陈乔枞撰。《岱南阁丛书》中有《古文尚书马、郑注》十卷，附《篇目表》一卷，《逸文》二卷，为清孙星衍撰。《学津讨原丛书》中有《尚书郑玄注》，为宋王应麟辑，清孔广林增订。

四 两汉"《书》教"传统的融合问题

两汉《尚书》之教所谓官学、私学之分类，古文、今文之别，概而言之，其实二者间未必泾渭分明。两汉时期谋求"《书》教"传统统一的努力一直没有停止。汉代一经分立数家博士以及一家之中又衍生支派的情形是一种普遍的客观现象，并不只限于《尚书》一经。在通经致用的时代，这种经说纷歧的现象对于朝廷和儒生学习来说都有不便的地方，政府处理政治事务及订立制度时需要经义上的依据，如果异说纷纭，究应何所适从，就颇费周章；经师授徒需要具有说服力的经义依据，经生研读数家之说也是一件沉重的负担。加以经学既成利禄之途，自成一说的儒生自然希望自己一派立于学官。这些问题往深里说都牵涉到政治哲学命题，故经说的纷歧既非纯粹学术上的争议，自然就不能全靠儒生自己来解决。为了解决经说、经传争议问

---

① 自注：汉贾逵。
② 自注：汉马融。

题，前后汉曾经分别举行过一次公开的经学讨论会。

第一次为石渠会议，发生在西汉宣帝甘露三年，即公元前 51 年。西汉传经，由于所师不同，虽同属一经，诸说也常有差异，故由经说之差异而衍生出许多派别，甚至有的虽出自同一师门，见仁见智，亦难得一致。如《尚书》欧阳、大小夏侯三家虽均源出于伏氏，都立于学官，但因利禄所在，故师法分明，争议在所难免。为折中各家之说，在宣帝甘露年间，"诏诸儒讲五经同异，太子太傅萧望之等平奏其议，上亲称制临决焉"①。石渠阁在长安未央殿北，是西汉官方藏书之所。参加这次讨论的《尚书》学大师有六人，欧阳地余、林尊、周堪、孔霸、张山拊、假仓，其中周堪论经最高。本次讨论会的结果是增立了梁丘《易》，大、小夏侯《尚书》，《谷梁春秋》博士，并留下详细的纪录，今见于《汉书·艺文志》者在《尚书》类中有《议奏》四十二篇，在总论中又有《五经杂议》十八篇，班固均自注曰"石渠论"。可惜这些纪录现在已全部亡失，有关其详细内容无法得知。石渠阁经议所讨论的都是各经本身的问题，全都属于西汉今文学范畴。本次论经会议对丰富今文经说以及统一今文经说来讲，都具有十分重要的意义。

第二次为白虎观会议，发生在东汉章帝建初四年，即公元 79 年。今文一统官学的局面到了哀帝与平帝世有所改变，王莽掌政时，刘歆倡议古文在学术界又掀起一场轩然大波，刘歆建议立古文经学于学官，今文学派便群起而攻之，逼得刘歆不得不写下《移让太常博士书》，所以西汉末期经学争执的焦点都转到今、古文的问题上，如此风气一直延续到东汉初年而未决。在东汉章帝建元中，为解决今古文争议，于是下诏诸儒聚集白虎观讲论经义。

白虎观在当时洛阳的北宫，参加本次讨论人员多有《尚书》学者，其中以丁鸿论经最明。这次讨论会的结果由杨终、班固撰集其事，名之为《白虎通义》，又叫《白虎通德论》。今书还在，其书除征引六经传记外，兼涉谶纬，而多传古义，其主要目的是希望对当时经学之文字、师说等各方面的纷歧求得统一标准，以维持儒学定于一尊的局面。白虎观会议后的第二年，即建元五年，章帝便下诏说："五经剖判，去圣弥远，章句遗辞，乖疑难正，恐先师微言将遂废绝，非所以重稽古，求道真也。其令群儒选高材生，受学

---

① 《汉书》卷 8《宣帝纪》。

《左氏》《谷梁春秋》《古文尚书》《毛诗》，以扶微学，广异义焉。"①

这两次学术大讨论，周堪论经最高，丁鸿论经最明，周、丁二人均为《尚书》学者，其意义颇大。概其要义有三：一来反映了当时《尚书》学繁盛的概况，说明《尚书》今文学在所立五经各家之学中具有特出地位，可谓显学；二来借着不同学者的切磋，集思广益，极大地开拓了《尚书》学者的学术研究视野，获得了学界的认可；三来这种客观的开放式的讨论，是解决疑难问题的最好方法，"《书》教"传统中的诸多疑难问题，正是在这两次大论战中有所折中。

第二节　两汉《尚书》今古文学之争诠释论

《尚书》今文、古文之争问题，历来众说纷纭，所论所述不乏偏颇者。综而观之，此一话题关涉多层命题，有多个观照点，或从书写字体不同及其渊源观照，或从篇目篇次以及有无《书序》层面观照，或从传播途径观照，或从师法家法之异同观照，等等。我们今天对其展开系统研究，绝不可以偏概全，必须一一梳理，才能真正廓清今文、古文之争的本质内涵。汉代"《书》教"活动中的今文、古文之争问题更是一个十分复杂的学术现象：两汉时期的《尚书》今文、古文，从篇目篇次以及《书序》等内容来看，二者虽有不同，但主体却是一致的；两汉时期虽已有今文《尚书》之实，却未有"今文"之称；西汉虽有为《古文尚书》争立官学之实，却未见有今古文师法、家法之争；《尚书》今古文师法、家法之争始于东汉贾逵，实质是西汉早期《尚书》学先师之宗法与其后末师之章句式的家法、师法之争；东汉《尚书》今文、古文之争亦不是官学、私学之争，而是诠释方法、诠释原则之争；东汉《尚书》今文、古文之争最终走向融合是以今文走向衰微古文走向繁盛为表征的。汉代"《书》教"活动过程中的今文、古文之争确是汉代《尚书》学的核心内容之一，但并不是汉代《尚书》学的全部。从两汉《尚书》学的整体来看，既不能过于夸大汉代《尚书》学今文、古文之争现象，亦不

---

① 《后汉书》卷3《章帝纪》。

能过于贬低其学术价值。

汉代《尚书》有今文、古文两种传授系统是毫无疑问的。概而言之，汉代《尚书》今文、古文两种传授系统实际包含有两层涵义，一层涵义是指汉代《尚书》有今文、古文两种版本系统在传授，另一层涵义是指汉代有今文、古文两种诠释系统在传授。探讨汉代《尚书》学的今文、古文之争，首先必须对这两层涵义进行系统观照。

汉代《尚书》无"今文"之称，但却有今文、古文之分。分析其起因，应肇始于秦汉时期文字的书写字体之转换以及秦始皇统一文字、焚书坑儒之影响。秦之前流行于六国地域文字通用的书写字体为籀文，又称蝌蚪文或古文，秦朝文字通用的书写字体为小篆，汉朝文字通用的书写字体为隶书。在秦统一文字之前，《尚书》应为籀文书写本，孔氏家族所藏、所出《尚书》应为籀文书写本；秦统一文字后至汉改用隶书期间，《尚书》应为小篆体书写本，伏生为秦博士时所藏的《尚书》应为小篆体书写本；汉隶书体通行后，汉代官学、私学所授《尚书》都应为隶书体书写本，伏生、孔安国都不可能以其所据《尚书》原文字字体授人，必然会转换为隶书体《尚书》，以便授受。

诠释是一个颇具张力的术语，与注释、训诂、阐释、评价、解释、说明均有一定的联系，但又不等同于注释、训诂、阐释，也不等同于评价、解释、说明，而是一个具有统摄意义的概念。包括形而上的文化在内，任何认知对象只要有传播现象存在，只要有被人类所使用的现象发生，该对象就已经被人类进行了不同程度的诠释。正是在此意义上讲，《尚书》在两汉时期的传经之学、注经之学以及用经之学共同构成了两汉《尚书》诠释学。而传经之学、注经之学以及用经之学恰是两汉"《书》教"活动的核心内容。两汉时期的《尚书》诠释学包括传、说、记、章句、笺注等多种形式，但鉴于传世过程发生了多次毁灭性的破坏，两汉时期的《尚书》诠释文献并不是以完整的形式流传下来，而是以各种零散样式保存在其他传世文献之中。在这些对《尚书》所进行的零散诠释资料中哪些属于今文家的诠释？哪些属于古文家的诠释？在官、私不同的"《书》教"活动中今文家、古文家是否存在着各自的诠释规律？诸如此类的问题确有必要详加考察之。今试从诠释向度、诠释目的、诠释原则、诠释方法等层面分别对两汉时期的《尚书》今文、古文之别加以考辨如下。

一　两汉《尚书》今文、古文诠释向度论

诠释学向度理论为今人重释两汉《尚书》诠释现象提供了多条途径。诠释学本身就是开放多元的，有着各种可能性，不仅包括顺向与逆向、肯定与否定、求真与求用、主动与被动等二元对应的多维诠释向度，亦包括语言、文学、神学、哲学、历史学、伦理学等多个学科类分意义上的诠释向度。

按其核心内容层次来分，两汉《尚书》学内容体系主要包括三部分：一是《尚书》不同派别、不同文本的嬗变、整理与传承；二是《尚书》不同文本的诠释与附会；三是社会政治生活中的《尚书》引用，包括奏言征引、政论阐发与《尚书》的日常社会化用。按其传播主体及其观照渠道来看，前两者大体归属于传统学术视域中的《尚书》学，后者可基本对应为社会政治生活视域中的《尚书》学。

在两汉《尚书》今文、古文诠释现象中，针对上述《尚书》学三种内容体系而言，已经包含有顺向与逆向、求真与求用等不同诠释向度。刘笑敢先生主张根据诠释者对经典本身文义的"顺向"或"逆向"这两种内在定向来思考诠释学问题，他认为我国古代经典诠释学存在着"立足文本，回归历史"的"顺向"诠释和"立足现实，自我表达"的"逆向"诠释。[①] 按此理论来观照两汉《尚书》诠释现象中的今文、古文诠释颇为合适。两汉"《书》教"传统中既有古文家"顺向"诠释的文本留存下来，亦有今文家大量的"逆向"诠释文本传之于世。

在两汉《尚书》诠释现象中已经包含有肯定与否定、积极与消极、主动与被动等两极被反的诠释路向。虽然《尚书》学以及"《书》教"的广泛传播给《尚书》的重新整理、诠释带来了契机，但诠释的动力和必然性不存在于个人的前理解和文本含义之间的差距，而是文本本身所具有的对现实的批判方向。两汉直接对《尚书》文本进行语义训释的文本以及直接对《尚书》篇目作背景意义上的诠释文本都应属于"立足文本，回归历史"的

[①]　吕锡琛：《经典诠释的向度与中国哲学的理论重建》，《哲学动态》2006 年第 5 期，第 69 页。

顺向诠释,其目的是还原《尚书》文本的最初含义,也可以说是追求历史之真。两汉时期对《尚书》所进行的诠释属于"立足现实,自我表达"的"逆向"诠释更是大量地存在着,《尚书》所蕴含的天命转移的历史观、君权天授的政治观以及以德配天的道德观对汉代儒者诠释《尚书》影响很大,不仅汉代大量援《尚书》以用的文本属于此列,而且大量论《尚书》文本亦多可归入此类。

二 两汉《尚书》今文、古文诠释目的论

张光直先生认为西方古代文明是一种"破裂性文明",而中国古代文明则是一种"连续性文明",中国在"文明和国家起源转变的阶段,血缘关系不但未被地缘关系所取代,反而是加强了,即亲缘与政治的关系更加紧密的结合起来"。① 故在中国形成了宗族制度的连续性,这种连续性文明的不断演进促成了中国上古宗法型国家和宗法性社会的产生。周光庆先生则认为在宗法性国家和社会中:"协调好人际关系,安排好人间秩序,在排除各种特殊意志干扰的同时实现宗族、社会、国家的稳定和发展,总是受到了特别重视,占据了思想建构的首要地位。……形成了注重秩序而'竞于道德'的宗法性伦理观念。……所有这些恰恰成为了中国古代文明的'基本预设',构成了一切思想理论的知识背景、逻辑起点和终极依据。"②

这种宗法性社会文明发展至西周初期又登上了新的高度,因殷周之间的剧烈变革导致了以周公"制礼作乐"为标志的礼乐文化的一度辉煌,基本实现了礼俗的制度化以及等级的明确化,并使之贯彻于一切社会文化生活之中。而《尚书》恰是在这一辉煌文明期间对有关政事的官方记载,其文本之中融进了礼乐文化的核心思想,即天命转移的历史观、君权天授的政治观以及以德配天的道德观,特别是以德配天的道德观更成了礼乐文化的终极意义,敬德隆礼成了整合文化并使之富有历史超越性的主要践行方式。但社会并没有按照由社会上层人士所安排的理想模式发展,而是很快地进入了动荡

---

① 张光直:《中国青铜时代》,三联书店1999年版,第471—488页。
② 周光庆:《孔子创立的儒家解释学之核心精神》,《孔子研究》2005年第4期,第92页。

不安的春秋战国、秦汉之际的战争阶段，宗法制度受到了严重破坏，"礼乐征伐自天子出"相继变为"自诸侯出""自大夫出"，新兴社会阶层"士"的崛起更是带来了创造精神的凸现，新兴阶层逐渐摆脱原先宗法关系的禁锢，择主而仕的自由发展空间及自主意识得到了空前强化，"道术将为天下裂"成为时代文化的总特征。《尚书》诠释学正是在这一大的文化背景下起步的。

中华民族的文明史是从《尚书》所记载的历史开始的，但《尚书》本身并不是哲学著作，只是历史文献的汇编，因而对其所蕴含的哲学观念、政治理念的诠释不可避免地带有诠释者的主观目的。从我们的考辨可知，在孔子之前，以类之属性广泛存在的《尚书》在仍以宗法制度维系的社会上层中是始终处在尊崇地位的，以《尚书》为训而赞治、以《尚书》为教而造士虽是对《尚书》的最早诠释，但这种诠释缺乏一种创新的精神，仅仅是对西周礼乐文化风气的延续而已。如果从诠释的目的来说，其实质仍是对"竞于道德"的上古统治理念的张扬。

孔子的时代是学术下移的时代，《尚书》学不仅由过去的"学在官府"逐渐演变为"学在人家"，而且以《尚书》为教而造士的官方行为亦逐渐演变成以《尚书》为器而授徒、议政的私学行为。诸子百家在春秋战国社会剧变的震撼与激发下都力图对历史进行反思，对现实进行改造，对未来进行描绘，多记社会历史因革变化的《尚书》恰成为诸子们反思历史、改造社会、描绘未来的重点凭借之一。两汉《尚书》今文学者继承了先秦诸子的此一特色，而《古文尚书》学者却继承了孔子"述而不作"的特色。两汉《尚书》今文学者虽然各自选取的诠释原则不同，但不论其怎样反思、改造，也不论其采取何种方式来凭借，事实上都是在借助对《尚书》的诠释来改造现实、构建未来。如果从诠释目的视角来看，其实质都是在对《尚书》所蕴含的观念进行更加理性、更加人文的改造。

《尚书》所蕴含的哲理是一切诠释活动的目标，实现这一目标的手段却依赖于诠释者的主观推测，这就意味着承认了不同诠释活动都具有合法性，从而促成了多元化《尚书》阐释学的发展。具体到两汉《尚书》今文学、古文学来讲，其各自的著名代表人物对《尚书》进行诠释的目的确实有所不同：《古文尚书》学派诠释《尚书》的目的主要是在诠释中损益文武周公之道，其着眼点在"崇古"；今文学派诠释《尚书》的目的主要是建构社会、人生之道，其着眼点在"重今"。

三 两汉《尚书》今文、古文诠释原则论

特定的诠释目的决定着特定的诠释原则。《尚书》作为一种文本的、客观的存在，不同的诠释者在诠释之前总会带有一定的期待视野，但无论是何种期待视野，诠释者都必须在遵循《尚书》文本的前提下进行，遵循《尚书》文本理应是一切《尚书》诠释活动的根本原则。这种遵循《尚书》文本的原则，如果用周秦语言来讲，那就是孔子所说的"述而不作"。在《中国古典解释学方法论反思》一文中，周光庆先生将孔子所确立的"述而不作"看成是中国古代经典解释的一贯宗旨和基本目的。① 说是"一贯宗旨"是对的，但说是"基本目的"并不恰当。其实"述而不作"不是目的，而是两千多年来中国古代经典阐释学一直遵循的一个非常重要的诠释原则，成为中国儒家哲学发展方式、表达方式和思维方式的总的指导方针，后世经学注释中"疏不破注，注不违经"的传统正是对"述而不作"原则的继承。"述而不作"的传统保证了作为民族文化和语言元典之一的《尚书》的诠释始终处在一种合乎时代发展规律的变化之中，始终保持着雅言和雅文化的纯洁和有序发展。

但诠释者又总是立足于当下社会文化环境去诠释《尚书》，汉代今文学者诠释《尚书》主要是为了立说，既然甩不开求真意义上的"述"，那么就只能在不改变《尚书》文本的前提下对其文义进行发挥了。文本的内涵即本体不是静止的意义世界，而是活生生的生活世界，对文本的接受不仅是接受一种前理解，而且是接受一种信仰。阐释过程不是单纯的认识过程而是自觉实现的过程，是与本体合一的过程，"述"本身就是"作"。两汉《尚书》今文学不同学派相继提出的一些重要诠释命题，如《洪范》察变、《禹贡》治河、《吕刑》决狱，等等，事实上就是对"述而不作"原则所蕴含的局限性的变相突破，共同构成了中国古代文本阅读和批评的多向原则。

---

① 周光庆：《中国古典解释方法论反思》，《学术界》2001 年第 4 期，第 126—127 页。

四 两汉《尚书》今文、古文诠释方法论

特定的诠释目的、诠释原则制约着特定诠释方法的选择。两汉时期，在"述而不作"的原则下，称引《尚书》、诠释《尚书》、应用《尚书》始终是《尚书》学者的普遍风尚，他们或引《尚书》于庙堂之上，或释《尚书》于师徒问答之间，或用《尚书》于撰述之内，或解《尚书》于选、删之中，创立了多种诠释方法，呈现出了多向的诠释形态。《尚书》学大师正是在语言解释、历史分析、心理诠释和整理取舍四种不同类型的诠释实践中相互结合、相互发明，促成了两汉《尚书》诠释学的多维向度，成就了《尚书》在反思与尊崇之间的徘徊前行。

首先，最基础的诠释方法就是训释词语意义、揭示句子结构、分析表达方式的语言解释法。两汉时期以文本方式存在的《尚书》属于上古雅言之列，是上古书面语的保留，已经与汉代的口头语言和书面语在语义上有了一定的差距，如"汩"诠释为"乱也"、"孚"诠释为"信也"等，而且一词多义的现象普遍存在，如"五服""明堂""六宗"等，这些现象均为正确理解《尚书》文本的语义设置了障碍。语言解释法正是在此背景下应运而生的。

其次，使用最多的诠释方法就是历史分析法和心理诠释法。《尚书》篇章文本具有文义的整体性，语言解释法仅能解决接收者的阅读障碍，使之对《尚书》文本的原义有所了解，但要想实现为其所用的目的，还必须通过对《尚书》文本所述历史事件的模仿、攀附甚至是补充、转化、深化，才能构建起符合己意的语义超越。而模仿、攀附、补充、转化、深化行为的实质就是通过"知人论世"的历史分析和"以意逆志"的心理诠释来实现《尚书》价值的复活。

再者，使用最为隐蔽的诠释方法就是通过对《尚书》的整理取舍来实现自我意志的自足与传播。选者或改者根据其选择或更改标准和宗旨进行具体的批评实践，通过选、删、增、补、改、编等行为将不同篇目按照一定的顺序进行重新编次，或将原始文本按照汉代较为熟悉的语言和一定的顺序进行删、增、补、改，这种方式不仅成为选者或改者标举、张扬其学术主张的有效武器，如司马迁撰写五帝本纪时对《尚书》文本的改造，张

霸父子伪造的《百两篇》等，这些行为无疑是其述一家之言，发一己之见，甚至逞一人之才，表现自我，张扬个性的最好工具和武器，而且他们通过"选"或"改"等文化权力的运作，担负的是为读者确立经典及其解读模式的重要使命。儒家出自古代司徒之官，专司教化之职，即传播道德与知识，在两汉漫长的四百余年内的《尚书》学流变过程中，儒家起着至为关键性的作用，其对《尚书》的多次搜求、整理、编次正体现了上述两层含义。

台湾大学林义正先生还从"直释"和"旁通"两个层面对我国古代经典诠释的方法进行了全新的探讨。其所谓的"直释"就是指针对某一经典本身作阐发诠释，所谓的"旁通"就是指对两个以上的相异经典进行相互操作性的诠释。综观两汉各类诠释《尚书》的现象，确实也包括了这两种诠释类型，大部分诠释现象多属于"直释"类型，而大量与《诗》《礼》《乐》《春秋》《易》，特别是与《诗》《春秋》的并言均属"旁通"类型。

第十六章

"《书》教"传统与汉代政治

汉代是经学昌明的时代，经学所指内容非常广泛，然若论其最为特质处则为群经之教。日人本田成之曾说："所谓经学，乃是在宗教、哲学、政治学、道德学的基础上，加以文学的艺术要素，以规定天下国家或者个人的理想或目的的广义的人生教育学。"① 其说虽稍有偏颇，则就经学之教育功能而言，可谓一语中的。经学教育乃经学之灵魂，是经学致用的重要落脚点，关乎天下国家的宗教学、政治哲学等则为经教的核心要义所在，离之则无所谓经学的发展与拓新。两汉时期的《尚书》之教与他经相比于此意义最为彰显，实乃有汉一世政治哲学形成之关键性因素。作为孔子四科之教的"《书》教"，其最大优长处在于资政。此一功能经秦末汉初《尚书》学者的多向阐发，在探寻朝代更替的源动力及其规律性等方面多有发明，特别是在以《洪范》经义为基础上提出的"五德终始"说、"三统三正"说，对汉帝国立政伦理的确立，对汉初社会政治的巩固，都更具有不同寻常的哲学要义。

第一节　"《书》教"传统与两汉立政理论依据

《盘庚》篇说："今不承于古，罔知天之断命"，又说："予迓续乃命于天"，《西伯戡黎》篇说："天既讫我殷命"，《召诰》篇说："天用剿绝其命，今予惟恭行天之罚"，又说："皇天上帝，改厥元子兹大国殷之命"，

---

① 李威熊：《经学与经书》，《孔孟月刊》1980 年第 19 卷第 3 期，第 57 页。

等,《尚书》以"天"论事的文本非常多。这里所提及的"天之断命""续命于天""剿绝其命""恭行天之罚""改殷之命"等正准确地概说了商周时代先民强烈的天命思想。其实,自古以来敬畏天命常被视为事天治世的最大法则。商人、周人认为其之所以能得天下,盖由天命所赐,并将此一哲学理念昭信于天下。这一理念大量地蕴含在《尚书》文本中。

据笔者统计,在今传五十八篇《尚书》中"天"字出现一百零七次,与天同义的"帝"字出现三十四次,由此足见《尚书》诸篇之天命思想的多寡。特别是商周部分的相关篇章内容更是以天命思想为统领,天命是该一时期政治哲学的轴心。在"《书》教"传统的形成过程中,国运定于天命之主题意识亦代代相传,至秦汉而有过之而无不及,直接影响着汉代统治权的合法性论证,在两汉帝国的建立与巩固等多方面都发挥了重要的建设性作用。

一 "《书》教"传统与汉代的"五统"说

"《书》教"中的天命观包括"天命不易,天难谌""天亦哀于四方民""以小民受天永命"三方面,概其所要可用"天人感德"称之。汉代流行的"五统"说,亦谓"五德终始"说,直承于战国末期以齐地邹衍为核心形成的阴阳说以及传说中的关尹之五行说,而二说均导源于《尚书》中的天命观,关于此一事件,章学诚早就说过:"邹衍侈言天地,关尹推衍五行,《书》教也。"① 作为一种为历史变迁、皇朝兴衰寻找立政伦理源泉的学说,"五统"说对于两汉时期的政治哲学的形成有着十分重要的影响。

"五德"是指五行之木、火、土、金、水所代表的五种德性,"终始"是指五德之间周而复始的循环运转。"五德终始"说又将此与天人相与之说相攀附,以为朝代更替应遵行天道,应运而兴之帝王必占水、火、木、金、土五德中的一德,即《洪范》初一所及的水、火、木、金、土五行中的一行。代之而起的新帝王亦必须依五行相生或相克之原理占有五德中的一德。按此规律周而复始,循环不已。

王梦鸥认为"五德终始"说:"将古已有之阴阳与五行两种观念合而为

---

① 章学诚:《文史通义·诗教上》,中华书局2012年版。

一，使之成为宇宙诸现象之原动力。"① 然若究其义理来源，当始出于《洪范》义。《洪范》篇编定于战国时期，是最早、最系统的以阴阳五行说阐发天人相与之学的文献，后经齐人邹衍扩其义创为"五德终始"说。邹衍虽为阴阳家，但其"五德终始"说的义理却源自儒家元典《洪范》九畴中的第一畴"五行"义。"五德终始"说又以黑、赤、青、白、黄五色代表五行五德，以五为纪数，故称为"五统"说。

作为一种改朝换代的立政理论依据，"五德终始"说自其创立之日起，受到历代新王朝建立者的信奉。秦始皇是"五德终始"说的第一个实践者，他根据邹衍"水德代周而行"的论断，以秦文公出猎获黑龙作为水德兴起的符瑞，进行了一系列符合水德要求的改革，以证明秦统一政权的合法性。

两汉政权的确立亦依"五德终始"说，只不过中间经历了一个复杂的论证变化历程。汉初张苍采用黄帝（土）→夏（木）→商（金）→周（火）→汉（水）之五行相克说，认为秦王朝国祚太短且暴虐无道，不属于正统朝代，应该由汉朝接替周朝的火德，所以汉朝的正朔应为水德。至汉武帝，西汉的国运所依据又有所更改，汉武帝依"五德终始"说认为秦王朝属于正统朝代，应占有五德中的水德，因土克水，以为汉以土德王，故改汉正朔为土德。《汉书》说："太初元年夏五月，正历以正月为岁首，色上黄，数用五，定官名，协音律。"② 颜师古注之说："以建寅之月为正也。"由此可知汉武帝时，服色、官名、度数、音律等一依"五德终始"说。

刘向《洪范五行传论》提出五行相生说，并将其用于朝代更替上。刘向以为暴秦享祚太短可以不计，五行相生即黄帝（土）→夏（金）→商（水）→周（木）→汉（火），依此说汉朝属于火德。《汉书》即依此说："汉高祖皇帝著纪，代秦继周，木生火，故为火德，天下号曰'汉'。"③

汉光武帝光复汉室之后正式承认了刘氏父子的说法。《后汉书》说："壬子，起高庙，建社稷于雒阳，立郊兆于城南，始正火德，色尚赤。"④ 从此以后，汉朝确立了其正朔为火德，帜尚赤，服色亦正为赤色。汉朝有时被

---

① 王梦鸥：《邹衍遗说考》，台湾商务印书馆1966年版，第56页。
② 《汉书》卷6《武帝纪》。
③ 《汉书》卷21《律历志》。
④ 《后汉书》卷1《光武帝纪》。

称为"炎汉",又因汉朝皇帝姓刘而称为"炎刘",实导源于刘向的《洪范五行传论》。

东汉时期的一些叛乱或起义亦以"五统"说作为起事的立论依据。顺帝建康元年(144),阴陵人马勉戴皮冠、穿黄衣、带玉印称皇帝,宣布自己是土德,尚黄色,亦是按五行相生的算法以火生土为据。冲帝永嘉元年(145)华孟在历阳举行武装起义,按五行相胜的算法,以水能克火为据,自称黑帝。东汉末年张角兄弟率领黄巾军起义,他们的立政理论依据亦以"五统"说为据,《太平经》称"汉"为火德之君,而黄巾军自称拜的是中黄太乙神,承继的正是土德,故以"黄天当立"为号召。三国时期魏国和吴国采用土德,亦是依"五统"说,蜀国继承了汉的火德,亦以"五统"说为据。

两汉时期的"五德终始"说,不仅直承于邹阳之学,亦与齐学中的《尚书》学有关。生活于战国末期至汉初文帝之间的伏生创造的《洪范五行传》对两汉时期的"五德终始"说影响甚深。《晋书》说:"文帝时,宓生创纪《大传》,其言'五行''庶征'备矣。"① 《宋书》亦说:"伏生创纪《大传》,'五行'之体始详。"② 伏生《尚书大传》言"五行"以《洪范五行传》为核心,其说内容,如五行相渗说、五行配五色说、五行配五职说,等等,均与"五德终始"说相通。

二 "《书》教"传统与汉代的"三统"说

"三统"说又称"三正"说,实由其前的"五统"说演化而成③。该说以黑、白、赤三色代表三统,每一应运而生之帝王必占三统中的一统,代之而起者须依三统递相更替,如夏朝为黑统,殷朝为白统,周朝为赤统。"三统"说非常重视《洪范》义,其义理亦源出于儒家。"三统"说之义理最早见于七十子后学文献中,《礼记》曾说:"夏后氏牲尚黑,殷白牡,周骍

---

① 《晋书》卷27《五行志上》。
② 《宋书·五行志一》。
③ 汉武帝兼用两说,"三统"说与"五德终始"说有抵牾,汉武帝取"三统"说中的正朔而去其服色,取"五德终始"说中的服色而去其正朔。

刚。"①《礼记》又说:"夏后氏尚黑,大事敛用昏,戎事乘骊,牲用玄。殷人尚白,大事敛用日中,戎事乘翰,牲用白。周人尚赤,大事敛用日出,戎事乘骍,牲用骍。"②

汉代首提"三统"义者为《尚书》今文学大宗师伏生,其说最早见于伏生的《尚书大传》,并非董仲舒。其后,董仲舒才在《春秋繁露》之《三代改制质文》中进行了系统的改造整理。

《尚书大传》为伏生弟子记述伏生之学的合编,其内容主要体现的是伏生的《尚书》学观念。《尚书大传·略说》篇有三处内容涉及三统说:"天有三统,物有三变,故正色有三。……夏以十三月为正,色尚黑,以平旦为朔。殷以十二月为正,色尚白,以鸡鸣为朔。周以十一月为正,色尚赤,以夜半为朔。"③ 又说:"周以至动,殷以萌,夏以牙。物有三变,故正色有三。……周人以日至为正,殷人以日至三十为正,夏以日至六十日为正。是故三统、三正若循连环,周则又始,穷则反本。"④ 又说:"王者,存二王之后,与己为三,所以通三统、立三正。周人以日至为正,殷人以日至后三十日为正,夏人以日至后六十日为正。天有三统,土有三王;三王者,所以统天下也。"⑤

《礼记》孔颖达《正义》曾引《略说》语说:"夏尚黑,殷尚白,周尚赤,此之谓三统。……物牙色白,此萌色赤不同者,萌是牙之微细,故建子云萌,建丑云牙,若散而言之,萌即牙也,故《书传·略说》云:'周以至动,殷以萌,夏以牙'。"⑥ 夏以十三月为正,或以日至后六十日为正,汉《太初历》承用夏正,立寅月为岁首,其用同《尚书大传》"三统"义。董仲舒生于公元前179年,文帝时尚为少年,而伏生文帝时已九十余岁,故我们认为汉代首提三统义者为《尚书》今文学大宗师伏生,并非大儒董仲舒。

由伏生再传弟子儿宽奉诏议定的西汉《太初历》,亦因伏生"三统"义

---

① 《礼记·明堂位》。
② 《礼记·檀弓上》。
③ 《尚书大传》卷4《略说》。
④ 同上。
⑤ 同上。
⑥ 《礼记正义》卷6《檀弓上》。

而定汉行夏正之时。《汉书》记载，武帝元封七年，公孙卿、壶遂、司马迁等说：

> 历纪坏废，宜改正朔"。是时，御史大夫儿宽明经术，上乃诏宽曰：
> "与博士共议，今宜何以为正朔？服色何上？"宽与博士赐等议，皆曰：
> "帝王必改正朔，易服色，所以明受命于天也。创业变改，制不相复，
> 推传序文，则今夏时也。……臣愚以为三统之制，后圣复前圣者，二代
> 在前也。今二代之统绝而不序矣；唯陛下发圣德，宣考天地四时之极，
> 则顺阴阳以定大明之制，为万世则。①

夏、商、周三统为一循环，继周者作新一轮循环。汉初人认为周、秦之间"可谓文敝矣"，秦政不改周制，反酷刑法，故去嬴秦不算，汉为继周之政统，为新三统之始。《史记》说："三王之道若循环，终而复始。……故汉兴，承敝易变，得天统矣。"② 得天统之义，即继周之后，复夏之统，汉当为黑统。

董仲舒《春秋繁露》据《春秋》论三统，学界多认为是据《春秋公羊》学，但也应受到了《尚书大传》"三统"说的影响。《春秋繁露》说："汤受命而王，应天变夏，作殷号，时正白统……文王受命而王，应天变殷，作周号，时正赤统……《春秋》应天作新王之事，时正黑统，王鲁，尚黑，绌夏、亲周、故宋。"③ 董仲舒在此言殷统为白，周统为赤，鲁统为黑，鲁统继复夏统，其黑、白、赤三统，周而复始。其实该说《尚书大传》三统义早已有之。董仲舒言三统、三正、庶草育长色象、朔旦等亦为《尚书大传》三统说之衍义。《春秋繁露》说：

> 三正以黑统初。正日月朔于营室，斗建寅。天统气始通化物，物见
> 萌达，其色黑……平明朝正。……正白统者，历正日月朔于虚，斗建

① 《汉书》卷21《律历志上》。
② 《史记》卷8《高祖本纪赞》。
③ 《春秋繁露》卷7《三代改制质文》，中华书局2012年版。

丑，天统气始蜕化物，物始芽，其色白……鸣晨朝正。……正赤统者，历正日月朔于牵牛，斗建子，天统气始施化物，物始动，其色赤……夜半朝正。……三代改正，必以三统天下。①

董仲舒以黑统为建寅，白统为建丑，赤统为建子，全同《尚书大传·略说》篇义。以黑统正平明，白统正鸡鸣晨，赤统正夜半，亦与《尚书大传》所说的"夏以平旦为朔，殷以鸡鸣为朔，周以夜半为朔"义相同。

自伏胜创立"三统"说以后，汉代论及"三统"说者源源不断，非董仲舒一人。《汉书》记载了刘向论"三统"说。刘向上疏说："故圣贤之君，博观终始，穷极事情，而是非分明。王者必通三统，明天命所授者博，非独一姓也。"② 刘向所谓"通三统"，颜师古注载有应劭的说法："二王之后，与己为三统也。"《汉书》还记载绥和元年成帝论"通三统"事所下诏书说："盖闻王者必存二王之后，所以通三统也。"③

汉代声律亦归义于"三统"说。《汉书》说：

　　五声之本，生于黄钟之律。……律有十二，阳六为律，阴六为吕。律以统气类物……吕以旅阳宣气……有三统之义焉。……三统者，天施、地化、人事之纪也。十一月，《干》之初九，阳气伏于地下，始著为一，万物萌动，钟于太阴，故黄钟为天统……为万物元也。《易》曰："立天之道，曰阴与阳。"六月，《坤》之初六，阴气受任于太阳……故林钟为地统……令刚柔有体也。　"立地之道，曰柔与刚。"……正月，《干》之九三，万物棣通……故太族为人统。……"立人之道，曰仁与义。""在天成象，在地成形；后以裁成天地之道，辅相天地之宜，以左右民"，此三律之谓矣，是为三统。④

《律历志》立三统之义，以天、地、人论之，亦殆自伏生《尚书大传》

---

① 《春秋繁露》卷7《三代改制质文》，中华书局2012年版。
② 《汉书》卷36《刘向传》。
③ 《汉书》卷10《成帝纪》。
④ 《汉书》卷21《律历志上》。

"三统"说之衍生义。

第二节 "《书》教"传统与汉代治政举措

汉代"《书》教"活动的广泛开展对汉代社会政治影响很大，特别是今文《尚书》之教在官、私两个层面的大规模施行，使《尚书》学中的许多观点深入人心，并成为汉代治政过程中制定具体仪制的重要依据。"《书》教"传统中的许多观念不仅为汉代君臣所接受，而且也为全社会所接受，汉代统治者以之为据，常在朝廷治政诸事项中付诸实践，对于最高统治者所制定的各种仪制和践行，社会底层民众不仅不反对，反而能拥护之。汉代"《书》教"传统的影响于此可见一斑。

一 依《尚书》古义封建诰命、任免大臣、论废立、改官名

汉代用《尚书》古义封建诰命始于汉武帝。武帝初嗣大统，亲览贤良文学对策书，御决才选，此举应是汉代依经选才之始。武帝元狩六年封建皇子，策立皇子刘闳为齐王、刘旦为燕王、刘胥为广陵王。武帝仿《尚书》中的诰体[1]手制诰命三策[2]。三策中"封于东土""封于北土""封于南土"仿自《康诰》"肆汝小子封在兹东土"，"惟命不于常"亦是活用《康诰》经文，"俾君子怠"系改《秦誓》"俾君子易辞"经文，"凶于而国"亦直接引用《洪范》经文。策中又明引《尚书》"臣不作威，不作福"。[3] 这些不单单是从文体上仿效《尚书》，而是依《尚书》古义进行分封。自此以后，汉代帝王封建诰命多用《尚书》义。

汉宣帝欲封宗属，地节元年六月下诏说："盖闻尧亲九族，以和万国。朕蒙遗德，奉承圣业，惟念宗室属末尽而以罪绝，若有贤材，改行劝善，其复属，使得自新。"[4]《尧典》有"克明俊德，以亲九族。九族既睦，平章百

---

① 颜师古注引服虔说："诰敕王，如《尚书》诸诰也。"
② 司马贞《索隐》说："按《武帝纪》，此三王策皆武帝手制。"则知武帝依仿《尚书》众诰篇体，自撰策文。
③ 《汉书》颜师古注说："云《周书·洪范》云'臣无有作威作福'也。"
④ 《汉书》卷8《宣帝纪》。

姓。百姓昭明，协和万邦"，此诏为间接引用《尧典》义来封建宗属。汉哀帝欲封傅太后从弟傅商，郑崇取《洪范》《无逸》古义阻之，也是汉代用《尚书》义议论立政封建的成例：

> 今无故欲复封商，坏乱制度，逆天人心。……臣闻师曰"逆阳者厥极弱，逆阴者厥极凶短折，犯人者有乱亡之患，犯神者有疾夭之祸。"故周公著戒曰"惟王不知艰难，唯耽乐是从，时亦罔有克寿。"①

汉代任免大臣亦多用《尚书》古义。如《汉书》载记，王根辅政时多灾异，李寻引用《秦誓》穆公自悔之辞，对王根说：

> 天官上相上将，皆颛面正朝，忧责甚重，要在得人。……昔秦穆公说谀諓之言，任仡仡之勇，身受大辱，社稷几亡。悔过自责，思惟黄发，任用百里奚，卒伯西域，德列王道。二者祸福如此，不可不慎！②

王根因之而举荐李寻。周堪、张猛在位时，刘向惧其倾危，于是引用《尧典》《皋陶谟》"舜命九官""凤皇来仪"古义上封事，亦为用《尚书》义任免大臣之显例。其谏文说：

> 臣闻舜命九官，济济相让，和之至也。众贤和于朝，则万物和于野。故箫韶九成，而凤皇来仪；拊石击石，百兽率舞。……由此观之，和气致祥，乖气致异；祥多者其国安，异众者其国危：天地之常经，古今之通义也。③

东汉光武帝欲拜高密侯邓禹为大司徒，其策文说："百姓不亲，五品不训，汝作司徒，敬敷五教，五教在宽。"④此篇策文几乎全抄《尧典》帝舜

---

① 《汉书》卷 11《哀帝纪》。
② 《汉书》卷 75《李寻传》。
③ 《汉书》卷 36《楚元王传》。
④ 《后汉书》卷 46《邓禹传》。

命契作司徒之文本。光武帝刘秀曾习《尚书》于欧阳学博士许子威,熟知《尚书》本经,故此策应为光武帝亲撰。

汉代亦有用《尚书》古义论废立、改官名者。各举一例如下。

论废立例:昌邑王刘贺既立,行为淫乱,霍光欲废之,以问田延年,田延年矫取《太甲》之"伊尹放太甲于桐三年,太甲悔过迁善,伊尹归之政"古义以塞众口,建议废昌邑王刘贺,选贤另立:"田延年曰:'伊尹相殷,废太甲以安宗庙,后世称其忠,将军若能行此,亦汉之伊尹也。'"①

改官名例:东汉建武十五年,朱祜上奏说:"宜令三公并去'大'名,以法经典。"② 三公即大司徒、大司空、大司马,最早见称于《尚书》,去"大"字以法经典正是依据《尚书》本经而议更改之。后汉建武二十七年五月丁丑,光武帝曾据此下诏改官名,其诏说:"昔契作司徒,禹作司空,皆无'大'名,其令二府去'大'。"③ 后又改大司马为太尉,骠骑大将军行大司马之事。

二 汉代用《尚书》古义定国疆、议迁都、理阴阳、顺四时

用《尚书》古义定国疆例:宣帝世有人谓胡越荒服鄙远,主张依《禹贡》疆域方五千,应割弃胡越之地勿理,以节省国力。桓宽《盐铁论》载之:

> 文学曰:"古者天子之立于天下之中,县内方不过千里,诸侯列国不及不食之地。《禹贡》至于五千里,民各供其君,诸侯各保其国,是以百姓均调而徭役不劳也。今推胡越数千里,道路回避,士卒劳罢。故边民有刎颈之祸,而中国有死亡之患,此百姓所以嚣嚣而不默也。夫治国之道,由中及外,自近者始。近者亲附,然后来远;百姓内足,然后恤外。……今中国弊落不忧,务在边境。意者地广而不耕,多种而不耨,费力而无功……其斯之谓欤!"④

① 《汉书》卷68《霍光传》。
② 《后汉书》卷22《朱祜传》。
③ 《后汉书》卷1《光武帝纪》。
④ 桓宽:《盐铁论》卷4《地广》。

再如元帝初元年，珠厓又反，皇上与有司议，准备大发军队征之，贾捐之依《禹贡》疆域以为不当击，认为应弃珠厓不复置郡，阻止发军南征。皇上使王商诘问贾捐之说："珠厓内属为郡久矣，今皆畔逆节，而云不当击，长蛮夷之乱，亏先帝功德，经义何以处之？"贾捐之回答说：

> 孔子称尧曰"大哉"，韶曰"尽善"，禹曰"无间"。以三圣之德，地方不过数千里，西被流沙，东渐于海，朔南暨声教，迄于四海，欲与声教则治之，不欲与者不强治也。……骆越之人，父子同川而浴，相习以鼻饮，与禽兽无异，本不足郡县置也。……臣愚以为非冠带之国，《禹贡》所及，《春秋》所治，皆可且无以为。愿遂弃珠厓，专用恤关东为尤。

丞相于定国以为"捐之议是"，上遂下诏说："其罢珠厓，民有慕义欲内属，便处之；不欲，勿强。"① 珠厓从此不再设郡。

用《尚书》古义议迁都例：《后汉书》记载，汉献帝初平元年，杨彪用《盘庚》本经及《盘庚序》古义驳董卓利用谶书《石包谶》诡托天命，欲止其徙都长安："移都改制，天下大事，故《盘庚》五迁，殷民胥怨。……无故捐宗庙，弃园陵，恐百姓惊动，必存糜沸之乱。《石包室谶》，妖邪之书，岂可信用？"②

用《尚书》古义理阴阳、顺四时例：西汉名相陈平曾对文帝说："宰相者，上佐天子理阴阳，顺四时，下育万物之宜，外镇抚四夷诸侯，内亲附百姓，使卿大夫各得任其职焉。"③ 陈平所谓丞相之职掌首在佐天子理阴阳、顺四时，大概得其实。两汉受《洪范》五行说影响而施于政教者，多有三公佐天子调顺阴阳例。《汉书》记载宣帝丞相丙吉事：

> 吉又尝出，逢清道群斗者，死伤横道，吉过之不问。……吉前行，

---

① 《汉书》卷64《贾捐之传》。
② 《后汉书》卷54《杨彪传》。
③ 《史记》卷56《陈丞相世家》。

逢人逐牛，牛喘吐舌。吉止驻，使骑吏问："逐牛行几里矣？"掾史独谓丞相前后失问，或以讥吉。吉曰："民斗相杀伤，长安令、京兆尹职所当禁备逐捕，岁竟丞相课其殿最，奏行赏罚而已。宰相不亲小事，非所当于道路问也。方春少阳用事，未可大热，恐牛近行用暑故喘，此时气失节，恐有所伤害也。三公典调和阴阳，职所当忧，是以问之。"①

三公不亲细事，以调和阴阳为其职守，丙吉对此明甚。少阳即建寅正月孟春，此时天犹未热，若牛近行而喘是暑气已致，失正常节气正为三公典职所忧。《洪范》以雨、阳、燠、寒、风五者不时为咎征。阴阳和则风雨时，甘露降则五谷登，六畜蕃。阴阳不调则如《洪范》之"咎征"，灾变频生。盖此类即为汉代所谓的理阴阳、顺四时。

第三节 "《书》教"传统与汉代匡政之举

中国自大禹传子家天下以来，帝王出于一家一族，其中昏庸残贼之君时而有之，他们宰制天下，为所欲为，一手遮天，而世人对其却莫之能约。一些朝廷重臣亦施威弄权，瞒天过海，祸害百姓。负有政治使命的汉代《尚书》学者不得已假借天象，托之《尚书》经义，用以诫警专横暴君、佞臣贼子，使其改行仁政。以《尚书》经义来匡正人君、鉴戒重臣的现象两汉常有。其实《尚书》学者所凭借的天象未必皆合情实，但其作用却很显著。赵翼对此所议最为平定："《洪范》一篇，备言五福六极之征，其它诏诰，亦无不以惠迪从逆为吉凶。……观《五行志》所载，天象每一变，必验一事，推既往以占将来，虽其中不免附会，然亦非尽空言也。"②

假借天象诫警人君佞臣，其理论依据为天人之应说。天人之应现象于《尚书》文本及《书序》尤为多见。《多方》有"天惟五年须暇之于孙，诞可念听"。此谓天宽缓五年，以俟纣之悔改；纣终不听，天大动以威，开厥顾天均属之。《金滕》经义亦属此类，周公诚而见疑，天动威，风雷骤变，

---

① 《汉书》卷74《丙吉传》。
② 赵翼：《二十二史札记》卷2《汉儒言灾异》。

成王悟，而后灾息。《太戊书序》有"伊尹相太戊，亳有祥，桑、谷共生于朝"，于是帝太戊从伊陟之言而修德，结果祥桑枯死。《高宗肜日书序》有"高宗祭成汤，有飞雉升鼎耳而雊，祖己训诸王"。于是帝祖庚正厥德，神鬼乃格。《洪范》篇言阴阳五行、天人相应更是系统周密，可谓是天人感应思想之大宗。两汉言阴阳五行灾祥及施于政者多自伏生《洪范五行传》流变而出。如刘向著《洪范五行传论》就有"庶征之休咎"天人相应义，其文说："君道得，则和气应，休征生；君道违，则乖气应，咎征发。"①

《洪范》并未明言阴阳，但"洪范九畴"言"庶征：雨、阳、燠、寒、风"为气，气分阴阳；《洪范》言"五行：水、火、木、金、土"，五行亦五气。"洪范九畴"言"五事：貌、言、视、听、思"，五者均是人事，五事之正是为肃、乂、哲、谋、圣，则天以休咎相应，"洪范九畴"庶征之时雨、时阳、时燠、时寒、时风至；五事之不正是为狂、僭、豫、急、蒙，则天以咎征相警，恒雨、恒阳、恒燠、恒寒、恒风至：此即谓《洪范五行传》的核心理念"天人合一"。

《汉书》载记，元光中汉武帝诏问贤良，此次诏问初涉瑞应。其诏贤良说：

> 周之成康，刑错不用，德及鸟兽，教通四海。……星辰不孛，日月不蚀，山陵不崩，川谷不塞，麟凤在郊薮，河洛出图书。……何兴而臻此与！……贤良……受策察问，咸以书对。……朕亲览焉。②

其又策问贤良说："三代之命，其符安在？灾异之变，何缘而起？……习闻其号，未烛厥理。……何修何饬而膏露降，百谷登……三光全，寒暑平？"③董仲舒对策说：

> 天之所大奉使之王者，必有非人力所能致而自至者，此受命之符

①《太平御览》卷874引。
②《汉书》卷6《武帝纪》。
③ 同上。

也。天下之人同心归之，若归父母，故天瑞应诚而至。《书》曰"白鱼入于王舟，有火复于王屋，流为乌"，此盖受命之符也。……皆积善累德之效也。……今陛下……可谓谊主矣。然而天地未应而美祥莫至者何也？凡以教化不立而万民不正也。……今临政而愿治七十余岁矣，不如退而更化；更化则可善治，善治则灾害日去，福禄日来。①

汉武帝与董仲舒此次策对问答缘《洪范》《太誓》灾异符命而发论，自兹以后两汉君臣施政多用《尚书》义。后元光五年汉武帝亦有类似策问，《公孙弘传》记载其策文说："敢问子大夫：天人之道，何所本始？吉凶之效，安所期焉？禹、汤水旱，厥咎何由？……天命之符，废兴何如？"② 公孙弘对策说："臣闻尧遭洪水，使禹治之，未闻禹之有水也。若汤之旱，则桀之余烈也。桀纣行恶，受天之罚。禹汤积德，以王天下。"③ 天降灾异谴告人君，唐尧、伯禹、成汤等圣君亦不免遭水旱灾虐，故武帝疑《尚书》所记，公孙弘以余殃所对。今分类考述如下。

一　用《尚书》义垂戒帝王、后宫

用《尚书》义垂戒帝王例：《汉书》载记：

　　成帝宴饮，座张画屏，画纣醉踞妲己，作长夜之乐。帝因顾指画而问班伯曰："此图何戒？"伯曰："沈湎于酒，微子所以告去也……《诗》《书》淫乱之戒，其原皆在于酒。"上乃喟然叹曰："吾久不见班生，今日复闻谠言。"④

此为班伯据《微子》《酒诰》义戒成帝毋迷色淫酒。《汉书》载记，成帝建始三年冬，有日食地震，谷永引《无逸》《文侯之命》义谏戒成帝毋逸豫：

---

① 《汉书》卷6《武帝纪》。
② 同上。
③ 同上。
④ 《汉书》卷100《叙传》。

　　陛下放去淫溺之乐，罢归倡优之关，躬亲政事，致行无倦，安服若性，《经》曰"继自今嗣王，其毋淫于酒，毋逸于游田，惟正之共。"未有身治正而臣下邪者也。……治远自近始，习善在左右。昔龙莞纳言，而帝命惟允；四辅既备，成王靡有过事。诚敕正左右齐栗之臣……则左右肃艾……《经》曰"亦惟先正克左右。"未有左右正而百官枉者也。①

　　《后汉书》载记，郅恽曾引《尚书》"周公戒成王勿盘于游畋"② 义鉴戒光武帝"毋逸豫"："昔文王不敢盘于游田，以万人惟忧，而陛下远猎山林，夜以继昼，其如社稷宗庙何？"③《后汉书》载记，顺帝阳嘉二年，郎顗说："救奢必于俭约。……自顷缮理西苑，修复太学，宫殿官府，多所构饰。昔盘庚迁殷，去奢即俭。……焉有为仁为俭，而不降福者哉？"④ 郎氏所谓"盘庚迁殷，去奢即俭"是指《盘庚》"汝猷黜乃心，无傲从康"义，用其谏顺帝仁俭施政。《后汉书》载记，明帝永平四年，东平王刘苍引伏氏《洪范五行传》"有畋猎失宜之事应"义鉴戒明帝"毋逸豫"："臣闻时令，盛春农事，不聚众兴功，《传》曰'田猎不宿，食饮不享，出入不节，则木不曲直。'此失春令者也。……动不以礼，非所以示四方也。"⑤ 明帝览奏后，即还宫不猎。《后汉书》亦载记，延熹六年，桓帝幸广成校猎，陈蕃亦引《尚书》"无教逸游""勿盘于游畋"义鉴戒桓帝"毋逸豫"：

　　　　臣闻人君有事于苑囿，惟仲秋西郊，顺时讲武，杀禽助祭，以敦孝敬。如或违此，则为肆纵。故皋陶戒舜"无教逸游"⑥，周公戒成王"无盘于游田"。虞舜、成王犹有此戒，况德不及二主者乎？夫安平之时，尚宜有节，况当今之世，有三空之厄哉！田野空、朝廷空、仓库

① 《汉书》卷85《谷永传》。
② 出自《无逸》篇。
③ 《后汉书》卷29《郅恽传》。
④ 《后汉书》卷30《郎顗传》。
⑤ 《后汉书》卷42《刘苍传》。
⑥ 出自《皋陶谟》篇。

空，是谓三空。加兵戎未戢，四方离散，是陛下焦心毁颜，坐以待旦之时也。岂宜扬旗曜武，骋心舆马之观乎？①

用《尚书》义垂戒后宫例：成帝无继嗣，其朝又数有灾异，于是成帝用大臣意，谓咎在后宫，于是责皇后省减椒房掖庭用度。许皇后上疏申辩，成帝引《尚书》"雊雉鼎耳"义警戒之，又引《尚书》周穆王"刑章"义以威之："《书》云：'高宗肜日，粤有雊雉，祖己曰：惟先假王，正厥事。'② 又曰：'虽休勿休，惟敬五刑，以成三德。'"③ 此为成帝借《高宗肜日》《吕刑》义戒后宫减省用度。

《后汉书》载记，章帝初立，第五伦以皇后之族过盛以及"三马"或贿买人心或岁腊飨宴奢费，皆不应《洪范》义，于是上疏欲朝廷抑损其权：

> 《书》曰"臣无作威作福，其害于而家，凶于而国。"……窃闻卫尉廖以布三千匹、城门校尉防以钱三百万私赡三辅衣冠。……越骑校尉光，腊用羊三百头、米四百斛、肉五千斤。臣愚以为不应经义，惶恐不敢不以闻。④

二 统治者用《尚书》义罪己、策免、自劾

自西汉叔孙通制朝仪后，人君益贵盛专权，儒者欲加以裁抑，不得已借天意以警策之，故有汉一代天人之学大盛。汉儒借天意以警策人君始于伏生《洪范五行传》。两汉依《尚书》义，责己之政失，致阴阳不调，人君下诏罪己、三公自劾去官多有之。今试考述如下：

依《尚书》义，人君下诏罪己例：每逢灾异，汉代皇帝多要下问经学博士，经学博士辄以经义对，以此匡正人君。此一律例自文帝开始。汉文帝时，每逢日食、水旱、疾疫等灾变，文帝辄谘议于大臣。《史记》载记，文帝曾下诏说："间者数年比不登，又有水旱疾疫之灾。……意者，朕之政有

---

① 《后汉书》卷66《陈蕃传》。
② 出自《高宗肜日》篇。
③ 出自《吕刑》篇。
④ 《后汉书》卷41《第五伦传》。

所失而行有过与？乃天道有不顺与？……何以致此？……细大之义，今未能得其中。其与丞相列侯吏二千石博士议之，……无有所隐。"① 《孝文本纪》还记载，十一月、十二月连续两次发生日食，文帝说："人主不德，布政不均，则天示之以菑，以诫不治。……朕下不能理育群生，上以累三光之明，其不德大矣。令至，其悉思朕之过失，及知见思之所不及，匄以告朕。及举贤良方正能直言极谏者，以匡朕之不逮。"② 此为有汉一代人君因灾异而下诏自责之始。彼时经学博士与百家博士并立，具官待问而已，虽下丞相、博士等议之，经学博士尚不敢直接引经救弊献策，更无直引《尚书》经以决事之举。

《汉书》记载，本始四年四月壬寅，郡国发生了四十九次地震，山崩水出。宣帝下诏说："盖灾异者，天地之戒也。朕承洪业，奉宗庙，托于士民之上，未能和群生。乃者地震北海、琅邪，坏祖宗庙，朕甚惧焉。丞相、御史其与列侯、中二千石，博问经学之士，有以应变，辅朕之不逮，毋有所讳。"③《汉书》记载，鸿嘉二年，成帝下诏说："帝自承失于政，是以'阴阳错谬，寒暑失序'。"④

依《尚书》义，人君策免或三公自劾去官例：《汉书》记载，大司马大将军王凤曾上疏乞骸骨，其疏说："国家委任臣凤，出入七年，无一功善，阴阳不调，灾异数见，咎在臣凤奉职无状：此臣一当退也。五经传记……咸以日蚀之咎在于大臣非其人……此臣二当退也。"⑤《汉书》记载，哀帝曾因阴阳不和，策免大司空师丹，其免策说："夫三公者，朕之腹心也。……朕既不明，委政于公，间者阴阳不调，寒暑失常，变异屡臻，山崩地震，河决泉涌，流杀人民……司空之职尤废焉。……其上大司空高乐侯印绶，罢归。"⑥ 哀帝用阴阳不调理由策免大司空师丹，其理据为"燮理阴阳，固三公职所司也"。《汉书》记载，哀帝崩，王莽以元后诏册免董贤，其理据亦

---

① 《史记》卷10《孝文本纪》。
② 同上。
③ 《汉书》卷8《宣帝纪》。
④ 《汉书》卷10《成帝纪》。
⑤ 《汉书》卷98《元后传》。
⑥ 《汉书》卷86《师丹传》。

为阴阳不和故:"间者以来,阴阳不调,菑害并臻,元元蒙辜。夫三公,鼎足之辅也。高安侯贤未更事理,为大司马不合众心,非所以折冲绥远也。其收大司马印绶,罢归第。"①

《后汉书·顺帝纪》记载,永建四年八月,顺帝"以阴阳不和,久托病"策免太尉刘光、司空张皓。《后汉书》记载,安帝时,因京师地震,《尚书》欧阳家弟子杨震用其师桓郁意,上疏请抑幸臣,其疏说:

> 臣蒙恩备台辅,不能奉宣政化,调和阴阳,去年十二月四日京师地动,臣闻师言"地者阴精,当安静承阳。"而今动摇者,阴道盛也。其日戊辰,三者皆土,位在中宫,此中臣近官盛于持权用事之象也。……亲近幸臣,未崇断金,骄溢踰法,多请徒士,盛修第舍,卖弄威福。……地动之变,近在城郭,殆为此发。又冬无宿雪,春节未雨,百僚焦心,而缮修不止,诚致旱之征也。《书》曰"僭,恒阳若,臣无作威作福玉食。"惟陛下奋干刚之德,弃骄奢之臣,以掩訞言之口,奉承皇天之戒,无令威福久移于下。②

杨震还曾因地震上疏罪己说:

> 臣蒙恩备台辅,不能奉宣政化,调和阴阳。去年十二月四日,京师地动,臣闻师言"地者阴精,当安静承阳。"而今动摇者,阴道盛也。……《书》曰"僭,恒阳若,臣无作威作福玉食。"唯陛下奋干刚之德,弃骄奢之臣,以掩訞言之口……无令威福久移于下。③

《后汉书·张禹传》记载,永初五年,以阴阳不和,安帝策免太尉张禹。

由上观之,汉代经学专士多据《尚书》义极陈匡政之举,其要义不在

---

① 《汉书》卷93《佞幸传》。
② 《后汉书》卷54《杨震传》。
③ 同上。

是否所缘内容的真实性如何，而在以此干预治政的目的。徐复观对此论之说："宣、元、成、哀各代的经学意义，是通过他们的奏议而表现出来的。没有经学，便不能出现这些掷地有声的奏议。虽然其中多缘灾异而立言，但若稍稍落实地去了解，则灾异只是外衣，外衣里的现实政治社会的利弊是非，才是他们奏议中的实质。"① 以《尚书》义匡政，在两汉时期的例证还很多，此节仅是列举而已。

---

① 徐复观：《中国经学史的基础》，第224页。

第四篇

汉代称说《尚书》学文献辑考

穷尽相关资料是研究一代学术的基础性工作，也是最为重要的工作，否则所谓的学术研究将失去根基。两汉《尚书》学研究的相关资料包含三个层次：

《尚书》作为我国上古时期的"政事之纪"，在两汉时期其存在的方式是以文本为表现形式的，因而研究两汉时期的《尚书》学首先应全面廓清《尚书》在两汉时期文本存在的样式以及不同文本在其间的流变状况。两汉时期《尚书》传本的存在状况及其在流传过程中不同传本的相互渗透情况，如篇目、篇序的分合，篇次的先后等，都在搜集之列。这是研究汉代《尚书》学需要从事搜集文献资料工作的第一个层次。汉代各种版本的《尚书》及《书序》均已亡佚，本著第一编、第二编已对此类文献资料多所辑考。

《尚书》作为虞、夏、商、周时期的政治档案资料，在其世代延传和古为今用目的的驱动下，就必须对其"佶屈聱牙"的文本进行诠释，两汉时期对《尚书》的不同诠释既有迎合两汉不同时期政治、社会、文化发展需要的一面，也有对先秦诠释传统承继的一面，由于阐释者的诠释对象存在传本的差异以及阐释者的主观阐释意向、诠释风格不同，产生不同的《尚书》学派是顺理成章的，这些不同学派之间的承继、扬弃以及各自诠释的风格都应在研究之列。两汉时期的《尚书》诠释学研究主体不仅包括各派对《尚书》文本的阐释状况，而且也包括对《书序》和谶纬学风中的《尚书纬》等不同诠释相度的研究。然而这些研究亦离不开相关文献的支撑，搜集两汉各派诠释《尚书》的文献以及各派流变的资料文献非常关键。这是研究两汉《尚书》学需要从事的文献搜集工作的第二个层次。此类文献资料多已亡佚，清人多有辑本，所辑十不存一，本著在第一编、第二编中列举了不少，还有待于继续补充完善。

《尚书》在汉代的地位由中华原典上升为儒家经典，再由经典上升为社会意识形态的重要组成部分，其作用经历了一个逐步提升的过程，在这个过程中，无论是以《尚书》为史、以《尚书》为经还是以《尚书》为教、以《尚书》为术，都体现着《尚书》在汉代政治、社会、文化、思想的形成及其发展演变过程中曾发挥过重要作用，故探讨《尚书》学在两汉时期的史学观、政治观、宇宙观、自然观、价值观的形成中所发挥的作用，同样也是两汉《尚书》学研究的重要内容。《尚书》之用的文献资料是整部汉代《尚书》学研究的落脚点。这是研究两汉《尚书》学需要从事的文献搜集工作的第三个层次。本编拟对此类文献进行系统梳理。

第十七章

汉代称引《尚书》文本辑考

两汉《尚书》学研究资料的第一个层次的部分内容，如篇目篇序之分合、篇次之排列等重要内容，本书第一编、第二编已经分章分节做过详考，关于《尚书》各篇具体文本的称引情况，虽在各章节中多有涉及，但整体来看还不够系统全面。系统辑考这些被称引的文献，不仅具有完善第一类文献资料的学术价值，而且还在第三类文献价值考证方面具有更重要的意义。为便于查索，本书辑得七百五十六条汉代称引《尚书》《书序》《逸周书》文本的资料。这七百余条汉代学者称引的《尚书》文本对高质量地完成两汉《尚书》学研究具有重要的学术价值，不仅从中可以梳理汉代《尚书》文本流变的实际情况，亦可以从中看出汉代"《书》教"活动的普泛性。

第一节　西汉称引《尚书》文本辑考

西汉学者在行文中多有称引《尚书》经文者。据笔者统计，贾谊《新语》、申培《鲁诗故》、韩婴《韩诗外传》、刘安《淮南子》、司马相如《封禅文》、董仲舒《春秋繁露》、东方朔《神异经》、后苍《齐诗传》、桓宽《盐铁论》、王褒《四子讲德论》、萧望之《单于朝仪议》、王禁《杨兴贾捐之狱议》、京房《易妖占》及《律术》、王商《徙南北郊议》、张禹《孝经安昌侯说》、李寻《说王根》、刘歆《钟律书》及《新序论》、杜钦《说王凤》、郭宪《东方朔传》、杜子春《周礼杜氏注》、桓谭《新论》、梁统《对尚书问状》、欧阳歙《下教论繇延功》等直接或间接称引《尚书》经文多达七十六条。此外，孔安国为《论语》之《宪问》、《尧曰》两章引《书》作训解，为《孝经》之《天子》章中的《吕刑》云一则作传解，亦都称引过《尚书》经文。

西汉重臣或诸侯王在行政上疏、上书、上奏、上谏书或对策、对诏问等政事活动中亦多有称引《尚书》经文者。据笔者统计，刘德对策、主父偃上书、董仲舒对策、陆温舒上书、翼奉上书、匡衡奏书、郑崇谏书、李寻对诏问、平当上书、王嘉上奏及谏书、何武上奏、方赏移书、孔光上书、梅福上书、张竦上奏、杜诗上疏、马援上书、张纯上奏等称引或间接称引《尚书》文本多达五十一条。

除了学者、重臣等外，西汉帝王亦多在诏书、策问、报书等政事行文中多直接或间接称引《尚书》经文。据笔者统计，汉武帝刘彻诏书策书和报书、汉宣帝刘询诏书、汉元帝刘奭报书、汉哀帝刘欣诏书或策书、元后王政君诏书、汉成帝刘骜诏书等直接或间接称引《尚书》文本多达二十六条，仅汉成帝一人就称引过十一条。

若从称引数量上来看，刘向《古列女传》《列仙传》《新序》《说苑》《五经通义》《五经要义》《五纪说》以及上疏、谏书中称引《书》曰、《书》云、《尚书》曰、《夏书》曰、《周书》曰、《泰誓》曰、《吕刑》曰、《太甲》曰、《盘庚》曰、《周书序》曰等多达三十六条。谷永在上疏、策对时直接或间接称引《经》曰、《书》曰、《周书》曰等多达十四条。王莽在奏书、《五姓名籍》、《限田禁奴婢》、《咨听采取山泽物》等中直接称引六条。

西汉称引《尚书》或《书序》、《周书》① 计一百六十三条，具体称引内容辑考如下：

1. 贾谊《新语·保傅》篇：

> 夫教得而左右正矣，太子正而天下定矣。《书》曰："一人有庆，兆民赖之。"

按：所引《书》语出自《吕刑》篇，先秦典籍亦多有称引者。

---

① 是指今传的《逸周书》，汉时直称《周书》，非《尚书·周书》部分。

2. 贾谊《新语·君道》篇：

> 《书》曰："大道亘亘，其去身不远。人皆有之，舜独以之。"夫射而不中者，不求之鹄，而反修之于己。君国子民者，反求之己，而君道备矣。

按：所引《书》语不见今传梅本五十八篇，他处亦不见称引，当属《古文尚书》逸篇。

3. 贾谊《新语·杂事》篇：

> 夫教得而左右正，则太子正矣，太子正而天下定矣。《书》曰："一人有庆，兆民赖之。"此时务也。

按：所引《书》语出自《吕刑》篇。

4. 申培《鲁诗故·商颂》篇：

> 尧使（契）为司徒，封之于亳。及尧崩，舜即位，乃敕之曰："契！百姓不亲，五品不逊。汝作司徒，而敬敷五教，在宽。"

按：所引《书》语出自《尧典》篇。刘向《古烈女传》卷八亦见称引。

5. 韩婴《韩诗外传》卷八：

> 古者天子为诸侯受封，谓之采地。百里诸侯以三十里，七十里诸侯为二十里，五十里诸侯为十里。其后子孙虽有罪而绌，使子孙贤者守其地，世世以祠其始受封之君。此之谓兴灭国，继绝世也。《书》曰："兹予享于先王，尔祖其从享之。"

按：所引《书》语出自《盘庚上》篇，今传《盘庚上》为"兹予大享于先王，尔祖其从与享之"，引语比《尚书》少"大""与"二字。

6. 韩婴《韩诗外传》卷十：

> 《书》云："文王卑服，即康功田功。"若里凫须罪无赦者也。

按：所引《书》语出自《无逸》篇，刘向《新序》"杂事"第一亦见称引。

7. 刘德《对上下三雍宫》：

> 河间献王曰："《管子》称：'仓廪实，知礼节；衣食足，知荣辱。'夫谷者，国家所以昌炽，士女所以姣好，礼仪所以行，而人心所以安也。《尚书》'五福'以'富'为始。子贡问为政，孔子曰：'富之。'既富，乃教之也。此治国之本也。"

按："五福"出自《洪范》篇。

8. 孔安国《论语孔氏训解》卷十四《宪问》：

> 子张曰："《书》云'高宗谅阴，三年不言'，何谓也？"【训解】高宗，殷之中兴王武丁也。谅，信也。阴，犹默也。

按：所引《书》语出自《无逸》篇。

9. 孔安国《论语孔氏训解》卷二十《尧曰》：

> 曰："予小子履，敢用玄牡，敢昭告于皇皇后帝，有罪不敢赦。"【训解】履，殷汤名。此伐桀告天下之文。殷家尚白，未变夏礼，故用玄牡。皇，大；后，君也。大大君帝，谓天帝也。

按：所引《书》语出自《汤诰》篇，今传《汤诰》为"肆台小子，将天命明威，不敢赦。敢用玄牡，敢昭告于上天神后，请罪有夏"，引语与《尚书》经有所不同。《墨子·兼爱下》引《汤说》若此，其辞为"非予小子履，敢用玄牡，敢告于上天后曰：……有罪不敢赦……"二者亦有所不同。

10. 孔安国《古文孝经孔氏传》之《天子》章第二：

　　《吕刑》云："一人有庆，兆民赖之。"【传】《吕刑》，《尚书》篇名也。吕者，国名，四岳之后也，为诸侯，相穆王，训夏之赎刑以告四方。一人，谓天子也。庆，善也。十亿为兆。言天子有善德，兆民赖其福也。夫明王设位，法象天地。是以天子禀命于天，而布德于诸侯。诸侯受命，而宣于卿大夫。卿大夫承教，而告于百姓。故诸侯有善，让功天子；卿大夫有善，推美诸侯；士庶人有善，归之卿大夫；子弟有善，移之父兄：由于上之德化也。

按：所引《书》语出自《吕刑》篇，今出土战国楚文献中亦有此引语。

11. 主父偃《上书谏伐匈奴》：

　　《周书》曰："安危在出令，存亡在所用。"愿陛下孰计之而加察焉。

按：所引《周书》语不见今传《尚书》《逸周书》，盖为《逸周书》所佚十一篇之文。

12. 刘安《淮南子》卷第六《览冥训》：

　　《周书》曰："掩雉不得，更顺其风。"

按：所引《周书》语不见今传《尚书》《逸周书》，盖为《逸周书》所佚十一篇之文。

13. 刘安《淮南子》卷第九《主术训》：

　　由此观之，贤不足以为治，而势可以易俗，明矣。《书》曰："一人有庆，兆民赖之。"此之谓也。

按：所引《书》语出自《吕刑》篇。

14. 刘安《淮南子》卷第十三《泛论训》：

> 昔者，《周书》有言曰："上言者，下用也；下言者，上用也。上言者，常也；下言者，权也。"此存亡之术也。

按：所引《周书》语不见今传《尚书》《逸周书》，盖为《逸周书》所佚十一篇之文。

15. 刘安《淮南子》卷第二十《泰族训》：

> 上无烦乱之治，下无怨望之心，则百残除而中和作矣，此三代之所昌。故《书》曰："能哲且惠，黎民怀之，何尤讙兜，何迁有苗。"

按：所引《书》语出自《皋陶谟》篇，其辞为"知人则哲，能官人；安民则惠，黎民怀之。能哲而惠，何忧乎驩兜？何迁乎有苗？"二者语序及用字略有不同。

16. 司马相如《封禅文》：

> 五三《六经》载籍之传，维见可观也。《书》曰："元首明哉！股肱良哉！"因斯以谈，君莫盛于尧，臣莫贤于后稷。

按：所引《书》语出自《益稷》篇。

17. 董仲舒《春秋繁露》卷第一《玉杯》第二：

> 是故虽有至贤，能为君亲含容其恶，不能为君亲令无恶。《书》曰："厥辟不辟，去厥祗。"事亲亦然，皆忠孝之极也。

按：所引《书》语出自《太甲上》篇，属于晚《书》二十五篇内容，其辞为"祗尔厥辟，辟不辟，忝厥祖"。二者语序及用字均有较大差异。

18. 董仲舒《春秋繁露》卷第一《竹林》第三：

　　《书》曰："尔有嘉谋嘉猷，入告尔君于内，尔乃顺之于外，曰：'此谋此猷，维我君之德。'"此为臣之法也。

　　按：所引《书》语出自《君陈》篇，属于晚《书》二十五篇内容，其辞为"尔有嘉谋嘉猷，则入告尔后于内，尔乃顺之于外，曰：斯谋斯猷，惟我后之德"。《礼记·坊记》篇亦曾称引，其辞为《君陈》曰："尔有嘉谋嘉猷，入告尔君于内，女乃顺之于外。曰：'此谋此猷，惟我君之德。于乎！是惟良显哉。'"三者用字稍有差异。

19. 董仲舒《春秋繁露》卷第一《竹林》第三：

　　《书》曰："高宗谅阴，三年不言。"居丧之义也。

　　按：所引《书》语出自《无逸》篇。

20. 董仲舒《春秋繁露》卷第五《正贯》第十一：

　　声响盛化运于物，散入于理，德在天地，神明休集，并行不竭，盈于四海而颂声咏。《书》曰："八音克谐，无相夺伦，神人以和。"乃是谓也。故明于情性，乃可与论为政。

　　按：所引《书》语出自《尧典》篇。

21. 董仲舒《春秋繁露》卷第八《度制》第二十七：

　　贵贱有等，衣服有制，朝廷有位，乡党有序，则民有所让而民不敢争，所以一之也。《书》曰："辇服有庸，谁敢弗让，敢不敬应。"此之谓也。

　　按：所引《书》语出自《益稷》篇，其辞为"敷纳以言，明庶以功，车服以庸。谁敢不让，敢不敬应？"二者用字有所不同。

22. 董仲舒《春秋繁露》卷第十二《暖燠常多》第五十二：

尧视民如子，民亲尧如父母。《尚书》曰："二十有八载，放勋乃殂落。百姓如丧考妣。四海之内，阏密八音三年。"三年阳气厌于阴，阴气大兴，此禹所以有水名也。

按：所引《书》语出自《舜典》篇，其辞为"二十有八载，放勋乃殂落。百姓如丧考妣，三载。四海遏密八音"。《孟子·万章上》亦曾称引，其辞为"《尧典》曰：'二十有八载，放勋乃殂落。百姓如丧考妣，三年，四海遏密八音。'"三者语序与用字均有所不同。

23. 董仲舒《元光元年举贤良对策》：

《书》云："茂哉！茂哉！"皆强勉之谓也。

按：所引《书》语出自《皋陶谟》篇。

24. 董仲舒《元光元年举贤良对策》：

天下之人同心归之，若归父母，故天瑞应诚而至。《书》曰："白鱼入于王舟，有火复于王屋，流为乌"，此盖受命之符也。

按：所引《书》语不见今传《尚书》《逸周书》及《书序》，盖为《尚书》或《逸周书》逸篇之文。

25. 东方朔《神异经》之《南荒经》：

南方有人，人面鸟喙而有翼，手足扶翼而行，食海中鱼，有翼不足以飞，一名鹊兜。《书》曰："放鹊兜于崇山。"一名驩兜，为人狠恶，不畏风雨禽兽，犯死乃休耳。

按：所引《书》语出自《舜典》篇，其辞为"放欢兜于崇山"，二者用字稍别。

26. 东方朔《神异经》之《西荒经》：

　　《书》云："窜三苗于三危。"

按：所引《书》语出自《舜典》篇，其辞若此。

27. 东方朔《神异经》之《西北荒经》：

　　西北荒有人焉，人面朱发，蛇身人手足，而食五谷禽兽，贪恶愚顽，名曰共工。《书》"流共工于幽州。"幽州，北裔也。

按：所引《书》语出自《舜典》篇，其辞若此。

28. 汉武帝刘彻《遣谒者巡行天下诏》：

　　朕闻皋繇对禹，曰："在知人。知人则哲，惟帝难之。"盖君者心也，民犹支体，支体伤则心憯怛。

按：所引《书》语出自《皋陶谟》篇，其辞为"皋陶曰：'都！在知人，在安民。'禹曰：'吁！咸若时，惟帝其难之。知人则哲，能官人；安民则惠，黎民怀之。'"二者之间语序差异较大，引语似为概述语。

29. 汉武帝刘彻《策封广陵王胥》：

　　《书》云："臣不作威，不作福，靡有后羞。"于戏，保国艾民，可不敬与！王其戒之。

按：所引《书》语出自《洪范》篇，其辞为"惟辟作福，惟辟作威，惟辟玉食，臣无有作福、作威、玉食；臣之有作福、作威、玉食，其害于而家、凶于而国"。二者之间语序与用语差异较大，引语似为概述语。

30. 汉武帝刘彻《报车千秋》：

　　《书》曰："无偏无党，王道荡荡。"毋有复言。

按：所引《书》语出自《洪范》篇，其辞为"无偏无党，王道荡荡；无党无偏，王道平平；无反无侧，王道正直"。引语部分相同。

31. 后苍《齐诗传》之《邶、庸、卫》：

河内本殷之旧都，周既灭殷，分其畿内为三国，《诗风》邶、庸、卫是也。邶，以封纣子武庚；庸，管叔尹之；卫，蔡叔尹之：以监殷民，谓之三监。故《书序》曰："武王崩，三监叛。"

按：所引《书序》语又见《汉书·地理志》，其辞与此相同。另《毛诗正义》为"《书序》云：'武王崩，三监及淮夷叛。'"内容稍有不同。

32. 桓宽《盐铁论》卷二《刺复》第十：

案上之文，期会之事，丞史之任也。《尚书》曰："俊乂在官，百僚师师，百工惟时，庶尹允谐。"言官得其人，人任其事，故官治而不乱，事起而不废，士守其职，大夫理其位，公卿总要执凡而已。

按：所引《书》语出自《皋陶谟》《益稷》篇，《皋陶谟》为"俊乂在官，百僚师师，百工惟时。抚于五辰，庶绩其凝"。《益稷》篇为"予击石拊石，百兽率舞，庶尹允谐"。引语似为概述语。

33. 桓宽《盐铁论》卷五《论诽》第十：

文学曰："皋繇对舜：'在知人，惟帝其难之。'洪水之灾，尧独愁悴而不能治，得舜、禹而九州宁。故虽有尧明之君，而无舜、禹之佐，则纯德不流。"

按：皋繇对舜语出自《皋陶谟》篇，其辞为"皋陶曰：'都！在知人，在安民。'禹曰：'吁！咸若时，惟帝其难之。……'"引语似为概述语。

34. 桓宽《盐铁论》卷六《散不足》第二十九：

《书》曰："享多仪，仪不及物曰不享。"故圣人非仁义不载于己，非正道不御于前。

按：所引《书》语出自《洛诰》篇，其辞为"享多仪，仪不及物，惟曰不享"。另《孟子·告子下》亦称引过，其辞为"《书》曰：'享多仪，仪不及物曰不享，惟不役志于享。'为其不成享也"。三者语序及断句稍有不同。

35. 陆温舒《上书言宜尚德缓刑》：

　　《书》曰："与其杀不辜，宁失不经。"今治狱吏则不然，上下相驱，以刻为明；深者获公名，平者多后患。故治狱之吏皆欲人死，非憎人也，自安之道在人之死。

按：所引《书》语出自《大禹谟》篇，《大禹谟》为晚《书》二十五篇之一，其辞为"宥过无大，刑故无小；罪疑惟轻，功疑惟重；与其杀不辜，宁失不经；好生之德，洽于民心，兹用不犯于有司"。

36. 王褒《四子讲德论》：

　　文学曰："《书》云：'迪一人使四方若卜筮。'夫忠贤之臣，导主志，承君惠，摅盛德而化洪，天下安澜，比屋可封，何必歌诗咏赋，可以扬君哉。愚窃惑焉。"

按：所引《书》语可能出自《君奭》篇，其辞为"故一人有事于四方，若卜筮罔不是孚"。引语与之差别较大。在该引文"迪一人使四方若卜筮"一句下，有这样一段注疏：《尚书》曰："故一人有事四方，若卜筮，无不是孚"。孔安国曰："迪，道也。孚，信也"。此处所引的《尚书》原文中并无"迪"字，但紧接着的孔安国注疏却对"迪"字作了解释。一个很自然的疑问是孔安国所注的原文应该是有"迪"字的，那么今本文字中无"迪"字，是否可能是后来有人改动过呢？《四子讲德论》为王褒在蜀中时所作。这就意味着王褒在作《四子讲德论》时，不可能看到孔安国所献的《古文尚书》，因此王褒在《四子讲德论》中所引必然为源于伏生的《尚书》今文版本。将传世《君奭》和王褒的引文相对照，李学勤先生怀疑传世文本"故一人有事于四方"中的"故"字可能是"迪"字的讹变。①

37. 汉宣帝刘询《凤皇集甘露降诏》：

> 《书》不云乎："凤皇来仪，庶尹允谐。"其赦天下徒，赐勤事吏中两千石以下至六百石爵，自中郎吏至五大夫……

按：所引《书》语出自《益稷》篇，其辞为"《箫韶》九成，凤皇来仪。夔曰：'于！予击石拊石，百兽率舞，庶尹允谐。'"引语似乎为删节后的概述语。

38. 汉宣帝刘询《赦诏》：

> 《书》云："文王作罚，刑兹无赦"，今吏修身奉法，未有能称朕意，朕甚愍焉。其赦天下，与士大夫厉精更始。

按：所引《书》语出自《康诰》篇，其辞为"乃其速由文王作罚，刑兹无赦"，引语相同。

39. 汉宣帝刘询《赐黄霸爵秩诏》：

> 《书》不云乎："股肱良哉。"其赐爵关内侯，黄金百斤，秩中两千石。

按：所引《书》语出自《益稷》篇，其辞为"元首明哉，股肱良哉，庶事康哉"。引语相同。

---

① 李学勤：《〈尚书孔传〉的出现时间》，《中国思想论坛》，发表于 2007 – 12 – 1 21：51，网址：http：//bbs. zhongguosixiang. com/thread – 1857 – 1 – 1. html.

40. 汉宣帝刘询《匈奴来降赦诏》：

　　朕之不敏，惧不能任，娄蒙嘉瑞，获兹祉福。《书》不云乎："虽休勿休，祗事不怠。"公卿大夫其勖焉。

　　按：所引《书》语可能出自《吕刑》篇，其辞为"尔尚敬逆天命，以奉我一人。虽畏勿畏，虽休勿休；惟敬五刑，以成三德"。二者差别较大。

41. 萧望之《单于朝仪议》：

　　《书》曰"戎狄荒服"，言其来服，荒忽亡常。

　　按：所引《书》语见于《荀子·正论》篇，其辞为"封内甸服，封外侯服，侯卫宾服，蛮夷要服，戎狄荒服"。亦见于《国语·周语》，其辞为"夫先王之制，邦内甸服，邦外侯服，侯卫宾服，蛮夷要服，戎狄荒服"。《益稷》篇有"弼成五服，至于五千"，《孔传》注为"五服，侯、甸、绥、要、荒服也。服，五百里。四方相距为方五千里。"《禹贡》篇有："五百里荒服：三百里蛮，二百里流。"

42. 翼奉《上书请徙都洛阳》：

　　然周公犹作《诗》《书》深戒成王，以恐失天下。《书》则曰："王毋若殷王纣。"其《诗》则曰："殷之未丧师，克配上帝；宜监于殷，骏命不易。"

　　按：所引《书》语不见今传《尚书》《逸周书》及《书序》，盖为《尚书》或《逸周书》逸篇之文。

43. 王禁《杨兴贾捐之狱议》：

　　《书》曰："谗说殄行，震惊朕师"。……请论如法。

　　按：所引《书》语出自《舜典》篇，其辞为"朕堲谗说殄行，震惊朕师。"

44. 京房《易妖占》：

> 雨鸣瓦，任威武，大臣专擅。霖雨坏道。《尚书·洪范》："咎征，曰恒，狂雨若"。

按：所引《洪范》语与今传《洪范》稍有不同，现为"曰咎征：曰狂，恒雨若。"

45. 京房《律术》：

> 于以检摄群音，考其高下，苟非草木之声，则无不有合。《虞书》曰"律和声"，此之谓也。

按：所引《书》语出自《尧典》篇，其辞为"诗言志，歌咏言，声依永，律和声。"

46. 汉元帝刘奭《遣使巡行天下诏》：

> 《书》不云乎："股肱良哉，庶事康哉！"布告天下，使明知朕意。

按：所引《书》语出自《益稷》篇，其辞为"元首明哉，股肱良哉，庶事康哉"。

47. 汉元帝刘奭《报于定国》：

> 《经》曰："万方有罪，罪在朕躬。"君虽任职，何必专焉？

按：所引《经》语出自《论语·尧曰》章，其辞为"朕躬有罪，无以万方！万方有罪，罪在朕躬！"另，《汤诰》有"尔有善，朕弗敢蔽；罪当朕躬，弗敢自赦"。

48. 匡衡《又奏徙南北郊》：

> 臣闻广谋从众，则合于天心，故《洪范》曰"三人占，则从二人言"，言少从多之义也。

按：所引《洪范》语与今传《洪范》稍有不同，现为"三人占，则从二人之言"。

49. 匡衡《又奏徙南北郊》：

> 《太誓》曰："正稽古立功立事，可以永年，丕天之大律。"

按：所引《太誓》语当为汉武帝时所出之汉《泰誓》之文，《汉书·平当传》引《泰誓》有"正稽古立功立事，可以永年，传于无穷"。与此处所引稍有不同，今传《泰誓》不见此语。

50. 王商《徙南北郊议》：

> 《书》曰："越三日丁巳，用牲于郊，牛二。"周公加牲，告徙新邑，定郊礼于洛。

按：所引《书》语出自《召诰》篇，其辞若此。

51. 刘向《五经通义》：

> 崩、薨从何王以来乎？曰：从周。何以言之？《尚书》曰："放勋乃殂落。"舜曰："陟方乃死"。武王既王，是以知武王以前未称崩、薨也。

按：所引《书》语出自《舜典》篇，今传《舜典》有"二十有八载，帝乃殂落""舜生三十征，庸三十，在位五十载，陟方乃死"，此处所引当为节引。另，《孟子·万章上》有"放勋乃殂落"。

52. 刘向《五经通义》：

至成王太平，乃制崩、薨之著。《尚书》曰："翌日乙丑，成王崩。"

按：所引《书》语出自《顾命》篇，其辞若此。

53. 刘向《五经通义》：

社必树之以木。……《尚书》逸篇曰："太社惟松，东社惟柏，南社惟梓，西社惟栗，北社惟槐。"

按：所引《书》语不见于今传《尚书》《逸周书》《书序》，为《尚书》逸篇之文无疑。

54. 刘向《古列女传》卷一《母仪传》之"弃母姜嫄"：

及尧崩，舜即位，乃命之曰："弃，黎民阻饥，汝居稷，播时百谷。"

按：所引《书》语出自《舜典》篇，其辞为"弃，黎民阻饥，汝后稷，播时百谷"。

55. 刘向《古列女传》卷一《母仪传》之"契母简狄"：

及尧崩，舜即位，乃勅之曰："契，百姓不亲，五品不逊。汝作司徒，而敬敷五教，在宽"。

按：所引《书》语出自《舜典》篇，其辞为"契，百姓不亲，五品不逊。汝作司徒，而敬敷五教，在宽。"

56. 刘向《古列女传》卷三《仁智传》之"孙叔敖母"：

其母曰："汝不死矣！夫有阴德者，阳报之。德胜不祥，仁除百祸，天之处高而听卑。《书》不云乎：'皇天无亲，惟德是辅。'尔嘿矣，必兴于楚。"

按：所引《书》语出自《蔡仲之命》篇，其辞若此。《蔡仲之命》为晚《书》二十五篇之一。

57. 刘向《古列女传》卷五《节义传》之"盖将之妻"：

《周书》曰："先君而后臣，先父母而后兄弟，先兄弟而后交友，先交友而后妻子。"妻子，私爱也；事君，公义也。

按：所引《书》语不见于今传《尚书》《逸周书》《书序》，当为《逸周书》佚失十一篇之文。

58. 刘向《古列女传》卷六《辩通传》之"楚野辩女"：

《周书》曰："毋侮鳏寡，而畏高明。"今子列大夫而不为之表，而迁怒贰过，释仆执妾，轻其微弱，岂可谓不侮鳏寡乎！

按：所引《书》语不见于今传《尚书》《逸周书》《书序》，当为《逸周书》佚失十一篇之文。《史记·宋微子世家》有此语。

59. 刘向《古列女传》卷七《孽嬖传》之"殷纣妲己"：

《书》曰："牝鸡无晨。牝鸡之晨，惟家之索。"

按：所引《书》语出自《牧誓》篇，其辞若此。

60. 刘向《列仙传》下"赞曰"：

《周书》序桑问涓子曰："有死亡而后云有神仙者，事两成邪？"

按：所引《周书》语不见于今传《逸周书》《尚书》《书序》，当为《逸周书》佚失十一篇之文。

61. 刘向《新序》卷一《杂事》：

> 君子谓祁奚能举善矣，称其雠不为谄，立其子不为比。《书》曰："不偏不党，王道荡荡。"祁奚之谓也。

按：所引《书》语出自《洪范》篇，其辞为"无偏无党，王道荡荡；无党无偏，王道平平；无反无侧，王道正直"。引语部分相同。

62. 刘向《新序》卷七《节士》：

> 《书》曰："旁施象，刑维明，及禹不能。"《春秋》曰："五帝不告誓。"信厚也。

按：所引《书》语不见于今传《尚书》《逸周书》《书序》，当为《尚书》逸篇之文。

63. 刘向《新序》佚文：

> 汤使亳众往为之耕，老弱馈食。葛伯率其民，要其有酒食黍稻者夺之，不授者杀之。有童子予以黍肉饷，杀而夺之。《书》曰："葛伯仇饷。"此之谓也。

按：所引《书》语出自《仲虺之诰》篇，其辞为"呜呼！乃葛伯仇饷，初征自葛。东征西夷怨，南征北狄怨"。《仲虺之诰》为晚《书》二十五篇之一。

64. 刘向《新序》佚文：

> 故虽《书》曰"无偏无党"……周后稷之劝农业，无以易此。

按：所引《书》语出自《洪范》篇，其辞为"无偏无党，王道荡荡；无党无偏，王道平平；无反无侧，王道正直"。

65. 刘向《说苑》卷一《君道》：

大道容众，大德容下，圣人寡为而天下理矣。《书》曰："睿作圣。"

按：所引《书》语出自《洪范》篇，其辞为"思曰睿，睿作圣"。
66. 刘向《说苑》卷一《君道》：

今寡人为君也，百姓各自以其心为心，是以痛之也。《书》曰："百姓有罪，在予一人。"

按：所引《书》语出自《泰誓》篇，其辞为"天视自我民视，天听自我民听。百姓有过，在予一人"。另，《汤诰》篇有"其尔万方有罪，在予一人"。

67. 刘向《说苑》卷一《君道》：

《书》曰："惟文王之敬忌。"此之谓也。

按：所引《书》语出自《康诰》篇，其辞为"汝亦罔不克敬典，乃由裕民，惟文王之敬忌"。

68. 刘向《说苑》卷二《臣术》：

《泰誓》曰："附下而罔上者死，附上而罔下者刑。与闻国政而无益于民者退，在上位而不能进贤者逐。"此所以劝善而黜恶也。

按：所引《泰誓》语当为汉武帝时所出之汉《泰誓》之文，今传《泰誓》三篇不见此语。

69. 刘向《说苑》卷三《建本》：

公出而告之仆，仆顿首于轸曰："《吕刑》云：'一人有庆，兆民赖之。'君之明，群臣之福也。"

按：所引《吕刑》语与今传《吕刑》相同。
70. 刘向《说苑》卷五《贵德》：

《书》曰："与其杀不辜，宁失不经。"今治狱吏则不然，上下相驱，以科为明；深者获公名，平者多后患。

按：所引《书》语出自《大禹谟》篇，《大禹谟》为晚《书》二十五篇之一，其辞若此。
71. 刘向《说苑》卷五《贵德》：

《夏书》有之曰："一人三失，怨岂在明？不见是图。"……夫君子能勤小物，故无大患。

按：所引《夏书》语出自《五子之歌》篇，《五子之歌》为晚《书》二十五篇之一，其辞若此。
72. 刘向《说苑》卷五《贵德》：

《周书》有之曰："怨不在大，亦不在小。"夫君子能勤小物，故无大患。

按：所引《周书》语出自《康诰》篇，其辞若此。
73. 刘向《说苑》卷六《复恩》：

德无细，怨无小。岂可无树德而除怨，务利于人哉？利出者福反，怨往者祸来，刑于内者应于外，不可不慎也。此《书》之所谓"德无小"者也。

按：所引《书》语不见于今传《尚书》《书序》，当为《尚书》逸篇之文。

74. 刘向《说苑》卷七《政理》：

> 夫有功而不赏则善不劝，有过而不诛则恶不惧。善不劝而能以行化乎天下者，未尝闻也。《书》曰："毕力赏罚。"此之谓也。

按：所引《书》语不见于今传《尚书》《书序》，当为《尚书》逸篇之文。

75. 刘向《说苑》卷九《正谏》：

> 伍子胥谏曰："……《盘庚》曰：'古人有颠越不恭，劓殄灭之，俾无遗育，无使易种于兹邑。'是商所以兴也。"

按：所引《盘庚》语出自《盘庚中》篇，其辞为"乃有不吉不迪，颠越不恭，暂遇奸宄，我乃劓殄灭之，无遗育，无俾易种于兹新邑"。二者用字有所差异。

76. 刘向《说苑》卷十《敬慎》：

> 至治之极，祸反为福。故《太甲》曰："天作孽，犹可违；自作孽，不可逭。"

按：所引《太甲》语出自《太甲中》篇，其辞若此。《太甲中》为晚《书》二十五篇之一。

77. 刘向《说苑》卷十一《善说》：

> 公乘不仁曰："《周书》曰：'前车覆，后车戒。'盖言其危。"

按：所引《周书》语不见于今传《尚书》《逸周书》《书序》，当为《逸周书》十一篇佚文。

78. 刘向《说苑》卷十四《至公》：

　　《书》曰："不偏不党，王道荡荡。"言至公也。古有行大公者，帝尧是也。贵为天子，富有天下，得舜而传之，不私于其子孙也。

　　按：所引《书》语出自《洪范》篇，其辞为"无偏无党，王道荡荡；无党无偏，王道平平；无反无侧，王道正直"。

79. 刘向《说苑》卷十八《辩物》：

　　《书》曰："在璇玑玉衡，以齐七政。"璇玑，谓北辰、勾陈、枢星也，以其魁杓之所指二十八宿为吉凶祸福。

　　按：所引《书》语出自《舜典》篇，其辞若此。

80. 刘向《说苑》卷十八《辩物》：

　　故天子南面视四星之中，知民之缓急。急则不赋藉，不举力役。《书》曰："敬授民时。"……以其动之时也。

　　按：所引《书》语出自《尧典》篇，其辞若此。

81. 刘向《说苑》卷十八《辩物》：

　　山川何以视子男也？能出物焉，能润泽物焉，能生云雨；为恩多，然品类以百数，故视子男也。《书》曰："禋于六宗，望秩于山川，遍于群神矣。"

　　按：所引《书》语出自《舜典》篇，其辞为"肆类于上帝，禋于六宗，望于山川，遍于群神。辑五瑞，既月乃日，觐四岳群牧，班瑞于群后。岁二月，东巡守，至于岱宗，柴；望秩于山川，肆觐东后"。二者语序及用字均有所不同。

82. 刘向《说苑》卷十八《辩物》：

> 观彼威仪，遊燕幽间，有似凤也。《书》曰："鸟兽鸧鸧，凤凰来仪。"此之谓也。

按：所引《书》语可能出自《益稷》篇，其辞为"《箫韶》九成，凤凰来仪"。但二者首句显然不同。或出自《尚书》逸篇之文。

83. 刘向《说苑》卷十九《修文》：

> 《书》曰："五事，一曰貌。"貌者，男子之所以恭敬，妇人之所以姣好也。

按：所引《书》语出自《洪范》篇，其辞若此。

84. 刘向《论星孛山崩疏》：

> 《书》曰："伻来以图。"天文难以相晓，臣虽图上，犹须口说，然后可知。

按：所引《书》语出自《洛诰》篇，其辞为"伻来以图及献卜"。

85. 刘向《极谏用外戚封事》：

> 《春秋》举成败，录祸福，如此类甚众，皆阴盛而阳微，下失臣道之所致也。故《书》曰："臣之有作威作福，害于而家，凶于而国。"

按：所引《书》语出自《洪范》篇，其辞为"臣无有作福、作威、玉食。臣之有作福、作威、玉食，其害于而家，凶于而国"。二者语序及用字均有所不同，似为概述语。

86. 谷永《建始三年举方正对策》：

《经》曰："皇极，皇建其有极。"《传》曰："皇之不极，是谓不建，时则有日月乱行。"

按：所引《经》语出自《洪范》篇，其辞若此。所引《传》语出自《尚书大传》之《洪范五行传》，其辞为"皇之不极，是谓不建。厥咎眊，厥罚恒阴，厥极弱，时则有射妖，时则有龙蛇之孽，时则有马祸，时则有下人伐上之痾，则时有日月乱行，星辰逆行"。

87. 谷永《建始三年举方正对策》：

《经》曰："亦惟先正克左右。"未有左右正而百官枉者也。

按：所引《经》语出自《文侯之命》篇，其辞为"亦惟先正克左右昭事厥辟，越小大谋猷罔不率从，肆先祖怀在位"。

88. 谷永《建始三年举方正对策》：

《经》曰："三载考绩，三考黜陟幽明。"……未有功赏得于前众贤布于官而不治者也。

按：所引《经》语出自《舜典》篇，其辞若此。

89. 谷永《建始三年举方正对策》：

（《经》）又曰："九德咸事，俊艾在官。"未有功赏得于前众贤布于官而不治者也。

按：所引《经》语出自《皋陶谟》篇，其辞为"九德咸事，俊乂在官"。

90. 谷永《建始三年举方正对策》：

《经》曰："怀保小人，惠于鳏寡。"未有德厚吏良而民畔者也。

按：所引《经》语出自《无逸》篇，其辞为"怀保小民，惠鲜鳏寡"。

91. 谷永《建始三年举方正对策》：

> 《经》曰："飨用五福，畏用六极。"《传》曰："六沴作见，若不共御，六罚既侵，六极其下。"今三年之间，灾异蜂起，大小毕具，所行不享上帝，上帝不豫，炳然甚著。

按：所引《经》语出自《洪范》篇，其辞为"飨用五福，威用六极"。所引《传》语出自《尚书大传》之《洪范五行传》，其辞为"六沴作见，若是共御（一作供御），帝用不差，神则不怒，五福乃降，用章于下。若六沴作见，若不共御，六伐既侵，六极其下"。

92. 谷永《黑龙见东莱对》：

> 臣闻三代所以陨社稷丧宗庙者，皆由妇人与群恶沈湎于酒。《书》曰："乃用妇人之言，自绝于天。""四方之逋逃多罪，是宗是长，是信是使。"

按：所引《书》语出自《泰誓》篇，其辞为"今殷王纣乃用其妇人之言，自绝于天"。

93. 谷永《黑龙见东莱对》：

> 臣闻三代所以陨社稷丧宗庙者……（《书》曰）"四方之逋逃多罪，是宗是长，是信是使。"

按：所引《书》语出自《牧誓》篇，其辞为"乃惟四方之多罪逋逃，是崇是长，是信是使，是以为大夫卿士"。

94. 谷永《星陨对》：

> 臣闻三代所以丧亡者，皆由妇人群小，湛湎于酒。《书》曰："乃用其妇人之言"。

按：所引《书》语出自《舜典》篇，其辞若此。

104.汉成帝刘骜《闵楚王被疾诏》：

> 夫行纯茂而不显异，则有国者将何劝哉？《书》不云乎："用德章其善"。

按：所引《书》语出自《盘庚上》篇，其辞为"无有远迩，用罪伐厥死，用德彰其善"。

105.汉成帝刘骜《顺时令诏》：

> 昔在帝尧，立羲、和之官，命以四时之事，令不失其序。故《书》云"黎民于蕃时雍"，明以阴阳为本也。

按：所引《书》语出自《尧典》篇，其辞为"黎民于变时雍"。怀疑"蕃"字乃"变"字形近而误。

106.汉成帝刘骜《劝农诏》：

> 方东作时，其令二千石勉劝农桑，出入阡陌，致劳来之。《书》不云乎："服田力啬，乃亦有秋。"其助之哉！

按：所引《书》语出自《盘庚上》篇，其辞为"若农服田力穑，乃亦有秋"。

107.汉成帝刘骜《治冤狱诏》：

> 《书》不云乎："即我御事，罔克耆寿，咎在厥躬。"方春生长时，临遣谏大夫理等举三辅、三河、弘农冤狱。

按：所引《书》语可能出自《文侯之命》篇，其辞为"即我御事，罔或耆寿俊在厥服，予则罔克"。

108. 汉成帝刘骜《报许皇后》：

　　《书》云："高宗肜日，粤有雊雉，祖己曰：'惟先假王正厥事。'"……即饬椒房及掖庭耳。

　　按：所引《书》语可能出自《高宗肜日》篇，其辞为"高宗肜日，越有雊雉。祖己曰：'惟先格王，正厥事。'"

109. 汉成帝刘骜《报许皇后》：

　　《书》云……又曰："虽休勿休，惟敬五刑，以成三德。"即饬椒房及掖庭耳。

　　按：所引《书》又曰语出自《吕刑》篇，其辞若此。

110. 汉成帝刘骜《报王凤》：

　　将军乃深引过自予，欲乞骸骨而退，则朕将何向焉！《书》不云乎："公毋困我。"

　　按：所引《书》语可能出自《洛诰》篇，其辞为"以功肃将祗欢，公无困哉！我惟无斁其康事，公勿替刑，四方其世享"。

111. 郑崇《谏封传商》：

　　故周公著戒曰："惟王不知艰难，唯耽乐是从，时亦罔有克寿。"故衰世之君夭折蚤没，此皆犯阴之害也。

　　按：所引《书》语可能出自《无逸》篇，其辞为"立王生则逸，生则逸，不知稼穑艰难，不闻小人之劳，唯耽乐之从。自时厥后，亦罔或克寿"。

112. 张禹《孝经安昌侯说》第二章：

　　《甫刑》云："一人有庆，兆民赖之。"【说】天子自称则言"予一人"。予，我也。言我虽身处上位，犹是人中之一耳，与人不异，是谦也。若臣人称之，则惟言"一人"。言四海之内惟一人，乃为尊称也。

按：所引《甫刑》语与今传《甫刑》篇相同。

113. 李寻《对诏问灾异》：

《书》曰："敬授民时。"故古之王者，尊天地，重阴阳，敬四时，严月令。

按：所引《书》语出自《尧典》篇，其辞若此。

114. 李寻《对诏问灾异》：

《书》云："水曰润下"，阴动而卑，不失其道。

按：所引《书》语出自《洪范》篇，其辞若此。

115. 李寻《说王根》：

《书》云："天聪明"，盖言紫宫极枢，通位帝纪，太微四门，广开大道，五经六纬，尊术显士，翼张舒布，烛临四海，少微处士，为比为辅，故次帝廷，女官在后。

按：所引《书》语出自《皋陶谟》篇，其辞为"天聪明，自我民聪明；天明畏，自我民明威"。

116. 李寻《说王根》：

《书》云："历象日月星辰"，此言仰视天文，俯察地理，观日月消息，候星辰行伍，揆山川变动，参人民谣俗，以制法度，考祸福。

按：所引《书》语出自《尧典》篇，其辞若此。

117. 平当《上书请复太上皇寝庙园》：

昔者帝尧南面而治，先"克明俊德，以亲九族"，而化及万国。

按："克明俊德，以亲九族"一语出自《尧典》篇，其辞若此。

118. 平当《上书请复太上皇寝庙园》：

此汉之始祖，后嗣所宜尊奉以广盛德，孝之至也。《书》云："正稽古建功立事，可以永年，传于无穷。"

按：所引《书》语当为汉武帝时所出汉《泰誓》之文，今传《泰誓》不见此语。

119. 王嘉《因日食举直言复奏封事》：

臣闻咎繇戒帝舜曰："亡敖佚欲有国，兢兢业业，一日二日万机。"

按：皋陶戒帝舜一语出自《皋陶谟》篇，其辞若此。

120. 王嘉《因日食举直言复奏封事》：

箕子戒武王曰："臣无有作威作福，亡有玉食，臣之有作威作福玉食，害于而家，凶于而国，人用侧颇辟，民用僭慝。"言如此则逆尊卑之序，乱阴阳之统，而害及王者，其国极危。

按：箕子戒武王一语出自《洪范》篇，其辞为"臣无有作福、作威、玉食。臣之有作福、作威、玉食，其害于而家，凶于而国。人用侧颇僻，民用僭忒"。

121. 王嘉《谏益封董贤等封事》：

臣闻爵禄土地，天之有也。《书》云："天命有德，五服五章哉！"王者代天爵人，尤宜慎之。

按：所引《书》语出自《皋陶谟》篇，其辞若此。

122. 汉哀帝刘欣《大赦改元诏》：

> 盖闻《尚书》"五曰考终命"，言大运壹终，更纪天元人元，考文正理，推历定纪，数如甲子也。

按：所引《书》语出自《洪范》篇，其辞若此。

123. 汉哀帝刘欣《封董贤等诏》：

> 《书》不云乎："用德章其善。"其封贤为高安侯……

按：所引《书》语出自《盘庚上》篇，其辞为"无有远迩，用罪伐厥死，用德彰其善"。

124. 汉哀帝刘欣《策免孔光》：

> 《书》不云乎："毋旷庶官，天工人其代之。"于乎！君其上丞相博山侯印绶，罢归。

按：所引《书》语出自《皋陶谟》篇，其辞为"无旷庶官，天工人其代之"。

125. 何武《奏置州牧》：

> 古选诸侯贤者以为州伯，《书》曰："咨十有二牧"，所以广聪明，烛幽阴也。

按：所引《书》语出自《舜典》篇，其辞若此。

126. 方赏《移书梁傅相中尉》：

> 《书》曰："至于再三，有不用，我降尔命。"傅、相、中尉皆以辅正为职，"虎兕出于匣，龟玉毁于匮中，是谁之过也？"书到，明以谊

晓王。

按：所引《书》语出自《多方》篇，其辞为"我惟时其教告之，我惟时其战要囚之，至于再，至于三。乃有不用我降尔命，我乃其大罚殛之"。

127. 孔光《上书对问日蚀事》：

《书》曰"羞用五事""建用皇极"。如貌、言、视、听、思，夫大中之道不立，则咎征荐臻，六极屡降。皇之不极，是为大中不立，其《传》曰："时则有日月乱行"，谓朓、侧匿，甚则薄蚀是也。又曰"六沴之作"，岁之朝日三朝，其应至重。

按：所引《书》语出自《洪范》篇，其辞若此。所引《传》语出自《尚书大传》之《洪范五行传》，其辞若此。

128. 孔光《上书对问日蚀事》：

《书》曰"惟先假王正厥事"，言异变之来，起事有不正也。

按：所引《书》语出自《高宗肜日》篇，其辞为"高宗肜日，粤有雊雉。祖己曰：'惟先假王正厥事。'"

129. 孔光《上书对问日蚀事》：

《书》曰"天既付命正厥德"，言正德以顺天也。

按：所引《书》语出自《高宗肜日》篇，其辞为"天既孚命正厥德"。

130. 孔光《上书对问日蚀事》：

《书》曰……又曰"天棐谌辞"，言有诚道，天辅之也。

按：所引《书》又曰语出自《大诰》篇，其辞若此。

131. 梅福《上书言王凤专擅》：

　　《书》曰："毋若火，始庸庸。"势陵于君，权隆于主，然后防之，亦亡及已。

按：所引《书》语出自《洛诰》篇，其辞为"无若火，始焰焰"。

132. 元帝后王政君《令王莽勿辞安汉公诏》：

　　"无偏无党，王道荡荡。"属有亲者，义不得阿。

按：所引《书》语出自《洪范》篇，其辞若此。

133. 元帝后王政君《诏孔光》：

　　《书》曰："无遗耆老。"国之将兴，尊师而重传。

按：所引《书》语出自《召诰》篇，其辞若此。

134. 元帝后王政君《令安汉公居摄诏》：

　　《书》不云乎："天工，人其代之。"朕以孝平皇帝幼年，且统国政，几加元服，委政而属之。

按：所引《书》语出自《皋陶谟》篇，其辞若此。

135. 刘歆《钟律书》：

　　数者，一、十、百、千、万也。所以算数事物，顺性命之理也。《书》曰："先其算命。"本起于黄钟之数，始于一而三之，三三积之，历十二辰之数，十有七万七千一百四十七，而五数备矣。

按：所引《书》语不见于今传《尚书》，颜师古以为出自《尚书》逸篇之文。

136. 刘歆《钟律书》:

　　《书》曰:"天工,人其代之。"天兼地,人则天,故以五位之合乘焉。"唯天为大,唯尧则之"之象也。

　　按:所引《书》语出自《皋陶谟》篇,其辞若此。

137. 刘歆《钟律书》:

　　《书》曰:"予欲闻六律、五声、八音、七始咏,以出内五言,女听。""予"者,帝舜也。言以律吕和五声,施之八音,合之成乐。七者,天地四时人之始也。顺以歌咏五常之言,听之则□①乎天地,序乎四时,应人伦,本阴阳,原情性,风之以德,感之以乐,莫不同乎一。唯圣人为能同天下之意,故帝舜欲闻之也。

　　按:所引《书》语出自《皋陶谟》篇,其辞为"予欲闻六律五声八音,在治忽,以出纳五言,汝听"。

138. 刘歆《新序论》:

　　故虽《书》云"无偏无党"……无以易此。此所以并诸侯也。

　　按:所引《书》语出自《洪范》篇,其辞若此。

139. 王莽《元始四年奏》:

　　天地神所统,故"类乎上帝,禋于六宗,望秩山川,班于群神"。

　　按:所引《书》语出自《舜典》篇,其辞为"肆类于上帝,禋于六宗,望于山川,遍于群神"。

---

① 按:底本此字笔画残缺,难以辨认,故阙疑。

140. 王莽《奏分群神为五部兆》：

> 《书》曰："类于上帝，禋于六宗。"欧阳、大小夏侯三家说六宗，皆曰上不及天，下不及坠，旁不及四方，在六者之间，助阴阳变化，实一而名六，名实不相应。

按：所引《书》语出自《舜典》篇，其辞为"肆类于上帝，禋于六宗，望于山川，遍于群神"。

141. 王莽《上奏符命》：

> 《尚书·康诰》："王若曰：'孟侯，朕其弟，小子封。'"此周公居摄改元之文也。

按：所引《康诰》语与今传《康诰》篇相同。

142. 王莽《五姓名籍》：

> 《书》不云乎："惇序九族。"其令天下上此五姓名籍于秩宗，皆以为宗室。

按：所引《书》语出自《皋陶谟》篇，其辞为"惇叙九族"。

143. 王莽《限田禁奴婢》：

> 《书》曰："予则奴戮女"，唯不用命者，然后被此辜矣。

按：所引《书》语出自《甘誓》篇，其辞为"予则孥戮汝"。

144. 王莽《恣听采取山泽物》：

> 《书》云："言之不从，是谓不艾。"咨乎群公，可不尤哉！

按：所引《书》语出自《尚书大传》之《洪范五行传》，疑"《书》

云"为"《传》云"之误。

145. 杜钦《说王凤》：

　　废而不由，则女德不厌；女德不厌，则寿命不究于高年。《书》云："或四三年"，言失欲之生害也。

按：所引《书》语出自《无逸》篇，其辞若此。

146. 杜钦《复说王凤起就位》：

　　夫欲天下治安变异之意，莫有将军，主上照然知之，故攀援不遣，《书》称："公毋困我！"唯将军不为四国流言自疑于成王，以固至忠。

按：所引《书》语出自《洛诰》篇，其辞为"以功肃将祗欢，公无困哉！我惟无斁其康事，公勿替刑，四方其世享若此"。

147. 张竦《为陈崇草奏称王莽功德》：

　　《书》曰："舜让于德不嗣。"公之谓也。

按：所引《书》语出自《舜典》篇，其辞为"舜让于德，弗嗣"。

148. 张竦《为陈崇草奏称王莽功德》：

　　《书》曰："纳于大麓，烈风雷雨不迷。"公之谓矣。

按：所引《书》语出自《舜典》篇，其辞为"纳于大麓，烈风雷雨弗迷"。

149. 无名氏《奏请莽居摄》：

　　《书》曰："我嗣事子孙，大不克共上下，遏失前人光，在家不知命不易。天应非谌，乃亡队命。"《说》曰："周公服天子之冕，南面而朝群臣，发号施令，常称王命。召公贤人，不知圣人之意，故不悦也。"

按：所引《书》语出自今传《君奭》篇，其辞为"在我后嗣子孙，大弗克恭上下，遏佚前人光，在家不知。天命不易，天难谌，乃其坠命"。

150. 无名氏《奏请莽居摄》：

《书》逸《嘉禾篇》曰："周公奉鬯立于阼阶，延登，赞曰：'假王莅政，勤和天下。'"此周公摄政，赞者所称。成王加元服，周公则治政。

按：所引《书》语不见今传《尚书》，《嘉禾》篇确为《尚书》逸篇。

151. 无名氏《奏请莽居摄》：

《书》曰："朕复子明辟"，周公常称王命，专行不报，故言我复子明君也。

按：所引《书》语出自今传《洛诰》篇，其辞若此。

152. 王闳《上书谏尊宠董贤》：

臣闻王者立三公法三光，立九卿以法天，明君臣之义，当得贤人。……《书》曰："元首明哉，股肱良哉"，以法天地。

按：所引《书》语出自《益稷》篇，其辞为"元首明哉！股肱良哉！庶事康哉！"

153. 郭宪《别国洞冥记》卷二：

太初二年，东方朔从西那汗国归，得声风木枝献帝。长九尺，大如指，此木临因洹之水，则《禹贡》所谓"因桓"是也。

按：所引《禹贡》语与今传《禹贡》篇相同，其辞为"西倾因桓是来"。

154. 郭宪《东方朔传》：

　　太初二年，东方朔从西那邪国还，得声风木十枝。长九尺，大如指，此木出因洹之水，则《禹贡》所谓"因桓是来"。

　　按：所引《禹贡》语与今传《禹贡》篇相同，其辞为"西倾因桓是来"。

155. 杜子春《周礼杜氏注》卷上《春官宗伯第三》之"占人"：

　　凡卜筮既事，则系币以比其命。【注】系币者，以帛书其占，系之于龟也。云谓既卜筮，史必书其命龟之事及兆于策，系其礼神之币，而合藏焉。《书》曰："王与大夫尽弁，开金縢之书，武王之说。"是命龟书。

　　按：所引《书》语出自《金縢》篇，其辞为"秋，大熟，未获，天大雷电以风，禾尽偃，大木斯拔，邦人大恐，王与大夫尽弁，以启金縢之书，乃得周公所自以为功代武王之说"。

156. 桓谭《新论》中《谴非》第六：

　　《书》曰："天孽可避，自作孽不可活。"其斯之谓也矣。

　　按：所引《书》语出自《太甲中》篇，其辞为"天作孽，犹可违。自作孽，不可逭"。

157. 桓谭《新论》中《谴非》第六：

　　由是观之，则莫善于以德义精诚报塞之矣。故《周书》曰："天子见怪则修德，诸侯见怪则修政，大夫见怪则修职，士庶见怪则修身。"

　　按：所引《周书》语不见今传《逸周书》，其辞或为《逸周书》佚失十一篇之文。

158. 梁统《对尚书问状》：

> 问圣帝明王，制立刑罚，故虽尧舜之盛，犹诛四凶。《经》曰：
> "天讨有罪，五刑五庸哉。"

按：所引《经》语出自《皋陶谟》篇，其辞为"天讨有罪，五刑五用哉"。

159. 梁统《对尚书问状》：

> 《经》曰：……又曰："爰制百姓于刑之衷。"……衷之为言，不轻
> 不重之谓也。

按：所引《经》又曰语出自《吕刑》篇，其辞为"士制百姓于刑之中，以教祗德"。

160. 杜诗《荐伏湛疏》：

> 臣闻唐虞以股肱康，文王以多士宁，是故《诗》称"济济"，《书》
> 曰"良哉"。

按：所引《书》语出自《益稷》篇，其辞若此。

161. 欧阳歙《下教论歙延功》：

> 《书》曰："安民则惠，黎民怀之。"盖举善以教，则不能者劝。

按：所引《书》语出自《皋陶谟》篇，其辞若此。

162. 马援《至荔浦见冬笋名曰苞笋上言》：

> 《禹贡》"厥包橘柚"，疑谓是也。其味美于春夏笋。

按：所引《禹贡》语与今传《禹贡》篇相同，其辞为"厥包橘柚，锡贡"。

163. 张纯《奏宜封禅》：

《书》曰"岁二月，东巡守，至于岱宗，柴"，则封禅之义也。

按：所引《书》语出自《舜典》篇，其辞若此。

第二节 东汉称引《尚书》文本辑考

东汉学者在其学术著作中多有直接或间接称引《尚书》或《书序》《逸周书》者。据笔者统计，包咸《论语包氏章句》、杜笃《论都赋》、桓麟《西王母传》、贾逵《国语解诂》、阴长生《金碧五相类参同契注》及《周易参同契注》、刘梁《辩和同论》、崔寔《政论》、胡广《百官知箴叙》、蔡邕《琴操》及《礼乐志》、陈纪《肉刑论》、应劭《追驳尚书陈忠活尹次史玉议》、荀悦《典论》、高诱《孟子高氏章句》等均曾称引过一次，凡十五条。贾逵《春秋左氏传解诂》、服虔《春秋传服氏注》、蔡邕《月令章句》、陆绩《述玄》、荀悦《申鉴》、高诱《战国策注》等均称引过二条，凡十二条。应劭《汉官仪》、郑玄《易注》、陆绩《浑天仪说》等均称引过三条，凡九条。许慎《淮南鸿烈解》、蔡邕《蔡中郎外集》各称引过四条，凡八条。刘珍《东观汉记》称引五条、何休《春秋公羊传解诂》称引九条、郑玄《仪礼郑氏注》称引七条，三者凡二十一条。郑众《周礼郑司农解诂》、蔡邕《蔡中郎集》均称引十条，二者凡二十条。郑玄《毛诗训诂传笺》称引十三条，徐干《中论》称引十九条、王逸《楚辞章句》称引二十条，高诱《吕氏春秋训解》称引二十一条，王符《潜夫论》称引二十九条，应劭《风俗通义》称引三十二条，赵岐《孟子章句》称引三十七条，荀悦《汉纪》称引四十六条，郑玄《礼记郑氏注》称引四十九条，王充《论衡》称引五十条，郑玄《周礼郑氏注》称引五十五条，班固《白虎通》称引八十五条。东汉学者在传世著作中称引《尚书》《书序》等凡五百四十一条。

东汉臣子等上书、上封事、对策、上疏等行政行文中亦多直接或间接称引《尚书》或其传记。据笔者统计，第五伦《上书请抑损后族》、崔骃《章帝谥议》及其《献书诫窦宪》、郭躬《上封事言赦宜及亡命》、马严《日食上封事》、鲁丕《举贤良方正对策》、刘恺《臧吏不得禁锢子孙议》、杨震《因地震复上疏》、陈忠《清盗源疏》及其《因灾异上疏劾中侍伯荣》、李合《奏宜复祭祀六宗》、郎顗《诣阙拜章》及其《上书荐黄琼李固复条便宜四事》、虞诩《请复三郡疏》、左雄《上疏陈事》、虞恭《仍用四分历议》、周举《对诏问变眚》及其《为司徒朱伥创草变异表》、延笃《春秋左氏传延氏注》、陈蕃《谏幸广城校猎疏》及其《理李膺等疏》、张敞《奏记王畅》、杨赐《蛇变上封事》及其《上疏谏封爵过差游观无度》、卢植《献书规窦武》及其《日食上封事》、张纮《为孙会稽责袁术僭号书》、路粹《为曹公与孔融书》、崔琰《露服答曹公》、陈琳《为曹洪与魏文帝书》等均直接或间接称引过《尚书》或其《书序》等一次，凡三十条。谢弼《上封事陈得失》称引过两条，陈宠《省刑疏》、荀爽《延熹九年举至孝对策陈便宜》均称引过三条，张衡《上顺帝封事》称引过四条，凡十二条。施政行文中总计称引过四十二条。此外，东汉帝王在施政诏书中亦多有称引《尚书》本经者，但不如西汉多。据笔者统计，光武帝刘秀策书、汉明帝刘庄诏书、汉章帝刘炟诏书、汉顺帝刘保诏书、和后邓绥诏书、顺后梁妠诏书直接或间接称引《尚书》文本凡十八条，其中仅汉章帝刘炟诏书就称引多达十条。

东汉称引《尚书》或《书序》《周书》等计五百六十七条。具体称引辑考如下。

164. 光武帝刘秀《拜邓禹为大司徒策》：

> 斩将破军，平定山西，功劾尤著。"百姓不亲，五品不逊，汝作司徒，敬敷五教，五教在宽。"

按：所用策语出自《舜典》篇，其辞为"百姓不亲，五品不逊，汝作司徒，敬敷五教，在宽"。

165. 包咸《论语包氏章句》卷上《为政》第二：

> 子曰："《书》云：'孝乎惟孝，友于兄弟，施于有政。'是亦为政，奚其为为政？"【章句】或人以居位乃是为政也。孝乎惟孝者，美大孝之辞也。友于兄弟，善于兄弟也。施，行也，政所施行也。所行有正道，即是与为政同耳。

按：所引《书》语出自《君陈》篇，其辞为"孝乎惟孝，友于兄弟，施于有政"。《君陈》篇为晚《书》二十五篇之一。

166. 汉明帝刘庄《下诏改乐名乐官》：

> 《尚书·璇玑钤》曰："有帝汉出，德洽作乐，名予。"今且改太乐官曰大予乐，歌诗曲操，以俟君子。

按：此处所引为汉代的《尚书纬》之一。

167. 汉明帝刘庄《诏》：

> 尚书盖古之"纳言"，"出纳朕命"，机事不密则害成，可不慎与？

按：所引《书》语出自《舜典》篇，其辞为"命汝作纳言，夙夜出纳朕命，惟允"。

168. 汉明帝刘庄《诏》：

> 谒者，乃尧之尊官，所以试舜"宾于四门，四门穆穆"者也。

按：所引《书》语出自《舜典》篇，其辞若此。

169. 杜笃《论都赋》：

> 《禹贡》所载"厥田惟上"，沃野千里，原隰弥望。

按：所引《禹贡》语与今传《禹贡》篇相同。

170. 郑众《周礼郑司农解诂》卷一《周官》：

【解诂】《书序》言："成王既黜殷命，还归在丰，作《周官》。"则此《周官》①也。

按：解诂所引《书序》语见今传《周官序》，其辞为"成王既黜殷命，灭淮夷，黜殷在周公东征时，灭淮夷在成王即政后，事相因，故连言之。还归在丰，作《周官》。成王虽作洛邑，犹还西周"。

171. 郑众《周礼郑司农解诂》卷二《小司徒》：

大询于众庶。【解诂】《洪范》所谓"谋及庶民"。

按：解诂所引《洪范》语出自今传《洪范》篇，其辞为"汝则有大疑，谋及乃心，谋及卿士，谋及庶人，谋及卜筮"。

172. 郑众《周礼郑司农解诂》卷三《春官宗伯》第三：

乃立春官宗伯，使帅其属而掌邦礼。【解诂】宗伯，主礼之官，故《书·尧典》曰："帝曰：'咨！四岳，有能典朕三礼？'佥曰：'伯夷。'帝曰：'俞，咨伯，汝作秩宗。'"

按：解诂所引《尧典》语出自今传《舜典》篇，其辞为"帝曰：'咨！四岳，有能典朕三礼？'佥曰：'伯夷！'帝曰："俞，咨！伯，汝作秩宗。"

173. 郑众《周礼郑司农解诂》卷三《春官宗伯》第三之"司几筵"：

设莞筵纷纯，加缫席画纯，加次席黼纯，左右玉几。【解诂】纷，读为"豳"，又读为"和粉"之"粉"，谓白绣也。纯，读为

---

① 此说有误，《尚书·周官》只是《尚书》中的一篇，文字简短，不过几百字，属于晚《书》二十五篇之一，与西汉近五万字的古《周官》经显然不同。

"均服"之"均"。纯，缘也。缫，读为"藻率"之"藻"。次席，虎皮为席。《书·顾命》曰："成王将崩，命太保芮伯、毕公等被冕服，凭玉几。"

按：解诂所引《顾命》语可能出自今传《顾命序》及《顾命》篇，《顾命序》之辞为"成王将崩，命召公、毕公率诸侯相康王，作《顾命》"。《顾命》篇之辞为"相被冕服，凭玉几"。

174. 郑众《周礼郑司农解诂》卷三《春官宗伯》第三之"司几筵"：

凡吉事变几，凶事乃几。【解诂】变几，变更其质，谓有饰也。乃，读为"仍"。仍，因也，因其质谓无饰也。……《书·顾命》曰："翌日乙丑，成王崩。癸酉，牖间南向，西序东向，东序西向，皆仍几。"

按：解诂所引《顾命》语与今传《顾命》篇有较大差别，似乎为节略语，其辞为"越翼日乙丑，王崩。太保命仲桓、南宫毛俾爰齐侯吕伋，以二干戈、虎贲百人逆子钊于南门之外。延入翼室，恤宅宗。丁卯，命作册度。越七日癸酉，伯相命士须材。狄设黼扆、缀衣。牖间南向，敷重篾席，黼纯，华玉，仍几。西序东向，敷重底席，缀纯，文贝，仍几。东序西向，敷重丰席，画纯，雕玉，仍几。西夹南向，敷重笋席，玄纷纯，漆，仍几"。

175. 郑众《周礼郑司农解诂》卷三《春官宗伯》第三之"天府"：

凡国之玉瑱、大宝器，藏焉。若有大祭、大丧，则出而陈之。既事，藏之。【解诂】瑱，读为"镇"。《书·顾命》曰："翌日乙丑，王崩。丁卯命作册度。越七日癸酉，陈宝：赤刀、大训、弘璧、琬琰在西序，大玉、夷玉、天球、河图在东序。胤之舞衣、大贝、鼖鼓在西房。兑之戈、和之弓、垂之竹矢在东房。"此其行事见于经。

按：解诂所引《顾命》语与今传《顾命》篇有较大差别，似乎为节略语，其辞为"越翼日乙丑，王崩。太保命仲桓、南宫毛俾爰齐侯吕伋，以二干戈、虎贲百人逆子钊于南门之外。延入翼室，恤宅宗。丁卯，命作册度。越七日癸酉，伯相命士须材。狄设黼扆、缀衣。牖间南向，敷重篾席，黼纯，华玉，仍几。西序东向，敷重厎席，缀纯，文贝，仍几。东序西向，敷重丰席，画纯，雕玉，仍几。西夹南向，敷重笋席，玄纷纯，漆，仍几。越玉五重，陈宝，赤刀、大训、弘璧、琬琰、在西序。大玉、夷玉、天球、河图，在东序。胤之舞衣、大贝、鼖鼓，在西房；兑之戈、和之弓、垂之竹矢，在东房"。

176. 郑众《周礼郑司农解诂》卷三《春官宗伯》第三之"典路"：

> 大丧，大宾客亦如之。【解诂】《书·顾命》曰："成王崩，康王既陈先王宝器。"又曰："大路在宾阶面，赘路在阼阶面，先路在左塾之前，次路在右塾之前。"

按：解诂所引《顾命》语与今传《顾命》篇有一定差别，似乎为节略语，其辞为"王崩"。"大辂在宾阶面，缀辂在阼阶面，先辂在左塾之前，次辂在右塾之前。"

177. 郑众《周礼郑司农解诂》卷五《秋官司寇》第五之"大司寇"：

> 大军旅，莅戮于社。【解诂】《书》曰："用命赏于祖，不用命戮于社。"

按：解诂所引《书》语出自今传《甘誓》篇，其辞为"用命赏于祖，不用命戮于社"。

178. 郑众《周礼郑司农解诂》卷五《秋官司寇》第五之"小司寇"：

> 以致万民而询焉。【解诂】致万民，聚万民也。询，谋也。……《书》曰："谋及庶人。"

按：解诂所引《书》语出自今传《洪范》篇，其辞若此。

179. 郑众《周礼郑司农解诂》卷五《秋官司寇》第五之"司历"：

> 其奴，男子入于罪隶，女子入于春稾。【解诂】由此观之，今之为奴婢，古之罪人也。故《书》曰："予奴戮汝"。

按：解诂所引《书》语出自今传《甘誓》篇，其辞为"予则孥戮汝"。

180. 第五伦《上书请抑损后族》：

> 臣闻忠不隐讳，直不避害。不胜愚狷，昧死自表。《书》曰："臣无作威作福，其害于而家，凶于而国。"《传》曰："大夫无境外之交，束修之馈。"

按：解诂所引《书》语出自今传《洪范》篇，其辞为"臣无有作福作威玉食。臣之有作福作威玉食，其害于而家，凶于而国"。解诂所引《传》语出自《谷梁传》，其辞为"大夫无境外之交，束修之馈"。

181. 汉章帝刘炟《以赵熹为太傅牟融为太尉诏》：

> "予违汝弼，汝无面从"，股肱之正义也。

按：解诂所引《书》语出自今传《益稷》篇，其辞为"予违汝弼，汝无面从，退有后言"。

182. 汉章帝刘炟《东作缓刑诏》：

> 方春东作，宜及时务。……"五教在宽"，《帝典》所美……布告天下，使明知朕意。

按：解诂所引《帝典》语出自今传《舜典》篇，其辞若此。

183. 汉章帝刘炟《赐公卿助祭钱诏》：

《书》云："祖考来假"，明哲之祀。

按：解诂所引《书》语出自今传《益稷》篇，其辞为"祖考来格，虞宾在位，群后德让"。

184. 汉章帝刘炟《禁酷刑诏》：

自往者大狱已来，掠考多酷，钻鑽之属，惨苦无极。念其痛毒，怵然动心。《书》曰："鞭作官刑"，岂云若此？

按：解诂所引《书》语出自今传《舜典》篇，其辞为"鞭作官刑，扑作教刑"。

185. 汉章帝刘炟《蠲除禁锢诏》：

十二月壬子，诏曰："《书》云：'父不慈，子不祗，兄不友，弟不恭，不相及也。'往者妖言大狱，所及广远，一人犯罪，禁至三属，莫得垂缨仕宦王朝。"

按：所引《书》语出自今传《康诰》篇，其辞为"父不慈，子不祗，兄不友，弟不恭，不相及也"。

186. 汉章帝刘炟《诏告庐江太守东平相》：

《书》不云乎："章厥有常，吉哉！"

按：所引《书》语出自今传《皋陶谟》篇，其辞为"彰厥有常吉哉！"

187. 汉章帝刘炟《增修群祀诏》：

《经》称"秩元祀，咸秩无文"。

按：所引《书》语出自今传《洛诰》篇，其辞为"敦宗将礼，称秩元祀，咸秩无文"。

188. 汉章帝刘炟《改行四分历诏》：

　　《尚书·璇玑钤》曰："述尧世，放唐文。"

按：所引《书》语为汉代《尚书纬》之《璇玑钤》篇。

189. 汉章帝刘炟《改行四分历诏》：

　　《尚书·璇玑钤》……《帝命验》曰："顺尧考德，题期立象。"

按：所引《书》语为汉代《尚书纬》之《帝命验》篇。

190. 汉章帝刘炟《改行四分历诏》：

　　《书》曰："惟先假王正厥事。"……祖尧岱宗，同律度量，考在玑衡，以正历象，庶乎有益。

按：所引《书》语出自今传《高宗肜日》篇，其辞为"惟先格王，正厥事"。

191. 汉章帝刘炟《改行四分历诏》：

　　《书》曰：……又曰："岁二月，东巡守，至岱宗，柴，望秩于山川。遂觐东后，叶时月正日。"祖尧岱宗，同律度量，考在玑衡，以正历象，庶乎有益。

按：所引《书》又曰语出自今传《舜典》篇，其辞为"岁二月，东巡守，至于岱宗，柴。望秩于山川，遂觐东后。协时月正日，同律度量衡"。

192. 汉章帝刘炟《东巡还告祠高庙下诏》：

　　其赐天下吏爵人三级，高年、鳏、寡、孤、独帛，人一匹。《经》

曰："无侮鳏寡，惠此茕独。"

按：所引《经》语前句出自今传《康诰》《无逸》两篇，其辞均为"不敢侮鳏寡"，毛公鼎与"卅三年逑鼎"有"廼敄鳏寡"，后句不见今传《尚书》《书序》《逸周书》。

193. 班固《白虎通》卷一《爵》：

帝王之德有优劣，所以俱称天子者何？以其俱命于天，而王治五千里内也。《尚书》曰："天子作民父母，以为天下王。"

按：所引《尚书》语出自今传《洪范》篇，其辞若此。

194. 班固《白虎通》卷一《爵》：

何以知帝亦称天子以法天下也？《中候》曰："天子臣放勋。"

按：所引《中候》语当为《尚书·中候》十八篇之文。

195. 班固《白虎通》卷一《爵》：

何以知帝亦称天子以法天下也？……《书》亡逸篇曰："厥兆天子爵。"

按：孙之騄辑文渊阁四库本《尚书大传》认为此处所引《书》语出自《无逸传》，并认为《周礼疏》引《无逸传》曰："古者百里之国，三十里之遂，二十里之郊，九里之城，三里之宫；七十里之国，二十里之遂，九里之郊，五里之城，一里之宫；五十里之国，九里之遂，三里之郊，一里之城，以城为宫。"

196. 班固《白虎通》卷一《爵》：

王者受命，改文从质，无虚退人之义，故上就伯也。《尚书》曰："侯甸任卫作国伯"，谓殷也。

按：《史记·夏本纪》引《禹贡》之文"男邦"作"任国"。《尚书·酒诰》篇有"侯甸男卫邦伯"。

197. 班固《白虎通》卷一《爵》：

　　或曰：天子之子称太子。《尚书传》曰："太子发升王舟。"《中候》曰："废考立发为世子。"

按：《大传》曰："唯四月，太子发上祭于毕，下至于孟津之上。乃告于司徒、司马、司空诸节亢才，予无知以先祖、先父有德之臣左右小子，予受先公戮力赏罚以定厥功，明于先祖之遗。太子发升于舟，中流白鱼入于舟。王跪取出涘以燎，群公咸曰休哉。"所引《中候》语当为《尚书·中候》十八篇之文，其辞为"废考，立发为世子"，郑玄曰："定王业也"。

198. 班固《白虎通》卷一《爵》：

　　天子大敛之后称王者，明民臣不可一日无君也。故《尚书》曰："王麻冕黼裳。"此敛之后也。

按：所引《尚书》语出自今传《顾命》篇，其辞为"王麻冕黼裳，由宾阶隮"。

199. 班固《白虎通》卷一《爵》：

　　先君不可得见，则后君继体矣。《尚书》曰："王再拜兴对，乃受铜瑁"，明为继体君也。

按：所引《尚书》语出自今传《顾命》篇，其辞为"王再拜，兴，答曰：'眇眇予末小子，其能而乱四方以敬忌天威。'乃受同瑁，王三宿，三祭，三咤。"似乎为节略语，用字或有不同。

200. 班固《白虎通》卷一《爵》：

　　缘终始之义，一年不可有二君。故《尚书》曰："王释冕丧服。"

按：所引《尚书》语出自今传《康王之诰》篇，其辞为"王释冕，反丧服"。

201. 班固《白虎通》卷一《爵》：

> 《尚书》曰"高宗谅闇三年"，是也。

按：所引《尚书》语出自今传《无逸》篇，其辞为"其在高宗，时旧劳于外，爰暨小人。作其即位，乃或亮阴，三年不言"。

202. 班固《白虎通》卷二《号》：

> 或称天子，或称帝王何？……以号令臣下也。故《尚书》曰："谘四岳"……或有一人。王者自谓一人者。谦也。

按：所引《尚书》曰"谘四岳"语出自今传《舜典》篇。

203. 班固《白虎通》卷二《号》：

> 或称天子，或称帝王何？……以号令臣下也。故《尚书》曰……曰"裕汝众"。或有一人。王者自谓一人者。谦也。

按：所引《尚书》曰"裕汝众"语不见今传《尚书》，清华简《傅说之命》下篇有"王曰：'说！毋独乃心，敷之于朕政，裕汝其有友，勑朕命哉'。"《说命》为晚《书》二十五篇之一。此条文献类似，说明东汉参与白虎观会议的《尚书》学者似乎见到"裕汝其有友"之文的先秦《说命》篇，而今传《说命》三篇均无"裕汝"二字。

204. 班固《白虎通》卷二《号》：

> 臣下谓之一人何？亦所以尊王者也。……故《尚书》曰："不施予一人。"

按：所引《尚书》语出自今传《盘庚上》篇，其辞为"不惕予一人"，

"施"作"惕"。

205. 班固《白虎通》卷二《号》：

> 《书》曰"帝尧""帝舜"。……谓之尧者何？尧犹峣峣也。……谓之舜者何？舜犹僢僢也。

按：所引《尚书》语出自今传《尧典》《舜典》两篇，其辞若此。

206. 班固《白虎通》卷二《号》：

> 《尚书》曰："邦之荣怀，亦尚一人之庆"，知秦穆公之霸也。

按：所引《尚书》语出自今传《秦誓》篇，其辞为"邦之杌陧，曰由一人；邦之荣怀，亦尚一人之庆"。

207. 班固《白虎通》卷二《号》：

> 何以知诸侯得称公？……《尚书》曰："公曰嗟"，秦，伯也。

按：所引《尚书》语出自今传《秦誓》或《费誓》篇，其辞若此。

208. 班固《白虎通》卷三之《社稷》：

> 祭社稷以三牲何？重功故也。《尚书》曰："乃社于新邑，牛一，羊一，豕一。"

按：所引《尚书》语出自今传《召诰》篇，其辞若此。

209. 班固《白虎通》卷三之《社稷》：

> 《尚书》逸篇曰："大社唯松，东社唯柏，南社唯梓，西社唯栗，北社唯槐。"

按：所引《尚书》语出自今传《尚书》《逸周书》《书序》《尚书大

传》，概为《古文尚书》逸篇之文。

210. 班固《白虎通》卷三之《礼乐》：

> 乐所以必歌者何？夫歌者，口言之也。中心喜乐，口欲歌之，手欲舞之，足欲蹈之。故《尚书》曰："前歌后舞，假于上下。"

按：所引《尚书》语不见今传《尚书》，但《尚书大传》之辞有"武王伐纣，至于商郊，停止夜宿，士卒皆欢乐以达旦，前歌后舞，假于上下。"

211. 班固《白虎通》卷三之《礼乐》：

> 王者始起，何用正民？以为且用先王之礼乐，天下太平，乃更制作焉。《书》曰："肇称殷礼，祀新邑。"此言太平去殷礼。

按：所引《尚书》语出自今传《洛诰》篇，其辞为"周公曰：'王肇称殷礼，祀于新邑，咸秩无文'"。

212. 班固《白虎通》卷三之《礼乐》：

> 歌者在堂上，舞者在堂下何？歌者象德，舞者象功，君子上德而下功。……《书》曰："下管鼗鼓"，"笙镛以间"。

按：所引《尚书》语出自今传《益稷》篇，其辞为"下管鼗鼓，合止祝柷，笙镛以间"。

213. 班固《白虎通》卷三之《礼乐》：

> 降神之乐在上河？为鬼神举也。故《书》曰："戛击鸣球，搏拊琴瑟以咏，祖考来格。"

按：所引《尚书》语出自今传《益稷》篇，其辞若此。

214. 班固《白虎通》卷三之《礼乐》：

声音者，何谓也？声者，鸣也。……音者，饮也。言其刚柔清浊和而相饮也。《尚书》曰"予欲闻六律、五声、八音"者，宫、商、角、徵、羽。

按：所引《尚书》语出自今传《益稷》篇，其辞若此。

215. 班固《白虎通》卷四之《封公侯》：

唐虞谓之牧者何？尚质。使大夫往来视牧诸侯，故谓之牧。旁立三人，凡十二人。《尚书》曰："咨十有二牧。"

按：所引《尚书》语出自今传《舜典》篇，其辞若此。

216. 班固《白虎通》卷四之《封公侯》：

《尚书》曰："惟帝其难之。"立子以贵不以长，防爱憎也。

按：所引《尚书》语出自今传《皋陶谟》篇，其辞若此。

217. 班固《白虎通》卷四之《京师》：

王者京师必择土中者何？所以均教道，平往来，使善易以闻，为恶易以闻，明当惧慎，损于善恶。《尚书》曰："王来绍上帝，自服于土中。"

按：所引《尚书》语出自今传《召诰》篇，其辞若此。

218. 班固《白虎通》卷四之《京师》：

王者京师必择土中者何？所以均教道，平往来，使善易以闻，为恶易以闻，明当惧慎，损于善恶。《尚书》曰：……又曰："公不敢不敬天之休，来相宅。"

按：所引《尚书》又曰语出自今传《洛诰》篇，其辞若此。

219. 班固《白虎通》卷四之《京师》：

> 或曰：夏曰夏邑，殷曰殷邑，周曰京师。《尚书》曰"率割夏邑"，谓桀也。

按：所引《尚书》"率割夏邑"语出自今传《汤誓》篇，其辞若此。

220. 班固《白虎通》卷四之《京师》：

> 或曰：夏曰夏邑，殷曰殷邑，周曰京师。《尚书》曰……"在商邑"，谓殷也。

按：所引《尚书》"在商邑"语出自今传《酒诰》篇，其辞为"厥心疾很，不克畏死，辜在商邑，越殷国民无罹"。

221. 班固《白虎通》卷四之《五行》：

> 五行者，何谓也？……《尚书》曰："一曰水，二曰火，三曰木，四曰金，五曰土。"

按：所引《尚书》语出自今传《洪范》篇，其辞若此。

222. 班固《白虎通》卷四之《五行》：

> 五行之性或上或下何？……《尚书》曰："水曰润下，火曰炎上，木曰曲直，金曰从革，土爰稼穑。"

按：所引《尚书》语出自今传《洪范》篇，其辞若此。

223. 班固《白虎通》卷四之《五行》：

> 土味所以甘何？中央者，中和也，故甘，犹五味以甘为主也。《尚书》曰："润下作咸，炎上作苦，曲直作酸，从革作辛，稼穑作甘。"

按：所引《尚书》语出自今传《洪范》篇，其辞若此。

224. 班固《白虎通》卷五之《三军》：

> 独见祢何？辞从卑，不敢留尊者之命，至称不嫌不至祖也。《尚书》曰："归格于艺祖。"

按：所引《尚书》语出自今传《舜典》篇，其辞为"归，格于艺祖，用特"。

225. 班固《白虎通》卷五之《三军》：

> 出所以告天何？示不敢自专也，非出辞反面之道也。与宗庙异义，还不复告天者，天道无外内，故不复告也。《尚书》曰："归格于祖祢"，不见告于天，知不告也。

按：所引《尚书》语出自今传《舜典》篇，其辞为"归，格于艺祖，用特"。

226. 班固《白虎通》卷五之《三军》：

> 《尚书》曰："命予惟恭行天之罚。"此言开自出伐扈也。

按：所引《尚书》语出自今传《甘誓》篇，其辞为"今予惟恭行天之罚"。此处所引之"命"字当为"今"之别字。

227. 班固《白虎通》卷五之《诛伐》：

> 伐者何谓也？伐者，击也。欲言伐击之也。《尚书叙》曰："武王伐纣。"

按：所引《尚书叙》语不见今传《书序》，今传《泰誓》三篇《书序》有"武王伐殷"，《武成》篇《书序》有"武王伐殷"，《洪范》篇《书序》有"武王胜殷杀受"。

228. 班固《白虎通》卷五之《诛伐》：

> 征者何谓也？征犹正也。欲言其正也。轻重从辞也。《尚书》曰：
> "诞以尔东征。"诛禄甫也。

按：所引《尚书》语出自今传《酒诰》篇，其辞为"肆朕诞以尔东征"。

229. 班固《白虎通》卷五之《诛伐》：

> 征者何谓也？征犹正也。欲言其正也。轻重从辞也。 《尚书》
> 曰：……又曰："甲戌，我惟征徐戎。"

按：所引《尚书》又曰语出自今传《费誓》篇，其辞若此。

230. 班固《白虎通》卷五之《谏诤》：

> 君所以不为臣隐何？以为君之与臣，无适无莫，义之于比。赏一善
> 而众臣劝，罚一恶而众臣惧。若为卑隐，为不可殆也。故《尚书》曰：
> "毕力赏罚，以定厥功。"

按：所引《尚书》语不见今传《尚书》，《尚书大传》卷三《略说》有
"戮力赏罚"语。

231. 班固《白虎通》卷六之《巡狩》：

> 王者所以巡狩者何？……《尚书》曰："遂觐东后，叶时月正日，
> 同律度量衡，修五礼。"

按：所引《尚书》语出自今传《舜典》篇，其辞为"肆觐东后。协时
月正日，同律度量衡。修五礼、五玉、三帛、二生、一死贽"。此处所引
"遂"字当为"肆"之别字。

232. 班固《白虎通》卷六之《巡狩》：

　　《尚书》曰："明试以功，车服以庸。"

按：所引《尚书》语出自今传《舜典》篇，其辞若此。

233. 班固《白虎通》卷六之《巡狩》：

　　巡狩所以四时出何？……《尚书》曰："二月东巡守，至于岱宗"，"五月南巡守，至于南岳"，"八月西巡守，至于西岳"，"十有一月朔巡守，至于北岳。"

按：所引《尚书》语出自今传《舜典》篇，其辞若此。

234. 班固《白虎通》卷六之《巡狩》：

　　巡狩必祭天何？……《尚书》曰"东巡守，至于岱宗，柴"也。

按：所引《尚书》语出自今传《舜典》篇，其辞若此。

235. 班固《白虎通》卷六之《巡狩》：

　　王者出，必告庙何？……《尚书》曰："归格于祖祢。"

按：所引《尚书》语可能出自今传《舜典》篇，其辞"归，格于艺祖，用特"。

236. 班固《白虎通》卷七之《考黜》：

　　诸侯所以考黜何？王者所以勉贤抑恶，重民之至也。《尚书》曰："三载考绩，三考黜陟。"

按：所引《尚书》语出自今传《舜典》篇，其辞"三载考绩，三考，黜陟幽明"。

237. 班固《白虎通》卷七之《考黜》：

　　《书》曰："明试以功，车服以庸。"

按：所引《尚书》语出自今传《舜典》篇，其辞若此。

238. 班固《白虎通》卷七之《考黜》：

　　所以三岁一考绩何？……《尚书》曰："三载考绩，三考黜陟。"

按：所引《尚书》语出自今传《舜典》篇，其辞"三载考绩，三考，黜陟幽明"。

239. 班固《白虎通》卷七之《考黜》：

　　何以知始考辄黜之？《尚书》曰："三年一考，少黜以地。"

按：所引《尚书》语不见今传《尚书》，《尚书大传》之《唐传》有"三年，圭不复，少黜以爵；六年，圭不复，少黜以地；九年，圭不复，而地毕"。

240. 班固《白虎通》卷七之《考黜》：

　　《书》所言"三考黜陟"者，谓爵士异也。

按：所引《尚书》语出自今传《舜典》篇，其辞"三载考绩，三考，黜陟幽明"。

241. 班固《白虎通》卷七之《考黜》：

　　所以至三削何？……《尚书》曰："三考黜陟。"

按：所引《尚书》语出自今传《舜典》篇，其辞"三载考绩，三考，黜陟幽明"。

242. 班固《白虎通》卷七之《王者不臣》：

　　王者所以不臣者三，何也？……《尚书》曰"虞宾在位"，谓丹朱也。

　　按：所引《尚书》语出自今传《益稷》篇，其辞为"虞宾在位，群后德让"。

243. 班固《白虎通》卷七之《王者不臣》：

　　《尚书》曰"咨尔伯"，不言名也。不名者，贵贤者而已。

　　按：所引《尚书》语不见今传《尚书》，今传《舜典》之辞有"咨！十有二牧""咨！四岳"等。

244. 班固《白虎通》卷七之《蓍龟》：

　　《尚书》曰："汝则有大疑，谋及卿士，谋及庶人，谋及卜筮。"定天下之亶亶者，莫善乎蓍龟。

　　按：所引《尚书》语出自今传《洪范》篇，其辞为"汝则有大疑，谋及乃心，谋及卿士，谋及庶人，谋及卜筮"。

245. 班固《白虎通》卷七之《蓍龟》：

　　或曰：清微无端绪，非圣人所及，圣人亦疑之。《尚书》曰："女则有疑。"谓武王也。

　　按：所引《尚书》语出自今传《洪范》篇，其辞为"汝则有大疑"。

246. 班固《白虎通》卷七之《蓍龟》：

　　龟曰卜，蓍曰筮，何？……《尚书》曰："卜三龟。"

按：所引《尚书》语出自今传《金縢》篇，其辞为"乃卜三龟，一习吉"。

247. 班固《白虎通》卷七之《蓍龟》：

又《尚书》曰："三人占，则从二人之言。"

按：所引《尚书》语出自今传《洪范》篇，其辞若此。

248. 班固《白虎通》卷七之《圣人》：

何以言皋繇圣人也？以目篇"曰若稽古皋繇"。圣人而能为舜陈道。"朕言惠可底行"。

按：所引"曰若稽古皋繇"语出自今传《皋陶谟》篇，其辞为"曰若稽古。皋繇曰"，所引"朕言惠可底行"语出自今传《皋陶谟》篇，其辞为"朕言惠可底行?"

249. 班固《白虎通》卷七之《圣人》：

圣人而能为舜陈道。……又"旁施象刑维明。"

按：所引"旁施象刑维明"语出自今传《益稷》篇，其辞为"方施象刑，维明"。

250. 班固《白虎通》卷七之《商贾》：

即如是，《尚书》曰"肇牵车牛，远服贾用"，何言远行可知也。

按：所引《尚书》语出自今传《酒诰》篇，其辞为"肇牵车牛，远服贾用，孝养厥父母"。

251. 班固《白虎通》卷八之《瑞贽》：

《尚书》"辑五瑞"，"觐四岳"，谓舜始即位，见四方诸侯，合符信。

按：所引《尚书》语出自今传《舜典》篇，其辞为"辑五瑞。既月乃日，觐四岳群牧，班瑞于群后"。

252. 班固《白虎通》卷八之《三教》：

教者，何谓也？教者，效也。上为之，下效之。民有质朴，不教而成。故……《尚书》曰："以教祗德。"

按：所引《尚书》语出自今传《吕刑》篇，其辞若此。

253. 班固《白虎通》卷八之《三教》：

族者，何也？……《尚书》曰："以亲九族。"

按：所引《尚书》语出自今传《尧典》篇，其辞若此。

254. 班固《白虎通》卷八之《三教》：

族所以有九何？……《尚书》曰："以亲九族。"

按：所引《尚书》语出自今传《尧典》篇，其辞若此。

255. 班固《白虎通》卷九之《姓名》：

人所以有姓者何？……《尚书》曰："平章百姓。"

按：所引《尚书》语出自今传《尧典》篇，其辞若此。

256. 班固《白虎通》卷九之《姓名》：

或氏王父字者何？……《刑德放》曰："尧知命，表稷、契，赐姓子、姬。皋陶典刑，不表姓，言天任德远刑。"

按：《刑德放》为汉代《尚书纬》之一。

257. 班固《白虎通》卷九之《姓名》：

何以知诸侯不像王者以生日名子也？……《书》曰"帝乙"，谓六代孙也。

按：所引《书》语不见今传《尚书》，当为称引逸《书》之文。

258. 班固《白虎通》卷九之《姓名》：

人生所以泣何？……《尚书》曰"启呱呱而泣"也。

按：所引《尚书》语出自今传《益稷》篇，其辞为"辛壬癸甲，启呱呱而泣"。

259. 班固《白虎通》卷九之《姓名》：

所以必再拜何？法阴阳也。《尚书》曰"再拜稽首"也。

按：所引《尚书》语出自今传《尚书纬·中候》篇，其辞为"王再拜稽首"。今传《尧典》《大禹谟》篇多"拜稽首"之文，《益稷》篇有"拜手稽首"之文。

260. 班固《白虎通》卷九之《姓名》：

所以先拜手后稽首何？名顺其文质也。《尚书》曰："周公拜手稽首。"

按：所引《尚书》语出自今传《洛诰》篇，其辞为"周公拜手稽首曰"。

261. 班固《白虎通》卷九之《日月》：

《刑德放》曰："日月东行。"

按：《刑德放》为汉代《尚书纬》之一。

262. 班固《白虎通》卷九之《日月》：

> 《援神契》曰："月三日成魄，三月而成时。"

按：《援神契》为汉代《尚书纬》之一。《礼记》有"月者三日成魄，三月而成时"。

263. 班固《白虎通》卷九之《四时》：

> 所以名为岁何？……《尚书》曰："朞三百有六旬有六日，以闰月定四时成岁。"

按：所引《尚书》语出自今传《尧典》篇，其辞为"朞三百有六旬有六日，以闰月定四时，成岁"。

264. 班固《白虎通》卷九之《四时》：

> 或言岁，或言载，或言年，何？……故《尚书》曰"三载，四海遏密八音"，谓二帝也。

按：所引《尚书》语出自今传《舜典》篇，其辞若此。

265. 班固《白虎通》卷九之《四时》：

> 或言岁，或言载，或言年，何？……故《尚书》曰……又曰"谅阴三年"，谓三王也。

按：所引《尚书》又曰语出自今传《无逸》篇，其辞为"乃或亮阴，三年不言"。

266. 班固《白虎通》卷九之《五经》：

> 孔子所以定五经者何？……故孔子曰"《书》曰'孝乎惟孝，友于

兄弟，施于有政，是以为政'"也。

按：所引《尚书》语不见今传《尚书》，晚《书》二十五篇之《君陈》篇之辞有"惟孝友于兄弟，克施有政"。

267. 班固《白虎通》卷十之《绋冕》：

绋者何谓也？……《书》曰："黼黻衣，黄朱绋。"亦谓诸侯也。

按：所引《尚书》语不见今传《尚书》，《益稷》篇之辞有"予欲观古人之象，日、月、星辰、山、龙、华虫，作会；宗彝、藻、火、粉米、黼黻、希绣，以五彩彰施于五色，作服，汝明"。《康王之诰》篇之辞有"皆布乘黄朱"。

268. 班固《白虎通》卷十之《绋冕》：

即不忘本，不用皮何？……《尚书》："王麻冕。"

按：所引《尚书》语出自今传《顾命》篇，其辞为"王麻冕黼裳，由宾阶隮"。

269. 班固《白虎通》卷十一之《崩薨》：

《书》曰："成王崩。"天子称崩何？别尊卑，异生死也。

按：所引《尚书》语出自今传《顾命》篇，其辞为"翌日乙丑，王崩"。司马迁《史记·律历志》引为"翌日乙丑，成王崩"。

270. 班固《白虎通》卷十一之《崩薨》：

不直言死，称丧者何？为孝子心不忍言也。《尚书》曰："武王既丧。"

按：所引《尚书》语出自今传《金縢》篇，其辞若此。

271. 班固《白虎通》卷十二之《郊祀》：

祭日用丁与辛何？先甲三日，辛也，后甲三日，丁也，皆可以接事昊天之日。故……《尚书》曰："丁巳，用牲于郊，牛二。"

按：所引《尚书》语出自今传《召诰》篇，其辞为"越三日丁巳，用牲于郊，牛二"。

272. 班固《白虎通》卷十二之《朝聘》：

诸侯来朝，天子亲与之合瑞信者何？……《尚书》曰："辑五瑞。"

按：所引《尚书》语出自今传《舜典》篇，其辞若此。

273. 班固《白虎通》卷十二之《朝聘》：

诸侯相朝聘何？……《书》曰："五玉，三帛，二生，一死贽。"

按：所引《书》语出自今传《舜典》篇，其辞若此。

274. 崔骃《章帝谥议》：

臣闻号者功之表，谥者行之迹。据德录功，各当其实。……《唐书》数尧之德曰："平章百姓。"言天之常德也。

按：所引《唐书》语出自今传《尧典》篇，其辞若此。

275. 崔骃《献书诫窦宪》：

汉兴以后，迄于哀、平，外家二十，保族全身，四人而已。《书》曰："鉴于有殷。"可不慎哉！

按：所引《书》语出自今传《康诰》篇，其辞为"我不可不鉴于有夏，亦不可不鉴于有殷"。

276. 郭躬《上封事言赦宜及亡命》：

《书》曰："王道荡荡，无偏无党。"均大恩以令民。

按：所引《书》语出自今传《洪范》篇，其辞为"无偏无党，王道荡荡。"二者语序颠倒。

277. 马严《日食上封事》：

《书》曰："无旷庶官，天工人其代之。"言王者代天官人也。

按：所引《书》语出自今传《皋陶谟》篇，其辞若此。

278. 贾逵《春秋左氏传解诂》卷下之《昭公元年》：

周有徐、奄。【解诂】《书序》曰："成王伐淮夷，遂践奄。"徐即淮夷。

按：所引《书序》语出自今传《成王政（征）序》，其辞为"成王东伐淮夷，遂践奄"。

279. 贾逵《春秋左氏传解诂》卷下之《哀公六年》：

《夏书》曰："惟彼陶唐，率彼天常。有此冀方，今失其行。乱其纪纲，乃灭乃亡。"【解诂】逸书，夏桀之时。

按：所引《夏书》语出自今传《五子之歌》篇，其辞为"惟彼陶唐，帅彼天常，有此冀方。今失其行，乱其纪纲，乃灭而亡"。《五子之歌》篇为晚《书》二十五篇之一。

280. 贾逵《国语解诂》卷上之《周语上》：

侯卫宾服【解诂】……《周书·康诰》"侯甸男采卫"是也。

按：所引《康诰》语与今传有所不同，现传之辞为"四方民大和会，侯甸男邦，采卫百工……"

281. 许慎《淮南鸿烈解》卷第四《坠形训》：

河水出昆仑东北陬，贯渤海，入禹所导积石山。【解】渤海，大海也。河水自昆仑由地中行，禹导而通之，至积石山。《书》曰："河出积石。"入，犹出也。

按：所引《书》语出自今传《禹贡》篇，其辞若此。

282. 许慎《淮南鸿烈解》卷第八《本经训》：

华虫疏镂，以相缪紾。【解】《书》曰："山龙华虫，藻火粉米。"缪紾，相缠结也。

按：所引《书》语出自今传《益稷》篇，其辞为"山、龙、华虫，作会；宗彝、藻、火、粉米……"

283. 许慎《淮南鸿烈解》卷第十九《修务训》：

"流共工于幽州，殛鲧于羽山"。【解】尧时有共工官。鲧，禹父，为治水绩用弗成，尧殛之。羽山，东极之山。是则尧之为。《洪范》曰："鲧则殛死。"然则浑敦、穷奇、饕餮生至四裔可知也。

按：所引语出自今传《舜典》篇，其辞为"流共工于幽州，放驩兜于崇！窜三苗于三危，殛鲧于羽山，四罪而天下咸服"。所引《洪范》语与今传相同。

284. 许慎《淮南鸿烈解》卷第十九《修务训》：

舜作室，筑墙茨屋，辟地树谷，令民皆知去岩穴，各有家室。南征三苗，道死苍梧。【解】三苗之国在彭蠡，舜时不服，故往征之。《书》曰："舜陟方乃死。"时舜死苍梧，葬于九嶷之山，在苍梧冯乘县东北，零陵之南千里也。

按：所引《书》语出自今传《舜典》篇，其辞为"在位五十载，陟方乃死"。

285. 陈宠《省刑疏》：

> 唐尧著《典》曰："流宥五刑，眚灾肆赦。"

按：所引《典》语出自今传《舜典》篇，其辞为"象以典刑，流宥五刑。鞭作官刑，扑作教刑，金作赎刑。眚灾肆赦，怙终贼刑"。所引可能为节略语。

286. 陈宠《省刑疏》：

> 帝舜命皋陶以"五宅三居，维明克允"。

按：所引语出自今传《舜典》篇，其辞为"五流有宅，五宅三居。维明克允！"

287. 陈宠《省刑疏》：

> 伯夷之《典》："惟敬五刑，以成三德。"由此观之，圣贤之政，以刑罚为首。

按：所引《典》语出自今传《吕刑》篇，其辞若此。

288. 鲁丕《举贤良方正对策》：

> 《书》曰："天工，人其代之。"观人之道，幼则观其孝顺而好学，长则观其慈爱而能教，设难以观其谋，烦事以观其治，穷则观其所守，达则观其所施，此所以核之也。

按：所引《书》语出自今传《皋陶谟》篇，其辞若此。

289. 汉和帝后邓绥《策命长安侯即皇帝位》：

> 其审君汉国，允执其中。"一人有庆，万民赖之。"皇帝其不勉哉！

按：所引语出自今传《吕刑》篇，其辞为"一人有庆，兆民赖之，其宁惟永！"

290. 汉和帝后邓绥《宽罚诏》：

> 《书》云："明德慎罚。"方春东作，育微警始。

按：所引《书》语出自今传《康诰》篇，其辞为"惟乃丕显考文王，克明德慎罚"。

291. 刘恺《臧吏不得禁锢子孙议》：

> 《尚书》曰："上刑挟轻，下刑挟重。"如令使臧吏禁锢子孙，以轻从重，惧及善人，非先王详刑之意也。

按：所引《尚书》语出自今传《吕刑》篇，其辞为"上刑适轻，下服；下刑适重，上服"。

292. 杨震《因地震复上疏》：

> 《书》曰："僭恒阳若，臣无作威作福玉食。"

按：所引《书》语出自今传《洪范》篇，其辞为"臣无作威作福玉食""曰僭，恒旸若"。二者语序差别较大。

293. 陈忠《清盗源疏》：

> 臣闻轻者重之端，小者大之源，故堤溃蚁孔，气泄针芒。是以明者慎微，智者识几。《书》曰："小不可不杀。"……盖所以崇本绝末，钩深之虑也。

按：所引《书》语出自今传《康诰》篇，其辞为"有厥罪小，乃不可不杀"。

294. 陈忠《因灾异上疏劾中侍伯荣》：

> 臣闻《洪范》五事："一曰貌，貌以恭，恭作肃。"貌伤则狂，而致常雨。

按：所引《洪范》语与今传不同，今传《洪范》之辞为"一曰貌，二曰言……貌曰恭，言曰从……恭作肃，从作乂……"所引似乎为节略语。

295. 李合《奏宜复祭祀六宗》：

> 案《尚书》："肆类于上帝，禋于六宗。"六宗者，上不及天，下不及地，旁不反四方，在六合之中，助阴阳化成万物。汉初，于甘泉、汾阴祭天地，亦禋六宗。至孝成之时，匡衡奏立南北郊祀，复祠六宗。及王莽，谓六宗《易》六子也。建武都洛阳，制祀不道祭，六宗由是废不血食。今宜复旧制度。

按：所引《尚书》语出自今传《舜典》篇，其辞若此。

296. 王充《论衡》卷一《气寿篇》：

> 《尧典》曰："朕在位七十载。"

按：所引《尧典》语出自今传《尧典》篇，其辞若此。

297. 王充《论衡》卷一《气寿篇》：

> 又曰："舜生三十，征用三十，在位五十载，陟方乃死。"适百岁矣。

按：所引又曰语出自今传《舜典》篇，其辞"舜生三十征，庸三十，在位五十载，陟方乃死"。

298. 王充《论衡》卷二《率性篇》：

天道有真伪，真者固自与天相应，伪者人加知巧，亦与真者无以异也。何以验之?《禹贡》曰"璆琳琅玕"，此则土地所生真玉珠也。

按：所引《禹贡》语与今传《禹贡》篇稍有不同，其辞为"厥贡惟球琳琅玕"。

299. 王充《论衡》卷二《率性篇》：

推此以论，"百兽率舞"……不复疑矣。

按：所引语出自今传《舜典》篇，其辞若此。

300. 王充《论衡》卷三《初禀篇》：

难曰："《康王之诰》曰：'冒闻于上帝，帝休，天乃大命文王。'如无命史，经何为言'天乃大命文王'?"所谓大命者，非天乃命文王也，圣人动作，天命之意也，与天合同，若天使之矣。《书》方激劝康叔，勉使为善，故言文王行道，上闻于天，天乃大命之也。

按：所引《康王之诰》语不见今传《康王之诰》篇，见于《康诰》篇，其辞为"惟时怙冒，闻于上帝，帝休，天乃大命文王"。

301. 王充《论衡》卷四《书虚篇》：

《禹贡》曰："彭蠡既潴，阳鸟攸居。"天地之情，鸟兽之行也。

按：所引《禹贡》语出自今传《禹贡》篇，其辞为"彭蠡既猪，阳鸟攸居"。

302. 王充《论衡》卷五《感虚篇》：

《洪范》曰："星有好风，星有好雨。日月之行，则有冬有夏。月之从星，则有风雨。"夫星与日月同精，日月不从星，星辄复变。

按：所引《洪范》语出自今传《洪范》篇，其辞为"庶民惟星，星有好风，星有好雨。日月之行，则有冬有夏。月之从星，则以风雨"。二者用字稍有差别。

303. 王充《论衡》卷五《感虚篇》：

《尚书》曰："击石拊石，百兽率舞。"此虽奇怪，然尚可信。

按：所引《尚书》语出自今传《舜典》篇，其辞若此。

304. 王充《论衡》卷六《雷虚篇》：

纣至恶也，武王将诛，哀而怜之。故《尚书》曰："予惟率夷怜尔。"人君诛恶，怜而杀之；天之罚过，怒而击之。

按：所引《尚书》语出自今传《多士》篇，其辞为"予惟率肆矜尔，非予罪，时维天命"。

305. 王充《论衡》卷七《语增篇》：

舜承尧太平，尧舜袭德，功假荒服，尧尚有尤，舜安能无事。故《经》曰："上帝引逸。"谓虞舜也。

按：所引《经》语出自今传《多士》篇，其辞为"我闻曰：'上帝引逸。'"

306. 王充《论衡》卷七《语增篇》：

案《酒诰》之篇："朝夕曰：'祀兹酒。'"此言文王戒慎酒也。朝夕戒慎，则民化之。

按：所引《酒诰》语与今传相同。

307. 王充《论衡》卷七《语增篇》：

《经》曰："弼成五服。"五服，五采服也。服五采之服，又茅茨采椽，何宫室衣服之不相称也？服五采，画日月星辰，茅茨采椽，非其实也。

按：所引《经》语出自今传《益稷》篇，其辞若此。

308. 王充《论衡》卷八《儒增篇》：

言事者好增巧美，数十中之，则言其百中矣。百与千，数之大者也。实欲言十则言百，百则言千矣。是与《书》言"协和万邦"……同一意也。

按：所引《书》语出自今传《尧典》篇，其辞若此。

309. 王充《论衡》卷八《艺增篇》：

《尚书》"协和万邦"，是美尧德致太平之化，化诸夏并及夷狄也。

按：所引《尚书》语出自今传《尧典》篇，其辞若此。

310. 王充《论衡》卷八《艺增篇》：

《尚书》曰："无旷庶官。"旷，空；庶，众也。毋旷众官，实非其人，与空无异，故言空也。

按：所引《尚书》语出自今传《皋陶谟》篇，其辞若此。

311. 王充《论衡》卷八《艺增篇》：

《尚书》曰："祖伊谏纣曰：'今我民罔不欲丧。'"罔，无也，我天下民无不欲王亡者。夫言欲王之亡，可也；言无不，增之也。

按：所引《尚书》语出自今传《西伯戡黎》篇，其辞为"今我民罔弗欲丧，曰：'天曷不降威?'"

312. 王充《论衡》卷九《问孔篇》：

《尚书》曰："毋若丹朱敖，惟漫游是好。"谓帝舜勑禹母子不肖子也。重天命，恐禹私其子，故引丹朱以勑戒之。

按：所引《尚书》语出自今传《益稷》篇，其辞为"无若丹朱傲，惟慢游是好，傲虐是作"。

313. 王充《论衡》卷十《刺孟篇》：

《尚书》曰："黎民亦尚有利哉?"皆安吉之利也。

按：所引《尚书》语出自今传《秦誓》篇，其辞为"以保我子孙黎民，亦职有利哉"。

314. 王充《论衡》卷十一《谈天篇》：

《禹贡》"东渐于海，西被于流沙"，此则天地之极际也。

按：所引《禹贡》语出自今传《禹贡》篇，其辞若此。

315. 王充《论衡》卷十一《说日篇》：

或曰："《尚书》曰：'月之从星，则以风雨。'……二经咸言，所谓为之非天，如何?"夫雨从山发，月经星丽毕之时，丽毕之时当雨也。

按：所引《尚书》语出自今传《洪范》篇，其辞若此。

316. 王充《论衡》卷十二《荅佞篇》：

《书》曰："知人则哲，惟帝难之。"

按：所引《书》语出自今传《皋陶谟》篇，其辞为"惟帝其难之。知人则哲，能管人"。

317. 王充《论衡》卷十二《谢短篇》：

　　《尚书》曰："诗言志，歌咏言。"此时已有诗也。

按：所引《尚书》语出自今传《尧典》篇，其辞为"诗言志，歌咏言"。

318. 王充《论衡》卷十三《效力篇》：

　　《梓材》曰："强人有王开贤，厥率化民。"此言贤人亦壮强于礼义，故能开贤，其率化民。

按：所引《梓材》语不见今传《尚书》，今传《梓材》之辞有"厥乱为民"。

319. 王充《论衡》卷十四《寒温篇》：

　　或难曰："《洪范》庶征曰：'急，恒寒若；舒，恒燠若。'若，顺；燠，温；恒，常也。人君急，则常寒顺之；舒，则常温顺之。寒温应急舒，谓之非政，如何？"夫岂谓急不寒、舒不温哉？

按：所引《洪范》语与今传《洪范》篇语序有所不同，其辞为"曰豫，恒燠若。曰急，恒寒若"。用字亦有所不同。

320. 王充《论衡》卷十四《寒温篇》：

　　《洪范》曰："急，恒寒若；舒，恒燠若。"如《洪范》之言，天气随人易徙，当先天而天不违耳，何故复言后天而奉天时乎？后者，天已寒温于前，而人赏罚于后也。由此言之，人言与《尚书》不合，一疑也。

按：所引《洪范》语与今传《洪范》篇语序有所不同，其辞为"曰豫，恒燠若。曰急，恒寒若"。用字亦有所不同。

321. 王充《论衡》卷十四《谴告篇》：

> 周缪王任刑，《甫刑》篇曰："报虐用威。"威、虐皆恶也。用恶报恶，乱莫甚焉。

按：所引《甫刑》语与今传《吕刑》篇稍有差异，其辞为"报虐以威"。

322. 王充《论衡》卷十四《谴告篇》：

> 舜戒禹曰："毋若丹朱敖。"……毋者，禁之也。

按：所引舜戒禹语出自今传《益稷》篇，其辞若此。

323. 王充《论衡》卷十四《谴告篇》：

> 周公敕成王曰："毋若殷王纣。"毋者，禁之也。

按：所引周公敕成王语出自今传《无逸》篇，其辞为"无若殷王受"。受，作"纣"。

324. 王充《论衡》卷十四《谴告篇》：

> "受终于文祖"，不言受终于天，尧之心，知天之意也。尧授之，天亦授之，百官臣子皆乡与舜。舜之授禹，禹之传启，皆以人心效天意。

按：所引"受终于文祖"语出自今传《舜典》篇，其辞若此。

325. 王充《论衡》卷十四《谴告篇》：

> 《洪范》之"震怒"，皆以人身效天之意。

按：所引《洪范》语与今传《洪范》相同。

326. 王充《论衡》卷十五《变动篇》：

> 《甫刑》曰："庶僇旁告无辜于天帝。"此言蚩尤之民被冤，旁告无罪于上天也。

按：所引《甫刑》语不见今传《吕刑》篇，今传《吕刑》之辞有"虐威庶戮，方告无辜于上"。

327. 王充《论衡》卷十五《明雩篇》：

> 《书》曰："月之从星，则以风雨。"然则风雨随月所离从也。……案《诗》《书》之文，月离星得雨。

按所引《书》语出自今传《洪范》篇，其辞若此。

328. 王充《论衡》卷十六《讲瑞篇》：

> 《书》曰："《箫韶》九成，凤皇来仪。"《大传》曰："凤皇在列树。"不言群鸟从也。岂宣帝所致者异哉？

按：所引《书》语出自《舜典》篇，其辞若此。所引《大传》语被孙之騄辑文渊阁四库本《尚书大传》收入《虞传》，其辞为"舜好生恶杀，凤皇巢其树"。

329. 王充《论衡》卷十七《是应篇》：

> 又言太平之时有景星。《尚书·中候》曰："尧时景星见于轸。"夫景星，或时五星也。大者，岁星、太白也。

按：所引《尚书·中候》语当为《中候》十八篇之文。

330. 王充《论衡》卷十八《感类篇》：

> 然如《书》曰："汤自责，天应以雨。"

按：所引《书》语不见今传《尚书》，孙星衍《尚书今古文注疏·书序上》认为"或此篇即是《夏社》佚文"。

331. 王充《论衡》卷十八《感类篇》：

> 由此论之，周成王之雷风发，亦此类也。《金縢》曰："秋大熟未获，天大雷电以风，禾尽偃，大木斯拔，邦人大恐。"当此之时，周公死。儒者说之，以为成王狐疑于周公：欲以天子礼葬公，公人臣也；欲以人臣礼葬公，公有王功。狐疑于葬周公之间，天大雷雨，动怒示变，以彰圣功。古文家以武王崩，周公居摄，管、蔡流言，王意狐疑周公，周公奔楚，故天雷雨，以悟成王。

按：所引《金縢》语与今传《金縢》相同。

332. 王充《论衡》卷十八《感类篇》：

> 难之曰："……周公曰：'伊尹格于皇天。'天所宜彰也。伊尹死时，天何以不为雷雨？"

按：所引周公曰语出自今传《君奭》篇，其辞为"我闻在昔成汤既受命，时则有若伊尹，格于皇天"。

333. 王充《论衡》卷十八《感类篇》：

> 应曰："以《百雨篇》曰：'伊尹死，大雾三日。'"大雾三日，乱气矣，非天怒质变也。东海张霸造《百雨篇》，其言虽未可信，且假以问："天为雷雨以悟成王，成王未开金匮雷止乎？已开金匮雷雨乃止也？"

按：所引《百两篇》语不见今传《尚书》《书序》《逸周书》。

334. 王充《论衡》卷十九《恢国篇》：

> 《武成》之篇，言周伐纣，"血流漂杵"。以《武成》言之，食儿以丹，晨举脂烛，殆且然矣。

按：所引《武成》篇"血流漂杵"语与今传相同，另，《孟子》亦曾称引过。

335. 王充《论衡》卷二十《须颂篇》：

> 古之帝王建鸿德者，须鸿笔之臣褒颂纪载，鸿德乃彰，万世乃闻。问说《书》者："'钦明文思'以下，谁所言也？"曰："篇家也。""篇家谁也？""孔子也。"然则孔子鸿笔之人也，自卫反鲁，然后乐正……或说《尚书》曰："尚者，上也；上所为，下所书也。""下者谁也？"曰："臣子也。"然则臣子书上所为矣。

按：所引"钦明文思"语出自今传《尧典》篇，其辞为"钦明文思安安"。

336. 王充《论衡》卷二十一《死伪篇》：

> 周武王有疾不豫，周公请命，设三坛同一墠，植璧秉圭，乃告于太王、王季、文王。史乃策祝，辞曰："予人若考，多才多艺，能事鬼神。乃元孙某不若旦多才多艺，不能事鬼神"。

按：所引祝辞语出自今传《金縢》篇，其辞为"予仁若考，能多材多艺，能事鬼神。乃元孙不若旦多材多艺，不能事鬼神"。

337. 王充《论衡》卷二十二《订鬼篇》：

> 《洪范》"五行"："二曰火"，"五事"："二曰言"。"言、火同气，故童谣、诗歌为妖言。言出文成，故世有文书之怪。

按：所引《洪范》语出自今传《洪范》篇，其辞若此。

338. 王充《论衡》卷二十四《卜筮篇》：

> 纣，至恶之君也，当时灾异繁多，七十卜而皆凶，故祖伊曰："格人元龟，罔敢知吉"。

按：所引祖伊语出自今传《西伯戡黎》篇，其辞为"天既讫我殷命，格人元龟，罔敢知吉"。

339. 王充《论衡》卷二十四《卜筮篇》：

> 周武王不豫，周公卜三龟。公曰："乃逢是吉"。

按：所引周公语出自今传《金縢》篇，其辞为"乃并是吉"。

340. 王充《论衡》卷二十五《祭意篇》：

> 《尚书》曰："肆类于上帝，禋于六宗，望于山川，徧于群臣。"

按：所引《尚书》语出自今传《舜典》篇，其辞为"肆类于上帝，禋于六宗，望于山川，遍于群神"。

341. 王充《论衡》卷二十七《定贤篇》：

> 《书》曰："知人则哲，惟帝难之。"据才高卓异者则谓之贤耳，何难之有？然而难之，独有难者之故也。

按：所引《书》语出自今传《皋陶谟》篇，其辞为"惟帝难之。知人则哲，能官人"。

342. 王充《论衡》卷二十八《正说篇》：

> 《洪范》"五纪"，岁月日星，纪事之文，非法象之言也。

按：所引《洪范》语出自今传《洪范》篇，其辞若此。

343. 王充《论衡》卷二十八《正说篇》：

> 尧老求禅，四岳举舜。尧曰："我其试哉！"说《尚书》曰："试者，用也；我其用之为天子也。"文为天子也。文又曰："'女于时，观厥刑于二女。'观者，观尔虞舜于天下，不谓尧自观之也。"

按：所引尧曰"我其试哉""女于时，观厥刑于二女"语出自今传《尧典》篇，其辞若此。

344. 王充《论衡》卷二十八《正说篇》：

> 尧老求禅，四岳举舜。尧曰：……又曰："'四门穆穆，入于大麓，烈风雷雨不迷。'言大麓，三公之位也。居一公之位，大总録二公之事，众多并吉，若疾风大雨。"

按，所引"四门穆穆，入于大麓，烈风雷雨不迷"语出自《舜典》篇，其辞为"四门穆穆，纳于大麓，烈风雷雨弗迷"。

345. 王充《论衡》轶文：

> 武王伐纣，升舟，阳侯波起，疾风逆流。武王操黄钺而麾之，风波毕除。中流，白鱼入于舟。燔以告天，与八百诸侯咸同此盟。《尚书》所谓"不谋同辞"也。

按：所引《尚书》"不谋同辞"语出自马融所述《泰誓》篇，其辞为"八百诸候，不召自来，不期同时，不谋同辞，火复于上，至于王屋，流为雕五，以谷俱来举火。"不见于今传《泰誓》各篇。

346. 王充《论衡》轶文：

> 故曰孟津，亦曰盟津。《尚书》所谓"东至于孟津"者也。

按：所引《尚书》"东至于孟津"语出自今传《禹贡》篇，其辞若此。

347. 刘珍《东观汉记》卷二《帝纪二》之"显宗孝明皇帝"：

> （三年）秋八月，诏曰："《尚书·璇玑钤》曰：'有帝汉出，德洽作乐，名予。'其改郊庙乐曰'大予乐'，乐官曰大予乐官。以应图谶。"

按：所引《尚书·璇玑钤》语当出自汉代《尚书纬》之文。

348. 刘珍《东观汉记》卷二《帝纪二》之"肃宗孝章皇帝"：

> 序曰：《书》云："孝乎惟孝，友于兄弟"，圣之至要也。

按：所引《书》语又见于《论语》，不见于今传《尚书》，但晚《书》语二十五篇之一的《君陈》篇之辞有"惟孝友于兄弟，克施有政"。

349. 刘珍《东观汉记》卷五《志》之"乐志"：

> 宗庙乐，《虞书》所谓"琴瑟以咏，祖考来假"。

按：所引《虞书》语出自今传《益稷》篇，其辞为"夔曰：'戛击鸣球，搏拊、琴、瑟，以咏。'祖考来格，虞宾在位，群后德让"。

350. 刘珍《东观汉记》卷十二《列传七》之"马援"：

> 上言："《禹贡》'厥包橘柚'，疑谓是也。其味美于夏笋。"

按：所引《禹贡》语与今传《禹贡》篇相同，其辞为"厥包橘柚，锡贡"。

351. 刘珍《东观汉记》卷十七《帝纪十二》之"虞延"：

> 寅在职不服父丧，帝闻，乃叹曰："'知人则哲，惟帝难之。'信哉斯言！"寅闻惭而退。

按：所引《书》语出自今传《皋陶谟》篇，其辞为"惟帝难之。知人则哲，能管人"。

352. 史敞《谏尚书仆射胡广》：

臣闻德以旌贤，爵以建事，"明试以功"，典谟所美；"五服五章"，天秩所作。

按：所引"明试以功"语出自今传《皋陶谟》篇，其辞为"明庶以功"；所引"五服五章"语出自今传《皋陶谟》篇，其辞若此。

353. 郎𫖳《诣阙拜章》：

"股肱良哉"，著于《虞典》。

按：所引《虞典》语出自今传《益稷》篇，其辞若此。

354. 虞诩《请复三郡疏》：

《禹贡》："雍州之域，厥田惟上。"

按：所引《禹贡》语与今传《禹贡》篇稍有不同，其辞为"黑水、西河惟雍州：……厥田惟上上，厥赋中下"。

355. 左雄《上疏陈事》：

臣闻柔远和迩，莫大于宁人，宁人之务，莫重用贤，用贤之道，必存考黜。是以皋陶封禹，贵在知人。"安人则惠，黎民怀之"。

按：所引用语出自今传《皋陶谟》篇，其辞为"安民则惠，黎民怀之"。

356. 张衡《上疏陈事》：

倾年雨常不足，思求所失，则《洪范》所谓"僭恒阳若"者也。

按：所引《洪范》语与今传《洪范》篇稍有不同，其辞为"曰僭，恒阳若"。

357. 张衡《上疏陈事》：

> 威不可分，德不可共。《洪范》曰："臣有作威作福玉食，害于而家，凶于而国"。

按：所引《洪范》语与今传《洪范》篇稍有不同，其辞为"臣之有作福作威玉食，其害于而家，凶于而国"。

358. 张衡《条上司马迁班固所叙不合事》：

> 帝系，黄帝产青阳、昌意。《周书》曰："乃命少清。"清即青阳也，今宜实定之。

按：所引《周书》语出自今传《逸周书·尝麦解》篇，其辞若此。

359. 汉顺帝刘保《令冀部勿收田租诏》：

> 《易》美"损上益下"，《书》称"安民则惠"。其令冀部勿收今年田租、刍稿。

按：所引用语出自今传《皋陶谟》篇，其辞若此。

360. 桓麟《西王母传》：

> 《尚书·帝验期》曰："王母之国，在西北荒也。"昔茅盈字叔申、王褒字子登、张道陵字辅汉，洎九圣七真，凡得道授书者，皆朝王母于昆陵之阙焉。

按：所引《尚书·帝验期》语当为汉代《尚书纬》之文。

361. 王逸《楚辞章句》卷一《离骚章句》第一：

不顾难以图后兮，五子用失乎家巷。【章句】图，谋也。言夏王太康不遵禹、启之乐，而更作淫声，放纵情欲，以自娱乐，不顾患难，不谋后世，卒以失国，兄弟五人，皆居于闾巷，失尊位也。《尚书序》曰："太康失国，昆弟五人，须于洛汭，作《五子之歌》"，此逸篇也。

按：章句所引《尚书序》语出自今传《五子之歌序》，其辞若此。《五子之歌序》为晚《书》二十五篇之一。

362. 王逸《楚辞章句》卷一《离骚章句》第一：

武丁用而不疑。【章句】武丁，殷之高宗也。言傅说抱怀道德，而遭遇于刑罚，操筑作于傅岩。武丁思想贤者，梦得圣人，以其形象求之，因得傅说，登以为公，道用大兴，为殷高宗也。《书》曰："高宗梦得说，使百工营求诸野，得诸傅岩，作《说命》"是也。

按：章句所引《书》语出自今传《说命序》，其辞若此。

363. 王逸《楚辞章句》卷一《离骚章句》第一：

忽吾行此流沙兮，【章句】流沙，沙流如水也。《尚书》曰："余波入于流沙"。

按：章句所引《尚书》语出自今传《禹贡》篇，其辞为"导弱水至于合黎。余波入于流沙"。

364. 王逸《楚辞章句》卷一《离骚章句》第一：

奏《九歌》而舞《韶》兮，【章句】《九歌》，《九德》之歌，禹乐也。《韶》，《九韶》，舜乐也，《尚书》"箫韶九成"是也。

按：章句所引《尚书》语出自今传《益稷》篇，其辞若此。

365. 王逸《楚辞章句》卷四《九章章句》第四之"惜诵"：

戒六神与向服。【章句】六神，谓六宗之神也。《尚书》曰："禋于六宗。"向，对。服，事也。言愿令六宗之神，对听己言事可行与否也。

按：章句所引《尚书》语出自今传《舜典》篇，其辞若此。

366. 王逸《楚辞章句》卷四《九章章句》第四之"惜诵"：

待明君其知之。【章句】须贤明之君，则知己之忠也。《书》曰："知人则哲。"

按：章句所引《书》语出自今传《皋陶谟》篇，其辞若此。

367. 王逸《楚辞章句》卷四《九章章句》第四之"思美人"：

指嶓冢之西隈兮，【章句】泽流山野，被流沙也。嶓冢，山名。《尚书》曰："嶓冢导漾。"

按：章句所引《尚书》语出自今传《禹贡》篇，其辞若此。

368. 王逸《楚辞章句》卷四《九章章句》第四之"悲回风"：

夫何彭咸之造思兮，暨志介而不忘！【章句】暨，与也。《尚书》曰："让与稷契暨皋繇。"介，节也。言己见谗人倡君为恶，则思念古世彭咸，欲与齐志节，不能忘也。

按：章句所引《尚书》语出自今传《舜典》篇，其辞若此。

369. 王逸《楚辞章句》卷四《九章章句》第四之"悲回风"：

隐岷山以清江。【章句】隐，伏也。岷山，江所出也。《尚书》曰："岷山导江。"言己虽远游戏，犹依神山而止，欲清澄邪恶者也。

按：章句所引《尚书》语出自今传《禹贡》篇，其辞若此。

370. 王逸《楚辞章句》卷九《招魂章句》第九：

魂魄离散，汝筮予之！【章句】魂者，身之精也。魄者，性之质也。所以经纬五藏，保守形体也。筮，卜问也。著同筮。《尚书》曰："龟筮协从。"言天帝哀闵屈原魂魄离散，身将颠沛，故使巫阳筮问求索，得而与之，使反其身也。

按：章句所引《尚书》语出自今传《大禹谟》篇，其辞若此。《大禹谟》为晚《书》二十五篇之一。

371. 王逸《楚辞章句》卷九《招魂章句》第九：

魂兮归来！西方之害，流沙千里些。流沙，沙流而行也。《尚书》曰："余波入于流沙。"言西方之地，厥土不毛，流沙滑滑，昼夜流行，纵横千里，又无舟航也。

按：章句所引《尚书》语出自今传《禹贡》篇，其辞若此。

372. 王逸《楚辞章句》卷九《招魂章句》第九：

兰芳假些。【章句】假，至也。《书》曰："假于上下。"兰芳，以喻贤人也。

按：章句所引《书》语出自今传《尧典》篇，其辞为"光被四表，格于上下"。假，格也，至也。

373. 王逸《楚辞章句》卷十《大招章句》第十：

魂乎无南！南有炎火千里，【章句】炎，火盛貌也。《尚书》曰："火曰炎上。"

按：章句所引《尚书》语出自今传《洪范》篇，其辞若此。

374. 王逸《楚辞章句》卷十四《哀时命章句》第十四：

> 弱水汩其为难兮，【章句】《尚书》曰："道弱水至于合黎"也。

按：章句所引《尚书》语出自今传《禹贡》篇，其辞为"导弱水至于合黎"。

375. 王逸《楚辞章句》卷十六《九叹章句》第十六之"离世"：

> 路荡荡其无人兮，【章句】荡荡，平易貌也。《尚书》曰："王道荡荡。"

按：章句所引《尚书》语出自今传《洪范》篇，其辞若此。

376. 王逸《楚辞章句》卷十六《九叹章句》第十六之"愍命"：

> 三苗之徒以放逐兮，【章句】三苗，尧之佞臣也。《尚书》曰："窜三苗于三危。"

按：章句所引《尚书》语出自今传《舜典》篇，其辞若此。

377. 王逸《楚辞章句》卷十六《九叹章句》第十六之"愍命"：

> 谗人諓諓，孰可愬兮。【章句】諓諓，谗言貌也。《尚书》曰："諓諓靖言。"言谗人諓諓，承顺于君，不可告以忠直之意也。

按：章句所引《尚书》语出自今传《秦誓》篇，其辞为"惟截截善谝言"。《公羊传·文十二年》："惟諓諓善竫言。"何注为"浅薄之貌"。贾逵云："巧言也。《尚书》作截截。"另，《尧典》篇之辞有"静言庸违"。

378. 王逸《楚辞章句》卷十六《九叹章句》第十六之"思古"：

> 绝《洪范》之辟纪。【章句】《洪范》，《尚书》篇名，箕子所为武王陈五行之道也。言君施行，背三皇五帝之常典，绝去《洪范》之法

纪，任意妄为，故失道也。

按：章句所释《洪范》义与《洪范》篇内容相合。

379. 王逸《楚辞章句》卷十六《九叹章句》第十六之"思古"：

容与汉渚，涕淫淫兮。【章句】汉，水名也。《尚书》曰："嶓冢导漾，东流为汉。"言己将欲避世，游戏汉水之岸，心中哀悲而不能去，涕流淫淫也。

按：章句所引《尚书》语出自今传《禹贡》篇，其辞若此。

380. 阴长生《金碧五相类参同契注》卷中之《弦望章》第十二：

月八与对二十三，出没俱在离宫位。【注】月八与二十三日，月出月没并在正南午地，属火，卦应离，谓两头是阳，中心是阴。按《周书》云："离中虚"，谓火中有水。每月八日与二十三日，并生在离地。月者，是金之㲠。离中有真水，与金是子母，故现没在离宫也。

按：所引《周书》语不见今传《逸周书》《尚书》《书序》，"离中虚"在八卦歌谣之中。此处"周书"或为泛称。

381. 阴长生《周易参同契注》卷上：

若夫至圣不过……造事令可法，为世定诗书。……瞑目登高台。【注】此叹三圣帝犹不能知还丹之道，而闭目入于泉台，况矶矶苍生、锵锵冠冕，举世迷惑，岂能为之？《尚书》曰："知之非艰，行之惟艰"。

按：所引《尚书》语出自今传《说命中》篇，其辞为"非知之艰，行之惟艰"。

382. 周举《对诏问变眚》：

观天察人，方古准今，诚可危惧，《书》曰："僭恒阳若。"夫僭差无度，则言不从而下不治；阳无以制，则上扰下竭。

按：所引《书》语出自今传《洪范》篇，其辞为"曰僭，恒阳若"。

383. 周举《为司徒朱伥创草变异表》：

《书》曰："天威棐谌。"言天德辅诚也。周公将没，戒成王以左右常伯、常任准人、缀衣、虎贲，言此五官，存亡之机，不可不谨也。

按：所引《书》语出自今传《康诰》篇，其辞为"天畏棐忱"。"畏"与"威"古字通，"谌"与"忱"古字通。

384. 汉顺帝后梁妠《增封济北王次诏》：

谅阴以来，二十八月，自诸国有尤，未之闻也，朝廷甚嘉焉。《书》不云乎："用德章厥善。"

按：所引《书》语出自今传《盘庚上》篇，其辞为"用德彰厥善"。

385. 王符《潜夫论》卷一《论荣》第四：

昔祁奚有言："鲧殛而禹兴"，"管、蔡为戮，周公佑王"。故《书》称"父子兄弟不相及"也。

按：所引《书》语出自今传《康诰》篇，其辞为"父子兄弟，罪不相及"。

386. 王符《潜夫论》卷二《明暗》第六：

后末世之君何危之知哉？舜曰："予违，汝弼。汝无面从，退有后言。"故治国之道，劝之使谏，宣之使言，然后君明察而治情通矣。

按：所引《舜》语出自今传《益稷》篇，其辞若此。

387. 王符《潜夫论》卷二《考绩》第七：

帝王不考功，则真贤抑而诈伪胜。故《书》曰："三载考绩，黜陟幽明。"盖所以昭贤愚而劝能否也。

按：所引《书》语出自今传《舜典》篇，其辞为"三载考绩，三考，黜陟幽明"。

388. 王符《潜夫论》卷二《考绩》第七：

《书》云："赋纳以言，明试以功，车服以庸，谁能不让？谁能不敬应？"此尧、舜所以养黎民而致时雍也。

按：所引《书》语出自今传《益稷》篇，其辞为"敷纳以言，明庶以功，车服以庸。谁敢不让？敢不敬应？"

389. 王符《潜夫论》卷二《思贤》第八：

《书》曰："人之有能，使循其行，国乃其昌。"是故先王为官择人，必得其材，功加于民，德称其位，人谋鬼谋，百姓与能，务顺以动天地如此。

按：所引《书》语出自今传《洪范》篇，其辞为"人之有能有为，使羞其行，而邦其昌"。

390. 王符《潜夫论》卷二《思贤》第八：

《书》称"天工人其代之"，《传》曰："夫成天地之功者，未尝不蕃昌也。"由此观之，世主欲无功之人而强富之，则是与天斗也。

按：所引《书》语出自今传《皋陶谟》篇，其辞为"无旷庶官，天工，人其代之"。

391. 王符《潜夫论》卷二《本政》第九：

　　圣人知之，故以为黜陟之首。《书》曰："尔安百姓，何择非人？"此先王致太平而发颂声也。

按：所引《书》语出自今传《吕刑》篇，其辞为"在今尔安百姓，何择，非人？"

392. 王符《潜夫论》卷二《潜叹》第十：

　　《书》云："谋及乃心"，"谋及庶人"。

按：所引《书》语出自今传《洪范》篇，其辞为"汝则有大疑，谋及乃心，谋及卿士，谋及庶人，谋及卜、筮"。

393. 王符《潜夫论》卷三《忠贵》第十一：

　　《书》称"天工，人其代之"，王者法天而建官，自公卿以下至于小司，孰非天官也？

按：所引《书》语出自今传《皋陶谟》篇，其辞若此。

394. 王符《潜夫论》卷四《班録》第十五：

　　乃惟慎贡选，明必黜陟，官得其人，人任其职。"钦若昊天"，"敬授民时"……

按：所引用语出自今传《尧典》篇，其辞若此。

395. 王符《潜夫论》卷四《述赦》第十六：

　　夫养稊稗者伤禾稼，惠奸宄者贼良民。《书》曰："文王作罚，刑兹无赦。"是故先王之制刑法也，非好伤人肌肤、断人寿命者也，乃以威奸惩恶除民害也。

按：所引《书》语出自今传《尧典》篇，其辞为"乃其速由文王作罚，刑兹无赦"。

396. 王符《潜夫论》卷四《述赦》第十六：

> 天子在于奉天威命，共行赏罚，故《经》称"天命有德，五服五章；天罚有罪，五行五用"。

按：所引《经》语出自今传《皋陶谟》篇，其辞为"天命有德，五服五章哉！天讨有罪，五刑五用哉！"

397. 王符《潜夫论》卷四《述赦》第十六：

> 《尚书·康诰》："王曰：'于戏，封！敬明乃罚。人有小罪匪省，乃惟终自作不典，式而，有厥罪小，乃不可不杀。'"言恶人有罪虽小，然非以过差为之也，乃欲终身行之，故虽小，不可不杀也。

按：所引《康诰》语与今传《康诰》之辞稍有不同，今传之辞为"呜呼！封，敬明乃罚。人有小罪，非眚，乃惟终自作不典，式尔，有厥罪小，乃不可不杀"。

398. 王符《潜夫论》卷四《述赦》第十六：

> "乃有大罪匪终，乃惟省哉，适尔，既道极厥罪，时亦不可杀。"言杀人虽有大罪，非欲以终身为恶，乃过误尔，是不杀也。若此者，虽日赦之可也。

按：所引《康诰》语与今传《康诰》之辞稍有不同，今传之辞为"乃有大罪，非终，乃惟眚灾，适尔，既道极厥辜，时乃不可杀"。

399. 王符《潜夫论》卷四《述赦》第十六：

> "金作赎刑，赦作宥罪"，皆谓良人吉士，时有过误，不幸陷离者尔。

按：所引语出自今传《舜典》篇，其辞为"金作赎刑，眚灾肆赦"。

400. 王符《潜夫论》卷四《三式》第十七：

是则所谓"明德慎罚"而简练能否之术也。

按：所引语出自今传《康诰》篇，其辞为"惟乃丕显考文王，克明德慎罚"。

401. 王符《潜夫论》卷四《爱日》第十八：

是以尧勑羲和，"钦若昊天"，"敬授民时"。

按：所引语出自今传《尧典》篇，其辞若此。

402. 王符《潜夫论》卷五《断讼》第十九：

舜勑龙以"谗说殄行，震惊朕师"，乃自上古患之矣。

按：所引语出自今传《舜典》篇，其辞为"龙，朕塈谗说殄行，震惊朕师"。

403. 王符《潜夫论》卷五《救边》第二十二：

《周书》曰："凡彼圣人必趋时。"是故战守之策，不可不早定也。

按：所引《周书》语出自今传《逸周书·周祝解》篇，其辞为"凡彼济者必不息，观彼圣人必趣时。"有"凡"与"观"、"趋"与"趣"之别。

404. 王符《潜夫论》卷五《边议》第二十三：

《书》曰："天子作民父母。"父母之于子也，岂可坐观其为寇贼之所屠剥，立视其为狗豕之所啖食乎？

按：所引《书》语出自今传《洪范》篇，其辞为"天子作民父母，以为天下王"。

405. 王符《潜夫论》卷五《实边》第二十四：

> 《周书》曰："土多人少，莫出其材，是谓虚土，可袭伐也。土少人众，民非其民，可匮竭也。是故土地人民必相称也。"

按：所引《周书》语可能出自今传《逸周书·文传解》篇，其辞为"土多民少，非其土也。土少人多，非其人也。"二者语义相同，用语有较大差异。

406. 王符《潜夫论》卷六《卜列》第二十五：

> 且圣王之立卜筮也，不违民以为吉，不专任以断事。故《洪范》之占"大同是尚"。

按：所引《洪范》之占语可能出自今传《洪范》篇，其辞为"是之谓大同"，用语有差异，但语义同。

407. 王符《潜夫论》卷六《卜列》第二十五：

> 且圣王之立卜筮也，不违民以为吉，不专任以断事。……《书》又曰："假尔元龟，罔敢知吉。"

按：所引《书》"又曰"语出自今传《西伯戡黎》篇，其辞为"格人元龟，罔敢知吉"。

408. 王符《潜夫论》卷六《巫列》第二十六：

> 民安乐者，天悦喜而增历数。故《书》曰："王以小民受天永命"。

按：所引《书》语出自今传《西伯戡黎》篇，其辞为"欲王以小民受天永命"。

409. 王符《潜夫论》卷八《本训》第三十二：

　　天呈其兆，人序其勋，《书》故曰："天工人其代之。"盖理其政，以和天气，以臻其功。

　　按：所引《书》语出自今传《皋陶谟》篇，其辞若此。

410. 王符《潜夫论》卷八《德化》第三十三：

　　故《尚书》美"考终命"，而恶"凶短折"。

　　按：所引《尚书》语出自今传《洪范》篇，其辞若此。

411. 王符《潜夫论》卷八《五德志》第三十四：

　　生以为大公，而使朝夕规谏。恐其有惮怠也，乃敕曰："若金，用汝作砺；若济居川，用汝作舟檝；若时大旱，用汝作霖雨。启乃心，沃朕心。若药不暝眩，厥疾不瘳；若跣不视地，厥足用伤。尔交修余，无弃！"故能中兴，称号高宗。

　　按：所敕语出自今传《说命上》篇，其辞为"若金，用汝作砺；若济巨川，用汝作舟楫；若岁大旱，用汝作霖雨。启乃心，沃朕心，若药弗暝眩，厥疾弗瘳；若跣弗视地，厥足用伤。惟暨乃僚，罔不同心，以匡乃辟。俾率先王，迪我高后，以康兆民。呜呼！钦予时命，其惟有终"。清华简《说命中》之辞有"武丁曰：'来格汝说，听戒朕言，渐之于乃心。若金，用惟汝作砺。古我先王灭夏，燮强，捷蠢邦，惟庶相之力胜，用孚自迹。敬之哉！启乃心，日沃朕心。若药，如不暝眩，越疾罔瘳。朕畜汝，惟乃腹，非乃身。若天旱，汝作淫雨；若津水，汝作舟。汝惟兹说，底之于乃心。且天出不祥，不徂远，在厥落，汝克宣视四方，乃俯视地。心毁惟备。敬之哉，用惟多德。且惟口起戎出好，惟干戈作疾，惟衣载病，惟干戈生（眚）厥身。若诋（抵）不视，用伤，吉不吉。余告汝若时，志之于乃心。'"

412. 王符《潜夫论》卷九《志氏姓》第三十五：

后嗣有皋陶事舜。舜曰："皋陶！蛮夷滑夏，寇贼奸宄，女作士。"

按：所引舜语出自今传《说命上》篇，其辞为"皋陶，蛮夷滑夏，寇贼奸宄。汝作士……"

413. 延笃《春秋左氏传延氏注》之"昭公十有二年"：

是能读三坟、五典、八索、九丘。【注】三坟，三礼。礼为人防。《尔雅》曰："坟，大防也。"《书》曰："谁能典朕三礼？"三礼，天地人之礼也。五典，五帝之常道也。八索，周礼，八议之刑索空空设之。九丘，周礼之九刑丘空也，亦空设之。

按：所引《书》语出自今传《舜典》篇，其辞为"咨！四岳，有能典朕三礼？"

414. 陈蕃《谏幸广城校猎疏》：

故皋陶戒舜"无教逸游"……虞舜、成王犹有此戒，况德不及二主者乎！

按：所引皋陶戒舜语出自今传《皋陶谟》篇，其辞为"无教逸欲，有邦兢兢业业，一日二日万几"。

415. 陈蕃《谏幸广城校猎疏》：

周公戒成王"无盘于游田"。虞舜、成王犹有此戒，况德不及二主者乎！

按：所引周公戒成王语出自今传《无逸》篇，其辞为"文王不敢盘于游田"。

416. 陈蕃《理李膺等疏》：

昔禹巡狩苍梧，见市杀人，下车而哭之曰："万方有罪，在予一人！”故其兴也勃焉。

按：所引禹语出自今传《汤诰》篇，其辞为“其尔万方有罪，在予一人”。

417. 张敞《奏记王畅》：

"五教在宽"，著之经典。

按：所引典语出自今传《舜典》篇，其辞为“汝作司徒，敬敷五教，在宽”。

418. 崔寔《政论》：

年谷如其肌肤，肌肤虽和而脉诊不和，诚未足为休。《书》曰：“虽休勿休”，况不休而可休乎？

按：所引《书》语出自今传《吕刑》篇，其辞若此。

419. 胡广《百官知箴叙》：

箴谏之兴，所由尚矣。圣君求之于下，忠臣纳之于上，故《虞书》曰：“予违，汝弼，汝无面从，退有后言。”墨子著书，称夏箴之辞。

按：所引《虞书》语出自今传《益稷》篇，其辞若此。

420. 刘梁《辩和同论》：

《夏书》曰：“念兹在兹，庶事恕施。”忠智之谓矣。

按：所引《夏书》语出自今传《论语》。《大禹谟》篇之辞有“念兹在兹”。

421. 谢弼《上封事陈得失》：

《书》云：“父子兄弟，罪不相及。”窦氏之诛，岂宜咎延太后？

按：所引《书》语出自今传《康诰》篇，其辞若此。

422. 何休《春秋公羊传解诂》之《隐公第一》：

岁之始也。【解诂】……岁者，揔号其成功之称，《尚书》"以闰月定四时成岁"是也。

按：所引《尚书》语出自今传《尧典》篇，其辞若此。

423. 何休《春秋公羊传解诂》之《隐公第一》：

《春秋》编年，四时具，然后为年。【解诂】明王者当奉顺四时之正也。《尚书》曰"钦若昊天，历象日月星辰，敬授民时"是也。

按：解诂所引《尚书》语出自今传《尧典》篇，其辞为"钦若昊天，历象日月星辰，敬授人时"。

424. 何休《春秋公羊传解诂》之《隐公第一》：

天子有事于泰山，诸侯皆从泰山之下，诸侯皆有汤沐之邑焉。【解诂】……《尚书》曰："岁二月，东巡守，至于岱宗，柴，望秩于山川，遂觐东后，协时月正日，同律度量衡，修五礼，五玉，三帛，二生，一死，贽，如五器，卒乃复。五月南巡守，至于南岳，如岱礼。八月西巡守，至于西岳，如初。十有一月朔巡守，至于北岳，如西礼；还至嵩，如初礼。归，格于祢祖，用特"是也。

按：解诂所引《尚书》语出自今传《舜典》篇，其辞为"岁二月，东巡守，至于岱宗，柴，望秩于山川，遂觐东后，协时月正日，同律度量衡，修五礼，五玉，三帛，二生，一死，贽，如五器，卒乃复。五月南巡守，至于南岳，如岱礼。八月西巡守，至于西岳，如初。十有一月朔巡守，至于北岳，如西礼；还至嵩，如初礼。归，格于艺祖，用特"。

425. 何休《春秋公羊传解诂》之《桓公第二》：

鲁朝宿之邑也。诸侯时朝乎天子，天子之郊，诸侯皆有朝宿之邑焉。【解诂】……《尚书》曰"群后四朝，敷奏以言，明试以功，车服以庸"是也。

按：解诂所引《尚书》语出自今传《舜典》篇，其辞若此。

426. 何休《春秋公羊传解诂》之《桓公第二》：

盖邓与会尔。【解诂】时因邓都得与邓会，自三国以上言会事者，重其少从多也，能决事，定是非，立善恶。《尚书》曰："三人议，则从二人之言"，盖取诸此。

按：解诂所引《尚书》语出自今传《洪范》篇，其辞为"三人占，则从二人之言"。

427. 何休《春秋公羊传解诂》之《文公第六》：

缘孝子之心，则三年不忍当也。【解诂】……子张曰："《书》云：'高宗谅阴，三年不言。'何谓也？"

按：解诂所引《书》语出自今传《无逸》篇，其辞为"其在高宗时，旧劳于外，爰暨小人。作其即位，乃或亮阴，三年不言"。

428. 何休《春秋公羊传解诂》之《文公第六》：

周公拜乎前，鲁公拜乎后。【解诂】始受封时，拜于文王庙也。《尚书》曰："用命赏于祖"是也。

按：解诂所引《尚书》语出自今传《甘誓》篇，其辞为"用命，赏于祖；弗用命，戮于社"。

429. 何休《春秋公羊传解诂》之《成公第八》：

> 元年，春，王正月，公即位。二月辛酉，葬我君宣公。无冰。【解诂】周二月，夏十二月。《尚书》曰："舒恒燠若"……是时成公幼少，季孙行父专权而委任之所致。

按：解诂所引《尚书》语出自今传《洪范》篇，其辞为："曰豫，恒燠若"。

430. 何休《春秋公羊传解诂》之《哀公第十二》：

> 有王者则至，【解诂】上有圣帝明王，天下太平，然后乃至。《尚书》曰："箫韶九成，凤凰来仪。""击石拊石，百兽率舞。"《援神契》曰："德至鸟兽，则凤皇翔，麒麟臻。"

按：解诂所引《尚书》语前者出自今传《益稷》篇，其辞若此；后者出自今传《舜典》篇，其辞若此。

431. 杨赐《蛇变上封事》：

> 以此而观，天之与人，岂不符哉？《尚书》曰："天齐乎人，假我一日。"是其明证也。夫皇极不建，则有蛇龙之孽。

按：解诂所引《尚书》语前者出自今传《吕刑》篇，其辞为："天齐乎民，俾我一日"。

432. 杨赐《上疏谏封爵过差游观无度》：

> 臣闻天生烝民，不能自理，故立君长使司牧之，是以唐虞"兢兢业业"……"明慎庶官"，"俊乂在职"……以观厥成。

按：所引唐虞"兢兢业业""明慎庶官""俊乂在职"语出自今传《皋陶谟》篇，其辞若此。

433. 杨赐《上疏谏封爵过差游观无度》：

　　臣闻天生烝民，不能自理，故立君长使司牧之，是以……周文"日昃不暇"……以观厥成。

　　按：所引周文"日昃不暇"语出自今传《无逸》篇，其辞为"自朝至于日中昃，不遑暇食，用咸和万民"。

434. 杨赐《上疏谏封爵过差游观无度》：

　　臣闻天生烝民，不能自理，故立君长使司牧之，是以……"三载考绩"，以观厥成。

　　按：所引"三载考绩"语出自今传《舜典》篇。

435. 服虔《春秋传服氏注》之《昭公左氏传解谊第十》：

　　周有徐、奄。【注】贾逵云：《书序》曰："成王伐淮夷，遂践奄。"徐即淮夷。一曰鲁公所伐徐戎也。

　　按：解诂所引《书序》语出自逸《书·成王政》篇《书序》，其辞为"成王东伐淮夷，遂践奄"。

436. 服虔《春秋传服氏注》之《哀公左氏传解谊第十二》：

　　《夏书》曰："惟彼陶唐，帅彼天常。有此冀方，今失其行。乱其纪纲，乃灭而亡。"【注】《逸书》，夏桀之时。尧居冀州，虞夏因之，不迁居，不易民，其陶唐、虞夏之都，大率相近，不出河东之界。

　　按：所引《夏书》语出自今传《五子之歌》篇，其辞为"惟彼陶唐，有此冀方。今失厥道，乱其纪纲。乃厎灭亡"。《五子之歌》篇为晚《书》二十五篇之一。

437. 荀爽《延熹九年举至孝对策陈便宜》：

> 《尧典》曰："厘降二女于妫汭，嫔于虞。"降者下也，嫔者妇也。言虽帝尧之女，下嫁于虞，犹屈体降下，勤修妇道。

按：所引《尧典》语与今传《尧典》篇相同。

438. 荀爽《延熹九年举至孝对策陈便宜》：

> 故周公之戒曰："不知稼穑之艰难，不闻小人之劳，惟耽乐是从，时亦罔或克寿。"是其明戒。

按：所引周公语出自今传《无逸》篇，其辞为"不知稼穑之艰难，不闻小人之劳，惟耽乐之从。自时厥后，亦罔或克寿"。

439. 荀爽《延熹九年举至孝对策陈便宜》：

> 《洪范》曰："惟辟作威，惟辟作福，惟辟玉食。"凡此三者，君所独行而臣不得同也。今臣僭君服，下食上珍，所谓"害于而家，凶于而国"者也。

按：所引《洪范》语与今传《洪范》篇语序有所不同，其辞为"惟辟作福，惟辟作威，惟辟玉食。"所引"害于而家，凶于而国"与今传《洪范》篇相同。

440. 蔡邕《蔡中郎集》卷二《陈太丘碑》：

> 《书》曰："洪范九畴，彝伦攸叙。"文为德表，范为士则，存诲殁号，不两宜乎？

按：所引《书》语出自今传《洪范》篇，其辞为"天乃赐禹洪范九畴，彝伦攸叙"。

441. 蔡邕《蔡中郎集》卷六《京兆樊惠渠颂》：

《洪范》"八政：一曰食"。

按：所引《洪范》语与今传《洪范》篇相同。

442. 蔡邕《蔡中郎集》卷七《答诏问灾异》：

《书》曰："惟辟作威，惟辟作福。"臣或为之，谓之凶害，是以明主尤务焉。

按：所引《洪范》语与今传《洪范》篇语序有所不同，其辞为"惟辟作福，惟辟作威"。

443. 蔡邕《蔡中郎集》卷七《答诏问灾异》：

《经》曰："皇建其有极。敛时五福，用敷锡厥庶民，惟时厥庶民于汝极，锡汝保极。"

按：所引《经》语出自今传《洪范》篇，其辞若此。

444. 蔡邕《蔡中郎集》卷七《答诏问灾异》：

昔武王伐纣，曰："牝鸡之晨，惟家之索。"……夫牝鸡但雄鸣，尚有索家不荣之名，况乃阴阳易体，明实变改，此诚大异。

按：所引武王语出自今传《牧誓》篇，其辞"牝鸡无晨。牝鸡之晨，惟家之索"。

445. 蔡邕《蔡中郎集》卷九《上始加元服与群臣上寿表》：

《书》曰："一人有庆，兆民赖之，其宁惟永。"

按：所引《书》语出自今传《吕刑》篇，其辞若此。

446. 蔡邕《蔡中郎集》卷十《明堂月令论》：

　　《尧典》曰："乃命羲和，钦若昊天，历象日月星辰，敬授民时。"

按：所引《尧典》语与今传《尧典》篇相同。

447. 蔡邕《蔡中郎集》卷十《明堂月令论》：

　　《书》曰："岁二月，同律度量衡。"

按：所引《书》语出自今传《舜典》篇，其辞为"岁二月，东巡守，至于岱宗，柴。望秩于山川，肆觐东后。协时月正日，同律度量衡"。此处所引似乎为节略语。

448. 蔡邕《蔡中郎外集》卷四《独断》：

　　天子之宗社曰泰社，天子所以为群姓立社也。天子之社曰王社，一曰帝社。古者有命将行师，必于此社授以政。《尚书》曰："用命赏于祖，不用命戮于社。"

按：所引《尚书》语出自今传《甘誓》篇，其辞为"用命，赏于祖；不用命，戮于社"。

449. 蔡邕《蔡中郎外集》卷四《独断》：

　　四代狱之别名：唐虞曰士官。《史记》曰"皋陶为理"，《尚书》曰"皋陶作士"。夏曰均台，周曰囹圄，汉曰狱。

按：所引《尚书》语出自今传《舜典》篇，其辞为"皋陶，蛮夷猾夏，寇贼奸宄。汝作士"。

450. 蔡邕《蔡中郎外集》卷四《独断》：

　　《周书》曰："王与大夫尽弁。"古皆以布，中古以丝。

按：所引《周书》语出自今传《金縢》篇，其辞若此。

451. 蔡邕《月令章句》卷一：

> 兵革并起。《礼记月令》【章句】《洪范经》云："兵革并起。"兵谓金刃，革谓甲楯。

按：所引《洪范经》语不见今传《洪范》篇。

452. 蔡邕《月令章句》卷三：

> 其数九。《礼记月令》【章句】《洪范经》曰："四日西方有金之四，有土之五，故其数九。"

按：所引《洪范经》语不见今传《洪范》篇。

453. 蔡邕《琴操》卷下《周金縢》：

> 周《金縢》者，周公作也。《书》曰："武王薨，太子诵袭武王之业，年十岁，不能通理海内，周公为摄政。是时周公囚诛管蔡之后，有谤公于王者，言公专国大权，诈策谋，将危社稷，不可置之。成王闻之，勃然大怒，欲囚周公。周公乃奔于鲁而死，且怒之，且伤之，以公礼葬之。天乃大暴风疾雨，禾稼皆僵，木折伤。成王惧，发金縢之书，见周公所为武王祷命以身赎之书。成王执书而泣曰：'谁言周公欲危社稷者！'取所谗公者而诛之，天乃反风霁雨，禾稼复起。成王作思慕之歌。"

按：所引《书》语不见今传《金縢》篇。

454. 蔡邕《礼乐志》：

> 宗庙乐，《虞书》所谓"琴瑟以咏，祖考来假"……

按：所引《虞书》语出自今传《益稷》篇，其辞为"戛击鸣球，搏拊、琴、瑟，以咏。祖考来格……"

455. 卢植《献书规窦武》：

《书》陈"谋及庶人"……植诵先王之书久矣，敢爱其瞽言哉！

按：所引《书》语出自今传《洪范》篇，其辞若此。

456. 陈纪《肉刑论》：

《书》曰："惟敬五刑，以成三德。"……所以辅政助教，惩恶息杀也。

按：所引《书》语出自今传《吕刑》篇，其辞若此。

457. 应劭《汉官仪》卷上：

太常，古官也。《书》曰："伯夷典朕三礼。帝曰：'咨，伯，汝作秩宗。'"《百官公卿表》云："太常，古官，云伯夷也。"

按：所引《书》语出自今传《舜典》篇，其辞为"帝曰：'咨！四岳，有能典朕三礼？'佥曰：'伯夷！'帝曰：'俞，咨！伯，汝作秩宗'"。

458. 应劭《汉官仪》卷上：

太常，古官也。《书》曰："伯夷"，欲令国家盛大，社稷常存，故称太常，以列侯为之，重宗庙也。

按：所引《书》语出自今传《舜典》篇，其辞为"佥曰：'伯夷！'"。

459. 应劭《汉官仪》卷上：

尚书，唐虞官也。《书》曰："龙作纳言，朕命惟允。"……宣王以中兴，秦改称尚书，汉亦尊此官，典机密也。

按：所引《书》语出自今传《舜典》篇，其辞为"帝曰：'龙，朕塈谗说殄行，震惊朕师。命汝作纳言，夙夜出纳朕命，惟允！'"

460. 应劭《风俗通义序》：

> 《尚书》："天子巡守，至于岱宗，觐诸侯，见百年，命大师陈诗，以观民风俗。"

按：所引《尚书》语不见今传《尚书》，见于《礼记·王制》篇，其辞为"天子五年一巡守。岁二月，东巡守至于岱宗，柴而望祀山川。觐诸侯，问百年者就见之。命太师陈《诗》，以观民风"。

461. 应劭《风俗通义》《皇霸第一》之"三王"：

> 《尚书说》："文王作罚，刑兹无赦。"

按：所引《尚书说》语出自今传《康诰》篇，其辞为"乃其速由文王作罚，刑兹无赦"。

462. 应劭《风俗通义》《皇霸第一》之"三王"：

> 《尚书》："武王戎车三百两，虎贲八百人，擒纣于牧之野。"

按：所引《尚书》"武王戎车三百两，虎贲八百人，擒纣于牧之野"语出自今传《牧誓·书序》。

463. 应劭《风俗通义》《皇霸第一》之"三王"：

> 《尚书》："武王戎车三百两，虎贲八百人，擒纣于牧之野。""惟十有三祀，王访于箕子。"

按：所引《尚书》"惟十有三祀，王访于箕子"语出自今传《洪范》篇，其辞若此。

464. 应劭《风俗通义》《皇霸第一》之"三王"：

　　《经》曰："有鳏在下，曰虞舜"。

按：所引《经》"有鳏在下，曰虞舜"语出自今传《尧典》篇。

465. 应劭《风俗通义》《皇霸第一》之"三王"：

　　《经》曰：……"佥曰'伯禹'""禹平水土"是也。

按：所引《经》"佥曰'伯禹'""禹平水土"语出自今传《舜典》篇，其辞为"佥曰'伯禹作司空'，帝曰：'俞，咨！禹，汝平水土，惟时懋哉！'"。

466. 应劭《风俗通义》《正失第二》之"封泰山禅梁父"：

　　谨按《尚书》《礼》：天子巡守，岁二月，至于岱宗。

按：所引《尚书》语出自今传《舜典》篇，其辞若此。

467. 应劭《风俗通义》《正失第二》之"宋均令虎渡江"：

　　谨按《尚书》："武王戎车三百两，虎贲八百人，擒纣于牧野。"言猛怒如虎之奔赴也。

按：所引《尚书》"武王戎车三百两，虎贲八百人，擒纣于牧之野"语出自今传《牧誓·书序》。

468. 应劭《风俗通义》《过誉第四》之"长沙太守汝南郅恽"：

　　《书》曰："安民则惠，黎民怀之。"盖举善以教，则不能者劝。

按：所引《书》语出自今传《皋陶谟》篇，其辞若此。

469. 应劭《风俗通义》《过誉第四》之"司空颍川韩棱":

> 谨按……《尚书》"无旷庶官"……

按：所引《尚书》语出自今传《皋陶谟》篇，其辞若此。

470. 应劭《风俗通义》《过誉第四》之"度辽将军安定皇甫规":

> 《太誓》有云："民之所欲，天必从之。"

按：所引《太誓》语与今传《泰誓上》相同。

471. 应劭《风俗通义》《过誉第四》之"度辽将军安定皇甫规":

> "天作孽，犹可违，自作孽，不可逭"。人之所忌，炎自取之。

按：所引"天作孽，犹可违，自作孽，不可逭"出自今传《太甲中》篇，其辞若此。

472. 应劭《风俗通义》《十反第五》之"赵相汝南李统":

> 《书》曰"天威棐谌"，言天德辅诚也。

按：所引《书》语出自今传《康诰》篇，其辞为"天畏棐忱""威""畏"古通，"谌""忱"古字亦通，皆为诚义。

473. 应劭《风俗通义》《声音第六》:

> 《书》曰："击石拊石，百兽率舞。"鸟兽且犹感应，而况于人乎？况于鬼神乎？

按：所引《书》语出自今传《舜典》篇，其辞若此。

474. 应劭《风俗通义》《声音第六》：

　　《书》："八音克谐，无相夺伦。"由是言之，声本音末也。

按：所引《书》语出自今传《尧典》篇，其辞若此。

475. 应劭《风俗通义》《声音第六》之"磬"：

　　《尚书》："豫州：'锡贡磬错'。"

按：所引《尚书》语出自今传《禹贡》篇，其辞若此。

476. 应劭《风俗通义》《声音第六》之"琴"：

　　《尚书》："舜弹五弦之琴，歌《南风》之诗，而天下治。"

按：所引《尚书》语不见今传《尚书》，当为《尚书》逸文。《礼记·乐记》载："昔者舜作五弦之琴以歌《南风》。"《史记·乐书》载："舜歌《南风》而天下治，《南风》者，生长之音也。舜乐好之，乐与天地同，意得万国之欢心，故天下治也。"

477. 应劭《风俗通义》《声音第六》之"箫"：

　　谨按《尚书》"舜作《箫韶》九成，凤凰来仪。"其形参差像凤之翼，十管长一尺。

按：所引《尚书》语出自今传《舜典》篇，其辞若此。

478. 应劭《风俗通义》《穷通第七》之"太传汝南陈蕃"：

　　谨按《尚书》曰："人惟求旧。"

按：所引《尚书》语出自今传《盘庚上》篇，其辞若此。

479. 应劭《风俗通义》《祀典第八》之"禊":

　　《尚书》："以殷仲春，厥民析。"言人解疗生疾之时，故于水土上衅洁之也。

按：所引《尚书》语出自今传《尧典》篇，其辞若此。

480. 应劭《风俗通义》《山泽第十》：

　　《尚书》："咸秩无文。"王者报功以次秩之，无有文也。

按：所引《尚书》语出自今传《洛诰》篇，其辞若此。

481. 应劭《风俗通义》《山泽第十》之"五岳"：

　　谨按《尚书》："岁二月，东巡守，至于岱宗。柴。"岱宗，泰山也。"望秩于山川，遂见东后。"东后，诸侯也。"协时月正日，同律度量衡。修五礼，五玉，三帛，二牲，一死，贽。五月南巡守，至于南岳。"南岳，衡山也。"八月西巡守，至于西岳。"西岳，华山也。"十二月北巡守，至于北岳。"北岳，恒山也。"皆如岱宗之礼。"

按：所引《尚书》语出自今传《舜典》篇，其辞若此。

482. 应劭《风俗通义》《山泽第十》之"四渎"：

　　《禹贡》："九河既道。"……《禹贡》："江、汉朝宗于海。"……《禹贡》："海岱及淮"，"淮、沂其义。"……《禹贡》："浮于汶，达于济。"

按：所引《禹贡》语与今传《禹贡》篇相同。

483. 应劭《风俗通义》《山泽第十》之"麓"：

　　谨按《尚书》尧禅舜"纳于大麓"。麓，林属于山者也。

按：所引《尚书》语出自今传《舜典》篇，其辞若此。

484. 应劭《风俗通义》《山泽第十》之"丘"：

> 谨按《尚书》"民乃降丘度土。"尧遭洪水，万民皆山栖巢居以避其害。禹决江琉河，民乃下丘，营度爽垲之场而邑落之。

按：所引《尚书》语出自今传《禹贡》篇，其辞为"桑土既蚕，是降丘宅土。"段玉裁《撰异》说："'是'字作'民乃'二字，'宅'作'度'，凡《古文尚书》'宅'字今文作'度'。"

485. 应劭《风俗通义》《山泽第十》之"墟"：

> 谨按《尚书》："舜生姚墟。"《传》曰："郭氏之墟。"墟者，虚也。

按：所引《尚书》语不见今传《尚书》，当为《尚书》逸文。东汉许慎《说文解字》载："虞舜居姚墟，因以为姓。"《竹书纪年》亦载："生舜于姚墟。"

486. 应劭《风俗通义》《山泽第十》之"薮"：

> 《尚书》："纣为逋逃渊薮。"

按：所引《尚书》语不见今传《尚书》《书序》《逸周书》，《左传昭公七年》有此语。

487. 应劭《风俗通义》《山泽第十》之"泽"：

> 谨按《尚书》："雷夏既泽。"

按：所引《尚书》语出自今传《禹贡》篇，其辞若此。

488. 应劭《风俗通义》佚文：

谨按《周书》："灵王生而有髭，王甚神圣，克修其职，诸侯服享，二世休和。"安在其有害乎？

按：所引《周书》语不见今传《逸周书》，盖为《逸周书》十一篇佚文。

489. 应劭《风俗通义》佚文：

谨案《尚书》夏禹始作肉刑，则天象而慎其过，故穿窬盗窃者髌。髌者，去膝盖骨也。

按：此处所说盖为应劭概述《虞夏书》语，不似《尚书》原文。

490. 应劭《风俗通义》佚文：

谨案律者，法也。《皋陶谟》："虞始造律。"

按：所引《皋陶谟》语不见今传《皋陶谟》篇。

491. 应劭《追驳尚书陈忠活尹次史玉议》：

《尚书》称"天秩有礼，五服五章哉。天讨有罪，五刑五用哉"。

按：所引《尚书》语出自今传《禹贡》篇，其辞为"天秩有礼，自我五礼有庸哉！同寅协恭和衷哉！天命有德，五服五章哉！天讨有罪，五刑五用哉！"

492. 应劭《追驳尚书陈忠活尹次史玉议》：

夫时化则刑重，时乱则刑轻。《书》曰："刑罚时轻时重"，此之谓也。

按：所引《书》语出自今传《吕刑》篇，其辞为"刑罚世轻世重，惟齐非齐，有伦有要。""时"字与"世"字古通。

493. 郑玄《毛诗训诂传笺》之《卫·淇奥训诂传》第五：

《木瓜》：匪报也，永以为好也。【笺】以果实相遗者，必苞苴之，《尚书》曰："厥苞橘柚。"

按：郑笺所引《尚书》语出自今传《禹贡》篇，其辞若此。

494. 郑玄《毛诗训诂传笺》之《鸿雁之什训诂传》第十八：

《祈父》：祈父司马也，职掌封圻之兵甲。【笺】此司马也，时人以其职号之，故曰祈父。《书》曰："若畴圻父"，谓司马。司马掌禄士，故司士属焉。

按：郑笺所引《书》语出自今传《酒诰》篇，其辞为"矧惟若畴圻父"。

495. 郑玄《毛诗训诂传笺》之《节南山之什训诂传》第十九：

《正月》：民之无辜，并其臣仆【笺】辜，罪也。人之尊卑有十等，仆第九，台第十。言王既刑杀无罪，并及其家之贱者，不止于所罪而已。《书》曰："越兹丽行并制。"

按：郑笺所引《书》语出自今传《吕刑》篇，其辞为"越兹丽刑并制，罔差有辞"。

496. 郑玄《毛诗训诂传笺》之《节南山之什训诂传》第十九：

《小旻》：国虽靡止，或圣或否。民虽靡膴，或哲或谋，或肃或艾。【笺】靡，无；止，礼；膴，法也。言天下诸侯今虽无礼，其心性犹有通圣者，有贤者。民虽无法，其心性犹有知者，有谋者，有肃者，有艾者。王何不择焉，置之于位，而任之为治乎？《书》曰："睿作圣，明作哲，聪作谋，恭作肃，从作艾。"诗人之意，欲王敬用五事，以明天道，故云然。

按：郑笺所引《书》语出自今传《洪范》篇，其辞为"恭作肃，从作义，明作哲，聪作谋，睿作圣"。二者语序不同。

497. 郑玄《毛诗训诂传笺》之《文王之什训诂传》第二十三：

《大明》：肆伐大商，会朝清明。【笺】肆，故今也。会，合也。以天期已至，兵甲之强，师率之武，故今伐殷，合兵以清明。《书·牧誓》曰："时甲子昧爽，武王朝至于商郊牧野，乃誓"。

按：郑笺所引《牧誓》与今传文本稍有不同，今传《牧誓》其辞为"时甲子昧爽，王朝至于商郊牧野，乃誓"。

498. 郑玄《毛诗训诂传笺》之《文王之什训诂传》第二十三：

《思齐》：刑于寡妻，至于兄弟，以御于家邦。【笺】寡妻，寡有之妻，言贤也。御，治也。文王以礼法接待其妻，至于宗族，以此又能为政治于家邦也。《书》曰："乃寡兄勖。"

按：郑笺所引《书》语出自今传《康诰》篇，其辞为"惟时叙，乃寡兄勖。"

499. 郑玄《毛诗训诂传笺》之《文王之什训诂传》第二十三：

《思齐》：刑于寡妻，至于兄弟，以御于家邦。【笺】寡妻，寡有之妻，言贤也。御，治也。文王以礼法接待其妻，至于宗族，以此又能为政治于家邦也。《书》曰……又曰："越乃御事。"

按：郑笺所引《书》语出自《大诰》篇，其辞为"越尔御事"。

500. 郑玄《毛诗训诂传笺》之《文王之什训诂传》第二十三：

《下武》：受天之祜，四方来贺。于万斯年，不暇有佐。【笺】武王受此万年之寿。不远有佐，言其辅佐之臣，亦宜蒙其余福也。《书》曰："公其以予万亿年。"亦君臣同福禄也。

按：郑笺所引《书》语出自今传《洛诰》篇，其辞为"公其以予万亿年敬天之休"。

501. 郑玄《毛诗训诂传笺》之《文王之什训诂传》第二十三：

《文王有声》：诒厥孙谋，以燕翼子。【笺】诒，犹传也。孙，顺也。豊水犹以其润泽生草，武王岂不以其功业为事乎？以之为事，故传其所以顺天下之谋，以安其敬事之子孙，谓使行之也。《书》曰："厥考翼，其肯曰：'我有后，弗弃基'。"

按：郑笺所引《书》语出自今传《大诰》篇，其辞为"厥考翼其肯曰：'予有后弗弃基？'"

502. 郑玄《毛诗训诂传笺》之《荡之什训诂传》第二十五：

《烝民》：天监有周，昭假于下。保兹天子，生仲山甫。【笺】监，视也；假，至也。天视周王之政教，其光明乃至于下，谓及众民也。天安爱此天子宣王，故生樊侯仲山甫使佐之，言天亦好是懿德也。《书》曰："天聪明自我民聪明"。

按：郑笺所引《书》语出自今传《皋陶谟》篇，其辞为"天聪明，自我民聪明"。

503. 郑玄《毛诗训诂传笺》之《荡之什训诂传》第二十五：

《韩奕》：四牡奕奕，孔修且张。韩侯入觐，以其介圭，入觐于王。【笺】诸侯秋见天子曰觐。韩侯乘长大之四牡奕奕然，以时觐于宣王。觐于宣王而奉享礼，贡国所出之宝，善其尊宣王以常职来也。《书》曰："黑水西河，其贡璆琳琅玕。"此觐乃受命，先言受命者，显其美也。

按：郑笺所引《书》语出自今传《禹贡》篇，其辞为"黑水西河……厥贡球、琳、琅玕"。

504. 郑玄《毛诗训诂传笺》之《清庙之什训诂传》第二十六：

《维天之命》：于乎不显，文王之德之纯。假以溢我，我其收之。骏惠我文王。【笺】纯亦不已也。溢，盈溢之言也。于乎不光明与？文王之施德教之无倦已，美其与天同功也。以嘉美之道饶衍与我，我其聚敛之以制法度，以大顺我文王之意，谓为《周礼》六官之职也。《书》曰："考朕昭子刑，乃单文祖德。"

按：郑笺所引《书》语出自今传《洛诰》篇，其辞若此。

505. 郑玄《毛诗训诂传笺》之《清庙之什训诂传》第二十六：

《时迈》：巡守告祭柴望也。【笺】巡守告祭者，天子巡行邦国，至于方岳之下而封禅也。《书》曰："岁二月，东巡守，至于岱宗，柴。望秩于山川，徧于群神。"

按：郑笺所引《书》语出自今传《舜典》篇，其辞若此。

506. 郑玄《毛诗训诂传笺》之《清庙之什训诂传》第二十六：

《思文》：贻我来牟，帝命率育。无此疆尔界，陈常于时夏。【笺】贻，遗；率，循；育，养也。"武王渡孟津，白鱼跃入于舟，出涘以燎。后五日，火流为乌，五至，以谷俱来。"此谓贻我来牟。天命以是循存后稷养天下之功，而广大其子孙之国，无此封竟于女今之经界，乃大有天下也，用是故陈其久常之功，于是夏而歌之。夏至属有九。《书说》："乌以谷俱来，云谷纪后稷之德。"

按：郑笺所引"武王……以谷俱来"语当为汉代今文《尚书·太誓》语，但不见今传《泰誓》三篇。《毛诗正义》称引"《大誓》云：'惟四月，太子发上祭于毕，下至于孟津之上。'"又称引"大子发升舟中流，白鱼入于王舟。王跪取，出涘以燎之。"又称引"至于五日，有火自上复于下，至于王屋，流之为雕，其色赤，其声魄。五至以谷俱来。"盖《毛诗正义》的"正义"者当见过汉代传下来的今文《泰誓》篇。董仲舒在对武帝策时曾说："《书》曰：'白鱼入于王舟，有火入于王屋流为乌。周公曰：复哉复哉。'"《太平御览》"皇亲"部十二引伏生《尚书大传》语："唯四月，太子发上祭于毕，下至于孟津之上。乃告于司徒、司马、司空诸节亢才，予无知以先祖、先父有德之臣左右小子予受先公戮力赏罚以定厥功，明于先祖之遗。太子发升于舟，中流白鱼入于舟。王跪取出涘以燎，群公咸曰休哉。"二者文献均为汉代人所撰文献，均言本段引语为《尚书》语，盖不误。

507. 郑玄《周礼郑氏注》卷一之《天官冢宰上》：

> 辨方正位，【注】……《召诰》："越三日戊申，太保朝至于洛，卜宅。厥既得卜，则经营。越三日庚戌，太保乃以庶殷攻位于洛汭。越五日甲寅，位成。"正位，谓此定官庙。

按：郑注所引《召诰》语与今传《召诰》篇相同。

508. 郑玄《周礼郑氏注》卷一之《天官冢宰上》：

> 夏采，下士四人，史一人，徒四人。【注】夏采，夏翟羽色。《禹贡》："徐州贡夏翟之羽。"有虞氏以为緌，后世或无，故染鸟羽，象而用之，谓之夏采。

按：郑注所引《禹贡》语与今传《禹贡》篇有所不同，其辞为"惟徐州：……厥贡惟土五色，羽畎夏翟"。

509. 郑玄《周礼郑氏注》卷一之《天官冢宰上》：

> 五曰刑典，以诘邦国，以刑百官，以纠万民。【注】诘犹禁也。《书》曰："度作详刑，以诘四方。"

按：郑注所引《书》语出自今传《吕刑》篇，其辞为"惟吕命，王享国百年，耄荒，度作刑以诘四方"。另《吕刑》之辞有"告尔祥刑"。

510. 郑玄《周礼郑氏注》卷一之《天官冢宰上》：

> 二曰禄，以驭其富；【注】班禄，所以富臣下。《书》曰："凡厥正人，既富方谷。"

按：郑注所引《书》语出自今传《洪范》篇，其辞若此。

511. 郑玄《周礼郑氏注》卷一之《天官冢宰上》：

> 七曰嫔妇，化治丝枲；【注】嫔，妇人之美称也。《尧典》曰："厘降二女，嫔于虞。"

按：郑注所引《尧典》语与今传《尧典》篇稍有不同，其辞为"厘降二女于妫汭，嫔于虞"。

512. 郑玄《周礼郑氏注》卷一之《天官冢宰上》：

> 乃施典于邦国，而建其牧，立其监，【注】监，谓公侯伯子男各监一国。《书》曰："王启监，厥乱为民。"

按：郑注所引《书》语出自今传《梓材》篇，其辞若此。

513. 郑玄《周礼郑氏注》卷二之《天官冢宰下》：

> 衣翣柳之材。【注】柳之言聚，诸饰之所聚。《书》曰："分命和仲，度西，曰柳谷"。

按：郑注所引《书》语出自今传《尧典》篇，其辞为"分命和仲，宅西，曰昧谷"。

514. 郑玄《周礼郑氏注》卷二之《天官冢宰下》：

> 染人掌染丝帛。凡染……秋染夏，冬献功。【注】……染夏者，染五色，谓之夏者，其色以夏狄为饰。《禹贡》曰："羽畎夏狄"，是其

总名。

按：郑注所引《禹贡》语与今传《禹贡》篇稍有不同，其辞为"羽畎夏翟"。

515. 郑玄《周礼郑氏注》卷三之《地官司徒上》：

载师，上士二人……【注】载之言事也。事民而税之。《禹贡》曰："冀州，既载。"载师者，间师、遗人、均人官之长。

按：郑注所引《禹贡》语与今传《禹贡》篇相同。

516. 郑玄《周礼郑氏注》卷三之《地官司徒上》：

保氏，下大夫一人……【注】保，安也，以道安人者也。《书叙》曰："周公为师，召公为保，相成王为左右。"圣贤兼此官也。

按：郑注所引《书叙》语见《君奭》篇《书序》，其辞为"召公为保，周公为师，相成王为左右"。二者相比，有语序之别。

517. 郑玄《周礼郑氏注》卷三之《地官司徒上》：

川衡，每大川下士十有二人……【注】川，流水也。《禹贡》曰："九川涤源。"

按：郑注所引《禹贡》语与今传《禹贡》篇相同。

518. 郑玄《周礼郑氏注》卷三之《地官司徒上》：

泽虞，每大泽大薮中士四人……【注】泽，水所钟也。水希曰薮。《禹贡》曰："九泽既陂。"

按：郑注所引《禹贡》语与今传《禹贡》篇相同。

519. 郑玄《周礼郑氏注》卷三之《地官司徒上》：

此谓使民兴贤，出使长之；使民兴能，入使治之。【注】……言为政以顺民为本也。《书》曰："天聪明，自我民聪明；天明威，自我民明威"。

按：郑注所引《书》语出自今传《益稷》篇，其辞为"天聪明，自我民聪明；天明畏，自我民明威"。

520. 郑玄《周礼郑氏注》卷三之《地官司徒上》：

国大询于众庶，则各帅其乡之众寡而致于朝。【注】大询者，询国危，询国迁，询立君。郑司农云："大询于众庶，《洪范》所谓'谋及庶民'"。

按：郑注所引《洪范》语与今传《洪范》篇稍有不同，其辞为"谋及庶人"。

521. 郑玄《周礼郑氏注》卷四之《地官司徒下》：

二曰敏德，以为行本；【注】敏德，仁义、顺时者也。《说命》曰："敬孙务时敏，厥修乃来。"

按：郑注所引《说命》语出自今传《说命》下篇，其辞为"惟学逊志，务时敏，厥修乃来"。

522. 郑玄《周礼郑氏注》卷五之《春官宗伯上》：

乃立春官宗伯，使帅其属而掌邦礼，以佐王和邦国。【注】郑司农云："宗伯，主礼之官，故《书·尧典》曰：'帝曰：'咨！四岳，有能典朕三礼？'金曰：'伯夷。'帝曰：'俞，咨！伯，汝作秩宗。'……"

按：郑注所引《尧典》语与今传《尧典》篇相同。

523. 郑玄《周礼郑氏注》卷五之《春官宗伯上》：

> 典同，中士二人……【注】同，阴律也。不以阳律名官者，因其先言耳。《书》曰："协时月正日，同律度量衡。"

按：郑注所引《舜典》语与今传《舜典》篇相同。

524. 郑玄《周礼郑氏注》卷五之《春官宗伯上》：

> 以玉作六器，以礼天地四方，【注】礼，谓始告神时，荐于神坐。《书》曰："周公植璧秉圭"是也。

按：郑注所引《书》语出自今传《金縢》篇，其辞为"周公立焉。植璧秉珪"。

525. 郑玄《周礼郑氏注》卷五之《春官宗伯上》：

> 掌衣服、车旗、宫室之赏赐。【注】王以赏赐有功者。《书》曰："车服以庸。"

按：郑注所引《书》语出自今传《舜典》篇，其辞若此。

526. 郑玄《周礼郑氏注》卷五之《春官宗伯上》：

> 若大师，则帅有司而立军社，奉主车。【注】……《书》曰："用命赏于祖，不用命戮于社。"社之主，盖用石为之。奉，谓将行。

按：郑注所引《书》语出自今传《甘誓》篇，其辞为"用命，赏于祖；不用命，戮于社"。

527. 郑玄《周礼郑氏注》卷五之《春官宗伯上》：

> 凡封国、命诸侯，王位设黼依，依前南向，设莞筵纷纯，加缫席画纯，加次席黼纯，左右玉几。【注】郑司农云："……《书·顾命》曰：

'成王将崩，命大保芮伯、毕公等被冕服，平玉几。'"

按：郑注所引《顾命》语与今传《顾命》篇差别较大，其辞为"相被冕服，凭玉几。乃同召太保奭、芮伯、彤伯、毕公、卫侯、毛公、师氏、虎臣、百尹、御事"。

528. 郑玄《周礼郑氏注》卷五之《春官宗伯上》：

凡吉事变几，凶事仍几。【注】郑司农云："……《书·顾命》曰：'翌日乙丑，成王崩。癸酉，牖间南向，西序东向。东序西向，皆仍几。'"

按：郑注所引《顾命》语与今传《顾命》篇差别较大，其辞为"越翌日乙丑，王崩。……越七日癸酉……牖间南向……华玉仍几。西序东向……文贝仍几。东序西向……雕玉仍几。……"二者不同，引语似乎为概述语。

529. 郑玄《周礼郑氏注》卷五之《春官宗伯上》：

凡国之玉镇、大宝器，藏焉。若有大祭、大丧，则出而陈之，既事，藏之。【注】……郑司农云："……《书·顾命》曰：'翌日乙丑，王崩。丁卯，命作册度。越七日癸酉，陈宝。赤刀、大训、弘璧、琬琰，在西序，大玉、夷玉、天球、河图，在东序。胤之舞衣、大贝、鼖鼓，在西房。兑之戈、和之弓、垂之竹矢，在东房。'此其行事见于经。"

按：郑注所引《顾命》语与今传《顾命》篇差别较大，其辞为"越翌日乙丑，王崩。……丁卯，命作册度。越七日癸酉……越玉五重，陈宝、赤刀、大训、弘璧、琬琰，在西序，大玉、夷玉、天球、河图，在东序。胤之舞衣、大贝、鼖鼓，在西房。兑之戈、和之弓、垂之竹矢，在东房。……"二者不同，引语似乎为概述语。

530. 郑玄《周礼郑氏注》卷五之《春官宗伯上》：

王之吉服，祀昊天上帝则服大裘而冕，祀五帝亦如之。【注】……玄谓《书》曰："予欲观古人之象，日、月、星辰、山、龙、华虫作缋，宗彝、藻、火、粉米、黼、黻希繡。"此古天子冕服十二章，舜欲观焉。

按：郑注所引《书》语出自今传《益稷》篇，其辞为"予欲观古人之象，日、月、星辰、山、龙、华虫，作会；宗彝、藻、火、粉米、黼、黻、希繡"。

531. 郑玄《周礼郑氏注》卷五之《春官宗伯下》：

以六律、六同、五声、八音、六舞，大合乐。以致鬼神示，以和邦国，以谐万民，以安宾客，以说远人，以作动物。【注】……《虞书》云："夔曰：'戛击鸣球、搏拊、琴、瑟，以咏。'祖考来格，虞宾在位，群后德让。下管鼗鼓，合止柷敔，笙镛以间，鸟兽跄跄，箫韶九成，凤凰来仪。"夔又曰："于！予击石拊石，百兽率舞，庶尹允谐。"此其于宗庙九奏效应。

按：郑注所引《虞书》语出自今传《益稷》篇，其辞若此。

532. 郑玄《周礼郑氏注》卷六之《春官宗伯下》：

凡乐成，则告备。【注】成，谓所奏一竟。《书》曰："箫韶九成。"

按：郑注所引《虞书》语出自今传《益稷》篇，其辞若此。

533. 郑玄《周礼郑氏注》卷六之《春官宗伯下》：

其经兆之体，皆百有二十，其颂皆千有二百。【注】……五色者，《洪范》所谓"曰雨""曰济""曰圛""曰蟊""曰克"。

按：郑注所引《洪范》语与今传《洪范》篇相同。

534. 郑玄《周礼郑氏注》卷六之《春官宗伯下》：

> 卜师掌开龟之四兆……【注】……《书·金滕》曰："开蘥见书"，是谓与？其云方、功、义、弓之名，未闻。

按：郑注所引《金滕》语与今传《金滕》篇稍有不同，其辞为"启蘥见书"。

535. 郑玄《周礼郑氏注》卷六之《春官宗伯下》：

> 凡卜筮既事，则系币以比其命；岁终，则计其占之中否。【注】……《书》曰："王与大夫尽弁，开金滕之书，乃得周公所自以为功，代武王之说。"是命龟书。

按：郑注所引《书》语出自今传《金滕》篇，其辞若此。

536. 郑玄《周礼郑氏注》卷六之《春官宗伯下》：

> 四曰振动，【注】玄谓振动，战栗变动之拜。《书》曰："王动色变。"

按：郑注所引《书》语不见今传《泰誓》三篇，但上述按语文献称引汉代今文《太誓》语中有此说。

537. 郑玄《周礼郑氏注》卷六之《春官宗伯下》：

> 王之丧车五乘：……【注】……《书》曰："以虎贲百人逆子钊"，亦为备焉。

按：郑注所引《书》语出自今传《顾命》篇，其辞为"太保命仲桓、南宫毛俾爰齐侯吕伋，以二干戈、虎贲百人逆子钊于南门之外"。

538. 郑玄《周礼郑氏注》卷六之《春官宗伯下》：

大丧、大宾客亦如之。【注】郑司农说以《书·顾命》曰："成王崩，康王既陈先王宝器。"又曰："大辂在宾阶面，缀辂在阼阶面，先辂在左塾之前，次辂在右塾之前。"汉朝《上计律》陈属车于庭。故曰"大丧、大宾客亦如之。"

按：郑注所引《顾命》语出自今传《顾命》篇，其辞前者似乎为缩略语，又曰语如此。

539. 郑玄《周礼郑氏注》卷六之《春官宗伯下》：

车仆掌戎路之萃……【注】《书》曰："武王戎车三百两。"

按：郑注所引《书》语出自今传《牧誓》篇《书序》，其辞若此。

540. 郑玄《周礼郑氏注》卷七之《夏官司马上》：

及所弊，鼓皆骇，车徒皆噪。【注】噪，谨也。《书》曰"前师乃鼓拊噪"，亦谓喜也。

按：郑注所引《书》语不见今传《尚书》，盖为汉代今文《泰誓》语。依孙星衍辑汉代今文《太誓》，其语有"前师乃鼓拊噪，师乃慆。前歌后舞，格于上天下地"。

541. 郑玄《周礼郑氏注》卷八之《夏官司马下》：

掌凡戎车之仪。【注】凡戎车，众之兵车也。《书序》曰："武王戎车三百两。"

按：郑注所引《书序》语与今传《牧誓》篇《书序》相同。

542. 郑玄《周礼郑氏注》卷八之《夏官司马下》：

　　其川荥洛，其浸波溠，【注】荥，兖水也，出东垣，入于河，泆为荥。荥在荥阳。波，读为"播"。《禹贡》曰："荥播既都。"

　　按：郑注所引《禹贡》语与今传《禹贡》篇有所不同，其辞为"荥、波既猪"。

543. 郑玄《周礼郑氏注》卷八之《夏官司马下》：

　　其浸卢维，【注】卢维，当为"雷雍"，字之误也。《禹贡》曰："雷夏既泽，雍沮会同。"雷夏在城阳。

　　按：郑注所引《禹贡》语与今传《禹贡》篇有所不同，其辞为"雷夏既泽，灉、沮会同"。

544. 郑玄《周礼郑氏注》卷八之《夏官司马下》：

　　匡人掌达法则，匡邦国而观其匿，使无敢反侧，以听王命。【注】反侧，犹背违法度也。《书》曰："无反无侧，王道正直。"

　　按：郑注所引《书》语出自今传《洪范》篇，其辞若此。

545. 郑玄《周礼郑氏注》卷九之《秋官司寇上》：

　　大司寇之职，掌建邦之三典，以佐王刑邦国，诘四方，【注】典，法也。诘，谨也。《书》曰："王旄荒，度作详刑，以诘四方"。

　　按：郑注所引《书》语出自今传《吕刑》篇，其辞为"王享国百年，耄荒，度作刑以诘四方"。

546. 郑玄《周礼郑氏注》卷九之《秋官司寇上》：

　　大军旅，莅戮于社。社，谓社主在军者也。郑司农说以《书》曰：

"用命赏于祖，不用命戮于社"。

按：郑注所引《书》语出自今传《甘誓》篇，其辞为"用命，赏于祖；不用命，戮于社"。

547. 郑玄《周礼郑氏注》卷九之《秋官司寇上》：

> 小司寇之职，掌外朝之政，以致万民而询焉。【注】郑司农云："致万民，聚万民也。询，谋也。……《书》曰：'谋及庶人。'"

按：郑注所引《书》语出自今传《洪范》篇，其辞若此。

548. 郑玄《周礼郑氏注》卷九之《秋官司寇上》：

> 掌受士之金罚、货罚，入于司兵。【注】给治兵及工直也。货，泉贝也。罚，罚赎也。《书》曰："金作赎刑。"

按：郑注所引《书》语出自今传《舜典》篇，其辞若此。

549. 郑玄《周礼郑氏注》卷九之《秋官司寇上》：

> 其奴，男子入于罪隶，女子入于春稾。【注】郑司农云："谓坐为盗贼而为奴者，输于罪隶、春人、稾人之官也。由是观之，今之为奴婢，古之罪人也。故《书》曰：'予则奴戮汝'……"

按：郑注所引《书》语出自今传《甘誓》篇，其辞为"予则孥戮汝"。

550. 郑玄《周礼郑氏注》卷十之《秋官司寇下》：

> 秋令塞阱杜擭。【注】秋而杜塞阱擭，收刈之时，为其陷害人也。《书·柴誓》曰："度乃擭，敜乃阱。"时秋也，伯禽以出师征徐戎。

按：郑注所引《柴誓》语出自今传《费誓》篇，其辞为"杜乃擭，敜乃阱"。

551. 郑玄《周礼郑氏注》卷十之《秋官司寇下》：

> 谨酒，【注】使民节用酒也。《书·酒诰》曰："有政有事无彝酒"。

按：郑注所引《酒诰》语出自今传《酒诰》篇，其辞为"文王诰教小子有正有事，无彝酒"。

552. 郑玄《周礼郑氏注》卷十之《秋官司寇下》：

> 御晨行者，禁宵行者、夜游者。【注】晨，先明也。宵，定昏也。《书》曰："宵中星虚。"

按：郑注所引《书》语出自今传《尧典》篇，其辞为"宵中，星虚，以殷仲秋"。

553. 郑玄《周礼郑氏注》卷十之《秋官司寇下》：

> 十有二岁王巡守殷国。【注】王巡守，诸侯会者各以其时之方，《书》曰："遂觐东后"是也。

按：郑注所引《书》语出自今传《舜典》篇，其辞为"肆觐东后"。

554. 郑玄《周礼郑氏注》卷十一之《冬官考工记上》：

> 燕之角，荆之干，妢胡之笴，吴粤之金锡，此材之美者也。【注】……《禹贡》："荆州贡櫄干枯栢及箘簵楛。"

按：郑注所引《禹贡》语与今传《禹贡》篇有所不同，其辞为"惟荆州：……厥贡羽、毛齿、革惟金三品，杶、干、栝、柏，砺、砥、砮、丹惟菌簵、楛"。

555. 郑玄《仪礼郑氏注》卷五之《乡射礼第五》：

> 遂适阶西，取扑搢之，以反位。【注】扑，所以挞犯教者。《书》

云："扑作教刑。"

按：郑注所引《书》语出自今传《舜典》篇，其辞若此。

556. 郑玄《仪礼郑氏注》卷五之《乡射礼第五》：

射者有过，则挞之。【注】过，谓矢扬伤中人。凡射时矢中人，当刑之。今乡会众贤，以礼乐劝民，而射者中人，本意在侯，去伤害之心远，是以轻之，以扑挞于中庭而已。《书》曰："扑作教刑。"

按：郑注所引《书》语出自今传《舜典》篇，其辞若此。

557. 郑玄《仪礼郑氏注》卷五之《乡射礼第五》：

于郊则闾中，以旌摣。【注】闾，兽名，如驴，一角。或曰如驴岐蹄。《周书》曰："北唐以闾。"折羽为旌。

按：郑注所引《周书》语出自今传《逸周书·王会》篇，其辞为"北唐以闾，闾似隃冠"。

558. 郑玄《仪礼郑氏注》卷十三之《既夕礼第十三》：

志矢一乘，轩輖中，亦短卫。【注】志犹拟也，习射之矢。《书》云："若射之有志。"

按：郑注所引《书》语出自今传《盘庚上》篇，其辞若此。

559. 郑玄《礼记郑氏注》卷一之《曲礼上第一》：

前有士师，则载虎皮；前有挚兽，则载貔貅。【注】士师，谓兵众。虎，取其有威勇也。貔貅，亦挚兽也。《书》曰："如虎如貔。"

按：郑注所引《书》语出自今传《牧誓》篇，其辞若此。

560. 郑玄《礼记郑氏注》卷一之《曲礼下第二》：

问大夫之子，长，曰："能御矣。"幼曰："未能御也。"【注】御犹主也。《书》曰："越乃御事。"谓主事者。

按：郑注所引《书》语出自今传《大诰》篇，其辞为"越尔御事"。

561. 郑玄《礼记郑氏注》卷二之《檀弓上第三》：

舜葬于苍梧之野，【注】舜征有苗而死，因留葬焉。《书》说舜曰："陟方乃死"。苍梧，于周南越之地，今为郡。

按：郑注所引《书》语出自今传《舜典》篇，其辞若此。

562. 郑玄《礼记郑氏注》卷三之《檀弓下第四》：

子张问曰："《书》云：'高宗三年不言，言乃讙。'有诸？"【注】时人君无行三年之丧礼者，问有此与，惟之也。讙，喜悦也。言乃喜悦，则民臣望其言久。

按：郑注对《礼记》引《书》语进行诠释。

563. 郑玄《礼记郑氏注》卷四之《王制第五》：

曰流。【注】谓九州之外也。夷狄流移，或贡或否。《禹贡》荒服之外"三百里蛮，二百里流"。

按：郑注所引《禹贡》语出自今传《禹贡》篇，其辞若此。

564. 郑玄《礼记郑氏注》卷四之《王制第五》：

爵人于朝，与士共之；刑人于市，于众弃之。【注】必共之者，所以审慎之也。《书》曰："克明德慎罚。"

按：郑注所引《书》语出自今传《康诰》篇，其辞若此。

565. 郑玄《礼记郑氏注》卷四之《王制第五》：

是故公家不蓄刑人，大夫弗养，士遇之涂，弗与言也。屏之四方，惟其所之，不及以政，亦弗故生也。【注】《虞书》曰："五流有宅，五宅三居"是也。

按：郑注所引《虞书》语出自今传《舜典》篇，其辞若此。

566. 郑玄《礼记郑氏注》卷五之《月令第六》：

审端经术，【注】术，《周礼》作遂，"夫间有遂，遂上有径"。遂，小沟也。步道曰径。今《尚书》曰："分命羲仲，宅嵎夷"也。

按：郑注所引《书》语出自今传《尧典》篇，其辞若此。

567. 郑玄《礼记郑氏注》卷六之《文王世子第八》：

《兑命》曰："念终始典于学。"【注】兑，当为"说"。《说命》，《书》篇名，殷高宗之臣传说之所作。典，常也。念事之终始常于学。学，礼义之府。

按：郑注对《礼记》引《书·说命》篇名及经语进行诠释。

568. 郑玄《礼记郑氏注》卷十之《礼器第十》：

莞簟之安，而稾鞂之设。【注】穗去实曰鞂。《禹贡》："三百里纳鞂服。"

按：郑注所引《禹贡》语出自今传《禹贡》篇，其辞为"三百里纳秸服"。

569. 郑玄《礼记郑氏注》卷八之《郊特牲第十一》：

> 天子适四方，先柴。【注】所到必先燔柴，有事于上帝也。《书》曰："岁二月，东巡守，至于岱宗，柴。"

按：郑注所引《书》语出自今传《舜典》篇，其辞若此。

570. 郑玄《礼记郑氏注》卷九之《明堂位第十四》：

> 有虞氏之旗，夏后氏之绥，殷之大白，周之大赤。【注】绥，当为緌……緌谓注旄牛尾于杠首，所谓大麾。《书》云："武王左杖黄钺，右秉白旄以麾。"

按：郑注所引《书》语出自今传《牧誓》篇，其辞为"王左杖黄钺，右秉白旄以麾"。

571. 郑玄《礼记郑氏注》卷十一之《学记第十八》：

> 《兑命》曰："念终始典于学。"其此之谓乎！【注】典，经也，言学之不舍业也。兑，当为"说"，字之误也。高宗梦得传说，求而得之，作《说命》三篇，在《尚书》，今亡。

按：郑注对《礼记》引《书·说命》经语及篇名进行诠释。

572. 郑玄《礼记郑氏注》卷十一之《乐记第十九》：

> 宫乱则荒，其君骄；【注】荒犹散也。陂，倾也。《书》曰："王耄荒。"

按：郑注所引《书》语出自今传《吕刑》篇，其辞为"王享国百年，耄荒"。

573. 郑玄《礼记郑氏注》卷十一之《乐记第十九》：

　　夔始制乐以赏诸侯。【注】夔，舜时典乐者也。《书》曰："夔，命汝典乐。"

按：郑注所引《书》语出自今传《舜典》篇，其辞若此。

574. 郑玄《礼记郑氏注》卷十一之《乐记第十九》：

　　若非有司失其传，则武王之志荒矣。【注】荒，老耄也。言典乐者失其说也，而时人妄说也。《书》曰："王耄荒。"

按：郑注所引《书》语出自今传《吕刑》篇，其辞为"王享国百年，耄荒"。

575. 郑玄《礼记郑氏注》卷十一之《乐记第十九》：

　　天子夹振之而驷伐，盛威于中国也。【注】驷，当为"四"，声之误也。《武》舞，战象也，每奏四伐，一击一刺为一伐。《牧誓》曰："今日之事，不过四伐五伐。"

按：郑注所引《牧誓》语与今传《牧誓》篇语序有所差别，其辞为"今日之事……不愆于四伐、五伐、六伐、七伐，乃止齐焉"。

576. 郑玄《礼记郑氏注》卷十四之《祭法第二十三》：

　　是故王立七庙、一坛、一墠，曰考庙……【注】封土曰坛，除地曰墠。《书》曰："三坛同墠。"

按：郑注所引《书》语出自今传《金縢》篇，其辞若此。

577. 郑玄《礼记郑氏注》卷十五之《坊记第三十》：

　　子云："善之则称君，过则称己，则民作忠。《君陈》曰：'尔有嘉谋嘉猷，入告尔君于内，女乃顺之于外，曰：此谋此猷，惟我君之德。于乎！是惟良显哉！'"【注】君陈，盖周公之子伯禽弟也。名篇在《尚书》，今亡。嘉，善也。猷，道也。于乎是惟良显哉，美君之德。

按：郑注对《礼记》引《书·君陈》篇名及经语进行诠释。

578. 郑玄《礼记郑氏注》卷十五之《坊记第三十》：

子云："善则称亲，过则称己，则民作孝。《大誓》曰：'予克纣，非予武，惟朕文考无罪。纣克予，非朕文考有罪，惟予小子无良。'"【注】《大誓》，《尚书》篇名也。克，胜也。非予武，非我武功也。文考，文王也。无罪，则言有德也。无良，无功善也。此武王誓众以伐纣之辞也。今《大誓》无此章，则其篇散亡。

按：郑注对《礼记》引《书·泰誓》篇名及存逸情况进行诠释。今传《泰誓下》篇之辞若此。

579. 郑玄《礼记郑氏注》卷十五之《坊记第三十》：

高宗云："三年其惟不言，言乃讙。"【注】高宗，殷王武丁也。名篇在《尚书》。三年不言，有父小乙丧之时也。讙，当为"欢"，声之误也。其既言，天下皆欢喜，乐其政教也。

按：郑注对《礼记》引《尚书》语进行诠释。所引不见今传《尚书》。

580. 郑玄《礼记郑氏注》卷十五之《坊记第三十》：

《书》云："厥辟不辟，忝厥祖。"【注】厥，其也。辟，君也。忝，辱也。为君不君，与臣子相亵，则辱先祖矣。君父之道，宜尊严。

按：郑注对《礼记》引《书》语进行诠释。所引《书》语见晚《书·太甲上》篇，其辞为"祗尔厥辟，辟不辟，忝厥祖"。

581. 郑玄《礼记郑氏注》卷十七之《表记第三十二》：

> 《甫刑》曰："敬忌而罔有择言在躬。"【注】《甫刑》，《尚书》篇名。忌之言戒也。言己外敬而心戒慎，则无有可择之言加于身也。

按：郑注对《礼记》引《甫刑》语进行诠释。所引《甫刑》语出自今传《吕刑》篇，其辞为"敬忌，罔有择言在身"。

582. 郑玄《礼记郑氏注》卷十七之《表记第三十二》：

> 《大甲》曰："民非后，无能胥以宁；后非民，无以辟四方。"【注】大甲，汤孙也。《书》以篇名。胥，相也。民非君，不能以相安。

按：郑注对《礼记》引《太甲》语进行诠释。所引《太甲》语出自今传晚《书·太甲中》篇，其辞为"民非后，罔克胥匡以生；后非民，罔以辟四方"。

583. 郑玄《礼记郑氏注》卷十七之《表记第三十二》：

> 《甫刑》曰："德威惟威，德明惟明。"非虞帝其孰能如此乎？【注】德所威则人皆畏之，言服罪也。德所明则人皆尊宠之，言得人也。

按：郑注对《礼记》引《甫刑》语进行诠释。所引《甫刑》语出自今传《吕刑》篇，其辞为"德威惟畏，德明惟明"。

584. 郑玄《礼记郑氏注》卷十七之《缁衣第三十三》：

> 《甫刑》曰："苗民匪用命，制以刑，惟作五虐之刑曰法。"是以民有恶德，而遂绝其世也。【注】《甫刑》，《尚书》篇名。匪，非也。命，谓政令也。高辛氏之末，诸侯有三苗者作乱，其治民不用政令，专制御之以严刑，乃作五虐蚩尤之刑，以是为法。于是民皆为恶，起倍畔也。三苗由此见灭，无后世，由不任德。

按：郑注对《礼记》引《甫刑》篇名与经语进行诠释。所引《甫刑》语出自今传《吕刑》篇，其辞为"苗民弗用灵，制以刑，惟作五虐之刑曰法"。

585. 郑玄《礼记郑氏注》卷十七之《缁衣第三十三》：

《甫刑》云："一人有庆，兆民赖之。"……【注】皆言化君也。

按：郑注对《礼记》引《甫刑》语进行诠释。所引《甫刑》语出自今传《吕刑》篇，其辞若此。

586. 郑玄《礼记郑氏注》卷十七之《缁衣第三十三》：

《尹吉》曰："惟尹躬及汤，咸有一德。"【注】吉，当为"告"。告，古文"诰"，字之误也。《尹吉》，伊尹之诰也。《书序》以为《咸有一德》，今亡。咸，皆也。君臣皆有壹德不二，则无疑惑也。

按：郑注对《礼记》引《尹吉》篇名与经语进行诠释。所引《尹吉》语出自今传晚《书·咸有一德》篇，其辞若此。

587. 郑玄《礼记郑氏注》卷十七之《缁衣第三十三》：

《康诰》曰："敬明乃罚。"《甫刑》曰："播刑之不迪。"【注】康，康叔也。《康诰》，《尚书》篇名也。播犹施也。不，衍字耳。迪，道也。言施刑之道。

按：郑注对《礼记》引《康诰》篇名与经语进行诠释。所引《康诰》语出自今传《康诰》篇，其辞若此。

588. 郑玄《礼记郑氏注》卷十七之《缁衣第三十三》：

《叶公之顾命》曰："毋以小谋败大作，毋以嬖御人疾庄后，毋以嬖御士疾庄士、大夫卿士。"【注】叶公，楚县公叶公子高也。临死遗书曰顾命。小谋，小臣之谋也。大作，大臣之所为也。嬖御人，爱妾也。疾亦非也。庄后，适夫人齐庄得礼者。嬖御士，爱臣也。庄士，亦谓士之齐庄得礼者，今为大夫卿士。

按：郑注对《礼记》引《叶公之顾命》篇名与经语进行诠释。所引《叶公之顾命》语不见今传《尚书》。

589. 郑玄《礼记郑氏注》卷十七之《缁衣第三十三》：

《君陈》曰："未见圣，若己弗克见；既见圣，亦不克由圣。"【注】克，能也。由，用也。

按：郑注对《礼记》引《君陈》语进行诠释。

590. 郑玄《礼记郑氏注》卷十七之《缁衣第三十三》：

《太甲》曰"毋越厥命以自覆"也。"若虞机张，往省括于厥度则释。"【注】越之言蹷也。厥，其也。覆，败也。言无自颠蹷女之政教以自毁败。虞，主田猎之地者也。机，弩牙也。度，谓所拟射也。虞人之射禽，弩已张，从机间视括与所射参相得，乃后释弦发矢，为政亦以己心参于群臣及万民，乃可后施也。

按：郑注对《礼记》引《太甲》语进行诠释。所引《太甲》语出自今传《太甲上》篇，其辞分别为"无越厥命以自覆"，"若虞机张，往省括于度则释"。

591. 郑玄《礼记郑氏注》卷十七之《缁衣第三十三》：

《兑命》曰："惟口起羞，惟甲胄起兵，惟衣裳在笥，惟干戈省厥躬。"【注】兑，当为"说"，谓殷高宗之臣傅说也，作书以命高宗。《尚书》篇名也。羞犹辱也。衣裳，朝祭之服也。惟口起羞，当慎言语也。惟甲胄起兵，当慎军旅之事也。惟衣裳在笥，当服以为礼也。惟干戈省厥躬，当恕己不尚害人也。

按：郑注对《礼记》引《兑命》篇名及经语进行诠释。所引《兑命》语出自今传晚《书》二十五篇之《说命中》篇，其辞为"惟口起羞，惟甲胄起戎，惟衣裳在笥，惟干戈省厥躬"。

592. 郑玄《礼记郑氏注》卷十七之《缁衣第三十三》：

《太甲》曰："天作孽，可违也；自作孽，不可以逭。"【注】违犹辟也。逭，逃也。

按：郑注对《礼记》引《太甲》语进行诠释。所引《太甲》语出自今传晚《书》二十五篇之《太甲中》篇，其辞为"天作孽，犹可违；自作孽，不可以逭"。

593. 郑玄《礼记郑氏注》卷十七之《缁衣第三十三》：

《尹吉》曰："惟尹躬天，见于西邑下，自周有终，相宜惟终。"【注】尹吉，亦尹诰也。天，当为"先"，字之误。忠信为周。相，助也，谓臣也。伊尹言尹之先祖，见夏之先君臣，皆忠惟以自终。今天绝桀者，以其自作孽。伊尹始仕于夏，此时就汤矣。夏之邑在亳西。见，或为"败"。邑，或为"予"。

按：郑注对《礼记》引《尹吉》篇名与经语进行诠释。所引《尹吉》语不见今传《尚书》。《尹诰》是先秦时期的一篇古文献。《礼记·缁衣》曾两引其文，一曰"惟尹躬及汤咸有一德"，二曰"惟尹躬天见于西邑夏，自周有终，相亦惟终"。但《缁衣》称其篇名为《尹吉》，郑玄注说"吉当为告，古文诰字之误也。尹告，伊尹之诰也"。由郭店简、上博简《缁衣》可知郑氏这个推断是正确的。郭店简《缁衣》作"《尹诰》云'惟尹允及汤咸有一德。'"上博简与之同，唯'汤'用通假字'康'。清华简《尹诰》首句即作"惟尹既及汤咸有一德"，下接"尹念天之败西邑夏"之文，但无"自周有终，相亦惟终"语，但可证郑玄"'见'或为'败'"的判断亦是正确的。

594. 郑玄《礼记郑氏注》卷十七之《缁衣第三十三》：

　　《君雅》曰："夏日暑雨，小民惟曰怨；资冬祈寒，小民亦惟曰怨。"【注】雅，《书序》作"牙"，假借字也。《君雅》，周穆王司徒作，《尚书》篇名也。资，当为"至"，齐鲁之语声之误也。祈之言是也，齐西偏之语也。夏日暑雨，小民怨天，至冬是寒，小民又怨天，言民恒多怨，为其君难。

　　按：郑注对《礼记》引《君雅》篇名与经语进行诠释。所引《君雅》语出自今传晚《书》二十五篇之《君牙》篇，其辞为"夏暑雨，小民惟曰怨咨；冬祈寒，小民亦惟曰怨咨"。

595. 郑玄《礼记郑氏注》卷十七之《缁衣第三十三》：

　　《君陈》曰："出入自尔，师虞庶言同。"【注】自，由也。师、庶皆众也。虞，度也。言出内政教，当由女众之所谋度，众言同，乃行之，政教当由一也。

　　按：郑注对《礼记》引《君陈》语进行诠释。

596. 郑玄《礼记郑氏注》卷十七之《缁衣第三十三》：

　　《君奭》曰："昔在上帝，周田观文王之德，其集大命于厥躬。"【注】奭，召公名也，作《尚书》篇名也。古文"周田观文王之德"为"割申劝宁王之德"，今博士读为"厥乱劝宁王之德"，三者皆异，古文近似之。割之言盖也。言文王有诚信之德，天盖申劝之，集大命于其身，谓命之使王天下也。

　　按：郑注对《礼记》引《君奭》篇名与经语进行诠释。

597. 郑玄《礼记郑氏注》卷十七之《缁衣第三十三》：

　　《兑命》曰："爵无及恶德。"【注】恶德，无恒之德。言君祭祀赐诸臣爵，毋与恶德之人也。

按：郑注对《礼记》引《兑命》语进行诠释。所引出自今传晚《书》二十五篇之《说命中》篇，其辞为"爵罔及恶德"。

598. 郑玄《礼记郑氏注》卷十九之《大学第四十二》：

《康诰》曰"克明德"，《大甲》曰"顾諟天之明命"，《帝典》曰"克明峻德"，皆自明也。【注】皆自明明德也。克，能也。顾，念也。諟犹正也。《帝典》，亦《尚书》篇名也。峻，大也。諟，或为"题"。

按：郑注对《礼记》引《康诰》《太甲》语以及《帝典》篇名及经语进行诠释。所引分别出自：今传《康诰》篇，其辞为"克明德慎罚"；今传《太甲上》篇，其辞若此；今传《尧典》篇，其辞为"克明俊德"。

599. 郑玄《礼记郑氏注》卷十九之《大学第四十二》：

《汤之盘铭》曰："苟日新，日日新，又日新。"《康诰》曰："作新民。"……是故君子无所不用其极。【注】盘铭，刻戒于盘也。极犹尽也。君子日新其德，常尽心力，不有余也。

按：郑注对《礼记》引《汤之盘铭》篇名与经语以及《康诰》语进行诠释。所引分别出自：今传《大学》篇，其辞若此；今传《康诰》篇，其辞若此。

600. 郑玄《礼记郑氏注》卷十九之《大学第四十二》：

《康诰》曰："如保赤子。"……未有学养子而后嫁者也。【注】养子者，推心为之，而中于赤子之耆欲也。

按：郑注对《礼记》引《康诰》语进行诠释。所引出自今传《康诰》篇，其辞为"若保赤子"。

601. 郑玄《礼记郑氏注》卷十九之《大学第四十二》：

　　《康诰》曰："惟命不于常。"道善则得之，不善则失之矣。【注】于，于也。天命不于常，言不专佑一家也。

按：郑注对《礼记》引《康诰》语进行诠释。所引出自今传《康诰》篇，其辞若此。

602. 郑玄《礼记郑氏注》卷十九之《大学第四十二》：

　　《秦誓》曰："若有一介臣，断断兮，无它技；其心休序休焉，其如有容焉。人之有技，若己有技；人之彦圣，其心好之，不啻若自其口出，寔能容之。以能保我子孙黎民，尚亦有利哉！人之有技，媢疾以恶之；人之彦圣而违之，俾不通，寔不能容。以不能保我子孙黎民，亦曰殆哉！"【注】《秦誓》，《尚书》篇名也。秦穆公伐郑，为晋所败于殽，还誓其君臣而作此篇也。断断，诚一之貌也。它技，异端之技也。有技，才艺之技也。若己有之，不啻若自其口出，皆乐人有善之甚也。美士为彦。黎，众也。尚，庶几也。媢，妒也。违犹戾也。俾，使也。佛戾贤人所为，使功不通于君也。殆，危也。彦，或作"盘"。

按：郑注对《礼记》引《秦誓》篇名与经语进行诠释。所引出自今传《秦誓》篇，其辞为"如有一介臣，断断猗无它技，其心休休焉，其如有容。人之有技，若己有之。人之彦圣，其心好之，不啻如自其口出。是能容之，以保我子孙黎民，亦职有利哉！人之有技，冒疾以恶之。人之彦圣，而违之俾不达。是不能容，以不能保我子孙黎民，亦曰殆哉！"

603. 郑玄《礼记郑氏注》卷二十之《射义第四十六》：

　　是以诸侯君臣尽志于射以习礼乐。夫君臣习礼乐而以流亡者，未之有也。【注】流犹放也。《书》曰："流共工于幽州。"

按：郑注所引《书》语出自今传《舜典》篇，其辞若此。

604. 郑玄《礼记郑氏注》卷二十之《丧服四制第四十九》：

    《书》曰："高宗谅闇，三年不言"，善之也。【注】谅，古作"梁"。楣谓之梁。闇，读如"鹑鹌"之"鹌"。闇，谓庐也。庐有梁者，所谓柱楣也。

按：郑注对《礼记》引《书》语进行诠释。所引《书》语出自今传《无逸》篇，其辞为"乃或亮阴，三年不言。"

605. 郑玄《礼记郑氏注》卷二十之《射义第四十六》：

    故载之《书》中而高之，故谓之高宗。三年之丧，君不言，《书》云："高宗谅闇，三年不言"，此之谓也。然而曰"言不文"者，谓臣下也。【注】言不文者，谓丧事辨不所当共也。

按：郑注对《礼记》引《书》语进行诠释。所引《书》语出自今传《无逸》篇，其辞为"乃或亮阴，三年不言"。

606. 郑玄《易注》之《周易上经》卷一之"屯"：

    《象》曰："君子以经论。"【注】谓论撰《书》《礼》《乐》，施政事。

按：郑注对《易》之《象》语进行诠释，认为《书》等撰作的目的是为了施政事。

607. 郑玄《易注》之《周易上经》卷二之"随"：

    初九，出门交。有功。【注】震为大涂，又为日，门当春分阴阳之所交也。是臣出君门，与四方贤人交，有成功之象也。昔舜"慎徽五典，五典克从，内于百揆，百揆时序，宾于四门，四门穆穆"，是其义也。

按：郑注引述舜事之语出自今传《舜典》篇，其辞为"慎徽五典，五典克从，纳于百揆，百揆时叙，宾于四门，四门穆穆"。

608. 郑玄《易注》之《周易下经》卷六之"兑"：

> 《象》曰："丽泽，兑。君子以朋友讲习。"【注】丽犹并也。郑众云："乐耽于酒，则有沈酗之凶；志累于乐，则有伤性之患。"所以君子乐之美者，莫过于尚《诗》《书》，习道义，教之盛矣，乐在斯焉。

按：郑注对《易》之《象》语进行诠释，认为君子乐之美者莫过于《书》等。

609. 赵岐《孟子章句》卷一《梁惠王章句上》：

> 《汤誓》曰："时日害丧，予及汝皆亡！"【章句】《汤誓》，《尚书》篇名也。时，是也；是日，乙卯日也。害，大也。言桀为无道，百姓皆欲与汤共伐之。汤临士众而誓之，言是日桀当大丧亡，我与汝俱往亡之。

按：赵岐章句对《孟子》所引《汤誓》篇名与经语进行诠释，所引《汤誓》语出自今传《汤誓》篇，其辞为"时日曷丧？予及汝皆亡"。

610. 赵岐《孟子章句》卷一《梁惠王章句上》：

> 民欲与之皆亡，虽有台池鸟兽，岂能独乐哉？【章句】孟子说《诗》《书》之义，以感喻王，言民皆欲与汤共亡桀，虽有台池鸟兽，何能复独乐之哉？

按：赵岐章句借《书》义对《孟子》所引《汤誓》义进行诠释。

611. 赵岐《孟子章句》卷二《梁惠王章句下》：

> 《书》曰："天降下民，作之君，作之师，惟曰其助上帝宠之。四方有罪无罪，惟我在，天下曷敢有越厥志？"【章句】《书》，《尚书》逸

篇也。言天生下民，为作君，为作师，以助天光宠之也。四方善恶皆在己，所谓在予一人，天下何敢有越其志者也。

按：赵岐章句对《孟子》所引《书》语之存逸及内容进行诠释。赵岐认为《孟子》所引《书》语不见于汉代的《尚书》，属于《古文尚书》中的逸篇，今见于梅本《泰誓上》篇，其辞为"天佑下民，作之君，作之师，惟其克相上帝，宠之四方。有罪无罪，予曷敢有越厥志？"

612. 赵岐《孟子章句》卷二《梁惠王章句下》：

先王无流连之乐，荒亡之行。惟君所行也。【章句】连者，引也，使人徒引舟舩上行而忘反以为乐，故谓之连。《书》曰："罔水行舟"，丹朱慢遊，无水而行舟，岂不引舟于水而上行乎？此其类也。

按：赵岐章句引《书》语出自今传《益稷》篇，其辞为"罔昼夜頟頟，罔水行舟。朋淫于家，用殄厥世"。

613. 赵岐《孟子章句》卷二《梁惠王章句下》：

闻诛一夫纣矣，未闻弑君也。【章句】《书》云："独夫纣"，此之谓也。

按：赵岐章句引《书》语出自今传《泰誓下》篇，其辞为"独夫受"。

614. 赵岐《孟子章句》卷二《梁惠王章句下》：

以万乘之国伐万乘之国，五旬而举之，人力不至于此。【章句】五旬，五十日也。《书》曰："岁三百有六旬。"言五旬未久而取之，非人力，乃天也。

按：赵岐章句引《书》语出自今传《尧典》篇，其辞若此。

615. 赵岐《孟子章句》卷二《梁惠王章句下》：

> 《书》曰："汤一征，自葛始。"……《书》曰："徯我后，后来其苏。"【章句】此二篇皆《尚书》逸篇之文也。言汤初征，自葛始，诛其君，恤其民，天下信汤之德。……徯，待也；后，君也。待我君来，则我苏息也。

按：赵岐章句对《孟子》所引《书》语之存逸及内容进行诠释。赵岐认为《孟子》所引《书》语不见于汉代的《尚书》，属于《古文尚书》中的逸篇，今见于晚《书》二十五篇之《仲虺之诰》篇，其辞为"乃葛伯仇饷，初征自葛。……曰：'徯我后，后来其苏。'"

616. 赵岐《孟子章句》卷三《公孙丑章句上》：

> 《大甲》曰："天作孽，犹可违；自作孽，不可活。"此之谓也。【章句】殷王大甲言：天之妖孽，尚可违避，譬若高宗雊雉，宋景守心之变，皆可以德消去也。自己作孽者，若帝乙慢神震死，是为不可活。

按：赵岐章句对《孟子》所引《太甲》语进行诠释。《孟子》所引《太甲》语见于晚《书》二十五篇之《太甲中》篇，其辞为"天作孽，犹可违；自作孽，不可逭"。

617. 赵岐《孟子章句》卷三《公孙丑章句上》：

> 禹闻善言则拜。【章句】《尚书》曰："禹拜谠言。"

按：赵岐章句引《尚书》语出自今传《皋陶谟》篇，其辞为"禹拜昌言曰"。清华简《祭公》篇有"王拜稽首兴言，乃出"。《逸周书·祭公》作"王拜手稽首党言"。《尚书·皋陶谟》有"皋陶拜手稽首飏言曰"。《尚书·大禹谟》有"禹拜昌言"，是"兴言""党言""谠言""飏言""昌言"，一也。《说文·言部》："谠，直言也。"

618. 赵岐《孟子章句》卷四《公孙丑章句下》：

　　且古之君子，过则改之；【章句】周公虽有此过，乃诛三监，作《大诰》，明救庶国，是周公改之也。

按：赵岐章句借《大诰》之《书序》义对《孟子》语进行诠释。

619. 赵岐《孟子章句》卷五《滕文公章句上》：

　　《书》曰："若药不瞑眩，厥疾不瘳。"【章句】《书》逸篇也。瞑眩，药攻人疾，先使瞑眩愦乱，乃得瘳愈也。喻行仁当精熟，德惠乃洽也。

按：赵岐章句对《孟子》所引《书》存逸与经语进行诠释。赵岐认为《孟子》所引《书》语不见于汉代《尚书》，当属于《古文尚书》逸篇。今见于晚《书》二十五篇之《说命上》篇，其辞为"若药弗瞑眩，厥疾弗瘳"。

620. 赵岐《孟子章句》卷五《滕文公章句上》：

　　学则三代共之，皆所以明人伦也。【章句】人伦者，人事也，犹《洪范》曰"彝伦攸叙"，谓常事所序也。

按：赵岐章句引《洪范》语与今传《洪范》篇相同。

621. 赵岐《孟子章句》卷五《滕文公章句上》：

　　尧独尤之，举舜而敷治焉。【章句】敷，治也。《书》曰："禹敷土。"治土也。

按：赵岐章句引《书》语出自今传《禹贡》篇，其辞若此。

622. 赵岐《孟子章句》卷五《滕文公章句上》：

当是时也，禹八年于外，三过其门而不入，虽欲耕，得乎？【章句】禹勤事于外，八年之中，三过其门而不入。《书》曰："辛壬癸甲，启呱呱而泣。"如此，宁得耕乎？

按：赵岐章句引《书》语出自今传《益稷》篇，其辞若此。

623. 赵岐《孟子章句》卷六《滕文公章句下》：

有童子以黍肉饷，杀而夺之。《书》曰："葛伯仇饷。"此之谓也。【章句】童子，未成人，杀之尤无状。《书》，《尚书》逸篇也。仇，怨也。言汤所以伐杀葛伯，怨其害此饷也。

按：赵岐章句对《孟子》所引《书》语之存逸及内容进行诠释。赵岐认为《孟子》所引《书》语不见于汉代的《尚书》，属于《古文尚书》中的逸篇，今见于晚《书》二十五篇之《仲虺之诰》篇，其辞为"乃葛伯仇饷，初征自葛"。

624. 赵岐《孟子章句》卷六《滕文公章句下》：

《书》曰："徯我后，后来其无罚！"【章句】《书》逸篇也。民曰：待我君来，我则无罚矣。

按：赵岐章句对《孟子》所引《书》语之存逸及内容进行诠释。赵岐认为《孟子》所引《书》语不见于汉代的《尚书》，属于《古文尚书》中的逸篇，今见于晚《书》二十五篇之《仲虺之诰》篇，其辞为"曰：'徯我后，后来其苏。'"

625. 赵岐《孟子章句》卷六《滕文公章句下》：

（《书》曰：）"有攸不惟臣，东征，绥厥士女，匪厥玄黄，绍我周王见休，惟臣附于大邑周。"【章句】从"有攸"以下，道周武王伐纣时也，皆《尚书》逸篇之文，攸，所也。言武王东征，安天下士女，小人各有所执往，无不惟念执臣子之节。匪厥玄黄，谓诸侯执玄三纁二之帛，愿见周王，望见休善，使我得附就大邑周家也。

按：赵岐章句对《孟子》所引《书》语之存逸及内容进行诠释。赵岐认为《孟子》所引《书》语不见于汉代的《尚书》，属于《古文尚书》中的逸篇，今见于晚《书》二十五篇之《武成》篇，其辞为"恭天成命，肆予东征，绥厥士女。惟其士女，匪厥玄黄，绍我周王。见休震动，用附我大邑周"。

626. 赵岐《孟子章句》卷六《滕文公章句下》：

《大誓》曰："我武惟扬，侵之于疆，则取于残，杀伐用张，于汤有光。"【章句】《大誓》，古《尚书》百二十篇之时《大誓》也。我武王用武之时，惟鹰扬也。侵于之疆，侵纣之疆界。则取于残贼者，以张伐杀之功也。民有箪食壶浆之欢，比于汤伐桀，为有光宠，美武王德优前代也。今之《尚书·大誓》篇，后得以充学，故不与古《大誓》同。诸传记引《大誓》皆古《大誓》也。

按：赵岐章句对《孟子》所引《太誓》语之存逸及内容进行诠释。赵岐认为《孟子》所引《泰誓》语不见于汉代的《尚书》，属于《古文尚书》中的逸篇。《孟子》所引出自今传《泰誓中》篇，其辞为"我武惟扬，侵于之疆，取彼凶残，我伐用张，于汤有光"。

627. 赵岐《孟子章句》卷六《滕文公章句下》：

《书》曰："洚水警余。"洚水者，洪水也。【章句】《尚书》逸篇也。水逆行，洚洞无涯，故曰洚水。洪，大也。

按：赵岐章句对《孟子》所引《书》语之存逸及内容进行诠释。赵岐认为《孟子》所引《书》语不见于汉代的《尚书》，属于《古文尚书》中的逸篇。《孟子》所引《书》语出自今传晚《书》二十五篇之《大禹谟》

篇，其辞为"泺水儆予"。

628. 赵岐《孟子章句》卷六《滕文公章句下》：

> 周公相武王，诛纣伐奄，三年讨其君，【章句】奄，大国，故特伐
> 之。《尚书·多方》曰："王来自奄。"

按：赵岐章句引《多方》语与今传《多方》篇相同。

629. 赵岐《孟子章句》卷六《滕文公章句下》：

> 《书》曰："丕显哉！文王谟。丕承哉！武王烈。佑启我后人，咸
> 以正无缺。"【章句】《书》，《尚书》逸篇也。丕，大；显，明；承，
> 缵；烈，光也。言文王大显明王道，武王大显承天光烈，佑开后人，谓
> 成、康皆行正道，无亏缺也。此周公辅相以拨乱之功也。

按：赵岐章句对《孟子》所引《书》语之存逸及内容进行诠释。赵岐
认为《孟子》所引《书》语不见于汉代的《尚书》，属于《古文尚书》中
的逸篇。《孟子》所引《书》语出自今传晚《书》二十五篇之《君牙》篇，
其辞为"丕显哉，文王谟！丕承哉，武王烈！启佑我后人，咸以正罔缺"。

630. 赵岐《孟子章句》卷八《离娄章句下》：

> 文王生于岐周，卒于毕郢，西夷之人也。【章句】《书》曰："太子
> 发上祭于毕，下至于盟津。"毕，文王墓，近于酆、镐也。

按：赵岐章句引《书》语不见于今传《尚书》，《史记·周本纪》有
"武王上祭于毕，东观兵，至于盟津"语，《尚书大传》作"太子发上祭于
毕，下至于孟津之上"。

631. 赵岐《孟子章句》卷八《离娄章句下》：

> 孟子曰："禹恶旨酒而好善言。"【章句】旨酒，美酒也。……
> 《书》曰："禹拜谠言。"

按：赵岐章句引《书》语出自今传《皋陶谟》篇，其辞为"禹拜昌言曰"。清华简《祭公》篇有"王拜稽首兴言，乃出"。《逸周书·祭公》作"王拜手稽首党言"。《尚书·皋陶谟》有"皋陶拜手稽首飏言曰"。《尚书·大禹谟》有"禹拜昌言"。是"兴言""党言""谠言""飏言""昌言"，一也。谠言，直言也，善言也。

632. 赵岐《孟子章句》卷九《万章章句上》：

> 帝使其子九男二女，百官牛羊仓廪备，以事舜于畎亩之中。【章句】《尧典》曰："厘降二女"，不见九男。孟子时，《尚书》凡百二十篇，逸《书》有《尧典》之《叙》，亡失其文。孟子诸所言舜事，皆《尧典》及逸《书》所载。独丹朱以胤嗣于子，臣下以距尧求禅，其余八庶无事，故不见于《尧典》。

按：赵岐章句引《尧典》语出自今传《尧典》篇，其辞若此。赵岐章句认为孟子时已有《尧典》之《书序》，汉代已亡失。

633. 赵岐《孟子章句》卷九《万章章句上》：

> 大孝终身慕父母，五十而慕者，予于大舜见之矣。【章句】我于大舜见五十而尚慕父母。《书》曰："舜生三十征庸，三十在位。"在位时尚慕，故言五十也。

按：赵岐章句引《书》语出自今传《舜典》篇，其辞为"舜生三十征，庸三十，在位五十载，陟方乃死"。

634. 赵岐《孟子章句》卷九《万章章句上》：

> 曰："象不得有为于其国，天子使吏治其国，而纳其贡税焉，故谓之放，岂得暴彼民哉？虽然，欲常常而见之，故源源而来。'不及贡，以政接于有庳'，此之谓也。"【章句】此"常常"以下，皆《尚书》逸篇之辞。

按：赵岐章句认为《孟子》此处所引语不见于汉代的《尚书》，属于《古文尚书》中的逸篇之辞。

635. 赵岐《孟子章句》卷九《万章章句上》：

> 此非君子之言，齐东野人之语也。【章句】东野，东作田野之人所言耳。……《书》曰："平秩东作"，谓治农事也。

按：赵岐章句所引《书》语出自今传《尧典》篇，其辞若此。

636. 赵岐《孟子章句》卷九《万章章句上》：

> 尧老而舜摄也。《尧典》曰："二十有八载，放勋乃徂落，百姓如丧考妣。三年，四海遏密八音。"【章句】孟子言舜摄行事耳，未为天子也。放勋，尧名；徂落，死也。如丧考妣，思之如父母也。遏，止也。密，无声也。八音不作，哀思甚也。

按：赵岐章句对《孟子》所引《尧典》语进行诠释。《孟子》所引《尧典》语与今传《尧典》稍有不同，其辞为"二十有八载，放勋乃殂落，百姓如丧考妣，三载，四海遏密八音"。

637. 赵岐《孟子章句》卷九《万章章句上》：

> 《书》曰："祗载见瞽瞍，夔夔斋栗，瞽瞍亦允若。"是为父不得而子也？【章句】《书》，《尚书》逸篇。祗，敬；载，事也。夔夔斋栗，敬慎战惧貌。舜既为天子，敬事严父，战栗以见瞽瞍，瞍亦信知舜之大孝。若是，为父不得而子也？

按：赵岐章句对《孟子》此处所引《书》语之存逸及内容进行诠释。赵岐认为《孟子》所引《书》语不见于汉代的《尚书》，属于《古文尚书》中的逸篇。《孟子》此处所引《书》语出自今传晚《书》二十五篇之《大禹谟》篇，其辞为"祗载见瞽瞍，夔夔齐栗，瞽亦允若"。

638. 赵岐《孟子章句》卷九《万章章句上》：

　　天子不能以天下与人。【章句】当与天意合之，非天命者，天子不能违天命也。尧曰："咨尔舜，天之历数在尔躬"是也。

　　按：赵岐章句此处所引语出自今传《论语·尧曰》章，其辞若此。今传晚《书》二十五篇之《大禹谟》篇之辞有"天之历数在汝躬"。

639. 赵岐《孟子章句》卷九《万章章句上》：

　　《大誓》曰："天视自我民视，天听自我民听。"此之谓也。【章句】《大誓》，《尚书》篇名。自，从也。言天之视听，从人所欲也。

　　按：赵岐章句对《孟子》此处所引《大誓》篇名及经语进行诠释。《孟子》此处所引《大誓》语出自今传《泰誓中》篇，其辞若此。

640. 赵岐《孟子章句》卷九《万章章句上》：

　　《伊训》曰："天诛造攻自牧宫，朕载自亳。"【章句】《伊训》，《尚书》逸篇名。牧宫，桀宫；朕，我也，谓汤也。载，始也。亳，殷都也。言意欲诛伐桀，造作可攻讨之罪者从牧宫，桀起自取之也。汤曰"我始与伊尹谋之于亳，遂顺天而诛"也。

　　按：赵岐章句对《孟子》此处所引《伊训》篇名及经语进行诠释。《孟子》此处所引《伊训》语不见今传《伊训》篇。

641. 赵岐《孟子章句》卷十《万章章句下》：

　　《康诰》曰："杀越人于货，闵不畏死，凡民罔不譈。"是不待教而诛者也。【章句】《康诰》，《尚书》篇名。周公戒成王，康叔封。越、于，皆于也。杀于人，取于货，闵然不知畏死者，譈，杀也，凡民无不得杀之者也。若此之恶，不待君之教命，遭人得讨之。

按：赵岐章句对《孟子》此处所引《康诰》篇名及经语进行诠释。《孟子》此处所引《康诰》语出自今传《康诰》篇，其辞为"杀越人于货，暋不畏死，罔弗憝"。

642. 赵岐《孟子章句》卷十二《告子章句下》：

《书》曰："享多仪，仪不及物曰不享，惟不役志于享。"为其不成享也。【章句】《尚书·洛诰》篇曰"享多仪"，言享见之礼多议法也。物，事也。仪不及事，谓有阙也，故曰不成享礼。

按：赵岐章句对《孟子》此处所引《书》语进行诠释。《孟子》此处所引《书》语出自今传《洛诰》篇，其辞为"享多仪，仪不及物，惟曰不享。惟不役志于享……"

643. 赵岐《孟子章句》卷十三《尽心章句上》：

孟子曰："形色，天性也。"【章句】形，谓君子体貌严尊也。《尚书·洪范》："一曰貌。"色，谓妇人妖丽之容。……此皆天假施于人也。

按：赵岐章句所引《洪范》语与今传《洪范》篇相同。

644. 赵岐《孟子章句》卷十四《尽心章句下》：

孟子曰："尽信《书》，则不如无《书》。吾于《武成》，取二三策而已矣。仁人无敌于天下，以至仁伐至不仁，而何其血之流杵也？"【章句】《书》，《尚书》。经有所美，言事或过，若《康诰》曰："冒闻于上帝"……人不能闻天，天不能问民，万年永保，皆不可得为书，岂可案文而皆信之哉？《武成》，逸《书》之篇名，言武王诛讨，战斗杀人，血流春杵。孟子言武王以至仁伐至不仁，殷人箪食壶浆而迎其师，何乃至于血流漂杵乎？故吾取《武成》两三简策可用者耳，其过辞则不取也。

按：赵岐章句所引《康诰》语与今传文本相同。

645. 赵岐《孟子章句》卷十四《尽心章句下》：

孟子曰："尽信《书》，则不如无《书》。吾于《武成》，取二三策而已矣。仁人无敌于天下，以至仁伐至不仁，而何其血之流杵也?"【章句】《书》，《尚书》。经有所美，言事或过，若……《甫刑》曰："帝清问下民"……人不能闻天，天不能问民，万年永保，皆不可得为书，岂可案文而皆信之哉?《武成》，逸《书》之篇名，言武王诛讨，战斗杀人，血流舂杵。孟子言武王以至仁伐至不仁，殷人箪食壶浆而迎其师，何乃至于血流漂杵乎?故吾取《武成》两三简策可用者耳，其过辞则不取也。

按：赵岐章句所引《甫刑》语与今传文本相同。

646. 赵岐《孟子章句》卷十四《尽心章句下》：

孟子曰："尽信《书》，则不如无《书》。吾于《武成》，取二三策而已矣。仁人无敌于天下，以至仁伐至不仁，而何其血之流杵也?"【章句】《书》，《尚书》。经有所美，言事或过，若……《梓材》曰："欲至于万年"，又曰："子子孙孙永保民"。人不能闻天，天不能问民，万年永保，皆不可得为书，岂可案文而皆信之哉?《武成》，逸《书》之篇名，言武王诛讨，战斗杀人，血流舂杵。孟子言武王以至仁伐至不仁，殷人箪食壶浆而迎其师，何乃至于血流漂杵乎?故吾取《武成》两三简策可用者耳，其过辞则不取也。

按：赵岐章句所引《梓材》语与今传文本相同。

647. 赵岐《孟子章句》卷十四《尽心章句下》：

武王之伐殷也，革车三百两，虎贲三千人，王曰："无畏，宁尔也，非敌百姓也。"若崩厥角，稽首。【章句】革车，兵车也。虎贲，武士为小臣者也。《书》云："虎贲缀衣，趣马小尹。"三百两，三百乘也。

武王令殷人曰"无敬畏，我来安正尔"也。"百姓归周，若崩厥角，额角犀厥地。"稽首拜命，亦以首至地也。

按：赵岐章句所引《书》语出自《立政》篇，其辞若此。

648. 陆绩《浑天仪说》：

夫法象莫若浑天，浑天之设久矣。昔在颛顼，使南正重司天，而帝喾亦序三辰。尧命羲和，"钦若昊天，历象日月星辰"。

按：陆绩所引出自今传《尧典》篇，其辞若此。

649. 陆绩《浑天仪说》：

夫法象莫若浑天，浑天之设久矣。昔在颛顼，使南正重司天，而帝喾亦序三辰。……舜之受禅，"在璇玑玉衡，以齐七政"。

按：陆绩所引出自今传《舜典》篇，其辞若此。

650. 陆绩《浑天仪说》：

《尚书》："寅宾出日""寅饯纳日"，以此言之，而知日出入于地审矣。

按：陆绩所引《尚书》语出自今传《尧典》篇，其辞若此。

651. 陆绩《浑天仪说》：

是以《尧典》曰："在璇玑玉衡，以齐七政。"此之谓也。

按：陆绩所引《尧典》语出自今传《舜典》篇，其辞若此。

652. 陆绩《述玄》：

《书》曰："若网在纲，有条而弗紊。"今网不正，欲弗紊，不可得已。

按：陆绩所引《书》语出自今传《盘庚上》篇，其辞若此。

653. 陆绩《述玄》：

《多方》曰："为圣罔念作狂，惟狂克念作圣"……

按：陆绩所引《多方》语出自今传《多方》篇，其辞为"惟圣罔念作狂，惟狂克念作圣。"

654. 陆绩《述玄》：

《多方》曰：……《洪范》曰："睿作圣。"

按：陆绩所引《洪范》语与今传《洪范》相同。

655. 荀悦《汉纪》卷第四《西汉高祖皇帝纪》：

赞曰：……《书》曰："天工，人其代之。"……其斯之谓乎？

按：所引《书》语出自今传《皋陶谟》篇，其辞若此。

656. 荀悦《汉纪》卷第五《西汉孝惠皇帝纪》：

《本志》以为"血者，《洪范》所谓'赤祥'也。一曰凡雨血，有大诛"。

按：所引《洪范》语不见今传《洪范》篇，盖为《洪范五行传》语。

657. 荀悦《汉纪》卷第五《西汉孝惠皇帝纪》：

其于《洪范》为"火不炎上"，视不明之咎。《洪范》著天人之变，其法本于五行，通于五事，善恶吉凶之应，于是在矣。"五行：一曰水，二曰火，三曰木，四曰金，五曰土。水曰润下，火曰炎上，木曰曲直，金曰从革，土爰稼穑。"……"五事：一曰貌，二曰言，三曰视，四曰听，五曰思。"……此《洪范》之大体也。

按：所引《洪范》语出自今传《洪范》篇，其辞若此。

658. 荀悦《汉纪》卷第五《西汉孝惠皇帝纪》：

《书》云："击石拊石，百兽率舞。"

按：所引《书》语出自今传《舜典》篇，其辞若此。

659. 荀悦《汉纪》卷第五《西汉孝惠皇帝纪》：

唐、虞致羲和四子，十有二牧，禹作司空，平水土；弃作后稷，播种百谷；契作司徒，训五品；皋陶作士官，正五刑；垂作共工，利器用；益作朕虞，育草木鸟兽；伯夷作秩宗，典三礼；夔作典乐，和神人；龙作纳言，出入帝命。

按：此处用语盖为《尧典》《舜典》概括语。

660. 荀悦《汉纪》卷第六《西汉高后纪》：

三年夏，江水、汉水溢，流四千余家。秋，星昼见。伊水、洛水溢，流千六百余家。汝水溢，流八百余家。其在《洪范》为"水不润下"。

按：此处所引《洪范》语见于今传《洪范》篇，其辞为"水曰润下"。"不"字可能为"曰"字之误。

661. 荀悦《汉纪》卷第六《西汉高后纪》：

《洪范》曰："日月之行，则有冬有夏，有寒有暑。"此之谓也。

按：此处所引《洪范》语与今传《洪范》篇稍有差异，今传本没有

"有寒有暑"四字。

662. 荀悦《汉纪》卷第六《西汉高后纪》：

> 《洪范》曰："星有好风，星有好雨，月之从星，则以风雨。"

按：此处所引《洪范》语与今传《洪范》篇稍有差异，其辞为"星有好风，星有好雨，日月之行，则有冬有夏。月之从星，则以风雨"。

663. 荀悦《汉纪》卷第八《西汉孝文皇帝纪下》：

> 《书》曰："天秩有礼"，"天罚有罪"。故圣人因天秩而制五礼，因天罚而制五刑。

按：此处所引《书》语出自今传《皋陶谟》篇，其辞前者若此，后者为"天讨有罪"。

664. 荀悦《汉纪》卷第八《西汉孝文皇帝纪下》：

> 荀悦曰：《书》云："高宗谅闇，三年不言。"

按：此处所引《书》语出自今传《无逸》篇，其辞为"乃或亮阴，三年不言"。

665. 荀悦《汉纪》卷第九《西汉孝景皇帝纪》：

> 《书》曰："法惟上行，不惟下行。"若以为典，未可通也。

按：此处所引《书》语概出自今传《吕刑》篇，其辞为"上刑适轻，下服；下刑适重，上服"。"行"当为"刑"。

666. 荀悦《汉纪》卷第十一《西汉孝武皇帝纪二》：

> 《书》云："懋哉懋哉！"皆勉强之谓也。

按：此处所引《书》语出自今传《皋陶谟》篇，其辞若此。

667. 荀悦《汉纪》卷第十一《西汉孝武皇帝纪二》：

《书》曰："白鱼入于王舟，有火复生于王屋，流为赤乌。"此盖受命之符也。

按：此处所引《书》语不见今传《泰誓》三篇，盖出自亡佚的汉代今文《太誓》篇。

668. 荀悦《汉纪》卷第十一《西汉孝武皇帝纪二》：

《周书》曰："安危在出令，存亡在所用。"愿陛下熟计之。

按：此处所引《周书》语出自今传《逸周书·王佩解》篇，其辞为"存亡在所用，离合在出命"。

669. 荀悦《汉纪》卷第十三《西汉孝武皇帝纪四》：

其于《洪范》言"僭，则生时妖"，此盖怨谤所生时妖之类也。

按：此处所引《洪范》语不见今传《洪范》篇，概为《洪范五行传》语。

670. 荀悦《汉纪》卷第十五《西汉孝武皇帝纪六》：

《书》曰："西戎即序"，禹但就而序之，非威德之盛无以致其贡物也。

按：此处所引《书》语出自今传《禹贡》篇，其辞为"西戎即叙"。

671. 荀悦《汉纪》卷第十六《西汉孝昭皇帝纪》：

夏侯胜曰："在《洪范》：'皇之不及，厥罚恒阴，即有下伐上。'"

按：此处所引《洪范》语不见今传《洪范》篇，概为《洪范五行传》语。

672. 荀悦《汉纪》卷第十六《西汉孝昭皇帝纪》：

> 《书》曰："殷王纣自绝于天"……言自取之也。

按：此处所引《书》语出自今传《泰誓下》篇，其辞为"今商王受，狎侮五常，荒怠弗敬。自绝于天，结怨于民"。

673. 荀悦《汉纪》卷第十七《西汉孝宣皇帝纪一》：

> 夫狱者，天下之大命。《书》曰："与其杀不辜，宁失不经。"今治狱者皆欲人死，非憎之也，上下相继以刻为明，深者获功名，平者多后患。

按：此处所引《书》语出自今传晚《书》二十五篇之《大禹谟》篇，其辞若此。

674. 荀悦《汉纪》卷第十八《西汉孝宣皇帝纪二》：

> 二年春正月，诏曰："《书》曰：'文王作罚，刑兹无赦'，今吏修身奉法，未能有称，朕甚悯也。"

按：此处所引《书》语出自今传《康诰》篇，其辞若此。

675. 荀悦《汉纪》卷第二十《西汉孝宣皇帝纪四》：

> 《书》曰"戎狄荒服"，言其来往荒忽无常。

按：此处所引《书》语出自今传《禹贡》篇，其辞为"五百里荒服"。

676. 荀悦《汉纪》卷第二十《西汉孝宣皇帝纪四》：

> 《书》曰"西戎即序"，言皆顺从其序也。

按：此处所引《书》语出自今传《禹贡》篇，其辞为"西戎即叙"。

677. 荀悦《汉纪》卷第二十四《西汉孝成皇帝纪一》：

而《洪范》："八政：……三曰祀。"祀者，所以昭孝事祖宗，通神明也。

按：此处所引《洪范》语与今传《洪范》篇相同。

678. 荀悦《汉纪》卷第二十四《西汉孝成皇帝纪一》：

《虞书》曰："肆类与上帝，禋于六宗，徧于群神。"又巡于四岳而柴祭焉。及殷之十三世，帝武丁祭之。"明日，有雉登鼎耳以雊。"武丁惧而修德，梦得传说版筑以为相，殷道复兴，号曰高宗。

按：此处所引《虞书》语出自今传《舜典》篇，其辞若此。

679. 荀悦《汉纪》卷第二十四《西汉孝成皇帝纪一》：

昔龙作纳言，帝命惟允；四辅既备，成王靡有过事。《经》曰："亦惟先正克左右。"未有左右正而百官枉者也。

按：此处所引《经》语出自今传晚《书》二十五篇之《文侯之命》篇，其辞若此。

680. 荀悦《汉纪》卷第二十四《西汉孝成皇帝纪一》：

《经》曰："三载考绩，三考，黜陟尤明。"未有功赏得于前，众贤布于官而不治者也。

按：此处所引《经》语出自今传《舜典》篇，其辞若此。

681. 荀悦《汉纪》卷第二十四《西汉孝成皇帝纪一》：

《经》曰："怀保小民，惠鲜鳏寡 。"未有德厚吏良而民叛者也。

按：此处所引《经》语出自今传《无逸》篇，其辞若此。

682. 荀悦《汉纪》卷第二十四《西汉孝成皇帝纪一》：

《经》曰："向用五福，威用六极。"

按：此处所引《经》语出自今传《洪范》篇，其辞若此。

683. 荀悦《汉纪》卷第二十四《西汉孝成皇帝纪一》：

《书》云："或三四年"，言逸欲之生害也。

按：此处所引《书》语出自今传《无逸》篇，其辞为"或四三年①"。

684. 荀悦《汉纪》卷第二十四《西汉孝成皇帝纪一》：

上诏曰："周之《甫刑》大辟之属有二百，今大辟之刑千有余条，律令烦多，欲以晓喻众庶，不亦难乎！所以天绝无辜，岂不哀哉！其议减死刑及可蠲除约省者，令皎然易知。《书》不云乎：'惟刑之恤'！其审核之，务为古法，朕将尽心览焉。"

按：此处所引《书》语出自今传《舜典》篇，其辞若此。

685. 荀悦《汉纪》卷第二十四《西汉孝成皇帝纪一》：

所谓"象刑惟明"，言象天道而作刑。

按：此处所谓"象刑惟明"语出自今传《吕刑》篇，其辞若此。

686. 荀悦《汉纪》卷第二十五《西汉孝成皇帝纪二》：

《书》不云乎："用德章其善。"

---

① 疑三四被倒置。

按：此处所引《书》语出自今传《盘庚上》篇，其辞为"用德彰厥善"。

687. 荀悦《汉纪》卷第二十五《西汉孝成皇帝纪二》：

《书》曰："惟先格王正厥事。"皇后其克心秉德，称顺妇道，深惟无忽！

按：此处所引《书》语出自今传《高宗肜日》篇，其辞若此。

688. 荀悦《汉纪》卷第二十五《西汉孝成皇帝纪二》：

伯对曰："《书》云：'乃用其妇人之言'，何有倨妇于朝，所谓众恶归之，不如是之甚也。"

按：此处所引《书》语出自今传《泰誓》篇，其辞为"今殷王纣乃用其妇人之言自决于天"。

689. 荀悦《汉纪》卷第二十五《西汉孝成皇帝纪二》：

对曰："'沉湎于酒'。微子所以告去……《诗》《书》淫乱之戒，原皆在于酒。"

按：此处所引《书》语出自今传《胤征》篇，其辞为"沉乱于酒"。

690. 荀悦《汉纪》卷第二十六《西汉孝成皇帝纪三》：

《周书》曰："记人之功，忘人之过，宜为人君者也。"犬马于人有功，尚加帷盖之报，况国之功臣哉！怯恐陛下忽于鼓鼙之声，不察《周书》之意，而忘帷盖之施。

按：此处所引《周书》语不见今传《逸周书》，概为《逸周书》十一篇佚文。

691. 荀悦《汉纪》卷第二十九《西汉孝哀皇帝纪下》：

> 《书》曰："元首明哉，股肱良哉！"以法天地。

按：此处所引《书》语出自今传《益稷》篇，其辞若此。

692. 荀悦《汉纪》卷第三十《西汉孝平皇帝纪》：

> 大司空掾王璜言："……禹之行河水，本从西山下东北去。《周书》曰：'定王五年河徙'，则今所行非禹之所穿也。……"

按：此处所引《周书》语不见今传《逸周书》，《汉书·沟洫志》载："《周谱》云：'定王五年河徙。'"

693. 荀悦《汉纪》卷第三十《西汉孝平皇帝纪》：

> 彪感其言，又闵祸患之不息，乃著《王命论》以救时难。其辞曰："昔在帝尧之禅曰：'咨尔舜，天之历数在尔躬。'舜亦以命禹暨于稷、契，咸佐唐、虞，光济四海，奕世载德，至于汤、武，而有天下。……"

按：此处所引"天之历数在尔躬"语出自今传《大禹谟》篇，其辞为"天之历数在汝躬"。

694. 荀悦《申鉴》卷二《时事第二》：

> 尚主之制，非古也。"厘降二女"，陶唐之典；"归妹元吉"，帝乙之训……

按：此处所引唐尧之典出自今传《尧典》篇，其辞若此。

695. 张纮《为孙会稽责袁术僭号书》：

> 成汤讨桀，称"有夏多罪"；武王伐纣，曰"殷有重罚"。此二王

者，虽有圣德，假使时无失道之过，无由逼而取也。

按：此处所引成汤语出自今传《汤誓》篇，其辞若此。后者所引武王语出自今传《史记·周本纪》。

696. 高诱《战国策注》卷八《齐一》之《邹忌事宣王》：

邹忌事宣王，仕人众，宣王不悦。【注】众，多也。嫌其作威福，故不悦也。《书》曰："无有作威作福。"

按：高诱注此处所引《书》语出自今传《洪范》篇，其辞为"无有作福作威"。

697. 高诱《吕氏春秋训解》卷一《孟春纪第一》之"贵公"：

故《鸿范》曰："无偏无党，王道荡荡；无偏无颇，遵王之义；无或作好，遵王之道；无或作恶，遵王之路。"【训解】荡荡，平易也……义，法也。或，有也。好，私好，蠲公平于曲惠也。恶，擅作威也。

按：此处为高诱训解《吕氏春秋》所引《洪范》语，所引出自今传《洪范》篇，其辞为"无偏无陂，遵王之义；无有作好，遵王之道；无有作恶，遵王之路。无偏无党，王道荡荡"。

698. 高诱《吕氏春秋训解》卷一《孟春纪第一》之"贵公"：

天下非一人之下也，天下之天下也，【训解】《书》曰："皇天无亲，惟德是辅"，故曰天下之天下也。

按：高诱训解此处所引《书》语出自今传晚《书》二十五篇之《蔡仲之命》篇，其辞为"皇天无亲，惟德是辅"。

699. 高诱《吕氏春秋训解》卷二《仲春纪第二》之"仲春纪"：

> 是月也，耕者少舍，【训解】少舍，皆耕在野，少有在都邑者也。《尚书》曰："厥民析"，散布在野。《传》曰"阴阳分布，震雷出滞，土地不备垦，辟在司寇"之谓也。

按：高诱训解此处所引《书》语出自今传《尧典》篇，其辞若此。

700. 高诱《吕氏春秋训解》卷三《季春纪第三》之"先己"：

> 顺性则聪明寿长，【训解】顺法天性，则聪明也。《虞书》云："天聪明，自我民聪明"，此之谓也。法天无为，故寿长久也。

按：高诱训解此处所引《虞书》语出自今传《皋陶谟》篇，其辞若此。

701. 高诱《吕氏春秋训解》卷三《季春纪第三》之"先己"：

> 夏后伯启与有扈战于甘泽而不胜，【训解】有扈，夏同姓诸侯。《传》曰："启伐有扈"，《书》曰："大战于甘，乃召六卿。王曰：'六事之人，予誓告汝，有扈氏威侮五行，怠弃三正，天用剿绝其命，今予惟龚行天之罚'"，此之谓也。

按：高诱训解此处所引《书》语出自今传《甘誓》篇，其辞为"大战于甘，乃召六卿。王曰：'蹉！六事之人。予誓告汝：有扈氏威侮五行，怠弃三正，天用剿绝其命。今予惟恭行天之罚。'"

702. 高诱《吕氏春秋训解》卷六《季夏纪第六》之"制乐"：

> 成汤之时，有谷生于庭，昏而生，比旦而大拱，【训解】《书叙》云："伊陟相太戊，亳有桑谷祥，共生于朝。"太戊，太甲之孙，太康之子也，号为中宗。满两手曰拱。

按：高诱训解此处所引《书叙》语出自今传《咸乂·书序》篇，其辞为"伊陟相太戊，亳有祥，桑谷共生于朝，伊涉赞于巫咸，作《咸乂》四篇"。

703. 高诱《吕氏春秋训解》卷十《孟冬纪第十》之"孟冬纪"：

> 是月也，大饮蒸，天子乃祈来年于天宗。【训解】宗，尊也。凡天地四时皆为天宗。万物非天不生，非春不动，非夏不长，非秋不成，非冬不藏，《书》曰："禋于六宗"，此之谓也。

按：高诱训解此处所引《书》语出自今传《舜典》篇，其辞若此。

704. 高诱《吕氏春秋训解》卷十三《有始览第一》之"论大"：

> 《夏书》曰："天子之德广运，乃神，乃武，乃文。"【训解】逸《书》也。

按：高诱训解此处所引《夏书》语出自今传晚《书》二十五篇之《大禹谟》篇，其辞为"帝德广运，乃圣乃神，乃武乃文"。高诱认为此处所引为《古文尚书》逸篇之文。

705. 高诱《吕氏春秋训解》卷十三《有始览第一》之"论大"：

> 《商书》曰："五世之庙，可以观怪；万夫之长，可以生谋。"【训解】逸《书》。喻山大水大生大物。庙者鬼神之所在，五世久远，故于其所观魅物之怪异也。长，大也。大故可以成奇谋也。

按：高诱认为此处所引《商书》语为《古文尚书》逸篇之文。今传晚《书》二十五篇之《咸有一德》篇记伊尹对嗣王太甲曰："七世之庙，可以观德；万夫之长，可以观政。"此句与《吕览》引文极其相似。新出清华简《尹吉》篇不见此语。

706. 高诱《吕氏春秋训解》卷十四《孝行览第二》之"孝行览"：

> 《商书》曰："刑三百，罪莫重于不孝。"【训解】商汤所制法也。

按：此处为高诱训解《吕氏春秋》所引《商书》语，所引《商书》语不见今传《尚书》。《左传昭公六年》记载："商有乱政，而作《汤刑》。"《竹书纪年》记载"祖甲二十四年，重作《汤刑》"，此次修订使汤刑更趋完备。此处所引理应为传说商汤制定的《汤刑》。

707. 高诱《吕氏春秋训解》卷十五《慎大览第三》之"慎大览"：

> 《周书》曰："若临深渊，若履薄冰"，以言慎事也。【训解】《周书》，周文公所作也。若临深渊，恐陨坠也；如履薄冰，恐陷没也；故曰以言慎事。

按：此处为高诱对《吕氏春秋》所引《周书》语进行训解，所引《周书》语不见今传《逸周书》，盖为《逸周书》十一逸篇之文。

708. 高诱《吕氏春秋训解》卷十七《审分览第五》之"君守"：

> 《洪范》曰："惟天阴骘下民。"阴之者，所以发之也。【训解】阴阳升陟也。言天覆生下民，王者助天举发，明之以仁义也。

按：此处为高诱训解《吕氏春秋》所引《洪范》语，所引《洪范》语与今传《洪范》篇相同。

709. 高诱《吕氏春秋训解》卷十七《审分览第五》之"君守"：

> 皋陶作刑，【训解】《虞书》曰："皋陶，蛮夷、猾夏，寇贼奸宄，女作士师，五刑有服。"

按：高诱训解此处所引《虞书》语出自今传《舜典》篇，其辞为"皋陶，蛮夷猾夏，寇贼奸宄。汝作士，五刑有服，五服三就"。

710. 高诱《吕氏春秋训解》卷十九《离俗览第七》之"适威"：

> 《周书》曰："民善之则畜也，不善则雠也。"【训解】《周书》，周公所作。蓄，好。

按：此处为高诱对《吕氏春秋》所引《周书》语进行训解，所引《周书》语不见今传《逸周书》，概为《逸周书》十一逸篇之文。

711. 高诱《吕氏春秋训解》卷十九《离俗览第七》之"适威"：

> 故《周书》曰："允哉匀哉！"以言非信则百事不满也，【训解】《周书》，逸书也。满犹成。

按：此处为高诱对《吕氏春秋》所引《周书》语进行训解，所引《周书》语不见今传《逸周书》，概为《逸周书》十一逸篇之文。

712. 高诱《吕氏春秋训解》卷二十《恃君览第八》之"行论"：

> 舜于是殛之于羽山，副之以吴刀。【训解】羽山，东极之山也。《书》云："鲧乃殛死"，先殛后死也。

按：高诱训解此处所引《书》语出自今传《洪范》篇，其辞若此。

713. 高诱《吕氏春秋训解》卷二十三《贵直论第三》之"直谏"：

> 不知所以，虽存必亡，虽安必危，【训解】《书》曰："于安思危"，此之谓也。

按：高诱训解此处所引《书》语出自今传《洪范》篇，其辞若此。

714. 高诱《孟子高氏章句》之《孝经第三》：

> 《书》曰："格非其心。"

按：高诱章句此处所引《书》语不见今传《尚书》，概为《尚书》佚文。

715. 崔琰《露服答曹公》：

盖闻"盘于游田"，《书》之所戒……此周、孔格言，二经之明义。

按：此处所引《书》语出自今传《无逸》篇，其辞若此。

716. 徐干《中论》之《治学第一》：

故《书》曰："若作梓材，既勤朴斫，惟其涂丹雘。"

按：此处所引《书》语出自今传《梓材》篇，其辞若此。

717. 徐干《中论》之《法象第二》：

故《书》曰："惟圣罔念作狂，惟狂克念作圣。"

按：此处所引《书》语出自今传《多方》篇，其辞若此。

718. 徐干《中论》之《法象第二》：

《书》曰："慎始而敬终，以不困。"

按：此处所引《书》语出自今传《逸周书·常训》篇，其辞为"允德以慎，慎微以始而敬终，乃不困"。

719. 徐干《中论》之《贵验第五》：

《周书》有言："人毋鉴于水，鉴于人也。"鉴也者，可以察形；言也者，可以知德。

按：此处所引《周书》语不见今传《逸周书》，概为《逸周书》十一篇佚文之一。

720. 徐干《中论》之《爵禄第十》：

> 故《书》曰："毋旷庶官，天工人其代之。"爵禄之贱也，由处之者不宜也，贱其人，斯贱其位也；其贵也，由处之者宜之也，贵其人，斯贵其位也。

按：徐干此处所引《书》语出自今传《皋陶谟》篇，其辞若此。

721. 徐干《中论》之《考伪第十一》：

> 《书》曰："静言庸违，象恭滔天。"皆乱德之类也。

按：徐干此处所引《书》语出自今传《尧典》篇，其辞若此。

722. 徐干《中论》之《谴交第十二》：

> 故《书》曰："百僚师师，百工惟时。"此先王取士官人之法也。

按：徐干此处所引《书》语出自今传《皋陶谟》篇，其辞若此。

723. 徐干《中论》之《历数第十三》：

> 故《书》曰："乃命羲和，钦若昊天，历象日月星辰，敬授民时。"于是阴阳调和，灾厉不作，休征时至，嘉生蕃育，民人乐康，鬼神降幅。舜禹受之，循而勿失也。及夏德之衰，而羲和湎淫，废时乱日。汤武革命，时作历明时，敬顺天数。

按：徐干此处所引《书》语出自今传《尧典》篇，其辞若此。

724. 徐干《中论》之《夭寿第十四》：

> 《书》曰："五福：一曰寿。"此王泽之寿也。

按：徐干此处所引《书》语出自今传《洪范》篇，其辞若此。

725. 徐干《中论》之《夭寿第十四》：

荀氏以死而不朽为寿，则《书》何故曰："在昔殷王中宗，严恭寅畏，天命自度，治民祗惧，不敢荒宁。肆中宗之享国，七十有五年。其在高宗，寔旧劳于外，爰暨小人。作其即位，乃或亮阴，三年不言。惟言乃雍，不敢荒宁，嘉靖殷国，至于小大，无时或怨。肆高宗之享国，五十有九年。其在祖甲，不义惟王，旧为小人，作其即位，爰知小人之依，能保惠庶民，不侮鳏寡。肆祖甲之享国，三十有三年。自时厥后立王，生则逸，不知稼穑之艰难，不知小人之劳苦。惟耽乐是从。自时厥后，亦罔或克寿。或十年，或七八年，或五六年，或三四年。"者？周公不知夭寿之意乎？故言"声闻之寿"者，不可同于声闻。

按：徐干此处所引《书》语出自今传《无逸》篇，其辞为"昔在殷王中宗，严恭寅畏，天命自度。治民祗惧，不敢荒宁。肆中宗之享国七十有五年。其在高宗时，旧劳于外，爰暨小人。作其即位，乃或亮阴，三年不言。其惟不言，言乃雍。不敢荒宁，嘉靖殷邦。至于小大，无时或怨。肆高宗之享国五十有九年。其在祖甲，不义惟王，旧为小人。作其即位，爰知小人之依，能保惠于庶民。不敢侮鳏寡。肆祖甲之享国三十有三年。自时厥后，立王生则逸，生则逸，不知稼穑之艰难，不闻小人之劳，惟耽乐之从。自时厥后，亦罔或克寿。或十年，或七、八年，或五、六年，或四、三年"。

726. 徐干《中论》之《审大臣第十六》：

故《书》曰："元首明哉！股肱良哉！庶事康哉！"故大臣者，治万邦之重器也，不可以众誉者也，人主所宜亲察也。众誉者，可以闻斯人而已。故尧之闻舜也，以众誉，及其任之者，则以心之所自见。

按：徐干此处所引《书》语出自今传《皋陶谟》篇，其辞若此。

727. 徐干《中论》之《审大臣第十六》：

故《书》曰："股肱堕哉！万事隳哉！"此之谓也。

按：徐干此处所引《书》语出自今传《益稷》篇，其辞若此。

728. 徐干《中论》之《赏罚第十九》：

> 《书》曰："尔无不信，朕不食言。尔不从誓言，予则奴戮汝，罔有攸赦。"天生烝民，其性一也。

按：徐干此处所引《书》语出自今传《汤誓》篇，其辞若此。

729. 徐干《中论》之《赏罚第十九》：

> 故《书》曰："罔非在中，察辞于差。"夫赏罚之于万民，犹辔策之于驷马也。

按：徐干此处所引《书》语出自今传《吕刑》篇，其辞若此。

730. 谶纬文献郑玄《易纬干元序制记注》：

> 四野扰扰，郁快茫茫，天卑地高，雷讙虹行，天星昼奔。【注】扰扰貌，芒气哀错，天卑地高，神人难扰，《书》曰："乃命重黎，绝地天通"。四时方民神扰，虹霓东，雷虹冬行，非时出。

按：徐干此处所引《书》语出自今传《吕刑》篇，其辞为"乃命重黎，绝地天通，罔有降格"。

第三节　难以考定前后汉归属称引《尚书》文献辑考

称引《尚书》或《周书》《书序》，可以确定发生在汉代，但难以考定前后汉者，附辑于此。《孝经·援神契》《春秋·潜潭巴》《洛书·灵准听》各称引一条，凡三条。因《孔丛子》虽以孔鲋名之，然其不少内容为东汉事，难以归属，其称引二十三条。具体称引情况如下。

731. 孔鲋《孔丛子》卷一《论书第二》：

　　　　子张问曰："圣人受命必受诸天，而《书》云：'受终于文祖'，何也?"孔子曰："受命于天者，汤武是也；受命于人者，舜禹是也。夫不读《诗》《书》《易》《春秋》则不知圣人之心，又无以别尧舜之禅、汤武之伐也。"

按：此处所引《书》语出自今传《舜典》篇，其辞若此。

732. 孔鲋《孔丛子》卷一《论书第二》：

　　　　子张问曰："礼：丈夫三十而室，昔者舜三十征庸。而《书》云：'有鳏在下，曰虞舜'，何谓也? 襄师闻诸夫子曰：'圣人在上，君子在位，则内无怨女，外无旷夫'，尧为天子而有鳏在下，何也?"孔子曰："夫男子二十而冠……虽尧为天子，其如舜何!"

按：此处所引《书》语出自今传《尧典》篇，其辞若此。

733. 孔鲋《孔丛子》卷一《论书第二》：

　　　　宰我问："《书》云：'纳于大麓，烈风雷雨弗迷'，何谓也?"孔子曰："此言人事之应乎天也。……明舜之行合于天也。"

按：此处所引《书》语出自今传《舜典》篇，其辞若此。

734. 孔鲋《孔丛子》卷一《论书第二》：

　　　　宰我曰："敢问'禋于六宗'何谓也?"孔子曰："所宗者六，皆洁祀之也。……此之谓也。"

按：此处所引《书》语出自今传《舜典》篇，其辞若此。

735. 孔鲋《孔丛子》卷一《论书第二》：

　　《书》曰："兹予大享于先王，尔祖其从与享之。"季桓子问曰："此何谓也？"孔子曰："古之王者……死则有位于庙，其序一也。"

按：此处所引《书》语出自今传《盘庚上》篇，其辞若此。

736. 孔鲋《孔丛子》卷一《论书第二》：

　　《书》曰："惟高宗报上甲微。"定公问曰："此何谓也？"孔子对曰："此谓亲尽庙毁有功而不及祖……自此以下，未之知也。"

按：此处所引《书》语不见今传《尚书》，盖逸《书》之文。

737. 孔鲋《孔丛子》卷一《论书第二》：

　　定公问曰："《周书》所谓'庸庸，祇祇，威威，显民'，何谓也？"孔子对曰："不失其道……未之有也。"

按：此处所引《书》语出自今传《康诰》篇，其辞若此。

738. 孔鲋《孔丛子》卷一《论书第二》：

　　子张问："《书》云：'奠高山'，何谓也？"孔子曰："高山五岳……此仁者之所以乐乎山也。"

按：此处所引《书》语出自今传《禹贡》篇，其辞为"奠高山大川"。

739. 孔鲋《孔丛子》卷一《论书第二》：

　　孟懿子问："《书》曰：'钦四邻'，何谓也？"孔子曰："王者前有疑……恶言不至于门是非御侮乎。"

按：此处所引《书》语出自今传《益稷》篇，其辞若此。

740. 孔鲋《孔丛子》卷一《论书第二》：

> 公笑而目孔子，曰："《周书》所谓'明德慎罚'，陈子明德也。罚人而有辞，非不慎矣！"孔子答曰："昔康叔封卫……其《书》曰：'惟乃丕显考文王，克明德慎罚'……所罚不失罪不谓已德之明也。"公曰："寡人不有过言，则安得闻吾子之教也。"

按：此处所引《周书》语、所引《书》语均出自今传《康诰》篇，其辞若此。

741. 孔鲋《孔丛子》卷二《刑论第四》：

> 《书》曰："伯夷降典，折民惟刑。"谓下礼以教之，然后维以刑折之也。

按：此处所引《书》语出自今传《吕刑》篇，其辞若此。

742. 孔鲋《孔丛子》卷二《刑论第四》：

> 《书》曰："兹殷罚有伦。"子张问曰："何谓也？"孔子曰："不失其礼之谓也。今诸侯不同德，每君异法，折狱无伦，以意为限，是故知法之难也。"

按：此处所引《书》语出自今传《康诰》篇，其辞若此。

743. 孔鲋《孔丛子》卷二《刑论第四》：

> 子张曰："古之知法者与今之知法者异乎？"孔子曰："古之知法者能远狱，今之知法者不失其罪。不失其罪，其于恕寡矣。能远于狱，其于防深矣。寡恕近乎滥，防深治乎本。《书》曰：'惟敬五刑，以成三德。'言敬刑所以为德矣。"

按：此处所引《书》语出自今传《吕刑》篇，其辞若此。

744. 孔鲋《孔丛子》卷二《刑论第四》：

> 《书》曰："非从未从。"孔子曰："君子之于人也，有不语也，无不听也，况听讼乎？必尽其辞矣。夫听讼者，或从其情，或从其辞。辞不可从，必断以情。"

按：此处所引《书》语出自今传《吕刑》篇，其辞为"非终惟终，在人。"

745. 孔鲋《孔丛子》卷二《刑论》第四：

> 《书》曰："人有小罪，非眚，乃惟终自作不典，式尔，有厥罪小，乃不可不杀。乃有大罪，非终，乃惟眚灾，适尔，既道极厥辜，时乃不可杀。"

按：此处前者所引《书》语出自今传《康诰》篇，其辞若此。

746. 孔鲋《孔丛子》卷二《刑论》第四：

> 曾子问听狱之术，孔子曰："其大法也三焉，治必以宽。宽之之术，归于察。察之之术，归于义。是故听而不宽，是乱也。宽而不察，是慢也。察而不中义，是私也。私则民怨，故善听者听不越辞，辞不越情，情不越义。《书》曰：'上下比罚，亡僭乱辞。'"

按：此处所引《书》语出自今传《吕刑》篇，其辞为"上下比罪，无僭乱辞，勿用不行。"

747. 孔鲋《孔丛子》卷二《刑论第四》：

> 《书》曰："哀敬折狱。"仲弓问曰："何谓也？"孔子曰："古之听讼者，察贫贱，哀孤独，及鳏寡老弱不肖而无告者，虽得其情，必哀矜之，死者不可生。"

按：此处所引《书》语出自今传《吕刑》篇，其辞若此。

748. 孔鲋《孔丛子》卷四《儒服第十三》：

> 子高曰："君之言是也。夫以周公之圣，兄弟相知之审，而近失于管蔡，明人难知也。臣与义相见，观其材志，察其所履，齐国之士弗能过也。《尚书》曰：'知人则哲，惟帝难之。'穿何惭焉？"

按：此处所引《尚书》语出自今传《皋陶谟》篇，其辞为"惟帝其难之。知人则哲，能官人"。语序有所不同。

749. 孔鲋《孔丛子》卷五《陈士义第十五》：

> 子顺进曰："'知人则喆'，帝尧所病，故四凶在朝，鲧任无功，夫岂乐然哉？人难知故也。……"

按：此处引语出自今传《皋陶谟》篇，其辞为"知人则哲"，"哲"同"喆"。

750. 孔鲋《孔丛子》卷五《陈士义第十五》：

> 对曰："《周书》：'火浣布垢必投诸火，布则火色，垢乃灰色，出火振之，皬然疑乎雪焉。'"

按：此处所引《周书》语不见今传《逸周书》，亦不见于今传《尚书》。《列子·汤问》篇末载："周穆王大征西戎，西戎献锟铻之剑，火浣之布。其剑长尺有咫，练钢赤刃，用之切玉如切泥焉。火浣之布，浣之必投于火；布则火色，垢则布色；出火而振之，皓然疑乎雪。"此处文字与《孔丛子》文字极为接近。

751. 孔鲋《孔丛子》卷五《执节第十七》：

> （子顺）答曰："其在《商书》，太甲嗣立而干冢宰之政。伊尹曰：'惟王旧行不义，习与性成，予不狎于不顺，王始即桐，迩于先王其训，

罔以后人迷，王往居忧，允思厥祖之明德'是言太甲在丧，不明乎人子之道，而欲知政。……"

按：此处所引《尚书》语出自今传《太甲上》篇，其辞为"兹乃不义，习与性成。予弗狎于弗顺，营于桐宫，密迩先王其训，无俾世迷。王徂桐宫居忧，克终永德"。语义相同，语言相似，但用词差异较大。

752. 孔鲋《孔丛子》卷五《执节第十七》：

犹《书》所谓"稷降播种，农植嘉谷"，皆说种之，其义一也。

按：此处所引《书》语见于今传《吕刑》篇，其辞为"稷降播种，农殖嘉谷"。"植"同"殖"。

753. 孔鲋《孔丛子》卷七《连丛子下第二十三》：

季彦曰："……《书》曰：'惟狂克念作圣。'狂人思念道德，犹为圣人。……"

按：此处所引《书》语见于今传《多方》篇，其辞若此。

754. 谶纬文献《春秋·潜潭巴》：

"璇玑"者，转舒天心。"玉衡"者，平气立常也。

按：此处引语见于今传《舜典》篇，其辞为"在璇玑玉衡，以齐七政"。

755. 谶纬文献《孝经·援神契》补遗：

俹为著也，行刑者所以著人身体，过误者出之，实罪者施刑，是以《尚书》："眚灾肆赦，怙终贼刑"。

按：此处引语见于今传《舜典》篇，其辞若此。

756. 谶纬文献《洛书·灵准听》:

　　《顾命》云:"天球、河图,在东序。"天球,宝器也。河图不纪,图帝王终始存亡之期。

　　按:此处引语见于今传《顾命》篇,其辞若此。

第十八章

《史记》中的《尚书》学文献综考

研究汉武帝之前的《尚书》学流变，《史记》是最核心的文献资料。司马迁自幼能诵"古文"，又曾从大儒孔安国"问故"，在撰作《史记》时特善于参照《尚书》经。故《史记》称说《尚书》学文献比较多，今分层次辑考如下。

第一节 《史记》称引《尚书》经文辑考

《史记》称引《尚书》经文情况较为复杂。首先，将《五帝本纪》部分与今传《尚书》文本比照后发现，语义相同但文字出入较大者居多，有学者将此视为同义语料现象，也有学者视其为称引《尚书》经文。无论怎样看待此一现象，谁都无法否认司马迁在撰作此一部分时曾以《尚书》本经和《书序》为参照的事实。故研究两汉《尚书》学此一部分的文献不可不重视。现将与《尚书》有关部分辑录如下。

《史记》卷一

帝尧者，放勋。其仁如天，其知如神。就之如日，望之如云。富而不骄，贵而不舒。黄收纯衣，彤车乘白马。能明驯德，以亲九族。九族既睦，便章百姓。百姓昭明，合和万国。

乃命羲和，敬顺昊天，数法日月星辰，敬授民时。分命羲仲，居郁夷，曰旸谷。敬道日出，便程东作。日中，星鸟，以殷中春。其民析，鸟兽字微。申命羲叔，居南交。便程南为，敬致。日永，星火，以正中夏。其民因，鸟兽希革。申命和仲，居西土，曰昧谷。敬道日入，便程西成。夜中，星虚，以正中秋。其民夷易，鸟兽毛毨。申命和叔；居北方，曰幽都。便在伏物。日短，星昴，以正中冬。其民燠，鸟兽氄毛。岁三百六十六日，以闰月正四时。信饬百官，众功皆兴。

尧曰："谁可顺此事？"放齐曰："嗣子丹朱开明。"尧曰："吁！顽凶，不用。"尧又曰："谁可者？"讙兜曰："共工旁聚布功，可用。"尧曰："共工善言，其用僻，似恭漫天，不可。"尧又曰："嗟，四岳，汤汤洪水滔天，浩浩怀山襄陵，下民其忧，有能使治者？"皆曰鲧可。尧曰："鲧负命毁族，不可。"岳曰："异哉，试不可用而已。"尧于是听岳用鲧。九岁，功用不成。

尧曰："嗟！四岳：朕在位七十载，汝能庸命，践朕位？"岳应曰："鄙德忝帝位。"尧曰："悉举贵戚及疏远隐匿者。"众皆言于尧曰："有矜在民闲，曰虞舜。"尧曰："然，朕闻之。其何如？"岳曰："盲者子。父顽，母嚚，弟傲，能和以孝，烝烝治，不至奸。"尧曰："吾其试哉。"于是尧妻之二女，观其德于二女。舜饬下二女于妫汭，如妇礼。

以上内容可与《尧典》篇相对照，当为《尧典》篇的同义语料。

尧善之，乃使舜慎和五典，五典能从。乃遍入百官，百官时序。宾于四门，四门穆穆，诸侯远方宾客皆敬。尧使舜入山林川泽，暴风雷雨，舜行不迷。尧以为圣，召舜曰："女谋事至而言可绩，三年矣。女登帝位。"舜让于德不怿。

正月上日，舜受终于文祖。文祖者，尧大祖也。

讙兜进言共工，尧曰不可而试之工师，共工果淫辟。四岳举鲧治鸿水，尧以为不可，岳强请试之，试之而无功，故百姓不便。三苗在江淮、荆州数为乱。于是舜归而言于帝，请流共工于幽陵，以变北狄；放讙兜于崇山，以变南蛮；迁三苗于三危，以变西戎；殛鲧于羽山，以变东夷：四罪而天下咸服。

尧立七十年得舜，二十年而老，令舜摄行天子之政，荐之于天。尧辟位凡二十八年而崩。百姓悲哀，如丧父母。三年，四方莫举乐，以思尧。尧知子丹朱之不肖，不足授天下，于是乃权授舜。授舜，则天下得其利而丹朱病；授丹朱，则天下病而丹朱得其利。尧曰"终不以天下之病而利一人"，而卒授舜以天下。尧崩，三年之丧毕，舜让辟丹朱于南河之南。诸侯朝觐者不之丹朱而之舜，狱讼者不之丹朱而之舜，讴歌者不讴歌丹朱而讴歌舜。舜曰："天也"，夫而后之中国践天子位焉，是为帝舜。

虞舜者，名曰重华。重华父曰瞽叟，瞽叟父曰桥牛，桥牛父曰句望，句望父曰敬康，敬康父曰穷蝉，穷蝉父曰帝颛顼，颛顼父曰昌意：以至舜七世矣。自从穷蝉以至帝舜，皆微为庶人。

舜父瞽叟盲，而舜母死，瞽叟更娶妻而生象，象傲。瞽叟爱后妻子，常欲杀舜，舜避逃；及有小过，则受罪。顺事父及后母与弟，日以笃谨，匪解。

舜，冀州之人也。舜耕历山，渔雷泽，陶河滨，作什器于寿丘，就时于负夏。舜父瞽叟顽，母嚚，弟象傲，皆欲杀舜。舜顺适不失子道，兄弟孝慈。欲杀，不可得；即求，尝在侧。

舜年二十以孝闻。三十而帝尧问可用者，四岳咸荐虞舜，曰可。于是尧乃以二女妻舜以观其内，使九男与处以观其外。舜居妫汭，内行弥谨。尧二女不敢以贵骄事舜亲戚，甚有妇道。尧九男皆益笃。舜耕历山，历山之人皆让畔；渔雷泽，雷泽上人皆让居；陶河滨，河滨器皆不苦窳。一年而所居成聚，二年成邑，三年成都。尧乃赐舜絺衣，与琴，为筑仓廪，予牛羊。瞽叟尚复欲杀之，使舜上涂廪，瞽叟从下纵火焚廪。舜乃以两笠自捍而下，去，得不死。后瞽叟又使舜穿井，舜穿井为匿空旁出。舜既入深，瞽叟与象共下土实井，舜从匿空出，去。瞽叟、象喜，以舜为已死。象曰："本谋者象。"象与其父母分，于是曰："舜妻尧二女，与琴，象取之。牛羊仓廪予父母。"象乃止舜宫居，鼓其琴。舜往见之。象鄂不怿，曰："我思舜正郁陶！"舜曰："然，尔其庶矣！"舜复事瞽叟爱弟弥谨。于是尧乃试舜五典百官，皆治。

昔高阳氏有才子八人，世得其利，谓之"八恺"。高辛氏有才子八人，世谓之"八元"。此十六族者，世济其美，不陨其名。至于尧，尧未能举。舜举八恺，使主后土，以揆百事，莫不时序。举八元，使布五教于四方，父义，母慈，兄友，弟恭，子孝，内平外成。

　　昔帝鸿氏有不才子，掩义隐贼，好行凶慝，天下谓之浑沌。少暤氏有不才子，毁信恶忠，崇饰恶言，天下谓之穷奇。颛顼氏有不才子，不可教训，不知话言，天下谓之梼杌。此三族世忧之。至于尧，尧未能去。缙云氏有不才子，贪于饮食，冒于货贿，天下谓之饕餮。天下恶之，比之三凶。舜宾于四门，乃流四凶族，迁于四裔，以御螭魅，于是四门辟，言毋凶人也。

　　舜入于大麓，烈风雷雨不迷，尧乃知舜之足授天下。尧老，使舜摄行天子政，巡狩。舜得举用事二十年，而尧使摄政。摄政八年而尧崩。三年丧毕，让丹朱，天下归舜。而禹、皋陶、契、后稷、伯夷、夔、龙、倕、益、彭祖自尧时而皆举用，未有分职。于是舜乃至于文祖，谋于四岳，辟四门，明通四方耳目，命十二牧论帝德，行厚德，远佞人，则蛮夷率服。舜谓四岳曰："有能奋庸美尧之事者，使居官相事？"皆曰："伯禹为司空，可美帝功。"舜曰："嗟，然！禹，汝平水土，维是勉哉。"禹拜稽首，让于稷、契与皋陶。舜曰："然，往矣。"舜曰："弃，黎民始饥，汝后稷播时百谷。"舜曰："契，百姓不亲，五品不驯，汝为司徒，而敬敷五教，在宽。"舜曰："皋陶，蛮夷猾夏，寇贼奸轨，汝作士，五刑有服，五服三就；五流有度，五度三居：维明能信。"舜曰："谁能驯予工？"皆曰垂可。于是以垂为共工。舜曰："谁能驯予上下草木鸟兽？"皆曰益可。于是以益为朕虞。益拜稽首，让于诸臣朱虎、熊黑。舜曰："往矣，汝谐。"遂以朱虎、熊黑为佐。舜曰："嗟！四岳，有能典朕三礼？"皆曰伯夷可。舜曰："嗟！伯夷，以汝为秩宗，夙夜维敬，直哉维静絜。"伯夷让夔、龙。舜曰："然。以夔为典乐，教稚子，直而温，宽而栗，刚而毋虐，简而毋傲；诗言意，歌长言，声依永，律和声，八音能谐，毋相夺伦，神人以和。"夔曰："于！予击石拊石，百兽率舞。"舜曰："龙，朕畏忌谗说殄伪，振惊朕众，命汝为纳言，夙夜出入朕命，惟信。"舜曰："嗟！女二十有二人，敬哉，惟时相天事。"三岁一考功，三考绌陟，远近众功咸兴。分北三苗。

　　此二十二人咸成厥功：皋陶为大理，平，民各伏得其实；伯夷主礼，上下咸让；垂主工师，百工致功；益主虞，山泽辟；弃主稷，百谷时茂；契主司徒，百姓亲和；龙主宾客，远人至；十二牧行而九州岛莫敢辟违；唯禹之功为大，披九山，通九泽，决九河，定九州岛，各以其职来贡，不失厥宜。方五千里，至于荒服。南抚交址、北发，西戎、析枝、渠廋、氏、羌，北山戎、发、息慎，东长、鸟夷，四海之内咸戴帝舜之功。于是禹乃兴九招之乐，致异物，凤凰来翔。天下明德皆自虞帝始。

舜年二十以孝闻，年三十尧举之，年五十摄行天子事，年五十八尧崩，年六十一代尧践帝位。践帝位三十九年，南巡狩，崩于苍梧之野。葬于江南九疑，是为零陵。舜之践帝位，载天子旗，往朝父瞽叟，夔夔唯谨，如子道。封弟象为诸侯。舜子商均亦不肖，舜乃豫荐禹于天。十七年而崩。三年丧毕，禹亦乃让舜子，如舜让尧子。诸侯归之，然后禹践天子位。尧子丹朱，舜子商均，皆有疆土，以奉先祀。服其服，礼乐如之。以客见天子，天子弗臣，示不敢专也。

以上内容当为《舜典》及与虞舜有关的同义语料，有些文本可以与今传《舜典》文本相对照。

《史记》卷二

夏禹，名曰文命。禹之父曰鲧，鲧之父曰帝颛顼，颛顼之父曰昌意，昌意之父曰黄帝。禹者，黄帝之玄孙而帝颛顼之孙也。禹之曾大父昌意及父鲧皆不得在帝位，为人臣。

当帝尧之时，鸿水滔天，浩浩怀山襄陵，下民其忧。尧求能治水者，群臣四岳皆曰鲧可。尧曰："鲧为人负命毁族，不可。"四岳曰："等之未有贤于鲧者，愿帝试之。"于是尧听四岳，用鲧治水。九年而水不息，功用不成。于是帝尧乃求人，更得舜。舜登用，摄行天子之政，巡狩。行视鲧之治水无状，乃殛鲧于羽山以死。天下皆以舜之诛为是。于是舜举鲧子禹，而使续鲧之业。

尧崩，帝舜问四岳曰："有能成美尧之事者使居官？"皆曰："伯禹为司空，可成美尧之功。"舜曰："嗟，然！"命禹："女平水土，维是勉之。"禹拜稽首，让于契、后稷、皋陶。舜曰："女其往视尔事矣。"

以上内容与《尧典》《舜典》的部分内容有关，当为二者的同义语料。

禹为人敏给克勤；其德不违，其仁可亲，其言可信；声为律，身为度，称以出；亹亹穆穆，为纲为纪。

禹乃遂与益、后稷奉帝命，命诸侯百姓兴人徒以传土，行山表木，定高山大川。禹伤先人父鲧功之不成受诛，乃劳身焦思，居外十三年，过家门不敢入。薄衣食，致孝于鬼神。卑宫室，致费于沟淢。陆行乘车，水行乘船，泥行乘橇，山行乘檋。左准绳，右规矩，载四时，以开九州岛，通九道，陂九泽，度九山。令益予众庶稻，可种卑湿。命后稷予众庶难得之食。食少，调有余相给，以均诸侯。禹乃行相地宜所有以贡，及山川之便利。

禹行自冀州始。冀州：既载壶口，治梁及岐。既修太原，至于岳阳。覃怀致功，至于衡漳。其土白壤。赋上上错，田中中，常、卫既从，大陆既为。鸟夷皮服。夹右碣石，入于海。

济、河维沇州：九河既道，雷夏既泽，雍、沮会同，桑土既蚕，于是民得下丘居土。其土黑坟，草繇木条。田中下，赋贞，作十有三年乃同。其贡漆丝，其篚织文。浮于济、漯，通于河。

海岱维青州：堣夷既略，潍、淄其道。其土白坟，海滨广舄，厥田斥卤。田上下，赋中上。厥贡盐絺，海物维错，岱畎丝、枲、铅、松、怪石，莱夷为牧，其篚檿丝。浮于汶，通于济。

海岱及淮维徐州：淮、沂其治，蒙、羽其艺。大野既都，东原底平。其土赤埴坟，草木渐包。其田上中，赋中中。贡维土五色，羽畎夏狄，峄阳孤桐，泗滨浮磬，淮夷蠙珠臮鱼，其篚玄纤缟。浮于淮、泗，通于河。

淮海维扬州：彭蠡既都，阳鸟所居。三江既入，震泽致定。竹箭既布。其草惟夭，其木惟乔，其土涂泥。田下下，赋下上上杂。贡金三品，瑶、琨、竹箭，齿、革、羽、旄，岛夷卉服，其篚织贝，其包橘、柚锡贡。均江海，通淮、泗。

荆及衡阳维荆州：江、汉朝宗于海。九江甚中，沱、涔已道，云土、梦为治。其土涂泥。田下中，赋上下。贡羽、旄、齿、革，金三品，杶、干、栝、柏，砺、砥、砮、丹，维箘簵、楛，三国致贡其名，包匦菁茅，其篚玄纁玑组，九江入赐大龟。浮于江、沱、涔、（于）汉，逾于雒，至于南河。

荆河惟豫州：伊、雒、瀍、涧既入于河，荥播既都，道荷泽，被明都。其土壤，下土坟垆。田中上，赋杂上中。贡漆、丝、絺、纻，其篚纤絮，锡贡磬错。浮于雒，达于河。

华阳黑水惟梁州：汶、嶓既艺，沱、涔既道，蔡、蒙旅平，和夷厎绩。其土青骊。田下上，赋下中三错。贡璆、铁、银、镂、砮、磬，熊、罴、狐、狸、织皮。西倾因桓是来，浮于潜，逾于沔，入于渭，乱于河。

黑水西河惟雍州：弱水既西，泾属渭汭。漆、沮既从，沣水所同。荆、岐已旅，终南、敦物至于鸟鼠。原隰厎绩，至于都野。三危既度，三苗大序。其土黄壤。田上上，赋中下。贡璆、琳、琅玕。浮于积石，至于龙门西河，会于渭汭。织皮昆仑、析支、渠搜，西戎即序。

道九山：汧及岐至于荆山，逾于河；壶口、雷首至于太岳；砥柱、析城至于王屋；太行、常山至于碣石，入于海；西倾、朱圉、鸟鼠至于太华；熊耳、外方、桐柏至于负尾；道嶓冢，至于荆山；内方至于大别；汶山之阳至衡山，过九江，至于敷浅原。

道九川：弱水至于合黎，余波入于流沙。道黑水，至于三危，入于南海。道河积石，至于龙门，南至华阴，东至砥柱，又东至于盟津，东过洛汭，至于大邳，北过降水，至于大陆，北播为九河，同为逆河，入于海。嶓冢道漾，东流为汉，又东为苍浪之水，过三澨，入于大别，南入于江，东汇泽为彭蠡，东为北江，入于海。汶山道江，东别为沱，又东至于醴，过九江，至于东陵，东迤北会于汇，东为中江，入于梅。道沇水，东为济，入于河，泆为荥，东出陶丘北，又东至于荷，又东北会于汶，又东北入于海。道淮自桐柏，东会于泗、沂，东入于海。道渭自鸟鼠同穴，东会于沣，又东北至于泾，东过漆、沮，入于河。道雒自熊耳，东北会于涧、瀍，又东会于伊，东北入于河。

于是九州攸同，四奥既居，九山刊旅，九川涤原，九泽既陂，四海会同。六府甚修，众土交正，致慎财赋，咸则三壤成赋。中国赐土姓："祗台德先，不距朕行。"

令天子之国以外五百里甸服：百里赋纳总，二百里纳铚，三百里纳秸服，四百里粟，五百里米。甸服外五百里侯服：百里采，二百里任国，三百里诸侯。侯服外五百里绥服：三百里揆文教，二百里奋武卫。绥服外五百里要服：三百里夷，二百里蔡。要服外五百里荒服：三百里蛮，二百里流。

东渐于海，西被于流沙，朔、南暨：声教讫于四海。于是帝锡禹玄圭，以告成功于天下。天下于是太平治。

上述内容可与《禹贡》内容相对照，当为《禹贡》篇的同义语料。

皋陶作士以理民。帝舜朝，禹、伯夷、皋陶相与语帝前。皋陶述其谋曰："信其道德，谋明辅和。"禹曰："然，如何？"皋陶曰："于！慎其身修，思长，敦序九族，众明高翼，近可远在已。"禹拜美言，曰："然。"皋陶曰："于！在知人，在安民。"禹曰："吁！皆若是，惟帝其难之。知人则智，能官人；能安民则惠，黎民怀之。能知能惠，何忧乎驩兜，何迁乎有苗，何畏乎巧言善色佞人？"皋陶曰："然，于！亦行有九德，亦言其有德。"乃言曰："始事事，宽而栗，柔而立，愿而共，治而敬，扰而毅，直而温，简而廉，刚而实，强而义，章其有常，吉哉。日宣三德，蚤夜翊明有家。日严振敬六德，亮采有国。翕受普施，九德咸事，俊乂在官，百吏肃谨。毋教邪淫奇谋。非其人居其官，是谓乱天事。天讨有罪，五刑五用哉。吾言底可行乎？"禹曰："女言致可绩行。"皋陶曰："余未有知，思赞道哉。"

帝舜谓禹曰："女亦昌言。"禹拜曰；"于，予何言！予思日孳孳。"皋陶难禹曰："何谓孳孳？"禹曰："鸿水滔天，浩浩怀山襄陵，下民皆服于水。予陆行乘车，水行乘舟，泥行乘橇，山行乘檋，行山刊木。与益予众庶稻鲜食。以决九川致四海，浚畎浍致之川。与稷予众庶难得之食。食少，调有余补不足，徙居。众民乃定，万国为治。"皋陶曰："然，此而美也。"

禹曰："于，帝！慎乃在位，安尔止。辅德，天下大应。清意以昭待上帝命，天其重命用休。"帝曰："吁，臣哉，臣哉！臣作朕股肱耳目。予欲左右有民，女辅之。余欲观古人之象。日月星辰，作文绣服色，女明之。予欲闻六律五声八音，来始滑，以出入五言，女听。予即辟，女匡拂予。女无面谀。退而谤予。敬四辅臣。诸众谗嬖臣，君德诚施皆清矣。"禹曰："然。帝即不时，布同善恶则毋功。"

帝曰："毋若丹朱傲，维慢游是好，毋水行舟，朋淫于家，用绝其世。予不能顺是。"禹曰："予（辛壬）娶涂山，［辛壬］癸甲，生启予不子，以故能成水土功。辅成五服，至于五千里，州十二师，外薄四海，咸建五长，各道有功。苗顽不即功，帝其念哉。"帝曰："道吾德，乃女功序之也。"

皋陶于是敬禹之德，令民皆则禹。不如言，刑从之。舜德大明。

于是夔行乐，祖考至，群后相让，鸟兽翔舞，箫韶九成，凤凰来仪，百兽率舞，百官信谐。帝用此作歌曰："陟天之命，维时维几。"乃歌曰："股肱喜哉，元首起哉，百工熙哉！"皋陶拜手稽首扬言曰："念哉，率为兴事，慎乃宪，敬哉！"乃更为歌曰："元首明哉，股肱良哉，庶事康哉！"（舜）又歌曰："元首丛脞哉，股肱惰哉，万事堕哉！"帝拜曰："然，往钦哉！"于是天下皆宗禹之明度数声乐，为山川神主。

帝舜荐禹于天，为嗣。十七年而帝舜崩。三年丧毕，禹辞辟舜之子商均于阳城。天下诸侯皆去商均而朝禹。禹于是遂即天子位，南面朝天下，国号曰夏后，姓姒氏。

帝禹立而举皋陶荐之，且授政焉，而皋陶卒。封皋陶之后于英、六，或在许。而后举益，任之政。

上述文本可与《皋陶谟》《益稷》内容相比照，当为《皋陶谟》《益稷》两篇的同义语料。

夏后帝启，禹之子，其母涂山氏之女也。

有扈氏不服，启伐之，大战于甘。将战，作《甘誓》，乃召六卿申之。启曰："嗟！六事之人，予誓告女：有扈氏威侮五行，怠弃三正，天用剿绝其命。今予维共行天之罚。左不攻于左，右不攻于右，女不共命。御非其马之政，女不共命。用命，赏于祖；不用命，僇于社，予则帑僇女。"遂灭有扈氏。天下咸朝。

上述文本可与《甘誓》篇及其《书序》内容相比照，当为《甘誓》篇的同义语料。

夏后帝启崩，子帝太康立。帝太康失国，昆弟五人，须于洛汭，作《五子之歌》。

太康崩，弟中康立，是为帝中康。帝中康时，羲、和湎淫，废时乱日。胤往征之，作《胤征》。

上述文本为《五子之歌》《胤征》二篇的《书序》。

《史记》卷三

殷契，母曰简狄，有娀氏之女，为帝喾次妃。三人行浴，见玄鸟堕其卵，简狄取吞之，因孕生契。契长而佐禹治水有功。帝舜乃命契曰："百姓不亲，五品不训，汝为司徒而敬敷五教，五教在宽。"封于商，赐姓子氏。契兴于唐、虞、大禹之际，功业著于百姓，百姓以平。

上述部分文本可与《舜典》内容相比照，或为其同义语料。

成汤，自契至汤八迁。汤始居亳，从先王居，作《帝诰》。

汤征诸侯。葛伯不祀，汤始伐之。汤曰："予有言：人视水见形，视民知治不。"伊尹曰："明哉！言能听，道乃进。君国子民，为善者皆在王官。勉哉，勉哉！"汤曰："汝不能敬命，予大罚殛之，无有攸赦。"作《汤征》。

伊尹名阿衡。阿衡欲奸汤而无由，乃为有莘氏媵臣，负鼎俎，以滋味说汤，致于王道。或曰，伊尹处士，汤使人聘迎之，五反然后肯往从汤，言素王及九主之事。汤举任以国政。伊尹去汤适夏。既丑有夏，复归于亳。入自北门，遇女鸠、女房，作《女鸠》《女房》。

上述文本可与《汤诰》《汤征》《女鸠》《女房》诸篇《书序》相比照。

当是时，夏桀为虐政淫荒，而诸侯昆吾氏为乱。汤乃兴师率诸侯，伊尹从汤，汤自把钺以伐昆吾，遂伐桀。汤曰："格女众庶，来，女悉听朕言。匪台小子敢行举乱，有夏多罪，予维闻女众言，夏氏有罪。予畏上帝，不敢不正。今夏多罪，天命殛之。今女有众，女曰：'我君不恤我众，舍我啬事而割政。'女其曰：'有罪，其奈何？'夏王率止众力，率夺夏国。众有率怠不和，曰：'是日何时丧？予与女皆亡！'夏德若兹，今朕必往。尔尚及予一人致天之罚，予其大理女。女毋不信，朕不食言。女不从誓言，予则帑僇女，无有攸赦。"以告令师，作《汤誓》。于是汤曰"吾甚武"，号曰武王。

上述文本可与《汤誓》篇及其《书序》相比照。

桀败于有娀之虚，桀奔于鸣条，夏师败绩。汤遂伐三㚇，俘厥宝玉，义伯、仲伯作《典宝》。

汤既胜夏，欲迁其社，不可，作《夏社》。

伊尹报。于是诸侯毕服，汤乃践天子位，平定海内。

汤归至于泰卷陶，中㙤作《诰》。

上述文本可与《典宝》《夏社》《仲㙤之诰》诸篇《书序》相比照。

既绌夏命，还亳，作《汤诰》："维三月，王自至于东郊。告诸侯群后：'毋不有功于民，勤力乃事。予乃大罚殛女，毋予怨。'曰：'古禹、皋陶久劳于外，其有功乎民，民乃有安。东为江，北为济，西为河，南为淮，四渎已修，万民乃有居。后稷降播，农殖百谷。三公咸有功于民，故后有立。昔蚩尤与其大夫作乱百姓，帝乃弗予，有状。先王言不可不勉。'曰：'不道，毋之在国，女毋我怨。'"以令诸侯。

上述文本可与《汤诰》篇内容及其《书序》相比照。

伊尹作《咸有一德》，咎单作《明居》。

汤崩，太子太丁未立而卒，于是乃立太丁之弟外丙，是为帝外丙。帝外丙即位三年，崩，立外丙之弟中壬，是为帝中壬。帝中壬即位四年，崩，伊尹乃立太丁之子太甲。太甲，成汤适长孙也，是为帝太甲。帝太甲元年，伊尹作《伊训》，作《肆命》，作《徂后》。

上述文本可与《咸有一德》《明居》《伊训》《肆命》《徂后》诸篇《书序》相比照。

帝太甲既立三年，不明，暴虐，不遵汤法，乱德，于是伊尹放之于桐宫。三年，伊尹摄行政当国，以朝诸侯。

帝太甲居桐官三年，悔过自责，反善，于是伊尹乃迎帝太甲而授之政。帝太甲修德，诸侯咸归殷，百姓以宁。伊尹嘉之，乃作《太甲训》三篇，褒帝太甲，称太宗。

太宗崩，子沃丁立。帝沃丁之时，伊尹卒。既葬伊尹于亳，咎单遂训伊尹事，作《沃丁》。

沃丁崩，弟太庚立，是为帝太庚。帝太庚崩，子帝小甲立。帝小甲崩，弟雍己立，是为帝雍己。殷道衰，诸侯或不至。

帝雍己崩，弟太戊立，是为帝太戊。帝太戊立伊陟为相。亳有祥桑谷共生于朝，一暮大拱。帝太戊惧，问伊陟。伊陟曰："臣闻妖不胜德，帝之政其有阙与？帝其修德。"太戊从之，而祥桑枯死而去。伊陟赞言于巫咸。巫咸治王家有成，作《咸艾》，作《太戊》。帝太戊赞伊陟于庙，言弗臣，伊陟让，作《原命》。殷复兴，诸侯归之，故称中宗。

上述文本可与《太甲》《沃丁》《咸义》《太戊》《原命》诸篇《书序》相比照。

帝阳甲崩，弟盘庚立，是为帝盘庚。帝盘庚之时，殷已都河北，盘庚渡河南，复居成汤之故居，乃五迁，无定处。殷民咨胥皆怨，不欲徙。盘庚乃告谕诸侯大臣曰："昔高后成汤与尔之先祖俱定天下，法则可修。舍而弗勉，何以成德！"乃遂涉河南，治亳，行汤之政，然后百姓由宁，殷道复兴。诸侯来朝，以其遵成汤之德也。

帝盘庚崩，弟小辛立，是为帝小辛。帝小辛立，殷复衰。百姓思盘庚，乃作《盘庚》三篇。帝小辛崩，弟小乙立，是为帝小乙。

上述文本可与《盘庚》三篇《书序》相比照。

帝小乙崩，子帝武丁立。帝武丁即位，思复兴殷，而未得其佐。三年不言，政事决定于冢宰，以观国风。武丁夜梦得圣人，名曰说。以梦所见视群臣百吏，皆非也。于是乃使百工营求之野，得说于傅险中。是时说为胥靡，筑于傅险。见于武丁，武丁曰是也。得而与之语，果圣人，举以为相，殷国大治。故遂以传险姓之，号曰傅说。

帝武丁祭成汤，明日，有飞雉登鼎耳而呴，武丁惧。祖己曰："王勿忧，先修政事。"祖己乃训王曰："唯天监下典厥义，降年有永有不永，非天夭民，中绝其命。民有不若德，不听罪，天既附命正厥德，乃曰其奈何。呜呼！王嗣敬民，罔非天继，常祀毋礼于弃道。"武丁修政行德，天下咸驩，殷道复兴。

帝武丁崩，子帝祖庚立。祖己嘉武丁之以祥雉为德，立其庙为高宗，遂作《高宗肜日》及《训》。

上述文本可与《高宗肜日》篇及其《书序》相比照。

帝乙长子曰微子启，启母贱，不得嗣。少子辛，辛母正后，辛为嗣。帝乙崩，子辛立，是为帝辛，天下谓之纣。

西伯归，乃阴修德行善，诸侯多叛纣而往归西伯。西伯滋大，纣由是稍失权重。王子比干谏，弗听。商容贤者，百姓爱之，纣废之。及西伯伐饥国，灭之，纣之臣祖伊闻之而咎周，恐，奔告纣曰："天既讫我殷命，假人元龟，无敢知吉，非先王不相我后人，维王淫虐用自绝，故天弃我，不有安食，不虞知天性，不迪率典。今我民罔不欲丧，曰'天曷不降威，大命胡不至'？今王其奈何？"纣曰："我生不有命在天乎！"祖伊反，曰："纣不可谏矣。"

上述文本可与《西伯戡黎》篇及其《书序》相比照。

西伯既卒，周武王之东伐，至盟津，诸侯叛殷会周者八百。诸侯皆曰："纣可伐矣。"武王曰："尔未知天命。"乃复归。

纣愈淫乱不止。微子数谏不听，乃与大师、少师谋，遂去。比干曰："为人臣者，不得不以死争。"乃强谏纣。纣怒曰："吾闻圣人心有七窍。"剖比干，观其心。箕子惧，乃详狂为奴，纣又囚之。殷之大师、少师乃持其祭乐器奔周。周武王于是遂率诸侯伐纣。纣亦发兵距之牧野。甲子日，纣兵败。纣走入，登鹿台，衣其宝玉衣，赴火而死。周武王遂斩纣头，县之

［大］白旗。杀妲己。释箕子之囚，封比干之墓，表商容之闾。封纣子武庚、禄父，以续殷祀，令修行盘庚之政。殷民大说。于是周武王为天子。其后世贬帝号，号为王。而封殷后为诸侯，属周。

周武王崩，武庚与管叔、蔡叔作乱，成王命周公诛之，而立微子于宋，以续殷后焉。

上述文本可与《微子》篇及其《书序》相比照。

《史记》卷四

帝舜曰："弃，黎民始饥，尔后稷播时百谷。"封弃于邰，号曰后稷，别姓姬氏。后稷之兴，在陶唐、虞、夏之际，皆有令德。

上述文本可与《舜典》篇内容相比照。

明年，伐犬戎。明年，伐密须。明年，败耆国。殷之祖伊闻之，惧，以告帝纣。纣曰："不有天命乎？是何能为！"明年，伐邘。明年，伐崇侯虎。而作丰邑，自岐下而徙都丰。明年，西伯崩，太子发立，是为武王。

九年，武王上祭于毕。东观兵，至于盟津。为文王木主，载以车，中军。武王自称太子发，言奉文王以伐，不敢自专。乃告司马、司徒、司空、诸节："齐栗，信哉！予无知，以先祖有德臣，小子受先功，毕立赏罚，以定其功。"遂兴师。师尚父号曰："总尔众庶，与尔舟楫，后至者斩。"武王渡河，中流，白鱼跃入王舟中，武王俯取以祭。既渡，有火自上复于下，至于王屋，流为乌，其色赤，其声魄云。是时，诸侯不期而会盟津者八百诸侯。诸侯皆曰："纣可伐矣。"武王曰："女未知天命，未可也。"乃还师归。

居二年，闻纣昏乱暴虐滋甚，杀王子比干，囚箕子。太师疵、少师强抱其乐器而奔周。于是武王遍告诸侯曰："殷有重罪，不可以不毕伐。"乃遵文王，遂率戎车三百乘，虎贲三千人，甲士四万五千人，以东伐纣。十一年十二月戊午，师毕渡盟津，诸侯咸会。曰："孳孳无怠！"武王乃作太誓，告于众庶："今殷王纣乃用其妇人之言，自绝于天，毁坏其三正，离逿其王父母弟，乃断弃其先祖之乐，乃为淫声，用变乱正声，怡说妇人。故今予发维共行天罚。勉哉夫子，不可再，不可三！"

上述文本可与《泰誓》诸篇及其《书序》相比照。

二月甲子昧爽，武王朝至于商郊牧野，乃誓。武王左杖黄钺，右秉白
旄，以麾。曰："远矣西土之人！"武王曰："嗟！我有国冢君，司徒、司
马、司空、亚旅、师氏、千夫长、百夫长，及庸、蜀、羌、髳、微、纑、
彭、濮人，称尔戈，比尔干，立尔矛，予其誓。"王曰："古人有言'牝鸡
无晨。牝鸡之晨，惟家之索'。今殷王纣维妇人言是用，自弃其先祖肆祀不
答，昏弃其家国，遗其王父母弟不用，乃维四方之多罪逋逃是崇是长，是信
是使，俾暴虐于百姓，以奸轨于商国。今予发维共行天之罚。今日之事，不
过六步七步，乃止齐焉，夫子勉哉！不过于四伐五伐六伐七伐，乃止齐焉，
勉哉夫子！尚桓桓，如虎如罴，如豺如离，于商郊，不御克奔，以役西土，
勉哉夫子！尔所不勉，其于尔身有戮。"誓已，诸侯兵会者车四千乘，陈师
牧野。

上述文本可与《牧誓》篇及其《书序》相比照。

帝纣闻武王来，亦发兵七十万人距武王。武王使师尚父与百夫致师，以
大卒驰帝纣师。纣师虽众，皆无战之心，心欲武王亟入。纣师皆倒兵以战，
以开武王。武王驰之，纣兵皆崩畔纣。纣走，反入登于鹿台之上，蒙衣其殊
玉，自燔于火而死。武王持大白旗以麾诸侯，诸侯毕拜武王，武王乃揖诸
侯，诸侯毕从。武王至商国，商国百姓咸待于郊。于是武王使群臣告语商百
姓曰："上天降休！"商人皆再拜稽首，武王亦答拜。遂入，至纣死所。武
王自射之，三发而后下车，以轻剑击之，以黄钺斩纣头，县大白之旗。已而
至纣之嬖妾二女，二女皆经自杀。武王又射三发，击以剑，斩以玄钺，县其
头小白之旗。武王已乃出复军。

其明日，除道，修社及商纣宫。及期，百夫荷罕旗以先驱。武王弟叔振
铎奉陈常车，周公旦把大钺，毕公把小钺，以夹武王。散宜生、太颠、闳夭
皆执剑以卫武王。既入，立于社南大卒之左，[左] 右毕从。毛叔郑奉明

水，卫康叔封布兹，召公奭赞采，师尚父牵牲。尹佚笮祝曰："殷之末孙季纣，殄废先王明德，侮蔑神祇不祀，昏暴商邑百姓，其章显闻于天皇上帝。"于是武王再拜稽首，曰："膺更大命，革殷，受天明命。"武王又再拜稽首，乃出。

封商纣子禄父殷之余民。武王为殷初定未集，乃使其弟管叔鲜、蔡叔度相禄父治殷。已而命召公释箕子之囚。命毕公释百姓之囚，表商容之闾。命南宫括散鹿台之财，发巨桥之粟，以振贫弱萌隶。命南宫括、史佚展九鼎保玉。命闳夭封比干之墓。命宗祝享祠于军。乃罢兵西归。行狩，记政事，作《武成》。

上述文本可与《武成》篇及其《书序》相比照。

封诸侯，班赐宗彝，作《分殷之器物》。

武王已克殷，后二年，问箕子殷所以亡。箕子不忍言殷恶，以存亡国宜告。武王亦丑，故问以天道。

武王病。天下未集，群公惧，穆卜，周公乃祓斋，自为质，欲代武王，武王有瘳。后而崩，太子诵代立，是为成王。

成王少，周初定天下，周公恐诸侯畔周，公乃摄行政当国。管叔、蔡叔群弟疑周公，与武庚作乱，畔周。周公奉成王命，伐诛武庚、管叔，放蔡叔。以微子开代殷后，国于宋。颇收殷余民，以封武王少弟封为卫康叔。晋唐叔得嘉谷，献之成王，成王以归周公于兵所。周公受禾东土，鲁天子之命。初，管、蔡畔周，周公讨之，三年而毕定，故初作《大诰》，次作《微子之命》，次《归禾》，次《嘉禾》，次《康诰》、《酒诰》、《梓材》，其事在周公之篇。

上述文本可与《分殷之器物》《金縢》《大诰》《微子之命》《归禾》《嘉禾》《康诰》《酒诰》《梓材》诸篇《书序》相比照。

周公行政七年，成王长，周公反政成王，北面就群臣之位。

成王在丰，使召公复营洛邑，如武王之意。周公复卜申视，卒营筑，居九鼎焉。曰："此天下之中，四方入贡道里均。"作《召诰》《洛诰》。

成王既迁殷遗民，周公以王命告，作《多士》《无逸》。

召公为保，周公为师，东伐淮夷，残奄，迁其君薄姑。成王自奄归，在宗周，作《多方》。

既绌殷命，袭淮夷，归在丰，作《周官》。

兴正礼乐，度制于是改，而民和睦，颂声兴。成王既伐东夷，息慎来贺，王赐荣伯作《贿息慎之命》。

上述文本可与《召诰》《洛诰》《多士》《无逸》《多方》《周官》《贿息慎之命》诸篇《书序》相比照。

成王将崩，惧太子钊之不任，乃命召公、毕公率诸侯以相太子而立之。成王既崩，二公率诸侯，以太子钊见于先王庙，申告以文王、武王之所以为王业之不易，务在节俭，毋多欲，以笃信临之，作《顾命》。

太子钊遂立，是为康王。康王即位，遍告诸侯，宣告以文武之业以申之，作《康诰》。

故成康之际，天下安宁，刑错四十余年不用。康王命作策毕公分居里，成周郊，作《毕命》。

康王卒，子昭王瑕立。昭王之时，王道微缺。昭王南巡狩不返，卒于江上。其卒不赴告，讳之也。立昭王子满，是为穆王。穆王即位，春秋已五十矣。王道衰微，穆王闵文武之道缺，乃命伯冏申诫太仆国之政，作《冏命》。复宁。

上述文本可与《顾命》《康王之诰》《毕命》诸篇《书序》相比照。

诸侯有不睦者，甫侯言于王，作修刑辟。王曰："吁，来！有国有土，告汝祥刑。在今尔安百姓，何择非其人，何敬非其刑，何居非其宜与？两造具备，师听五辞。五辞简信，正于五刑。五刑不简，正于五罚。五罚不服，正于五过。五过之疵，官狱内狱，阅实其罪，惟钧其过。五刑之疑有赦，五罚之疑有赦，其审克之。简信有众，惟讯有稽。无简不疑，共严天威。黥辟疑赦，其罚百率，阅实其罪。劓辟疑赦，其罚倍洒，阅实其罪。膑辟疑赦，其罚倍差，阅实其罪。宫辟疑赦，其罚五百率，阅实其罪。大辟疑赦，其罚千率，阅实其罪。墨罚之属千，劓罚之属千，膑罚之属五百，宫罚之属三百，大辟之罚其属二百：五刑之属三千。"命曰《甫刑》。

上述文本可与《吕刑》篇及其《书序》相比照。

第二节　《史记》称说《尚书》学文献辑考

有学者把《史记》看作是司马迁为《尚书》所做的"传"，此说虽有些夸张，但也不无道理，除以上诸卷所涉文本多可与今传《尚书》文本或《书序》文本相比照外，《史记》文本还记载了不少与《尚书》学相关的内容，对研究周秦西汉初期《尚书》学来讲，这些文本是我们今天能看到的较早且较为可信的《尚书》学流变资料，今辑考汇总为九十九条，具体文本如下。

《史记》卷一

1. 太史公曰：学者多称五帝，尚矣。然《尚书》独载尧以来；而百家言黄帝，其文不雅驯，荐绅先生难言之。孔子所传宰予问五帝德及帝系姓，儒者或不传。余尝西至空桐，北过涿鹿，东渐于海，南浮江淮矣，至长老皆各往往称黄帝、尧、舜之处，风教固殊焉，总之不离古文者近是。予观《春秋》《国语》，其发明五帝德、帝系姓章矣，顾弟弗深考，其所表见皆不虚。《书》缺有闲矣，其轶乃时时见于他说。非好学深思，心知其意，固难为浅见寡闻道也。余并论次，择其言尤雅者，故著为本纪书首。

《史记》卷二

2. 太史公曰：禹为姒姓，其后分封，用国为姓，故有夏后氏、有扈氏、有男氏、斟寻氏、彤城氏、褒氏、费氏、杞氏、缯氏、辛氏、冥氏、斟（氏）戈氏。孔子正夏时，学者多传夏小正云。自虞、夏时，贡赋备矣。或言禹会诸侯江南，计功而崩，因葬焉，命曰会稽。会稽者，会计也。

《史记》卷三

3. 太史公曰：余以颂次契之事，自成汤以来，采于《书》《诗》。契为子姓，其后分封，以国为姓，有殷氏、来氏、宋氏、空桐氏、稚氏、北殷氏、目夷氏。孔子曰，殷路车为善，而色尚白。

《史记》卷四

4. 太史公曰：学者皆称周伐纣，居洛邑，综其实不然。武王营之，成王使召公卜居，居九鼎焉，而周复都丰、镐。至犬戎败幽王，周乃东徙于洛邑。所谓"周公葬（我）［于］毕"，毕在镐东南杜中。秦灭周。汉兴九十有余载，天子将封泰山，东巡狩至河南，求周苗裔，封其后嘉三十里地，号曰周子南君，比列侯，以奉其先祭祀。

《史记》卷五

5. 戎王使由余于秦。由余，其先晋人也，亡入戎，能晋言。闻缪公贤，故使由余观秦。秦缪公示以宫室、积聚。由余曰："使鬼为之，则劳神矣。使人为之，亦苦民矣。"缪公怪之，问曰："中国以《诗》《书》礼乐法度为政，然尚时乱，今戎夷无此，何以为治，不亦难乎？"由余笑曰："此乃中国所以乱也。"

《史记》卷六

6. 博士齐人淳于越进曰："臣闻殷周之王千余岁，封子弟功臣，自为枝辅。今陛下有海内，而子弟为匹夫，卒有田常、六卿之臣，无辅拂，何以相救哉？事不师古而能长久者，非所闻也。今青臣又面谀以重陛下之过，非忠臣。"始皇下其议。丞相李斯曰："五帝不相复，三代不相袭，各以治，非其相反，时变异也。今陛下创大业，建万世之功，固非愚儒所知。且越言乃三代之事，何足法也？异时诸侯并争，厚招游学。今天下已定，法令出一，百姓当家则力农工，士则学习法令辟禁。今诸生不师今而学古，以非当世，惑乱黔首。丞相臣斯昧死言：古者天下散乱，莫之能一，是以诸侯并作，语皆道古以害今，饰虚言以乱实，人善其所私学，以非上之所建立。今皇帝并有天下，别黑白而定一尊。私学而相与非法教，人闻令下，则各以其学议之，入则心非，出则巷议，夸主以为名，异取以为高，率群下以造谤。如此弗禁，则主势降乎上，党与成乎下。禁之便。臣请史官非秦记皆烧之。非博士官所职，天下敢有藏《诗》、《书》、百家语者，悉诣守、尉杂烧之。有敢偶语《诗》《书》者弃市。以古非今者族。吏见知不举者与同罪。令下三十日不烧，黥为城旦。所不去者，医药卜筮种树之书。若欲有学法令，以吏为师。"制曰："可。"

7. 二世曰："吾闻之韩子曰：'尧舜采椽不刮，凡所为贵有天下者，得肆意极欲，主重茅茨不翦，饭土塯，啜土形，虽监门之养，不觳于此。禹凿龙门，通大夏，决河亭水，放之海，身自持筑臿，胫毋毛，臣虏之劳不烈于此矣。'"

8. 太史公曰：秦之先伯翳，尝有勋于唐虞之际，受土赐姓。

《史记》卷十

9. 书奏天子，天子怜悲其意，乃下诏曰："盖闻有虞氏之时，画衣冠异章服以为僇，而民不犯。何则？至治也。今法有肉刑三，而奸不止，其咎安在？非乃朕德薄而教不明欤？吾甚自愧。故夫驯道不纯而愚民陷焉。"

10. 鲁人公孙臣上书陈终始传五德事，言方今土德时，土德应黄龙见，当改正朔服色制度。

11. 天子乃复召鲁公孙臣，以为博士，申明土德事。

12. 有司礼官皆曰："古者天子夏躬亲礼祀上帝于郊，故曰郊。"

《史记》卷十二

13. 制诏御史："昔禹疏九江，决四渎。闲者河溢皋陆，堤繇不息。朕临天下二十有八年，天若遗朕士而大通焉。"

14. 自得宝鼎，上与公卿诸生议封禅。封禅用希旷绝，莫知其仪礼，而群儒采封禅《尚书》《周官》《王制》之望祀射牛事。齐人丁公年九十余，曰："封者，合不死之名也。秦皇帝不得上封。陛下必欲上，稍上即无风雨，遂上封矣。"上于是乃令诸儒习射牛，草封禅仪。数年，至且行。天子既闻公孙卿及方士之言，黄帝以上封禅，皆致怪物与神通，欲放黄帝以尝接神僊人蓬莱士，高世比德于九皇，而颇采儒术以文之。群儒既以不能辩明封禅事，又牵拘于《诗》《书》古文而不敢骋。上为封祠器示群儒，群儒或曰"不与古同"，徐偃又曰"太常诸生行礼不如鲁善"，周霸属图封事，于是上绌偃、霸，尽罢诸儒弗用。

15. 又下诏曰："古者天子五载一巡狩，用事泰山，诸侯有朝宿地。其令诸侯各治邸泰山下。"

《史记》卷十三

16. 太史公曰：五帝、三代之记，尚矣。自殷以前诸侯不可得而谱，周以来乃颇可著。孔子因史文次《春秋》，纪元年，正时日月，盖其详哉。至于序《尚书》则略，无年月；或颇有，然多阙，不可录。故疑则传疑，盖其慎也。

17. 余读谍记，黄帝以来皆有年数。稽其历谱谍终始五德之传，古文咸不同，乖异。夫子之弗论次其年月，岂虚哉！于是以《五帝系》《谍》《尚书集》世纪黄帝以来讫共和为世表。

《史记》卷十四

18. 太史公曰：儒者断其义，驰说者骋其辞，不务综其终始；历人取其年月，数家隆于神运，谱谍独记世谥，其辞略，欲一观诸要难。于是谱十二诸侯，自共和讫孔子，表见《春秋》《国语》学者所讥盛衰大指著于篇，为成学治古文者要删焉。

19. 秦既得意，烧天下《诗》《书》，诸侯史记尤甚，为其有所刺讥也。《诗》《书》所以复见者，多藏人家，而史记独藏周室，以故灭。

《史记》卷十八

20. 余读高祖侯功臣，察其首封，所以失之者，曰：异哉新闻！《书》曰"协和万国"，迁于夏商，或数千岁。盖周封八百，幽厉之后，见于春秋。《尚书》有唐虞之侯伯，历三代千有余载，自全以蕃卫天子，岂非笃于仁义，奉上法哉？

《史记》卷二十

21. 太史公曰：匈奴绝和亲，攻当路塞；闽越擅伐，东瓯请降。二夷交侵，当盛汉之隆，以此知功臣受封侔于祖考矣。何者？自《诗》《书》称三代"戎狄是膺，荆荼是征"。

《史记》卷二十四

22. 太史公曰：余每读《虞书》，至于君臣相敕，维是几安，而股肱不良，万事堕坏，未尝不流涕也。成王作颂，推己惩艾，悲彼家难，可不谓战战恐惧，善守善终哉？

23. 秦二世尤以为娱。丞相李斯进谏曰："放弃《诗》《书》，极意声色，祖伊所以惧也；轻积细过，恣心长夜，纣所以亡也。"

24. 至今上即位，作十九章，令侍中李延年次序其声，拜为协律都尉。通一经之士不能独知其辞，皆集会五经家，相与共讲习读之，乃能通知其意，多《尔雅》之文。

《史记》卷二十五

25. 自是之后，名士迭兴，晋用咎犯，而齐用王子，吴用孙武，申明军约，赏罚必信，卒伯诸侯，兼列邦土，虽不及三代之诰誓，然身宠君尊，当世显扬，可不谓荣焉？岂与世儒暗于大较，不权轻重，猥云德化，不当用兵，大至君辱失守，小乃侵犯削弱，遂执不移等哉！

《史记》卷二十七

26. 幽厉以往，尚矣。所见天变，皆国殊窟穴，家占物怪，以合时应，其文图籍禨祥不法。是以孔子论六经，纪异而说不书。至天道命，不传；传其人，不待告；告非其人，虽言不著。

27. 昔之传天数者：高辛之前，重、黎；于唐、虞，羲、和；有夏，昆吾；殷商，巫咸；周室，史佚、苌弘。

《史记》卷二十八

28. 《五经通义》云："易姓而王，致太平，必封泰山，禅梁父。"

29. 即帝位三年，东巡郡县，祠驺峄山，颂秦功业。于是征从齐鲁之儒生博士七十人，至乎泰山下。诸儒生或议曰："古者封禅为蒲车，恶伤山之土石草木；埽地而祭，席用菹秸，言其易遵也。"始皇闻此议各乖异，难施用，由此绌儒生。

30. 始皇封禅之后十二岁，秦亡。诸儒生疾秦焚《诗》《书》，诛僇文学，百姓怨其法，天下畔之，皆讹曰："始皇上泰山，为暴风雨所击，不得封禅。"此岂所谓无其德而用事者邪？

31. 文帝乃召公孙臣，拜为博士，与诸生草改历服色事。

32. 夏四月，文帝亲拜霸渭之会，以郊见渭阳五帝。五帝庙南临渭，北穿蒲池沟水，权火举而祠，若光辉然属天焉。于是贵平上大夫，赐累千金。而使博士诸生刺六经中作《王制》，谋议巡狩封禅事。

33. 是时上方忧河决，而黄金不就，乃拜大为五利将军。居月余，得四印，佩天士将军、地士将军、大通将军印。制诏御史："昔禹疏九江，决四渎。闲者河溢皋陆，堤繇不息。朕临天下二十有八年，天若遗朕士而大通焉。"

34. 自得宝鼎，上与公卿诸生议封禅。封禅用希旷绝，莫知其仪礼，而群儒采封禅《尚书》《周官》《王制》之望祀射牛事。齐人丁公年九十余，曰："封禅者，合不死之名也。秦皇帝不得上封，陛下必欲上，稍上即无风雨，遂上封矣。"上于是乃令诸儒习射牛，草封禅仪。数年，至且行。天子既闻公孙卿及方士之言，黄帝以上封禅，皆致怪物与神通，欲放黄帝以上接神僊人蓬莱士，高世比德于九皇，而颇采儒术以文之。群儒既已不能辨明封禅事，又牵拘于《诗》《书》古文而不能骋。上为封禅祠器示群儒，群儒或曰"不与古同"，徐偃又曰"太常诸生行礼不如鲁善"，周霸属图封禅事，于是上绌偃、霸，而尽罢诸儒不用。

《史记》卷三十

35. 太史公曰：农工商交易之路通，而龟贝金钱刀布之币兴焉。所从来久远，自高辛氏之前尚矣，靡得而记云。故《书》道唐虞之际，《诗》述殷周之世，安宁则长庠序，先本绌末，以礼义防于利；事变多故而亦反是。是以物盛则衰，时极而转，一质一文，终始之变也。《禹贡》九州，各因其土地所宜，人民所多少而纳职焉。

《史记》卷三十一

36. 越王句践率其众以朝吴，厚献遗之，吴王喜。唯子胥惧，曰："是弃吴也。"谏曰："越在腹心，今得志于齐，犹石田，无所用。且盘庚之诰有颠越勿遗，商之以兴。"

徐广曰："一本作'盘庚之诰有颠之越之，商之以兴'。子胥传'诰曰有颠越商之兴'。"

《史记》卷三十二

37. 三十年春，齐桓公率诸侯伐蔡，蔡溃。遂伐楚。楚成王兴师问曰："何故涉吾地？"管仲对曰："昔召康公命我先君太公曰：'五侯九伯，若实征之，以夹辅周室。'赐我先君履，东至海，西至河，南至穆陵，北至无棣。楚贡包茅不入，王祭不具，是以来责。"

贾逵曰："包茅，菁茅匭之也，以供祭祀。"杜预曰："《尚书》'包匭菁茅'，茅之为异未审。"

《史记》卷四十四

38. 文侯受子夏经艺，客段干木，过其闾，未尝不轼也。

39. 是以东得卜子夏、田子方、段干木。此三人者，君皆师之。

《史记》卷四十六

40. 宣王喜文学游说之士，自如驺衍、淳于髡、田骈、接予、慎到、环渊之徒七十六人，皆赐列第，为上大夫，不治而议论。是以齐稷下学士复盛，且数百千人。

《史记》卷四十七

41. 晏婴进曰："夫儒者滑稽而不可轨法；倨傲自顺，不可以为下。"

42. 故孔子不仕，退而修《诗》《书》《礼》《乐》，弟子弥众，至自远方，莫不受业焉。

43. 孔子曰："文王既没，文不在兹乎？天之将丧斯文也，后死者不得与于斯文也。天之未丧斯文也，匡人其如予何！"

44. 孔子之时，周室微而《礼》《乐》废，《诗》《书》缺。追迹三代之礼，序书传，上纪唐虞之际，下至秦缪，编次其事。曰："夏礼吾能言之，杞不足征也。殷礼吾能言之，宋不足征也。足，则吾能征之矣。"观殷夏所损益，曰："后虽百世可知也，

《集解》何晏曰：'物类相召，势数相生，其变有常，故可预知者也。'以一文一质。周监二代，郁郁乎文哉。吾从周。"故《书传》《礼记》自孔氏。

45. 孔子以《诗》《书》《礼》《乐》教，弟子盖三千焉，身通六艺者七十有二人。

46. 安国为今皇帝博士，至临淮太守，蚤卒。安国生卬，卬生驩。

47. 太史公曰：孔子布衣，传十余世，学者宗之。自天子王侯，中国言六艺者折中于夫子，可谓至圣矣！

《史记》卷四十九

48. 《书》美"厘降"。

《史记》卷五十九

49. 河闲献王德，以孝景帝前二年用皇子为河闲王。好儒学，被服造次必于儒者。山东诸儒多从之游。

50. 汉名臣奏：杜业奏曰河间献王经术通明，积德累行，天下雄俊众儒皆归之。孝武帝时，献王朝，被服造次必于仁义。问以五策，献王辄对无穷。孝武帝艴然难之，谓献王曰：汤以七十里，文王百里，王其勉之。王知其意，归即纵酒听乐，因以终。

《史记》卷六十一

51. 夫学者载籍极博，犹考信于六艺。《诗》《书》虽缺，然虞夏之文可知也。尧将逊位，让于虞舜，舜禹之闲，岳牧咸荐，乃试之于位，典职数十

年，功用既兴，然后授政。

52. 又《书纬》称孔子求得黄帝玄孙帝魁之书，迄秦穆公，凡三千三百三十篇，乃删以一百篇为《尚书》，十八篇为中候。今百篇之内见亡四十二篇，是《诗》《书》又有缺亡者也。

53. 《尚书》有《尧典》《舜典》《大禹谟》，备言虞夏禅让之事，故云虞夏之文可知也。

54. 舜禹皆典职事二十余年，然后践帝位。

《史记》卷六十六

55. 桀奔南巢，其国盖远。《尚书序》"巢伯来朝"，盖因居之于淮南楚地。

《史记》卷六十七

56. 钻燧改火，期可已矣。

马融曰：《周书·月令》有更火之文。春取榆柳之火，夏取枣杏之火，季夏取桑柘之火，秋取柞楢之火，冬取槐檀之火，一年之中，钻火各异木，故曰改火。

57. 漆雕开字子开。

《集解》郑玄曰：鲁人也。家语云：蔡人，字子若，少孔子十一岁。又曰：习《尚书》，不乐仕。

58. 孔子曰：可以仕矣。对曰：吾斯之未能信。

王肃云：未得用斯书之意，故曰未能信也。

59. 孔子使开仕，对曰："吾斯之未能信。"孔子说。

60. 太史公曰：学者多称七十子之徒，誉者或过其实，毁者或损其真，钧之未睹厥容貌，则论言弟子籍，出孔氏古文近是。

《史记》卷七十四

61. 而孟轲乃述唐、虞、三代之德，是以所如者不合。退而与万章之徒序《诗》《书》，述仲尼之意，作《孟子》七篇。

《史记》卷八十七

62. "禁之便。臣请诸有文学《诗》《书》百家语者，蠲除去之。令到满三十日弗去，黥为城旦。所不去者，医药卜筮种树之书。若有欲学者，以吏为师。"始皇可其议，收去《诗》《书》百家之语以愚百姓，使天下无以古非今。

63. "曰'尧之有天下也，堂高三尺，采椽不斲，茅茨不翦，虽逆旅之宿不勤于此矣。冬日鹿裘，夏日葛衣，糂粝之食，藜藿之羹，饭土匦，啜土铏，虽监门之养不觳于此矣。禹凿龙门，通大夏，疏九河，曲九防，决渟水致之海，而股无胈，胫无毛，手足胼胝，面目黎黑，遂以死于外，葬于会稽，臣虏之劳不烈于此矣'。"

《史记》卷九十七

64. 陆生时时前说称《诗》《书》。高帝骂之曰："乃公居马上而得之，安事《诗》《书》!"陆生曰："居马上得之，宁可以马上治之乎？且汤武逆取而以顺守之，文武并用，长久之术也。昔者吴王夫差、智伯极武而亡；秦任刑法不变，卒灭赵氏。乡使秦已并天下，行仁义，法先圣，陛下安得而有之？"高帝不怿而有惭色，乃谓陆生曰："试为我著秦所以失天下，吾所以得之者何，及古成败之国。"陆生乃粗述存亡之征，凡著十二篇。每奏一篇，高帝未尝不称善，左右呼万岁，号其书曰《新语》。

《史记》卷九十九

65. 娄敬说曰："陛下都洛阳，岂欲与周室比隆哉？"上曰："然。"娄敬曰："陛下取天下与周室异。周之先自后稷，尧封之邰，积德累善十有余世。公刘避桀居豳。太王以狄伐故，去豳，杖马棰居岐，国人争随之。及文王为西伯，断虞芮之讼，始受命，吕望、伯夷自海滨来归之。武王伐纣，不期而会孟津之上八百诸侯，皆曰纣可伐矣，遂灭殷。成王即位，周公之属傅相焉，乃营成周洛邑，以此为天下之中也，诸侯四方纳贡职，道里均矣，有德则易以王，无德则易以亡。凡居此者，欲令周务以德致人，不欲依阻险，令后世骄奢以虐民也。"

《书》云"乃营成周"。"《尚书》曰：'成周既成，迁殷顽民。'《帝王世纪》云'居鬖墉之众'。"按：娄敬说周之美，岂言居顽民之所？以此而论，《汉书》非也。

66. 叔孙通者，薛人也。秦时以文学征，待诏博士。

《史记》卷一百一

67. 孝文帝时，天下无治《尚书》者，独闻济南伏生故秦博士，治《尚书》，年九十余，老不可征，乃诏太常使人往受之。太常遣错受《尚书》伏生所。还，因上便宜事，以书称说。诏以为太子舍人、门大夫、家令。以其辩得幸太子，太子家号曰"智囊"。

卫宏《诏定古文尚书序》云：征之，老不能行，遣太常掌故晁错往读之。年九十余，不能正言，言不可晓，使其女传言教错。齐人语多与颍川异，错所不知者凡十二三，略以其意属读而已也。

《史记》卷一百三

68. 儿宽等推文学至九卿，更进用事，事不关决于丞相，丞相醇谨而已。

《史记》卷一百十

69. 夏道衰，而公刘失其稷官，变于西戎，邑于豳。其后三百有余岁，戎狄攻大王亶父，亶父亡走岐下，而豳人悉从亶父而邑焉，作周。其后百有余岁，周西伯昌伐畎夷氏。后十有余年，武王伐纣而营雒邑，复居于酆鄗，放逐戎夷泾、洛之北，以时入贡，命曰"荒服"。其后二百有余年，周道衰，而穆王伐犬戎，得四白狼四白鹿以归。自是之后，荒服不至。于是周遂作《甫刑》之辟。

《史记》卷一百十七

70. "于是历吉日以齐戒，袭朝衣，乘法驾，建华旗，鸣玉鸾，游乎六艺之囿，骛乎仁义之涂，览观《春秋》之林，射《狸首》，兼《驺虞》，弋玄鹤，建干戚，载云罕，掩群雅，悲《伐檀》，乐乐胥，修容乎《礼》园，翱翔乎《书》圃，述《易》道，放怪兽，登明堂，坐清庙，恣群臣，奏得失，四海之内，靡不受获。于斯之时，天下大说，向风而听，随流而化，喟然兴道而迁义，刑错而不用，德隆乎三皇，功羡于五帝。若此，故猎乃可喜也。"

71. 《尚书》所以明帝王君臣之道出。

《史记》卷一百十八

72. 上闻之，乃叹曰："尧舜放逐骨肉，周公杀管蔡，天下称圣。何者？不以私害公。天下岂以我为贪淮南王地邪？"乃徙城阳王王淮南故地，而追尊谥淮南王为厉王，置园复如诸侯仪。

73. 昔秦绝圣人之道，杀术士，燔《诗》《书》，弃礼义，尚诈力，任刑罚，转负海之粟致之西河。

《史记》卷一百二十

74. 天子方招文学儒者，上曰吾欲云云，黯对曰："陛下内多欲而外施仁义，柰何欲效唐虞之治乎！"上默然，怒，变色而罢朝。

《史记》卷一百二十一

75. 及至秦之季世，焚《诗》《书》，坑术士，六艺从此缺焉。陈涉之王也，而鲁诸儒持孔氏之礼器往归陈王。于是孔甲为陈涉博士，卒与涉俱死。陈涉起匹夫，驱瓦合适戍，旬月以王楚，不满半岁竟灭亡，其事至微浅，然而缙绅先生之徒负孔子礼器往委质为臣者，何也？以秦焚其业，积怨而发愤于陈王也。

卫宏诏定《古文尚书序》云"秦既焚书，恐天下不从所改更法，而诸生到者拜为郎前后七百人，乃密种瓜于骊山陵谷中温处瓜实成，诏博士诸生说之，人言不同，乃令就视。为伏机，诸生贤儒皆至焉，方相难不决，因发机，从上填之以土，皆压，终乃无声"。

76. 及今上即位，赵绾、王臧之属明儒学，而上亦乡之，于是招方正贤良文学之士。自是之后，言诗于鲁则申培公，于齐则辕固生，于燕则韩太傅。言《尚书》自济南伏生。

77. 武安侯田蚡为丞相，延文学儒者数百人，而公孙弘以《春秋》白衣为天子三公，封以平津侯。天下之学士靡然乡风矣。

78. 谨与太常臧、博士平等议曰：闻三代之道，乡里有教，夏曰校，殷曰序，周曰庠。

79. 为博士官置弟子五十人，复其身。太常择民年十八已上，仪状端正者，补博士弟子。一岁皆辄试，能通一艺以上，补文学掌故缺；其高弟可以为郎中者，太常籍奏。

80. 弟子为博士者十余人：孔安国至临淮太守，周霸至胶西内史，夏宽至城阳内史，砀鲁赐至东海太守，兰陵缪生至长沙内史，徐偃为胶西中尉，邹人阙门庆忌为胶东内史。

81. 伏生者，济南人也。故为秦博士。孝文帝时，欲求能治《尚书》者，天下无有，乃闻伏生能治，欲召之。是时伏生年九十余，老，不能行，于是乃诏太常使掌故晁错往受之。秦时焚书，伏生壁藏之。其后兵大起，流亡，汉定，伏生求其书，亡数十篇，独得二十九篇，即以教于齐鲁之闲。学者由是颇能言《尚书》，诸山东大师无不涉《尚书》以教矣。

82. 伏生教济南张生及欧阳生，欧阳生教千乘儿宽。儿宽既通《尚书》，以文学应郡举，诣博士受业，受业孔安国。儿宽贫无资用，常为弟子都养，及时时闲行佣赁，以给衣食。行常带经，止息则诵习之。以试第次，补廷尉史。是时张汤方乡学，以为奏谳掾，以古法议决疑大狱，而爱幸宽。宽为人温良，有廉智，自持，而善著书、书奏，敏于文，口不能发明也。汤以为长者，数称誉之。及汤为御史大夫，以儿宽为掾，荐之天子。天子见问，说之。张汤死后六年，儿宽位至御史大夫。九年而以官卒。宽在三公位，以和良承意从容得久，然无有所匡谏；于官，官属易之，不为尽力。张生亦为博士。而伏生孙以治《尚书》征，不能明也。

83. 自此之后，鲁周霸、孔安国，雒阳贾嘉，颇能言《尚书》事。孔氏有《古文尚书》，而安国以今文读之，因以起其家。逸书得十余篇，盖《尚书》滋多于是矣。

《史记》卷一百二十二

84. 是时上方向文学，汤决大狱，欲传古义，乃请博士弟子治《尚书》《春秋》补廷尉史，亭疑法。

《史记》卷一百二十三

85. 太史公曰：《禹本纪》言"河出昆仑。昆仑其高二千五百余里，日月所相避隐为光明也。其上有醴泉、瑶池"。今自张骞使大夏之后也，穷河源，恶睹本纪所谓昆仑者乎？故言九州山川，《尚书》近之矣。至《禹本纪》《山海经》所有怪物，余不敢言之也。

> 《尚书》曰：导河积石，是为河源出于积石，积石在金城河關，不言出于昆仑也。

> 积石本非河之发源，犹《尚书》导洛自熊耳，然其实出于冢岭山，乃东经熊耳。

《史记》卷一百二十四

86. 时会聚官下博士诸先生与论议，共难之曰："苏秦、张仪一当万乘之主，而都卿相之位，泽及后世。今子大夫修先王之术，慕圣人之义，讽诵《诗》《书》百家之言，不可胜数。著于竹帛，自以为海内无双，即可谓博闻辩智矣。"

87. 太公躬行仁义七十二年，逢文王，得行其说，封于齐，七百岁而不绝。

《史记》卷一百三十

88. 迁生龙门，耕牧河山之阳。年十岁则诵古文。二十而南游江、淮，上会稽，探禹穴，窥九疑，浮于沅、湘；北涉汶、泗，讲业齐、鲁之都，观孔子之遗风，乡射邹、峄；鄱、薛、彭城，过梁、楚以归。于是迁仕为郎中，奉使西征巴、蜀以南，南略邛、笮、昆明，还报命。

> 按：司马迁及事伏生，是学诵《古文尚书》。刘氏以为《左传》《国语》《系本》等书，是亦名之古文也。

89. 幽厉之后，王道缺，礼乐衰，孔子修旧起废，论《诗》《书》，作《春秋》，则学者至今则之。

90. 子曰："我欲载之空言，不如见之于行事之深切著明也。"

91. 《书》记先王之事，故长于政；《书》以道事。

92. 太史公曰："唯唯，否否，不然。余闻之先人曰：'伏羲至纯厚，作易八卦。尧舜之盛，《尚书》载之，礼乐作焉。'"

93. 于是论次其文。七年而太史公遭李陵之祸，幽于缧绁。乃喟然而叹曰："是余之罪也夫！是余之罪也夫！身毁不用矣。"退而深惟曰："夫《诗》《书》隐约者，欲遂其志之思也。昔西伯拘羑里，演《周易》；孔子厄陈蔡，作《春秋》；屈原放逐，著《离骚》；左丘失明，厥有《国语》；孙子膑脚，而论兵法；不韦迁蜀，世传《吕览》；韩非囚秦，《说难》《孤愤》；《诗》三百篇，大抵贤圣发愤之所为作也。此人皆意有所郁结，不得通其道也，故述往事，思来者。"于是卒述陶唐以来，至于麟止，自黄帝始。

按：谓其义隐微而言约也。正义《诗》《书》隐微而约省者，迁深维欲依其隐约而成其志意也。

94. 故述黄帝为《本纪》之首而以《尚书》雅正，故称起于陶唐也。

95. 维三代尚矣，年纪不可考，盖取之谱牒旧闻，本于兹，于是略推，作《三代世表》第一。

96. 依之违之，周公绥之；愤发文德，天下和之；辅翼成王，诸侯宗周。隐桓之际，是独何哉？三桓争强，鲁乃不昌。嘉旦金滕，作《周公世家》第三。

97. 收殷余民，叔封始邑，申以商乱，酒材是告，及朔之生，卫顷不宁；南子恶蒯聩，子父易名。周德卑微，战国既强，卫以小弱，角独后亡。喜彼康诰，作《卫世家》第七。

98. 维我汉继五帝末流，接三代（统）［绝］业。周道废，秦拨去古文，焚灭《诗》《书》，故明堂石室金匮玉版图籍散乱。于是汉兴，萧何次律令，韩信申军法，张苍为章程，叔孙通定礼仪，则文学彬彬稍进，《诗》《书》往往间出矣。

99. 凡百三十篇，五十二万六千五百字，为《太史公书》。序略，以拾遗补阙，成一家之言，厥协六经异传，整齐百家杂语，藏之名山，副在京师，俟后世圣人君子。

第十九章

《汉书》中的《尚书》学文献辑考

班固说："五经群籍，九流百家，其言虽多，然皆不如《尚书》唐虞盛世《典》《谟》之史篇。"儒家六经于治一也，然致"至治"之成法，其他五经皆不如《尚书》记上古之事为可信。从《汉书》载记《尚书》文本以及称说《尚书》学事件来看，《汉书》虽不如《史记》那样几乎成了诠释《尚书》的"传"，但也在多个层面都体现了班固撰史对《尚书》及《尚书》"成法"的重视。今分层次对相关《尚书》学文献分节辑考如下。

第一节 《汉书》称引《尚书》文本辑考

《汉书》称引《尚书》本经的情况复杂：就称引者的身份而言，既有帝王将相，亦有文人学士；就称引形式而言，既有直接称引，亦有间接称说。今辑得一百三十三条，胪列如下，并适当胪列相关注者的考辨。此类文献的考辑，对西汉《尚书》本经流变以及西汉使用《尚书》经的梳理与研究，以及对班固的《尚书》学研究，都具有重要的参考价值。

《汉书》卷六

1. 诏曰："朕闻咎繇对禹曰：'在知人，知人则哲，惟帝难之。'盖君者心也，民犹支体，支体伤则心憯怛。日者淮南衡山修文学，流货赂，两国接壤，怵于邪说，而造篡弑，此朕之不德。"

师古曰："《尚书·咎繇谟》载咎繇之辞也。帝谓尧也。"

《汉书》卷八

2. 三月，诏曰："乃者凤皇集泰山、陈留，甘露降未央宫。朕未能章先帝休烈，协宁百姓，承天顺地，调序四时，序·嘉瑞，赐兹祉福，夙夜兢兢，靡有骄色，内省匪解，永惟罔极。《书》不云乎：'凤皇来仪，庶尹允谐。'"

师古曰："《虞书·益稷》之篇曰：箫韶九成，凤皇来仪，击石拊石，百兽率舞，庶尹允谐，言奏乐之和，凤皇以其容仪来下，百兽相率舞蹈。是乃众官之长，信皆和辑，故神人交畅。"

3. 二年春正月，诏曰："《书》云'文王作罚，刑兹无赦'，今吏修身奉法，未有能称朕意，朕甚愍焉。其赦天下，与士大夫厉精更始。"

师古曰："《周书·康诰》之辞也。言文王作法，罚其有乱常违教者，则刑之无放释也。"

4. 三月……诏曰："……朕之不敏，惧不能任，娄蒙嘉瑞，获蕾祉福。《书》不云乎：'虽休勿休，祗事不怠。'公卿大夫其勖焉。……"

5. 夏四月，诏曰："朕承先帝之圣绪，获奉宗庙，战战兢兢。间者地数动而未静，惧于天地之戒，不知所由。方田作时，朕忧蒸庶之失业，临遣光禄大夫襃等十二人循行天下，存问耆老鳏寡孤独困乏失职之民，延登贤俊，招显侧陋，因览风俗之化。相守二千石诚能正躬劳力，宣明教化，以亲万姓，则六合之内和亲，庶几乎无忧矣。书不云乎：'股肱良哉！庶事康哉！'布告天下，使明知朕意。"

师古曰："《虞书·益稷》之辞也。言君能任贤，股肱之臣皆得良善，则众事安宁。"

《汉书》卷十

6. 诏曰："乃者火灾降于祖庙，有星孛于东方，始正而亏，咎孰大焉！《书》云：'惟先假王正厥事。'群公孜孜，帅先百寮，辅朕不逮。崇宽大，长和睦，凡事恕己，毋行苛刻。其大赦天下，使得自新。"

师古曰："《商书·高宗肜日》载武丁之臣祖己之辞也。假，至也。言先古至道之君遇灾变，则正其行事，修德以应之。"

7. 二年春，寒。诏曰："昔在帝尧立羲、和之官，命以四时之事，令不失其序。故《书》云'黎民于蕃时雍'，明以阴阳为本也。今公卿大夫或不信阴阳，薄而小之，所奏请多违时政。传以不知，周行天下，而欲望阴阳和调，岂不谬哉！其务顺四时月令。"

应劭曰："《尚书·尧典》曰'乃命羲和'。羲氏、和氏，世掌天地之官。"

师古曰："此《虞书·尧典》之辞也。今《尚书》作变，而此纪作蕃，两说并通。蕃音扶元反。"

8. 四年春正月，诏曰："夫《洪范》八政，以食为首，斯诚家给刑错之本也。先帝劭农，薄其租税，宠其强力，令与孝弟同科。间者，民弥惰怠，乡本者少，趋末者众，将何以矫之？方东作时，其令二千石勉劝农桑，出入阡陌，致劳来之。《书》不云乎：'服田力啬，乃亦有秋。'其勖之哉！"

师古曰："《洪范》，《尚书》篇名，箕子为周武王所说。洪，大也。范，法也。八政一曰食，盖王政之所先，故以为首。"

应劭曰："东作，耕也。"

师古曰："春位在东，耕者始作，故曰东作。《虞书·尧典》曰：'平秩东作。'"

师古曰："此《商书·盘庚》之辞。"

9. 鸿嘉元年春二月，诏曰："朕承天地，获保宗庙，明有所蔽，德不能绥，刑罚不中，众失职，趋阙告诉者不绝。是以阴阳错谬，寒暑失序，日月不光，百姓蒙辜，朕甚闵焉。《书》不云乎：'即我御事，罔克耆寿，咎在厥躬。'方春生长时，临遣谏大夫理等三辅、三河、弘农冤狱。公卿大夫、部刺史明申敕守相，称朕意焉。其赐天下民爵一级，女子百户牛酒，加赐鳏寡孤独高年帛。逋贷未入者勿收。"

文颖曰："此《尚书·文侯之命》篇中辞也。言我周家用事者，无能有耆老贤者，使国之危亡，罪咎在其用事者也。"

师古曰："咎在厥躬，平王自谓，故帝引之以自责耳。文氏乃云咎在用事，斯失之矣。"

《汉书》卷十七

10. 昔《书》称"蛮夷帅服"……许其慕诸夏也。

师古曰："《舜典》之辞也。言王者德泽广被，则四夷相率而降服也。"

《汉书》卷十九上

11. 《书》载唐虞之际，命羲和四子顺天文，授民时；咨四岳，以举贤材，扬侧陋；十有二牧，柔远能迩；禹作司空，平水土；弃作后稷，播百穀；卨作司徒，敷五教；咎繇作士，正五刑；垂作共工，利器用；益作朕虞，育草木鸟兽；伯夷作秩宗，典三礼；夔典乐，和神人；龙作纳言，出入帝命。

应劭曰："尧命四子分掌四时之教化也。"张晏曰："四子谓羲仲、羲叔、和仲、和叔也。"师古曰："事见《虞书·尧典》。"

师古曰："四岳，分主四方诸侯者。"

应劭曰："牧，州牧也。"师古曰："柔，安也。能，善也。迩，近也。"

师古曰："空，穴也。古人穴居，主土为穴以居人也。"

应劭曰："弃，臣名也。后，主也，为此稷官之主也。"师古曰："播谓布种也。"

应劭曰："五教，父义，母慈，兄友，弟恭，子孝也。"师古曰："卨音先列反。"

应劭曰："士，狱官之长。"张晏曰："五刑谓墨、刖、劓、掤、宫、大辟也。"师古曰："咎音皋。繇音弋昭反。墨，凿其额而涅以墨也。刖，断足也。劓，割鼻也。掤，去髌骨也。宫，阴刑也。大辟，杀之也。"

应劭曰："垂，臣名也。为共工，理百工之事也。"师古曰："共读曰龚。"

应劭曰："益，伯益也。虞，掌山泽禽兽官名也。"师古曰："鍥，古益字也。虞，度也。主商度山川之事。"

应劭曰："伯夷，臣名也。典天神、地祇、人鬼之礼也。"师古曰："秩，次也；宗，尊也；主尊神之礼，可以次序也。"

应劭曰："夔，臣名也。"师古曰："夔，音巨龟反。"

应劭曰："龙，臣名也。纳言，如今尚书，管王之喉舌也。"师古曰："自此以上皆尧典之文。"

师古曰："事见《周书·周官篇》《周礼》也。"

《汉书》卷二十一上

12.《虞书》曰："乃同律度量衡。"

师古曰："《虞书》，《舜典》也。同谓齐等。"

13. 数者，一、十、百、千、万也，所以算数事物，顺性命之理也。《书》曰："先其算命。"本起于黄钟之数，始于一而三之，三三积之，历十二辰之数，十有七万七千一百四十七，而五数备矣。

师古曰："《逸书》也。言王者统业，先立算数以命百事也。"

14.《书》曰："天功人其代之。"天兼地，人则天，故以五位之合乘焉，"唯天为大，唯尧则之"之象也。

师古曰："《虞书·咎繇谟》也。言圣人禀天造化之功代而行之。"

15. 《书》曰："予欲闻六律、五声、八音、七始咏，以出内五言，女听。"予者，帝舜也。言以律吕和五声，施之八音，合之成乐。七者，天地四时人之始也。顺以歌咏五常之言，听之则顺乎天地，序乎四时，应人伦，本阴阳，原情性，风之以德，感之以乐，莫不同乎一。唯圣人为能同天下之意，故帝舜欲闻之也。

师古曰："《虞书·益稷》篇所载舜与禹言。"

16. 历数之起上矣。传述颛顼命南正重司天，火正黎司地，其后三苗乱德，二官咸废，而闰余乖次，孟陬殄灭，摄提失方。尧复育重、黎之后，使纂其业，故《书》曰："乃命羲、和，钦若昊天，历象日月星辰，敬授民时。""岁三百有六旬有六日，以闰月定四时成岁，允厘百官，众功皆美"，其后以授舜曰："咨尔舜，天之历数在尔躬。""舜亦以命禹。"至周武王访箕子，箕子言大法九章，而五纪明历法。故自殷周，皆创业改制，咸正历纪，服色从之，顺其时气，以应天道。

师古曰："此皆《虞书·尧典》之辞也。钦，敬；若，顺也。昊天，言天气广大也。星，四方之中星也。辰，日月所会也。羲氏、和氏、重、黎之后，以其继掌天地，故尧命之，使敬顺昊天，历象星辰之分节，敬记天时，以授下人也。匝四时凡三百六十六日，而定一岁。十二月三十日，正三百六十，则余六日矣。又除小月六日，是为岁有余十二日，未盈三岁，便得一月，则置闰焉，以定四时之气节，成一岁之历象，则能信理百官，众功皆美也。"

师古曰："大法九章即'洪范九畴'也。其四曰'协用五纪'也。"

《汉书》卷二十一下

17. 《伊训》篇曰："惟太甲元年十有二月乙丑朔，伊尹祀于先王，诞资有牧方明。"言虽有成汤、太丁、外丙之服，以冬至越茀祀先王于方明以配上帝，是朔旦冬至之岁也。后九十五岁，商十二月甲申朔旦冬至，亡余分，是为孟统。

18. 《洪范》篇曰："惟十有三祀，王访于箕子。"

19. 《周书·武成》篇："惟一月壬辰，旁死霸，若翌日癸巳，武王乃朝步自周，于征伐纣。"……至庚申，二月朔日也。四日癸亥，至牧野，夜陈，甲子昧爽而合矣。……《武成》篇曰："粤若来三月，既死霸，粤五日甲子，咸刘商王纣。"是岁也，闰数余十八，正大寒中，在周二月己丑晦。

明日闰月庚寅朔。三月二日庚申惊蛰。四月己丑朔死霸。死霸，朔也。生霸，望也。是月甲辰望，乙巳，旁之。故《武成》篇曰："惟四月既旁生霸，粤六日庚戌，武王燎于周庙。翌日辛亥，祀于天位。粤五日乙卯，乃以庶国祀馘于周庙。"文王十五而生武王，受命九年而崩，崩后四年而武王克殷。克殷之岁八十六矣，后七岁而崩。故《礼记·文王世子》曰："文王九十七而终，武王九十三而终。"凡武王即位十一年，周公摄政五年，正月丁巳朔旦冬至，殷历以为六年戊午，距炀公七十六岁入孟统二十九章首也。后二岁，得周公七年"复子明辟"之岁。是岁二月乙亥朔，庚寅望，后六日得乙未。故《召诰》曰："惟二月既望，粤六日乙未。"又其三月甲辰朔，三日丙午。《召诰》曰："惟三月丙午朏。"古文《月采》篇曰"三日曰朏"。是岁十二月戊辰晦，周公以反政。故《洛诰》篇曰："戊辰，王在新邑，烝祭岁，命作策，惟周公诞保文武受命，惟七年。"

师古曰："今文《尚书》之辞。刘，杀也。"

师古曰："亦今文《尚书》也。祀馘，献于庙而告祀也。截耳曰馘，音居获反。"

20. 成王元年正月己巳朔，此命伯禽俾侯于鲁之岁也。后三十年四月庚戌朔，十五日甲子哉生霸。故《顾命》曰"惟四月哉生霸，王有疾不豫，甲子，王乃洮沬水，作《顾命》"。翌日乙丑，成王崩。康王十二年六月戊辰朔，三日庚午，故《毕命·丰刑》曰："惟十有二年六月庚午朏，王命作策《丰刑》。"

孟康曰："《逸书》篇名。"

21. 国子者，卿大夫之子弟也，皆学歌九德，诵六诗，习六舞、五声、八音之和。故帝舜命夔曰："女典乐，教胄子，直而温，宽而栗，刚而无虐，简而无敖。诗言志，歌咏言，声依咏，律和声，八音克谐。"此之谓也。

师古曰："《虞书·舜典》所载也。夔，舜臣名。胄子，即国子也。"

22.《书》云："击石拊石，百兽率舞。"鸟兽且犹感应，而况于人乎？况于鬼神乎？故乐者，圣人之所以感天地，通神明，安万民，成性类者也。

师古曰："《虞书·舜典》也。石谓磬也。言乐之和谐也，至于击拊磬石，则百兽相率而舞也。"

23. 故《书序》"殷纣断弃先祖之乐，乃作淫声，用变乱正声，以说妇人"。乐官师瞽抱其器而犇散，或适诸侯，或入河海。

师古曰："今文《周书·泰誓》之辞也。说读曰悦。"

师古曰："夫六经残缺，学者异师，文义竞驰，各守所见。而马、郑群儒，皆在班、扬之后，向、歆博学，又居王、杜之前，校其是非，不可偏据。"

《汉书》卷二十三

24.《洪范》曰："天子作民父母，为天下王。"圣人取类以正名，而谓君为父母，明仁爱德让，王道之本也。爱待敬而不败，德须威而久立，故制礼以崇敬，作刑以明威也。

师古曰："《洪范》，《周书》也。"

25. 刑罚威狱，以类天之震曜杀戮也；温慈惠和，以效天之生殖长育也。《书》云"天秩有礼"，"天讨有罪"，故圣人因天秩而制五礼，因天讨而作五刑。

师古曰："此《虞书·皋陶谟》之辞也。秩，叙也。言有礼者天则进叙之，有罪者天则讨治之。"

26. 若夫舜修百僚，皋陶作士，命以"蛮夷猾夏，寇贼奸轨"，而刑无所用，所谓善师不陈者也。汤、武征伐，陈师誓众，而放禽桀、纣，所谓善陈不战者也。

师古曰："《虞书·舜典》舜命皋陶之文也。猾，乱也。夏，诸夏也。寇谓攻劫，贼谓杀人。在外曰奸，在内曰轨。"

师古曰："谓《汤誓》、《泰誓》、《牧誓》是也。"

27. 至成帝河平中，复下诏曰："《甫刑》云'五刑之属三千，大辟之罚其属二百'，今大辟之刑千有余条，律令烦多，百有余万言，奇请它比，日以益滋，自明习者不知所由，欲以晓喻众庶，不亦难乎！于以罗元元之民，天绝亡辜，岂不哀哉！其与中二千石、二千石、博士及明习律令者议减死刑及可蠲除约省者，令较然易知，条奏。《书》不云乎：'惟刑之恤哉！'其审核之，务准古法，朕将尽心览焉。"

师古曰："《甫刑》，即《周书·吕刑》。初为吕侯，号曰吕刑，后为甫侯，又称甫刑。"

师古曰："《虞书·舜典》之辞，恤，忧也。言当忧刑也。"

28. 夫征暴诛悖，治之威也。杀人者死，伤人者刑，是百王之所同也，未有知其所由来者也。故治则刑重，乱则刑轻，犯治之罪固重，犯乱之罪固轻也。《书》云"刑罚，世重世轻"，此之谓也。所谓"象刑惟明"者，言象天道而作刑，安有菲屦赭衣者哉？

　　师古曰："《周书·甫刑》之辞也。言刑罚轻重，各随其时。"

　　师古曰："《虞书·益稷》曰：'咎繇方祗厥叙，方施象刑惟明'，言敬其次叙，施其法刑皆明白也。"

　　29.《书》曰："立功立事，可以永年。"言为政而宜于民者，功成事立，则受天禄而永年命，所谓"一人有庆，万民赖之"者也。

　　师古曰："今文《泰誓》之辞也。永，长也。"

　　师古曰："《吕刑》之辞也。一人，天子也。言天子用刑详审，有福庆之惠，则众庶咸赖之也。"

《汉书》卷二十四上

　　30. 尧命四子以"敬授民时"，舜命后稷以"黎民祖饥"，是为政首。禹平洪水，定九州，制土田，各因所生远近，赋入贡棐，楙迁有无，万国作乂。殷周之盛，《诗》《书》所述，要在安民，富而教之。

　　师古曰："四子谓羲仲、羲叔、和仲、和叔也。事见《虞书·尧典》也。"

　　孟康曰："祖，始也。黎民始饥，命弃为稷官也。古文言阻。"

　　师古曰："事见《舜典》。"

　　应劭曰："棐，竹器也，所以盛。方曰筐，隋曰棐。"

　　师古曰："棐读与匪同，《禹贡》所谓'厥贡漆丝，厥篚织文'之类是也。隋，圆而长也。隋音他果反。"

《汉书》卷二十四下

　　31. 赞曰：《易》称"裒多益寡，称物平施"，《书》云"楙迁有无"。

　　应劭曰："楙，勉也。迁，徙也。言天下食货有无相通足也。"

　　师古曰："《虞书·益稷》之辞。言劝勉天下迁徙有无，使相通也。"

《汉书》卷二十五上

　　32.《虞书》曰："舜在璇玑玉衡，以齐七政。遂类于上帝，禋于六宗，望秩于山川，遍于群神。揖五瑞，择吉月日，见四岳诸牧，班瑞。岁二月，东巡狩，至于岱宗。"岱宗，泰山也。柴，望秩于山川。遂见东后。东后者，诸侯也。"合时月正日，同律度量衡，修五礼五乐，三帛二生一死为贽。五月，巡狩至南岳。"南岳者，衡山也。"八月，巡狩至西岳。"西岳者，华山也。"十一月，巡狩至北岳。"北岳者，恒山也。"皆如岱宗之礼。"中岳，嵩高也。"五载一巡狩。"

师古曰："《虞书·舜典》也。在，察也。璇，美玉也。玑转而衡平。以玉为玑衡，谓浑天仪也。七政，日、月、五星也。言舜观察玑衡，以齐同日、月、五星之政，度合天意。"

师古曰："此以上皆《舜典》所载。"

33. 后八世，帝太戊有桑谷生于廷，一暮大拱，惧。伊陟曰："祆不胜德。"太戊修德，桑谷死。伊陟赞巫咸。后十三世，帝武丁得传说为相，殷复兴焉，称高宗。有雉登鼎耳而雊，武丁惧。祖己曰："修德。"武丁从之，位以永宁。

《汉书》卷二十五下

34. 《书》曰："越三日丁巳，用牲于郊，牛二。"周公加牲，告徙新邑，定郊礼于雒。明王圣主，事天明，事地察。天地明察，神明章矣。

师古曰："《周书·洛诰》之辞。"

35. 于是衡、谭奏议曰："陛下圣德，明上通，承天之大，典览群下，使各悉心尽虑，议郊祀之处，天下幸甚。臣闻广谋从众，则合于天心，故《洪范》曰'三人占，则从二人言'，言少从多之义也。论当往古，宜于万民，则依而从之；违道寡与，则废而不行。今议者五十八人，其五十人言当徙之义，皆著于经传，同于上世，便于吏民；八人不案经艺，考古制，而以为不宜，无法之议，难以定吉凶。《太誓》曰：'正稽古立功立事，可以永年，丕天之大律。'"

师古曰："《洪范》，《周书》也。"

师古曰："今文《泰誓》，《周书》也。"

36. "旷日经年，靡有毫牦之验，足以揆今。《经》曰：'享多仪，仪不及物，惟曰不享。'《论语说》曰：'子不语怪神。'唯陛下距绝此类，毋令奸人有以窥朝者。"上善其言。

师古曰："《周书·洛诰》之辞也。言祭享之道，唯以絜诚，若多其容仪，而不及礼物，则不为神所享也。"

37. 后莽又奏言："《书》曰：'类于上帝，禋于六宗。'欧阳、大小夏侯三家说六宗，皆曰上不及天，下不及墬，旁不及四方，在六者之间，助阴阳变化，实一而名六，名实不相应。"

师古曰："《虞书·舜典》也。并已解于上。"

《汉书》卷二十六

38. 北斗七星，所谓"璇、玑、玉衡，以齐七政"。

39. 《书》曰："星有好风，星有好雨，月之从星，则以风雨"，言失中道而东西也。故《星传》曰："月南入牵牛南戒，民间疾疫；月北入太微，出坐北，若犯坐，则下人谋上。"

40. 一曰月为风雨，日为寒温。冬至日南极，晷长，南不极则温为害；夏至日北极，晷短，北不极则寒为害。故《书》曰"日月之行，则有冬有夏"也。政治变于下，日月运于上矣。日月出房北，为雨为阴，为乱为兵；出房南，为旱为夭丧。水旱至冲而应，及五星之变，必然之效也。

《汉书》卷二十七上

41. 故《经》曰："惟十有三祀，王访于箕子，王乃言曰：'乌嘑，箕子！惟天阴骘下民，相协厥居，我不知其彝伦逌叙。'箕子乃言曰：'我闻在昔，鲧陻洪水，汩陈其五行，帝乃震怒，弗畀洪范九畴，彝伦逌斁。鲧则殛死，禹乃嗣兴，天乃锡禹洪范九畴，彝伦逌叙。'"此武王问《雒书》于箕子，箕子对禹得《雒书》之意也。

师古曰："祀，年也。商曰祀。自此以下皆《周书·洪范》之文。"

42. "初一曰五行；次二曰羞用五事；次三曰农用八政；次四曰用五纪；次五曰建用皇极；次六曰乂用三德；次七曰明用稽疑；次八曰念用庶征；次九曰向用五福，畏用六极。"凡此六十五字，皆《雒书》本文，所谓天乃锡禹大法九章常事所次者也。

43. 《经》曰："初一曰五行。五行：一曰水，二曰火，三曰木，四曰金，五曰土。水曰润下，火曰炎上，木曰曲直，金曰从革，土爰稼穑。"

44. 《说》曰："火，南方，扬光辉为明者也。其于王者，南面乡明而治。"《书》云："知人则悊，能官人。"故尧舜举群贤而命之朝，远四佞而放诸壄。

师古曰："《虞书·咎繇谟》之辞。悊，智也。能知其材则能官之，所以为智也。"

《汉书》卷二十七中之上

45. 《经》曰："羞用五事。五事：一曰貌，二曰言，三曰视，四曰听，五曰思。貌曰恭，言曰从，视曰明，听曰聪，思曰睿。恭作肃，从作艾，明作悊，聪作谋，睿作圣。休征：曰肃，时雨若；艾，时阳若；悊，时奥若；谋，时寒若；圣，时风若。咎征：曰狂，恒雨若；僭，恒阳若；舒，恒奥若；急，恒寒若；霿，恒风若。"

46. 昔武王伐殷，至于牧壄，誓师曰："古人有言曰'牝鸡无晨；牝鸡之晨，惟家之索'，今殷王纣惟妇言用。"

师古曰："《周书·牧誓》之辞。晨谓晨时鸣也。索，尽也。言妇人为政，犹雌鸡而代雄鸣，是丧家之道也。"

47. 退会，子羽告人曰："齐、卫、陈大夫其不免乎！国子代人忧，子招乐忧，齐子虽忧弗害。夫弗及而忧，与可忧而乐，与忧而弗害，皆取忧之道也。《太誓》曰：'民之所欲，天必从之。'三大夫兆忧矣，能无至乎！言以知物，其是之谓矣。"

师古曰："《太誓》，《周书》也。"

《汉书》卷二十七下之下

48. 《洪范》曰："庶民惟星。"

49. 成帝永始二年二月癸未，夜过中，星陨如雨，长一二丈，绎绎未至地灭，至鸡鸣止。谷永对曰："……臣闻三代所以丧亡者，皆由妇人群小，湛湎于酒。《书》云：'乃用其妇人之言，四方之逋逃多罪，是信是使。'"

师古曰："《周书·泰誓》也。言纣惑于妲己，而昵近亡逃罪人，信之。"

《汉书》卷二十八上

50. 昔在黄帝，作舟车以济不通，旁行天下，方制万里，画壄分州，得百里之国万区。是故《易》称"先王以建万国，亲诸侯"，《书》云"协和万国"，此之谓也。尧遭洪水，裹山襄陵，天下分绝，为十二州，使禹治之。水土既平，更制九州，列五服，任土作贡。

师古曰："《虞书·尧典》之辞也。"

51. 曰：禹敷土，随山刊木，奠高山大川。

师古曰："敷，分也。谓分别治之。自此已下皆是《夏书·禹贡》之文。"

52. 冀州既载，壶口治梁及岐。既修太原，至于岳阳。覃怀底绩，至于衡章。厥土惟白壤。厥赋上上错，厥田中中。恒、卫既从，大陆既作。鸟夷皮服。夹右碣石，入于河。

沛、河惟兖州。九河既道，雷夏既泽，雍、沮会同，桑土既蚕，是降丘宅土。厥土黑坟，中蘨木条。厥田中下，赋贞，作十有三年乃同。厥贡漆丝，厥篚织文。浮于沛、漯，通于河。

海、岱惟青州。嵎夷既略，惟、甾其道。厥土白坟，海濒广舄。田上下，赋中上。贡盐、絺，海物惟错，岱畎丝、枲、铅、松、怪石，莱夷作牧，厥篚厌丝。浮于汶，达于沛。

海、岱及淮惟徐州。淮、沂其乂，蒙、羽其艺。大野既猪，东原底平。厥土赤埴坟，草木渐包。田上中，赋中中。贡土五色，羽畎夏狄，峄阳孤桐，泗濒浮磬，淮夷蠙珠臮鱼，厥篚玄纤缟。浮于淮、泗，达于河。

淮、海惟扬州。彭蠡既猪，阳鸟迪居。三江既入，震泽底定。筱簜既敷，中夭木乔。厥土涂泥。田下下，赋下上错。贡金三品，瑶、瑻、筱簜，齿、革、羽毛，鸟夷卉服，厥篚织贝，厥包橘、柚，锡贡。均江海，通于淮、泗。

荆及衡阳惟荆州。江、汉朝宗于海。九江孔殷，沱、潜既道，云梦，土作乂。厥土涂泥。田下中，赋上下。贡羽旄、齿、革，金三品，杶、干、栝、柏，厉、砥、砮、丹，惟箘簵、楛，三国底贡厥名，包匦菁茅，厥篚玄纁玑组，九江纳锡大龟。浮于江、沱、灊、汉，逾于洛，至于南河。

荆、河惟豫州。伊、雒、瀍、涧既入于河，荥、波既猪，道荷泽，被盟猪。厥土惟壤，下土坟垆。田中上，赋错上中。贡漆、枲、絺、纻、篚纤纩，锡贡磬错。浮于洛，入于河。

华阳、黑水惟梁州。岷、嶓既艺，沱、潜既道，蔡、蒙旅平，和夷底绩。厥土青黎。田下上，赋下中三错。贡璆、铁、银、镂、砮、磬，熊、罴、狐、狸、织皮。西倾因桓是来，浮于灊，逾于沔，入于渭，乱于河。

黑水、西河惟雍州。弱水既西，泾属渭汭。漆、沮既从，酆水迪同。荆、岐既旅，终南、惇物，至于鸟鼠。原隰底绩，至于猪野。三危既宅，三苗丕叙。厥土黄壤。田上上，赋中下。贡球、琳、琅玕。浮于积石，至于龙门西河，会于渭汭。织皮昆嵛、析支、渠叟，西戎即叙。

　　道汧及岐，至于荆山，逾于河；壶口、雷首，至于大岳；底柱、析城，至于王屋；太行、恒山，至于碣石，入于海。西倾、朱圉、鸟鼠，至于太华；熊耳、外方、桐柏，至于倍尾。道嶓冢，至于荆山；内方，至于大别；岷山之阳，至于衡山，过九江，至于敷浅原。

　　道弱水，至于合黎，余波入于流沙。道黑水，至于三危，入于南海。道河积石，至于龙门，南至于华阴，东至于底柱，又东至于盟津，东过洛汭，至于大伾，北过降水，至于大陆，又北播为九河，同为逆河，入于海。嶓冢道漾，东流为汉，又东为沧浪之水，过三澨，至于大别，南入于江，东汇泽为彭蠡，东为北江，入于海。岷山道江，东别为沱，又东至于醴，过九江，至于东陵，东迤北会于汇，东为中江，入于海。道沇水，东流为沇，入于河，轶为荥，东出于陶丘北，又东至于荷，又东北会于汶，又北东入于海。道淮自桐柏，东会于泗、沂，东入于海。道渭自鸟鼠同穴，东会于酆，又东至于泾，又东过漆、沮，入于河。道洛自熊耳，东北会于涧、瀍，又东会于伊，又东北入于河。

　　九州逌同，四奥既宅，九山刊旅，九川涤原，九泽既陂，四海会同。六府孔修，庶土交正，底慎财赋，咸则三壤，成赋中国。锡土姓："祗台德先，不距朕行。"

　　五百里甸服：百里赋内总，二百里（纳）（内）铚，三百里内戛服，四百里粟，五百里米。五百里侯服：百里采，二百里男国，三百里诸侯。五百里绥服：三百里揆文教，二百里奋武卫。五百里要服：三百里夷，二百里蔡。五百里荒服：三百里蛮，二百里流。东渐于海，西被于流沙，朔、南暨，声教讫于四海。禹锡玄圭，告厥成功。

　　师古曰："玄，天色也。尧以禹治水功成，故赐玄圭以表之也。自此以上，皆《禹贡》之文。"

《汉书》卷二十九

　　53.《夏书》：禹堙洪水十三年，过家不入门。陆行载车，水行乘舟，泥行乘毳，山行则梮，以别九州；随山浚川，任土作贡；通九道，陂九泽，度九山。然河灾之羡溢，害中国也尤甚。唯是为务，故道河自积石，历龙门，南到华阴，东下底柱，及盟津、雒内，至于大伾。于是禹以为河所从来者高，水湍悍，难以行平地，数为败，乃酾二渠以引其河，北载之高地，过洚水，至于大陆，播为九河，同为迎河，入于勃海。九川既疏，九泽既陂，诸夏乂安，功施乎三代。

《汉书》卷三十

54.《书》曰："诗言志，哥（歌）咏言。"故哀乐之心感，而哥（歌）咏之声发。诵其言谓之诗，咏其声谓之哥（歌）。

师古曰："《虞书·舜典》之辞也。在心为志，发言为诗。咏者，永也。永，长也。歌所以长言之。"

55. 合于尧之克攘。

师古曰："《虞书·尧典》称尧之德曰：'允恭克让'，言其信恭能让也，故志引之云。攘，古让字。"

56. 五行者，五常之形气也。《书》云"初一曰五行，次二曰羞用五事"，言进用五事以顺五行也。貌、言、视、听、思心失，而五行之序乱，五星之变作，皆出于律历之数而分为一者也。其法亦起五德终始，推其极则无不至。而小数家因此以为吉凶，而行于世，以相乱。

师古曰："《周书·洪范》之辞也。"

57. 著龟者，圣人之所用也。《书》曰："女则有大疑，谋及卜筮。"

师古曰："《周书·洪范》之辞也。言所为之事有疑，则以卜筮决之也。龟曰卜，蓍曰筮。"

《汉书》卷三十六

58. 向遂上封事极谏曰："臣闻人君莫不欲安，然而常危，莫不欲存，然而常亡，失御臣之术也。……故《书》曰：'臣之有作威作福，害于而家，凶于而国。'……"

师古曰："《周书·洪范》也。而，汝也。言唯君得作威作福，臣下为之，则致凶害也。"

59. "臣幸得托末属，诚见陛下有宽明之德，冀销大异，而兴高宗、成王之声，以崇刘氏，故狠狠数奸死亡之诛。……故《易》曰'书不尽言，言不尽意'……《书》曰'伻来以图',天文难以相晓,臣虽图上,犹须口说,然后可知,愿赐清燕之闲,指图陈状。"

孟康曰:"伻,使也。使人以图来示成王,明口说不了,指图乃了也。"

师古曰:"《周书·洛诰》之辞。"

《汉书》卷三十九

60. 何曰:"今众弗如,百战百败,不死何为?《周书》曰'天予不取,反受其咎'。《语》曰'天汉',其称甚美。夫能诎于一人之下,而信于万乘之上者,汤武是也。臣愿大王王汉中,养其民以致贤人,收用巴蜀,还定三秦,天下可图也。"

师古曰:"《周书》者,本与《尚书》同类,盖孔子所删百篇之外,刘向所奏有七十一篇。"

61. 至,移书傅、相、中尉曰:"……《书》曰:'至于再三,有不用,我降尔命。'传、相、中尉皆以辅正为职,'虎兕出于匣,龟玉毁于匮中,是谁之过也?'书到,明以谊晓王。敢复怀诈,罪过益深。傅相以下,不能辅导,有正法。"

师古曰:"此《周书·多方》篇之辞也。言我教汝,至于再三,汝不能用,则我下罚黜汝命也。"

《汉书》卷四十八

62. 夫教得而左右正,则太子正矣,太子正而天下定矣。《书》曰:"一人有庆,兆民赖之。"此时务也。

师古曰:"《周书·吕刑》之辞也。一人,天子也。言天子有善,则兆庶获其利。"

《汉书》卷五十一

63. 《书》曰:"与其杀不辜,宁失不经。"今治狱吏则不然,上下相驱,以刻为明;深者获公名,平者多后患。故治狱之吏皆欲人死,非憎人也,自安之道在人之死。……虽咎繇听之,犹以为死有余辜。

师古曰:"《虞书·大禹谟》载咎繇之言。辜,罪也。经,常也。言人命至重,治狱宜慎,宁失不常之过,不滥无罪之人,所以崇宽恕也。"

师古曰:"咎繇作士,善听狱讼,故以为喻也。"

《汉书》卷五十六

64. 仲舒对曰："……《书》云'茂哉茂哉！'皆强勉之谓也。"

师古曰："《虞书·皋繇谟》之辞也。茂勉也。"

65. 仲舒对曰："……臣闻天之所大奉使之王者，必有非人力所能致而自至者，此受命之符也。天下之人同心归之，若归父母，故天瑞应诚而至。《书》曰'白鱼入于王舟，有火复于王屋，流为乌'，此盖受命之符也。周公曰'复哉复哉'。"

师古曰："今文《尚书·泰誓》之辞也。谓伐纣之时有此瑞也。复，归也。音扶目反。"

师古曰："周公视火乌之瑞，乃曰：'复哉复哉！'复，报也。言周有盛德，故天报以此瑞也。亦见今文《泰誓》也。"

《汉书》卷五十七下

66. 五三《六经》载籍之传，维见可观也。《书》曰："元首明哉！股肱良哉！"因斯以谈，君莫盛于尧，臣莫贤于后稷。后稷创业于唐，公刘发迹于西戎，文王改制，爰周郅隆，大行越成，而后陵夷衰微，千载亡声，岂不善始善终哉！

师古曰："五，五帝也。三，三皇也。"

师古曰："此《虞书·益稷》之语也。元首，君也。股肱，大臣也。"

《汉书》卷六十

67. 大将军凤曰："……废而不由，则女德不厌；女德不厌，则寿命不究于高年。《书》云'或四三年'，言失欲之生害也。"

师古曰："《周书·亡逸》篇曰'惟湛乐之从，罔或克寿，或十年，或七八年，或五六年，或四三年'，谓逸欲过度则损寿也。"

68. 夫欲天下治安变异之意，莫有将军，主上照然知之，故攀援不遣，《书》称"公毋困我！"唯将军不为四国流言自疑于成王，以固至忠。

师古曰："此《周书·洛诰》成王告周公词也。言公必须留此，毋得遂去，而令我困。盖成帝与凤诏书引此言之。"

《汉书》卷六十三

69. 广陵厉王胥赐策曰："呜呼！小子胥，受兹赤社，建尔国家，封于南土，世世为汉藩辅。古人有言曰：'大江之南，五湖之间，其人轻心。扬州保强，三代要服，不及以正。'呜呼！悉尔心，祗祗兢兢，乃惠乃顺，毋桐好逸，毋迩宵人，惟法惟则！《书》云'臣不作福，不作威'，靡有后羞。王其戒之！"

师古曰："《周书·洪范》云'臣无有作威作福'也。"

《汉书》卷六十四上

70. 故《周书》曰："安危在出令，存亡在所用。"愿陛下孰计之而加察焉。

师古曰："此《周书》者，本《尚书》之余。"

《汉书》卷六十四下

71. 石显闻知，白之上。乃下兴、捐之狱，令皇后父阳平侯禁与显共杂治，奏："兴、捐之怀诈伪，以上语相风，更相荐誉，欲得大位，漏泄省中语，（冈）（罔）上不道。《书》曰：'谗说殄行，震惊朕师。'《王制》：'顺非而泽，不听而诛。'请论如法。"

师古曰："《虞书·舜典》之辞也。言谗巧之说，殄绝君子之行，震惊我众。"

《汉书》卷六十五

72. 朔前上寿，曰："臣闻圣王为政，赏不避仇雠，诛不择骨肉。《书》曰：'不偏不党，王道荡荡。'此二者，五帝所重，三王所难也。……"

《汉书》卷六十六

73. 上报曰："朕之不德……《书》曰：'毋偏毋党，王道荡荡。'毋有复言。"

《汉书》卷六十七

74. 《书》曰："毋若火，始庸庸。"势陵于君，权隆于主，然后防之，亦亡及已。

师古曰："《周书·洛诰》之辞也。庸庸，微小貌也。言火始微小，不早扑灭则至炽盛。

大臣贵擅，亦当早图黜其权也。"

《汉书》卷七十

75. 太中大夫谷永上疏讼汤曰："……《周书》曰：'记人之功，忘人之过，宜为君者也。'夫犬马有劳于人，尚加帷盖之报，况国之功臣者哉！窃恐陛下忽于鼓鼙之声，不察《周书》之意，而忘帷盖之施，庸臣遇汤，卒从吏议，使百姓介然有秦民之恨，非所以厉死难之臣也。"

《汉书》卷七十一

76. 《经》曰："万方有罪，罪在朕躬。"

77. 自元帝时，韦玄成为丞相，奏罢太上皇寝庙园，当上书言："……昔者帝尧南面而治，先'克明俊德，以亲九族'，而化及万国。"

师古曰："《虞书·尧典》叙尧之德曰：'克明俊德，以亲九族。九族既睦，平章百姓。百姓昭明，协和万邦。'故云然也。"

78. 当上书言："……《书》云：'正稽古建功立事，可以永年，传于亡穷。'"上纳其言，下诏复太上皇寝庙园。

师古曰："今文《泰誓》之辞。言能正考古道以立功立事则可长年享国。"

《汉书》卷七十四

79. 赞曰：古之制名，必由象类，远取诸物，近取诸身。故《经》谓君为"元首"，臣为"股肱"，明其一体，相待而成也。

师古曰："谓《虞书·益稷》云'元首明哉，股肱良哉'。"

《汉书》卷七十五

80. 臣闻三代之祖积德以王，然皆不过数百年而绝。周至成王，有上贤之材，因文武之业，以周召为辅，有司各敬其事，在位莫非其人。天下甫二世耳，然周公犹作诗书深戒成王，以恐失天下。《书》则曰："王毋若殷王纣。"……有天下虽未久，至于陛下八世九主矣，虽有成王之明，然亡周召之佐。……

师古曰："《周书·亡逸》篇也。其《书》曰：周公曰：'乌乎！毋若殷王纣之迷乱，酗于酒德哉!'是也。"

81. 乃说根曰:《书》云"天聪明",盖言紫宫极枢,通位帝纪,太微四门,广开大道,五经六纬,尊术显士,翼张舒布,烛临四海,少微处士,为比为辅,故次帝廷,女宫在后。

82.《书》曰"历象日月星辰",此言仰视天文,俯察地理,观日月消息,候星辰行伍,揆山川变动,参人民由俗,以制法度,考祸福。举错悖逆,咎败将至,征兆为之先见。明君恐惧修正,侧身博问,转祸为福;不可救者,即蓄备以待之,故社稷亡忧。

师古曰:"《虞书·尧典》之辞也。"

83. 治国故不可以戚戚,欲速则不达。《经》曰:"三载考绩,三考黜陟。"加以号令不顺四时,既往不咎,来事之师也。

师古曰:"《虞书·舜典》之辞也,言三年一考功绩,三考一行黜陟也。"

84.《书》曰:"敬授民时。"故古之王者,尊天地,重阴阳,敬四时,严月令。顺之以善政,则和气可立致,犹枹鼓之相应也。

师古曰:"《虞书·尧典》之辞也。言授下以四时之命不可不敬也。"

85. 臣闻五行以水为本,其星玄武婺女,天地所纪,终始所生。水为准平,王道公正修明,则百川理,落脉通;偏党失纲,则踊溢为败。《书》云"水曰润下",阴动而卑,不失其道。天下有道,则河出图,洛出书,故河、洛决溢,所为最大。

师古曰:"《周书·洪范》之辞也。"

86. 盖闻《尚书》"五曰考终命",言大运壹终,更纪天元人元,考文正理,推历定纪,数如甲子也。

师古曰:"《周书·洪范》五福之数也。言得寿考而终其命也。"

《汉书》卷七十七

87.(郑崇)臣闻师曰:"逆阳者厥极弱,逆阴者厥极凶短折,犯人者有乱亡之患,犯神者有疾夭之祸。"故周公著戒曰:"惟王不知艰难,唯耽乐是从,时亦罔有克寿。"故衰世之君夭折蚤没,此皆犯阴之害也。

师古曰:"《周书·亡逸》之篇也。言王者不知稼穑之艰难,唯从耽乐,则致天丧,无能寿考也。"

《汉书》卷七十八

88.《书》曰"戎狄荒服",言其来(服),荒忽亡常。

师古曰:"逸《书》也。"

《汉书》卷八十

89. 成帝河平中入朝,时被疾,天子闵之,下诏曰:"……夫行纯茂而不显异,则有国者将何勖哉?《书》不云乎:'用德章厥善。'今王朝正月,诏与子男一人俱,其以广戚县户四千三百封其子勋为广戚侯。"

师古曰:"《尚书·盘庚》之辞也。言褒赏有德以明其善行。"

90."君秉社稷之重,总百僚之任,上无以匡朕之阙,下不能绥安百姓。《书》不云乎:'毋旷庶官,天工人其代之。'于乎!君其上丞相博山侯印绶,罢归。"

师古曰:"《虞书·皋陶谟》之辞也。位非其人,是为空官。言人代天理官,不可以天官私非其材。"

《汉书》卷八十一

91.《书》曰"羞用五事","建用皇极"。如貌、言、视、听、思失,大中之道不立,则咎征荐臻,六极屡降。……又曰"六沴之作",岁之朝曰三朝,其应至重。乃正月辛丑朔日有蚀之,变见三朝之会。上天聪明,苟无其事,变不虚生。

师古曰:"《周书·洪范》之言。羞,进也。皇,大也。极,中也。"

92.《书》曰"惟先假王正厥事",言异变之来,起事有不正也。

师古曰:"《商书·高宗肜日》之辞也。假,至也。言先代至道之王必正其事。"

93.《书》曰"天既付命正厥德",言正德以顺天也。

师古曰:"《商书·高宗肜日》之辞。言既受天命,宜正其德。"

94."又曰'天棐谌辞',言有诚道,天辅之也。明承顺天道在于崇德博施,加精致诚,孳孳而已。俗之祈禳小数,终无益于应天塞异,销祸兴福,较然甚明,无可疑惑。"

师古曰:"《周书·大诰》之辞。棐,辅也。谌,诚也。谌辞,至诚之辞也。棐音匪。谌音上林反。"

95. 光愈恐，固称疾辞位。太后诏曰："太师光，圣人之后，先师之子，德行纯淑，道术通明，居四辅职，辅道于帝。今年耆有疾，俊艾大臣，惟国之重，其犹不可以阙焉。《书》曰'无遗耇老'，国之将兴，尊师而重傅。其令太师毋朝，十日一赐餐。赐太师灵寿杖，黄门令为太师省中坐置几，太师入省中用杖，赐餐十七物，然后归老于第，官属按职如故。"

师古曰："《周书·召诰》之辞也。言不遗老成之人也。"

《汉书》卷八十二

96. 执左道以乱政，诬罔悖大臣节，故应是而日蚀。《周书》曰："以左道事君者诛。"

《汉书》卷八十三

97. 谷永上疏曰："帝王之德莫大于知人，知人则百僚任职，天工不旷。故皋陶曰：'知人则哲，能官人。'御史大夫内承本朝之风化，外佐丞相统理天下，任重职大，非庸材所能堪。"

师古曰："《虞书·皋陶谟》之辞也。哲，智也。无所不知，故能官人也。"

98. 初，何武为大司空，又与丞相方进共奏言："古选诸侯贤者以为州伯，《书》曰'咨！十有二牧'，所以广聪明，烛幽隐也。今部刺史居牧伯之位，秉一州之统，选第大吏，所荐位高至九卿，所恶立退，任重职大。"

师古曰："《虞书·舜典》之辞也。"

《汉书》卷八十五

99. 《经》曰："皇极，皇建其有极。"

师古曰："《周书·洪范》之辞也。皇，大也。极，中也。大立其有中，所以行九畴之义也。"

100. 《经》曰："继自今嗣王，其毋淫于酒，毋逸于游田，惟正之共。"未有身治正而臣下邪者也。

师古曰："《周书·无逸》之辞也。言从今以往，继业嗣立之王毋过欲于酒，毋放于田猎，惟宜正身恭己也。共读曰恭。"

101. 《经》曰："亦惟先正克左右。"未有左右正而百官枉者也。

师古曰："《周书·君牙》之辞也。言王者欲正百官，要在能先正其左右近臣也。"

102.《经》曰："三载考绩，三考黜陟幽明。"

师古曰："《虞书·舜典》之辞也。言居官者三年一考其功，三考则退其幽暗无功者，升其昭明有功者。"

103. 又曰："九德咸事，俊乂在官。"未有功赏得于前众贤布于官而不治者也。

师古曰："《虞书·咎繇谟》之辞也。言使九德之人皆用事，俊杰治能之士并在位也。九德，谓宽而栗，柔而立，愿而恭，乱而敬，扰而毅，直而温，简而廉，刚而塞，强而义。"

104.《经》曰："怀保小人，惠于鳏寡。"未有德厚吏良而民畔者也。

师古曰："《周书·无逸》之辞也。怀，和也。保，安也。"

105. 臣闻灾异，皇天所以谴告人君过失，犹严父之明诫。畏惧敬改，则祸销福降；忽然简易，则咎罚不除。《经》曰："飨用五福，畏用六极。"……今三年之间，灾异锋起，小大毕具，所行不享上帝，上帝不豫，炳然甚著。

106. 臣闻三代所以陨社稷丧宗庙者，皆由妇人与群恶沈湎于酒。《书》曰："乃用妇人之言，自绝于天"；"四方之逑逃多罪。是宗是长，是信是使"。

师古曰："今文《周书·泰誓》之辞。妇人，妲己。言纣用妲己之言，自取殄灭，非天绝之。"

师古曰："亦《泰誓》之辞也。宗，尊也。言纣容纳逃亡多罪之人，亲信使用，尊而长之。"

107.《经》曰："虽尔身在外，乃心无不在王室。"臣永幸得给事中出入三年，虽执干戈守边垂，思慕之心常存于省闼，是以敢越郡吏之职，陈累年之忧。

师古曰："《周书·康王之诰》也。言诸蕃屏之臣，身虽在外，其心常当忠笃而在王室。"

108. 臣闻野雉著怪，高宗深动；大风暴过，成王坦然。

师古曰："谓雉升鼎耳，故惧而修德，解在五行志。"

师古曰："谓成王信流言而疑周公，天乃雷电以风，禾尽偃，大木斯拔，王乃启金縢之书，悔而还周公。"

《汉书》卷八十六

109. 上感其言，止，数月，遂下诏封贤等，因以切责公卿曰："朕居位以来，寝疾未瘳，反逆之谋相连不绝，贼乱之臣近侍帷幄。……今云等至有图弑天子逆乱之谋者，是公卿股肱莫能悉心务聪明以销厌未萌之故。赖宗庙之灵，侍中驸马都尉贤等发觉以闻，咸伏厥辜。《书》不云乎：'用德章厥善。'其封贤为高安侯、南阳太守宠为方阳侯、左曹光禄大夫躬为宜陵侯。"

110. 后数月，日食，举直言，嘉复奏封事曰：臣闻咎繇戒帝舜曰："亡敖佚欲有国，兢兢业业，一日二日万机。"

师古曰："《虞书·咎繇谟》之辞也。言有国之人不可傲慢逸欲，但当戒慎危惧以理万事之机也。敖读曰傲。"

111. 箕子戒武王曰："臣无有作威作福，亡有玉食；臣之有作威作福玉食，害于而家，凶于而国，人用侧颇辟，民用僭慝。"言如此则逆尊卑之序，乱阴阳之统，而害及王者，其国极危。

师古曰："《周书·洪范》载箕子对武王之辞也。玉食，精好如玉也。而，汝也。颇，偏也。僭，不信也。慝，恶也。"

112. 嘉封还诏书，因奏封事谏上及太后曰："臣闻爵禄土地，天之有也。《书》云：'天命有德，五服五章哉！'王者代天爵人，尤宜慎之。裂地而封，不得其宜，则众庶不服，感动阴阳，其害疾自深。"

师古曰："《虞书·咎繇谟》之辞也。言皇天命于有德者以居列位，天子诸侯卿大夫士尊卑之服采章各异也。"

《汉书》卷八十九

113. 天子以霸治行终长者，下诏称扬曰："颍川太守霸，宣布诏令，百姓乡化，孝子弟弟贞妇顺孙日以众多，田者让畔，道不拾遗，养视鳏寡，赡助贫穷，狱或八年亡重罪囚，吏民乡于教化，兴于行谊，可谓贤人君子矣。《书》不云乎：'股肱良哉！'其赐爵关内侯，黄金百斤，秩中二千石。"

师古曰："《虞书·益稷》之辞，已解于上。"

《汉书》卷九十四下

114. 赞曰：《书》戒"蛮夷猾夏"……久矣夷狄之为患也。

师古曰："《虞书·舜典》载舜命皋陶作士之言也。猾，乱也。夏谓中夏诸国也。"

《汉书》卷九十六下

115. 赞曰：……《书》曰"西戎即序"，禹既就而序之，非上威服致其贡物也。……虽大禹之序西戎，周公之让白雉，太宗之却走马，义兼之矣，亦何以尚兹！

> 师古曰："《禹贡》之辞也。序，次也。"

《汉书》卷九十七上

116. 《书》美"厘降"。

> 师古曰："厘，理也。《尚书·尧典》称舜之美，云厘降二女子妫汭，言尧欲观舜治迹，以己二女妻之，舜能以治降下二女，以成其德。"

《汉书》卷九十七下

117. 《书》云："高宗肜日，粤有雊雉。祖己曰：'惟先假王正厥事。'"

118. 又曰："虽休勿休，惟敬五刑，以成三德。"即饬椒房及掖庭耳。今皇后有所疑，便不便，其条刺，使大长秋来白之。

《汉书》卷九十八

119. 上少而亲倚凤，弗忍废，乃报凤曰："朕秉事不明，政事多阙，故天变（屡）（娄）臻，咸在朕躬。将军乃深引过自予，欲乞骸骨而退，则朕将何向焉！《书》不云乎：'公毋困我。'务专精神，安心自持，期于亟瘳，称朕意焉。"

> 师古曰："《周书·洛诰》载成王告周公辞也。言公必须留京师，毋得远去，而令我困。"

《汉书》卷九十九上

120. 于是公乃白内故泗水相丰、蒙令邯，与大司徒光、车骑将军舜建定社稷，奉节东迎，皆以功德受封益土，为国名臣。《书》曰"知人则哲"，公之谓也。

> 师古曰："《虞书·皋陶谟》之辞也。哲，智也。"

121. 将为皇帝定立妃后，有司上名，公女为首，公深辞让，迫不得已然后受诏。父子之亲天性自然，欲其荣贵甚于为身，皇后之尊侔于天子，当时之会千载希有，然而公惟国家之统，揖大福之恩，事事谦退，动而固辞。

《书》曰"舜让于德，不嗣"，公之谓矣。

师古曰："《虞书·舜典》之辞，言舜自让德薄，不足以继帝尧之事也。"

122. 比三世为三公，再奉送大行，秉冢宰职，填安国家，四海辐奏（凑），靡不得所。《书》曰"纳于大麓，列风雷雨不迷"，公之谓矣。

师古曰："《虞书·舜典》叙舜之德。麓，录也。言尧使舜大录万机之政。一曰，山足曰麓。言舜有圣德，虽遇雷风不迷惑也。"

123. 《书》不云乎："天工，人其代之。"

师古曰："《虞书·皋繇谟》之辞也。言人代天以理治工事也。"

124. 《书》曰："我嗣事子孙，大不克共上下，遏失前人光，在家不知命不易。天应棐谌，乃亡队命。"

师古曰："《周书·君奭》之篇也。邵公为保，周公为师，相成王为左右。邵公不悦，周公作《君奭》以告之。奭，召公名也。尊而呼之，故曰君也。言我恐后嗣子孙大不能恭承天地，绝失先王光大之道，不知受命之难。天所应辅唯在有诚，所以亡失其命也。共音恭。棐音匪。"

125. 《书》逸《嘉禾篇》曰："周公奉鬯立于阼阶，延登，赞曰：'假王莅政，勤和天下。'"此周公摄政，赞者所称。成王加元服，周公则致政。

126. 《书》曰"朕复子明辟"，周公常称王命，专行不报，故言我复子明君也。

师古曰："《周书·洛诰》载周公告成王之辞，言我复还明君之政于子也。复音扶目反。"

127. 《尚书·康诰》："王若曰：'孟侯，朕其弟，小子封。'"此周公居摄称王之文也。春秋隐公不言即位，摄也。此二经周公、孔子所定，盖为后法。孔子曰："畏天命，畏大人，畏圣人之言。"臣莽敢不承用！臣请共事神祇宗庙，奏言太皇太后、孝平皇后，皆称假皇帝。其号令天下，天下奏言事，毋言"摄"。以居摄三年为初始元年，漏刻以百二十为度，用应天命。臣莽夙夜养育隆就孺子，令与周之成王比德，宣明太皇太后威德于万方，期于富而教之。孺子加元服，复子明辟，如周公故事。奏可。众庶知其奉符命，指意群臣博议别奏，以视即真之渐矣。

《汉书》卷九十九中

128. 《书》不云乎："惇序九族。"

师古曰："《虞书·咎繇谟》之辞也。惇，厚也。"

129.《书》曰"予则奴戮女"，唯不用命者，然后被此辜矣。

师古曰："《夏书·甘誓》之辞也。奴戮，戮之以为奴也。说书者以为孥，子也。戮及妻子。此说非也。泰誓云囚奴正士，岂及子之谓乎？女读曰汝。"

《汉书》卷九十九下

130. 莽又多遣大夫谒者分教民煮草木为酪，酪不可食，重为烦费。莽下书曰："惟民困乏，虽溥开诸仓以赈赡之，犹恐未足。其且开天下山泽之防，诸能采取山泽之物而顺月令者，其恣听之，勿令出税。至地皇三十年如故，是王光上戊之六年也。如令豪吏猾民辜而攉之，小民弗蒙，非予意也。《易》不云乎：'损上益下，民说无疆。'《书》云：'言之不从，是谓不艾。'咨乎群公，可不忧哉！"

师古曰："《洪范》之言。艾读曰乂。乂，治也。"

《汉书》卷一百上

131. 上以伯新起，数目礼之，因顾指画而问伯："纣为无道，至于是乎？"伯对曰："《书》云'乃用妇人之言'，何有踞肆于朝？所谓众恶归之，不如是之甚者也。"

师古曰："今文《尚书·泰誓》之辞。"

132. 上曰："苟不若此，此图何戒？"伯曰："'沈湎于酒'，微子所以告去也；'式号式謼'，大雅所以流连也。"

师古曰："微子，殷之卿士，封于微，爵称子也。殷纣错乱天命，微子作诰，告箕子、比干而去纣。其诰曰：用沈酗于酒，用乱败厥德于下。我其发出狂，吾家耄逊于荒。事见《尚书·微子》篇。"

133. 乃著王命论以救时难。其辞曰：昔在帝尧之禅曰："咨！尔舜，天之历数在尔躬。"舜亦以命禹。

第二节 《汉书》所载《尚书》学要事辑考

史书所载与《尚书》学以及经学发展相关的重大事件是研究汉代《尚书》学嬗变的核心材料，《汉书》文本记载了不少与《尚书》学或经学相关的要事，对研究班固之前的《尚书》学来讲，这些文本是我们今天能看到的较早且较为可信的《尚书》学流变资料，今辑考汇总为如下九十四条，并附前人相关注释于后。

《汉书》卷一上

1. 萧何尽收秦丞相府图籍文书。

2. 沛公归数日，羽引兵西屠咸阳，杀秦降王子婴，烧秦宫室，所过无不残灭。秦民大失望。

3. 食其欲立六国后以树党，汉王刻印，将遣食其立之。以问张良，良发八难。汉王辍饭吐哺，曰："竖儒几败乃公事！"

《汉书》卷一下

4. 十一月，行自淮南还。过鲁，以太牢祠孔子。

《汉书》卷二

5. 三月甲子，皇帝冠，赦天下。省法令妨吏民者；除挟书律。

应劭曰："挟，藏也。"张晏曰："秦律敢有挟书者族。"

《汉书》卷六

6. 建元元年冬十月，诏丞相、御史、列侯、中二千石、二千石、诸侯相举贤良方正直言极谏之士。丞相绾奏曰："所举贤良，或治申、商、韩非、苏秦、张仪之言，乱国政，请皆罢。"奏可。

7. 议立明堂。遣使者安车蒲轮，束帛加璧，征鲁申公。

应劭曰："礼，妇人不豫政事，时帝已自躬省万机。王臧儒者，欲立明堂辟雍。太后素好黄老术，非薄《五经》。因欲绝奏事太后，太后怒，故杀之。"

8. 五年春，罢三铢钱，行半两钱。置《五经》博士。

9. 五月，诏贤良曰："朕闻昔在唐虞，画象而民不犯，日月所烛，莫不率俾。周之成康，刑错不用，德及鸟兽，教通四海。海外肃慎，北发渠搜，氐羌徕服。星辰不孛，日月不蚀，山陵不崩，川谷不塞；麟凤在郊薮，河洛出图书。呜乎，何施而臻此与！今朕获奉宗庙，夙兴以求，夜寐以思，若涉渊水，未知所济。猗与伟与！何行而可以章先帝之洪业休德，上参尧舜，下配三王！朕之不敏，不能远德，此子大夫之所睹闻也。贤良明于古今王事之体，受策察问，咸以书对，著之于篇，朕亲览焉。"于是董仲舒、公孙弘等出焉。

师古曰："《周书》序云'成王既伐东夷，肃慎来贺'，即谓此。"

应劭曰："禹贡析支、渠搜属雍州，在金城河关之西，西戎也。"……禹贡渠搜在雍州西北。

10. 夏六月，诏曰："盖闻导民以礼，风之以乐，今礼坏乐崩，朕甚闵焉。故详延天下方闻之士，咸荐诸朝。其令礼官劝学，讲议洽闻，举遗兴礼，以为天下先。太常其议予博士弟子，崇乡党之化，以厉贤材焉。"丞相弘请为博士置弟子员，学者益广。

11. 六年夏四月乙巳，庙立皇子闳为齐王，旦为燕王，胥为广陵王。初作诰。

服虔曰："诰勅王，如《尚书》诸诰也。"

李斐曰："今敕封拜诸侯王策文亦是也。见武五子传。"

12. 六月，得宝鼎后土祠旁。秋，马生渥洼水中。作宝鼎、天马之歌。

13. 五年冬，行南巡狩，至于盛唐，望祀虞舜于九嶷。

14. 赞曰：汉承百王之弊，高祖拨乱反正，文景务在养民，至于稽古礼文之事，犹多阙焉。孝武初立，卓然罢黜百家，表章《六经》。遂畴咨海内，举其俊茂，与之立功。兴太学，修郊祀，改正朔，定历数，协音律，作诗乐，建封禅，礼百神，绍周后，号令文章，焕焉可述。后嗣得遵洪业，而有三代之风。如武帝之雄材大略，不改文景之恭俭以济斯民，虽《诗》《书》所称何有加焉！

《六经》，谓易、诗、书、春、秋、礼、乐也。

15. 诏诸儒讲《五经》同异，太子太傅萧望之等平奏其议，上亲称制临决焉。乃立《梁丘易》《大、小夏侯尚书》《谷梁春秋》博士。

《汉书》卷九

16. 孝元皇帝，宣帝太子也。母曰共哀许皇后，宣帝微时生民间。年二岁，宣帝即位。八岁，立为太子。壮大，柔仁好儒。见宣帝所用多文法吏，以刑名绳天下，大臣杨恽、盖宽饶等坐刺讥辞语为罪而诛，尝侍燕从容言："陛下持刑太深，宜用儒生。"宣帝作色曰："汉家自有制度，本以霸王道杂之，奈何纯任德教，用周政乎！且俗儒不达时宜，好是古非今，使人眩于名实，不知所守，何足委任！"

17. 二年春二月，诏曰："盖闻唐虞象刑而民不犯，殷周法行而奸轨服。……"

18. 赞曰：……少而好儒，及即位，征用儒生，委之以政，贡、薛、韦、匡迭为宰相。而上牵制文义，优游不断，孝宣之业衰焉。然宽弘尽下，出于恭俭，号令温雅，有古之风烈。

《汉书》卷十

19. 光禄大夫刘向校中秘书，谒者陈农使使求遗书于天下。

20. 诏曰："古之立太学，将以传先王之业，流化于天下也。儒林之官，四海渊原，宜皆明于古今，温故知新，通达国体，故谓之博士。否则学者无述焉，为下所轻，非所以尊道德也。工欲善其事，必先利其器。丞相、御史其与中二千石、二千石杂举可充博士位者，使卓然可观。"

《汉书》卷十二

21. 征天下通知逸经、古记、天文、历算、钟律、小学、史篇、方术、本草及以《五经》《论语》《孝经》《尔雅》教授者，在所为驾一封轺传，遣诣京师。……至者数千人。

《汉书》卷十九上

22. 又博士及诸陵县皆属焉。……博士，秦官，掌通古今，秩比六百石，员多至数十人。武帝建元五年初置五经博士，宣帝黄龙元年稍增员十二人。

23. 至武帝元封七年，汉兴百二岁矣，大中大夫公孙卿、壶遂、太史令司马迁等言"历纪坏废，宜改正朔"。是时御史大夫儿宽明经术，上乃诏宽曰："与博士共议，今宜何以为正朔？服色何上？"宽与博士赐等议，皆曰："帝王必改正朔，易服色，所以明受命于天也。创业变改，制不相复，推传序文，则今夏时也。臣等问学褊陋，不能明。陛下躬圣发愤，昭配天地，臣愚以为三统之制，后圣复前圣者，二代在前也。今二代之统绝而不序矣，唯陛下发圣德，宣考天地四时之极，则顺阴阳以定大明之制，为万世则。"

24. 乃诏御史曰："……书缺乐弛，朕甚难之。依违以惟，未能修明。其以七年为元年。"

《汉书》卷二十二

25. 书奏天子，天子怜悲其意，遂下令曰："制诏御史：盖闻有虞氏之时，画衣冠异章服以为戮，而民弗犯，何治之至也！今法有肉刑三，而奸不止，其咎安在？非乃朕德之薄，而教不明与！"

26. 原狱刑所以蕃若此者，礼教不立，刑法不明，民多贫穷，豪杰务私，奸不辄得，狱犴不平之所致也。《书》云"伯夷降典，悊民惟刑"，言制礼以止刑，犹堤之防溢水也。

师古曰："《周书·甫刑》之辞也。悊，知也。言伯夷下礼法以道人，人习知礼，然后用刑也。"

《汉书》卷二十五下

27. 元帝好儒，贡禹、韦玄成、匡衡等相继为公卿。

《汉书》卷三十

28. 至成帝时，以书颇散亡，使谒者陈农求遗书于天下。诏光禄大夫刘向校经传诸子诗赋，步兵校尉任宏校兵书，太史令尹咸校数术，侍医李柱国校方技。每一书已，向辄条其篇目，撮其指意，录而奏之。会向卒，哀帝复使向子侍中奉车都尉歆卒父业。歆于是总群书而奏其七略，故有辑略，有六艺略，有诸子略，有诗赋略，有兵书略，有术数略，有方技略。今删其要，以备篇籍。

29. 《尚书古文经》四十六卷。

师古曰："孔安国书序云凡五十九篇，为四十六卷。承诏作传，引序各冠其篇首，定五十八篇。郑元叙赞云后又亡其一篇，故五十七。"

30. 《经》二十九卷。

师古曰："此二十九卷，伏生传授者。"

31. 《传》四十一篇。

32. 《欧阳章句》三十一卷。

33. 《大、小夏侯章句》各二十九卷。

34. 《大、小夏侯解故》二十九篇。

35. 《欧阳说义》二篇。

36. 刘向《五行传记》十一卷。

37. 许商《五行传记》一篇。

38. 《周书》七十一篇。

师古曰："刘向云周时诰誓号令也，盖孔子所论百篇之余也。今之存者四十五篇矣。"

39. 《议奏》四十二篇。（宣帝时石渠论）

40. 凡《书》九家，四百一十二篇。（入刘向《稽疑》一篇）

师古曰："此凡言入者，谓七略之外班氏新入之也。其云出者与此同。"

41. 易曰："河出图，雒出书，圣人则之。"故《书》之所起远矣，至孔子篹焉，上断于尧，下讫于秦，凡百篇，而为之序，言其作意。秦燔书禁学，济南伏生独壁藏之。汉兴亡失，求得二十九篇，以教齐鲁之间。讫孝宣世，有欧阳、大小夏侯氏，立于学官。《古文尚书》者，出孔子壁中。武帝（王充《论衡》作景帝末）末，鲁共王坏孔子宅，欲以广其宫，而得《古文尚书》及礼记、论语、孝经凡数十篇，皆古字也。共王往入其宅，闻鼓琴瑟钟磬之音，于是惧，乃止不坏。孔安国者，孔子后也，悉得其书，以考二十九篇，得多十六篇。安国献之。遭巫蛊事，未列于学官。刘向以中古文校欧阳、大小夏侯三家经文，《酒诰》脱简一，《召诰》脱简二。率简二十五字者，脱亦二十五字，简二十二字者，脱亦二十二字，文字异者七百有余，脱字数十。《书》者，古之号令，号令于众，其言不立具，则听受施行者弗晓。古文读应尔雅，故解古今语而可知也。

师古曰："《家语》云孔腾字子襄，畏秦法峻急，藏尚书、孝经、论语于夫子旧堂壁中，而汉记尹敏传云孔鲋所藏。二说不同，未知孰是。"

42. 《漆雕子》十三篇。（孔子弟子漆雕启后）

《儿宽》九篇。

43. 《虞初周说》九百四十三篇。

应劭曰："其说以《周书》为本。"

师古曰："《史记》云虞初洛阳人，即张衡西京赋小说九百，本自虞初者也。"

《汉书》卷三十四

44. 项籍死，上置酒对众折随何曰"腐儒，为天下安用腐儒哉！"随何跪曰："夫陛下引兵攻彭城，楚王未去齐也，陛下发步卒五万人，骑五千，能以取淮南乎？"曰："不能。"随何曰："陛下使何与二十人使淮南，如陛下之意，是何之功贤于步卒数万，骑五千也。然陛下谓何腐儒，'为天下安用腐儒'，何也？"上曰："吾方图子之功。"乃以随何为护军中尉。

《汉书》卷三十六

45. 及歆亲近，欲建立《左氏春秋》及《毛诗》《逸礼》《古文尚书》皆列于学官。哀帝令歆与《五经》博士讲论其义，诸博士或不肯置对，歆因移书太常博士，责让之曰："……是故孔子忧道之不行，历国应聘。自卫反鲁，然后乐正，《雅》《颂》乃得其所；修《易》，序《书》，制作《春秋》，以纪帝王之道。……至孝文皇帝，始使掌故朝错从伏生受《尚书》。《尚书》初出于屋壁，朽折散绝，今其书见在，时师传读而已。"

46. 《泰誓》后得，博士集而读之。故诏书称曰："礼坏乐崩，书缺简脱，朕甚闵焉。"时汉兴已七八十年，离于全经，固已远矣。

47. 及鲁恭王坏孔子宅，欲以为宫，而得古文于坏壁之中，《逸礼》有三十九，《书》十六篇。天汉之后，孔安国献之，遭巫蛊仓卒之难，未及施行。

48. 孝成皇帝闵学残文缺，稍离其真，乃陈发秘臧，校理旧文，得此三事，以考学官所传，经或脱简，传或间编。传问民间，则有鲁国桓公、赵国贯公、胶东庸生之遗学与此同，抑而未施。此乃有识者之所惜闵，士君子之所嗟痛也。往者缀学之士不思废绝之阙，苟因陋就寡，分文析字，烦言碎辞，学者罢老且不能究其一艺。信口说而背传记，是末师而非往古，至于国家将有大事，若立辟雍封禅巡狩之仪，则幽冥而莫知其原。犹欲保残守缺，挟恐见破之私意，而无从善服义之公心，或怀妒嫉，不考情实，雷同相从，随声是非，抑此三学，以《尚书》为备，谓《左氏》为不传《春秋》，岂不哀哉！

49. 且此数家之事，皆先帝所亲论，今上所考视，其古文旧书，皆有征验，外内相应，岂苟而已哉！

夫礼失求之于野，古文不犹愈于野乎？往者博士《书》有欧阳，《春秋》公羊，《易》则施、孟，然孝宣皇帝犹复广立谷梁《春秋》，梁丘《易》，大、小夏侯《尚书》，义虽相反，犹并置之。何则？与其过而废之也，宁过而立之。

《汉书》卷四十三

50. 骑士曰："沛公不喜儒，诸客冠儒冠来者，沛公辄解其冠，溺其中。与人言，常大骂。未可以儒生说也。"

51. 贾时时前说称《诗》《书》。高帝骂之曰："乃公居马上得之，安事《诗》《书》！"贾曰："马上得之，宁可以马上治乎？且汤武逆取而以顺守之，文武并用，长久之术也。"

《汉书》卷四十五

52. 往者秦为无道，残贼天下，杀术士，燔《诗》《书》，灭圣迹，弃礼义，任刑法，转海滨之粟，致于西河。

《汉书》卷四十六

53. 儿宽等推文学。

《汉书》卷五十

54. 上方乡儒术，尊公孙弘，及事益多，吏民巧。上分别文法，汤等数奏决谳以幸。而黯常毁儒，面触弘等徒怀诈饰智以阿人主取容，而刀笔之吏专深文巧诋，陷人于罔，以自为功。

《汉书》卷五十三

55. 河间献王德以孝景前二年立，修学好古，实事求是。从民得善书，必为好写与之，留其真，加金帛赐以招之。繇是四方道术之人不远千里，或有先祖旧书，多奉以奏献王者，故得书多，与汉朝等。是时，淮南王安亦好书，所招致率多浮辩。献王所得书皆古文先秦旧书，《周官》《尚书》《礼》《礼记》《孟子》《老子》之属，皆经传说记，七十子之徒所论。其学举六艺，立《毛氏诗》《左氏春秋》博士。修礼乐，被服儒术，造次必于儒者。山东诸儒（者）（多）从而游。

56. 恭王初好治宫室，坏孔子旧宅以广其宫，闻钟磬琴瑟之声，遂不敢复坏，于其壁中得古文经传。

《汉书》卷五十八

57. 宽为人温良，有廉知自将，善属文，然懦于武，口弗能发明也。时张汤为廷尉，廷尉府尽用文史法律之吏，而宽以儒生在其间，见谓不习事，不署曹，除为从史，之北地视畜数年。还至府，上畜簿，会廷尉时有疑奏，已再见却矣，掾史莫知所为。宽为言其意，掾史因使宽为奏。奏成，读之皆服，以白廷尉汤。汤大惊，召宽与语，乃奇其材，以为掾。上宽所作奏，实时得可。异日，汤见上。问曰："前奏非俗吏所及，谁为之者？"汤言儿宽。上曰："吾固闻之久矣。"汤由是乡学，以宽为奏谳掾，以古法义决疑狱，甚重之。及汤为御史大夫，以宽为掾，举侍御史。见上，语经学。上说之，从问《尚书》一篇。擢为中大夫，迁左内史。

58. 上乃诏宽与迁等共定汉《太初历》。语在《律历志》。

59. 汉之得人，于兹为盛，儒雅则公孙弘、董仲舒、儿宽。

60. 孝宣承统，纂修洪业，亦讲论六艺，招选茂异，而萧望之、梁丘贺、夏侯胜、韦玄成、严彭祖、尹更始以儒术进，刘向、王褒以文章显。

《汉书》卷五十九

61. 是时，上方乡文学，汤决大狱，欲傅古义，乃请博士弟子治《尚书》、《春秋》，补廷尉史，平亭疑法。

《汉书》卷六十二

62. 迁为太史会，纰史记石室金鐀之书。

63. 太史公曰："先人有言：'自周公卒五百岁而有孔子，孔子至于今五百岁，有能绍而明之，正《易传》，继《春秋》，本《诗》《书》《礼》《乐》之际。'意在斯乎！意在斯乎！小子何敢攘焉！"

64. 退而深惟曰："夫《诗》《书》隐约者，欲遂其志之思也。"

65. 周道既废，秦拨去古文，焚灭《诗》《书》，故明堂石室金锁玉版图籍散乱。汉兴，萧何次律令，韩信申军法，张苍为章程，叔孙通定礼仪，则文学彬彬稍进，《诗》《书》往往间出。

66. 序略，以拾遗补艺，成一家言，协《六经》异传，齐百家杂语，臧之名山，副在京师，以俟后圣君子。

67. 赞曰：自古书契之作而有史官，其载籍博矣。至孔氏纂之，上继（断）唐尧，下讫秦缪。唐虞以前虽有遗文，其语不经，故言黄帝、颛顼之事未可明也。及孔子因鲁史记而作春秋，而左丘明论辑其本事以为之传，又纂异同为国语。又有世本，录黄帝以来至春秋时帝王公侯卿大夫祖世所出。……至于采经摭传，分散数家之事，甚多疏略，或有抵梧。亦其涉猎者广博，贯穿经传，驰骋古今，上下数千载间，斯以勤矣。

《汉书》卷六十四上

68. 吾丘寿王对曰："……于是秦兼天下，废王道，立私议，灭《诗》《书》而首法令，去仁恩而任刑戮，堕名城，杀豪桀，销甲兵，折锋刃。"

69. 是时朝廷多贤材，上复问朔："方今公孙丞相、儿大夫、董仲舒、夏侯始昌、司马相如、吾丘寿王、主父偃、朱买臣、严助、汲黯、胶仓、终军、严安、徐乐、司马迁之伦，皆辩知闳达，溢于文辞，先生自视，何与比哉？"

《汉书》卷六十七

70. 绥和元年，立二王后，推迹古文，以左氏、谷梁、世本、礼记相明，遂下诏封孔子世为殷绍嘉公。

《汉书》卷六十八

71. 文学光禄大夫夏侯胜等及侍中傅嘉数进谏以过失，使人簿责胜，缚嘉系狱。

《汉书》卷七十二

72. 博士夏侯常见胜应禄不和，起至胜前谓曰："宜如奏所言。"胜以手推常曰："去！"

《汉书》卷七十三

73. 是时王未就国，玄成受诏，与太子太傅萧望之及五经诸儒杂论同异于石渠阁，条奏其对。

《汉书》卷七十四

74. 上忧吉疾不起，太子太傅夏侯胜曰："此未死也。臣闻有阴德者，必飨其乐以及子孙。今吉未获报而疾甚，非其死疾也。"后病果愈。

75. 及吉薨，御史大夫黄霸为丞相，征西河太守杜延年为御史大夫，会其年老，乞骸骨，病免。以延尉于定国代为御史大夫。黄霸薨，而定国为丞相，太仆陈万年代定国为御史大夫，居位皆称职，上称吉为知人。

《汉书》卷七十五

76. 长信少府胜独曰："武帝虽有攘四夷广土斥境之功，然多杀士众，竭民财力，奢泰亡度，天下虚耗，百姓流离，物故者（过）半。蝗虫大起，赤地数千里，或人民相食，畜积至今未复。亡德泽于民，不宜为立庙乐。"公卿共难胜曰："此诏书也。"胜曰："诏书不可用也。人臣之谊，宜直言正论，非苟阿意顺指。议已出口，虽死不悔。"于是丞相义、御史大夫广明劾奏胜非议诏书，毁先帝，不道，及丞相长史黄霸阿纵胜，不举劾，俱下狱。

77. 胜、霸既久系，霸欲从胜受经，胜辞以罪死。霸曰："'朝闻道，夕死可矣。'"胜贤其言，遂授之。系再更冬，讲论不息。至四年夏，关东四十九郡同日地动，或山崩，坏城郭室屋，杀六千余人。……因大赦，胜出为谏大夫给事中，霸为扬州刺史。

78. 胜复为长信少府，迁太子太傅。受诏撰《尚书》《论语》说，赐黄金百斤。年九十卒官，赐冢茔，葬平陵。太后赐钱二百万，为胜素服五日，以报师傅之恩，儒者以为荣。

79. 始，胜每讲授，常谓诸生曰："士病不明经术；经术苟明，其取青紫如俛拾地芥耳。学经不明，不如归耕。"

《汉书》卷七十九

80. 今王富于春秋，气力勇武，获师傅之教浅，加以少所闻见，自今以来，非五经之正术，敢以游猎非礼道王者，辄以名闻。

81. 不许之辞宜曰："《五经》圣人所制，万事靡不毕载。王审乐道，傅相皆儒者，旦夕讲诵，足以正身虞意。夫小辩破义，小道不通，致远恐泥，皆不足以留意。诸益于经术者，不爱于王。"

《汉书》卷八十八

82. 汉兴，言易自淄川田生；言书自济南伏生；言诗，于鲁则申培公，于齐则辕固生、燕则韩太傅；言礼，则鲁高堂生；言春秋，于齐则胡毋生，于赵则董仲舒。及窦太后崩，武安君田蚡为丞相，黜黄老、刑名百家之言，延文学儒者以百数，而公孙弘以治春秋为丞相封侯，天下学士靡然乡风矣。

83. 昭帝时举贤良文学，增博士弟子员满百人，宣帝末增倍之。元帝好儒，能通一经者皆复。数年，以用度不足，更为设员千人，郡国置《五经》百石卒史。成帝末，或言孔子布衣养徒三千人，今天子太学弟子少，于是增弟子员三千人。岁余，复如故。平帝时王莽秉政，增元士之子得受业如弟子，勿以为员，岁课甲科四十人为郎中，乙科二十人为太子舍人，丙科四十人补文学掌故云。

84. 欧阳、大小夏侯氏学皆出于宽。宽授欧阳生子，世世相传，至曾孙高子阳，为博士。高孙地余长宾以太子中庶子授太子，后为博士，论石渠。元帝即位，地余侍中，贵幸，至少府。戒其子曰："我死，官属即送汝财物，慎毋受。汝九卿儒者子孙，以廉絜著，可以自成。"及地余死，少府官属共送数百万，其子不受。天子闻而嘉之，赐钱百万。地余少子政为王莽讲学大夫。由是《尚书》世有欧阳氏学。

85. 孔氏有《古文尚书》，孔安国以今文字读之，因以起其家逸《书》，得十余篇，盖《尚书》兹多于是矣。遭巫蛊，未立于学官。安国为谏大夫，授都尉朝，而司马迁亦从安国问故。

86. 迁书载《尧典》《禹贡》《洪范》《微子》《金縢》诸篇，多古文说。

87. 世所传《百两篇》者，出东莱张霸，分析合二十九篇以为数十，又采《左氏传》《书叙》为作首尾，凡百二篇。篇或数简，文意浅陋。成帝时求其古文者，霸以能为《百两》征，以中书校之，非是。霸辞受父，父有弟子尉氏樊并。时太中大夫平当、侍御史周敞劝上存之。后樊并谋反，乃黜其书。

88. 赞曰：自武帝立《五经》博士，开弟子员，设科射策，劝以官禄，讫于元始，百有余年，传业者寖盛，支叶藩滋，一经说至百余万言，大师众至千余人，盖禄利之路然也。初，《书》唯有欧阳……至孝宣世，复立《大、小夏侯尚书》……平帝时，又立……《古文尚书》，所以罔罗遗失，兼而存之，是在其中矣。

《汉书》卷八十九

89. 蜀地学于京师者比齐鲁焉。

90. 守丞相长史，坐公卿大议廷中知长信少府夏侯胜非议诏书大不敬，霸阿从不举劾，皆下廷尉，系狱当死。霸因从胜受《尚书》狱中，再逾冬，积三岁乃出，语在胜传。胜出，复为谏大夫，令左冯翊宋畸举霸贤良。胜又口荐霸于上，上擢霸为扬州刺史。

《汉书》卷九十九上

91. 是岁，莽奏起明堂、辟雍、灵台，为学者筑舍万区，作市、常满仓，制度甚盛。立《乐经》，益博士员，经各五人。征天下通一艺教授十一人以上，及有逸《礼》、古《书》《毛诗》《周官》《尔雅》、天文、图谶、钟律、月令、兵法、史篇文字，通知其意者，皆诣公交车。网罗天下异能之士，至者前后千数，皆令记说廷中，将令正乖缪，壹异说云。

《汉书》卷九十九中

92. 为太子置师友各四人，秩以大夫。以故大司徒马宫为师疑，故少府宗伯凤为传丞，博士袁圣为阿辅，京兆尹王嘉为保拂，是为四师；故尚书令唐林为胥附，博士李充为奔走，谏大夫赵襄为先后，中郎将廉丹为御侮，是为四友。又置师友祭酒及侍中、谏议、《六经》祭酒各一人，凡九祭酒，秩上卿。琅邪左咸为讲《春秋》、颍川满昌为讲《诗》、长安国由为讲《易》、平阳唐尊为讲《书》、沛郡陈咸为讲《礼》、崔发为讲《乐》祭酒。遣谒者持安车印绶，即拜楚国龚胜为太子师友祭酒，胜不应征，不食而死。

93. 故左将军公孙禄征来与议，禄曰："太史令宗宣典星历，候气变，以凶为吉，乱天文，误朝廷。太传平化侯饰虚伪以偷名位，'贼夫人之子'。国师嘉信公颠倒《五经》，毁师法，令学士疑惑。明学男张邯、地理侯孙阳造井田，使民弃土业。牺和鲁匡设六筦，以穷工商。说符侯崔发阿谀取容，令下情不上通。宜诛此数子以慰天下！"

《汉书》卷一百上

94. 时上方向学，郑宽中、张禹朝夕入说《尚书》《论语》于金华殿中，诏伯受焉。既通大义，又讲异同于许商，迁奉车都尉。

第三节 《汉书》对《尚书》学诠释文献辑考

《尚书》乃上古政史之记载，其语言及事件距离汉代人已有千年以上的历史，汉代人对《尚书》及《书序》的相关文本和事件已很陌生。《汉书》文本对《尚书》以及《书序》等内容进行了零星的诠释，这些弥足珍贵的诠释材料对研究班固及之前的《尚书》学内容来讲具有重要的参考价值，今辑考汇总为如下六十六条，并附前人相关注释于后。

《汉书》卷二十一下

1. 成汤《书经·汤誓》：汤伐夏桀。金生水，故为水德。天下号曰商，后曰殷。

2. 商十二月乙丑朔旦冬至，故《书序》曰："成汤既没，太甲元年，使伊尹作《伊训》。"《伊训》篇曰："惟太甲元年十有二月乙丑朔，伊尹祀于先王，诞资有牧方明。"言虽有成汤、太丁、外丙之服，以冬至越茀祀先王于方明以配上帝，是朔旦冬至之岁也。后九十五岁，商十二月甲申朔旦冬至，亡余分，是为孟统。自伐桀至武王伐纣，六百二十九岁，故《传》曰

"殷载祀六百"。

3. 武王《书经·牧誓》：武王伐商纣。水生木，故为木德。天下号曰周室。

4. 文王受命九年而崩，再期在大祥而伐纣。故《书序》曰："惟十有一年，武王伐纣，（作）《太誓》。"八百诸侯，会还归二年，乃遂伐纣克殷，以箕子归，十三年也。故《书序》曰："武王克殷，以箕子归，作《洪范》。"《洪范》篇曰："惟十有三祀，王访于箕子。"自文王受命而至此十三年，岁亦在鹑火，故《传》曰："岁在鹑火，则我有周之分埜也。"

5.《周书·武成》篇："惟一月壬辰，旁死霸，若翌日癸巳，武王乃朝步自周，于征伐纣。"《序》曰："一月戊午，师度于孟津。"至庚申，二月朔日也。四日癸亥，至牧壄，夜陈，甲子昧爽而合矣。故《外传》曰："王以二月癸亥夜陈。"《武成》篇曰："粤若来三月，既死霸，粤五日甲子，咸刘商王纣。"是岁也，闰数余十八，正大寒中，在周二月己丑晦。明日闰月庚寅朔。三月二日庚申惊蛰。四月己丑朔死霸。死霸，朔也。生霸，望也。是月甲辰望，乙巳，旁之。故《武成》篇曰："惟四月既旁生霸，粤六日庚戌，武王燎于周庙。翌日辛亥，祀于天位。粤五日乙卯，乃以庶国祀馘于周庙。"文王十五而生武王，受命九年而崩，崩后四年而武王克殷。克殷之岁八十六矣，后七岁而崩。故《礼记·文王世子》曰："文王九十七而终，武王九十三而终。"凡武王即位十一年，周公摄政五年，正月丁巳朔旦冬至，殷历以为六年戊午，距炀公七十六岁入孟统二十九章首也。后二岁，得周公七年"复子明辟"之岁。是岁二月乙亥朔，庚寅望，后六日得乙未。故《召诰》曰："惟二月既望，粤六日乙未。"又其三月甲辰朔，三日丙午。《召诰》曰："惟三月丙午朏。"古文《月采》篇曰"三日曰朏"。是岁十二月戊辰晦，周公以反政。故《洛诰》篇曰："戊辰，王在新邑，烝祭岁，命作策，惟周公诞保文武受命，惟七年。"

师古曰："今文《尚书》之辞。刘，杀也。"

师古曰："亦今文《尚书》也。祀馘，献于庙而告祀也。截耳曰馘，音居获反。"

《汉书》卷二十二

6.《六经》之道同归，而礼乐之用为急。

7. 五行舞者，本周舞也，秦始皇二十六年更名曰五行也。

8. 唐虞之际，至治之极，犹流共工，放驩兜，窜三苗，殛鲧，然后天下服。夏有甘扈之誓，殷、周以兵定天下矣。

9. 昔周之法，建三典以刑邦国，诘四方：一曰，刑新邦用轻典；二曰，刑平邦用中典；三曰，刑乱邦用重典。五刑，墨罪五百，劓罪五百，宫罪五百，刖罪五百，杀罪五百，所谓刑平邦用中典者也。

10. 周道既衰，穆王眊荒，命甫侯度时作刑，以诘四方。墨罚之属千，劓罚之属千，髌罚之属五百，宫罚之属三百，大辟之罚其属二百。五刑之属三千，盖多于平邦中典五百章，所谓刑乱邦用重典者也。

师古曰："穆王，昭王之子也，享国既百年，而王眊乱荒忽，乃命甫侯为司寇，商度时宜，而作刑之制，以治四方也。甫，国名也。眊音莫报反。度音大各反。"

11. 夏有乱政而作禹刑，商有乱政而作汤刑，周有乱政而作九刑。

李奇曰："先议其犯事，议定然后乃断其罪，不为一成之刑著于鼎也。"

师古曰："虞舜则象以典刑，流宥五刑。周礼则三典五刑，以诘邦国。非不豫设，但弗宣露使人知之。"

《汉书》卷二十四上

12. 洪范八政，一曰食，二曰货。食谓农殖嘉谷可食之物，货谓布帛可衣，及金刀龟贝，所以分财布利通有无者也。

《汉书》卷二十五上

13. 洪范八政，三曰祀。

14. 禹遵之。后十三世，至帝孔甲，淫德好神，神黩，二龙去之。其后十三世，汤伐桀，欲卷夏社，不可，作《夏社》。乃迁烈山子柱，而以周弃代为稷祠。后八世，帝太戊有桑谷生于廷，一暮大拱，惧。伊陟曰："祅不胜德。"太戊修德，桑谷死。伊陟赞巫咸。后十三世，帝武丁得传说为相，殷复兴焉，称高宗。有雊登鼎耳而雊，武丁惧。祖己曰："修德。"武丁从之，位以永宁。

师古曰："卷，古迁字。《夏社》，《尚书》篇名，今则序在而《书·亡逸》。"

师古曰："因此作《咸乂》四篇。事见《商书序》，其篇亦《亡逸》也。"

师古曰："事见《商书·说命》及《高宗肜日》。祖己，殷之贤臣。"

《汉书》卷二十七上

15. 刘歆以为伏羲氏继天而王，受河图，则而画之，八卦是也；禹治洪水，赐雒书，法而陈之，《洪范》是也。圣人行其道而宝其真。降及于殷，箕子在父师位而典之。周既克殷，以箕子归，武王亲虚己而问焉。

《汉书》卷二十八下

16. 故秦地于《禹贡》时跨雍、梁二州。

《汉书》卷三十

17. 古之王者世有史官，君举必书，所以慎言行，昭法式也。左史记言，右史记事，事为《春秋》，言为《尚书》，帝王靡不同之。

18. 六艺之文：乐以和神，仁之表也；诗以正言，义之用也；礼以明体，明者著见，故无训也；书以广听，知之术也；春秋以断事，信之符也。五者，盖五常之道，相须而备，而易为之原。故曰"易不可见，则乾坤或几乎息矣"，言与天地为终始也。至于五学，世有变改，犹五行之更用事焉。古之学者耕且养，三年而通一艺，存其大体，玩经文而已，是故用日少而畜德多，三十而五经立也。后世经传既已乖离，博学者又不思多闻阙疑之义，而务碎义逃难，便辞巧说，破坏形体；说五字之文，至于二三万言。后进弥以驰逐，故幼童而守一艺，白首而后能言；安其所习，毁所不见，终以自蔽。此学者之大患也。序六艺为九种。

　　师古曰："言其烦妄也。桓谭新论云秦近君能说《尧典》篇目两字之说至十余万言，但说'曰若稽古'三万言。"

19. 儒家者流，盖出于司徒之官，助人君顺阴阳明教化者也。游文于六经之中，留意于仁义之际，祖述尧舜，宪章文武，宗师仲尼，以重其言，于道最为高。孔子曰："如有所誉，其有所试。"唐虞之隆，殷周之盛，仲尼之业，已试之效者也。然惑者既失精微，而辟者又随时抑扬，违离道本，苟以哗众取宠。后进循之，是以《五经》乖析，儒学寖衰，此辟儒之患。

20. 故八政一曰食，二曰货。

21. 诸子十家，其可观者九家而已。……今异家者各推所长，穷知究虑，以明其指，虽有蔽短，合其要归，亦《六经》之支与流裔。使其人遭明王圣主，得其所折中，皆股肱之材已。……若能修《六艺》之术，而观此九家之言，舍短取长，则可以通万方之略矣。

22. 兵家者，盖出古司马之职，王官之武备也。《洪范》八政，八曰师。

《汉书》卷三十六

23. 臣闻舜命九官，济济相让，和之至也。众贤和于朝，则万物和于野。故箫《韶》九成，而凤皇来仪；击石拊石，百兽率舞。四海之内，靡不和宁。

师古曰："《尚书》禹作司空，弃后稷，契司徒，咎繇作士，垂共工，益朕虞，伯夷秩宗，夔典乐，龙纳言，凡九官也。"

24. 昔者鲧、共工、驩兜与舜、禹杂处尧朝，周公与管、蔡并居周位，当是时，迭进相毁，流言相谤，岂可胜道哉！帝尧、成王能贤舜、禹、周公而消共工、管、蔡，故以大治，荣华至今。

25. 禹、稷与皋陶传相汲引，不为比周，何则？

师古曰："事见《尚书·舜典》。"

26. 臣闻帝舜戒伯禹，毋若丹朱敖；周公戒成王，毋若殷王纣。

师古曰："事见《虞书·益稷篇》。丹朱，尧子也。敖读曰傲。"

师古曰："事见《周书·亡逸篇》。"

27. 高宗、成王亦有雉雊拔木之变，能思其故，故高宗有百年之福，成王有复风之报。

师古曰："复，反也。事并见《尚书·高宗肜日》及《金縢篇》，解在《五行志》。"

《汉书》卷四十四

28. 昔者，周公诛管叔，放蔡叔，以安周。

29. 上闻之曰："昔尧舜放逐骨肉，周公杀管蔡，天下称圣，不以私害公。

师古曰："鲧及共工皆尧舜之同姓，故云骨肉。"

《汉书》卷四十五

30. 臣闻箕子过故国而悲，作《麦秀》之歌，痛纣之不用王子比干之言也。

31. 《书》放四罪，《诗》歌青蝇，春秋以来，祸败多矣。

《汉书》卷四十七

32. 梁怀王揖，文帝少子也。好《诗》《书》，帝爱之，异于他子。

《汉书》卷四十八

33. 夏为天子，十有余世，而殷受之。殷为天子，二十余世，而周受之。周为天子，三十余世，而秦受之。……昔者成王幼在襁抱之中，召公为太保，周公为太傅，太公为太师。保，保其身体；传，传之德意（义）；师，道之教训。此三公之职也。

《汉书》卷四十九

34. 上亲策诏之，曰："惟十有五年九月壬子，皇帝曰：'昔者大禹勤求贤士，施及方外，四极之内，舟车所至，人迹所及，靡不闻命，以辅其不逮；近者献其明，远者通厥聪，比善戮力，以翼天子。是以大禹能亡失德，夏以长楙。……'"

35. 臣窃闻古之贤主莫不求贤以为辅翼，故黄帝得力牧而为五帝（先），大禹得咎繇而为三王祖……

《汉书》卷五十六

36. 制曰：盖闻虞舜之时，游于岩郎之上，垂拱无为，而天下太平。周文王至于日昃不暇食，而宇内亦治。夫帝王之道，岂不同条共贯与？何逸劳之殊也？

37. 仲舒对曰："臣闻尧受命，以天下为忧，而未以位为乐也，故诛逐乱臣，务求贤圣，是以得舜、禹、稷、卨（契）、咎繇。众圣辅德，贤能佐职，教化大行，天下和洽，万民皆安仁乐谊，各得其宜，动作应礼，从容中道。故孔子曰'如有王者，必世而后仁'，此之谓也。尧在位七十载，乃逊于位以禅虞舜。尧崩，天下不归尧子丹朱而归舜。"

《汉书》卷五十七下

38. 昔者，洪水沸出，泛滥衍溢，民人升降移徙，崎岖而不安。夏后氏戚之，乃堙洪原，决江疏河，洒沈澹灾，东归之于海，而天下永宁。当斯之勤，岂惟民哉？心烦于虑，而身亲其劳，躬傶骿胝无胈，肤不生毛，故休烈显乎无穷，声称浃乎于兹。

《汉书》卷五十八

39. 臣闻周公旦治天下，期年而变，三年而化，五年而定。

40. 及议欲放古巡狩封禅之事，诸儒对者五十余人，未能有所定。先是，司马相如病死，有遗书，颂功德，言符瑞，足以封泰山。上奇其书，以问宽，宽对曰："陛下躬发圣德，统楫群元，宗祀天地，荐礼百神，精神所向，征兆必报，天地并应，符瑞昭明。其封泰山，禅梁父，昭姓考瑞，帝王之盛节也。然享荐之义，不著于经，以为封禅告成，合祛于天地神祇，祇戒精专以接神明。总百官之职，各称事宜而为之节文。唯圣主所由，制定其当，非群臣之所能列。今将举大事，优游数年，使群臣得人自尽，终莫能成。唯天子建中和之极，兼总条贯，金声而玉振之，以顺成天庆，垂万世之基。"上然之，乃自制仪，采儒术以文焉。

《虞书》曰："'楫五瑞'是也，其字从木。"瓒曰："当为辑，不通。"

《汉书》卷六十一

41. 赞曰："《禹本纪》言河出昆仑，昆仑高二千五百里余，日月所相避隐为光明也。自张骞使大夏之后，穷河原，恶睹所谓昆仑者乎？故言九州山川，《尚书》近之矣。至《禹本纪》《山经》所有，放哉！"

邓展曰："汉以穷河原，于何见昆仑乎？《尚书》曰'道河积石'，是谓河原出于积石。积石在金城河关，不言出昆仑也。"

师古曰："恶音乌。"

《汉书》卷六十二

42. 夫儒者，以六艺为法，六艺经传以千万数，累世不能通其学，当年不能究其礼，故曰"博而寡要，劳而少功"。若夫列君臣父子之礼，序夫妇长幼之别，虽百家弗能易也。

43. 太史公曰："……《书》记先王之事，故长于政；……是故《礼》以节人，《乐》以发和，《书》以道事，《诗》以达意，《易》以道化，《春秋》以道义。……"

44. 太史公曰："唯唯，否否，不然。余闻之先人曰：'伏羲至纯厚，作《易》八卦。尧舜之盛，《尚书》载之，礼乐作焉。'"

《汉书》卷六十三

45. 昔者虞舜，孝之至也，而不中于瞽叟。

《汉书》卷六十四上

46. 淮南王安上书谏曰："……故古者封内甸服，封外侯服，侯卫宾服，蛮夷要服，戎狄荒服，远近势异也。"

《汉书》卷六十四下

47. 捐之对曰："……臣闻尧舜，圣之盛也，禹入圣域而不优，故孔子称尧曰'大哉'，韶曰'尽善'，禹曰'无间'。以三圣之德，地方不过数千里，（西）被流沙，东渐于海，朔南暨声教，讫于四海，欲与声教则治之，不欲与者不强治也。"

师古曰："此引《禹贡》之辞。渐，入也，一曰浸也。朔，北方也。暨，及也。讫，至也。"

《汉书》卷六十七

48. 昔成王以诸侯礼葬周公，而皇天动威，雷风著灾。

师古曰："《尚书大传》云：周公疾，曰：'吾死必葬于成周，示天下臣于成王也。'周公死，天乃雷雨以风，禾尽偃，大木斯拔。国恐，王与大夫开金縢之书，执书以泣曰：'周公勤劳王家，予幼人弗及知。乃不葬于成周而葬之于毕，示天下不敢臣。'"

《汉书》卷七十三

49. 故于殷，太甲为太宗，大戊曰中宗，武丁曰高宗。周公为《毋逸》

之戒，举殷三宗以劝成王。由是言之，宗无数也，然则所以劝帝者之功德博矣。

《汉书》卷七十五

50. 奉奏封事曰："臣闻之于师曰，天地设位，悬日月，布星辰，分阴阳，定四时，列五行，以视圣人，名之曰道。圣人见道，然后知王治之象，故画州土，建君臣，立律历，陈成败，以视贤者，名之曰经。贤者见经，然后知人道之务，则《诗》《书》《易》《春秋》《礼》《乐》是也。"

51. 乃上疏曰："臣闻昔者盘庚改邑以兴殷道，圣人美之。……按成周之居，兼盘庚之德，万岁之后，长为高宗。"

师古曰："盘庚，殷王名也。将迁亳，殷众庶咸怨，作《盘庚》三篇以告之，遂乃迁都，事见《尚书》也。"

《汉书》卷七十八

52. 望之与少府李强议，以为"民函阴阳之气，有仁（好）义欲利之心，在教化之所助。尧在上，不能去民欲利之心，而能令其欲利不胜其好义也；虽桀在上，不能去民好义之心，而能令其好义不胜其欲利也。故尧、桀之分，在于义利而已，道民不可不慎也。……政教壹倾，虽有周召之佐，恐不能复。……陛下布德施教，教化既成，尧舜亡以加也"。

53. 敞曰："《甫刑》之罚，小过赦，薄罪赎，有金选之品，所从来久矣，何贼之所生？"

师古曰："吕侯为周穆王司寇，作赎刑之法，谓之《吕刑》。后改为甫侯，故又称《甫刑》也。"

应劭曰："选音刷，金铢两名也。"

师古曰："音刷是也。字本作铧，铧即锾也，其重十一铢二十五分铢之十三，一曰重六两。《吕刑》曰：'墨辟疑赦，其罚百锾；劓辟疑赦，其罚惟倍；剕辟疑赦，其罚倍差；宫辟疑赦，其罚六百锾；大辟疑赦，其罚千锾。'是其品也。"

《汉书》卷八十一

54. 窃见圣德纯茂，专精《诗》《书》，好乐无厌。臣衡材驽，无以辅相善义，宣扬德音。臣闻《六经》者，圣人所以统天地之心，著善恶之归，明吉凶之分，通人道之正，使不悖于其本性者也。故审《六艺》之指，则人天之理可得而和，草木昆虫可得而育，此永永不易之道也。

《汉书》卷八十六

55. 丹自以师傅居三公位，得信于上，上书言："古者谅闇不言，听于冢宰，三年无改于父之道。"

师古曰："《论语》云子张曰：'书云：高宗谅闇，三年不言。'孔子曰：'何必高宗，古之人皆然。君薨，百官总已以听于冢宰三年。'谅，信也。闇，默然也。"

《汉书》卷八十八

56. 古之儒者，博学乎《六艺》之文。《六艺》者，王教之典籍，先圣所以明天道，正人论，致至治之成法也。

57. 自卫反鲁，然后乐正，雅颂各得其所。究观古今之篇籍，乃称曰："大哉，尧之为君也！唯天为大，唯尧则之。巍巍乎其有成功也，焕乎其有文章（也）！"又云（曰）："周监于二世（代），郁郁乎文哉！吾从周。"于是叙《书》则断《尧典》，称《乐》则法《韶舞》，论《诗》则首《周南》。缀周之礼，因鲁《春秋》，举十二公行事，绳之以文武之道，成一王法，至获麟而止。

58. 及至秦始皇兼天下，燔诗书，杀术士，六学从此缺矣。

师古曰："燔，焚也。今新丰县温汤之处号愍儒乡，温汤西南三里有马谷，谷之西岸有坑，古老相传以为秦坑儒处也。卫宏《诏定古文尚书序》云：'秦既焚书，患苦天下不从所改更法，而诸生到者拜为郎，前后七百人，乃密令冬种瓜于骊山坑谷中温处。瓜实成，诏博士诸生说之，人人不同，乃命就视之。为伏机，诸生贤儒皆至焉，方相难不决，因发机，从上填之以土，皆压，终乃无声。此则闵儒之地，其不谬矣。燔音扶元反。"

《汉书》卷九十四上

59. 夏道衰，而公刘失其稷官，变于西戎，邑于豳。其后三百有余岁，戎狄攻太王亶父，亶父亡走于岐下，豳人悉从亶父而邑焉，作周。其后百有余岁，周西伯昌伐畎夷。后十有余年，武王伐纣而营雒邑，复居于酆镐，放逐戎夷泾、洛之北，以时入贡，名曰荒服。其后二百有余年，周道衰，而周穆王伐畎戎，得四白狼四白鹿以归。自是之后，荒服不至。于是作《吕刑》之辟。

师古曰："即《尚书·吕刑》篇是也。辟，法也，音辟。"

《汉书》卷九十九上

60. 《书》之作雒。

师古曰："……作雒，谓周公营洛邑以为王都，所谓成周也。《周书·洛诰》曰：召公既相宅，周公往营成周，使来告卜，作《洛诰》。丰、镐相近，故总曰镐京。成周既成，迁殷顽民使居之，故云商邑之度也。"

61. 由是言之，周公始摄则居天子之位，非乃六年而践阼也。《书》逸《嘉禾篇》曰："周公奉鬯立于阼阶，延登，赞曰：'假王政，勤和天下。'"此周公摄政，赞者所称。成王加元服，周公则致政。《书》曰"朕复子明辟"，周公常称王命，专行不报，故言我复子明君也。

《汉书》卷九十九中

62. 昔秦燔《诗》《书》以立私议，莽诵《六艺》以文奸言，同归殊途，俱用灭亡，皆炕龙绝气，非命之运，紫色蛙声，余分闰位，圣王之驱除云尔！

《汉书》卷一百上

63. 主人曰："何为其然也！昔咎繇谟虞，箕子访周，言通帝王，谋合圣神；殷说梦发于傅岩，周望兆动于渭滨……皆俟命而神交，匪词言之所信，故能建必然之策，展无穷之勋也。"

《汉书》卷一百下

64. 固以为唐虞三代，《诗》《书》所及，世有典籍，故虽尧舜之盛，必有典谟之篇，然后扬名于后世，冠德于百王，故曰："巍巍乎其有成功，焕乎其有文章也！"

65. 伏羲画卦，书契后作，虞夏商周，孔纂其业，篹《书》删《诗》，缀《礼》正《乐》，象系大《易》，因史立法。六学既登，遭世罔弘，群言纷乱，诸子相腾。秦人是灭，汉修其缺，刘向司籍，九流以别。爰著目录，略序洪烈。述《艺文志》第十。

66. 咨尔贼臣，篡汉滔天，行骄夏癸，虐烈商辛。伪稽黄、虞，缪称典文，众怨神怒，恶复诛臻。百王之极，究其奸昏。述《王莽传》第六十九。

第四节　《汉书》化用《尚书》词汇文献辑考

《汉书》在行文中，不仅直接称引《尚书》本经，而且经常化用《尚书》中的词或词语。化用《尚书》文本的形式多种多样，今辑得如下六十八条，并择其要者附加简要诠释。

《汉书》卷一上

1. 时章邯从陈。

师古曰："从谓追讨也。《尚书》曰'夏师败绩，汤遂从之'。从字转借。"

2. 南渡平阴津，至洛阳，新城三老董公遮说汉王曰："臣闻'顺德者昌，逆德者亡。''兵出无名，事故不成。'故曰：'明其为贼，敌乃可服。'项羽为无道，放杀其主，天下之贼也。夫仁不以勇，义不以力，三军之众为之素服，以告之诸侯，为此东伐，四海之内莫不仰德。此三王之举也。"

师古曰："三王：夏、殷、周也。言以德义取天下，则可比踪于三王。'三王'词转借。"

《汉书》卷一下

3. 与功臣剖符作誓，丹书铁契，金匮石室，藏之宗庙。虽日不暇给，规摹弘远矣。

如淳曰："金匮，犹金縢也。"

师古曰："以金为匮，以石为室，重缄封之，保慎之义。"

《汉书》卷四

4. 天下治乱，在予一人，唯二三执政犹吾股肱也。

5. 匄以启告朕。

师古曰："匄音盖。匄亦乞也。启，开也。言以过失开告朕躬，是则于朕为恩惠也。《商书·说命》曰：'启乃心，沃朕心。'"

6. 九月，诏诸侯王公卿郡守举贤良能直言极谏者，上亲策之，傅纳以言。

师古曰："傅读曰敷，敷陈其言而纳用之。"

《汉书》卷六

7. 将百姓所安殊路，而挢虔吏因乘势以侵蒸庶邪？

孟康曰："虔，固也。矫称上命以货贿用为固。《尚书》曰：'敚攘矫虔。'"

韦昭曰："凡称诈为矫，强取为虔。"

《汉书》卷八

8. 夏六月，诏曰："盖闻尧亲九族，以和万国。朕蒙遗德，奉承圣业，惟念宗室属未尽而以罪绝，若有贤材，改行劝善，其复属，使得自新。"

师古曰："《尚书·尧典》云：'克明俊德，以亲九族。九族既睦，平章百姓。百姓昭明，协和万邦。'故诏引之。"

9. 咸曰："……陛下圣德，充塞天地，光被四表。"

10. 赞曰："孝宣之治，信赏必罚，综核名实，政事文学法理之士咸精其能，至于技巧工匠器械，自元、成间鲜能及之，亦足以知吏称其职，民安其业也。遭值匈奴乖乱，推亡固存，信威北夷，单于慕义，稽首称藩。功光祖宗，业垂后嗣，可谓中兴，侔德殷宗、周宣矣。"

师古曰："《尚书·仲虺之诰》曰'推亡固存，邦乃其昌'。言有亡道者则推而灭之，有存道者则辅而固之。王者如此，国乃昌盛，故此赞引之。"

11. 诏曰："朕战战栗栗，夙夜思过失，不敢荒宁。"

《汉书》卷十

12. 诏曰："盖闻天生众民，不能相治，为之立君以统理之。君道得则草木昆虫咸得其所；人君不德谪见天地，灾异娄发，以告不治。朕涉道日寡举错不中，乃戊申日蚀地震，朕甚惧焉。公卿其各思朕过失，明白陈之。'女无面从，退有后言。'丞相、御史与将军、列侯、中二千石及内郡国举贤良方正能直言极谏之士，诣公交车，朕将览焉。"

师古曰："《虞书·益稷》之篇云：帝曰：'予违汝弼，汝无面从，退有后言。'谓我有违道，汝当正之，无得对面则顺从唯唯，退后则有谤讟之言也。故此诏引之。"

13. 三月，博士行饮酒礼，有雊雉集于庭，历阶升堂而雊，后集诸府，又集承明殿。

诏曰："古之选贤，傅纳以言，明试以功，故官无废事，下无逸民，教化流行，风雨和时，百谷用成，众庶乐业咸以康宁。"

《汉书》卷十六

14. 自古帝王之兴，曷尝不建辅弼之臣所与共成天功者乎！

师古曰："天功，天下之功业也。《虞书·舜典》曰'钦哉，惟时亮天功'也。"

15. 善乎，杜业之纳说也！曰："昔唐以万国致时雍之政，虞、夏以之多群后飨共己之治。汤法三圣，殷氏太平。周封八百，重译来贺。……"

师古曰："雍，和也。《尧典》云：'黎民于变时雍'，故杜业引之也。"

师古曰："群后谓诸侯也。恭己，无为也。孔子曰：'无为而治者，其舜也欤！夫何为哉？恭己正南面而已。'共读曰恭。"

《汉书》卷二十一上

16. 玉衡杓建，天之纲也。

17. 其在天也，佐助旋机，斟酌建指，以齐七政，故曰"玉衡"。

《汉书》卷二十三

18. 与其杀不辜，宁失有罪。

《汉书》卷二十四上

19. 乃下诏曰："予遭阳九之阨，百六之会，枯旱霜蝗，饥馑荐臻，蛮夷猾夏，寇贼奸轨，百姓流离。予甚悼之，害气将究矣。"

《汉书》卷二十七中之上

20. 时王贺狂悖，闻天子不豫，弋猎驰骋如故，与驺奴宰人游居娱戏，骄嫚不敬。

师古曰："言有疾不悦豫也。《周书·顾命》曰：'王有疾，不豫。'"

《汉书》卷三十

21. 阴阳家者流，盖出于羲和之官，敬顺昊天，历象日月星辰，敬授民时，此其所长也。

《汉书》卷三十五

22. 毋为权首，将受其咎，岂谓错哉！

师古曰："此《逸周书》之言，赞引之者，谓错适当此言耳。"

《汉书》卷三十六

23. 臣闻舜命九官，济济相让，和之至也。众贤和于朝，则万物和于野。故箫《韶》九成，而凤皇来仪；击石拊石，百兽率舞。四海之内，靡不和宁。

《汉书》卷四十八

24. 此所谓假贼兵为虎翼者也，愿陛下留意之。

应劭曰："《周书》云'无为虎傅翼，将飞入邑，择人而食之'。"

《汉书》卷六十三

25. 曰："乌呼！小子闳，受兹青社。朕承天序，惟稽古，建尔国家，封于东土，世为汉藩辅。乌呼！念哉，共朕之诏。惟命不于常，人之好德，克明显光；义之不图，俾君子息。悉尔心，允执其中，天禄永终；厥有愆不臧，乃凶于乃国，而害于尔躬。呜呼！保国义民，可不敬与！王其戒之！"

26. 燕剌王旦赐策曰："呜呼！小子旦，受兹玄社，建尔国家，封于北土，世为汉藩辅。呜呼！熏鬻氏虐老兽心，以奸巧边甿。朕命将率，徂征厥罪。万夫长，千夫长，三十有二帅，降旗奔师。熏鬻徙域，北州以妥。悉尔心，毋作怨，毋作棐德，毋乃废备。非教士不得从征。王其戒之！"

27. 广陵厉王胥赐策曰："呜呼！小子胥，受兹赤社，建尔国家，封于南土，世世为汉藩辅。古人有言曰：'大江之南，五湖之间，其人轻心。扬州保强，三代要服，不及以正。'呜呼！悉尔心，祗祗兢兢，乃惠乃顺，毋桐好逸，毋迩宵人，惟法惟则！《书》云'臣不作福，不作威，靡有后羞。'王其戒之！"

师古曰："《周书·洪范》云'臣无有作威作福'也。"

《汉书》卷六十九

28. 光禄勋庆忌行义修正，柔毅敦厚，谋虑深远。

师古曰："和柔而能沈毅也。《尚书·咎繇谟》曰'扰而毅'。扰亦柔也。今流俗书本柔字作果者，妄改之。"

《汉书》卷七十

29. 使亡逃分窜，死无处所。

师古曰："分谓散离也。《虞书·舜典》曰'分北三苗'。"

30. 足下以柔远之令德，复典都护之重职。

师古曰："柔，安也。柔远，言能安远人。《虞书舜典》曰'柔远能迩'。"

《汉书》卷七十一

31. 玄成作诗自劾责，曰："……厥驷有庸，惟慎惟祇。"

32. 惟念高皇帝圣德茂盛，受命溥将，钦若稽古，承顺天心……

《虞书·尧典》曰"钦若昊天"，又曰"若稽古帝尧"。

《汉书》卷七十六

33. 尊于是劾奏："丞相衡、御史大夫谭位三公，典五常九德，以总方略，壹统类，广教化，美风俗为职。……"

师古曰："五常，仁、义、礼、智、信也。九德，宽而栗，柔而立，愿而恭，乱而敬，扰而毅，直而温，简而廉，刚而塞，强而义也。事见《虞书·皋陶谟》也。"

34. 今御史大夫奏尊"伤害阴阳，为国家忧，无承用诏书之意，靖言庸违，象龚滔天"。

师古曰："引《虞书·尧典》之辞也。靖，治也。庸，用也。违，僻也。滔，漫也。谓其言假托于治，实用违僻，貌象恭敬，过恶漫天也。漫音莫干反。一曰，滔漫也。"

《汉书》卷七十七

35. 郑崇臣闻师曰："逆阳者厥极弱，逆阴者厥极凶短折，犯人者有乱亡之患，犯神者有疾夭之祸。"故周公著戒曰："惟王不知艰难，唯耽乐是从，时亦罔有克寿。"故衰世之君夭折蚤没，此皆犯阴之害也。

师古曰："《周书·亡逸》之篇也。言王者不知稼穑之艰难，唯从耽乐，则致夭丧，无能寿考也。"

《汉书》卷七十八

36. 今士见者皆先露索挟持，恐非周公相成王躬吐握之礼，致白屋之意。

师古曰："周公摄政，一沐三握髮，一饭三吐餔，以接天下之士。白屋，谓白盖之屋以茅覆之，贱人所居。盖音合。"

37. 陛下圣德充塞天地，光被四表……

《汉书》卷八十三

38. 是时，成帝初即位，宣为中丞，执法殿中，外总部刺史，（薛宣）上疏曰："陛下至德仁厚，哀闵元元，躬有日仄之劳，而亡佚豫之乐，允执圣道，刑罚惟中，然而嘉气尚凝，阴阳不和，是臣下未称，而圣化独有不洽者也。……"

师古曰："《周书·亡逸》之篇称文王之德曰：'至于日中仄，弗皇暇食'，宣引此言也。仄，古侧字也。佚与逸同。"

《汉书》卷八十四

39. 宣本不师受经术，因事以立奸威。案浩商所犯，一家之祸耳，而宣欲专权作威，乃害于乃国，不可之大者。

师古曰："《周书·洪范》云'臣之有作福作威，乃凶于乃国，害于厥躬'，故引之。"

40. 莽于是依《周书》作《大诰》，曰："惟居摄二年十月甲子，摄皇帝若曰：'大诰道诸侯王三公列侯于汝卿大夫元士御事。不吊，天降丧于赵、傅、丁、董。洪惟我幼冲孺子，当承继嗣无疆大历服事，予未遭其明悊能道民于安，况其能往知天命！熙！我念孺子，若涉渊水，予惟往求朕所济度，奔走以传近奉承高皇帝所受命，予岂敢自比于前人乎！天降威明，用宁帝室，遗我居摄宝龟。太皇太后以丹石之符，乃绍天明意，诏予即命居摄践祚，如周公故事。'"

"反虏故东郡太守翟义擅兴师动众，曰'有大难于西土，西土人亦不靖。'于是劫严乡侯信，诞敢犯祖乱宗之序。天降威遗我宝龟，固知我国有訾灾，使民不安，是天反复右我汉国也。粤其闻日，宗室之俊有四百人，民献仪九万夫，予敬以终于此谋继嗣图功。我有大事，休，予卜并吉，故我出大将告郡太守诸侯相令长曰：'予得吉卜，予惟以汝于伐东郡严乡逋播臣。'尔国君或者无不反曰：'难大，民亦不静，亦惟在帝宫诸侯宗室，于小子族父，敬不可征。'帝不违卜，故予为冲人长思厥难曰：'乌乎！义、信所犯，诚动鳏寡，哀哉！'予遭天役遗，大解难于予身，以为孺子，不身自恤。"

"予义彼国君泉陵侯上书曰：'成王幼弱，周公践天子位以治天下，六年，朝诸侯于明堂，制礼乐，班度量，而天下大服。太皇太后承顺天心，成居摄之义。皇太子为孝平皇帝子，年在襁褓，宜且为子，知为人子道，令皇太后得加慈母恩。畜养成就，加元服，然后复予（子）明辟。'"

"熙！为我孺子之故，予惟赵、傅、丁、董之乱，遏绝继嗣，变剥适庶，危乱汉朝，以成三厄，队极厥命。乌乎！害其可不旅力同心戒之哉！予不敢僭上帝命。天休于安帝室，兴我汉国，惟卜用克绥受兹命。今天其相民，况亦惟卜用！"

"太皇太后肇有元城沙鹿之右，阴精女主圣明之祥，配元生成，以兴我天下之符，遂获西王母之应，神灵之征，以佑我帝室，以安我大宗，以绍我后嗣，以继我汉功。厥害适统不宗元绪者，辟不违亲，辜不避戚。夫岂不爱？亦惟帝室。是以广立王侯，并建曾玄，俾屏我京师，绥抚宇内；传征儒生，讲道于廷，论序乖缪，制礼作乐，同律度量，混壹风俗；正天地之位，昭郊宗之礼，定五畤庙祧，咸秩亡文；建灵台，立明堂，设辟雍，张太学，尊中宗、高宗之号。昔我高宗崇德建武，克绥西域，以受白虎威胜之瑞，天地判合，乾坤序德。太皇太后临政，有龟龙麟凤之应，五德嘉符，相因而备。河图雒书远自昆仑，出于重野。古谶著言，肆今享实。此乃皇天上帝所以安我帝室，俾我成就洪烈也。乌乎！天用（明）威辅汉始而大大矣。尔有惟旧人泉陵侯之言，尔不克远省，尔岂知太皇太后若此勤哉！"

"天毖劳我成功所，予不敢不极卒安皇帝之所图事。肆予告我诸侯王公列侯卿大夫元士御事：天辅诚辞，天其累我以民，予害敢不于祖宗安人图功所终？天亦惟劳我民，若有疾，予害敢不于祖宗所受休辅？予闻孝子善继人之意，忠臣善成人之事。予思若考作室，厥子堂而构之；厥父菑，厥子播而获之。予害敢不于身抚祖宗之所受大命？若祖宗乃有效汤武伐厥子，民长其劝弗救。乌乎肆哉！诸侯王公列侯卿大夫元士御事，其勉助国道明！亦惟宗室之俊，民之表仪，迪知上帝命。粤天辅诚，尔不得易定！况今天降定于汉国，惟大艰人翟义、刘信大逆，欲相伐于厥室，岂亦知命之不易乎？予永念日天惟丧翟义、刘信，若啬夫，予害敢不终予宙？天亦惟休于祖宗，予害其极卜，害敢不（卜）于从？率宁人有旨疆土，况今卜并吉！故予大以尔东征，命不僭差，卜陈惟若此。"

师古曰："武王崩，周公相成王而三监、淮夷叛，周公作《大诰》。莽自比周公，故依放其事。"

《汉书》卷八十五

41. 昔舜饬正二女，以崇至德。

师古曰："《虞书·尧典》云'厘降二女于妫汭，嫔于虞'。谓尧以二女妻舜，观其治家，欲使治国，而舜谨敕正躬以待二女，其德益崇，遂受尧禅也。饬与敕同。"

42. 治远自近始，习善在左右。昔龙笃纳言，而帝命惟允；四辅既备，成王靡有过事。

师古曰："……《虞书·舜典》曰：帝曰：'龙，命汝作纳言，夙夜出纳朕命惟允。'允，信也。"

师古曰："四辅，谓左辅、右弼、前疑、后丞也。《周书·洛诰》称成王曰：'诞保文武受命，乱为四辅。'"

43. 意岂将军忘湛渐之义，委曲从顺……垂周文之听，下及刍荛之愚。

师古曰："湛读曰沈。渐读曰潜。《周书·洪范》曰：'沈潜刚克'，言人性沈密而潜深者，行之以刚则能堪也，故激劝之云尔。"

《汉书》卷九十三

44. 册文言"允执其中"，此乃尧禅舜之文，非三公故事，长老见者，莫不心惧。……上有酒所，从容视贤笑，曰："吾欲法尧禅舜，何如？"

《汉书》卷九十七下

45. 陈女图以镜监兮，顾女史而问诗。悲晨妇之作戒兮，哀褒、阎之为邮；美皇、英之女虞兮，荣任、姒之母周。虽愚陋其靡及兮，敢舍心而忘兹？

> 张晏曰："《书》云：'牝鸡之晨，惟家之索'，喻妇人无男事也。"

《汉书》卷九十八

46. 凤于是惧，上书辞谢曰："陛下即位，思慕谅闇……"

> 师古曰："《商书》云高宗谅闇。谅，信也。闇，默也。言居父丧信默，三年不言也。"

《汉书》卷九十九上

47. 甄邯白太后下诏曰："无偏无党，王道荡荡。……"

48. 于是公卿大夫、博士、议郎、列侯（富平侯）张纯等九百二人皆曰："圣帝明王招贤效能，德盛者位高，功大者赏厚。故宗臣有九命上公之尊，则有九锡登等之宠。今九族亲睦，百姓既章，万国和协，黎民时雍，圣瑞毕溱，太平已洽。帝者之盛莫隆于唐虞，而陛下任之；忠臣茂功莫著于伊周，而宰衡配之。所谓异时而兴，如合符者也。谨以《六艺》通义，经文所见，《周官》《礼记》宜于今者，为九命之锡。臣请命锡。"奏可。

> 师古曰："章，明也。时，是也。雍亦和也，自此已上皆取《尧典》，叙尧德之言也。"

49. 莽下书曰："谒密之义，讫于季冬，正月郊祀，八音当奏。王公卿士，乐凡几等？五声八音，条各云何？其与所部儒生各尽精思，悉陈其义。"

> 师古曰："《虞书》：放勋乃徂，百姓如丧考妣，三载，四海遏密八音。遏，止也。密，静也。谓不作乐也。故莽引之。"

《汉书》卷九十九中

50. 莽乃策命孺子曰："咨尔婴，昔皇天右乃太祖，历世十二，享国二百一十载，历数在于予躬。《诗》不云乎：'侯服于周，天命靡常。'封尔为定安公，永为新室宾。于戏！敬天之休，往践乃位，毋废予命。"

51. 莽策群司曰："岁星司肃，东狱（岳）太师典致时雨，青炜登平，考景以晷。荧惑司悊，南岳太傅典致时奥，赤炜颂平，考声以律。太白司艾，西岳国师典致时阳，白炜象平，考虑以铨。辰星司谋，北岳国将典致时寒，玄炜和平，考星以漏。月刑元股左，司马典致武应，考方法矩，主司天文，钦若昊天，敬授民时，力来农事，以丰年谷。日德元厷右，司徒典致文瑞，考圜合规，主司人道，五教是辅，帅民承上，宣美风俗，五品乃训。斗平元心中，司空典致物图，度度以绳，主司地里，平治水土，掌名山川，众殖鸟兽，蕃茂草木。"各策命以其职，如典诰之文。

52. 莽曰："降奴服于知，威侮五行……"

师古曰："引《夏书·甘誓》之文。"

53. 莽以钱币讫不行，复下书曰："民以食为命，以货为资，是以八政以食为首。……"

乃流棻于幽州，放寻于三危，殛隆于羽山，皆驿车载其尸传致云。

师古曰："效舜之罚共工等也。殛，诛也。音居力反。"

54. 莽志方盛，以为四夷不足吞灭，专念稽古之事，复下书曰："伏念予之皇始祖考虞帝，受终文祖，在璇玑玉衡以齐七政，遂类于上帝，禋于六宗，望秩于山川，遍于群神，巡狩五岳，群后四朝，敷奏以言，明试以功。予之受命即真，到于建国五年，已五载矣。阳九之厄既度，百六之会已过。岁在寿星，填在明堂，仓龙癸酉，德在中宫。观晋掌岁，龟策告从，其以此年二月建寅之节东巡狩，具礼仪调度。"

55. 粟米之内曰内郡。

师古曰："《禹贡》去王城四百里纳粟，五百里纳米，皆在甸服之内。"

56. 十月戊辰，王路朱鸟门鸣，昼夜不绝，崔发等曰："虞帝辟四门，通四聪。门鸣者，明当修先圣之礼，招四方之士也。"于是令群臣皆贺，所举四行从朱鸟门入而对策焉。

师古曰："《虞书》叙舜之德也，辟四门，明四目，达四聪，故引之。"

《汉书》卷九十九下

57. 予亲设文石之平，陈菁茅四色之土，钦告于岱宗泰社后土、先祖先妣，以班授之。

师古曰："《尚书·禹贡》苞匦菁茅，儒者以为菁，菜名也，茅，三脊茅也。而莽此言以菁茅为一物，则是谓善茅为菁茅也。土有五色，而此云四者，中央之土不以封也。菁音精。"

58. 复下书曰："乃壬午餔时，有列风雷雨发屋折木之变，予甚弁焉，予甚栗焉，予甚恐焉。伏念一旬，迷乃解矣。……蛮夷猾夏，寇贼奸宄……"

《汉书》卷一百上

59. 观天罔之纮覆兮，实棐谌而相顺。

应劭曰："棐，辅也。谌，诚也。相，助也。"

师古曰："《尚书·大诰》曰：天棐谌辞。"

60. 虞韶美而仪凤兮，孔忘味于千载。

师古曰："韶，舜乐名也。《虞书·舜典》曰：'箫韶九成，凤凰来仪。'"

《汉书》卷一百下

61. 中宗明明，寅用刑名，时举傅纳，听断惟精。柔远能迩，燀耀威灵，龙荒幕朔，莫不来庭。丕显祖烈，尚于有成。

李奇曰："时，是也。于是时也，选用贤者。"师古曰："傅读曰敷。《虞书·舜典》曰：'敷纳以言。'敷，陈也。谓有陈言者则纳而用之。"

师古曰："《虞书·舜典》曰：'柔远能迩。'柔，安也。能，善也。故引之云。燀，炽也。音充善反。"

62. 孝元翼翼，高明柔克，宾礼故老，优由亮直。外割禁圉，内损御服，离宫不卫，山陵不邑。阉尹之疵，秽我明德。述《元纪》第九。

师古曰："翼翼，敬也。《尚书·洪范》云：'高明柔克'，谓人虽有高明之度，而当执柔，乃能成德也。叙言元帝有柔克之姿也。"

63. 婉娈董公，惟亮天功。

师古曰："……《尚书·舜典》曰：'寅亮天功'，故引之也。娈，曲也。音女教反。"

64. 季世不详，背本争末。

师古曰："不详谓不尽，用刑之理也。《周书·吕刑》曰：'告尔详刑。'"

65. 昔在上圣，昭事百神，类帝禋宗，望秩山川，明德惟馨，永世丰年。季末淫祀，营信巫史，大夫胏岱，侯伯僭畤，放诞之徒，缘间而起。瞻前顾后，正其终始。述《郊祀志》第五。

李奇曰："河图即八卦也。《洛书》即《洪范九畴》也。"

66. 高平师师，惟辟作威，图黜凶害，天子是毗。

67. 报虐以威，殃亦凶终。

师古曰："《尚书·吕刑》曰：'皇帝哀矜庶戮之不辜，报虐以威'，言哀闵不辜之人横被杀戮，乃报答为虐者以威而诛绝也。"

68. 于惟帝典，戎夷猾夏。

师古曰："于，叹辞也。帝典，《虞书·舜典》也。载舜命咎繇作士，戒之曰：蛮夷猾夏。猾，乱也。夏，诸夏也。于读曰乌。"

第五节 《汉书》所载《尚书》学者文献辑考

《汉书》所载记的研习《尚书》学者情况比较复杂，今综合辑考为如下七十三条。其中，不仅有明言习《尚书》者，亦有虽未明言，但可以通过其他文献互证其为习《尚书》学者，有明言通群经者或通五经者，更有明言其博通群书者，或在言语、奏章中直接称引《尚书》经文者。

《汉书》卷六

1. 冬十二月，御史大夫儿宽卒。

《汉书》卷七

2. 诏曰："朕以眇身获保宗庙，战战栗栗，夙兴夜寐，修古帝王之事，通《保傅》，传《孝经》《论语》《尚书》，未云有明。其令三辅、太常举贤良各二人，郡国文学高第各一人。赐中二千石以下至吏民爵各有差。"

《汉书》卷九

3. 冬，诏曰："国之将兴，尊师而重傅。故前将军望之傅朕八年，道以经书，厥功茂焉！其赐爵关内侯，食邑八百户，朝朔望。"

《汉书》卷十

4. 孝成皇帝，元帝太子也。……年三岁而宣帝崩，元帝即位，帝为太子。壮好经书，宽博谨慎。

《汉书》卷十一

5. 孝哀皇帝，元帝庶孙……上令诵《诗》，通习，能说。他日问中山王："独从傅在何法令?"不能对。令诵《尚书》,又废。

《汉书》卷二十七上

6. 宣、元之后,刘向治《谷梁春秋》,数其祸福,传以《洪范》,与仲舒错。

7. 皇后年六岁而立,十三年而昭帝崩,遂绝继嗣。光执朝政,犹周公之摄也。是岁正月,上加元服,通《诗》《尚书》,有明恣之性。光亡周公之德,秉政九年,久于周公,上既已冠而不归政,将为国害。

《汉书》卷二十七中之上

8. 孝武时,夏侯始昌通《五经》,善推《五行传》,以传族子夏侯胜,下及许商,皆以教所贤弟子。其传与刘向同,唯刘歆传独异。貌之不恭,是谓不肃。肃,敬也。内曰恭,外曰敬。

《汉书》卷二十九

9. 事下丞相、御史,白博士许商治《尚书》,善为算,能度功用。遣行视,以为屯氏河盈溢所为,方用度不足,可且勿浚。

《汉书》卷三十六

10. 会初立《谷梁春秋》,征更生受《谷梁》,讲论《五经》于石渠。复拜为郎中给事黄门,迁散骑谏大夫给事中。

11. 孝武帝时,儿宽有重罪系,按道侯韩说谏曰:"前吾丘寿王死,陛下至今恨之;今杀宽,后将复大恨矣!"上感其言,遂贳宽,复用之,位至御史大夫,御史大夫未有及宽者也。

12. 孝宣皇帝时,夏侯胜坐诽谤系狱,三年免为庶人。宣帝复用胜,至长信少府,太子太傅,名敢直言,天下美之。

13. 而上方精于《诗》《书》,观古文,诏向领校中《五经》秘书。向见《尚书·洪范》,箕子为武王陈五行阴阳休咎之应。向乃集合上古以来历春秋六国至秦汉符瑞灾异之记,推迹行事,连传祸福,著其占验,比类相从,各有条目,凡十一篇,号曰《洪范五行传论》,奏之。

14. 向以为王教由内及外,自近者始。故采取《诗》《书》所载贤妃贞妇,兴国显家可法则,及孽嬖乱亡者,序次为《烈女传》,凡八篇,以戒天子。

15. 向为人简易无威仪,廉靖乐道,不交接世俗,专积思于经术,昼诵《书传》,夜观星宿,或不寐达旦。

16. 歆字子骏,少以通《诗》《书》能属文召见成帝,待诏宦者署,为黄门郎。河平中,受诏与父向领校秘书,讲六艺传记,诸子、诗赋、数术、方技,无所不究。向死后,歆复为中垒校尉。

17. 哀帝初即位,大司马王莽举歆宗室有材行,为侍中太中大夫,迁骑都尉、奉车光禄大夫,贵幸。复领《五经》,卒父前业。歆乃集六艺群书,种别为《七略》。

18. 自孔子后,缀文之士众矣,唯孟轲、孙况、董仲舒、司马迁、刘向、扬雄。此数公者,皆博物洽闻,通达古今,其言有补于世。传曰"圣人不出,其间必有命世者焉",岂近是乎? 刘氏《洪范论》发明《大传》,著天人之应;《七略》剖判艺文,总百家之绪。

《汉书》卷四十七

19. 梁怀王揖,文帝少子也。好《诗》《书》,帝爱之,异于他子。

《汉书》卷四十八

20. 贾谊,雒阳人也,年十八,以能诵《诗》《书》属文称于郡中。……廷尉乃言谊年少,颇通诸家之书。文帝召以为博士。

21. 贾嘉最好学,世其家。

《汉书》卷四十九

22. 朝错,颍川人也。学申商刑名于轵张恢生所,与雒阳宋孟及刘带同师。以文学为太常掌故。……孝文时,天下亡治《尚书》者,独闻齐有伏生,故秦博士,治《尚书》,年九十余,老不可征。乃诏太常,使人受之。太常遣错受《尚书》伏生所,还,因上书称说。诏以为太子舍人,门大夫,迁博士。

《汉书》卷五十一

23. 贾山，颍川人也。祖父祛，故魏王时博士弟子也。山受学祛，所言涉猎书记，不能为醇儒。……昔者夏商之季世，虽关龙逢、箕子、比干之贤，身死亡而道不用。文王之时，豪俊之士皆得竭其智，刍荛采薪之人皆得尽其力，此周之所以兴也。

《汉书》卷五十八

24. 儿宽，千乘人也。治《尚书》，事欧阳生。以郡国选诣博士，受业孔安国。贫无资用，尝为弟子都养。时行赁作，带经而锄，休息辄读诵，其精如此。以射策为掌故，功次，补廷尉文学卒史。

25. 初梁相褚大通《五经》，为博士，时宽为弟子。及御史大夫缺，征褚大，大自以为得御史大夫。至洛阳，闻儿宽为之，褚大笑。及至，与宽议封禅于上前，大不能及，退而服曰："上诚知人。"宽为御史大夫，以称意任职，故久无有所匡谏于上，官属易之。居位九岁，以官卒。

《汉书》卷六十

26. 钦字子夏，少好经书，家富而目偏盲，故不好为吏。

《汉书》卷六十二

27. 迁生龙门，耕牧河山之阳。年十岁则诵古文。二十而南游江淮，上会稽，探禹穴，窥九疑，浮沅湘。北涉汶泗，讲业齐鲁之都，观夫子遗风，乡射邹峄；阨困蕃、薛、彭城，过梁楚以归。于是迁仕为郎中，奉使西征巴蜀以南，略邛、筰、昆明，还报命。

《汉书》卷六十五

28. 朔初来，上书曰："臣朔少失父母，长养兄嫂。年十三学书，三冬文史足用。十五学击剑。十六学《诗》《书》，诵二十二万言。……"

《汉书》卷六十七

29. 梅福字子真，九江寿春人也。少学长安，明《尚书》《谷梁春秋》，为郡文学，补南昌尉。后去官归寿春，数因县道上言变事，求假轺传，诣行在所条对急政，辄报罢。是时成帝委任大将军王凤，凤专势擅朝，而京兆尹王章素忠直，讥刺凤，为凤所诛。王氏浸盛，灾异数见，群下莫敢正言。福复上书曰："臣闻箕子佯狂于殷，而为周陈《洪范》；……箕子非疏其家而畔亲也……留意亡逸之戒，除不急之法，下亡讳之诏，博览兼听，谋及疏贱，令深者不隐，远者不塞，所谓'辟四门，明四目'也。……"

　　师古曰："《周书》篇名也，周公作之以戒成王。"

　　师古曰："《虞书·舜典》曰'辟四门，明四目'，言开四门以致众贤，则明视于四方也。"

30. 云敞字幼儒（孺），平陵人也。师事同县吴章，章治《尚书经》为博士。平帝以中山王即帝位，年幼，莽秉政，自号安汉公。以平帝为成帝后，不得顾私亲，帝母及外家卫氏皆留中山，不得至京师。莽长子宇，非莽禹绝卫氏，恐帝长大后见怨。宇与吴章谋，夜以血涂莽门，若鬼神之戒，冀以惧莽。章欲因对其咎。事发觉，莽杀宇，诛灭卫氏，谋所联及，死者百余人。章坐要斩，磔尸东市门。初，章为当世名儒，教授尤盛，弟子千余人，莽以为恶人党，皆当禁固，不得仕宦。门人尽更名他师。敞时为大司徒掾，自劾吴章弟子，收抱章尸归，棺敛葬之，京师称焉。车骑将军王舜高其志节，比之栾布，表奏以为掾，荐为中郎谏大夫。

《汉书》卷七十一

31. 平当字子思，祖父以訾百万，自下邑徙平陵。当少为大行治礼丞，功次补大鸿胪文学，察廉为顺阳长，栒邑令，以明经为博士，公卿荐当论议通明，给事中。每有灾异，当辄传经术，言得失。文雅虽不能及萧望之、匡衡，然指意略同。

32. 子晏以明经历位大司徒，封防乡侯。汉兴，唯韦、平父子至宰相。

《汉书》卷七十二

33. 王吉字子阳，琅玡皋虞人也。少（时）〔好〕学明经……久之，昭帝崩，亡嗣，大将军霍光秉政，遣大鸿胪宗正迎昌邑王。吉即奏书戒王曰："臣闻高宗谅闇，三年不言。今大王以丧事征，宜日夜哭泣悲哀而已，慎毋有所发。……初，吉兼通《五经》。"

34. 贡禹字少翁，琅邪人也。以明经絜行著闻，征为博士。

35. 两龚皆楚人也，胜字君宾，舍字君倩。二人相友，并著名节，故世谓之楚两龚。少皆好学明经，胜为郡吏，舍不仕。……舍亦通《五经》。

36. 鲍宣字子都，渤海高城人也。好学明经，为县乡啬夫，守束州丞。……上书谏曰："……昔尧放四罪而天下服，今除一吏而众皆或。……惟陛下少留神明，览《五经》之文，原圣人之至意，深思天地之戒。"

《汉书》卷七十三

37. 自孟至贤五世。贤为人质朴少欲，笃志于学，兼通《礼》《尚书》，以《诗》教授，号称邹鲁大儒。征为博士，给事中，进授昭帝诗，稍迁光禄大夫詹事，至大鸿胪。

38. 少子玄成，复以明经历位至丞相。故邹鲁谚曰："遗子黄金满籯，不如一经。"

《汉书》卷七十五

39. 夏侯始昌，鲁人也。通《五经》，以《齐诗》《尚书》教授。自董仲舒、韩婴死后，武帝得始昌，甚重之。始昌明于阴阳，先言柏梁台灾日，至期日果灾。时昌邑王以少子爱，上为选师，始昌为太傅。年老，以寿终。族子胜亦以儒显名。

40. 夏侯胜字长公。……故胜为东平人。胜少孤，好学，从始昌受《尚书》及《洪范五行传》，说灾异。后事卿，又从欧阳氏问。为学精孰，所问非一师也。善说礼服。征为博士、光禄大夫。会昭帝崩，昌邑王嗣立，数出。胜当乘舆前谏曰："天久阴而不雨，臣下有谋上者，陛下出欲何之？"王怒，谓胜为祆言，缚以属吏。吏白大将军霍光，光不举法。是时，光与车骑将军张安世谋欲废昌邑王。光让安世以为泄语，安世实不言。乃召问胜，胜对言："在《洪范传》曰'皇之不极，厥罚常阴，时则下人有伐上者'，恶察察言，故云臣下有谋。"光、安世大惊，以此益重经术士。后十余日，光卒与安世（共）白太后，废昌邑王，尊立宣帝。光以为群臣奏事东宫，太后省政，宜知经术，白令胜用《尚书》授太后。迁长信少府，赐爵关内侯，以与谋废立，定策安宗庙，益千户。

41. 胜从父子建字长卿，自师事胜及欧阳高，左右采获，又从《五经》诸儒问与《尚书》相出入者，牵引以次章句，具文饰说。胜非之曰："建所谓章句小儒，破碎大道。"建亦非胜为学疏略，难以应敌。建卒自颛门名经，为议郎博士，至太子少傅。胜子兼为左曹太中大夫，孙尧至长信少府、司农、鸿胪，曾孙蕃郡守、州牧、长乐少府。胜同产弟子赏为梁内史，梁内史子定国为豫章太守。而建子千秋亦为少府、太子少傅。

42. 李寻字子长，平陵人也。治《尚书》，与张孺、郑宽中同师。宽中等守师法教授，寻独好《洪范》灾异，又学天文月令阴阳。事丞相翟方进，方进亦善为星历，除寻为吏，数为翟侯言事。帝舅曲阳侯王根为大司马票骑将军，厚遇寻。是时多灾异，根辅政，数虚己问寻。寻见汉家有中衰厄会之象，其意以为且有洪水为灾，乃说根曰：《书》云'天聪明'，盖言紫官极枢，通位帝纪，太微四门，广开大道，五经六纬，尊术显士，翼张舒布，烛临四海，少微处士，为比为辅，故次帝廷，女官在后。

师古曰："《虞书·皋陶谟》之辞也。天视听，人君之行不可不畏慎也。"

《汉书》卷七十六

43. 王尊字子赣，涿郡高阳人也。少孤，归诸父，使牧羊泽中。尊窃学问，能史书。年十三，求为狱小吏。数岁，给事太守府，问诏书行事，尊无不对。太守奇之，除补书佐，署守属监狱。久之，尊称病去，事师郡文学官，治《尚书》《论语》，略通大义。复召署守属治狱，为郡决曹史。

《汉书》卷七十七

44. 孙宝字子严，颍川鄢陵人。以明经为郡吏。……宝曰："周公上圣，召公大贤。尚犹有不相说，著于经典，两不相损。……"

师古曰："《周书·君奭》之《序》曰：'召公为保，周公为师，相成王为左右，召公不说，周公作《君奭》'是也。两不相损者，言俱有令名也。召读曰邵。说读曰悦。"

《汉书》卷七十八

45. 萧望之字长倩，东海兰陵人也，徙杜陵。……好学，治《齐诗》……又从夏侯胜问《论语》《礼服》。京师诸儒称述焉。

《汉书》卷七十九

46. （冯）参字叔平，学通《尚书》。少为黄门郎给事中，宿卫十余年。参为人矜严，好修容仪，进退恂恂，甚可观也。

《汉书》卷八十一

47. 初元中，立皇太子，而博士郑宽中以《尚书》授太子。……元帝崩，成帝即位，征禹、宽中，皆以师赐爵关内侯，宽中食邑八百户，禹六百户。拜为诸吏光禄大夫，秩中二千石，给事中，领尚书事。

48. 孔光字子夏，孔子十四世之孙也。孔子生伯鱼鲤，鲤生子思伋，伋生子上帛，帛生子家求，求生子真箕，箕生子高穿。穿生顺，顺为魏相。顺生鲋，鲋为陈涉博士，死陈下。鲋弟子襄为孝惠博士，长沙太傅。襄生忠，忠生武及安国，武生延年。延年生霸，字次儒。霸生光焉。安国、延年皆以治《尚书》为武帝博士。安国至临淮太守。霸亦治《尚书》，事太傅夏侯胜，昭帝末年为博士，宣帝时为太中大夫，以选授皇太子经，迁詹事，高密相。

49. 霸四子……光，最少子也，经学尤明，年未二十，举为议郎。……绥和中，上即位二十五年，无继嗣，至亲有同产弟中山孝王及同产弟子定陶王在。定陶王好学多材，于帝子行。而王祖母傅太后阴为王求汉嗣，私事赵皇后、昭仪及帝舅大司马骠骑将军王根，故皆劝上。上于是召丞相翟方进、御史大夫光、右将军廉褒、后将军朱博，皆引入禁中，议中山、定陶王谁宜为嗣者。方进、根以为定陶王帝弟之子，礼曰"昆弟之子犹子也"，"为其后者为之子也"，定陶王宜为嗣。褒、博皆如方进、根议。光独以为礼立嗣以亲，中山王先帝之子，帝亲弟也，以《尚书·盘庚》殷之及王为比，中山王宜为嗣。上以礼兄弟不相入庙，又皇后、昭仪欲立定陶王，故遂立为太子。光以议不中意，左迁延尉。

50. 光凡为御史大夫、丞相各再，壹为大司徒、太傅、太师，历三世，居公辅位前后十七年。自为《尚书》，止不教授，后为卿，时会门下大生讲问疑难，举大义云。其弟子多成就为博士大夫者，见师居大位，几得其助力，光终无所荐举，至或怨之。其公如此。

《汉书》卷八十五

51. 谷永字子云，长安人也。……永少为长安小史，后博学经书。

52. 永于经书，泛为疏达，与杜钦、杜邺略等，不能洽浃如刘向父子及扬雄也。

臣闻野鸡著怪，高宗深动；大风暴过，成王恐然。

53. 初，邺从张吉学，吉子竦又幼孤，从邺学问，亦著于世，尤长小学。邺子林，清静好古，亦有雅材，建武中历位列卿，至大司空。其正文字过于邺、竦，故世言小学者由杜公。

《汉书》卷八十六

54. 王嘉字公仲，平陵人也。以明经射策甲科为郎……

《汉书》卷八十八

55. 琅邪王吉通《五经》，闻临说，善之。

56. 琅邪王璜平中能传之。璜又传《古文尚书》。

57. 伏生，济南人也，故为秦博士。孝文时，求能治《尚书》者，天下亡有，闻伏生治之，欲召。时伏生年九十余，老不能行，于是诏太常，使掌故朝错往受之。秦时禁《书》，伏生壁藏之，其后大兵起，流亡。汉定，伏生求其《书》，亡数十篇，独得二十九篇，即以教于齐、鲁之间。齐学者由此颇能言《尚书》，山东大师亡不涉《尚书》以教。伏生教济南张生及欧阳生。张生为博士，而伏生孙以治《尚书》征，弗能明定。是后鲁周霸、雒阳贾嘉颇能言《尚书》云。

师古曰："嘉者，贾谊之孙也。"

58. 欧阳生字和伯，千乘人也。事伏生，授儿宽。宽又受业孔安国，至御史大夫，自有传。宽有俊材，初见武帝，语经学。上曰："吾始以《尚书》为朴学，弗好，及闻宽说，可观。"乃从宽问一篇。

59. 林尊字长宾，济南人也。事欧阳高，为博士，论石渠。后至少府、太子太傅，授平陵平当、梁陈翁生。当至丞相，自有传。翁生信都太傅，家世传业。由是欧阳有平、陈之学。翁生授琅邪殷崇、楚国龚胜。崇为博士，胜右扶风，自有传。而平当授九江朱普公文、上党鲍宣。普为博士，宣司隶校尉，自有传。徒众尤盛，知名者也。

60. 夏侯胜，其先夏侯都尉，从济南张生受《尚书》，以传族子始昌。始昌传胜，胜又事同郡蕳卿。蕳卿者，儿宽门人。胜传从兄子建，建又事欧阳高。胜至长信少府，建太子太傅，自有传。由是《尚书》有大小夏侯之学。

61. 周堪字少卿，齐人也。与孔霸俱事大夏侯胜。霸为博士。堪译官令，论于石渠，经为最高，后为太子少傅，而孔霸以太中大夫授太子。

62. 堪授牟卿及长安许商长伯。牟卿为博士。霸以帝师赐爵号褒成君，传子光，亦事牟卿，至丞相，自有传。由是大夏侯有孔、许之学。

63. 商善为算，著《五行论》《历》，四至九卿，号其门人沛唐林子高为德行，平陵吴章伟君为言语，重泉王吉少音为政事，齐炔钦幼卿为文学。王莽时，林、吉为九卿，自表上师冢，大夫博士郎吏为许氏学者，各从门人，会车数百两，儒者荣之。钦、章皆为博士，徒众尤盛。章为王莽所诛。

64. 张山拊字长宾，平陵人也。事小夏侯建，为博士，论石渠，至少府。授同县李寻、郑宽中少君、山阳张无故子儒、信都秦恭延君、陈留假仓子骄。无故善修章句，为广陵太傅，守小夏侯说文。恭增师法至百万言，为城阳内史。仓以谒者论石渠，至胶东相。寻善说灾异，为骑都尉，自有传。

65. 宽中有儁材，以博士授太子，成帝即位，赐爵关内侯，食邑八百户，迁光禄大夫，领尚书事，甚尊重。谷永上书曰："……关内侯郑宽中有颜子之美质，包商、偃之文学，严然总《五经》之眇论，立师傅之显位，入则向唐虞之闳道，王法纳平圣听，出则参冢宰之重职，功列施平政事，退食自公，私门不开，散赐九族，田亩不益，德配周召，忠合羔羊，未得登司徒，有家臣，卒然早终，尤可悼痛！臣愚以为宜加其葬礼，赐之令谥，以章尊师褒贤显功之德。"上吊赠宽中甚厚。由是小夏侯有郑、张、秦、假、李氏之学。

66. 宽中授东郡赵玄，无故授沛唐尊，恭授鲁冯宾。宾为博士，尊王莽太傅，玄哀帝御史大夫，至大官，知名者也。

67. 都尉朝授胶东庸生。庸生授清河胡常少子，以明《谷梁春秋》为博士、部刺史，又传《左氏》。常授虢徐敖。敖为右扶风掾，又传《毛诗》，授王璜、平陵涂恽子真。子真授河南桑钦君长。王莽时，诸学皆立。刘歆为国师，璜、恽等皆贵显。

68. 后苍字近君，东海郯人也。事夏侯始昌。始昌通《五经》……

69. 仲舒通《五经》，能持论，善属文。

《汉书》卷八十九

70. 龚遂字少卿，山阳南平人也。以明经为官……曰："……臣请选郎通经术有行义者与王起居，坐则诵《诗》《书》，立则习礼容，宜有益。"王许之。

《汉书》卷一百上

71. 时上方向学，郑宽中、张禹朝夕入说《尚书》《论语》于金华殿中，诏伯受焉。既通大义，又讲异同于许商，迁奉车都尉。

72. 斿博学有俊材，左将军师（史）丹举贤良方正，以对策为议郎，迁谏大夫、右曹中郎将，与刘向校秘书。每奏事，斿以选受诏进读群书。上器其能，赐以秘书之副。时书不布……斿亦早卒，有子曰嗣，显名当世。

73. 永平中为郎，典校秘书，专笃志于博学，以著述为业。

第六节 《汉书》中的《书序》《书传》文献辑考

《尚书》乃叙事之文，本不需要序，但诸篇《尚书》多无头无尾之叙事，若无《书序》，《尚书》所记诸事恐怕终古无晓。汉代今古文各家《书序》《书传》一类文献对诠解《尚书》至为关键，然在永嘉之乱之际多已遗失，《汉书》多有称说。通过系统梳理与辑考，虽不能复原其原貌，但至少可以窥一斑而见全豹，使两汉《尚书》学诠释学研究有所凭依。今辑得十六条，并附录后人为其所作注释。

《汉书》卷二十一上

1. （补充）孟康曰："《礼乐器》记：'管，漆竹，长一尺，六孔。'《尚书大传》：'西王母来献白玉管。'汉章帝时零陵文学奚景于泠道舜祠下得白玉管。古以玉作，不但竹也。"

《汉书》卷二十一下

2. 商十二月乙丑朔旦冬至，故《书序》曰："成汤既没，太甲元年，使伊尹作《伊训》。"……言虽有成汤、太丁、外丙之服，以冬至越茀祀先王于方明以配上帝，是朔旦冬至之岁也。后九十五岁，商十二月甲申朔旦冬至，亡余分，是为孟统。自伐桀至武王伐纣，六百二十九岁，故《传》曰"殷载祀六百"。

3. 文王受命九年而崩，再期，在大祥而伐纣，故《书序》曰："惟十有一年，武王伐纣，作《太誓》。"八百诸侯会。还归二年，乃遂伐纣克殷，以箕子归，十三年也。故《书序》曰："武王克殷，以箕子归，作《洪范》。"……自文王受命而至此十三年，岁亦在鹑火，故《传》曰"岁在鹑火，则我有周之分埜"也。

4. ……《序》曰："一月戊午，师度于孟津。"至庚申，二月朔日也。四日癸亥，至牧埜，夜陈，甲子昧爽而合矣。故《外传》曰："王以二月癸亥夜陈。"……文王十五而生武王，受命九年而崩，崩后四年而武王克殷。克殷之岁八十六矣，后七岁而崩。故《礼记·文王世子》曰："文王九十七而终，武王九十三而终。"凡武王即位十一年，周公摄政五年，正月丁巳朔旦冬至，殷历以为六年戊午，距炀公七十六岁入孟统二十九章首也。后二岁，得周公七年"复子明辟"之岁。是岁二月乙亥朔，庚寅望，后六日得乙未。……古文《月采》篇曰"三日曰朏"。是岁十二月戊辰晦，周公以反政。

5. 成王元年正月己巳朔，此命伯禽俾侯于鲁之岁也。后三十年四月庚戌朔，十五日甲子哉生霸。故《顾命》曰"惟四月哉生霸，王有疾不豫，甲子，王乃洮沫水，作《顾命》"。翌日乙丑，成王崩。康王十二年六月戊辰朔，三日庚午，故《毕命·丰刑》曰："惟十有二年六月庚午朏，王命作策《丰刑》。"

孟康曰："《逸书》篇名。"

6. 故《书序》"殷纣断弃先祖之乐，乃作淫声，用变乱正声，以说妇人"。乐官师瞽抱其器而犇散，或适诸侯，或入河海。

师古曰："今文《周书·泰誓》之辞也。说读曰悦。"

师古曰："夫六经残缺，学者异师，文义竞驰，各守所见。而马、郑群儒，皆在班、扬之后，向、歆博学，又居王、杜之前，校其是非，不可偏据。"

《汉书》卷二十七中之下

7. 《书序》曰："伊相太戊，亳有祥桑谷共生。"《传》曰："俱生乎朝，七日而大拱。伊陟戒以修德，而木枯。"刘向以为殷道既衰，高宗承敝而起，尽凉阴之哀，天下应之，既获显荣，怠于政事，国将危亡，故桑谷之异见。桑犹丧也，谷犹生也，杀生之秉失而在下，近草妖也。

师古曰："《商书·咸乂》之序也。其书亡。伊陟，伊尹子也。太戊，太甲孙也。亳，殷所都也。桑、穀二木，合而共生。穀音穀。"

师古曰："凉，信也。阴，默也。言居丧信默，三年不言也。凉读曰谅。一说，凉阴谓居丧之庐也。谓三年处于庐中不言。凉音力羊反。据今《尚书》及诸传记，太戊卒，子仲丁立，卒，弟河亶甲立，卒，子祖乙立，卒，子盘庚立，卒，小乙之子武丁立，是为高宗。桑穀自太戊时生，凉阴乃高宗之事。而此云桑穀即高宗时出，其说与《尚书大传》不同，未详其义也。或者伏生差谬。"

8. 《书序》又曰："高宗祭成汤，有蜚雉登鼎耳而雊。"祖己曰："惟先假王，正厥事。"刘向以为雊雌鸣者雄也，以赤色为主。师古曰："《商书·高宗肜日》之序也。蜚，古飞字。雊音工豆反。"

《汉书》卷二十七下之上

9. 《传》曰："皇之不极，是谓不建，厥咎眊，厥罚恒阴，厥极弱。时则有射妖，时则有龙蛇之孽，时则有马祸，时则有下人伐上之痾，时则有日月乱行，星辰逆行。"

《汉书》卷二十八上

10. 河内本殷之旧都，周既灭殷，分其畿内为三国，《诗风》邶、庸、卫国是也。鄘，以封纣子武庚；庸，管叔尹之；卫，蔡叔尹之，以监殷民，谓之三监。故《书序》曰"武王崩，三监畔"，周公诛之，尽以其地封弟康叔，号曰孟侯。

《汉书》卷八十一

11. 皇之不极，是为大中不立，其《传》曰"时则有日月乱行"，谓朓、侧匿，甚则薄蚀是也。

《汉书》卷八十五

12. 《传》曰："皇之不极，是谓不建，时则有日月乱行。"

13. 臣闻灾异，皇天所以谴告人君过失，犹严父之明诫。畏惧敬改，则祸销福降；忽然简易，则咎罚不除。……《传》曰："六沴作见，若不共御，六罚既侵，六极其下。"今三年之间，灾异锋起，小大毕具，所行不享上帝，上帝不豫，炳然甚著。

14. 《传》曰："饥而不损兹谓泰，厥灾水，厥咎亡。"

师古曰："《洪范传》之辞。"

《汉书》卷八十七上

15. 鸣洪钟，建五旗。羲和司日……颜伦奉舆，奋《六经》以摅颂。

师古曰："洪，大也。《尚书大传》云：'天子左右五钟，天子将出则撞黄钟之钟，左五钟皆应，入则撞蕤宾之钟，右五钟皆应。'"

《汉书》卷九十九上

16. 《说》曰："周公服天子之冕，南面而朝群臣，发号施令，常称王命。召公贤人，不知圣人之意，故不说也。……"

第二十章

《后汉书》中的《尚书》学文献辑考

东汉时代的今文经学，本来《尚书》篇目仅二十九，每篇字数又很少，多者不过千余，却被汉儒诠释为十分烦琐的章句，怪说布张，谶纬泛滥，对六经整理作过巨大贡献的孔子被神学化，进而经学变成神学，七经皆有谶纬，六经变成占验书，表面上似乎把孔子和经学抬到最高的程度，实际上是把今文经学引向了死胡同。东汉时期的古文经学，言历史而不言纬书，在西汉不被时人所重的局面至东汉而转向，渐趋兴盛，学者多能兼通之。东汉今古文经学之文献资料亦多在永嘉之乱中遗佚，今人若要研究东汉经学，只可以求之《后汉书》及汉碑。单就《尚书》一经之学而言，《后汉书》称说《尚书》学文献是今人研究东汉《尚书》学的主要依据。今分层次进行系统梳理，以供学人借鉴。

第一节 《后汉书》称引《尚书》文本辑考

据《后汉书》所载，东汉时期，在时人的行文言语中，多有直接称引《尚书》本经者，今辑得四十七条。称引情况杂乱，有直接称《书》曰者，有直接称篇名者，有直接称引经文者，有称经曰者。所称文本多与今传本相同，没有超出今文二十九篇文本之外者。

《后汉书》卷三

1. "予违汝弼，汝无面从"，股肱之正义也。
2. "五教在宽"，帝《典》所美。

3. 甲辰，诏曰："《书》云'祖考来假'明哲之祀。"

4. 《书》曰："鞭作官刑"，岂云此乎？

5. 诏曰："《书》云：'父不慈，子不祗，兄不友，弟不恭，不相及也。'"

6. 《经》曰："无侮鳏寡，惠此茕独。"

《后汉书》卷五

7. 其审君汉国，允执其中。一人有庆，万民赖之。

《后汉书》卷六

8. 《书》称"安民则惠"。其令冀部勿收今年田租、刍稿。

《尚书》曰："安人则惠，黎人怀之。"

9. 《书》曰："明德慎罚。"

《后汉书》卷七

10. 远览"复子明辟"之义，近慕先姑归授之法，及今令辰，皇帝称制。

《尚书》曰："周公曰：'朕复子明辟。'"复，还也。子谓成王也。辟，君也。谓周公摄政已久，故复还明君之政于成王，今太后亦还政于帝也。

《后汉书》卷第十六

11. 百姓不亲，五品不训，汝作司徒，敬敷五教，五教在宽。

五品，五常也："父义，母慈，兄友，弟恭，子孝。言五常之教务在宽也。"

《后汉书》卷第二十四

12. 《书》曰："无旷庶官，天工人其代之。"言王者代天官人也。

《尚书》咎繇之词。

《后汉书》卷二十六

13. 后南阳太守杜诗上疏荐湛曰：……是故《诗》称"济济"，《书》

曰"良哉"。

《后汉书》卷二十七

14. 《书》不云乎："章厥有常，吉哉！"

章，明也。吉，善也。言为天子当明显其有常德者，优其禀饩，则政之善也。《尚书·
咎繇谟》之言。

《后汉书》卷三十下

15. "股肱良哉"，著于《虞典》。

《尚书》曰："君为元首，臣作股肱。"言三公上象天之台阶，下与人君同体也。

《后汉书》卷三十三

16. 衍在职不服父丧，帝闻之，乃叹曰："'知人则哲，惟帝难之。'信
哉斯言！"衍惭而退，由是以延为明。

《后汉书》卷三十四

17. 闻圣帝明王，制立刑罚，故虽尧舜之盛，犹诛四凶。《经》曰："天
讨有罪，五刑五庸哉。"

《尚书·咎繇谟》之词也。庸，用也。言天以五刑讨有罪，用五刑必当也。

18. 又曰："爰制百姓于刑之衷。"

《尚书·吕刑》云："士制百姓于刑之中。"孔安国注云："咎繇作士，制百官于刑之
中。"此作"爰"，爰，于也，义亦通。衷音贞仲反，下同也。

《后汉书》卷三十五

19. 三十年，纯奏上宜封禅，曰：……《书》曰"岁二月，东巡狩，至
于岱宗，柴"，则封禅之义也。……宜及嘉时，遵唐帝之典，继孝武之业，
以二月东巡狩，封于岱宗，明中兴，勒功勋，复祖统，报天神，禅梁父，祀
地祇，传祚子孙，万世之基也。

《后汉书》卷三十八

20. "蛮夷猾夏"，久不讨摄。

猾，乱也，夏，华夏也。摄，持也。《书》曰："蛮夷猾夏。"

《后汉书》卷三十九

21. 《尚书》曰："上刑挟轻，下刑挟重。"

今《尚书·吕刑》篇曰："上刑适轻下服，下刑适重上服。"谓二罪俱发，原其本情，须有亏减，故言适轻适重。此言"挟轻挟重"，意亦不殊，但与今《尚书》不同耳。

《后汉书》卷四十一

22. （第五）伦以后族过盛，欲令朝廷抑损其权，上疏曰："臣闻忠不隐讳，直不避害。不胜愚猾，昧死自表。《书》曰：'臣无作威作福，其害于而家，凶于而国。'……"

《尚书·洪范》之言。

《后汉书》卷四十四

23. 诏报曰："《经》云：'身虽在外，乃心不离王室。'典城临民，益所以报效也。……"

《尚书·康王之诰》曰"虽尔身在外，乃心罔不在王室"也。

《后汉书》卷四十六

24. 宠以帝新即位，宜改前世苛俗。乃上疏曰："……故唐尧著典'眚灾肆赦'，周公作戒'勿误庶狱'，伯夷之典'惟敬五刑，以成三德'。……弘崇晏晏。……"

《尚书·舜典》之辞也。眚，过也。灾，害也。肆，缓也。言过误有害，当缓赦也。

《尚书·立政》之辞也。言文子文孙，从今以往，惟以正道理众狱勿误也。

三德，刚、柔、正直。《尚书·吕刑》曰："伯夷降典，折民惟刑，惟敬五刑，以成三德。"

晏晏，温和也。《尚书·考灵耀》曰："尧聪明文塞晏晏。"

《后汉书》卷四十七

25. 忠独以为忧，上疏曰："……是以明者慎微，智者识几。《书》曰：'小不可不杀。'……盖所以崇本绝末，钩深之虑也。……"

《尚书·康诰》曰："有厥罪，小乃不可不杀。"

《后汉书》卷四十八

26. 劢字仲远。少笃学，博览多闻。……尚书陈忠以罪疑从轻，议活次、玉。劢后追驳之，据正典刑，有可存者。其议曰："《尚书》称'天秩有礼，五服五章哉。天讨有罪，五刑五用哉'。……若德不副位，能不称官，赏不酬功，刑不应罪，不祥莫大焉。……夫时化则刑重，时乱则刑轻。《书》曰'刑罚时轻时重'，此之谓也。……"

《后汉书》卷四十九

27. 王符字节信，安定临泾人也。少好学，有志操，与马融、窦章、张衡、崔瑗等友善。……《贵忠篇》曰：……《书》称"天工人其代之"。王者法天而建官，故明主不敢以私授，忠臣不敢以虚受。……

《尚书·皋陶谟》曰："亡旷庶官，天工人其代之。"孔安国注云："言人代天理官，不可以天官私非其才也。"又曰："明王奉若天道，建邦设都。"孔安国注云："天有日、月、北斗、五星二十八宿，皆有尊卑相正之法。言明王奉顺此道，以立国设都也。"

28. 《述赦篇》曰："……夫养稂莠者伤禾稼，惠奸轨者贼良民。《书》曰：'文王作罚，刑兹无赦。'先王之制刑法也，非好伤人肌肤，断人寿命也；贵威奸惩恶，除人害也。故《经》称'天命有德，五服五章哉，天讨有罪，五刑五用哉'……"

《后汉书》卷五十一

29. 《书》曰："鉴于有殷。"可不慎哉！

《后汉书》卷五十四

30. 震因地震，复上疏曰："……《书》曰：'僭恒阳若，臣无作威作福玉食。'唯陛下奋乾刚之德，弃骄奢之臣，以掩訞言之口，奉承皇天之戒，无令威福久移于下。"

《尚书·洪范》之词也。僭，差也。若，顺也。君行僭差，则常阳顺之也。言唯君得专威福，为美食。

31. 熹平元年，青蛇见御坐，帝以问赐，赐上封事曰："臣闻和气致祥，乖气致祥，休征则五福应，咎征则六极至。夫善不妄来，灾不空发。王者心有所惟，意有所想，虽未形颜色，而五星以之推移，阴阳为其变度。以此而观，天之与人，岂不符哉？《尚书》曰：'天齐乎人，假我一日。'是其明征也。夫皇极不建，则有蛇龙之孽。……"

休，美也。征，验也。五福：一曰寿，二曰富，三曰康宁，四曰逌好德，五曰考终命。咎，恶也。六极：一曰凶短折，二曰疾，三曰忧，四曰贫，五曰恶，六曰弱。并见《尚书》。我谓君也。天意欲整齐于人，必假于君也。今《尚书》文"假"作"俾"。俾，使也。义亦通。《洪范五行传》曰：皇，大也。极，中也。建，立也。孽，灾也。君不合大中，是谓不立。蛇龙，阴类也。《洪范五行传》曰："初，郑厉公劫相祭仲而篡兄昭公，立为郑君。后雍恝之难，厉公出奔，郑人立昭公。既立，内蛇与外蛇斗郑南门中。内蛇死。是时传瑕仕于郑，欲内厉公，故内蛇死者，昭公将败，厉公将胜之象也。是时昭公宜布恩施惠，以抚百姓，举贤崇德，以厉群臣，观察左右，以省奸谋，则内变不得生，外谋无由起矣。昭公不觉，果杀于传瑕，二子死而厉公入，此其效也。诗云：'惟虺惟蛇，女子之祥。'郑昭公殆以女子败矣。"

32. 乃书对曰："……又鸿都门下，招会群小，造作赋说……如驩兜、共工更相荐说……《周书》曰：'天子见怪则修德，诸侯见怪则修政，卿大夫见怪则修职，士庶人见怪则修身。'……"

《尚书》驩兜曰："都，共工方鸠僝功。"

《后汉书》卷五十五

33. 建和元年，梁太后下诏曰："……谅闇已来二十八月，自诸国有忧，未之闻也，朝廷甚嘉焉。《书》不云乎：'用德章厥善。'……今增次封五千户，广其土宇，以慰孝子恻隐之劳。"

《尚书·盘庚》之辞也。言以道德明之，使竟为善也。

《后汉书》卷五十七

34. 谢弼字辅宣，东郡武阳人也。中直方正，为乡邑所宗师。弼上封事曰："……《书》云：'父子兄弟，罪不相及。'……"

《后汉书》卷五十九

35. 衡因上疏陈事曰："……顷年雨常不足，思求所失，则《洪范》所谓'僭恒阳若'者也。……《洪范》曰：'臣有作威作福玉食，害于而家，凶于而国。'……"

恒，常也。若，顺也。孔安国注《洪范》云："君行僭差则常阳顺之，常阳则多旱也。"

《后汉书》卷六十上

36.（马融）元初二年，上《广成颂》以讽谏。其辞曰："……故戛击鸣球，载于《虞谟》……重以皇太后体唐尧亲九族笃睦之德，陛下履有虞烝烝之孝……"

戛，敬也，音古八反。形如伏兽，背上有二十七刻，以木长尺栎之，所以止乐。击，枕也，象桶，中有椎柄，连底摇之，所以作乐。见三礼图。球，玉磬也。《虞谟》，《舜典》也。

《后汉书》卷六十一

37.（左雄）上疏陈事曰："臣闻柔远和迩，莫大宁人，宁人之务，莫重用贤，用贤之道，必存考黜。是以皋陶对禹，贵在知人。'安人则惠，黎民怀之。'……虽未复古，然克慎庶官……"

《尚书·皋陶谟》之答词也。惠，爱也。黎，众也。

38.（周）举对曰："……《书》曰：'僭恒旸若。'……"

《尚书·洪范》之文也。孔安国注曰："君行僭差，则常旸顺之也。"

《后汉书》卷六十二

39.（荀爽）对策陈便宜曰："……《尧典》曰：'厘降二女于妫汭，嫔于虞。'降者下也，嫔者妇也。言虽帝尧之女，下嫁于虞，犹屈体降下，勤修妇道。……天地《六经》，其旨一揆。……故周公之戒曰：'不知稼穑之艰难，不闻小人之劳，惟耽乐之从，时亦罔或克寿。'是其明戒。……《洪范》曰：'惟辟作威，惟辟作福，惟辟玉食。'凡此三者，君所独行而臣不得同也。……"

事见《尚书·无逸》篇，其词与此微有不同也。

《后汉书》卷六十四

40. （卢）植虽布衣，以（窦）武素有名誉，乃献书以规之曰："……《书》陈'谋及庶人'，《诗》咏'询于刍荛'。植诵先王之书久矣，敢爱其瞽言哉！……"

《尚书·洪范》曰"谋及卿士，谋及庶人"也。

《后汉书》卷六十六

41. 延熹六年，车驾幸广城校猎。蕃上疏谏曰："……如或违此，则为肆纵。故皋陶戒舜'无教逸游'，周公戒成王'无盘于游田'。虞舜、成王犹有此戒，况德不及二主者乎！……"

《尚书·咎繇谟》曰："无教逸欲有邦。"《尚书·无逸》篇之言。

42. 昔禹巡狩苍梧，见市杀人，下车而哭之曰："万方有罪，在予一人！"故其兴也勃焉。

《书》曰："万方有罪，在予一人！"

《后汉书》卷七十五

43. 策闻术将欲僭号，与书谏曰："……成汤讨桀，称'有夏多罪'；武王伐纣，曰'殷有重罚'。此二王者，虽有圣德，假使时无失道之过，无由逼而取也。……"

《尚书·汤誓》曰："有夏多罪，天命殛之。"《史记》曰："武王遍告诸侯曰：殷有重罚，不可不伐。"

《后汉书》卷八十下

44. 《夏书》曰："念兹在兹，庶事恕施。"忠智之谓矣。

兹，此也。念此事也，在此身也。言行事当常念如在己身也。庶，众也。言众事恕己而施行，斯可谓忠而有智矣。

《后汉书·志》第一（律历上）

45. 《虞书》曰："律和声"，此之谓也。

《后汉书·志》第二（律历中）

46. 夫庶征休咎，五事之应，咸在朕躬，信有阙矣，将何以补之？《书》曰："惟先假王正厥事。"又曰："岁二月，东巡狩，至岱宗，柴，望秩于山川。遂觐东后，协时月正日。"祖尧岱宗，同律度量，考在玑衡，以正历象，庶乎有益。

《后汉书·志》第二十九

47. 《书》曰："明试以功，车服以庸。"言昔者圣人兴天下之大利，除天下之大害，躬亲其事，身履其勤，忧之劳之，不避寒暑，使天下之民物，各得安其性命，无夭昏暴陵之灾。

孔安国曰："效试其居国为政，以差其功。"孔安国曰："赐以车服，以旌其德，用所任也。"又一通："诸侯四朝，各使陈进治化之言，明试其言，以要其功。功成则锡车服，以表显其能用。"

第二节 《后汉书》称说《尚书》学要事文献辑考

《后汉书》记载了一些有关东汉时期"《书》教"活动或与《尚书》学有关的要事，今辑得如下七十二条。从这些记载中，我们可以看到东汉《尚书》学繁盛的状况以及不同学派之间相互争胜的嬗变轨迹。

《后汉书》卷二

1. 五更桓荣，授朕《尚书》。……其赐荣爵关内侯，食邑五千户。三老、五更皆以二千石禄养终厥身。

2. （九年）是岁，大有年。为四姓小侯开立学校，置《五经》师。

《后汉书》卷三

3. 于是下太常，将、大夫、博士、议郎、郎官及诸生、诸儒会白虎观，讲议《五经》异同……帝亲承制临决，如孝宣甘露石渠故事，作《白虎议奏》。

4. 汉承暴秦，褒显儒术，建立《五经》，为置博士。孝宣皇帝以为去圣未远，学不厌博，故遂立大、小夏侯《尚书》……此皆所以扶进微学，尊广道艺也。中元元年诏书，《五经》章句烦多，议欲减省。

5. 诏曰："《五经》剖判，去圣弥远，章句遗辞，乖疑难正，恐先师微言将遂废绝，非所以重稽古，求道真也。其令群儒选高才生，受学《左氏》《谷梁春秋》《古文尚书》《毛诗》，以扶微学，广异义焉。"

《后汉书》卷五

6. 诏谒者刘珍及《五经》博士，校定东观《五经》、诸子、传记、百家艺术，整齐脱误，是正文字。

7. （二年春正月）诏选三署郎及吏人能通《古文尚书》《毛诗》《谷梁春秋》各一人。

8. （三年三月壬戌）车驾还京师，幸太学。是日，太尉杨震免。

《后汉书》卷六

9. （阳嘉元年秋七月）丙辰，以太学新成，试明经下第者补弟子，增甲乙科员各十人。除郡国耆儒九十人补郎、舍人。

10. 辛酉，除京师耆儒年六十以上四十八人补郎。

11. 夏四月庚辰，令郡国举明经，年五十以上、七十以下诣太学。自大将军至六百石，皆遣子受业，岁满课试，以高第五人补郎中，次五人太子舍人。又千石、六百石、四府掾属、三署郎、四姓小侯先能通经者，各令随家法，其高第者上名牒，当以次赏进。

《后汉书》卷八

12. 四年春三月，诏诸儒正《五经》文字，刻石立于太学门外。

13. （五年十二月）试太学生年六十以上百余人，除郎中、太子舍人至王家郎、郡国文学吏。

14. （光和元年二月己未）始置鸿都门学生。

15. 六月，诏公卿举能通《古文尚书》《毛诗》《左氏》《谷梁春秋》各一人，悉除议郎。

《后汉书》卷九

16. 九月甲午，试儒生四十余人，上第赐位郎中，次太子舍人，下第者罢之。……今者儒年逾六十，去离本土，营求粮资，不得专业。结童入学，白首空归，长委农野，永绝荣望，朕甚愍焉。其依科罢者，听为太子舍人。

17. 冬十月，太学行礼，车驾幸永福城门，临观其仪，赐博士以下各有差。

18. 冬十月戊戌，郭汜使其将伍习夜烧所幸学舍，逼胁乘舆。

《后汉书》卷十上

19. 太后自入宫掖，从曹大家受经书，兼天文、筹数。昼省王政，夜则诵读，而患其谬误，惧垂典章，乃博选诸儒刘珍等及博士、议郎、四府掾史五十余人，诣东观雠校传记。事毕奏御，赐葛布各有差。又诏中官近臣于东观受读经传，以教授宫人，左右习诵，朝夕济济。

20. 六年，太后诏征和帝弟济北、河闲王子男女年五岁以上四十余人，又邓氏近亲子孙三十余人，并为开邸第，教学经书，躬自监试。

21. 曰："吾所以引纳群子，置之学官者，实以方今承百王之敝，时俗浅薄，巧伪滋生，《五经》衰缺，不有化导，将遂陵迟，故欲褒崇圣道，以匡失俗。……"

《后汉书》卷二十六

22. 永和元年，诏无忌与议郎黄景校定中书《五经》、诸子百家、艺术。元嘉中，桓帝复诏无忌与黄景、崔寔等共撰《汉记》。又自采集古今，删著事要，号曰《伏侯注》。

《后汉书》卷三十五

23. 融门徒四百余人，升堂进者五十余生。融素骄贵，玄在门下，三年不得见，乃使高业弟子传授于玄。玄日夜寻诵，未尝怠倦。会融集诸生考论图纬，闻玄善筹，乃召见于楼上，玄因从质诸疑义，问毕辞归。融喟然谓门人曰："郑生今去，吾道东矣。"

24．"康成入吾室，操吾矛，以伐我乎！"初，中兴之后，范升、陈元、李育、贾逵之徒争论古今学，后马融答北地太守刘𬘭及玄答何休，义据通深，由是古学遂明。

《后汉书》卷三十六

25．"如令《左氏》《费氏》得置博士，《高氏》《驺》《夹》《五经》奇异，并复求立，各有所执，乖戾分争。从之则失道，不从则失人，将恐陛下必有厌倦之听。……《诗》《书》之作，其来已久。孔子尚周流遊观，至于知命，自卫反鲁，乃正雅、颂。今陛下草创天下，纪纲未定，虽设学官，无有弟子，《诗》《书》不讲，礼乐不修，奏立《左》《费》，非政急务。……《五经》之本自孔子始，谨奏《左氏》之失凡十四事。"时难者以太史公多引《左氏》，升又上太史公违戾《五经》，谬孔子言，及《左氏春秋》不可录三十一事。

26．《尚书》欧阳，复有大小夏侯，今三传之异亦犹是也。又《五经》家皆无以证图谶明刘氏为尧后者，而《左氏》独有明文。《五经》家皆言颛顼代黄帝，而尧不得为火德。

27．逵数为帝言《古文尚书》与经传《尔雅》诂训相应，诏令撰欧阳、大小夏侯《尚书》《古文》同异。逵集为三卷，帝善之。……逵所著经传义诂及论难百余万言……后世称为通儒。

28．八年，乃诏诸儒各选高才生，受《左氏》《谷梁春秋》《古文尚书》《毛诗》，由是四经遂行于世。皆拜逵所选弟子及门生为千乘王国郎，朝夕受业黄门署，学者皆欣欣羡慕焉。

29．车驾幸太学，会诸博士论难于前，荣被服儒衣，温恭有蕴藉，辩明经义，每以礼让相厌，不以辞长胜人，儒者莫之及，特加赏赐。

30．常令止宿太子宫。积五年，荣荐门下生九江胡宪侍讲，乃听得出，旦一入而已。荣尝寝病，太子朝夕遣中传问病，赐以珍羞、帷帐、奴婢，谓曰："如有不讳，无忧家室也。"

31. 二十八年，大会百官，诏问谁可传太子者……即拜佚为太子太傅，而以荣为少傅，赐以辎车、乘马。荣大会诸生，陈其车马、印绶，曰："今日所蒙，稽古之力也，可不勉哉！"荣以太子经学成毕，上疏谢曰："臣幸得侍帷幄，执经连年，而智学浅短，无以补益万分。今皇太子以聪叡之姿，通明经义，观览古今，储君副主莫能专精博学若此者也。"

32. 太子报书曰："庄以童蒙，学道九载，而典训不明，无所晓识。夫《五经》广大，圣言幽远，非天下之至精，岂能与于此！……上则通达经旨，分明章句，下则去家慕乡求谢师门。"

33. 三十年，拜为太常。荣初遭仓卒，与族人桓元卿同饥厄，而荣讲诵不息。元卿嗤荣曰："但自苦气力，何时复施用乎？"……"我农家子，岂意学之为利乃若是哉！"

34. 永平二年，三雍初成，拜荣为五更。……乃封荣为关内侯，食邑五千户。……荣卒，帝亲自变服，临丧送葬，赐冢茔于首山之阳。荣弟子丁鸿学最高。

35. 初，荣受朱普学章句四十万言，浮辞繁长，多过其实。及荣入授显宗，减为二十三万言。郁复删省定成十二万言。由是有桓君大、小《太常章句》。

36. 伏氏自东西京相袭为名儒，以取爵位。中兴而桓氏尤盛，自荣至典，世宗其道，父子兄弟代作帝师，受其业者皆至卿相，显乎当世。

37. 留书与盛曰："鸿贪经书，不顾恩义，弱而随师，生不供养，死不饭唅，皇天先祖，并不佑助，身被大病，不任茅土。前上疾状，愿辞爵仲公，章寝不报，廸且当袭封。谨自放弃，逐求良医。如遂不瘳，永归沟壑。"……乃还就国，开门教授。鲍骏亦上书言鸿经学至行，显宗甚贤之。

38. 永平十年诏征，鸿至即召见，说《文侯之命》篇，赐御衣及绶，廪食公交车，与博士同礼，顷之拜侍中。十三年，兼射声校尉。建初四年，徙封鲁阳乡侯。

> 周平王东迁洛邑，晋文侯仇有辅佐之功，平王赐以车马，弓矢而策命之，因以名篇，事见《尚书》也。

39. 肃宗诏鸿与广平王羡及诸儒楼望、成封、桓郁、贾逵等，论定《五经》同异于北宫白虎观，使五官中郎将魏应主承制问难，侍中淳于恭奏上，帝亲称制临决。鸿以才高论难最明，诸儒称之，帝数嗟美焉。时人叹曰："殿中无双丁孝公。"数受赏赐，擢徙校书，遂代成封为少府。门下由是益盛，远方至者数千人。彭城刘恺、北海巴茂、九江朱伥皆至公卿。

《后汉书》卷三十九

40. 既而长叹："……编二尺四寸简，写《尧典》一篇，并刀笔各一，以置棺前，示不忘圣道。"

《后汉书》卷四十上

41. 唐虞三代，《诗》《书》所及，世有史官，以司典籍……孝武之世，太史令司马迁采《左氏》《国语》，删《世本》《战国策》，据楚、汉列国时事，上自黄帝，下讫获麟，作本纪、世家、列传、书、表凡百三十篇，而十篇缺焉。……至于采经摭传，分散百家之事甚多疏略，不如其本，务欲以多闻广载为功，论议浅而不笃。其论术学，则崇黄老而薄《五经》……诚令迁依《五经》之法言，同圣人之是非，意亦庶几矣。

42. 汉兴，太宗使晁错导太子以法术，贾谊教梁王以《诗》《书》。及至中宗，亦令刘向、王褒、萧望之、周堪之徒，以文章儒学保训东宫以下，莫不崇简其人，就成德器。

贾谊为梁王太傅。梁王，文帝之少子，名揖，爱而好书，故令谊传之。

43. （班固）《诗》《书》所载，未有三此者也。……服膺《六艺》。

44. 综其行事，旁贯《五经》，上下洽通……当世甚重其书，学者莫不讽诵焉。

45. 又有天禄石渠，典籍之府，命夫谆诲故老，名儒师傅，讲论乎《六艺》，稽合乎同异。

《后汉书》卷四十下

46. 盖六籍所不能谈，前圣靡得而言焉。

六籍，《六经》也。

47. 天子会诸儒讲论《五经》，作《白虎通德论》，令固撰集其事。

章帝建初四年，诏诸王诸儒会白虎观讲议《五经》同异。

《后汉书》卷四十五

48. 自酺出后，帝每见诸王师传，尝言："张酺前入侍讲，屡有谏正，阎阎恻恻，出于诚心，可谓有史鱼之风矣。"元和二年，东巡狩，幸东郡，引酺及门生并郡县掾史并会庭中。帝先备弟子之仪，使酺讲《尚书》一篇，然后修君臣之礼。赏赐殊特，莫不沾洽。

《后汉书》卷四十八

49. 终又言："宣帝博征群儒论定《五经》于石渠阁。方今天下少事，学者得成其业，而章句之徒，破坏大体。宜如石渠故事，永为后世则。"于是诏诸儒于白虎观论考同异焉。会终坐事系狱，博士赵博、校书郎班固、贾逵等，以终深晓《春秋》，学多异闻，表请之，终又上书自讼，即日赍出，乃得与于白虎观焉。后受诏删《太史公书》为十余万言。

50. 初，酺之为大匠，上言："孝文皇帝始置一经博士，武帝大合天下之书，而孝宣论《六经》于石渠，学者滋盛，弟子万数。"

武帝建元五年始置《五经》博士，文帝之时未遑庠序之事，酺之此言，不知何据。

51. 曰："……逆臣董卓，荡覆王室，典宪焚燎，靡有孑遗，开辟以来，莫或兹酷。……今大驾东迈，巡省许都，拔出险难，其命惟新。臣累世受恩，荣祚丰衍，窃不自揆，贪少云补，辄撰具《律本章句》《尚书旧事》。"

《后汉书》卷五十九

52. （张衡）乃上疏曰："……若夏侯胜、眭孟之徒，以道术立名，其所述著，无谶一言。刘向父子领校秘书，阅定九流，亦无谶录。成、哀之后，乃始闻之。《尚书》尧使鲧理洪水，九载绩用不成，鲧则殛死，禹乃嗣兴。……且《河洛》《六艺》，篇录已定，后人皮传，无所容篡。……"

《后汉书》卷六十下

53. 邕以经籍去圣久远，文字多谬，俗儒穿凿，疑误后学，熹平四年，乃与五官中郎将堂溪典、光禄大夫杨赐、谏议大夫马日磾、议郎张驯、韩说、太史令单扬等，奏求正定六经文字。灵帝许之，邕乃自书（册）【丹】于碑，使工镌刻立于太学门外。于是后儒晚学，咸取正焉。及碑始立，其观视及摹写者，车乘日千余两，填塞街陌。

《洛阳记》曰："太学在洛城南开阳门外，讲堂长十丈，广二丈。堂前石经四部。本碑凡四十六枚，西行，《尚书》《周易》《公羊传》十六碑存，十二碑毁。……《礼记》碑上有谏议大夫马日磾、议郎蔡邕名。"

《后汉书》卷六十六

54. 允少好大节，有志于立功，常习诵经传，朝夕试驰射。……及董卓迁都关中，允悉收敛兰台，石室图书秘纬要者以从。既至长安，皆分别条上。又集汉朝旧事所当施用者，一皆奏之。经籍具存，允有力焉。

《后汉书》卷六十七

55. 自武帝以后，崇尚儒学，怀经协术，所在雾会，至有石渠分争之论，党同伐异之说，守文之徒，盛于时矣。

武帝诏求贤良，于是公孙弘、董仲舒等出焉。宣帝时，集诸儒于石渠阁，讲论《六艺》。召《五经》名儒太子太傅萧望之等大议殿中，平《公羊》《谷梁》同异，同己者朋党之，异己者攻伐之。刘歆书曰："党同门，妒道真。"

《后汉书》卷七十

56.（孔融）更置城邑，立学校，表显儒术，荐举贤良郑玄、彭璆、邴原等。

《后汉书》卷七十四下

57. 表招诱有方，威怀兼洽，其奸猾宿贼更为效用，万里肃清，大小咸悦而服之。关西、兖、豫学士归者盖有千数，表安慰赈赡，皆得资全。遂起立学校，博求儒术，綦母闿、宋忠等撰立《五经》章句，谓之后定。

《后汉书》卷七十六

58. 河西旧少雨泽，（任延）乃为置水官吏，修理沟渠，皆蒙其利。又造立校官，自掾（吏）【史】子孙，皆令诣学受业，复其徭役。章句既通，悉显拔荣进之。郡遂有儒雅之士。

《后汉书》卷七十八

59. （元初）四年，帝以经传之文多不正定，乃选通儒谒者刘珍及博士良史诣东观，各雠校（汉）家法，令（蔡）伦监典其事。

60. （李）巡以为诸博士试甲乙科，争弟高下，更相告言，至有行赂定兰台漆书经字，以合其私文者，乃白帝，与诸儒共刻《五经》文于石，于是诏蔡邕等正其文字。自后《五经》一定，争者用息。赵佑博学多览，著作校书，诸儒称之。

《后汉书》卷七十九上

61. 及光武中兴，爱好经术，未及下车，而先访儒雅，采求阙文，补缀漏逸。先是四方学士多怀协图书，遁逃林薮。自是莫不抱负坟策，云会京师，范升、陈元、郑兴、杜林、卫宏、刘昆、桓荣之徒，继踵而集。于是立《五经》博士，各以家法教授……《尚书》欧阳、大小夏侯……凡十四博士，太常差次总领焉。建武五年，乃修起太学，稽式古典，笾豆干戚之容，备之于列……（明）帝正坐自讲，诸儒执经问难于前，冠带缙绅之人，圜桥门而观听者盖亿万计。

62. 建初中，大会诸儒于白虎观，考详同异，连月乃罢。肃宗亲临称制，如石渠故事，顾命史臣，著为通义。又诏高才生受《古文尚书》《毛诗》《谷梁》《左氏春秋》，虽不立学官，然皆擢高第为讲郎，给事近署，所以网罗遗逸，博存众家。孝和亦数幸东观，览阅书林。

63. 自安帝览政，薄于艺文，博士倚席不讲，朋徒相视怠散，学舍颓敝，鞠为园蔬……顺帝感翟酺之言，乃更修黉宇，凡所造构二百四十房，千八百五十室。试明经下第补弟子，增甲乙之科员各十人，除郡国耆儒皆补郎、舍人。……自是游学增盛，至三万余生。然章句渐疏，而多以浮华相尚，儒者之风盖衰矣。……亦有私行金货，定兰台漆书经字，以合其私文。熹平四年，灵帝乃诏诸儒正定《五经》，刊于石碑，为古文、篆、隶三体书法以相参检，树之学门，使天下咸取则焉。

64. 初，光武迁还洛阳，其经牒秘书载之二千余两，自此以后，参倍于前。及董卓移都之际，吏民扰乱，自辟雍、东观、兰台、石室、宣明、鸿都诸藏典策文章，竞共剖散，其缣帛图书，大则连为帷盖，小乃制为滕囊。及王允所收而西者，裁七十余乘，道路艰远，复弃其半矣。后长安之乱，一时焚荡，莫不泯尽焉。

65. 《前书》云：济南伏生传《尚书》，授济南张生及千乘欧阳生，欧阳生授同郡儿宽，宽授欧阳生之子，世世相传，至曾孙欧阳高，为《尚书》欧阳氏学；张生授夏侯都尉，都尉授族子始昌，始昌传族子胜，为大夏侯氏学；胜传从兄子建，建别为小夏侯氏学：三家皆立博士。又鲁人孔安国传《古文尚书》授都尉朝，朝授胶东庸谭，为《尚书》古文学，未得立。

《后汉书》卷七十九下

66. 时会京师诸儒于白虎观，讲论五经同异，使（魏）应专掌难问，侍中淳于恭奏之，帝亲临称制，如石渠故事。

67. 自光武中年以后，干戈稍戢，专事经学，自是其风世笃焉。

《后汉书·志》第二十五

68. 博士祭酒一人，六百石。本仆射，中兴转为祭酒。博士十四人，比六百石。

本注曰：《易》四，施、孟、梁丘、京氏。《尚书》三，欧阳、大小夏侯氏。《诗》三，鲁、齐、韩氏。《礼》二，大小戴氏。《春秋》二，公羊严、颜氏。掌教弟子。国有疑事，掌承问对。本四百石，宣帝增秩。

69. 补：荀绰《晋百官表注》曰："（汉）明帝诏曰：'谒者乃尧之尊管，所以试舜宾于四门，四门穆穆者也。'……"

《后汉书·志》第二十七

70. 太子少傅一人，中二千石。

本注曰：职掌辅导太子。礼如师，不领官属。

荀绰《晋百官表注》曰："唐虞官"，太子少傅，二千石。

本注曰：亦以辅导为职，悉主太子官属。

《后汉书·志》第二十九

71. 汉兴，文学既缺，时亦草创，承秦之制，后稍改定，参稽《六经》，近于雅正。

《后汉书·志》第三十

72. 孝明皇帝永平二年，初诏有司采《周官》《礼记》《尚书·皋陶》篇，乘舆服从欧阳氏说，公卿以下从大小夏侯氏说。冕皆广七寸，长尺二寸，前圆后方，朱绿里，玄上，前垂四寸，后垂三寸，系白玉珠为十二旒，以其绶采色为组缨。三公诸侯七旒，青玉为珠；卿大夫五旒，黑玉为珠。皆有前无后，各以其绶采色为组缨，旁垂黈纩。

第三节　《后汉书》化用《尚书》词汇文献辑考

《后汉书》在行文中不仅直接称引《尚书》本经，而且经常化用《尚书》中的词或词语。化用《尚书》文本的形式多种多样，今辑得如下一百零九条，并择其要者附加前人诠释。

《后汉书》卷二

1. 详刑慎罚，明察单辞。

2. 懋惟帝绩，增光文考。

《书》曰："惟我文考，光于四海。"

《后汉书》卷三

3. 圣德淳茂，勤劳日昃，身御浣衣，食无兼珍。泽臻四表。

4. 伯父伯兄，仲叔季弟，幼子童孙（吕刑）……骏奔郊畤。

5. 尚未咸秩。

《书》曰："咸秩无文。"

6. 谅惟渊体。

《尚书》：齐圣广圆。

《后汉书》卷四

7. 有司其案旧典，告类荐功，以章休烈。

《书》：类于上帝。

8. 朕寤寐恫矜，思弭忧衅。

《书》：恫矜乃身。

9. 延及平民。

平民谓善人也。书曰："延〔及〕于平人。"

《后汉书》卷五

10. 其审君汉国，允执其中。一人有庆，万民赖之。

《后汉书》卷十一

11. 故天工人其代之。

《后汉书》卷十七

12. 异上书言状，不敢自伐。

孔安国注《尚书》曰："自矜曰伐。"

《后汉书》卷二十三

13. 固字孟孙，少以尚公主为黄门侍郎。好览书传……令班固作铭曰："……纳于大麓，惟清缉熙。"

《后汉书》卷二十四

14. 故考绩黜陟，以明褒贬。无功不黜，则阴盛陵阳。

《尚书》曰："三载考绩，三考黜陟幽明。"

《后汉书》卷二十五

15. 卓茂断断小宰，无它庸能……

《尚书》曰："断断猗无它伎。"

16.（鲁）恭上疏谏曰："陛下躬大圣之德，履至孝之行，尽谅阴三年，听于冢宰。……"

17.（鲁）恭上疏谏曰："臣伏见诏书，敬若天时……"

若，顺也。《尚书·尧典》曰："乃命羲和，钦若昊天，敬授人时。"

《后汉书》卷二十六

18. 崇山、幽都何可偶，黄钺一下无处所。

崇山，南裔也。幽都，北裔也。偶，对也。言将杀之，不可得流徙也。《尚书》舜流共工于幽州，放驩兜于崇山。

19. 旅力已劣。

《尚书》曰："番番良士，旅力既衍。"

20. 湛、霸奋庸，维宁两邦。

《尚书》曰："有能奋庸熙帝之载。"孔安国注曰："奋，起也。庸，功也。"两邦谓湛为平原太守，霸为淮平大尹。

《后汉书》卷二十八上

21. 人所歌舞，天必从之。

《尚书》曰："人之所欲，天必从之。"

《后汉书》卷三十下

22. 尧舜虽圣，必历象日月星辰，察五纬所在，故能享百年之寿，为万世之法。

23. 今乃反处常伯之位，实非天意。

常伯，侍中也。《尚书》曰："常伯常任。"

《后汉书》卷三十一

24. 臣诗伏自惟忖，本以史吏一介之才。

史吏谓初为郡功曹也。《书》曰"如有一介臣"也。

《后汉书》卷三十四

25. 文帝宽惠柔克，遭世康平。

克，能也。言以和柔能理俗也。《尚书》曰"高明柔克"也。

《后汉书》卷三十八

26. 若夫数将者，并宣力勤虑，以劳定功。

《书》曰："宣力四方。"

《后汉书》卷三十九

27. 职在辩章百姓，宣美风俗。

《尚书》曰："九族既睦，辩章百姓。"郑玄注云："辩别也。章，明也。"

28. 股肱元首，鼎足居职，协和阴阳，调训五品，考功量才，以序庶僚，遭烈风不迷，遇迅雨不惑，位莫重焉。

《尚书》："纳舜于大麓，烈风雷雨不迷。"《史记》曰"尧使舜入山林川泽，暴风雨，舜行不迷，尧以为圣"也。

29. 如令使臧吏禁锢子孙，以轻从重，惧及善人，非先王详刑之意也。有诏：太尉议是。

《尚书》周穆王曰："有邦有土，告尔详刑。"郑玄注云："详，审察之也。"

《后汉书》卷四十上

30. 虎贲赘衣，阍尹阍寺，陛戟百重，各有攸司。

虎贲，宿卫之臣。赘衣，主衣之官。赘，缀也，音之锐反。《尚书》曰："缀衣虎贲。"

31. 遂绕酆镐，历上兰，六师发胃，百兽骇殚，震震爚爚，雷奔电激，草木涂地，山渊反复，蹂躏其十二三，乃拗怒而少息。

酆，文王所都，在鄠县东。镐，武王所都，在上林苑中。三辅黄图云，上林苑有上兰观。《尚书》曰："司马掌邦政，统六师。"又曰："百兽率舞。"骇殚，言惊惧也。震震爚爚，奔走之貌。爚音跃，涂，污也。反复犹倾动也。

《后汉书》卷四十下

32. 乃动大路，遵皇衢，省方巡狩，穷览万国之有无，考声教之所被，散皇明以烛幽。

《尚书》曰："岁二月东巡狩。"又曰："朔南暨声教。"皇，大也。烛，照也。

33. 于是百姓涤瑕荡秽而镜至清，形神寂寞耳目不营嗜欲之原灭，廉正之心生，莫不优游而自得，玉润而金声。

《尚书》曰："弗役耳目，百度惟贞。"

34. 登降饫宴之礼既毕，因相与嗟叹玄德，谠言弘说，咸含和而吐气，颂曰盛哉乎斯世！

《尚书》曰："玄德升闻。"

35. 逡巡降级，慄然意下，捧手欲辞。

《周书》曰："临摄以威而慄。"

36. 百谷溱溱，庶卉蕃芜；屡惟丰年，于皇乐胥。

百，言非一也，《尚书·洪范》曰："百谷用成。"溱溱，盛貌。《尚书》曰："庶草蕃芜。"

37. 登祖庙兮享圣神，昭灵德兮弥亿年。

《尚书》曰："公其以予万亿年敬天之休"。

38. 肇命人主，五德初始。

人主谓天子也。《尚书》曰，成汤简代夏作人主。五德，五行也。

39. 若夫上稽乾则，降承龙翼，而炳诸《典》《谟》，以冠德卓踪者，莫崇乎陶唐。陶唐舍胤而禅有虞，虞亦命夏后，稷契熙载，越成汤武。股肱既周，天乃归功元首，将授汉刘。……彝伦斁而旧章缺。……赞扬迪哲……钦若上下，恭揖群后，正位度宗，有于德不台渊穆之让，靡号师矢敦奋擅挐之容。盖以膺当天之正统，受克让之归运。

典、谟谓《尧典》《皋陶谟》也。为道德之冠首，踪迹之卓异者，莫高于陶唐。

舍胤谓尧舍其胤子丹朱而禅于舜，舜亦舍其子商均而禅禹。《书》曰："熙帝之载。"孔安国注云："熙，广也。载，事也。"言稷契并能广立功事于尧舜之朝。越，于也。于是成其子孙汤、武之业，并得为天子也。汤，契之后。武王，后稷之后。

股肱谓稷、契也。既周谓其子孙并周？得为天子。元首，尧也。言天更归功于尧，又将授汉以帝位。

《尚书》曰："彝伦攸斁。"旧章缺谓秦燔诗书。

《尚书》曰："兹四人迪哲。"灿烂，盛明也。式，法也。

《尚书》曰："钦若昊天。"钦，敬也。若，顺也。上下谓天地也，《书》曰"格于上下"。群后，诸侯也。《尚书》曰："延入翼室恤度宗。"度，居也。宗，尊也。

《尚书》曰："王秉白旄以麾。"挐亦麾也。言并天人所推，不尚威力。

40. 用讨韦、顾、黎、崇之不格。

《尚书》曰："西伯戡黎。"格，来也。

41. 至于三五华夏，京迁镐亳，遂自北面，虎离其师，革灭天邑。

《尚书》曰："汤始居亳，从先王居。"

《尚书》曰："肆予敢求尔于天邑商。"

42. 宣二祖之重光。

二祖，高祖、世祖也。《尚书》曰："宣重光。"

43. 品物咸亨，其已久矣。

《尚书》曰："别生分类，品物万殊。"亨，通也。

44. 躬奉天经，惇睦辩章之化洽。巡靖黎蒸，怀保鳏寡之惠浃。……是以（凤皇）来仪集羽族于观魏，肉角驯毛宗于外圃，扰缯文皓质于郊，升黄晖采鳞于沼，甘露宵零于丰草，三足轩翥于茂树。

《尚书》曰："惇叙九族。"又曰："九族既睦，辩章百姓。"郑玄云："辩，别也。章，明也。惇，厚也。睦，亲也。"

巡，抚也。靖，安也。黎，蒸，皆众也。怀，思也。保，安也。浃，洽也。《尚书》曰："怀保小人，惠鲜鳏寡。"谓章帝在位凡四巡狩，赐人爵，鳏、寡、孤、独不能自存者粟。

《尚书》曰："凤皇来仪。"元和二年诏曰："乃者凤皇鸾鸟比集七郡。"羽族谓群鸟随之也。观魏，门阙也。肉角谓麟也。《伏侯古今注》曰："建初二年，北海得一角兽，大如麕，有角在耳闲，端有肉。又元和二年，麒麟见陈，一角，端如葱叶，色赤黄。"扰，驯也。

45. 盖用昭明寅畏。

寅，敬也。《尚书》曰："严恭寅畏。"

46. 既成群后之谠辞，又悉经五由之硕虑矣。将絣万嗣，炀洪晖，奋景炎，扇遗风，播芳烈，久而愈新，用而不竭，汪汪乎丕天之大律，其畴能亘之哉？唐哉皇哉，皇哉唐哉！

《尚书》今文《太誓》篇曰："立功立事，可以永年，丕天之大律。"郑玄注云："丕，大也。律，法也。"畴，谁也。亘犹竟也。唐哉谓尧也。皇哉谓汉也。言唯唐与汉，唯汉与唐。

《后汉书》卷四十一

47. 出作蕃辅，克慎明德，率礼不越。

《尚书》曰："克慎明德，敷闻在下。"

《后汉书》卷四十四

48. 禹上言："方谅闇密静之时，不宜依常有事于苑囿。"

《尚书》曰"帝乃徂落，四海遏密八音"也。

49. 时陈留郡缺职，尚书史敞等荐广。曰："臣闻德以旌贤，爵以建事，'明试以功'，典谟所羡，'五服五章'，天秩所作，是以臣竭其忠，君丰其宠，举不失德，下忘其死。窃见尚书仆射胡广，体具履规，谦虚温雅，博物洽闻，探赜穷理，《六经》典奥，旧章宪式，无所不览。"

明白考试之，有功者则授之以官。《舜典》《皋繇谟》皆有此言，故云典谟所美也。

五服谓天子，诸侯、卿、大夫、士之服也。五者之服必须章明。《尚书·皋繇谟》曰："天秩有礼，自我五礼有庸哉。天命有德，五服五章哉。"秩，序也。

《后汉书》卷四十六

50. 陛下探幽析微，允执其中，革百载之失，建永年之功。

允，信也。中，正也。言信执中正之道。语见《尚书》。

《尚书》曰："立功立事，可以永年。"

51. 寇攘诛舍，皆由于此。

《尚书》曰"无敢寇攘"也。

《后汉书》卷四十八

52. 杨终、李法，华阳有闻。

《尚书》曰："华阳黑水惟梁州。"

《后汉书》卷四十九

53. 《爱日篇》曰："……是以尧勑羲和，钦若昊天，敬授民时。"

《后汉书》卷五十一

54. 老者虑不终年，少壮惧于困厄。陛下以百姓为子，品庶以陛下为父，焉可不日昃劳神。

《书》曰"文王至于日中昃，不遑暇食"也。

55. 羲和忽以潜晖。

窃神器之万机。

《书》云："兢兢业业，一日二日万机。"

56. 人有昏垫之厄，主有畴咨之忧。

《尚书》曰："下民昏垫。"孔安国曰："昏瞀垫溺，皆困水灾也。"又曰："帝曰：咨洪水滔天，浩浩怀山襄陵，有能俾乂。"

57. 臧否在予，唯世所议。固将因天质之自然，诵上哲之高训；……惧吾躬之秽德，勤百畆之不耘。

《尚书》曰："秽德彰闻。"

58. （崔寔《政论》）其辞曰："……必欲行若言，当大定其本，使人主师五帝而式三王。……然后选稷契为佐，伊吕为辅，乐作而凤皇仪，击石而百兽舞。"

《尚书》曰："箫韶九成，凤皇来仪。"又"夔曰：于余击石拊石，百兽率舞"。

《后汉书》卷五十四

59. 数日出为廷尉，赐自以代非法家，言曰："三后成功，惟殷于民，皋陶不与焉，盖耻之也。"遂固辞，以特进就第。

客，耻也。殷，盛也。《尚书》曰："伯夷降典，折人惟刑，禹平水土，主名山川，稷降播种，农殖嘉谷，三后成功，惟殷于人。"言皋陶不预其数者，盖耻之。

60. 九德纯备。

九德即《皋陶谟》九德。

《后汉书》卷五十五

61. （清河孝王）庆到国，下令："……仰恃明主，垂拱受成。"

垂拱言无为也。《尚书》曰："垂拱仰成。"

《后汉书》卷五十七

62. 赞曰：邓不明辟，梁不损陵。

《尚书》曰："朕复子明辟。"孔安国注云："复还明君之政于成王也。"言邓后临朝，不还政于安帝也。

《后汉书》卷五十九

63. （衡）作《应闲》，以见其志云："……朝有所闻，则夕行之。立功立事，式昭德音。"

《尚书》曰："立功立事，可以永年。"

64. (《思玄赋》) 其辞曰："……咎繇迈而种德兮，德树茂乎英、六。……怨高阳之相寓兮，顓顼而宅幽。"

《尚书》曰："咎繇迈种德。"注云："迈，行也。种，布也。"英、六，并国名。咎繇能行布道德，子孙茂盛，封于英、六。宅幽谓居北方幽都之地。《尚书》曰："宅朔方曰幽都。"

《后汉书》卷六十下

65. (蔡邕) 作《释诲》以戒厉云尔。"……譬犹钟山之玉，泗滨之石，累珪璧不为之盈，(探)【采】浮磬不为之索。曩者，洪源辟而四隩集……"

《尚书》曰："泗滨浮磬。"《尚书》曰："四隩既宅。"隩，居也，音于六反。

66. 邕对曰："……宜念小人在位之咎，退思引身避贤之福。"

《尚书》曰："君子在野，小人在位。"

《后汉书》卷六十一

67. 特下策问曰："……夙兴夜寐，思协大中。……五品不训，王泽未流。"

《尚书·洪范》曰："建用皇极。"孔安国注云："皇，大也。极，中也。言立大中之道而行之也。"五品，五常之教也。《书》曰："五品不逊，汝作司徒，敬敷五教在宽。"训亦逊之义。

《后汉书》卷六十三

68. 天道无亲，可为祗畏。

《书》曰："皇天无亲。"

69. 臣闻君不稽古，无以承天。

《书》曰："粤若稽古帝尧。"郑玄注曰："稽，同也。古，天也。言能同天而行者帝尧。"

70. 作威作福，莫固之甚。臣闻台辅之位，实和阴阳，璇玑不平，寇贼奸轨，则责在太尉。

《书》曰："在璇玑玉衡以齐七政。"孔安国注曰："璇，美玉也。玑，衡也。王者正天文之器，可运转者也。"又曰："寇贼奸轨。"注曰："群行攻劫曰寇，杀人曰贼，在外曰奸，在内曰轨。"

《后汉书》卷六十四

71. 佑每行园，常闻讽诵之音，奇而厚之，亦与为友，卒成儒宗，知名东夏。

东夏，东方也。《尚书》曰"尹兹东夏"也。

72. 笃闻，乃为书止文德曰："……吾尝昧爽栉梳，坐于客堂。"

孔安国注《尚书》曰："昧，暝也。爽，明也。"

73. 陛下隆于友于，不忍遏绝。

友，亲也。《尚书》曰："惟孝友于兄弟。"

《后汉书》卷六十五

74. 今先零杂种，累以反复，攻没县邑，剽略人物，发冢露尸，祸及生死，上天震怒，假手行诛。

假，借也。《尚书》曰"皇天降灾，假手于我有命"也。

《后汉书》卷六十六

75. 蕃上疏驳之曰："昔高祖创业，万邦息肩，抚养百姓，同之赤子。"

《尚书》曰："若保赤子，惟民其康乂。"

《后汉书》卷六十七

76. 言嗜恶之本同，而迁染之涂异也。

《尚书》曰："唯人生厚，因物有迁。"

77. 祁老有自伐之色。

孔安国注《尚书》曰"自功曰伐"也。

《后汉书》卷六十九

78. 时人知为窦氏之祥。

祥，吉凶之先见者。《尚书》曰："亳有祥。"

《后汉书》卷七十

79. 纣斮朝涉之胫，天下谓为无道。

《尚书》曰："纣斮朝涉之胫。"孔安国注曰："冬日见朝涉水者，谓其胫耐寒，斮而视之。"

80. 案表跋扈，擅诛列侯，遏绝诏命，断盗贡篚，招呼元恶，以自营卫，专为群逆，主萃渊薮。

《书》曰："厥篚玄纁玑组。"《书》曰："今商王受亡道，为天下逋逃主，萃渊薮。"孔注曰："天下罪人逃亡者，而纣为魁主，窟聚泉府薮泽也。"

81. 将军首唱义兵，徒以山东扰乱，未遑远赴，虽御难于外，乃心无不在王室。

《尚书》曰："虽尔身在外，乃心无不在王室。"乃，汝也。

《后汉书》卷七十二

82. 昆冈之火，自兹而焚。

《书》曰："火炎昆冈，玉石俱焚。"

83. 董卓滔天，干逆三才。

《书》曰："象龚滔天。"

《后汉书》卷七十三

84. 虞患其黩武。

黩犹慢也，数也。《尚书》曰"黩于祭祀"也。

85. 若大事克捷，罪人斯得。

《尚书》："周公东征，三年，罪人斯得。"

《后汉书》卷七十四上

86. 时进既被害，师徒丧沮，臣独将家兵百余人，抽戈承明，竦剑翼室。

《尚书》曰："延入翼室。"孔安国注："翼，明也。室谓路寝。"

《后汉书》卷七十四下

87. 刘表以书谏谭曰："天降灾害，祸难殷流，初交殊族，卒成同盟，使王室震荡，彝伦攸斁。"

《书》曰："彝伦攸斁。"彝，常也。伦，理也。攸，所也。斁，败也。

88. 既云天工，亦资人亮。

工者，官也。亮，信也。《尚书》曰："天工人其代之。"又曰："惟时亮天工。"

《后汉书》卷七十五

89. 焉遣叟兵五千助之，战败。

汉世谓蜀为叟。孔安国注《尚书》云："蜀，叟也。"

《后汉书》卷七十七

90. 与夫断断守道之吏，何工否之殊乎！

《尚书》曰："如有一介之臣，断断猗。"孔安国住云："断断猗然专一之臣也。"

《后汉书》卷七十八

91. 虽袁绍龚行，艾夷无余，然以暴易乱，亦何云及！

《尚书》曰："龚行天罚。"

92. 舞文巧态，作惠作威。凶家害国，夫岂异归！

《尚书》曰："臣无作威作福。臣有作威作福，其害于而家，凶于而国。"又曰："为恶不同，同归于乱。"

《后汉书》卷八十上

93. 鸿、渭之流，径入于河；大船万艘，转漕相过；东综沧海，西纲流沙；朔南暨声，诸夏是和。

《尚书》曰："朔南暨声教。"注云："朔北方也。"

94. 师之攸向，无不靡披。盖夫燔鱼剚蛇，莫之方斯。

《尚书》今文《太誓》篇曰："太子发升舟，中流，白鱼入于王舟，王跪取出，以燎。群公咸曰'休哉'。"郑玄注云："燔鱼以祭，变礼也。"剚，割也，音之兖反，谓高祖斩蛇也。

95. （傅毅《迪志诗》）曰："……日月逾迈，岂云旋复！……"

《尚书》曰："日月逾迈。"逾，过。迈，行。言日月之过往，不可复还也。

96. 二迹阿衡，克光其则。

阿，倚；衡，平也。言依倚之以取平也。谓伊尹也。高宗命傅说曰："尔尚明保【予】，罔俾阿衡专美有商。"故曰二迹也。言傅说功比伊尹，而能光大其法则也。

97. 农夫不怠，越有黍稷。

《尚书》曰"若农服田力穑，乃亦有秋。惰农自安，乃其罔有黍稷"也。

98. （崔琦）《外戚箴》曰："……惟家之索，牝鸡之晨。"

《尚书》曰："牝鸡无晨。牝鸡之晨，惟家之索。"孔安国注云"索，尽也。雌代雄鸣则家尽，妇夺夫政则国亡"也。

《后汉书》卷八十下

99. 春秋时祸败之始，战国愈复增其荼毒。

《尚书》曰："罹其凶害，不忍荼毒。"孔注云："荼毒，苦也。"

100. ……并为元龟。

元龟所以知吉凶。《尚书》曰："格人元龟。"

《后汉书》卷八十二上

101. 及伦作司徒，令班固为文荐夷吾曰："臣闻尧登稷、契，政隆太平；舜用皋陶，政致雍熙。殷、周虽有高宗、昌、发之君，犹赖傅说、吕望之策，故能克崇其业，允协大中。……才兼四科，行包九德。……奉法作政，有周、召之风……诚社稷之元龟，大汉之栋甍。"

《尚书·洪范》曰："皇建其有极。"孔安国注云："皇，大；极，中也。"《尚书》咎繇陈九德，曰"宽而栗，愿而恭，乱而敬，柔而立，扰而毅，直而温，简而廉，刚而塞，强而义"也。《尚书》曰："格人元龟，罔敢知吉。"元，大也。甍亦栋也。

《后汉书》卷八十九

102. 不可单尽。

单亦尽也。犹《书》云"谟谋"。孔安国曰："谟亦谋也。"即是古书之重语。

《后汉书·志》第二（律历中）

103. 遂论曰："……言圣人必历象日月星辰。"

104. 失然后改之，是然后用之，此谓允执其中。

《后汉书·志》第四（礼仪上）

105. 下宽大书曰："制诏三公：方春东作，敬始慎微，动作从之。"

《后汉书·志》第六（礼仪下）

106.《尔雅》曰："大钟谓之镛。"

郭璞注曰："《书》曰'笙镛以间'。亦名镈。"

《后汉书·志》第二十九

107. 以玉为饰。

《古文尚书》曰："大路在宾陛面，缀路在阼陛面。"孔安国曰："大路，玉；缀路，金也。"服虔曰："大路，总名也，如今驾驷高车矣。尊卑俱乘之，其采饰有差。"郑玄曰："王在焉曰路，以玉饰诸末也。"傅玄《乘舆马赋》注曰："玉路，重较也。"《韵集》曰："轼前横木曰辂。"

108. 所御驾六，余皆驾四，后从为副车。

《古文尚书》曰："予临兆民，懔乎若朽索之驭六马。"《逸礼王度记》曰："天子驾六马，诸侯驾四，大夫三，士二，庶人一。"《周礼》四马为乘。《毛诗》天子至大夫同驾四，士驾二。《易京氏》《春秋》公羊说皆云天子驾六。许慎以为天子驾六，诸侯及卿驾四，大夫驾三，士驾二，庶人驾一。《史记》曰秦始皇以水数制乘六马。郑玄以为天子四马，《周礼》乘马有四圉，各养一马也。诸侯亦四马，《顾命》时诸侯皆献乘黄朱，乘亦四马也。

《后汉书·志》第三十

109. 日月星辰，山龙华虫，作缋宗彝，藻火粉米，黼黻𫄨绣，以五采章施于五色作服。

孔安国注《尚书》曰："华，象草华；虫，雉也。"《古文尚书》"缋"作"会"。孔安国曰："以五采成此画焉。"宗庙彝樽，亦以山、龙、华虫为饰。孔安国曰："藻，水草有文者。火为火字，粉若粟（米）【冰】，米若聚米。"孔安国曰："黼若斧形。黻为两已相背。葛之精者曰𫄨。五色备曰绣。"杜预注《左传》曰："白与黑谓之黼，黑与青谓之黻。"孔安国曰："以五采明施于五色，作尊卑之服。"

第四节　《后汉书》用《尚书》义文献辑考

《后汉书》所载诸多东汉《尚书》学文献中，有依据《尚书》义而施政导民的现象。今辑得以下十九条，包括改乐名、立六宗、复九州、为赤制、任贤能、继尧后，等等。

《后汉书》卷二

1. 秋八月戊辰，改大乐为大予乐。

《尚书·璇玑钤》曰："有帝汉出，德洽作乐名予。"故据此改之。

《后汉书》卷五

2. 三月庚辰，始立六宗，祀于洛城西北。

《续汉志》曰："元初六年，以《尚书》欧阳家说，谓六宗者，在天地四方之中，为上下四方之宗。以元始中故事，谓六宗易六子之气，日、月、雷公、风伯、山、泽者，非也，乃更六宗，祠于戌亥之地，礼比大社也。"

《后汉书》卷九

3. 十八年春正月庚寅，复《禹贡》九州。

九数虽同，而禹贡无益州有梁州，然梁、益亦一地也。

《后汉书》卷十三

4. 以为孔子作《春秋》，为赤制而断十二公。

《尚书·考灵耀》曰："孔子为赤制，故作《春秋》。"赤者，汉行也。言孔子作《春秋》断十二公，象汉十二帝。

《后汉书》卷二十

5. 帝每见肜，常叹息以为可属以重任。后从东巡狩，过鲁，坐孔子讲堂，顾指子路室谓左右曰："此太仆之室。太仆，吾之御侮也。"

《尚书大传》曰："孔子曰：'吾有四友焉。自吾得回也，门人加亲，是非胥附邪？自吾得赐也，远方之士日至，是非奔走邪？自吾得师也，前有光，后有辉，是非先后邪？自吾得由也，恶言不至门，是非御侮邪？'"

《后汉书》卷二十一

6. 耿纯字伯山，巨鹿宋子人也。纯学于长安，因除为纳言士。

王莽法古置纳言之官，即尚书也。每官皆置士，故曰纳言士也。

《后汉书》卷二十七

7. 王莽为宰衡。

周公为太宰，伊尹为阿衡，莽欲兼之，故以为号。

8. 明年，大议郊祀制，多以为周郊后稷，汉当祀尧。诏复下公卿议，议者佥同，帝亦然之。林独以为周室之兴，祚由后稷，汉业特起，功不缘尧。祖宗故事，所宜因循。定从林议。

《东观记》载林议曰："当今政卑易行，礼简易从，人无愚智，思仰汉德。基业特起，不因缘尧。尧远于汉，人不晓信，言提其耳，终不说谕。后稷近周，人所知之，又据以兴，基由其祚。诗曰：不愆不忘，率由旧章。宜如旧制，以解天下之惑。"

《后汉书》卷三十二

9. 永平元年，（樊儵）拜长水校尉，与公卿杂定郊祠礼仪，以谶记正《五经》异说。

《后汉书》卷四十下

10. 固又作《典引》篇，述叙汉德。

典谓《尧典》，引犹续也。汉承尧后，故述汉德以续《尧典》。

11. 帝者之上义，诰誓所不及已。

12. 诞略有常，审言行于篇籍，光藻朗而不渝尔。

诞，大也。言殷周二代政化之迹，大略有常也。篇籍谓《诗》《书》也。朗，明也。渝，变也。言光彩文藻朗明而不变耳，其余殊异不能及于汉也。

13. 故夫显定三才昭登之绩，匪尧不兴，铺闻遗策在下之训，匪汉不弘。

三才，天、地、人也。《易》曰："兼三才而两之。"登，升也。绩，功也。言升天之功，非尧不能兴也。《尚书》曰："昭升于上。"铺，布也。遗策，尧之余策，谓《尧典》也。在下谓后代子孙也。言《尧典》为子孙之训，非汉不能弘大也。

《后汉书》卷八十二上

14. 若夫阴阳推步之学，往往见于坟记矣。然神经怪牒，玉策金绳，关扃于明灵之府，封滕于瑶坛之上者，靡得而窥也。至乃《河洛》之文，龟龙之图，箕子之术，师旷之书，纬候之部，铃决之符，皆所以探抽冥赜，参验人区，时有可闻者焉。

《尚书》曰"历象日月星辰"也。《尚书·中候》曰："尧沈璧于洛，玄龟负书，背中赤文朱字，止坛。舜礼坛于河畔，沈璧，礼毕，至于下昊，黄龙负卷舒图，出水坛畔。"箕子说《洪范》五行阴阳之术也。纬，七经纬也。候，《尚书·中候》也。

15. 若乃《诗》之失愚，《书》之失诬，然则数术之失，至于诡俗乎？如令温柔敦厚而不愚，斯深于《诗》者也；疏通知远而不诬，斯深于《书》者也；极数知变而不诡俗，斯深于数术者也。

《礼记》曰："其为人也，温柔敦厚，《诗》教也；疏通知远，《书》教也。《诗》之失愚，《书》之失诬。"郑玄注"《诗》敦厚，近愚；《书》知远，近诬"也。

《后汉书·志》第十三（五行三）

16. 延光三年，大水，流杀民人，伤苗稼。是时安帝信江京、樊丰及阿母王圣等谗言，免太尉杨震，废皇太子。

《后汉书·志》第二十六

17. 《尚书》："龙作纳言，出入帝命。"

应劭曰："今尚书官，王之喉舌。"

《后汉书·志》第二十八

18. 补：《献帝起居注》曰："建安十八年三月庚寅，省州并郡，复《禹贡》之九州。"

19. 卫公、宋公。本注曰：建武二年，封周后姬常为周承休公；五年，封殷后孔安为殷绍嘉公。十三年，改常为卫公，安为宋公，以为汉宾，在三公上。

《五经通义》："二王之后不考功，有诛无绝。"郑玄曰："王者存二代而封及五，郊天用天子礼以祭其始祖，行其正朔，此谓通三统也。三恪者，敬其先圣，封其后而已，无殊异者也。"

第五节　《后汉书》所载《尚书》学者文献辑考

《后汉书》所载记的研习《尚书》学者情况比较复杂，今综合辑考为如下一百七十七条。其中，不仅有明言习《尚书》者，亦有虽未明言，但可以通过其他文献互证其为习《尚书》学者，有明言通群经者或通五经、七经者，更有明言其博通群书者，或在言语、奏章中直接称引《尚书》经者。

《后汉书》卷一上

1. 光武年九岁而孤，养于叔父良。……王莽天风中，乃之长安，受《尚书》，略通大义。

《东观记》曰："受《尚书》于中大夫庐江许子威。资用乏，与同舍生韩子合钱买驴，令从者僦，以给诸公费。"

《后汉书》卷二

2. 显宗孝明皇帝讳庄……师事博士桓荣，学通《尚书》。

《后汉书》卷三

3. 肃宗孝章皇帝讳炟……少宽容，好儒术，显宗器重之。

《后汉书》卷十上

4. 常与帝旦夕言道政事，及教授诸小王，论语经书，述叙平生，雍和终日。

5. （和熹邓皇后）诸兄每读经传，辄下意难问。志在典籍，不问居家之事。……暮诵经典，家人号曰："诸生。"

《后汉书》卷十一

6. 初，赤眉过式，掠盆子及二兄恭、茂，皆在军中。恭少习《尚书》，略通大义。及随崇等降更始，即封为式侯。以明经数言事，拜侍中，从更始在长安。

《后汉书》卷十三

7. （隗嚣）咸谓嚣素有名，好经书，遂共推为上将军。嚣辞让不得已，曰："诸父众贤不量小子。必能用嚣言者，乃敢从命。"众皆曰"诺"。

8. 嚣宾客、掾史多文学生，每所上事，当世士大夫皆讽诵之，故帝有所辞答，尤加意焉。

《后汉书》卷十四

9. 睦少好学，博通《书传》，光武爱之，数被延纳。

10. 光武封敏为甘里侯，国为弋阳侯。敏通经有行，永平初，官至越骑校尉。

11. 顺阳怀侯嘉字孝孙，光武族兄也。嘉少孤，性仁厚，南顿君养视如子，后与伯升俱学长安，习《尚书》《春秋》。

12. 元初二年，弘卒。太后服齐衰，帝缌麻，并宿幸其第。弘少治欧阳《尚书》，授帝禁中，诸儒多归附之。

13. 阊妻耿氏有节操，痛邓氏诛废，子忠早卒，乃养河南尹豹子嗣为阊后。耿氏教之书学，遂以通博称。永寿中，与伏无忌、延笃著书东观，官至屯骑校尉。

14. 恂素好学，乃修乡校，教生徒，聘能为《左氏春秋》者，亲受学焉。……恂经明行修，名重朝廷。

《后汉书》卷十七

15. 贾复字君文，南阳冠军人也。少好学，习《尚书》。事舞阴李生，李生奇之，谓门人曰："贾君之容貌志气如此，而勤于学，将相之器也。"

16. 复知帝欲偃干戈，修文德，不欲功臣拥众京师，乃与高密侯邓禹并剿甲兵，敦儒学。

《后汉书》卷十九

17. 父况，字侠游，以明经为郎，与王莽从弟伋共学老子于安丘先生。

《后汉书》卷二十

18. 祭遵字弟孙，颍川颍阳人也。少好经书。……遵为将军，取士皆用儒术，对酒设乐，必雅歌投壶。又建为孔子立后，奏置《五经》大夫。

《后汉书》卷二十二

19. 朱佑字仲先，南阳宛人也。……佑为人质直，尚儒学。……又奏宜令三公并去大名以法经典。佑初学长安，帝往候之，佑不时相劳苦，而先升讲舍。

20. 凉字公文，右北平人也。身长八尺，气力壮猛，虽武将，然通经书。

《后汉书》卷二十三

21. 环少好经书，节约自修，出为魏郡，迁颍川太守。

22. 章字伯向。少好学，有文章，与马融、崔瑗同好，更相推荐。

《后汉书》卷二十四

23. 勃字叔阳，年十二能诵《诗》《书》。常候援兄况。

24. 严少孤，而好击剑，习骑射。后乃白援，从平原杨太伯讲学，专心坟典，能通《春秋左氏》。

25. 严七子，唯续、融知名。续字季则，七岁能通《论语》，十三明《尚书》，十六治《诗》，博观群籍，善《九章算术》。

《后汉书》卷二十五

26. 刘宣字子高，安众侯崇之从弟，知王莽当篡，乃变名姓，抱经书隐避林薮。

27. 丕字叔陵，性沉深好学，孳孳不倦，遂杜绝交游，不答候问之礼。士友常以此短之，而丕欣然自得，遂兼通《五经》，以《鲁诗》《尚书》教授，为当世名儒，后归郡，为督邮、功曹，所事之将，无不师友待之。

28. 门生就学者常百余人，关东号之曰"《五经》复兴鲁叔陵"。……其后帝巡狩之赵，特被引见，难问经传，厚加赏赐。

29. 刘宽字文饶，弘农华阴人也。……灵帝颇好学艺，每引见宽，常令讲经。宽常于坐被酒睡伏。帝问："太尉醉邪？"宽仰对曰："臣不敢醉，但任重责大，忧心如醉。"帝重其言。

> 谢承《后汉书》曰："宽少学欧阳《尚书》、京氏《易》，尤明《韩诗外传》。"

《后汉书》卷二十六

30. 自伏生以后，世传经学，清静无竞，故东州号为"伏不斗"云。

伏湛字惠公，琅邪东武人也。九世祖胜，字子贱，所谓济南伏生者也。湛高祖父孺，武帝时，客授东武，因家焉。父理，为当世名儒，以《诗》授成帝，为高密太傅，别自名学。……湛上疏谏曰："臣闻文王受命而征伐五国，必先询之同姓，然后谋于群臣，加占著龟，以定行事，故谋则成，卜则吉，战则胜。"

> 《书》曰："谋及卿士，谋及卜筮。"又曰："文王唯卜用，克绥受兹命。"《诗·大雅》曰："爰始爰谋，爰契我龟。"

31. 牟融字子优，北海安邱人也。少博学，以大夏侯《尚书》教授，门徒数百人，名称州里。……融经明才高，善论议，朝廷皆服其能；帝数嗟叹，以为才堪宰相。明年，代伏恭为司空……建初四年薨，车驾亲临其丧。

《后汉书》卷二十七

32. 王良字仲子，东海兰陵人也。少好学，习小夏侯《尚书》。王莽时，称病不仕，教授诸生千余人。

33. 杜林字伯山，扶风茂陵人也。林少好学沈深，家既多书，又外氏张竦父子喜文采，林从竦受学，博洽多闻，时称通儒。……光武闻林已还三辅，乃征拜侍御史，引见问以经书故旧及西州事，甚悦之，赐车马衣被。群寮知林以名德用，甚尊惮之。京师士大夫，咸推其博洽。

34. 河南郑兴、东海卫宏等，皆长于古学。兴尝师事刘歆，林既遇之，欣然言曰："林得兴等固谐矣，使宏得林，且有以益之。"及宏见林，暗然而服。济南徐巡，始师事宏，后皆更受林学。林前于西州得漆书《古文尚书》一卷，常宝爱之，虽遭艰困，握持不离身。出以示宏等曰："林流离兵乱，常恐斯经将绝。何意东海卫子、济南徐生复能传之，是道竟不坠于地也。古文虽不合时务，然愿诸生无悔所学。"宏、巡益重之，于是古文遂行。

35. 上疏荐良曰："臣闻为国所重……又治《尚书》，学通师法，经任博士，行中表仪。宜备宿卫，以辅圣政。……"……每处大议，辄据经典，不希旨偶俗，以徼时誉。

《东观记》曰："（吴）良习大夏侯《尚书》。"

36. 赵典字仲经，蜀郡成都人也。典少笃行隐约，博学经书，弟子自远方至。

谢承《后汉书》曰："典学孔子《七经》《河图》《洛书》……"

《后汉书》卷二十八上

37. 桓谭字君山，沛国相人也。……博学多通，遍习《五经》，皆诂训大义，不为章句。能文章，尤好古学，数从刘歆、扬雄辩析疑异。性嗜倡乐，简易不修威仪，而憙非毁俗儒，由是多见排抵。……谭复上疏曰："……陛下宜垂明听，发圣意，屏群小之曲说，述《五经》之正义，略雷同之俗语，详通人之雅谋。……"其后有诏会议灵台所处，帝谓谭曰："吾欲〔以〕谶决之，何如？"谭默然良久，曰："臣不读谶。"帝问其故，谭复极言谶之非经。帝大怒曰："桓谭非圣无法，将下斩之。"谭叩头流血，良久乃得解。出为六安郡丞；意忽忽不乐，道病卒，时年七十余。

38. 冯衍字敬通，京兆杜陵人也。……衍幼有奇才，年九岁，能诵《诗》，至二十而博通群书。

39. 监《六经》之论，观孙吴之策。

40. 鲍永字君长，上党屯留人也。父宣，哀帝时任司隶校尉，为王莽所杀。永少有志操，习欧阳《尚书》。事后母至孝，妻尝于母前叱狗，而永即去之。

41. （鲍）昱字文泉，少传父学，客授于东平。

《后汉书》卷三十上

42. 苏竟字伯况，扶风平陵人也。平帝世，竟以明《易》为博士，讲《书》祭酒。善图纬，能通百家之言。王莽时，（与）刘歆等共典校书，拜代郡中尉。

王莽置《六经》祭酒，秩上卿，每经各一人，竟为讲《尚书》祭酒。

43. （杨统）就同郡郑伯山受《河洛书》及天文推步之术。……（杨）厚少学统业，精力思述。

《益部耆旧传》曰："统字仲通。曾祖父仲续举河东方正，拜祁令，甚有德惠，人为立祠。乐益部风俗，因留家新都，代修儒学，以夏侯《尚书》相传。"

《后汉书》卷三十一

44. （孔奋）弟奇，游学洛阳。奋以奇经明当仕，上病去官，守约乡闾，卒于家。奇博通经典，作《春秋左氏删》。

《后汉书》卷三十三

45. 司徒玉况辟焉。

谢承《后汉书》曰："况字文伯，京兆杜陵人也。代为三辅名族，该总《五经》，志节高亮，为陈留太守。性聪敏，善行德教。永平十五年，蝗虫起泰山，弥衍兖、豫，过陈留界，飞逝不集，五谷独丰。章和元年，诏以况为司徒。"玉，姓，音宿。

《后汉书》卷三十四

46. 松字伯孙……松博通经书，明习故事，与诸儒修明堂、辟雍、郊祀、封禅礼仪，常与论议，宠幸莫比。

47. 子扈，后以恭怀皇后从兄，永元中，擢为黄门侍郎，历位卿、校尉。温恭谦让，亦敦《诗》《书》。永初中，为长乐少府。

48. 显宗后诏听还本郡。竦闭门自养，以经籍为娱，著书数篇，名曰《七序》。班固见而称曰："孔子著《春秋》而乱臣贼子惧，梁竦作《七序》而窃位素餐者惭。"……尝登高远望，叹息言曰："大丈夫居世，生当封侯，死当庙食。如其不然，闲居可以养志，《诗》《书》足以自娱，州郡之职，徒劳人耳。"

49. 不疑好经书，善待士，冀阴疾之，因中常侍白帝，转为光禄勋，又讽众人共荐其子胤为河南尹。

《后汉书》卷三十五

50. 奋少好学。……奋在位清白，无它异绩。九年，以病罢。在家上疏曰：……《五经》同归，而礼乐之用尤急。

51. 襃既受命，乃次序礼事，依准旧典，杂以《五经》谶记之文，撰次天子至于庶人冠婚吉凶终始制度，以为百五十篇，写以二尺四寸简。……襃博物识古，为儒者宗。十四年，卒官。作《通义》十二篇，《演经杂论》百二十篇。

52. 郑玄字康成，北海高密人也。……玄少为乡啬夫，得休归，常诣学官，不乐为吏，父数怒之，不能禁。遂造太学受业，师事京兆第五元先，始通《京氏易》《公羊春秋》《三统历》《九章算术》。又从东郡张恭祖受《周官》《礼记》《左氏春秋》《韩诗》《古文尚书》。以山东无足问者，乃西入关，因涿郡卢植，事扶风马融。

53. 游学周、秦之都，往来幽、并、兖、豫之域，获觐乎在位通人，处逸大儒，得意者咸从捧手，有所授焉。遂博稽《六艺》，粗览传记，时睹秘书纬术之奥。……述先圣之元意，思整百家之不齐。

54. 门人相与撰玄答诸弟子问《五经》，依《论语》作《郑志》八篇。凡玄所注《周易》《尚书》《毛诗》《仪礼》《礼记》《论语》《孝经》《尚书大传》《中候》《乾象历》，又著《天文七政论》《鲁礼禘祫义》《六艺论》《毛诗谱》《驳许慎五经异义》《答临孝存周礼难》，凡百余万言。……至于经传洽孰，称为纯儒，齐鲁间宗之。

55. 自秦焚《六经》，圣文埃灭。汉兴，诸儒颇修艺文；及东京，学者亦各名家。……郑玄括囊大典，网罗众家，删裁繁诬，刊改漏失，自是学者略知所归。

《后汉书》卷三十六

56. 侍御史杜林先与兴同寓陇右，乃荐之曰："窃见河南郑兴，执义坚固，敦悦《诗》《书》，好古博物，见疑不惑，有公孙侨、观射父之德，宜待帷幄，典职机密。……"……兴数言政事，依经守义，文章温雅，然以不善谶故不能任。

> 《左传》赵衰曰"臣亟闻郤縠之言矣，郤縠悦礼乐而敦《诗》《书》"也。

57. 建武初，元与桓谭、杜林、郑兴俱为学者所宗。

58. 贾逵字景伯扶风平陵人也。……父徽，从刘歆受《左氏春秋》，兼习《国语》《周官》，又受《古文尚书》于涂恽……逵悉传父业，弱冠能诵《左氏传》及《五经》本文，以大夏侯《尚书》教授，虽为古学，兼通五家《谷梁》之说。……诸儒为之语曰："问事不休贾长头。"……与班固并校秘书，应对左右。

> 《风俗通》曰："涂姓，涂山氏之后。"恽字子真，受《尚书》于胡常。

59. 肃宗立，降意儒术，特好《古文尚书》《左氏传》。建初元年，诏逵入讲北宫白虎观、南宫云台。

60. 张霸字伯饶，蜀郡成都人也。……博览《五经》。诸生孙林、刘固、段著等慕之，各市宅其傍，以就学焉。

61. （张）楷字公超，通《严氏春秋》《古文尚书》，门徒常百人。宾客慕之，自父党凤儒，偕造门焉。……桓帝即位，优遂行雾作贼，事觉被考，引楷言从学术，楷坐系廷尉诏狱，积二年，恒讽诵经籍，作《尚书注》。

《后汉书》卷三十七

62. 桓荣字春卿，沛郡龙亢人也。少学长安，习欧阳《尚书》，事博士九江朱普。贫窭无资，常客佣以自给，精力不倦，十五年不窥家园。至王莽篡位乃归。会朱普卒，荣奔丧九江，负土成坟，因留教授，徒众数百人。莽败，天下乱。荣抱其经书与弟子逃匿山谷，虽常饥困而讲论不辍，后复客授江淮闲。

> 荣本齐人，迁于龙亢，至荣六叶。《东观记》曰荣本齐桓公后也。桓公作伯，支庶用其谥立族命氏焉。朱普字公文，受业于平当，为博士，徒众尤盛。见前书。

63. 时显宗始立为皇太子，选求明经，乃擢荣弟子豫章何汤为虎贲中郎将，以《尚书》授太子。世祖从容问汤本师为谁，汤对曰："事沛国桓荣。"帝即召荣，令说《尚书》，甚善之。拜为议郎，赐钱十万，入使授太子。每朝会，辄令荣于公卿前敷奏经书。帝称善，曰："得生几晚!"会欧阳博士缺，帝欲用荣。荣叩头让曰："臣经术浅薄，不如同门生郎中彭闳、扬州从事皋弘。"帝曰："俞，往，女谐。"因拜荣为博士，引闳、弘为议郎。

何汤字仲弓，豫章南昌人也。荣门徒常四百余人，汤为高弟，以才明知名。荣年四十无子，汤乃去荣妻为更娶，生三子，荣甚重之。……汤以明经尝授太子，推荐荣，荣拜五更，封关内侯。荣尝言曰："此皆何仲弓之力也。"

64. 郁字仲恩，少以父任为郎。敦厚笃学，传父业，以《尚书》教授，门徒常数百人。荣卒，郁当袭爵，上书让于兄子泛，显宗不许，不得已受封，悉以租入与之。帝以郁先师子，有礼让，甚见亲厚，常居中论经书，问以政事，稍迁侍中。帝自制《五家要说章句》，令郁校定于宣明殿，以侍中监虎贲中郎将。

华峤《汉后书》曰"帝自制五行章句"，此言"五家"即谓五行之家也。宣明殿在德阳殿后。……其冬，上亲于辟雍，自讲所制五行章句已，复令郁说一篇。

65. 永平十五年，入授皇太子经，迁越骑校尉，诏敕太子、诸王各奉贺致礼。

66. 郁教授二帝，恩宠甚笃，赏赐前后数百千万，显于当世。门人杨震、朱宠，皆至三公。

《邓骘传》曰："朱宠字仲威，京兆人也。笃行好学，从桓荣授《尚书》，位至太尉。"

67. 子普嗣，传爵至曾孙。郁中子焉，能世传其家学。（鄷、良子孙皆博学有才能。）……焉字叔元，少以父任为郎。明经笃行，有名称。永初元年，入授安帝，三迁为侍中步兵校尉。永宁中，顺帝立为皇太子，以焉为太子少傅，月余，迁太傅，以母忧自乞，听以大夫行丧。……弟子传业者数百人，黄琼、杨赐最为显贵。

68. 典字公雅，复传其家业，以《尚书》教授颍川，门徒数百人。

69. 丁鸿字孝公，颍川定陵人也。……鸿年十三，从桓荣受欧阳《尚书》，三年而明章句，善论难，为都讲，遂笃志精锐，布衣荷担，不远千里。

《后汉书》卷三十八

70. 绲弟允，清白有孝行，能理《尚书》，善推步之术。拜降虏校尉，终于家。

《续汉书》曰："尚少丧父，事母至孝，通京氏《易》《古文尚书》。为吏清洁，有文武才略。"

《后汉书》卷三十九

71. 周磐字坚伯，汝南安成人，征士燮之宗也。……磐少游京师，学《古文尚书》《洪范五行》《左氏传》，好礼有行，非典谟不言，诸儒宗之。……教授门徒常千人。

《后汉书》卷四十一

72. 宋均字叔庠，南阳安众人也。父伯，建武初为五官中郎将。均以父任为郎，时年十五，好经书，每休沐日，辄受业博士，通《诗》《礼》，善论难。

73.（宋）意字伯志。父京，以大夏侯《尚书》教授，至辽东太守。意少传父业，显宗时举孝廉，以召对合旨，擢拜阿阳侯相。建初中，征为尚书。

74. 寒朗字伯奇，鲁国薛人也。……及长，好经学，博通书传，以《尚书》教授，举孝廉。

《后汉书》卷四十二

75. 沛献王辅，建武十五年封右（冯）翊公。……辅矜严有法度，好经书，善说《京氏易》《孝经》《论语传》及图谶，作《五经论》，时号之曰《沛王通论》。

76.（简王）错立六年薨，子孝王香嗣。永初二年，封香弟四人为列侯。香笃行，好经书。

77. 东平宪王苍，建武十五年封东平公，十七年进爵为王。苍少好经书，雅有智思，为人美须髯要带八围，显宗甚爱重之。

78. 琅邪孝王京，建武十五年封琅邪公，十七年进爵为王。京性恭孝，好经学，显宗尤爱幸，赏赐恩宠殊异，莫与为比。

《后汉书》卷四十三

79. 朱晖字文季，南阳宛人也。……初，光武与晖父岑俱学长安，有旧故。……晖寻以病去，卒业于太学。性矜严，进止必以礼，诸儒称其高。……初，晖同县张堪素有名称，尝于太学见晖，甚重之，接以友道。

80. （朱）穆字公叔。及壮耽学，锐意讲诵。……时同郡赵康叔盛者，隐于武当山，清静不仕，以经传教授。……太学书生刘陶等数千人诣阙上书讼穆："……天下有识，皆以穆同勤禹、稷而被共、鲧之戾，若死者有知，则唐帝怒于崇山，重华怨于苍墓矣。"

《尚书》曰："放驩兜于崇山。"孔安国注曰："崇山，南裔也。"《山海经》曰："有讙头之国，帝尧葬焉。"郭璞注云："讙头，驩兜也。"《礼记》曰："舜葬苍梧之野。"

81. 乐恢字伯奇，京兆长陵人也。……恢长好经学，事博士焦永。永为河东太守，恢随之官，闭庐精诵，不交人物。

82. 何敞字文高，扶风平陵人也。其先家于汝阴。六世祖比干，学《尚书》于朝错，武帝时为廷尉正，与张汤同时。汤持法深而比干务仁恕，数与汤争，虽不能尽得，然所济活者以千数。后迁丹（杨）【阳】都尉，因徙居平陵。敞父宠，建武中为千乘都尉，以病免，遂隐居不仕。……敞论议高，常引大体多所匡正。……敞通经传，能为天官，意甚恶之。

《何氏家传》："（云并）【六世】祖父比干，字少卿，经明行修，兼通法律。"

《后汉书》卷四十四

83. 徐防字谒卿，沛国铚人也。……防以《五经》久远，圣意难明。宜为章句，以悟后学。上疏曰："臣闻《诗》《书》《礼》《乐》，定自孔子；发明章句，始于子夏。……汉承乱秦，经典废绝，本文略存，或无章句。……孔圣既远，微旨将绝，故立博士十有四家……《五经》各取上第六人，《论语》不宜射策。"

《汉官》曰："光武中兴，恢弘稽古，《易》有施、孟、梁丘贺、京房，《书》有欧阳和伯、夏侯胜、建，凡十四博士。太常差选有聪明威重一人为祭酒，总领纲纪也。"

84. 胡广字伯始，南郡华容人也。

谢承《后汉书》曰："广有雅才，学究《五经》，古今术艺皆毕览之。"

《后汉书》卷四十五

85. 张酺字孟侯，汝南细阳人，赵王张敖之后也。……酺少从祖父充受

《尚书》，能传其业。又事太常桓荣。勤力不息，聚徒以百数。永平九年，显宗为四姓小侯开学于南宫，置《五经》师。醋以《尚书》教授，数讲于御前。以论难当意，除为郎，赐车马衣裳，遂令入授皇太子。醋为人质直，守经义，每侍讲间隙数有匡正之辞以严见惮。

《东观记》曰："充与光武同门学，光武即位，求问充，充已死。"

86. 曾孙济，好儒学。

华峤《汉后书》曰："蓄生盘，盘生济。济字符江。灵帝初，杨赐荐济明习典训，为侍讲。"

《后汉书》卷四十六

87. 宠虽传法律，而兼通经书，奏议温粹，号为任职相。

88. 初，父宠在廷尉，上除汉法溢于《甫刑》者，未施行，及宠免后遂寝。……忠略依宠意，奏上二十三条，为决事比，以省请谳之散。

谢承《后汉书》曰："延字君子，蕲县人也。少为诸生，明于五经，星官风角，靡有不综。家贫母老，周流佣赁。常避地于庐江临湖县种瓜，后到吴郡海盐，取卒月直，赁作半路亭父以养其母。"

《后汉书》卷四十八

89. 霍谞字叔智，魏郡邺人也。少为诸生，明经。

《后汉书》卷四十九

90. 王充字仲任，会稽上虞人也……后到京师，受业太学，师事扶风班彪。好博览而不守章句。

袁山松《后汉书》："充幼聪朗，诣太学，观天子临辟雍，作《六儒论》。"

91. 仲长统字公理，山阳高平人也。少好学，博涉书记，赡于文辞。年二十余，游学青、徐、并、冀之间，与交友者多异之。……（叛散《五经》，灭弃《风》《雅》）……每论说古今及时俗行事，恒发愤叹息。因著论名曰《昌言》，凡三十四篇，十余万言。

昌，当也。《尚书》曰："汝亦昌言。"

《后汉书》卷五十

92. 陈敬王羡，永平三年封广平王。……羡博涉经书，有威严，与诸儒讲论于白虎殿。

《后汉书》卷五十二

93. （崔篆）母师氏能通经学、百家之言，莽宠以殊礼，赐号义成夫人。

94. （崔寔）以病征，拜议郎，复与诸儒博士共杂定《五经》。……母有母仪淑德，博览书传。初，寔在五原，常训以临民之政，寔之善绩，母有其助焉。

《后汉书》卷五十三

95. 徐稺字孺子，豫章南昌人也。

谢承《后汉书》曰"稺少为诸生，学严氏《春秋》、京氏《易》、欧阳《尚书》，兼综风角、星官、筭历、《河图》《七纬》、推步、变易，异行矫时俗，闾里服其德化。有失物者，县以相还，道无拾遗。四察孝廉，五辟宰府，三举茂才"也。

96. 姜肱字伯淮，彭城广戚人也。……肱博通《五经》，兼明星纬，士之远来就学者三千余人。

97. 申屠蟠字子龙，陈留外黄人也。……后郡召为主簿，不行。遂隐居精学，博贯《五经》，兼明图纬。始与济阴王子居同在太学，子居临殁，以身托蟠，蟠乃躬推辇车，送丧归乡里。

《后汉书》卷五十四

98. 杨震字伯起，弘农华阴人也。……父宝，习欧阳《尚书》。哀、平之世，隐居教授。居摄二年，与两龚、蒋诩俱征，遂遁逃，不知所处。光武高其节。建武中，公交车特征，老病不到，卒于家。震少好学，受欧阳《尚书》于太常桓郁，明经博览，无不穷究。诸儒为之语曰："关西孔子杨伯起。"……元初四年，征入为太仆，迁太常。先是博士选举多不以实，震举荐明经名士陈留杨伦等，显传学业，诸儒称之。

99. 震门生虞放、陈翼诣阙追讼震事。

100. 震五子。长子牧，富波相。牧孙奇，灵帝时为侍中，帝尝从容问奇曰："朕何如桓帝？"对曰："陛下之于桓帝，亦犹虞舜比德唐尧。"

101. 震少子奉，奉子敷，笃志博闻，议者以为能世其家。

102. 震中子秉。秉字叔节，少传父业，兼明京氏《易》，博通书传，常隐居教授。……桓帝即位，以明《尚书》征入劝讲，拜太中大夫、左中郎将，迁侍中、尚书。

103. 赐字伯献。少传家学，笃志博闻。常退居隐约，教授门徒，不答州郡礼命。……建宁初，灵帝当受学，诏太傅、三公选通《尚书》桓君章句宿有重名者，三公举赐，乃侍讲于华光殿中。迁少府、光禄勋。

104. 彪字文先，少传家学。

105. 自震至彪，四世太尉，德业相继，与袁氏俱为东京名族云。

《后汉书》卷五十六

106. （张）纲字文纪。少明经学。

107. 伏见故处士种岱，淳和达理，耽悦《诗》《书》，富贵不能回其虑，万物不能扰其心。

《后汉书》卷五十七

108. 刘陶字子奇，一名伟，颍川颍阴人，济北贞王勃之后。……陶明《尚书》《春秋》，为之训诂。推三家《尚书》及古文，是正文字七百余事，名曰《中文尚书》。

三家谓夏侯建、夏侯胜、欧阳和伯也。

《后汉书》卷五十九

109. 张衡字平子，南阳西鄂人也。……衡少善属文，游于三辅，因入京师，观太学，遂通《五经》，贯六艺。……谓崔瑗曰："吾观《太玄》，方知子云妙极道数，乃与《五经》相拟，非徒传记之属，使人难论阴阳之事，汉家得天下二百岁之书也。……"……（衡）作《应闲》以见其志云："……仲尼不遇，故论《六经》以俟来辟。"

《后汉书》卷六十上

110. 马融字季长，扶风茂陵人也。……融才高博洽，为世通儒，教养诸生，常有千数。涿郡卢植，北海郑玄，皆其徒也。……注《孝经》《论语》《诗》《易》《三礼》《尚书》《列女传》《老子》《淮南子》《离骚》。

《后汉书》卷六十一

111. 周举字宣光，汝南汝阳人，陈留太守防之子。防在《儒林传》。举姿貌短陋，而博学洽闻，为儒者所宗，故京师为之语曰："《五经》纵横周宣光。"

《后汉书》卷六十二

112. 爽字慈明，一名谞。幼儿好学……著《礼》《易传》《诗传》《尚书正经》《春秋条例》。

《后汉书》卷六十三

113. 李固字子坚，汉中南郑人，司徒合之子也。……少好学，常步行寻师，不远千里。……学《五经》，积十余年。

114. （李）燮从受学，酒家异之，意非恒人以女妻燮。燮专精经学。

115. 杜乔字叔荣，河内林虑人也。……少为诸生，举孝廉，辟司徒杨震府。

司马彪《续汉书》曰："累祖吏二千石。乔少好学，治韩《诗》、京氏《易》、欧阳《尚书》，以孝称。"

116. 匡初好学，常在外黄大泽教授门徒。

《后汉书》卷六十四

117. 吴佑字季英，陈留长垣人也。……及年二十，丧父，居无担石，而不受赡遗。常牧猪于长垣泽中，行吟经书。……冀遂出佑为河间相，因自免归家，不复仕，躬灌园蔬，以经书教授。

118. 史弼字公谦，陈留考城人也。……弼少笃学，聚徒数百。

119. 卢植字子干，涿郡涿人也。身长八尺二寸，音声如钟。少与郑玄俱事马融，能通古今学，好研精而不守章句。……学终辞归，阖门教授。

120. 作《尚书章句》《三礼解诂》。时始立太学《石经》，以正《五经》文字，植乃上书曰："臣少从通儒故南郡太守马融受古学……愿得将能书生二人，共诣东观，就官财粮，专心研精，合《尚书》章句，考《礼记》失得，庶裁定圣典，刊正碑文。……中兴以来，通儒达士班固、贾逵、郑兴父子，并敦悦之。……"岁余，复征拜议郎，与谏议大夫马日䃅、议郎蔡邕、杨彪、韩说等并在东观，校中书《五经》记传，补《续汉记》。

121. 赵岐字邠卿，京兆长陵人也。……岐少明经，有才艺，娶扶风马融兄女。融外戚豪家，岐常鄙之，不与融相见。

《后汉书》卷六十五

122. 张奂字然明，敦煌酒泉人也。……奂少游三辅，师事太尉朱宠，学欧阳《尚书》。初，《牟氏章句》浮辞繁多，有四十五万余言，奂减为九万言。后辟大将军梁冀府，乃上书桓帝，奏其章句，诏下东观。

> 时牟卿受《书》于张坈，为博士，故有《牟氏章句》。

123. 奂闭门不出，养徒千人，著《尚书记难》三十余万言。

124. 段颎字纪明，武威姑臧人也。……颎少便习弓马，尚游侠，轻财贿，长乃折节好古学。

《后汉书》卷六十七

125. 谢承《后汉书》曰："宗资字叔都，南阳安众人也。家代为汉将相名臣。祖父均，自有传。资少在京师，学孟氏《易》、欧阳《尚书》。"

126. 刘淑字仲承，河间乐成人也。……淑少学明《五经》，遂隐居，立精舍讲授，诸生常数百人。

127. 谢承《后汉书》曰："佑，宗室胤绪，代有名位。少修操行，学严氏《春秋》、小戴《礼》《古文尚书》，仕郡为主簿。"

128. 魏朗字少英，会稽上虞人也。……诣太学受《五经》，京师长者李膺之徒争从之。

《后汉书》卷六十八

129. 郭太字林宗，太原界休人也。……就成皋屈伯彦学，三年业毕，博通坟籍。……闭门教授，弟子以千数。

《后汉书》卷六十九

130. 窦武字游平，扶风平陵人。……武少以经行著称，常教授于大泽中，不交时事，名显关西。

《后汉书》卷七十

131.《三辅决录》曰："日磾字翁叔，马融之族子。少传融业，以才学进。与杨彪、卢植、蔡邕等典校中书，历位九卿，遂登台辅。"

《后汉书》卷七十一

132. 皇甫嵩字义真，安定朝那人，度辽将军规之兄子也。……嵩少有文武志介，好《诗》《书》，习弓马。

《后汉书》卷七十三

133. 刘虞字伯安，东海郯人也。

谢承《后汉书》曰："虞父舒，丹阳太守。虞通《五经》，东海之后。"

134. 公孙瓒字伯珪，辽西令支人也。……后从涿郡卢植学于缑氏山中，略见《书传》。

《后汉书》卷七十四下

135. 綦母闿、宋忠等撰立《五经》章句，谓之后定。

《后汉书》卷七十五

136. 刘焉字君郎，江夏竟陵人也。鲁恭王后也。……去官居阳城山，精学教授。

《后汉书》卷七十六

137. 王涣字稚子，广汉郪人也。……晚而改节，敦儒学，习《尚书》，读律令，略举大义。

《后汉书》卷七十九上

138. 任安字定祖，广汉绵竹人也。少游太学，受孟氏《易》，兼通数经。

139. 孙期字仲彧，济阴成武人也。少为诸生，习京氏《易》、《古文尚书》。家贫，事母至孝，牧豕于大泽中，以奉养焉。远人从其学者，皆执经垄畔以追之，里落化其仁让。

140. 欧阳歙字正思，乐安千乘人也。自欧阳生传伏生《尚书》，至歙八世，皆为博士。……歙在郡，教授数百人……（平原礼震）上书求代歙死。曰："伏见臣师大司徒欧阳歙，学为儒宗，八世博士，而以臧咎当伏重辜。歙门单子幼，未能传学，身死之后，永为废绝，上令陛下获杀贤之讥，下使学者丧师资之益。"

141. 济阴曹曾字伯山，从歙受《尚书》，门徒三千人，位至谏议大夫。子祉，河南尹，传父业教授。

142. 陈留陈弇，字叔明，亦受欧阳《尚书》于司徒丁鸿，仕为蕲长。

143. 牟长字君高，乐安临济人也。其先封牟，春秋之末，国灭，因氏焉。长少习欧阳《尚书》，不仕王莽世。……长自为博士及在河内，诸生讲学者常有千余人，著录前后万人。著《尚书章句》，皆本之欧阳氏，俗号为《牟氏章句》。子纡，又以隐居教授，门生千人。肃宗闻而征之，欲以为博士，道物故。

144. 宋登字叔阳，京兆长安人也。父由，为太尉。登少传欧阳《尚书》，教授数千人。为汝阴令，政为明能，号称"神父"。……顺帝以登明识礼乐，使持节临太学。

145. 沛国桓荣习欧阳《尚书》。荣世习相传授，东京最盛。

146. 张驯字子儁，济阴定陶人也。少游太学，能诵《春秋左氏传》。以大夏侯《尚书》教授。辟公府，举高第，拜议郎。与蔡邕共奏定《六经》

文字。

147. 中兴，北海牟融习大夏侯《尚书》。

148. 东海王良习小夏侯《尚书》。

149. 尹敏字幼季，南阳堵阳人也。少为诸生。初习欧阳《尚书》，后受《古文》，兼善《毛诗》《谷梁》《左氏春秋》。建武二年，上疏陈《洪范》消灾之术。时世祖方草创天下，未遑其事，命敏待诏公交车，拜郎中，辟大司空府。帝以敏博通经记，令校图谶，使蠲去崔发所为王莽著录次比。敏对曰："谶书非圣人所作，其中多近鄙别字，颇类世俗之辞，恐疑误后生。"帝不纳。敏因其阙文增之曰："君无口，为汉辅。"帝见而怪之，召敏问其故。敏对曰："臣见前人增损图书，敢不自量，窃幸万一。"帝深非之，虽竟不罪，而亦以此沈滞。

150. 周防字伟公，汝南汝阳人也。……防年十六，仕郡小吏。世祖巡狩汝南，召掾史试经，防尤能诵读，拜为守丞。防以未冠，谒去。师事徐州刺史盖豫，受《古文尚书》。经明，举孝廉，拜郎中。撰《尚书杂记》三十二篇，四十万言。太尉张禹荐补博士，稍迁陈留太守，坐法免。

151. 孔僖字仲和，鲁国鲁人也。自安国以下，世传《古文尚书》《毛诗》。……诏僖从还京师，使校书东观。二子长彦、季彦……长彦好章句学，季彦守其家业，门徒数百人。

152. 杨伦字仲理，陈留东昏人也。少为诸生，师事司徒丁鸿，习《古文尚书》。……讲授于大泽中，弟子至千余人。……伦前后三征，皆以直谏不合。既归，闭门讲授，自绝人事。公交车复征，逊遁不行，卒于家。

153. 扶风杜林传《古文尚书》，林同郡贾逵为之作训，马融作传，郑玄注解，由是《古文尚书》遂显于世。

154. 卫宏字敬仲，东海人也。少与河南郑兴俱好古学。……后从大司空杜林更受《古文尚书》，为作《训旨》。

155. 时济南徐巡师事宏，后从林受学，亦以儒显，由是古学大兴。光武以为议郎。

《后汉书》卷七十九下

156. 程曾字秀升，豫章南昌人也。受业长安，习《严氏春秋》，积十余年，还家讲授。会稽顾奉等数百人常居门下。著书百余篇，皆《五经》通难，又作《孟子章句》。

157. 李育字符春，扶风漆人也。少习《公羊春秋》。沈思专精，博览书传，知名太学，深为同郡班固所重。……常避地教授，门徒数百。颇涉猎古学。……建初四年，诏与诸儒论《五经》于白虎观，育以《公羊》义难贾逵，往返皆有理证，最为通儒。

158. 何休字邵公，任城樊人也。父豹，少府。休为人质朴讷口，而雅有心思，精研《六经》，世儒无及者。

159. 许慎字叔重，汝南召陵人也。性淳笃，少博学经籍，马融常推敬之，时人为之语曰："《五经》无双许叔重。"……初，慎以《五经》传说臧否不同，于是撰为《五经异义》，又作《说文解字》十四篇，皆传于世。

160. 蔡玄字叔陵，汝南南顿人也。学通《五经》，门徒常千人，其著录者万六千人。征辟并不就。顺帝特诏征拜议郎，讲论《五经》异同，甚合帝意。

《后汉书》卷八十上

161. 建初中，肃宗博召文学之士，以（傅）毅为兰台令史，拜郎中，与班固、贾逵共典校书。

162. （黄香）遂博学经典，究精道术，能文章，京师号曰"天下无双江夏黄童"。初除郎中，元和元年，肃宗诏香诣东观，读所未尝见书。

163. 刘珍字秋孙，一名宝，南阳蔡阳人也。少好学。永初中，为谒者仆射。邓太后诏使与校书刘騊駼、马融及《五经》博士，校定东观《五经》、诸子传记、百家艺术，整齐脱误，是正文字。永宁元年，太后又诏珍与騊駼作建武已来名臣传。

164. 边韶字孝先，陈留浚仪人也。以文章知名，教授数百人。韶口辩，曾昼日假卧，弟子私嘲之曰："边孝先，腹便便。懒读书，但欲眠。"韶潜闻之，应时对曰："边为姓，孝为字。腹便便，《五经》笥。但欲眠，思经事。寐与周公通梦，静与孔子同意。师而可嘲，出何典记？"

《后汉书》卷八十一

165. 时兵戈累年，莫能修尚学业，玄独训诸子勤习经书。

166. 索卢放字君阳，东郡人也。以《尚书》教授千余人。初署郡门下掾。更始时，使者督行郡国，太守有事，当就斩刑。放前言曰："今天下所以苦毒王氏，归心皇汉者，实以圣政宽仁故也。而传车所过，未闻恩泽。太守受诛，诚不敢言，但恐天下惶惧，各生疑变。夫使功者不如使过，愿以身代太守之命。"遂前就斩。使者义而赦之，由是显名。建武六年，征为洛阳令，政有能名。以病乞身，徙谏议大夫，数纳忠言，后以疾去。

167. 范冉字史云，陈留外黄人也。少为县小吏，年十八，奉檄迎督邮，冉耻之，乃遁去。到南阳，受业于樊英。又游三辅，就马融通经，历年乃还。

谢承《后汉书》曰："奂字子昌，河内武德人。明《五经》，负笈追业，常赁灌园，耻交势利。为考城令，迁汉阳太守，征拜议郎，卒。"

《后汉书》卷八十二上

168. 李合字孟节，汉中南郑人也。父颉，以儒学称，官至博士。合袭父业，游太学，通《五经》。善《河洛》风星，外质朴，人莫之识。

169. 廖扶字文起，汝南平舆人也。习《韩诗》、欧阳《尚书》，教授常数百人。

170. 樊英字季齐，南阳鲁阳人也。少受业三辅，习《京氏易》，兼明《五经》。又善风角、星筭、《河洛》七纬，推步灾异。

《书纬》:《璇玑钤》《考灵耀》《刑德放》《帝命验》《运期授》也。

171. 孔乔。

谢承《后汉书》曰"乔字子松，宛人也，学《古文尚书》《春秋左氏传》。常幽居修志，锐意典籍，至乃历年身不出门，乡里莫得瞻见。公交车征不行，卒于家"也。

《后汉书》卷八十二下

172. 韩说字叔儒，会稽山阴人也。博通《五经》，尤善图纬之学。

173. 华佗字符化，沛国谯人也，一名旉。游学徐土，兼通数经。

174. 井丹字大春，扶风郿人也。少受业太学，通《五经》，善谈论，故京师为之语曰："《五经》纷纶井大春。"性清高，未尝修刺候人。

175. 梁鸿字伯鸾，扶风平陵人也。……后受业太学，家贫而尚节介，博览无不通，而不为章句。……乃共入霸陵山中，以耕织为业，咏《诗》《书》，弹琴以自娱。

176. 法真字高卿，扶风郿人，南郡太守雄之子也。好学而无常家，博通内外图典，为关西大儒。弟子自远方至者，陈留、范冉等数百人。……处士法真，体兼四业。……必能唱清庙之歌，致来仪之凤矣。

四业谓《诗》《书》《礼》《乐》也。《尚书》曰："箫韶九成，凤皇来仪。"

《后汉书·志》第十三（五行一）

177. 谯周。

《蜀志》曰："周字允南，巴西西充国人也。治《尚书》，兼通诸经及图纬。州郡辟请皆不应。耽古笃学，诵读典籍，欣然独笑，以忘寝食。蜀亡，魏征不至。"

第六节 《后汉书》所载《尚书大传》等文献辑考

《后汉书》称引《洪范传》《尚书大传》《洪范五行传》《五行纪》《洪范五行纪》《洪范五行论》《五纪论》、孔安国《尚书传》等情况非常杂乱，所载内容关涉《尚书大传》《洪范传》《洪范五行传》《洪范五行论》的情况也有不少。直接称引或所载文献关涉《尚书纬》、《尚书·中候》及《河图》、《洛书》的现象虽不多，但应值得注意，在解释"五品"时，有一条提及《尚书·舜命契》。今辑得如下五十条。

《后汉书》卷二十六

1. 后南阳太守杜诗上疏荐湛曰：臣闻唐、虞以股肱康，文王以多士宁……柱石之臣，宜居辅弼……言湛公廉爱下，好恶分明，累世儒学，素持名信，经明行修，通达国政，尤宜近侍，纳言左右，旧制九州五尚书，令一郡二人，可以湛代。

《尚书大传》曰："古者天子必有四邻，前曰疑，后曰承，左曰辅，右曰弼。天子有问无以对责之疑，可志而不志，责之承，可正而不正，责之辅，可扬而不扬，责之弼。"

《后汉书》卷二十七

2. 思唐虞之晏晏兮，揖稷契与为朋；苗裔纷其条畅兮，至汤武而勃兴。

《尚书·考灵耀》曰："放勋钦明文塞安晏晏。"郑玄注曰："宽容覆载谓之晏。"稷名弃，为尧后稷。契为尧司徒。契十四叶孙号汤，灭夏桀而王有天下。后稷十六叶孙周武王，灭殷纣而王天下。勃，盛貌也。

《后汉书》卷二十九

3. 臣闻成王幼少，周公摄政，听言下贤，均权布宠，无旧无新，唯仁是亲，动顺天地，举措不失。然近则召公不悦，远则四国流言。

《尚书大传》曰："武王入殷，周公曰：'各安其宅，各田其田，无故无新，唯仁之亲。'"

4. 至乃讹言积弩入宫，宿卫惊惧。自汉兴以来，诚未有也。国家微弱，奸谋不禁，六极之效，危于累卵。……差五品之属，纳至亲之序。

《尚书大传》曰"貌之不恭厥极恶，言之不从厥极忧，视之不明厥极疾，听之不聪厥极贫，心之不睿厥极凶短折，皇极不建厥极弱"也。

五品，五常之教也。《尚书·舜命契》曰："汝作司徒，敬敷五教。"《左传》史克曰："舜举八元，使布五教于四方；父义，母慈，兄友，弟恭，子孝。"

5. 臣闻圣王辟四门，开四聪，延直言之路，下不讳之诏，立敢谏之旗，听歌谣于路……诚不欲圣朝行诽谤之诛，以伤晏晏之化。

郑玄注《尚书·考灵耀》云："道德纯备谓之塞，宽容覆载谓之晏。"

《后汉书》卷三十下

6. 是故高宗以享福。

高宗，殷王武丁也。《尚书大传》曰："武丁祭成汤，有雉飞升鼎耳而呴，祖己曰：'雉者野鸟，升于鼎者，欲为用也，无则远方将有来朝者。'故武丁内反诸己，以思先王之道。三年，编发重译来朝者六国。孔子曰：'吾于高宗肜日见德之有报之疾也。'"《帝王纪》曰"高宗飨国五十有九年，年百岁"也。

7. 臣窃见皇子未立，储官无主，仰观天文，太子不明。

《洪范五行传》曰："心之大星天王也，其前星太子也，后星庶子也。"

8. 昔武王下车，出倾宫之女，表商容之闾，以理人伦，以表贤德，故天授以圣子，成王是也。

《尚书大传》曰："武王入殷，表商容之闾，归倾宫之女。"

9. 《尚书·洪范记》曰："月行中道，移节应期，德厚受福，重华留之。"重华者，谓岁星在心也。今太白从之，交合明堂，金木相贼，而反同合，此以阴陵阳，臣下专权之异也。

《后汉书》卷三十二

10. 臣闻《传》曰："饥而不损兹曰太，厥灾水。"

《洪范五行传》之文也。言下人饥馑，君上不能损减，谓之为太。太犹甚也。

《后汉书》卷三十五

11. 乃案七经谶、明堂图……

谶，验也。解见《光武纪》。七经谓《诗》《书》《礼》《乐》《易》《春秋》及《论语》也。

12. 充对曰："《河图·括地象》曰：有汉世礼乐文雅出。《尚书·璇玑钤》曰：有帝汉出，德洽作乐，名予。"帝善之，下诏曰："今且改太乐官曰太予乐，歌诗曲操，以俟君子。"

13. 征拜博士。会肃宗欲制定礼乐，元和二年下诏曰："《河图》称'赤九会昌，十世以光，十一以兴。'"《尚书·璇玑钤》曰："述尧理世，平制礼乐，放唐之文。"……《帝命验》曰："顺尧考德，题期立象。"

宋均注曰："尧巡省于河、洛，得龟龙之图书。舜受禅后习尧礼，得之演以为考河命，题五德之期，立将起之象，凡三篇，在中候也。"

《后汉书》卷四十上

14. 周以龙兴，秦以虎视。及至大汉受命而都之也……

龙兴虎视，喻盛强也。孔安国《尚书序》曰："汉室龙兴。"《易》曰："虎视耽耽。"

15. 源泉灌注，陂池交属，竹林果园，芳草甘木，郊野之富，号曰近蜀。

孔安国注《尚书》曰："泽障曰陂，停水曰池。"

《后汉书》卷四十下

16. 于是发鲸鱼，铿华钟，登玉辂，乘时龙，凤盖飒洒，和鸾玲珑，天官景从，寖威盛容。

鲸鱼谓刻杵作鲸鱼形也。铿谓击之也，音苦耕反。《尚书大传》曰："天子将出则撞黄钟，右五钟皆应。"

17. 撞钟告罢，百僚遂退。

《尚书大传》曰："天子将入，撞苏宾之钟，左五钟皆应。"撞音直江反。

18. 三光宣精，五行布序；习习祥风，祁祁甘雨。

《尚书·考灵耀》曰"荧惑顺行，甘雨时"也。

19. 昔姬有素雉、朱乌、玄秬、黄婺之事耳，君臣动色，左右相趋，济济翼翼，峨峨如也。

朱乌谓赤乌也。《尚书·中候》曰："太子发度孟津，有火自天止于王屋，流为赤乌。"玄秬，黑黍也。

20. 顺命以创制，定性以和神，答三灵之蕃祉，展放唐之明文，兹事体大而允，寤寐次于圣心。瞻前顾后，岂蔑清庙惮敬天乎？

《尚书·璇玑钤》曰："平制礼乐，于唐之文。"

《尚书》曰："敬天之命，惟时惟几。"

《后汉书》卷四十一

21. 伦虽峭直，然常疾俗吏苛刻。及为三公，值帝长者，屡有善政，乃上疏褒称盛美，因以劝成风德，曰："陛下即位，躬天然之德，体晏晏之姿，以宽弘临下……"

《尚书·考灵耀》曰："尧文塞晏晏。"《尔雅》曰："晏晏，温和也。"

22. 传曰："田猎不宿，食饮不享，出入不节，则木不曲直。"

《尚书五行传》曰："田猎不宿，饮食不享，出入不节，夺人农时，及有奸谋，则木不曲直。"郑玄注云："木性或曲或直，人所用为器者也。无故生不畅茂，多有折槁，是为不曲直也。"

23. 皆云白气者丧，轩辕女主之位。又太白前出西方，至午兵当起。

《（鸿）【洪】范五行传》曰："太白，少阴之星，以己未为界，不得经天而行。太白经天而行为不臣。"今至午，是为经天也。

《后汉书》卷四十八

24.（翟）酺上疏谏曰："……昔成王之政，周公在前，召公在后，毕公在左，史佚在右，四子挟而维之。"

《后汉书》卷四十九

25.《浮侈篇》曰："……古者必有命然后乃得衣缯丝而乘车马……"

《尚书大传》曰："古之帝王者必有命。人能敬长矜孤，取舍好让者，命于其君，得乘饰车骍马，衣文锦。未有命者，不得衣，不得乘，乘衣者有罚。"

26.《实贡篇》曰："……夫士者贵其用也，不必求备。故四友虽美，能不相兼……"

《尚书大传》孔子曰："文王得四臣，丘亦得四友。"谓回也为疏附，赐也为奔走，师也为先后，由也为御侮，其能各不同也。

《后汉书》卷五十一

27.《尚书大传》曰："舜时百工相和为卿云之歌曰：卿云烂兮，纠漫漫兮，日月光华，旦复旦兮。"

《后汉书》卷五十七

28.谢弼字辅宣，东郡武阳人也。中直方正，为乡邑所宗师。弼上封事曰："……《鸿范传》曰：'厥极弱，时则有蛇龙之孽。'"

《前书》曰"皇之不极，是谓不建，厥极弱，时则有下伐上之病，龙蛇之孽"也。

《后汉书》卷六十下

29.（蔡邕）作《释诲》以戒厉云尔。"……元首宽则望舒脁，侯王肃则月侧匿。"

望舒，月也。《尚书大传》曰："晦而月见西方，谓久脁。朔而月见东方，谓之侧匿。侧匿则侯王肃，脁则侯王舒。"

30.邕上封事曰："……《洪范传》曰：'政悖德隐，厥风发屋折木。'……五事：臣闻古者取士，必使诸侯岁贡。"

《尚书大传》曰："古者诸侯之于天子，三年一贡士。一适谓之攸好德，再适谓之贤贤，三适谓之有功。"注云:"适犹得也。"

《后汉书》卷六十一

31. 诏……问曰:"言事者多云,昔周公摄天子事,及薨,成王欲以公礼葬之,天为动变。及更葬以天子之礼,即有反风之应。"

《尚书》《洪范五行传》曰:"周公死,成王不图大礼,故天大雷雨,禾偃,大木拔。及成王窹金滕之策,改周公之葬,尊以王礼,申命鲁郊,而天立复风雨,禾稼尽起。"

32. 论曰:古者诸侯岁贡士,进贤受上赏,非贤贬爵土。升之司马,辩论其才,论定然后官之,任官然后禄之。

《尚书大传》曰"古者诸侯之于天子,三年一贡士。一适谓之好德,再适谓之贤贤,三适谓之有功。有功者,天子赐以车服弓矢,号曰命。诸侯有不贡士谓之不率正,一不适谓之过,再不适谓之傲,三不适谓之诬。诬者,天子绌之,一绌以爵,再绌以地,三绌而爵地毕"也。

《后汉书》卷八十六

33. 交址之南有越裳国。周公居摄六年,制礼作乐,天下和平,越裳以三象重译而献白雉,曰:"道路悠远,山川岨深,音使不通,故重译而朝。"成王以归周公。公曰:"德不加焉,则君子不飨其质;政不施焉,则君子不臣其人。吾何以获此赐也!"其使请曰:"吾受命吾国之黄耇曰:'久矣,天之无烈风雷雨,意者中国有圣人乎?有则盍往朝之。'"周公乃归之于王,称先王之神致,以荐于宗庙。周德既衰,于是稍绝。

《尚书大传》作"别风淮雨"。

《后汉书·志》第二(律历中)

34. 《河图》曰:"赤九会昌,十世以光,十一以兴。"又曰:"九名之世,帝行德,封刻政。"朕以不德,奉承大业,夙夜祇畏,不敢荒宁。予末小子,托在于数终,曷以续兴,崇弘祖宗,拯济元元?《尚书·璇玑钤》曰:"述尧世,放唐文。"《帝命验》曰:"【顺】尧考德,(顾)【题】期立象。"

35. 遂论曰:"……《尚书·考灵曜》'斗二十二度,无余分,冬至在牵牛所起'。又编欣等据今日所在【未至】牵牛中星五度,于斗二十一度四分一，与《考灵曜》相近，即以明事。"

36. 遠论曰："《洪范》'日月之行，则有冬夏'。《五纪论》'日月循黄道，南至牵牛，北至东井，率日日行一度，月行十三度十九分度七'也。"

杜预《长历》曰："《书》称'基三百六旬有六日，以闰月定四时成岁，允厘百工，庶绩咸熙。'"

37. 尚书令忠上奏："……汉祖受命，因秦之纪，十月为年首，闰常在岁后。不稽先代，违于帝典。……《洪范五纪论》曰：'民闲亦有黄帝诸历，不如史官记之明也。'自古及今，圣帝明王，莫不取言于羲和、常占之官，定精微于晷仪，正众疑，秘藏中书，改行四分之原。"

《后汉书·志》第九（祭祀下）

38. 《【琁】机钤》曰："有帝汉出，德洽作乐。"各与虞韶、禹夏、汤护、周武无异，不宜以名舞。

39. 马昭曰："列为五官，直一行之名耳，自不专主阴气。阴气地可以为之主，曰五行之主也；若社则为五行之主，何复言社稷五祀乎？土自列于五祀，社亦自复有祀，不得同也。"昭又曰："土地同也，焉得有二。《书》曰'禹敷土'。又曰'句龙能平九土'。九土，九州岛之土。地官是五行土官之名耳。"

《后汉书·志》第十三（五行一）

40. 《五行传》曰："田猎不宿，饮食不享，出入不节，夺民农时，及有奸谋，则木不曲直。"谓木失其性而为灾也。

郑玄注《尚书大传》曰："不宿，不宿禽也。角主天兵。周礼四时习兵，因以田猎。《礼志》曰：'天子不合围，诸侯不掩群，过此则暴天物，为不宿禽。'角南有天库、将军、骑官。"《汉书音义》曰："游田驰骋，不反宫室。"《洪范》："木曰曲直。"孔安国曰："木可以揉曲直。"

41. （《五行传》）又曰："貌之不恭，是谓不肃。厥咎狂，厥罚恒雨，厥极恶。时则有服妖，时则有龟孽，时则有鸡祸，时则有下体生上之痾，时则有青眚、青祥，惟金沴木。"《说》云："气之相伤谓之沴。"

郑玄曰："肃敬也，君貌不恭，则是不能敬其事也。"《洪范》曰："貌，曰恭。"郑玄曰："鸡畜之有冠翼者也，属貌。"《洪范传》曰："妖者，败胎也，少小之类，言其事之尚微也。至尊，则牙尊也，至乎祸则著矣。"《尚书大传》曰："凡六沴之作，岁之朝，月之朝，日之朝，则后王受之。岁之中，月之中，日之中，则正卿受之。岁之夕，月之夕，日之夕，则庶民受之。"郑玄曰："自正月尽四月为岁之朝，自五月尽八月为岁之中，自九月尽十二月为岁之夕。上旬为月之朝，中旬为月之中，下旬为月之夕。平旦至食时为日之朝，隅中至日跌为日之中，晡时至黄昏为日之夕。受之，受其凶咎也。"《大传》又云："其二辰以次相将，其次受之。"郑玄曰："二辰谓日、月也。假令岁之朝也，日、月中则上公受之，日、月夕则下公受之；岁之中也，日、月朝则孤卿受之，日、月夕则大夫受之；岁之夕也，日、月朝则上士受之，日、月中则下士受之。其余差以尊卑多少，则悉矣。"

42.《五行传》曰："好攻战，轻百姓，饰城郭，侵边境，则金不从革。"谓金失其性而为灾也。

《洪范》曰："从革作辛。"

43. 又曰："言之不从，是谓不乂。厥咎僭，厥罚恒阳，厥极忧。时则有诗妖，时则有介虫之孽，时则有犬祸，时则有口舌之痾，时则有白眚、白祥，惟木沴金。"

《后汉书·志》第十四（五行二）

44.《五行传》曰："弃法律，逐功臣，杀太子，以妾为妻，则火不炎上。"谓火失其性而为灾也。

郑玄注《尚书大传》曰："东井主法令也。"郑玄曰："功臣制法律者也。或曰，喙主尚食，七星主衣裳，张为食厨，翼主天倡。《经》曰：'帝曰：臣作朕股肱耳目，予欲左右有民，汝翼。予欲观古人之象，日、月、星辰、山、龙、华虫，作缋宗彝，藻、火、粉、米、黼、黻、𫄸绣，以五采章施于五色作服，汝明。予欲闻六律、五声、八音，在治忽，以出纳五言，汝听。'是则食与服乐，臣之所用为大功也。七星北有酒旗，南有天厨，翼南有器府。"

45. 又曰："视之不明，是谓不悊。厥咎舒，厥罚常燠，厥极疾。时则有草妖，时则有蠃虫之孽，时则有羊祸时则有赤眚、赤祥，惟水沴火。"蠃虫，刘歆传以为羽虫。

郑玄曰："视，瞭也。君视不明，则是不能瞭其事也。"《洪范》曰："视曰明。"

《后汉书·志》第十五（五行三）

46.《五行传》曰："简宗庙，不祷祠，废祭祀，逆天时，则水不润下。"谓水失其性而为灾也。

47. 又曰："听之不聪,是谓不谋。厥咎急,厥罚恒寒,厥极贫。时则有鼓妖,时则有鱼孽,时则有豕祸,时则有耳痾,时则有黑眚、黑祥,惟火沴水。"鱼孽,《刘歆传》以为介虫之孽,谓蝗属也。

《洪范》曰:"聪曰谋。"

《后汉书·志》第十六(五行四)

48.《五行传》曰:"治宫室,饰台榭,内淫乱,犯亲戚,侮父兄,则稼穑不成。"谓土失其性而为灾也。

49. 又曰："思心不容,是谓不圣。厥咎霿,厥罚恒风,厥极凶短折。时则有脂夜之妖,时则有华孽,时则有牛祸,时则有心腹之痾,时则有黄眚、黄祥,惟金、水、木、火沴土。"华孽,《刘歆传》为蠃虫之孽,谓螟属也。

《后汉书·志》第十七(五行五)

50.《五行传》曰："皇之不极,是谓不建。厥咎眊,厥罚恒阴,厥极弱。时则有射妖,时则有龙蛇之孽,时则有马祸,时则有下人伐上之痾,时则有日月乱行,星辰逆行。"

《尚书大传》"皇"作"王"。郑玄曰:"王,君也。不名体而言王者,五事象五行,则王极象天也。天变化为阴为阳,覆成五行。《经》曰:'历象日月星辰,敬授民时。'……《古文尚书》:'皇极,皇建其有极。'孔安国曰:'大中之道,大立其有中,谓行九畴之义。'马融对策曰:'大中之道,在天为北辰,在地为人君。'"《尚书大传》作"瞀"。郑玄曰:"瞀与思心之咎同耳,故【子骏】《传》曰眊。眊,乱也。君臣不立,则上下乱矣。"《字林》曰:"目少精曰眊。"郑玄曰:"夏侯胜说'伐'宜为'代',《书》亦或作'代'。阴阳之神曰精气,情性之神曰魂魄,君行不由常,俯张无度,则是魂魄伤也,王极气失之病也。天于不中之人,恒者其【味、厚其】毒,增以为病,将以开贤代之也,《春秋传》所谓'夺伯有魄'者是也。不名病者,病不著于身体也。"

附　　　录

附表一

汉代《尚书》传本及其篇名目次总表

传本	篇　名　目　次	备　注
据伪孔本所定伏生本	《尧典》第一、《皋陶谟》第二、《禹贡》第三、《甘誓》第四、《汤誓》第五、《盘庚》第六、《高宗肜日》第七、《西伯戡黎》第八、《微子》第九、《牧誓》第十、《洪范》第十一、《金縢》第十二、《大诰》第十三、《康诰》第十四、《酒诰》第十五、《梓材》第十六、《召诰》第十七、《洛诰》第十八、《多士》第十九、《无逸》第二十、《君奭》第二十一、《多方》第二十二、《立政》第二十三、《顾命》第二十四、《康王之诰》第二十五、《吕刑》第二十六、《文侯之命》第二十七、《费誓》第二十八、《秦誓》第二十九	伏生本为二十九篇，无书序，无《大誓》篇，《顾命》篇、《康王之诰》篇各自为篇。《金縢》篇在《大诰》篇之前，《费誓》篇在《吕刑》篇、《文侯之命》篇之前
陈氏辑大传所记尚书本	《尧典》第一、《皋繇谟》第二、《禹贡》第三、《甘誓》第四、《汤誓》第五、《殷庚》第六、《高宗肜日》第七、《西伯戡耆》第八、《微子》第九、《牧誓》第十、《洪范》第十一、《大诰》第十二、《金縢》第十三、《康诰》第十四、《酒诰》第十五、《梓材》第十六、《召诰》第十七、《洛诰》第十八、《多士》第十九、《毋逸》第二十、《君奭》第二十一、《多方》第二十二、《立政》第二十三、《顾命》第二十四、《康王之诰》第二十五、《鲜誓》第二十六、《甫刑》第二十七、《文侯之命》第二十八、《秦誓》第二十九	与上述伏生本比，篇名有繇与陶、盘与殷、黎与耆、无与毋、吕与甫、费与鲜等字异；篇次有《金縢》篇在《大诰》篇后、《鲜誓》篇在《甫刑》篇、《文侯之命》篇之前等不同
夏侯二十九卷尚书本	《尧典》第一、《皋陶谟》第二、《禹贡》第三、《甘誓》第四、《汤誓》第五、《殷庚》第六、《高宗肜日》第七、《西伯堪饥》第八、《微子》第九、《大誓》第十、《牧誓》第十一、《鸿范》第十二、《金縢》第十三、《大诰》第十四、《康诰》第十五、《酒诰》第十六、《梓材》第十七、《召诰》第十八、《雒诰》第十九、《多士》第二十、《毋勊》第二十一、《君奭》第二十二、《多方》第二十三、《立政》第二十四、《顾命》第二十五、《鲜誓》第二十六、《甫刑》第二十七、《文侯之命》第二十八、《秦誓》第二十九	初无书序，合《顾命》篇、《康王之诰》篇为一，以《顾命》篇名之。增入后得《大誓》一篇，为二十九篇。后加入二十九篇之序为一篇，不计入经总卷数

续表

传本	篇　名　目　次	备　注
欧阳学派三十二卷尚书本	《尧典》第一、《皋陶谟》第二、《禹贡》第三、《甘誓》第四、《汤誓》第五、《般庚》第六、《高宗肜日》第七、《西伯堪饥》第八、《微子》第九、《大誓》（上）第十、《大誓》（中）第十一、《大誓》（下）第十二、《牧誓》第十三、《鸿范》第十四、《金縢》第十五、《大诰》第十六、《康诰》第十七、《酒诰》第十八、《梓材》第十九、《召诰》第二十、《雒诰》第二十一、《多士》第二十二、《毋劮》第二十三、《君奭》第二十四、《多方》第二十五、《立政》第二十六、《顾命》第二十七、《鲜誓》第二十八、《甫刑》第二十九、《文侯之命》第三十、《秦誓》第三十一、《书序》（共二十九条）第三十二	合《顾命》篇、《康王之诰》篇为一，以《顾命》篇名之。增入后得《大誓》，计为三篇，加入包括三篇《大誓》合序在内的二十九条《书序》为一卷，为三十二卷。篇名用字与篇次，与夏侯本有不同
孔壁所出四十六卷古文尚书传本	《尧典》卷一、《舜典》卷二、《汨作》卷三、《九共》（九篇）卷四、《大禹谟》卷五、《咎繇谟》卷六、《弃稷》卷七、《禹贡》卷八、《甘誓》卷九、《五子之歌》卷十、《胤征》卷十一、《汤誓》卷十二、《典宝》卷十三、《汤诰》卷十四、《咸有一德》卷十五、《伊训》卷十六、《肆命》卷十七、《原命》卷十八、《盘庚》（上中下三篇）卷十九、《高宗肜日》卷二十、《西伯勘耆》卷二十一、《微子》卷二十二、《坶誓》卷二十三、《武成》卷二十四、《鸿范》卷二十五、《旅獒》卷二十六、《金縢》卷二十七、《大诰》卷二十八、《康诰》卷二十九、《酒诰》卷三十、《梓材》卷三十一、《召诰》卷三十二、《洛诰》卷三十三、《多士》卷三十四、《无逸》卷三十五、《君奭》卷三十六、《多方》卷三十七、《立政》卷三十八、《顾命》卷三十九、《康王之诰》卷四十、《冏命》卷四十一、《粊誓》卷四十二、《吕刑》卷四十三、《文侯之命》卷四十四、《秦誓》卷四十五、《书序》（百篇总为一卷）卷四十六	孔壁所出《古文尚书》，《艺文志》著录为"《尚书古文经》四十六卷"，班固自注："为五十七篇"。不为五十八篇者，因《武成》篇已亡于建武之际。其余四十四篇目原本，均亡于西晋末年永嘉之乱时
马融尚书传五十八篇传本	《尧典》一、《舜典》二、《汨作》三、《九共》（九篇）四至十二、《大禹谟》十三、《咎繇谟》十四、《弃稷》十五、《禹贡》十六、《甘誓》十七、《五子之歌》十八、《胤征》十九、《汤誓》二十、《典宝》二十一、《汤诰》二十二、《咸有一德》二十三、《伊训》二十四、《肆命》二十五、《原命》二十六、《盘庚》（上中下）二十七至二十九、《高宗肜日》三十、《西伯勘耆》三十一、《微子》三十二、《大誓》上中下三十三至三十五、《坶誓》三十六、《武成》三十七、《洪范》三十八、《旅獒》三十九、《金縢》四十、《大诰》四十一、《康诰》四十二、《酒诰》四十三、《梓材》四十四、《召诰》四十五、《洛诰》四十六、《多士》四十七、《无逸》四十八、《君奭》四十九、《多方》五十、《立政》五十一、《顾命》五十二、《康王之诰》五十三、《冏命》五十四、《粊誓》五十五、《吕刑》五十六、《文侯之命》五十七、《秦誓》五十八、《书序》（百篇总为一篇）	马融《尚书传》所据之传本，为本经四十六目五十八篇，并序一目一篇，总为四十七目五十九篇。马融为与伏生本同的二十九目作传注，亦为后得的《大誓》一目三篇作了传注，但已经疑其伪作。逸十六篇，只传述未为注解

传本	篇　名　目　次	备　注
郑玄所注三十四篇古文本	《虞夏书》:《尧典》第一、《咎繇谟》第二、《禹贡》第三、《甘誓》第四;《商书》:《汤誓》第五、《盘庚》(上)第六、《盘庚》(中)第七、《盘庚》(下)第八、《高宗肜日》第九、《西伯戡耆》第十、《微子》第十一;《周书》:《大誓》(上)第十二、《大誓》(中)第十三、《大誓》(下)第十四、《坶誓》第十五、《鸿范》第十六、《金縢》第十七、《大诰》第十八、《康诰》第十九、《酒诰》第二十、《梓材》第二十一、《召诰》第二十二、《洛诰》第二十三、《多士》第二十四、《无逸》第二十五、《君奭》第二十六、《多方》第二十七、《立政》第二十八、《顾命》第二十九、《康王之诰》第三十、《柴誓》第三十一、《吕刑》第三十二、《文侯之命》第三十三、《秦誓》第三十四;百篇《书序》	郑玄未曾亲见中秘藏本《古文尚书》,此为孔广林所列郑玄所注三十四篇本《古文尚书》之篇名、目次。
熹平石经尚书所据底本	《尧典》第一、《皋繇谟》第二、《禹贡》第三、《甘誓》第四、《汤誓》第五、《般庚》第六、《高宗肜日》第七、《西伯堪饥》第八、《微子》第九、《大誓》第十、《牧誓》第十一、《鸿范》第十二、《金縢》第十三、《大诰》第十四、《康诰》第十五、《酒诰》第十六、《梓材》第十七、《召诰》第十八、《雒诰》第十九、《多士》第二十、《毋劮》第二十一、《君奭》第二十二、《多方》第二十三、《立政》第二十四、《顾命》第二十五、《鲜誓》第二十六、《甫刑》第二十七、《文侯之命》第二十八、《秦誓》第二十九。碑末另附有《书序》及“校记”	熹平石经《尚书》底本为今文本,且为二十九卷,一卷为一目,其中《盘庚》为一目三篇,三篇间以粗圆点区隔,有《大誓》篇。《书序》在外,《书序》为二十九目之《序》,其中,《盘庚》三篇共一目

附表二

汉代《尚书》今文学派传承表

始师	弟 子 门 人 承 传 情 况			
伏生	山东诸大师	涉《尚书》以教，所私授诸弟子		
		周霸、贾嘉		
		孔安国（或受于申公）	儿宽、司马迁	
			诸博士弟子员	
		孔延年	诸博士弟子员	
			孔霸	
	伏生女、伏生孙			
	晁错	何比干、儿宽		
		诸博士弟子员（据《后汉书》李贤注，不确）		
	张生	夏侯都尉	夏侯始昌	夏侯胜、昌邑哀王刘髆
				以《尚书》教授诸弟子
		诸博士弟子员		
	欧阳生（欧阳容）	儿宽		
		诸博士弟子员（据欧阳家谱等，不确）		
	欧阳述、欧阳兴			
儿宽	诸博士弟子（不确）			
	莔卿	夏侯胜		
	欧阳巨	欧阳远	欧阳高	
			诸博士弟子员（据《东观汉记》等，不确）	
		诸博士弟子员（据《东观汉记》等，不确）		

始师	弟　子　门　人　承　传　情　况						
欧阳高【欧阳学】	诸博士弟子员						
	夏侯胜、夏侯建						
	林尊	诸博士弟子员					
		平当、陈翁生					
	欧阳仲仁	欧阳地余	欧阳政	欧阳歙	在郡教授弟子数百人		
					诸博士弟子员		
					礼震、高获		
					曹曾	曹祉	授徒众多
							门徒三千人
				（王莽）讲学大夫所授弟子			
			汉元帝刘奭、陈宣				
			诸博士弟子员				
		诸博士弟子员（据《东观汉记》等,不确）					
夏侯胜【大夏侯】	诸博士弟子员（据《后汉书》,不确）						
	夏侯建、汉昭帝刘弗陵、昭帝上官皇后、黄霸						
	孔霸	汉元帝刘奭、孔光					
	周堪	牟卿	诸博士弟子员				
			孔光				
		许商、张猛					
	大夏侯学承师不明情况	鲑阳鸿（明帝世人）					
		吴良（明帝世人）	诸博士弟子员				
		宗京（明帝世人）	教授诸生				
			宗意				
		牟融（卒于公元七十九年）	门徒数百人				
		张驯（顺帝、灵帝世人,参与熹平石经）			教授诸生		

续表

始师	弟 子 门 人 承 传 情 况				
夏侯建〔小夏侯〕	诸博士弟子员				
	张山拊	诸博士弟子员			
		李寻			
		郑宽中	诸博士弟子员		
			汉成帝刘骜、赵玄、班伯		
		张无故	唐尊		
		秦恭	冯宾	诸博士弟子员	
		假仓			
	小夏侯学承师不明者	王良（王莽、光武世人）		教授诸人千余人	
				郭宪	诸博士弟子员（光武世博士）
		间葵廉（东汉灵帝世人）			
夏侯学不明者	杨仲续	衍成家学传后	杨统	杨博	
				杨厚	教授门生三千多人
平当〔欧阳学〕	诸博士弟子员				
	平晏				
	鲍宣	徒众尤盛,诸博士弟子千余人			
		王咸			
		鲍永	鲍昱	客授东平之弟子	
	朱普	诸博士弟子员			
		皋弘、彭闳			
		桓荣	诸博士弟子员		
			九江教授徒众数百人、客授江淮间徒众		
			汉明帝刘庄		
			桓郁、何汤、胡宪、丁鸿、张酺、鲍骏、张禹		
陈欧翁阳生学	殷崇	诸博士弟子员			
	龚胜、龚舍				
	家世传业,其后裔				
	杨宝（据北齐杨修之《类林》考得）	杨震			

始师	弟 子 门 人 承 传 情 况				
孔霸〔欧阳学〕	诸博士弟子员				
	汉元帝刘奭				
	孔光	自免归教授之弟子			
		诸博士弟子员			
		孔光之后，衍成家学	孔昱		
许商〔大夏侯〕	吴章	教授尤盛，弟子千余人			
		诸博士弟子员			
		王宇、云敞			
	诸博士弟子员				
	唐林、王吉				
	班伯	家学传后	班固		
	炔钦	诸博士弟子员，徒众甚盛			
桓荣〔欧阳学〕	九江教授徒众数百人、客授江淮间徒众				
	诸博士弟子员、门生四百余人				
	何汤、胡宪		明帝刘庄		
	汉明帝刘庄、丁鸿、张酺、鲍骏、张禹				
	桓郁	汉章帝刘炟、汉和帝刘肇、杨震			
		桓焉	汉安帝刘祜、汉顺帝刘保、桓鸾、杨赐		
			桓典	教授颍川，门徒数百人	
			黄琼	汉顺帝刘保	
			弟子传业者数百人		
		朱宠	张奂	闭门不出，养徒千人	
		以《尚书》教授门徒常数百人			

续表

始师	弟　子　门　人　承　传　情　况			
丁鸿（欧阳学）	早年就国闭门教授之徒众			
	白虎观后门下生数千人			
	刘恺、巴茂、侏伥			
	陈弇	以《尚书》教授诸人		
	杨伦	讲授大泽中所授徒众达千人		
		诸博士弟子员		
		晚年闭门教授徒众		
杨震（欧阳学）	关西孔子之称，授徒三千人			
	虞放、陈翼			
	杨牧	传其子杨某（失名）		
	杨奉	杨敷	杨众	
	杨秉	隐居教授，所传弟子踰三千人		
		杨馥、汉桓帝刘志		
		杨赐	隐约教授，门徒不可胜数	
			汉灵帝刘宏	
			杨彪、王朗	
			颖容	荆州聚徒千余人
欧阳学承师不明情况	许子威	诸博士弟子员		
		光武帝刘秀（南阳贾复亦习欧阳学，曾以《尚书》劝帝）		
		张充	张酺	聚徒以百数
				汉章帝刘烜
				四姓小侯
				张蕃
	牟长	诸博士弟子员		
		诸生常有千数，著录前后万人		
		牟纡	隐居教授，门生千人	
	郏令景某	传家学，门徒上录三千人		

始师	弟 子 门 人 承 传 情 况		
欧阳学承师不明情况	刘述	邓弘	汉和帝刘肇
			邓甫德
	宋登	教授数千人	
	王政、宗资、郑固、徐稺、胡硕、间葵袭、刘宏		
	杜乔	有弟子、门生	
		耿伯	
	刘宽	潜隐讲诲之诸生	
		汉灵帝刘宏	
		傅燮、郭异、殷苞、李照	
	董扶	在家教授,弟子自远方而至	
	廖扶	教授常数百人	
		谒焕	
	韩宗	诸博士弟子员	
		张纮	
	熊师	熊乔	绥民校尉熊某

附表三

汉代《古文尚书》学派传承表

始师	弟子门人承传情况						
孔安国	司马迁						
	兒宽（是否含古文，不确）						
	衍成孔氏家学（另表）						
	都尉朝	庸谭	在胶东私授之弟子（遗学）				
			胡常	徐敖	王璜	诸博士弟子员	
					涂恽	桑钦	
						贾徽	
						诸博士弟子员	
贾徽	贾逵	汉章帝刘炟					
		授所选高才生诸弟子门生					
		许慎	尹珍	还以教授之弟子门生			
			孟生、李喜（李闰）				
杜林	卫宏						
	徐巡						
	贾逵（据《后汉书》，不确）						
	王君仲	董春	教授门徒常数百人				
	盖豫	周防	诸博士弟子（兼古文学）				
			周举				
	张霸之父	樊并、张霸（伪造百两篇古文）					
	张楷	车马填门，门徒常百人					
	尹敏、度尚						
	刘佑	授郡将之子					
	刘陶	士燮					
	孙期	在家教授					
	东里先生	周磐	在家立精舍，教授生徒				

始师	弟子门人承传情况		
挚恂	马融	郑玄	赵商、王基、崔琰、宋均、程秉、张逸、田琼、韩益等
			四方学者归之，远方至者数千人
			党锢闭门教授数百人
			客耕东莱，学徒众至数百千人
		卢植	诸博士弟子员
			阖门教授之生徒
		延笃	诸博士弟子员
			免归教授家巷之生徒
		范冉（丹）、马日磾	
		教养诸生常有千数	
	弟子远方至者千余人		
	桓骥		

附表四

汉代《尚书》孔氏家学世系传承表

九代	十代	十一代	十二代	十三代	十四代	十五代	十六代	十七代	十八代	十九代	二十代	二十一代	二十二代	二十三代
子襄（惠帝博士）	孔忠（文帝博士）													
		孔臧（古）	孔琳（古）											

续表

九代	十代	十一代	十二代	十三代	十四代	十五代	十六代	十七代	十八代	十九代	二十代	二十一代	二十二代	二十三代
		孔襄（今）	孔子惠（家学）	孔安国（武帝博士，今古）	孔卬（今古）	孔衍（成帝博士，今古）	孔子立（古）	孔子元（古）	孔子建（古）	孔仁（古）	孔子丰（古）	孔僖（古）	孔长彦（今）	
													孔季彦（古）	孔乔（古）
						孔骊（成帝博士，今古）								
				孔武（武帝博士，家学）	孔延年（武帝博士，今）	孔霸（昭帝博士，今）	孔福（奉夫子祀，古）	孔光（成帝博士，今）	孔房（古）	孔尚（家学，今）	孔彪（家学，今）	孔宙（古）	孔昱（家学，古）	

主要参考文献

一 传统《尚书》著述类

《十三经注疏·尚书正义》，北京大学出版社 2000 年 12 月版。

（汉）伏胜：《伏生尚书》，《说郛》本。

（汉）伏胜：《尚书大传》，《文渊阁四库全书》本。

（汉）贾谊：《书贾氏义》，《续玉函山房辑佚书》本。

（汉）欧阳生：《今文尚书说》，《汉魏逸书钞》本。

（汉）欧阳生：《尚书欧阳章句》，《玉函山房辑佚书》本。

（汉）孔安国：《尚书》，武英殿刊。

（汉）夏侯胜：《尚书大夏侯章句》，《玉函山房辑佚书》本。

（汉）夏侯建：《尚书小夏侯章句》，《玉函山房辑佚书》本。

（汉）刘向：《洪范五行传》，《左传全集》本。

（汉）许商：《五行传记》，《玉函山房辑佚书》本。

（汉）张霸：《尚书百两篇》，《汉学堂丛书》本。

（汉）贾逵：《古文尚书训》，《续玉函山房辑佚书》本。

（汉）贾逵：《尚书古文同异》，《续玉函山房辑佚书》本。

（汉）汉明帝：《五家要说章句》，《续玉函山房辑佚书》本。

（汉）卫宏：《古文尚书训旨》，《续玉函山房辑佚书》本。

（汉）许慎：《五经异义》，《汉魏遗书钞》本。

（汉）班固：《白虎通义》，《四部丛刊》本。

（汉）马融：《尚书马氏传》，《玉函山房辑佚书》本。

（汉）马融：《尚书中候马注》，《续玉函山房辑佚书》本。

（汉）郑玄：《尚书大传注》，《左传全集》本。

（汉）郑玄：《尚书·中候》，《玉函山房辑佚书》本。

（汉）郑玄：《尚书郑注》，《郑学汇函》本。

（汉）郑玄：《郑氏古文尚书》，《函海》本。

（汉）郑玄：《尚书五行传注》，《郑氏佚书》本。

（汉）郑玄：《尚书·中候郑注》，《郑氏佚书》本。

（汉）郑玄：《尚书纬·刑德放》，《玉函山房辑佚书》本。

（汉）郑玄：《尚书纬·考灵曜》，《玉函山房辑佚书》本。

（汉）郑玄：《尚书纬·帝命验》，《玉函山房辑佚书》本。

（汉）郑玄：《尚书纬·运期授》，《玉函山房辑佚书》本。

（汉）郑玄：《尚书纬·璇玑钤》，《玉函山房辑佚书》本。

（清）马国翰：《今文尚书》，《玉函山房辑佚书》本。

（清）马国翰：《古文尚书》，《玉函山房辑佚书》本。

（清）马国翰：《尚书欧阳生章句》，《玉函山房辑佚书》本。

（清）马国翰：《汉石经尚书》，《玉函山房辑佚书》本。

（清）孙星衍：《尚书古今文注疏》，《皇清经解》本。

（清）孙星衍：《建立伏博士始末》，《丛书集成初编》本。

（清）陈乔枞：《今文尚书经说考》，《皇清经解》本。

（清）陈乔枞：《尚书欧阳、夏侯遗说考》，《皇清经解》本。

（清）章炳麟：《太史公古文尚书说》，《章氏丛书续编》本。

（清）章炳麟：《古文尚书拾遗》，《章氏丛书续编》本。

（清）刘逢禄：《尚书今古文集解》，台湾商务印书馆 1971 年版。

（清）惠栋：《古文尚书考》，《皇清经解》本。

（清）焦循：《古文尚书辨》，《清颂堂丛书》本。

（清）崔述：《古文尚书辨伪》，《崔东璧先生遗书》本。

（清）黄奭：《尚书欧阳生章句》，《汉学堂丛书》本。

（清）王棻：《伏生今文尚书无序说》，《柔桥文钞》本。

（清）王国维：《汉魏博士考》，《观堂集林》本。

（清）王鸣盛：《尚书古今文》，《鹅术编》本。

（清）成瓘：《孔壁古文尚书流传考》，《篛园日札》本。

（清）成瓘：《伏生口授经文辨》，《篛园日札》本。

（清）成瓘：《伏生今文尚书廿八篇廿九篇两说不同考》，《篛园日札》本。

（清）成瓘：《伏生今文尚书廿九篇目录》，《菁园日札》本。

（清）成瓘：《两汉古文尚书传人考》，《菁园日札》本。

（清）成瓘：《校禄汉石经今文尚书残字》，《菁园日札》本。

（清）成瓘：《郑本尚书流传考》，《菁园日札》本。

（清）徐养原：《策问史记载尚书孰为今文孰为古文》，《诂经精舍文集》本。

（清）周联奎：《策问史记载尚书孰为今文孰为古文》，《诂经精舍文集》本。

（清）俞正燮：《古文尚书怨词后》，《癸巳存稿》本。

（清）俞正燮：《光被四表格于上下古文说》，《癸巳类稿》本。

（清）程廷祚：《伏生尚书原委考》，《青溪集》本。

（清）程廷祚：《贾生传尚书考》，《青溪集》本。

（清）陈寿祺：《史记用今文尚书》，《左海经辨》本。

（清）陈寿祺：《史记采尚书兼今古文》，《左海经辨》本。

（清）陈寿祺：《白虎通义用今文尚书》，《左海经辨》本。

（清）陈寿祺：《今文三家尚书自有同异》，《左海经辨》本。

（清）杨慎：《孔安国书传辨》，《孟邻堂文钞》本。

（清）杨椿：《伏书篇数考》，《孟邻堂文钞》本。

（清）杨椿：《儒林传之今文非伏生书辨》，《孟邻堂文钞》本。

（清）杨椿：《汉儒不见古文尚书辨》，《孟邻堂文钞》本。

（清）赵翼：《尚书名起于伏生》，《陔余丛考》本。

（清）萧穆：《汉文帝诏晁错往伏生受尚书说》，《敬孚类稿》本。

（清）冯登府：《汉石经考异自序》，《石经阁文集》本。

（清）陈寿祺：《五经异义疏证》，《皇清经解》本。

（清）张金吾：《两汉五经博士考》，《后知不足斋丛书》本。

（清）毛奇龄：《古文尚书冤词》，《西河合集》本。

（清）王先谦：《尚书孔传参正》，《王氏虚设堂刊本》本。

（清）王绍兰：《汉桑钦古文尚书说地理志考逸附中古文尚书》，《十万卷楼辑佚七种》本。

（清）朱彝尊：《尚书古文辨》，《丛书集成初编》本。

（清）皮锡瑞：《今文尚书考证》，《师伏堂丛书》本。

（清）皮锡瑞：《尚书大传疏证》，《师伏堂丛书》本。

（清）段玉裁：《古文尚书撰异》，《皇清经解》本。

（清）王鸣盛：《尚书后案》，《皇清经解》本。

（清）江声：《尚书集注音疏》，《皇清经解》本。

（清）孙星衍：《尚书今古文注疏》，《十三经清人注疏》本。

（清）阎若璩：《尚书古文疏证》，上海古籍出版社 1987 年影印本。

（清）简朝亮：《尚书集注述疏》，鼎文书局 1972 年版。

二　近现代《尚书》著述类

刘起釪：《尚书学史》，中华书局 1989 年版。

顾颉刚、刘起釪：《尚书校释译论》，中华书局 2005 年版。

程元敏：《尚书学史》，五南图书出版公司 2008 年版。

陈梦家：《尚书通论》，中华书局 2005 年版。

许锬辉：《六十年来之尚书学》，正中书局 1972 年版。

蒋善国：《尚书综述》，上海古籍出版社 1988 年版。

古国顺：《史记述尚书研究》，台湾文史哲出版社 1985 年版。

许少豪：《〈汉书〉引〈尚书〉研究》，花木兰文化出版社（赴台复印件）。

屈万里：《汉石经尚书残字集证》，史语所专刊。

马衡：《汉石经集存》，科学出版社 1957 年版。

马宗霍：《说文解字引经考》，学生书局 1971 年版。

马士远：《周秦尚书学研究》，中华书局 2008 年版。

戴君仁：《尚书论文集》，西南书局 1979 年版。

戴君仁：《阎毛古文尚书公案》，中华丛书编审委员会 1980 年版。

戴君仁：《尚书研究论集》，黎明文化事业公司 1981 年版。

周秉钧：《尚书易解》，岳麓书社 1984 年版。

刘起釪：《尚书校释译论》，中华书局 2005 年版。

屈万里：《尚书释义》，中华文化出版事业委员会 1956 年版。

屈万里：《尚书今注今译》，台湾商务印书馆印行 1969 年版。

屈万里：《尚书集释》，联经出版事业公司 1984 年版。

金景芳、吕绍纲：《尚书虞夏书新解》，辽宁古籍出版社 1996 年版。

蒋秋华：《宋人洪范学》，台湾大学文史丛刊 1986 年版。

蒋秋华：《二程诗书义理求》，幼狮文化事业股份有限公司 1991 年版。

许锬辉：《先秦典籍引尚书考》，嘉新水泥公司文化基金会 1970 年版。

张建葆、许锬辉：《书经导读》，康桥出版事业公司 1979 年版。

许锬辉：《尚书论著目录》，文化出版社 2000 年版。

许锬辉：《尚书著述考》，鼎文书局 2003 年版。

许锬辉：《尚书述要》，黎明文化事业公司 1979 年版。

许锬辉：《尚书正义分段标点》，新文丰出版公司 2001 年版。

曾荣汾：《康诰研究》，台湾学生书局 1990 年版。

《今文尚书语法与经文诠释关系之探讨》（上、下），花木兰文化 2009
年版。

赵铭丰：《惠栋古文尚书考研究》，花木兰文化 2008 年版。

张成秋：《孙星衍尚书今古文注疏研究》，花木兰文化 2006 年版。

周秉钧：《尚书易解》，岳麓书社 1984 年版。

于省吾：《甲骨文字诂林》，中华书局 1993 年版。

钱宗武：《今文尚书语言研究》，岳麓书社 1996 年版。

顾宝田：《尚书译注》，吉林文史出版社 1995 年版。

顾颉刚、顾廷龙：《尚书文字合编》，上海古籍出版社 1996 年版。

朱廷献：《尚书研究》，商务印书馆 1987 年版。

朱廷献：《尚书异文集证》，中华书局 1970 年版。

金德建：《司马迁所见书考》，人民出版社 1963 年版。

刘起釪：《尚书源流与传本》，辽宁大学出版社 1997 年版。

黄奭（辑）：《尚书纬·河图·洛书》，上海古籍出版社 1993 年版。

三　《尚书》学论文类

程元敏：《两汉〈洪范五行传〉作者索隐》，《孔孟学报》2007 年第 85
期。

程元敏：《伏生之三统阴阳五行灾异暨谶纬学说》，《世新中文研究集刊》2007 年第 3 期。

程元敏：《〈书序〉通论》，《孔孟学报》1999 年第 77 期。

程元敏：《欧阳容夏侯胜未曾身为〈尚书〉博士考》，《"国立"编译馆馆刊》1994 年第 23 卷第 2 期。

程元敏：《〈尚书〉"三科之条五家之教"稽义》，《孔孟学报》1991 年第 61 期。

程元敏：《〈古文尚书〉之壁藏发现献上及篇卷目次考》，《孔孟学报》1993 年第 66 期。

程元敏：《〈书序〉之价值》，《孔孟学报》1998 年第 75 期。

程元敏：《莽诰、大诰比辞证义》，《"国立"编译馆馆刊》1982 年第 11 卷第 2 期。

潘铭基：《〈汉书〉颜师古注引〈尚书〉注解研究》，《中国文化研究所学报》2007 年第 16 期。

郑裕基：《谈谈〈尚书大传〉和它对语文教学的帮助》，《国文天地》2006 年第 22 卷第 5 期。

刘咏聪：《伏生女传经说研究》，《简牍学报》2006 年第 19 期。

何志华：《〈尚书〉伪孔传因袭史迁证》，《中国文化研究所学报》2000 年第 9 期。

廖名春：《从帛书〈要〉、〈二三子〉论孔子与〈尚书〉》，《孔孟学报》1999 年第 77 期。

周凤五：《新出土熹平石经〈尚书〉残字研究》，《幼师学志》1987 年第 19 卷第 3 期。

易宁：《〈史记·殷本纪〉释〈尚书·高宗肜日〉考论》，《大陆杂志》1999 年第 99 卷第 2 期。

丁亚杰：《伏生〈尚书大传〉的解经方法与思想内容》，《孔孟学报》1998 年第 75 期。

江乾益：《汉代〈尚书·洪范〉咎征学述征》，《兴大中文学报》1986 年第 10 期。

林平和：《〈盐铁论〉引述〈周易〉〈尚书〉〈毛诗〉考》，《"国立中央大学"文学院院刊》1985 年第 3 期。

蔡根祥：《〈后汉书〉〈尚书〉考辨》，《"国立"台湾师范大学国文研究所集刊》1985 年第 29 期。

古国顺：《〈史记〉逐录〈尚书〉原文例》，《孔孟月刊》1985 年第 23 卷第7 期。

卓秀岩：《〈史记·夏本纪〉〈尚书〉义考征》，《成功大学学报》（人文卷）1978 年第 12 期。

卓秀岩：《〈史记·五帝本纪〉〈尚书〉义考征》，《成功大学学报》（人文卷）1977 第 13 期。

卓秀岩：《〈史记·周本纪〉〈尚书〉义考征》，《成功大学学报》1986 年第21 期。

洪安全：《司马迁之〈尚书〉学》，《"国立政治大学"学报》1976 年第 33 期。

李伟泰：《两汉〈尚书〉学的演变过程》，《孔孟学报》1975 年第 30 期。

许春雄：《王肃之〈尚书〉学》，《台北商专学报》1975 年第 6 期。

林政华：《汉人知见〈尚书〉篇目考》，《孔孟学报》1975 年第 29 期。

林尹：《〈尚书〉述略》，《华岗学报》1965 年第 1 期。

勤炳琅：《〈水经注〉引书考》，《国文研究所集刊》1972 年第 16 期。

朱廷献：《魏石经〈尚书〉之〈多士〉〈多方〉残字考》，《文史学报》1974 年第 4 期。

朱廷献：《由孔壁古文百篇〈书序〉看伏生所传〈尚书〉》，《中华文化复兴月刊》1973 年第 6 卷第 7 期。

朱廷献：《〈尚书〉篇目源流考》，《中华文化复兴月刊》1974 年第 7 卷第 4 期。

朱廷献：《〈尚书·立政〉篇考释》，《中华文化复兴月刊》1984 年第 17 卷第6 期。

朱廷献：《〈尚书〉篇目异同考》，《孔孟学报》1979 年第 39 期。

朱廷献：《〈尚书〉考证》，《孔孟学报》1981 年第 41 期。

朱廷献：《由魏石经残字看〈古文尚书〉》，《学术论文集刊》1987 年第 2 期。

朱廷献：《由汉石经残字看伏生所传〈尚书〉》，《文史学报》1973 年第 3 期。

朱廷献：《〈尚书〉探源》，《孔孟月刊》1980 年第 18 卷第 4 期。

朱廷献：《〈泰誓〉真伪辨》，《孔孟月刊》1981 年第 19 卷第 4 期。

洪顺隆：《〈尚书〉赵氏义》，《大陆杂志》1971 年第 43 卷第 1 期。

陈品卿：《〈尚书〉郑氏学提要》，《华学月刊》1973 年第 24 期。

李周龙：《司马迁〈古文尚书〉义释例》，《孔孟月刊》1971 年第 9 卷第 9 期。

李周龙：《〈逸周书〉版本考》，《孔孟学报》1981 年第 41 期。

胡秋原：《关于〈古文尚书孔安国传〉之公案》，《中华杂志》1969 年第 7 卷第 9 期。

戴君仁：《〈古文尚书〉作者研究》，《孔孟学报》1961 年第 1 期。

陈梦家：《〈尧典〉为秦官本〈尚书〉说》，《清华学报》1947 年第 14 卷第 1 期。

汪慧敏：《荆州学风与三国时代经学之关系》，《孔孟月刊》1981 年第 19 卷第4 期。

杜维运：《〈尚书〉与史学》，《"国立政治大学"历史学报》1992 年第 9 期。

许锬辉：《〈先秦典籍引尚书考〉提要》，《木铎》1975 年第 4 卷第 3 期。

许锬辉：《今文〈泰誓〉疏证》，《木铎》1978 年第 1 期。

许锬辉：《〈尚书〉的经学要义与史学价值》，《钱穆先生纪念馆馆刊》（复印件，年刊）1997 年第 5 期。

许锬辉：《谈谈〈尚书大传〉和它对语文教学的帮助》，《国文天地》2006 年第 22 卷第 5 期。

程水金：《西周末年的鉴古思潮与今文〈尚书〉的流传背景——兼论〈尚书〉的思想意蕴》，《汉学研究》2001 年第 19 卷第 1 期。

欧庆亨：《〈三国志〉引〈尚书〉考述》，《"国立"编译馆馆刊》1988 年第 17 卷第 2 期。

欧庆亨：《三国〈尚书〉学考述》，《师大国文研究所集刊》1989 年第 33 号。

王茂富：《王莽与周公》，《中华文化复兴月刊》1984 年第 17 卷第 6 期。

刘瀚平：《东汉之经术与社会风气》，《孔孟月刊》1981 年第 19 卷第 10 期。

戴君仁：《〈洪范〉五纪说》，《孔孟学报》1966 年第 12 期。

刘文强：《论〈尚书·甘誓〉"五行"》，《中山人文学报》1996 年第 4 期。

刘起釪：《〈尚书〉的〈甘誓〉〈洪范〉两篇中的"五行"》，《中国文哲研究通讯》1993 年第 3 卷第 3 期。

黄忠慎：《〈洪范〉五行试解》，《孔孟月刊》1991 年第 29 卷第 2 期。

李振兴：《〈洪范〉皇极中的"福"义及其所谓"错简"的商榷》，《孔孟月刊》1982 年第 20 卷第 2 期。

李振兴：《〈尚书〉中的政治思想》，《孔孟月刊》1989 年第 27 卷第 2 期。

李振兴：《〈尚书〉流衍述要》，《孔孟学报》1981 年第 41 期。

李振兴：《〈尚书〉大、小序辨疑》，《孔孟月刊》1981 年第 19 卷第 3 期。

李振兴：《〈尚书·洪范〉篇大义探讨》，《孔孟学报》1981 年第 42 期。

黄彰健：《刘著〈尚书学史〉读后》，《大陆杂志》1994 年第 88 卷第 6 期。

单殿元：《汉代的〈古文尚书〉学》，《扬州大学学报》（人文社会科学版）2005 年第 9 卷第 2 期。

邓国光：《〈尚书·顾命〉册仪的讨论》，《中国文化》1993 年第 8 期。

王艺：《王莽巡狩封禅制度新证》，《中国典籍与文化》2005 年第 3 期。

李汉三：《阴阳五行对于两汉政治的影响》，《大陆杂志》1963 年第 26 期。

林丽雪：《〈白虎通〉与谶纬》，《孔孟月刊》1984 年第 22 卷第 3 期。

黄汉昌：《熹平石经之时代背景》，《孔孟月刊》1981 年第 19 卷第 5 期。

江素卿：《论汉武帝之尊儒及其影响》，《文与哲》2004 年第 4 期。

李威熊：《经学与经书》，《孔孟月刊》1981 年第 19 卷第 3 期。

李威熊：《中国经学形成的考察》，《孔孟月刊》1981 年第 19 卷第 4 期、第5期。

李威熊：《两汉经术独尊与经学诸问题的探讨》，《孔孟学报》1981年第42期。

赵桂芬：《〈尚书〉天命思想初探》，《孔孟月刊》1984年第22卷第5期。

邓联合：《从政治合法性的建构到历史理性的觉醒——论〈尚书·周书〉的历史叙事》，《江淮论坛》2006年第4期。

廖水锦：《〈尚书〉的思想体系》，《孔孟月刊》1984年第22卷第11期。

高大威：《论中国古代忧患意识之源成》，《孔孟月刊》1983年第22卷第1期。

陈立夫：《〈书经〉中的天人思想》，《孔孟月刊》1983年第22卷第3期。

傅世怡：《〈尚书〉"德"义初探》，《大陆杂志》1999年第99卷第6期。

黄盛雄：《〈史记〉引〈尚书〉文考释》，《台中师专学报》1978年第7期。

成惕轩：《〈尚书〉新论》，《中山学术文化集刊》1969年第3集。

程石泉：《〈洪范〉与〈周易〉》，《孔孟月刊》1983年第21卷第12期。

谢明宪：《论顾颉刚对于〈书序〉作者的质疑》，《汉学研究》2007年第25卷第2期。

邢义田、陈昭容：《一方未见著录的魏三字石经残石——史语所藏〈尚书多士〉残石简介》，《古今论衡》1999年复印件，未著期数。

杜松柏：《〈尚书类聚〉初集及提要》，《孔孟月刊》1984年第22卷第8期。

金发根：《汉代的书籍——两汉遗书的搜求、校定、叙禄、抄写、庋藏和传布》，《简牍学报》2006年第19期。

刘德汉：《〈尚书〉概述》，《孔孟月刊》1972年第10卷第11期。

简博贤：《孔颖达〈尚书正义〉补正》，《孔孟学报》1970年第19期。

黄庆萱：《王国维两汉博士题名考补遗》，《大陆杂志》1966年第32卷第10期。

朱子方：《汉代私学之盛衰及其学风》，《东方杂志》1947 年第 43 卷第 9 期。

范寿康：《两汉的哲学思想》，《东方杂志》1936 年第 33 卷第 1 期。

林正华：《汉人知见〈尚书〉篇目考》，《孔孟学报》1975 年第 29 期。

章炳麟：《太史公〈古文尚书〉说》，《国学论衡》1934 年第 4 期（上）。

钱穆：《两汉博士家法考》，《文史哲季刊》（中央大学）1945 年第 2 卷第 1 期。

王梦鸥：《阴阳五行家与星历及占筮辨胜》，《史语所集刊》1971 年第 43 期。

李本道：《五德终始说西汉主胜东汉主生考》，《中国学报》1912 年第 2 期。

缪凤林：《〈洪范五行传〉出自伏生辨》，《史学杂志》1930 年第 2 卷第 1 期。

顾颉刚：《五德终始说下的政治和历史》，《清华学报》1930 年第 6 卷第 1 期。

张钧才：《史记引〈尚书〉文考例》，《金陵学报》1936 年第 6 卷第 2 期。

郑鹤声：《各家〈后汉书〉综述》，《史学与地学》1926 年第 1 期。

吴承仕：《新出土伪熹平石经〈尚书〉残碑疏证》，《国学丛编》1932 年第 1 卷第 5 期。

吴智雄：《论〈尚书大传〉辑本之思想要义》，《汉学研究》2008 年第 26 卷第4 期。

吴智雄：《论〈尚书大传〉的解经方式 》，《辅仁国文学报》2008 年第 27 期。

吴昌廉：《卫宏"天下计书先上太史公"说考辨》，《国际简牍学会会刊》2008 年第 5 期。

四 常用古籍类

《十三经注疏》，中华书局 1979 年影印本。

《史记》，中华书局1982年校点本。

《汉书》，中华书局1962年校点本。

《后汉书》，中华书局1965年校点本。

《三国志》，中华书局1982年影印本。

《诸子集成》，中华书局1954年版。

《太平御览》，中华书局1960年影印本。

（清）严可均校辑：《全上古三代秦汉三国六朝文》，中华书局1958年影印本。

（清）王谟编：《增订汉魏丛书》，乾隆五十六年金溪王氏刻本。

（唐）刘知几：《史通》，上海古籍出版社1982年版。

（宋）洪适：《隶释隶续》，中华书局1985年版。

（清）章学诚：《文史通义》，中华书局1961年版。

（清）皮锡瑞：《经学通论》，中华书局1954年版。

（清）段玉裁：《说文解字注》，成都古籍书店1981年影印本。

《四库全书总目提要》，中华书局1965年影印本。

董治安主编：《两汉全书》，山东大学出版社2009年版。

孔鲋撰，王钧林、周海生译注：《孔丛子》，中华书局2009年版。

五　近现代著述类

杨树增：《汉代文化特色及形成》，人民出版社2008年版。

徐刚：《古文源流考》，北京大学出版社2007年版。

黄怀信等：《汉晋孔氏家学与"伪书"公案》，厦门大学出版社2011年版。

钱穆：《两汉经学今古文平议》，商务印书馆2001年版。

顾颉刚：《秦汉的方士与儒生》，社会古籍出版社1998年版。

何兹全：《秦汉史略》，上海人民出版社1955年版。

张传玺：《秦汉问题研究》，北京大学出版社1995年版。

徐复观：《两汉思想史》，台湾学生书局1985年版。

金春峰：《汉代思想史》，中国社会科学出版社1987年版。

葛兆光：《中国思想史》（第一卷），复旦大学出版社1998年版。

王铁：《汉代学术史》，华东师范大学出版社 1995 年版。

鲁惟一：《汉代的信仰、神话和理性》，北京大学出版社 2009 年版。

刘厚琴：《儒学与汉代社会》，齐鲁书社 2002 年版。

夏增民：《儒学传播与汉晋南朝文化变迁》，华中科技大学出版社 2009 年版。

姜广辉主编：《中国经学思想史》（第一、第二卷），中国社会科学出版社 2003 年版。

侯外庐主编：《中国思想通史》，人民出版社 1959 年版。

白寿彝总编：《中国通史》，上海人民出版社 1995 年版。

任继愈主编：《中国哲学发展史》，人民出版社 1985 年版。

冯天瑜、何晓明、周积明：《中国文化史》，上海人民出版社 1990 年版。

郭齐勇：《中国哲学智慧的探索》，中华书局 2008 年版。

袁行霈等主编：《中华文明史》，北京大学出版社 2006 年版。

钟肇鹏：《谶纬论略》，辽宁教育出版社 1991 年版。

庞朴主编：《中国儒学》，东方出版中心 1997 年版。

周桂钿、李祥俊：《中国学术通史》，人民出版社 2004 年版。

方立天：《中国古代哲学问题发展史》，中华书局 1990 年版。

翦伯赞：《秦汉史》，北京大学 1983 年版。

刘泽华主编：《中国古代政治思想史》，南开大学出版社 1992 年版。

李学勤：《走出疑古时代》，辽宁大学出版社 1997 年版。

周裕锴：《中国古代阐释学研究》，上海人民出版社 2003 年版。

严正：《五经哲学及其文化学的阐释》，齐鲁书社 2001 年版。

卜宪群：《秦汉官僚制度》，社会科学文献出版社 2002 年版。

于迎春：《秦汉士史》，北京大学出版社 2000 年版。

林剑鸣：《秦汉社会文明》，西北大学出版社 1985 年版。

王葆玹：《今古文经学新论》，中国社会科学出版社 1997 年版。

王继训：《汉代诸子与经学》，陕西人民出版社 2003 年版。

信立祥：《汉代画像石综合研究》，文物出版社 2000 年版。

六　博硕论文类

李伟泰：《两汉〈尚书〉学及其对当时政治的影响》，台湾大学 1974 年硕士论文。

骆文琦：《〈汉书〉引〈尚书〉说考征》，台湾师范大学 1982 年硕士论文。

郜积意：《刘歆与两汉今古文之争》，复旦大学 2005 年博士论文。

王菁：《〈尚书〉探论》，北京大学 1994 年博士论文。

李军靖：《〈洪范〉与古代政治文明》，郑州大学 2005 年博士论文。

张兵：《〈洪范〉诠释研究》，山东大学 2005 年博士论文，齐鲁书社 2007 年版。

杜勇：《〈尚书〉周初八诰研究》，北京师范大学 1996 年博士论文，中国社会科学出版社 1998 年版。

林志强：《古本〈尚书〉文字研究》，中山大学 2003 年博士论文，中山大学出版社 2005 年版。

谷颖：《伏生与〈尚书大传〉研究》，东北师范大学 2005 年硕士论文。

李梅训：《谶纬文献史略》，山东大学 2003 年博士论文。

朱玉周：《汉代谶纬天论研究》，山东大学 2007 年博士论文。

岳宗伟：《〈论衡〉引书研究》，复旦大学 2006 年博士论文。

史应勇：《郑玄通学研究及郑、王之争》，复旦大学 2004 年博士论文。

郝虹：《王肃经学研究》，山东大学 2001 年博士论文。

图书在版编目（CIP）数据

两汉《尚书》学研究／马士远著．—北京：中国社会科学出版社，2014.4
（国家哲学社会科学成果文库）
ISBN 978 - 7 - 5161 - 3935 - 6

Ⅰ．①两…　Ⅱ．①马…　Ⅲ．①《尚书》—研究　Ⅳ．①K221.04

中国版本图书馆 CIP 数据核字（2014）第 026624 号

出 版 人	赵剑英
责任编辑	罗　莉
责任校对	王兰馨
封面设计	肖　辉　郭蕾蕾　孙婷筠
责任印制	戴　宽

出　　版	中国社会科学出版社
社　　址	北京鼓楼西大街甲 158 号（邮编 100720）
网　　址	http://www.csspw.cn
	中文域名：中国社科网　　010 - 64070619
发 行 部	010 - 84083685
门 市 部	010 - 84029450
经　　销	新华书店及其他书店

印刷装订	环球印刷（北京）有限公司
版　　次	2014 年 4 月第 1 版
印　　次	2014 年 4 月第 1 次印刷

开　　本	710×1000　1/16
印　　张	55.75
字　　数	913 千字
定　　价	148.00 元